Grandes Obras del Pensamiento

Sigmund

FREUD

Los textos fundamentales del psicoanálisis

Selección de textos:
Anna Freud

Altaya

Título original:
The Essentials of Psycho-Analysis

Título en castellano:
Los textos fundamentales del psicoanálisis

Traducción y adaptación al castellano:
Luis López Ballesteros, Ramón Rey y Gustavo Dessal

Director Editorial: Julià de Jòdar
Director de Producción: Manuel Álvarez
Diseño de la colección: Víctor Vilaseca

Travesera de Gracia, 17. 08021 Barcelona

ISBN Obra Completa: 84-487-0119-4
ISBN: 84-487-0120-8
Depósito Legal: B. 27603-93
Impreso en España - Printed in Spain
Imprime: Litografía Rosés, S.A. (Barcelona)

INDICE

Nota de los revisores: Esta traducción de L. López Ballesteros y R. Rey Ardid fue revisada cotejándola con la versión inglesa de James Strachey. A su vez las diferencias u omisiones que ofrecía la traducción castellana se confrontaron con el original alemán (Gesammelte Werke).

En términos generales se adecua satisfactoriamente al texto freudiano, tanto desde el punto de vista estilístico como conceptual. Por tal razón la revisión se ha limitado de acuerdo con tres objetivos:

1. Completar palabras, frases o párrafos omitidos.
2. Transcribir íntegramente el aparato de notas de J. Strachey.
3. Ajustar o modificar la traducción de términos que pertenecen específicamente a la teoría psicoanalítica.

Sin duda, es este último punto el que supone el mayor número de decisiones por parte de un traductor o revisor. Hemos optado por no innovar en la traducción de términos de profundo arraigo en la literatura psicoanalítica. Por otra parte hemos seguido el criterio consistente en que el rigor técnico no incida de manera desfavorable en el conjunto estilístico de Freud.

Creemos que cada traductor puede encontrar matices en un término que le hagan preferir una u otra versión pero que en la medida en que todo concepto supone una convención es deseable muchas veces sacrificar su significación lexical al reconocimiento y difusión alcanzados. La mayor exactitud o precisión lingüística no redunda necesariamente en beneficio del rigor y la comprensión conceptual.

En cambio hemos cambiado la traducción de los términos que no guardaban la necesaria sistematicidad o que no habían sido identificados claramente como términos teóricos.

En otras ocasiones, cuando el significado lexical se mostraba en franca contradicción con el significado conceptual, hemos decidido su reemplazo. Tal es el caso del «Trieb» freudiano traducido por instinto por Ballesteros. Preferimos el término pulsión, ya utilizado en nuestra lengua y que evita la remisión inmediata al significado biológico propuesto por «instinto». La lengua alemana dispone del específico «Instinkt» para designar el motor biológico del comportamiento animal, mientras que el Trieb designa una realidad sexual gobernada por leyes no asimilables a cualquier dispositivo biológico o genético. Es esta una distinción que el propio Freud establece explícitamente al exponer el concepto.

Hemos de aclarar que en las introducciones de Anna Freud se ha mantenido la denominación «instinto» por considerar que pulsión excedería el tratamiento que la autora confiere al concepto de instinto (instinct), al que atribuye un carácter innatista y evolutivo.

MIRIAM CHORNE
GUSTAVO DESSAL

PREFACIO

Clifford Yorke

A menudo se pide a los psicoanalistas que recomienden una introducción breve a la obra de Sigmund Freud, en particular a su psicología psicoanalítica. Hasta el presente, esa solicitud se ha resistido a una respuesta sencilla. Los propios resúmenes e introducciones de Freud a su obra, a pesar de su gran valor e interés, no satisfacen las necesidades de aquellos que desean obtener una visión general de sus ideas teóricas, ya sea con el propósito de ampliar el conocimiento del pensamiento contemporáneo, o como marco de referencia a partir del cual forjar una comprensión más global del psicoanálisis.

En su introducción al presente volumen, Anna Freud comenta algunos de aquellos ensayos introductorios de su padre, pero cabría enfatizar aquí algunos puntos. La necesidad de una revisión continua y a menudo sustancial de sus formulaciones, dictada por sus propios avances principales, ha supuesto que los resúmenes escritos por Freud para exponer su teoría lleven la marca del momento de su elaboración, y no puedan dar cuenta de los desarrollos ulteriores. Los cambios sustanciales en la teoría de la angustia, del desarrollo sexual femenino, y del concepto de estructura mental, nos dan una pauta al respecto. Fue sin duda la conciencia de esta dificultad lo que indujo a Freud a complementar sus *Lecciones Introductorias* de 1916-17 con las *Nuevas Lecciones Introductorias* unos dieciséis años después (1933a). Esta fue la misma razón que motivó que estas obras integraran los dos primeros volúmenes de la Pelican Freud Library; y a pesar de que el *Compendio de Psicoanálisis* (1940a) escrito poco después de la muerte de Freud ocupa un solo volumen, no constituye en modo alguno una obra para principiantes. Se trata de un resumen condensado, que persigue sus propósitos con escasas ilustraciones, sin adornos ni una argumentación general que lo sostenga.

Anna Freud siempre sostuvo que *Análisis Profano* (1926e), era el mejor trabajo de su padre para introducir su propia obra a un gran público. Reconocía, sin embargo, que el modo en que se tratan allí las diversas contribuciones del psicoanálisis a la comprensión del funcionamiento psíquico, resultaba insuficientemente detallado para un propósito expositivo más completo. Desde su punto de vista, tal propósito exigía que cada una de las ideas bosquejadas por Freud en su discusión, fuese elaborada a través de escritos más detallados del mismo autor, para lo cual se abocó a la tarea de realizar una adecuada selección. Consideró necesario, además, conectar desde el comienzo estos artículos con párrafos explicativos elaborados por ella misma. Una colaboración fructífera con Ilse Grubrich-Simitis dio lugar a una obra en dos volúmenes publicada en alemán con el título de *Sigmund Freud Werkausgabe in zwei Bänden* (1978), cuyo primer volumen fue dedicado a los principales artículos teóricos, y el segundo al psicoanálisis aplicado.

Dada la extensión de *Análisis Profano,* editado y comentado por la Sra. Grubrich-Simitis, fue natural que esta valiosa obra adoptase la forma que tuvo. Pero excedía al mismo tiempo las exigencias de un volumen unitario de introducción al pensamiento freudiano. Faltaba aún ese volumen, lo que indujo a Anna Freud a componerlo aplicando a esta nueva tarea el principio que había adoptado en la primera parte de la obra en alemán.

Como para este nuevo propósito no era necesario extenderse en las argumentaciones del *Análisis Profano,* Anna Freud omitió aquellos artículos que sólo resultaban de interés para el analista practicante, tales como los de técnica, o aquellos otros que se prestasen a ser discutidos por los institutos psicoanalíticos, como los trabajos sobre formación. Estas contribuciones no eran imprescindibles para la exposición general que Anna Freud tenía *in mente* para su labor inmediata. Siguiendo una sugerencia de la Sra. Juliet Mitchell Rossdale, decidió ilustrar los desarrollos de Freud sobre sexualidad femenina con el capítulo correspondiente de las *Nuevas Lecciones Introductorias* (1933a) en lugar del trabajo anterior «Sexualidad femenina» (1931b).

La obra que aquí se presenta es algo más que un volumen unitario «Freud por Freud», ya que la selección de Anna Freud no es sólo abarcativa, aún con las limitaciones impuestas por la extensión, sino que sus propios comentarios coordinan el conjunto del modo más valioso. Anna Freud reunía condiciones únicas para esta tarea. Pocos años antes de la aparición de *Análisis Profano,* había publicado su primer artículo («Fantasías de flagelación y ensueños diurnos», 1922), consiguiendo así su ingreso en la Sociedad Psicoanalítica de Viena, habiéndose desempeñado como secretaria y amanuense de su padre. Mantenía una actitud de interlocución permanente con el pensamiento de Freud y el de sus colegas de la Sociedad, y tenía oportunidades insuperables para discutir las ideas de aquél en el momento mismo en que se desarrollaban. A pesar de que la dedicación al pensamiento de su padre fue indudable, su adhesión a él no fue nunca servil. Podía decirse, por cierto, que su más grande devoción era el psicoanálisis y su desarrollo, antes bien que el propio pensamiento de su padre. A pesar de que nunca criticó de un modo activo sus ideas se negó a seguir ciertas áreas del pensamiento de Freud. Por ejemplo, jamás mostró el más mínimo entusiasmo por el concepto de pulsión de muerte (*Más allá del principio del placer,* 1920g), tal vez porque nunca lo creyó una exigencia básica para el pensamiento psicoanalítico. A través de su larga y productiva vida, en la que ella misma ensanchó y enriqueció el psicoanálisis, en particular a través de sus contribuciones a la comprensión de los niños y a la psicología evolutiva, fue en todo momento consciente de que existían ciertos conceptos irreductibles cuya defensa abnegada empobrecía el conjunto de la disciplina y esterilizaba sus argumentaciones. Son estos los principios básicos que podrán hallarse en el presente volumen.

Entre otros intentos anteriores de introducir al lector curioso en la obra de Freud sobre la base de sus propios escritos, figura la selección de Rickman (1937). Esta fue una obra definitiva, pero poco abarcativa, amén de agotada ya hace mucho tiempo. Trabajos expositivos de otros autores, como el *What Freud really said* (1967), de Stafford-Clark, han tenido un carácter interpretativo, y las obras introductorias de Brenner, *Elementary Textbook of Psychoanalysis* (1973), tienden a estar influidas por las propias ideas del autor —en este caso, la llamada «teoría topográfica» fue reemplazada por la «teoría estructural». Por último, puede asegurarse que el presente volumen satisface por primera vez una necesidad largamente sentida, y lo hace con autoridad, estando imbuido por aquella lucidez que fue la marca original, tanto del padre como de la hija.

Es un placer reconocer la cuidadosa preparación de este volumen para la imprenta a cargo de Albert Dickson, quien asimismo reunió la bibliografía. Nuestro agradecimiento a Allen & Unwin y W. W. Norton por su autorización para reimprimir el capítulo sobre sexualidad femenina de las *Introductory Lectures on Psychoanalysis.* La traducción corresponde enteramente a la supervisada por James Strachey para la *Standard Edition of the Complete Psychological Works of Sigmund Freud,* publicada conjuntamente por The Hogarth Press y el Instituto de Psicoanálisis, y a la que se hace referencia en el texto mediante la abreviatura *Standard Ed.* Las notas de Strachey a su edición, tomadas de la *Standard Edition,* se indican con corchetes, perteneciendo las demás al propio Freud.

Clifford Yorke
Editor,
International Psycho-Analytical Library

INTRODUCCION [1]

Introducir a los legos —sean estudiantes o lectores sin conocimiento previo— al mundo del pensamiento psicoanalítico es una labor difícil, más allá del modo en que se la encare. Los procesos psíquicos de los adultos y los niños, enfermos o sanos, tienen muchos significados, y sus infinitas variaciones pueden producir una sensación de extrañeza. Si el profesor quiere ahorrarle a su alumno las sorpresas y dificultades, no puede evitar que su material se falsee. Si desea hacer justicia a los hechos, corre el riesgo de exigirles demasiado a sus alumnos y perder su interés y su atención continuada.

El propio Freud hizo lo posible durante su vida por elegir un camino intermedio entre ambos peligros. Sus esfuerzos por presentar los resultados de la labor psicoanalítica de un modo claro y —en la medida de lo posible— en un lenguaje comprensible, comenzaron en 1904 con «El método psicoanalítico de Freud» (1904a) y finalizaron durante el último año de su vida con su trabajo inconcluso Compendio de Psicoanálisis *(1940a) y «Algunas lecciones elementales en psicoanálisis» (1940b). Durante los años intermedios escribió muchos otros bosquejos generales que difieren en extensión y alcance, dirigidos a muy diversas audiencias. Algunos de ellos fueron realizados por su propio interés, otros como resultado de las demandas. Así, las* Lecciones Introductorias al Psicoanálisis *(1916-17) y las* Nuevas Lecciones Introductorias

[1] Esta introducción y los comentarios que preceden cada sección del presente volumen aparecieron por primera vez en inglés con el título de «Guía de estudio a los escritos de Freud» en el volumen 8 de los trabajos compilados de Anna Freud, *Psicoanálisis del desarrollo normal* (The Hogarth Press).

(1933a) están ante todo dirigidas a una audiencia académica, habiendo tenido lugar de hecho las primeras en la Universidad de Viena. «El múltiple interés del psicoanálisis» (1913j); el «Esquema del Psicoanálisis» (1924f), y «Psicoanálisis. Teoría de la libido» (1926f), por otra parte, son resúmenes muy condensados que fueron escritos como contribuciones a diccionarios y enciclopedias en Alemania, Italia, Inglaterra y los Estados Unidos. «Sobre la Historia del Movimiento Psicoanalítico» (1914d), además de describir los conceptos básicos del psicoanálisis, sirve para definir también las fronteras que separan al psicoanálisis de los dos movimientos que de él se escindieron, la psicología individual de Adler y la psicología analítica de Jung. La Autobiografía (1925d) trata fundamentalmente de la vida intelectual del autor, y apenas roza su biografía personal.

En la mitad de esta serie se encuentra el ensayo Análisis Profano (1926e), una publicación que debe su existencia a la necesidad de defender el método del tratamiento psicoanalítico contra el reclamo del gremio médico de que sólo los doctores pueden llevarlo a cabo. Esta pretensión, fundada en la ley austriaca contra el «curanderismo», amenazaba en esa época a todos los psicoanalistas no médicos con la persecución legal. Freud debió entonces ponerse en guardia y justificar su opinión de que «la cuestión importante no es la de si un analista posee un diploma médico, sino que tenga la formación especial que se requiere para la práctica del análisis». En un apéndice (1927a) a su extenso tratado, Freud se pregunta si acaso ha tenido éxito en clarificar de un modo satisfactorio el problema del análisis profano. De hecho, la cuestión de la admisión de personas sin título médico para formarse en psicoanálisis permanece aún sin resolver. En Europa y otros continentes la exposición de Freud condujo a una aceptación amplia de su punto de vista. No es este el caso de los Estados Unidos donde sin embargo, no son las autoridades oficiales, como las de Austria, quienes se oponen al psicoanálisis profano; es más bien la especialidad psicoanalítica misma la que defiende el privilegio médico y excluye de la Asociación Psicoanalítica Americana a los que no son médicos.

Además de la posibilidad de sugerir un camino para la solución de esta disputa en el presente y en el futuro, el trabajo de Freud sobre esta materia sigue siendo una publicación de permanente valor, mucho más apropiada que las mencionadas más arriba para que el alumno interesado acceda a las enseñanzas del psicoanálisis. Allí Freud guía paso a paso a una «Persona Imparcial» desde la superficie consciente de los procesos psíquicos hasta las profundidades del inconsciente.

Parte del significado de los sueños como evidencia de la existencia de una vida psíquica inconsciente, de la que la vida de vigilia no tiene conocimiento. De allí se pasa a los otros elementos que componen ese mismo sistema psíquico y lo proveen de energía, esto es, las pulsiones. La detallada descripción de la vida sexual humana desde sus pre-estadios infantiles hasta su organización definitiva en el adulto, le sirve a Freud como base para presentar el conflicto entre la búsqueda individual de placer y las demandas de la realidad que se le oponen. Demuestra cómo la batalla entre los apremios instintivos y el papel inhibitorio del mundo exterior, batalla que comienza en la infancia, modifica *su carácter con la construcción progresiva de la* personalidad psíquica. *Divide a esta última en un* ello *instintivo inconsciente, un* yo *racionalmente orientado y una instancia crítica, ético-moral, el* super-yo, *que se desarrolla a partir de identificaciones. El hecho de que cada una de estas instancias interiores persiga sus propios fines, conduce a la visión del aspecto* dinámico *de la vida psíquica, esto es, al concepto psicoanalítico de* conflicto psíquico. *El yo pone en marcha todos los métodos a su alcance para impedir que los impulsos instintivos alcancen su meta. El conocimiento de estas luchas defensivas abre el camino para la comprensión de aquellas formaciones de compromiso entre el yo y el ello de las que surgen los* síntomas neuróticos.

Una vez descritas estas complejidades de la vida psíquica, Freud vuelve a la cuestión inicial concerniente a la práctica del psicoanálisis y presta atención a las dificultades intrínsecas a la técnica terapéutica: *el apego permanente del paciente a su síntoma, esto es, su necesidad de permanecer enfermo; la resistencia al levantamiento de las represiones y a la disolución de otros procedimientos defensivos, así como el temor a las irrupciones del instinto, una angustia que condujo a la enfermedad en primer término; la* transferencia de sentimientos *orientados originariamente hacia personas del pasado del paciente, y que se dirigen ahora al analista, y las dificultades técnicas que supone su manejo. El hecho obvio de que no hay nada en la carrera médica que prepare a un profesional para tratar con estas complicaciones del psiquismo, se convierte en la base de la demanda de Freud de que se les exija a los analistas una* formación *especial, larga y cuidadosa, en institutos especializados que no sigan el plan de estudio médico tradicional.*

Para introducir al alumno a los elementos del psicoanálisis, no podemos encontrar una disposición mejor que la que Freud adoptó en su Análisis Profano. *Por una parte, podemos presuponer que aquellos que deseen aprender algo sobre psicoanálisis partirán de la misma posición crítica y amplitud de criterio que Freud le otorga a su interlocutor en las conversaciones mantenidas en este ensayo y que, al igual que la Persona Imparcial, agradecerán el juego de preguntas y respuestas que estimula a quien participa en esta discusión a formular sus dudas y a buscar una mayor clarificación de los puntos oscuros. Por este motivo, sugeriría que el estudio de los escritos de Freud comenzase con el* Análisis Profano.

Por otra parte, estamos seguros de que un alumno de psicoanálisis querrá aprender más que el «alto funcionario», que deseaba emplear su reciente conocimiento sólo para decidir una cuestión legal. De este modo, utilizaremos la secuencia de temas que propone Freud como un principio que guíe la introducción del alumno a los elementos principales del psicoanálisis: comenzando por el sueño, seguiremos con el inconsciente, la vida instintiva y sexual, la estructura de la personalidad, los mecanismos de defensa y la formación de síntomas. Cada uno de estos elementos está extensamente tratado en la obra de Freud. La selección de los escritos que sigue a continuación constituye una guía razonable de estudio que le permitirá al alumno penetrar hasta cierta profundidad en la estructura teórica del psicoanálisis.

ANNA FREUD

1. ANALISIS PROFANO

LA CUESTION DEL ANALISIS PROFANO *

Conversaciones con una persona imparcial

INTRODUCCION

El título del presente trabajo reclama una previa aclaración. Con la palabra «profanos» designamos a los individuos ajenos a la profesión médica, y la cuestión planteada es la de si puede serles permitido el ejercicio del análisis. Esta cuestión aparece dependiente de circunstancias temporales y locales. Temporales, porque hasta el día nadie se ha preocupado de quiénes ejercían el psicoanálisis, indiferencia tanto más absoluta cuanto que se derivaba del deseo unánime de que nadie lo ejerciese, apoyado con diversas razones, pero fundado realmente en una misma repugnancia. La pretensión de que sólo los médicos puedan analizar parece responder de ese modo a una nueva actitud ante el análisis, que habrá de parecernos más benévola si evitamos ver en ella una mera ramificación encubierta de la primitiva hostilidad. Así pues, se concede ya que en determinadas circunstancias resulta indicado el tratamiento psicoanalítico, pero se pretende que sólo un mé-

* Publicado en 1926.

dico puede encargarse de él. En páginas ulteriores investigaremos los fundamentos de esta limitación.

La cuestión del análisis profano aparece también localmente condicionada, no presentando igual alcance en todas las naciones. En Alemania y en América no pasa de ser una discusión académica. En estos países puede todo enfermo hacerse tratar como y por quien quiera, y todo «curandero», encargarse de los enfermos que se pongan en sus manos, ateniéndose tan sólo a las responsabilidades que éstos puedan luego exigirles, pues la ley no interviene hasta que algún paciente o sus familiares recurren a ella en demanda de castigo o indemnización. Pero en Austria, donde escribimos y adonde principalmente hemos de referirnos, la ley tiene carácter preventivo y prohíbe a las personas carentes de título médico encargarse de un tratamiento sin esperar para nada el resultado del mismo. Igualmente sucede en Francia. La cuestión, pues, de si el psicoanálisis puede ser ejercido por personas ajenas a la profesión médica tiene en estos países un sentido práctico. Pero, apenas planteada, parece resuelta por la letra misma de la ley: los nerviosos son enfermos, los profanos son personas sin título médico, el psicoanálisis es un procedimiento encaminado a la curación o al alivio de las enfermedades nerviosas y todos los tratamientos de este género están reservados a los médicos... En consecuencia, no pueden los profanos emprender el análisis de enfermos nerviosos, y si lo emprenden, caerán bajo el peso de la ley. Planteada así la cuestión en términos generales, parece inútil seguir ocupándose del análisis profano. Pero en nuestro caso es preciso tener en cuenta ciertas complicaciones que el legislador no pudo prever, pues en primer lugar se trata de enfermos de un género singularísimo, y en segundo, resulta que ni los profanos lo son tanto como pudiera creerse ni los médicos son tampoco aquello que debiera esperarse que fueran y en lo que podrían fundar sus aspiraciones a la exclusividad. Si logramos demostrar estas afirmaciones, quedará justificada nuestra demanda de que la referida ley no se aplique al análisis sin alguna modificación.

1

Una tal modificación de las leyes vigentes dependerá de personas que no están obligadas a conocer las particularidades del tratamiento analítico. A nosotros corresponderá, pues, instruir sobre la materia a tales personas, a las que suponemos ajenas al análisis y totalmente imparciales. Lamentamos, desde luego, no poder hacerlas testigos de un tratamiento de este orden, pero la «situación analítica» no tolera la presencia de un tercero. Por otro lado, las distintas sesiones de un tratamiento alcanzan valores muy diferentes, y un tal espectador imperito, que llegara a presenciar una sesión cualquiera, no recibiría impresión alguna ajustada, correría el peligro de no comprender de lo que se trataba entre el analítico y el paciente o se aburriría. Habrá, pues, de contentarse, con nuestra información, que trataremos de concretar en forma que inspire máximo crédito.

Supongamos un enfermo aquejado de bruscos cambios de estado de ánimo, que no logra dominar, de una temerosa indecisión que paraliza sus energías, haciéndole imaginarse incapaz de realizar nada a derechas, o de una angustiosa sensación de embarazo ante personas extrañas. Siente, por ejemplo, aunque sin comprender la razón, que el ejercicio de su profesión se le hace cada vez más difícil, siéndole casi imposible tomar resoluciones o iniciativas de importancia. Un día, sin saber por qué, ha sufrido un penoso ataque de angustia, y desde entonces no puede sin gran esfuerzo ir solo por la calle o viajar en ferrocarril, habiendo llegado quizá a renunciar en absoluto a ello. O, cosa singular, sus ideas siguen caminos propios, sin dejarse guiar por su voluntad, persiguen problemas que le son absolutamente indiferentes, pero de los cuales le es imposible apartar su pensamiento, y le plantean tareas absurdas y ridículas, tales como la de contar las ventanas de las casas. En actos sencillísimos —cerrar la llave del gas o echar una carta al buzón— le asalta, momentos después, la duda de si realmente los ha realizado o no. Estos trastornos son ya harto enfadosos; pero cuando el estado del sujeto llega a ser intolerable, es cuando de repente se encuentra con que no puede rechazar la idea de haber empujado a un niño bajo las ruedas de un carruaje, haber arrojado al agua a un desconocido o ser el asesino que la Policía busca como autor del crimen descubierto aquella mañana. Todo ello le parece insensato; sabe muy bien que jamás ha hecho daño a nadie, pero la sensación que le atormenta —el sentimiento de culpabilidad— no sería más intenso si realmente fuera él el asesino buscado.

Las perturbaciones de este orden revisten muy diversas formas y atacan diferentes terrenos. Supongamos que se trata ahora de una mujer. Es una excelente pianista, pero sus dedos se contraen al ir a tocar y le rehúsan sus servicios. Cuando piensa asistir a una reunión, siente en el acto una necesidad natural, cuya satisfacción le sería imposible realizar en público. Ha renunciado, pues, a asistir a reuniones, bailes, teatros y conciertos. En las ocasiones más inoportunas se ve aquejada de violentas jaquecas y otras diversas sensaciones dolorosas. A veces, se le presentan vómitos incoercibles, que le impiden tomar el menor alimento, situación que a la larga puede tener graves consecuencias. Por último, aparece incapacitada para resistir cualquier contrariedad de las que nunca faltan en la vida, pues pierde en tales ocasiones el conocimiento y sufre muchas convulsiones musculares que recuerdan inquietantes estados patológicos.

En otros enfermos, la perturbación recae sobre un sector en el que la vida sentimental exige al soma determinadas funciones. Los sujetos masculinos se encuentran incapacitados para dar expresión física a los tiernos sentimientos que les inspira una determinada persona de sexo contrario, disponiendo, en cambio, de todas sus reacciones cuando se trata de personas menos queridas. O bien su sensualidad se enlaza exclusivamente a personas a las que desprecian y de quienes quisieran libertarse, o les impone condiciones cuyo cumplimiento les repugna. Los sujetos femeninos ven vedada la satisfacción de las exigencias de la vida sensual por sensaciones de angustia o repugnancia o por obstáculos desconocidos, o cuando ceden al amor no encuentran en él el placer que la Naturaleza ofrece como premio a tal docilidad.

Todas estas personas se reconocen enfermas y buscan a aquellos médicos de quienes puede esperarse la supresión de tales trastornos nerviosos. Los médicos saben también las categorías en las que se incluyen estos padecimientos y los diagnostican, según sus respectivos puntos de vista, con diversos nombres: neurastenia, psicastenia, fobias, neurosis obsesiva o histeria. Reconocen los órganos que manifiestan los síntomas: el corazón, el estómago, el intestino y los genitales, y los encuentran sanos. Aconsejan la interrupción de la vida habitual del paciente, curas de reposo, tónicos, etc., y sólo consiguen con ello, cuando más, un alivio pasajero. Por último, oyen los enfermos que hay personas dedicadas especialmente al tratamiento de tales dolencias, y, buscando una de ellas, se someten al análisis.

Nuestro sujeto imparcial, al que suponemos presente, ha dado muestras de impaciencia, mientras desarrollábamos la relación que antecede, de los síntomas patológicos de los nerviosos. Mas ahora redobla su atención y se expresa en la siguiente forma: «Vamos a ver, por fin, qué es lo que el analítico emprende con el paciente al que el médico no ha podido auxiliar».

Pues bien: el analítico no hace más que entablar un diálogo con el paciente.

No usa instrumental, ni siquiera para reconocer, ni receta medicamento alguno, e incluso, si las circunstancias lo permiten, deja al paciente dentro de su círculo y medio familiares mientras dura el tratamiento, sin que ello sea, desde luego, condición precisa ni tampoco posible en todos los casos. El analítico recibe al paciente a una hora determinada, le deja hablar, le escucha, le habla a su vez y le deja escucharle.

La fisonomía de nuestro interlocutor imparcial toma aquí una expresión de curiosidad satisfecha a la que se mezcla algo de desprecio, como si pensara: «¿Nada más que eso? Palabras, palabras y palabras, como dice Hamlet», y recuerda seguramente la irónica tirada en que Mefistófeles habla de cuán fácilmente se arregla todo con palabras[1], versos, que jamás olvidará ya ningún alemán. Luego añade:

«Se trata, pues, de una especie de conjuro mágico. Ante las palabras del analítico desaparece el mal.»

Sería efectivamente cosa de magia y tendría así plena razón nuestro interlocutor si el efecto fuese rápido. La magia tiene por condición la rapidez, o mejor dicho aún, la instantaneidad del efecto. Pero los tratamientos psicoanalíticos precisan meses y hasta años. Una magia tan lenta pierde todo carácter maravilloso. Por lo demás, no debemos desdeñar la *palabra,* poderoso instrumento, por medio del cual podemos comunicar nuestros sentimientos a los demás y adquirir influencia sobre ellos. La palabra puede producir enormes beneficios, y también causar daños temibles. Al principio fue, ciertamente, el acto[2]; el verbo —la palabra— vino después, y ya fue, en cierto modo, un progreso cultural el que el acto se amortiguara, haciéndose palabra. Pero la palabra fue primitivamente un conjuro, un acto mágico, y conserva aún mucho de su antigua fuerza.

Nuestro interlocutor continúa: «Supongamos que el paciente está tan poco preparado como yo para la comprensión del tratamiento psicoanalítico, ¿cómo puede usted hacerle creer en la fuerza mágica de las palabras que ha de librarle de su enfermedad?»

Naturalmente, hay que prepararle, y para ello se nos ofrece un camino sencillísimo. Le pedimos que sea total y absolutamente sincero con su analítico, sin retener, intencionadamente, nada de lo que surja en su pensamiento, y más adelante, que se sobreponga a todas aquellas consideraciones que le impulsen a excluir de la comunicación determinados pensamientos o recuerdos. Todo hombre tiene perfecta conciencia de encerrar en su pensamiento cosas que nunca, o sólo a disgusto, comunicaría a otros. Son éstas, sus «intimidades». Sospecha también,

---

[1] [En la escena con el estudiante, *Fausto,* Parte I, Escena 4.]
[2] [Goette, *Fausto,* Parte I, Escena 3.]

cosa que constituye un gran progreso en el conocimiento psicológico de sí mismo, que existen otras cosas que no quisiera uno confesarse *a sí mismo,* que se oculta uno a sí propio y que expulsa de su pensamiento en cuanto, por acaso, aparecen. Quizá llegan incluso a observar el principio de un singular problema psicológico en el hecho de tener que ocultar a su mismo *yo* un pensamiento propio. Resulta así, como si su *yo* no fuera la unidad que él siempre ha creído y hubiera en él algo distinto que pudiera oponerse a tal *yo,* y de este modo se le anuncia oscuramente algo como una contradicción entre el *yo* y una vida anímica más amplia. Cuando ahora acepta la demanda analítica de decirlo todo, se hace fácilmente accesible a la esperanza de que un intercambio de ideas, desarrollado bajo premisas tan desusadas, puede muy bien provocar efectos singulares.

«Comprendo —dice nuestro imparcial oyente— supone usted que todo nervioso oculta algo que pesa sobre él, un secreto, dándole ocasión de revelarlo, le descarga usted de tal peso y alivia su mal. No se trata, pues, sino del principio de la confesión, utilizado de antiguo por la Iglesia católica para asegurarse el dominio sobre los espíritus.»

Sí y no, hemos de replicar. La confesión forma parte del análisis; pero sólo como su iniciación primera, sin que tenga afinidad ninguna con su esencia, ni mucho menos explique su efecto. En la confesión, dice el pecador lo que sabe; en el análisis, el neurótico ha de decir algo más. Por otra parte, tampoco sabemos que la confesión haya tenido jamás el poder de suprimir síntomas patológicos directos.

«Entonces no lo entiendo —se nos responde—. ¿Qué significa eso de decir más de lo que se sabe? Lo único que puedo imaginarme es que el analítico adquiere sobre el paciente una influencia más fuerte que el confesor sobre el penitente, por ocuparse de él más larga, intensa e individualmente, y que utiliza esta más enérgica influencia para libertarle de sus ideas patológicas, disipar sus temores, etc. Sería harto singular que también se consiguiese dominar por este medio fenómenos puramente somáticos, tales como vómitos, diarreas y convulsiones, pero ya sé que también es posible conseguir este resultado en sujetos hipnotizados. Probablemente, y aunque sin pretenderlo, consigue usted, en su labor analítica, establecer con el paciente una semejante relación hipnótica, un enlace sugestivo a su persona, y entonces los milagros de su terapia no son sino efectos de la sugestión hipnótica. Pero, que yo sepa, la terapia hipnótica labora mucho más rápidamente que su análisis, el cual, como usted ha dicho, dura meses enteros y hasta años.»

Observamos que nuestro imparcial interlocutor no es tan lego en la materia como al principio le supusimos. Indudablemente, se esfuerza en llegar a la comprensión del psicoanálisis con ayuda de sus conocimientos anteriores, enlazándola con algo que le es ya conocido. Se nos plantea ahora la difícil labor de hacerle ver que tal intento se halla condenado al fracaso, por ser el análisis un procedimiento *sui generis*, algo nuevo y singularísimo, a cuya comprensión sólo puede llegarse con ayuda de conocimientos —o, si se quiere, hipótesis— totalmente nuevos. Mas ante todo, habremos de dar respuesta a su última observación:

Es, ciertamente, muy digna de tenerse en cuenta su indicación sobre la influencia personal del analítico. Tal influencia existe desde luego, y desempeña en el análisis un papel muy importante, pero distinto en absoluto del que desempeña en el hipnotismo. No sería difícil demostrar que se trata de situaciones completamente diferentes. Bastará hacer observar que en el análisis no utilizamos dicha influencia personal —el factor «sugestivo»— para vencer los síntomas patológicos, como sucede en el hipnotismo, y además, que sería erróneo creer que tal factor constituía la base y el motor del tratamiento. Al principio, sí; pero más tarde, lo que hace es oponerse a nuestras intenciones analíticas, forzándonos a tomar amplias medidas defensivas. También quisiéramos demostrar con un ejemplo cuán lejos de nuestra técnica analítica se halla toda tentativa de desviar las ideas del enfermo o convencerle de su falsedad. Así, cuando nuestro paciente sufre de un sentimiento de culpabilidad, como si hubiera cometido un crimen, no le aconsejamos que se sobreponga a este tormento de su conciencia acentuando su indudable inocencia, pues esto ya lo ha intentado él sin resultado alguno. Lo que hacemos es advertirle que una sensación tan intensa y resistente ha de hallarse basada en algo real, que quizá pueda ser descubierto.

«Me asombrará —opina aquí nuestro imparcial interlocutor— que con una tal confirmación de la realidad del sentimiento de culpa consigan ustedes mitigarlo. Pero ¿cuáles son sus intenciones analíticas y qué emprenden ustedes con el paciente?»

2

Si hemos de hacernos comprender de usted —continuamos diciendo a nuestro interlocutor— habremos de exponerle un fragmento de una teoría psicológica desconocida o insuficientemente estimada fuera de los círculos analíticos. De ella podremos deducir lo que nos proponemos conseguir en beneficio de nuestros enfermos y cómo lo alcanzamos. Vamos a exponerla dogmáticamente y como si se tratara de una construcción ideológica terminada y perfecta. Pero no vaya usted a creer que ha nacido ya así, como un sistema filosófico. Por el contrario, la hemos construido muy despacio, forjando laboriosamente cada uno de sus elementos y modificándola de continuo en un ininterrumpido contacto con la observación, hasta verla adquirir por fin una forma que nos parece bastar para nuestros propósitos. Todavía hace algunos años hubiera tenido que vestir esta teoría con distintos conceptos, sin que tampoco pueda hoy asegurar que su actual expresión haya de ser la última y definitiva. La ciencia no es revelación, y aunque muy lejos ya de sus comienzos, carece todavía de los caracteres de precisión, inmutabilidad e infalibilidad a los que aspira el pensamiento humano. Pero así y todo, es lo único que poseemos. Si a ella añade usted que nuestra disciplina es aún muy joven, habiendo nacido casi con el siglo actual y que se ocupa de una de las materias más arduas que pueden plantearse a la investigación humana, no le será difícil adoptar la actitud justa para oírme. De todos modos, interrúmpame usted siempre que no pueda seguirme o necesite más amplias aclaraciones.

«Voy a interrumpirle antes siquiera de empezar. Dice usted que va a exponerme una nueva Psicología. Ahora bien: la Psicología no es, ni con mucho, una ciencia nueva. Ha habido muchos psicólogos, y según recuerdo de mis tiempos de estudiante, se han alcanzado ya en este sector científico rendimientos de gran importancia.»

Rendimientos que no pienso, por mi parte, discutir. Pero si los examina usted con algún detenimiento, verá que deben ser adscritos más bien a la fisiología de los sentidos. La Psicología no ha podido desarrollarse porque se lo ha impedido un error fundamental. ¿Qué comprende hoy, tal y como es enseñada en los centros de cultura? Aparte de los valiosos conocimientos antes mencionados, pertenecientes a la fisiología de los sentidos, una cierta cantidad de divisiones y definiciones de nuestros procesos anímicos, que los usos del lenguaje han convertido en propiedad común a todos los hombres cultos. Y esto no basta, desde luego, para la concepción de nuestra vida psíquica. ¿No ha observado usted que cada filósofo, cada poeta, cada historiador y cada biógrafo crean para su uso particular una teoría psicológica, y forjan hipótesis personales, más o menos atractivas, pero siempre inconsistentes, sobre la cohesión y los fines de los actos psíquicos? Falta a todo ello un fundamento común. De aquí, también, que en el terreno psicológico no existan, por decirlo así, respeto ni autoridad algunos. Todo el mundo se considera con derecho a opinar. Si plantea usted una cuestión de Física o de Química, callarán todos los no especializados en tales materias. En cambio, si arriesgamos una afirmación psicológica, podemos estar seguros de que nadie dejará de emitir su juicio, favorable o adverso. Por lo visto no existen en este sector «conocimientos especiales».

Todo el mundo tiene su vida anímica y se cree, por ello, psicólogo. Pero a nuestro juicio, a título bien precario, recordándonos la respuesta de aquella mujer que fue a ofrecerse como aya, y al ser preguntada si tenía nociones de cómo se debía tratar a los niños pequeños, exclamó un tanto extrañada: «¡Naturalmente! También yo he sido niña alguna vez.»

«Y ese "fundamento común" de la vida anímica, hasta ahora desatendido por los psicólogos, ¿dice usted haberlo descubierto por medio de la observación de enfermos?»

No creo que tal origen quite valor a nuestros descubrimientos. La Embriología, por ejemplo, no nos merecería confianza alguna si no pudiese explicar satisfactoriamente la génesis de las deformidades innatas. En cambio, le he hablado a usted antes de casos en los que el pensamiento sigue caminos independientes de la voluntad del sujeto, obligándole a meditar sin descanso sobre problemas que le son totalmente indiferentes: ¿Cree usted que la Psicología oficial ha podido jamás aportar algo a la explicación de tales anomalías? Por último, todos podemos comprobar que, mientras dormimos, sigue nuestro pensamiento caminos propios y crea cosas que luego no comprendemos, y que recuerdan ciertos productos patológicos. El vulgo ha mantenido siempre la creencia de que los sueños significan algo y tenían un sentido y un valor propios. Pero la Psicología oficial no ha podido nunca indicar tal sentido de los sueños. No ha sabido qué hacer con ellos, y cuando ha intentado darles alguna explicación, ha sido siempre fuera de todo carácter psicológico, refiriéndolos a estímulos sensoriales, a una distinta profundidad del reposo de las diversas partes del cerebro, etc. Ahora bien: una psicología que no ha conseguido explicar los sueños, no ha de poder tampoco proporcionarnos una explicación de la vida anímica normal, ni tiene derecho alguno al nombre de ciencia.

«Observo ahora en usted una cierta agresividad, indicio de que llegamos a un punto delicado. He oído, en efecto, que el análisis da gran valor a los sueños, los interpreta, busca tras ellos recuerdos de sucesos reales, etcétera.

Pero también que la interpretación de los sueños queda abandonada al arbitrio del analítico y que estos últimos no han llegado todavía a un acuerdo sobre el modo de interpretar los sueños, ni sobre la justificación de deducir de ellos conclusiones. Si ello es así, no debe usted subrayar con tanta energía la ventaja que el análisis ha alcanzado sobre la Psicología oficial.»

Hay mucho de verdad en lo que acaba usted de decir. Es cierto que la interpretación de los sueños ha adquirido, tanto para la teoría como para la práctica del análisis, una extraordinaria importancia. Si parezco agresivo, es tan sólo como medio de defensa. Pero si pienso en los destrozos que algunos analíticos han causado con la interpretación de los sueños, me torno tímido y casi doy la razón a nuestro gran satírico Nestroy[1] cuando afirma que todo progreso no es sino la mitad de lo que en principio se creyó. Ahora bien: ¿no es cosa sabida que los hombres no hacen sino embrollar y destrozar todo lo que cae en sus manos? Con un poco de prudencia y de disciplina puede evitarse la mayoría de los peligros de la interpretación onírica. Pero ¿no cree usted que si continuamos divagando como hasta ahora, no llegaré nunca a exponerle la teoría anunciada?

«Es cierto. Si no comprendí mal, se proponía usted hablarme de la hipótesis fundamental de la nueva Psicología.»

No era por ese punto por el que precisamente quería comenzar. Ahora me propongo exponerle la idea que en el curso de nuestros estudios analíticos nos hemos formado de la estructura del aparato anímico.

«¿A qué da usted el nombre de aparato anímico y cuál es su composición?»

Pronto verá usted claramente lo que es el aparato anímico. En cambio, le ruego no me pregunte cuáles son los materiales que lo componen.

Es ésta una cuestión tan indiferente para la Psicología

[1] [Joham Nestroy (1801-62) famoso en Viena como escritor de comedias y farsas.]

como puede serlo para la Optica el que las paredes de un anteojo sean de metal o de cartón. Dejaremos, por tanto, a un lado el punto de vista *material.* No así, en cambio, el *espacial,* que ha de sernos muy útil. Nos representamos, en efecto, el desconocido aparato dedicado a las funciones anímicas como un instrumento compuesto de varias partes, a las que denominamos instancias, cada una de las cuales cumple una función particular, teniendo todas, entre sí, una relación espacial fija. Esta relación espacial, o sea, la determinada por los conceptos de «delante», «detrás», «superficial» y «profundo», no tiene en un principio, para nosotros, más sentido que el de una representación de la sucesión regular de las funciones. ¿Me hago entender todavía?

«Apenas. Quizá luego vaya viendo más claro; pero de todos modos he de observarle que me presenta usted aquí una singular anatomía del alma, inusitada ya entre los investigadores físicos».

¿Qué quiere usted decir? Se trata de una representación auxiliar como tantas otras usadas en las ciencias. Las primeras han sido siempre algo groseras. *Open to revision* hay que decir en estos casos. Pero no creo siquiera necesario acogerme al ya popular «como si». El valor de una tal ficción —como la denominaría el filósofo Vahinger[1]— depende de la utilidad que nos reporte.

Continuemos: Reconocemos en el hombre una organización anímica interpolada entre sus estímulos sensoriales y la percepción de sus necesidades físicas, de un lado, y de otro, sus actos motores, sirviendo, con un propósito determinado, de mediadora entre tales dos sectores. A esta organización psíquica que reconocemos en el hombre la denominamos su *yo.* No es esto ninguna novedad. Todos los hombres cultos aceptan esta hipótesis, aunque no sean filósofos y algunos, a pesar de serlo. Pero con esto no creemos haber agotado la descripción del aparato anímico. Además de la existencia de este *yo,* reconocemos la de otro sector psíquico, más amplio, importante

[1] [Hans Vaihinger (1852-1933). Su sistema filosófico fue enunciado en *Die Philosophie des Als Ob* (1911).]

y oscuro que el *yo,* sector al que denominamos el *ello.* Vamos, ante todo, a ocuparnos de la relación entre ambos.

Tal vez protestará usted porque hayamos elegido simples pronombres para describir estas dos instancias, en lugar de hacerlo con pomposos nombres griegos. Sin embargo, preferimos que el psicoanálisis se mantenga en contacto con el pensamiento popular y haga científicamente útil sus conceptos en lugar de rechazarlos. No hay método alguno en esto. Estamos obligados a escoger este camino, dado que nuestras teorías han de ser comprendidas por los pacientes, a menudo muy inteligentes pero no siempre instruidos. El «ello» [es] impersonal se conecta de inmediato con ciertas formas de expresión empleadas por la gente consciente. «Se me cruzó por un instante» *[«Es hat mich durchzucht»]; «era más fuerte que yo» [«es was etwas in mir, was in dwesen Augenbloch stärken was als ich.»] «C'était plus fort que moi».*

En Psicología sólo por medio de comparaciones nos es posible describir, circunstancia nada singular, pues se da igualmente en otros sectores. Pero también hemos de cambiar constantemente de comparaciones: ninguna nos dura mucho. Así pues, si he de hacer suficientemente clara la relación entre el *yo* y el *ello,* le ruego se represente al *yo* como una especie de fachada del *ello;* esto es, como un primer plano, un estrato exterior o una corteza del mismo. Conservamos esta última comparación. Sabido es que las capas corticales deben sus cualidades particulares a la influencia modificativa del medio exterior, con el que están en contacto. Nos representamos, pues, al *yo* como la capa exterior del aparato anímico, del *ello,* modificada por la influencia del mundo exterior (de la realidad). Irá usted viendo ya cuán seriamente utilizamos en el psicoanálisis los conceptos espaciales. El *yo* es realmente para nosotros lo superficial, y el *ello,* lo profundo; claro es que considerados desde fuera. El *yo* se encuentra entre la realidad, y el *ello,* lo propiamente anímico.

«No quiero preguntarle todavía cómo puede saberse todo eso. Pero dígame qué le obliga a usted a establecer esa distinción de un *yo* y un *ello.*»

Su pregunta me indica el camino por el que debo seguir. Lo importante es, en efecto, saber que el *yo* y el *ello* se diferencian considerablemente en varios puntos. En el *yo*, el curso de los actos psíquicos es regido por reglas distintas que en el *ello*, y además, el *yo* persigue otros fines y con distintos medios. Sobre esto habría mucho que decir; pero creo que bastarán una nueva comparación y un ejemplo. Piense usted en la diferencia entre el frente de combate y el resto del país durante la guerra. No nos extrañaba entonces que en el frente llevase todo un ritmo distinto, ni que en la retaguardia se permitiesen muchas cosas que en el frente habían de ser prohibidas. La influencia determinante era, naturalmente, la proximidad del enemigo. Para el alma, tal influjo es la proximidad del mundo exterior. Exterior, extranjero y enemigo fueron un día conceptos idénticos. Ahora, el ejemplo: en el *ello* no hay conflictos. Las contradicciones y las antítesis subsisten impertérritas lado a lado y se resuelven con frecuencia por medio de transacciones. El *yo* experimenta en tales casos un conflicto, que ha de ser resuelto, y la solución consiste en abandonar una tendencia en obsequio a la otra. El *yo* es una organización que se caracteriza por una singular aspiración a la unidad, a la síntesis, carácter que falta en absoluto al *ello*, el cual carece, por decirlo así, de coherencia. Sus distintas tendencias persiguen sus fines independientemente unas de otras, y sin atenderse entre sí.

«Pero si realmente existe un *hinterland* psíquico tan importante, ¿cómo se explica que haya permanecido incógnito hasta la época del análisis?»

Con esto volvemos a una de sus preguntas anteriores. La Psicología se había cerrado el acceso al sector del *ello*, manteniendo una hipótesis que en un principio parece aceptable, pero que resulta insostenible. Es esta hipótesis la de que todos los actos anímicos son conscientes, siendo la conciencia[1] la característica de lo psíquico, y que si

[1] [Cf. Nota de Strackey al trabajo de Freud *La inconsciente* (1915e), Standard Ed., 14, 165 n.]

existen en nuestro cerebro procesos no conscientes, no merecen el nombre de actos psíquicos ni interesan para nada a la Psicología.

«A mi juicio, es ésta la posición más lógica.»

Así opinan también los psicólogos. Pero no es difícil demostrar que es absolutamente falsa, constituyendo una diferenciación por completo inadecuada. La autoobservación más superficial nos enseña que podemos tener ocurrencias que no pueden haber surgido sin una previa preparación. Ahora bien: de estos grados primarios de nuestro propio pensamiento, que desde luego ha debido de ser también de naturaleza psíquica, no tenemos la menor noticia, y en nuestra conciencia aparece sólo el resultado. A veces, logramos hacer conscientes *a posteriori* tales productos mentales preparatorios, reconstruyéndolos.

«Lo más probable es que la atención se hallase desviada, y no advirtiésemos así dichos preparativos.»

Evasivas con las que no se logra eludir el hecho de que puedan desarrollarse en nosotros actos de naturaleza psíquica, a veces muy complicados, de los que ninguna noticia tiene nuestra conciencia ni llegamos a saber nada. ¿O está usted dispuesto a aceptar que un poco más o un poco menos de «atención» basta para transformar un acto no psíquico en un acto psíquico? Mas ¿para qué discutir? Existen experimentos hipnóticos, en los cuales queda demostrada irrebatiblemente la existencia de tales pensamientos no conscientes.

«No quiero negarlo. Pero creo que, por fin, llego a comprenderlo. Lo que usted denomina el *yo* es la conciencia, y su *ello* es lo subconsciente, tan discutido en estos tiempos. Mas ¿para qué ponerles nuevos motes?»

No se trata de poner nuevos motes. Es que los otros nombres son absolutamente inutilizables. Y no intente usted venirme ahora con literatura en lugar de ciencia. Cuando alguien me habla de lo subconsciente, no acierto a saber si se refiere tópicamente a algo que se encuentra en el alma, por debajo de la conciencia, o, cualitativamente a otra conciencia, o a una especie de conciencia subterránea. Lo más probable es que el mismo que emplea tal palabra no vea claramente su alcance. La única antítesis admisible es la de lo consciente y lo inconsciente. Ahora bien: sería un error de graves consecuencias creer que esta antítesis coincide con la diferenciación de un *yo* y un *ello*. Por mi parte, lo celebraría mucho, pues tal coincidencia facilitaría en extremo el camino de nuestra teoría; pero no es así. Todo lo que sucede en *ello* es y permanece inconsciente, y sólo los procesos desarrollados en el *yo pueden* llegar a ser conscientes. Pero no todos, ni siempre ni necesariamente, pues partes muy considerables del *yo* pueden permanecer inconscientes duraderamente.

El devenir consciente de un proceso anímico es harto complicado. No puedo por menos de exponerle —de nuevo dogmáticamente— nuestras hipótesis sobre el caso. Recordará usted mi anterior descripción del *yo* como la capa exterior, periférica, del *ello*. Suponemos ahora que en la superficie más externa de este *yo* se encuentra una instancia especial, directamente vuelta hacia el mundo exterior; un sistema, un órgano, cuyo estímulo produce el fenómeno, al que damos el nombre de conciencia. Este órgano puede ser estimulado tanto desde el exterior por los estímulos del mundo externo, que llegan a él con ayuda de los órganos sensoriales, como desde el interior por las sensaciones surgidas en el *ello* o los procesos desarrollados en el *yo*.

«Esto se hace cada vez más complicado, y escapa cada vez más a mi inteligencia. Me ha invitado usted a una conversación sobre el problema de si los profanos en Medicina pueden emprender un tratamiento analítico. Sobran, pues, todas sus explicaciones de teorías oscuras y arriesgadas, de cuya justificación no logrará usted convencerme.»

Sé que no me será posible convencerle. Está fuera de toda posibilidad y, por tanto, fuera también de mis propósitos. Cuando damos a nuestros discípulos una clase teórica de psicoanálisis, observamos la poca impresión que en ellos hacen nuestras palabras. Escuchan las teorías analíticas con la misma frialdad que las demás abstracciones con que en su vida de estudiantes se les ha alimentado.

Tal vez unos pocos *desean* ser convencidos, pero no hay signo alguno de que ello suceda. Por esta razón, exigimos que todo aquel que desea practicar el análisis se someta antes él mismo a un análisis, y sólo en el curso del mismo, al experimentar en su propia alma los procesos postulados por las teorías analíticas, es cuando adquiere aquellas convicciones, que han de guiarle luego en su práctica analítica. ¿Cómo, pues, pudiera yo abrigar alguna esperanza de convencer a usted de la exactitud de nuestras teorías, habiendo de limitarme a su exposición incompleta, abreviada y, por tanto, poco transparente, sin reforzarla con sus propias experiencias personales?

Mi intención es muy otra. Entre nosotros no se trata de si el análisis es sabio o insensato, ni de si sus afirmaciones son exactas o groseramente erróneas. Desarrollo ante usted nuestras teorías porque me parece el mejor medio de mostrarle claramente el contenido ideológico del análisis, las premisas de que parte con los enfermos y lo que con ellos se propone. De este modo lograremos iluminar intensamente la cuestión del análisis profano. Por lo demás, esté usted tranquilo. Siguiéndome hasta aquí ha recorrido usted ya el trozo más penoso del camino. Lo que resta ha de serle más fácil. Pero déjeme usted tomar aliento.

3

«Ahora espero que me deduzca usted de las teorías psicoanalíticas la forma en que podemos representarnos la génesis de un padecimiento nervioso.»

Voy a intentarlo. Mas para ello habremos de estudiar nuestro *yo* y nuestro *ello* desde un nuevo punto de vista: desde el punto de vista *dinámico*, o sea, teniendo en cuenta las fuerzas que actúan en y entre ambas instancias. Antes nos hemos limitado a la descripción del aparato anímico.

«Supongo que será usted ya menos oscuro.»

Así lo espero, y creo que no ha de serle tan penoso seguirme. Suponemos, pues, que las fuerzas que mueven el aparato psíquico nacen en los órganos del soma como expresión de las grandes necesidades físicas. Recuerde usted la frase de nuestro filósofo poeta: «Hambre y Amor»[1]. Una respetabilísima pareja de fuerzas. Damos a estas necesidades físicas, en cuanto representan estímulos de la actividad psíquica, el nombre de *pulsiones,* una palabra que muchos lenguajes modernos nos envidian. Tales pulsiones llenan el *ello,* pudiendo afirmarse sintéticamente que toda la energía del *ello* procede de las mismas. También las fuerzas del *yo* tienen igual origen, siendo derivación de las del *ello.* ¿Qué demandan las pulsiones? Satisfacción; esto es, la constitución de situaciones en las que puedan quedar apaciguadas las necesidades somáticas. El descenso de la tensión de la necesidad genera en nuestra conciencia una sensación de placer. En cambio, su incremento genera en el acto sensaciones de displacer. Estas oscilaciones dan origen a la serie de sensaciones de placer-displacer, con arreglo a la cual regula su actividad el aparato anímico. Hablamos aquí de un *dominio del principio del placer.*

Cuando las aspiraciones pulsionales del *ello* no encuentran satisfacción, surgen estados intolerables. La experiencia muestra pronto que tales situaciones de satisfacción sólo pueden ser constituidas con ayuda del mundo exterior, y entonces entra en funciones la parte del *ello,* vuelta hacia dicho mundo exterior, o sea, el *yo.* La fuerza que impulsa al navío corresponde toda al *ello;* pero el *yo* es el timonel, sin el cual nunca se llegaría a puerto. Las pulsiones del *ello* tienden a una satisfacción, ciega a inmediata; mas por sí solas no la alcanzarían jamás, dando, en cambio, ocasión a graves daños. Al *yo* corresponde evitar un tal fracaso, actuando de mediador entre las exigencias del *ello* y las del mundo exterior real. Su actuación se orienta en dos direcciones: por un lado observa, con ayuda de su órgano sensorial del sistema de la conciencia,

[1] [«Son las que mueven el mundo», Schiller, *Die Weltweisen.*]

el mundo exterior para aprovechar el momento favorable a una satisfacción exenta de peligro, y por otro actúa sobre el *ello,* refrenando sus «pasiones» y obligando a las pulsiones a aplazar su satisfacción, e incluso, en caso necesario, a modificar sus fines o a abandonarlos contra una indemnización. Al domar así los impulsos del *ello* sustituye el principio del placer, único antes dominante, por el llamado *principio de la realidad,* que si bien persigue iguales fines, lo hace atendiendo a las condiciones impuestas por el mundo exterior. Más tarde averigua el *yo* que para el logro de la satisfacción existe aún otro camino distinto de esta *adaptación* al mundo exterior. Puede también actuar directamente sobre el mundo exterior, *modificándolo,* y establecer en él intencionadamente aquellas condiciones que han de hacer posible la satisfacción. En esta actividad hemos de ver la más elevada función del *yo.* La decisión de cuándo es más adecuado dominar las pasiones y doblegarse ante la realidad, y cuándo se debe atacar directamente al mundo exterior, constituye la clave de la sabiduría.

«Y siendo el *ello* la instancia más fuerte, ¿se deja realmente dominar por el *yo?*»

Sí; cuando el *yo* se encuentra plenamente organizado y dispone de toda su capacidad funcional, teniendo acceso a todas las partes del *ello* y pudiendo ejercer su influjo sobre ellas. Entre el *yo* y el *ello* no existe oposición natural ninguna; son partes de un mismo todo, y en los casos de salud normal resultan prácticamente indiferenciables.

«Todo esto está muy bien; pero no veo en esta relación ideal lugar alguno para la enfermedad.»

En efecto, mientras el *yo* y sus relaciones con el *ello* se mantienen en estas condiciones ideales, no surge perturbación nerviosa alguna. El portillo que se abre a la enfermedad aparece en un lugar inesperado, si bien un perito en Patología general no extrañará ver también confirmado en este caso que precisamente los desarrollos y las diferenciaciones más importantes llevan en sí el germen de la enfermedad y de la inhibición de las funciones.

«Me resulta usted ahora demasiado técnico, y no sé si le comprendo bien.»

Voy a explicarme. Ante el formidable mundo exterior, plagado de fuerzas destructoras, el hombre no es sino una mísera criatura, insignificante e inerme. Un ser primitivo, que no ha desarrollado aún una organización, un *yo* suficiente, se halla expuesto a infinitos «traumas». Vive la satisfacción «ciega» de sus deseos pulsionales, y sucumbe arrastrado por ella. La diferenciación en la que surge el *yo* es, ante todo, un progreso para la conservación de la vida. El sucumbir no enseña nada; pero cuando se ha resistido felizmente un trauma, se vigila la aproximación de situaciones análogas y se señala el peligro por medio de una repetición abreviada de las impresiones experimentadas durante el trauma, o sea, por medio de un *afecto de angustia.* Esta reacción a la percepción del peligro inicia la tentativa de fuga, la cual salva la vida hasta que se es suficientemente fuerte para afrontar de un modo activo, e incluso con la agresión, los peligros del mundo exterior.

«Todo esto se aparta mucho del tema que me prometió tratar.»

No sospecha usted cuán cerca llegamos ya del cumplimiento de mi promesa. También en los seres que más tarde presentan una organización del *yo* perfectamente capaz de rendimiento es este *yo* al principio, durante los años infantiles, muy débil, y se halla muy poco diferenciado del *ello.* Imagine usted ahora lo que sucederá al experimentar este *yo,* impotente, la presión de una exigencia pulsional, procedente del *ello;* exigencia a la que quisiera ya resistirse porque adivina que su satisfacción es peligrosa y habrá de provocar una situación traumática, un choque con el mundo exterior, pero que no puede dominar por carecer aún de fuerzas para ello. El *yo* se comporta entonces ante el peligro pulsional como si se tratara de un peligro exterior; emprende una tentativa de fuga, se retira de aquella parte del *ello* y la deja abandonada a su suerte, después de negarle todos los auxilios que en los demás casos pone al servicio de los impulsos pulsionales. Decimos entonces que el *yo* lleva a cabo una *represión* del impulso pulsional de que se trate. De momento tiene esta maniobra el resultado de alejar el peligro, pero no se pueden confundir impunemente el exterior y el interior. Es imposible huir de sí mismo. En la represión sigue el *yo* el principio del placer, que de costumbre suele corregir, y esta inconsecuencia le acarrea un daño, consistente en limitar ya duraderamente su esfera de acción. El impulso pulsional reprimido queda ahora aislado, abandonado a sí mismo, inaccesible y sustraído a toda influencia. Sigue, pues, en adelante caminos propios. El *yo* no puede ya, por lo general, aun llegado después a su plenitud, deshacer la represión, quedando así perturbada su síntesis, y permaneciéndole vedado el acceso a una parte del *ello*. Pero, además, el impulso pulsional aislado no permanece ocioso: encuentra medios de indemnizarse de la satisfacción normal, que le ha sido prohibida; genera ramificaciones psíquicas que le representan, se enlaza a otros procesos, que su influencia sustrae también al *yo*, y aparece, por fin, en el *yo* y en la conciencia bajo la forma de un producto sustitutivo, irreconociblemente disfrazado o deformado, creando aquello que conocemos con el nombre de síntoma. He aquí ya ante nosotros el estado de cosas de una perturbación nerviosa. Por una parte, un *yo* coartado en su síntesis, carente de influencia sobre partes del *ello*, obligado a renunciar a algunas de sus actividades para evitar un nuevo choque con lo reprimido, y agotándose en actos defensivos, casi siempre vanos, contra los síntomas, ramificaciones de los impulsos reprimidos. Por otra, un *ello*, en el que ciertas pulsiones se han hecho independientes, y persiguen, sin tener en cuenta los intereses de la personalidad total, sus fines particulares, obedientes tan sólo a las leyes de la primitiva psicología que reina en las profundidades del *ello*. Considerando la situación en conjunto, hallamos la siguiente sencilla fórmula de la génesis de la neurosis: El *yo* ha intentado someter *en forma inadecuada* determinadas partes del *ello*, fracasando en su empeño y teniendo que sufrir ahora la venganza del *ello*. Así pues, la neurosis es la consecuencia de un conflicto entre el *yo* y el *ello;* conflicto que provoca el *yo* por mantener a toda costa su docilidad para con el mundo exterior. El conflicto surge entre el mundo exterior y el *ello*, y porque el *yo*, fiel a su más íntima esencia, toma partido por el mundo exterior y entra en conflicto con su *ello*. Pero observe usted bien que no es este conflicto mismo el que crea la condición de la enfermedad —pues tales oposiciones entre la realidad y el *ello* son inevitables, y una de las funciones constantemente encomendadas al *yo* es la de actuar en ellas de mediador—, sino la circunstancia de haberse servido el *yo* para resolver el conflicto de un medio —la represión— totalmente insuficiente; circunstancia debida a que el *yo*, en la época en que le fue planteada esta labor, no había aún llegado a su pleno desarrollo y total potencia. Todas las represiones decisivas tienen lugar, efectivamente, en la más temprana infancia.

«¡Singularísima trayectoria! Sigo su consejo de no criticar, ya que sólo se propone usted mostrarme la opinión del psicoanálisis sobre la génesis de la neurosis, para enlazar a ella la exposición de su acción contra tales perturbaciones. Se me ocurren, desde luego, varias objeciones, que dejo para más adelante. Por ahora, sólo quiero advertirle que siento la tentación de seguir construyendo sobre la base de sus propios pensamientos y arriesgar, por mi cuenta, una teoría. Ha desarrollado usted la relación entre el mundo exterior, el *yo* y el *ello*, y establecido como condición de la neurosis la de que el *yo*, fiel a su dependencia del mundo exterior, combate al *ello*. ¿No puede también imaginarse el caso contrario, o sea el de que el *yo* se deje arrastrar por el *ello* y haga traición al mundo exterior? Según mi profana idea de la naturaleza de las enfermedades mentales, pudiera muy bien ser esta decisión del *yo* la condición de una enfermedad de este género, toda vez que un tal apartamiento de la realidad parece ser el carácter esencial de las mismas.»

También yo he pensado en ello[1] y me parece muy verosímil, si bien la prueba de esta sospecha exigiría una discusión harto complicada. La neurosis y la psicosis, per-

[1] [Cf. *Neurosis y Psicosis*, en el capítulo 10 de este libro.]

turbaciones íntimamente afines, desde luego, difieren en un punto decisivo, que puede depender muy bien de la resolución que tome el *yo* en un tal conflicto. En cambio, el *ello* conservaría siempre su carácter de ciega independencia.

«Continúe usted. ¿Qué medios le sugiere la teoría para el tratamiento de las enfermedades neuróticas?»

Resulta ya fácil diseñar nuestro fin terapéutico. Queremos reconstituir el *yo*, libertarlo de sus limitaciones y devolverle el dominio sobre el *ello*, perdido a consecuencia de sus pasadas represiones. Este y sólo éste es el fin del análisis, y toda nuestra técnica se halla orientada hacia él. Hemos de buscar las represiones efectuadas y mover al *yo* a corregirlas con nuestra ayuda, resolviendo los conflictos en una forma más adecuada que el intento de fuga. Como tales represiones tuvieron efecto en años infantiles muy tempranos, la labor analítica nos hace retroceder a esta época de la vida del sujeto. El camino que conduce hasta aquellas situaciones de conflicto olvidadas en su mayoría, que queremos reanimar en la memoria del enfermo, nos es indicado por los síntomas, los sueños y las ocurrencias espontáneas del sujeto, material que ha de ser previamente objeto de una interpretación o traducción, pues bajo la influencia de la psicología del *ello* ha llegado a tomar formas expresivas que dificultan su comprensión. De los recuerdos, ideas y ocurrencias que el paciente nos comunica, no sin resistencia interior, hemos de suponer que se hallan enlazados, en algún modo, con lo reprimido, o son incluso ramificaciones suyas. Al llevar al paciente a vencer su resistencia a comunicar este material, enseñamos a su *yo* a dominar su tendencia a los intentos de fuga y a soportar la aproximación de lo reprimido. Al fin, cuando se ha conseguido reproducir en su recuerdo la situación en la que tuvo lugar la represión, queda brillantemente recompensada su docilidad. La diferencia entre la época de la represión y la actual le es favorable, y el conflicto ante el cual recurrió su *yo* a la fuga no es hoy, para el *yo* adulto y robustecido, más que un juego infantil.

4

«Todo lo que hasta ahora me ha expuesto usted ha sido Psicología. A veces ha resultado extraño, oscuro y espinoso; pero siempre, si me permite usted la palabra, limpio. Ahora bien: hasta hoy sabía muy poco de psicoanálisis; pero, de todos modos, había llegado a mis oídos el rumor de que ustedes los analíticos se ocupaban predominantemente de cosas a las que no podía en modo alguno aplicarse el calificativo antes arriesgado. El que hasta ahora no haya tocado usted en su exposición nada semejante me parece obedecer quizá a un deliberado propósito de abstención. Además, no puedo reprimir otra duda. Las neurosis son, como usted mismo dice, perturbaciones de la vida anímica. ¿Será posible que factores tan importantes como nuestra ética, nuestra conciencia moral y nuestros ideales no desempeñen papel ninguno en tales hondas perturbaciones?»

Me advierte usted, pues, que hasta ahora hemos omitido en nuestra conversación tanto lo más alto como lo más bajo. Es cierto, y ello se debe a que todavía no hemos empezado a ocuparnos de los contenidos de la vida anímica. Pero ahora me va usted a permitir que sea yo quien interrumpa y detenga el curso de nuestro diálogo. Le he expuesto tanta Psicología porque deseaba provocar en usted la impresión de que la labor analítica no es sino un sector de la psicología aplicada, si bien de una psicología desconocida fuera del análisis. Así pues, el analítico tiene, ante todo, que haber estudiado esta psicología, la psicología abismal *(Tiefenpsychologie)* o psicología de lo inconsciente, o por lo menos todo lo que de ella se conoce hasta el día. Retenga usted esta circunstancia, que ha de sernos necesaria para nuestras posteriores conclusiones. Pero dígame ahora a qué se refería usted con su anterior alusión a la pureza.

«Le diré; se cuenta generalmente que en los análisis llega a hablarse de las circunstancias más íntimas y repugnantes de la vida sexual, sin perdonar un solo detalle. Si es así —y de sus explicaciones psicológicas no he podido deducir que así haya de ser—, tendremos un argumento para no consentir sino a los médicos el ejercicio del análisis. ¿Cómo permitir a personas de cuya discreción no se está seguro y de cuyo carácter no tenemos garantía ninguna tamañas libertades?»

Es cierto que los médicos gozan en el terreno sexual de ciertas prerrogativas. Pueden incluso reconocer los órganos genitales aunque no se les permita en oriente. Aunque todavía existe algún reformador idealista —ya sabe usted a quién me refiero[1]— que ha combatido tales privilegios. Pero usted quería saber, ante todo, si el análisis es así y por qué ha de tener este carácter, ¿no es verdad? Pues bien: es así.

Y tiene que ser así, en primer lugar, porque el análisis se halla basado en una completa sinceridad. Trátase en él, por ejemplo, con igual franqueza, circunstancias económicas que el sujeto no acostumbraba comunicar a sus conciudadanos, aunque no sean concurrentes suyos ni inspectores del Fisco. Claro es que esta absoluta sinceridad a que el paciente se obliga echa sobre el analítico una grave responsabilidad moral. En segundo lugar, tiene que ser así, porque entre las causas de las enfermedades nerviosas desempeñan los factores de la vida sexual un papel importantísimo, quizá incluso específico. ¿Qué puede hacer el análisis sino adaptarse a su materia; esto es, al material que el enfermo le proporciona? El analítico no atrae jamás al paciente al terreno sexual, ni siquiera le advierte que habrá de tratarse en el análisis de tales intimidades. Deja que comience sus comunicaciones donde quiera, y espera tranquilamente a que toque por sí mismo los temas sexuales. Por mi parte, acostumbro hacer a mis discípulos la siguiente advertencia: nuestros adversarios nos han anunciado que encontraremos casos en los que el factor sexual no desempeña papel ninguno. Guardémonos, pues, muy bien de introducir nosotros en los análisis tales factores, para no destruir la posibilidad de hallar un

[1] [Una alusión a Tolstoi.]

tal caso. Pero hasta ahora ninguno de nosotros ha tenido la suerte de encontrarlo.

Sé, naturalmente, que nuestro reconocimiento de la sexualidad constituye el principal motivo —confesado o no— de la hostilidad contra el análisis. Pero esta circunstancia no puede inducirnos en error, mostrándonos tan sólo cuán neurótica es nuestra sociedad civilizada, ya que sujetos aparentemente normales se conducen como enfermos nerviosos. En los tiempos en que el psicoanálisis era solemnemente enjuiciado en los círculos intelectuales de Alemania —de entonces acá han variado muchas cosas— hubo un orador que se consideraba con autoridad excepcional en la materia, por el hecho de seguir también el método de dejar a los enfermos exteriorizar sus pensamientos, suponemos que con un propósito diagnóstico y para poner a prueba las afirmaciones analíticas. Pero —añadía— en cuanto comienzan a hablarme de cosas sexuales les cierro la boca. ¿Qué opina usted de un tal procedimiento de prueba? El docto auditorio aplaudió entusiasmado al orador, en lugar de avergonzarse de su ligereza, como hubiera sido lógico. Sólo la triunfante seguridad que presta el saber compartida toda una serie de prejuicios puede explicar la desaprensión lógica de este orador. Años después, algunos de mis alumnos de entonces cedieron a la necesidad de libertar a la sociedad humana del yugo de la sexualidad que le había impuesto el psicoanálisis. Uno de ellos ha declarado que lo sexual no era la sexualidad, sino algo distinto, abstracto y místico, y otro ha llegado a pretender que la vida sexual no es sino uno de los sectores en los que el hombre quiere satisfacer la necesidad de poderío y dominio que le mueve. Ambos han encontrado una gran acogida, al menos por ahora.

«Alto ahí. Sobre esto último ya me atrevo yo a opinar. Me parece, en efecto, muy arriesgado afirmar que la sexualidad no es una necesidad natural y primitiva del ser vivo, sino la expresión de algo distinto. Basta con observar el ejemplo de los animales.»

No importa. No hay mixtura alguna, por absurda que sea, que la sociedad no trague gustosa, si se le presenta como un filtro contra el temido poder de la sexualidad.

Pero, además, he de confesarle que su repugnancia a atribuir al factor sexual un papel tan preponderante en la causa de las neurosis no me parece muy compatible con su imparcialidad. ¿No teme usted que una tal antipatía influya de una manera injusta en su juicio?

«Siento mucho que pueda usted pensar semejante cosa. Parece que ha perdido su confianza en mí. ¿Por qué no ha escogido usted entonces a otra persona como interlocutor imparcial?»

Porque en esta cuestión cualquiera hubiera opinado lo mismo. Y de no ser así, y tratarse de alguien dispuesto desde un principio a reconocer la importancia de la vida sexual, todo el mundo me hubiera acusado de no haber elegido como interlocutor a un sujeto imparcial, sino a un partidario de mis doctrinas. Así pues, no piense usted que haya perdido la esperanza de lograr alguna influencia sobre sus opiniones. En cambio, he de reconocer que mi posición con respecto a usted ha variado algo. Antes, al desarrollar mi exposición psicológica, me era indiferente que diese usted o no crédito a mis palabras; me bastaba con que obtuviese usted la impresión de que se trataba de problemas puramente psicológicos. Ahora, ante el tema de la sexualidad, quisiera hacerle reconocer que el motivo más poderoso de su oposición a nuestras teorías era precisamente aquella preconcebida hostilidad que con tantos otros comparte usted.

«Ha de tener usted en cuenta que me falta la experiencia que ha creado en usted una tan inconmovible seguridad.»

Bien. Proseguiré ahora mi exposición. La vida sexual no es sólo un tema escabroso, sino también un grave problema científico. Hay en ella mucho que descubrir y que aclarar. Ya dijimos que el análisis había de retroceder hasta la más temprana infancia del paciente, por ser en esta época, y durante el período de debilidad del *yo*, cuando han tenido efecto las represiones decisivas. Es creencia general que en la infancia no hay vida sexual, empezando ésta con la pubertad. Por el contrario, descubrimos nosotros, que los impulsos pulsionales sexuales acompañan a la vida desde el nacimiento mismo, y que las represiones son precisamente el arma defensiva empleada por el *yo* contra tales pulsiones. Singular coincidencia ésta de que ya el niño pequeño se rebele contra el poder de la sexualidad, lo mismo que el conferenciante al que antes aludimos o aquellos de mis discípulos que luego construyen teorías propias. ¿A qué se debe eso? La explicación más general sería la de que nuestra civilización se forma a costa de la sexualidad; pero esta explicación no agota, ni con mucho, el tema.

El descubrimiento de la sexualidad infantil pertenece a aquellos que tornan en vergüenza y confusión de los descubridores. Según parece, para algunos pediatras y algunas *nurseys* no era ya nada nuevo. Pero sujetos muy inteligentes, que se titulan especialistas en psicología infantil, pusieron el grito en el cielo, acusándonos de haber «despojado a la niñez de su inocencia». ¡Siempre sentimentalismos en lugar de argumentos! En nuestras instituciones políticas sucede todos los días algo semejante. Un miembro cualquiera de la oposición se levanta y denuncia actos punibles cometidos en la Administración, el Ejército, o los Tribunales de Justicia. Acto seguido pide la palabra otro parlamentario, generalmente miembro del Gobierno, y declara que tales acusaciones ofenden el sentimiento del honor militar, dinástico o incluso del nacional, y deben, por tanto, ser rechazadas sin formación de causa.

La vida sexual del niño es, naturalmente, distinta de la del adulto. La función sexual recorre, desde sus comienzos hasta su conformación final, tan familiar ya para nosotros un complicado desarrollo. Nace de numerosas pulsiones, parciales, con fines diferentes, y atraviesa varias fases de organización, hasta entrar, finalmente al servicio de la reproducción. De las diferentes pulsiones parciales, no todas son igualmente utilizables para el resultado final, y tienen, por tanto, que ser desviadas, modificadas y, en parte, reprimidas. Una evolución tan complicada no se desarrolla siempre impecablemente; sobrevienen detenciones, fijaciones parciales a fases evolutivas tempranas, y más tarde, cuando el ejercicio de la función sexual tropieza con algún obstáculo, la tendencia sexual —la libido, como nosotros decimos— vuelve con facilidad a tales puntos tempranos de fijación. El estudio de la sexualidad infantil y de sus transformaciones hasta la madurez nos ha dado la clave de las llamadas perversiones sexuales descritas antes con todas las demostraciones de horror exigidas por las conveniencias, pero cuya génesis nadie podía explicar. Todo este sector es extraordinariamente interesante, mas para los fines de nuestra conversación no tiene objeto que sigamos ocupándonos de él. Es preciso poseer, para no extraviarse en su recinto, conocimientos anatómicos y fisiológicos que, desgraciadamente, no se adquieren todos en las aulas de Medicina; pero, además, resulta indispensable una cierta familiaridad con la Historia de la Civilización y la Mitología

«Con todo, no me formo aún idea de lo que pueda ser la vida sexual del niño.»

Entonces permaneceremos aún en este tema. Así como así, no me es fácil abandonarlo. Escuche: lo más singular de la vida sexual del niño me parece ser la circunstancia de recorrer toda su evolución, muy amplia, en los cinco primeros años; desde este punto hasta la pubertad se extiende el llamado período de latencia, durante el cual no realiza la sexualidad —normalmente— progreso ninguno, perdiendo, por el contrario, fuerza las tendencias sexuales y siendo abandonadas y olvidadas muchas cosas que el niño realizaba y sabía ya. En este período vital, marchita la primera flor de la vida sexual, se constituyen ciertas actividades del *yo* —el pudor, la repugnancia, la moralidad— destinadas a resistir el posterior ataque sexual de la pubertad y a mostrar sus caminos a los impulsos sexuales nuevamente despiertos. Esta constitución, en dos tiempos, de la sexualidad tiene gran relación con la génesis de las enfermedades nerviosas y parece privativa del hombre, siendo quizá una de las más determinantes del privilegio humano de enfermar de neurosis. La prehistoria de la vida sexual ha sido tan descuidada antes del psicoanálisis, como, en otro sector, el último fondo de la vida anímica consciente. Ambos extremos se hallan, como con razón sospechará usted, íntimamente enlazados.

De los contenidos, manifestaciones y funciones de esta época temprana de la sexualidad se podrían decir muchas cosas, totalmente inesperadas. Por ejemplo: le asombrará a usted oir que el niño sufre en muchos casos el miedo de ser devorado por su padre. (¿No le admira también verme situar este miedo entre las expresiones de la vida sexual?) Pero he de permitirme recordarle el mito de los hijos del dios Cronos, devorados por su padre, horrorosa fábula que tan singular impresión hubo de causarnos en nuestros años escolares, aunque no nos moviera por entonces a reflexionar sobre su sentido íntimo. A este mito podemos agregar hoy varias fábulas en las que interviene un animal devorador, el lobo, por ejemplo, en el cual reconocemos una personificación disfrazada de la figura paterna. Aprovecharé la ocasión para asegurarle que el conocimiento de la vida sexual del niño nos ha dado, secundariamente, la clave de la Mitología y del mundo de la fábula. Es ésta una de las múltiples ventajas accesorias de los estudios analíticos.

No menos grande habrá de ser su extrañeza al oir que el niño padece el miedo de ser despojado por su padre de sus órganos sexuales, y de tal manera que este miedo a la castración ejerce poderosísima influencia sobre el desarrollo de su carácter y la decisión de su orientación sexual. También aquí le ayudará la Mitología a dar crédito al psicoanálisis. El mismo Cronos, que devora a sus hijos, castró antes a su padre Urano y fue a su vez castrado por su hijo Zeus, a quien la astucia de la madre salvó de morir como sus hermanos. Si se ha sentido usted inclinado a suponer que todo lo que el psicoanálisis cuenta de la temprana sexualidad de los niños procede de la florida fantasía de los analíticos, habrá de reconocer, por lo menos, que esta fantasía ha creado los mismos productos que la actividad imaginativa de la Humanidad primitiva, de la cual son residuos los mitos y las fábulas. Otra posible actitud de usted, más benévola y probablemente más acertada, sería la de opinar que en la vida anímica del niño aparecen aún visibles hoy en día aquellos mismos factores arcaicos que reinaron generalmente en las épocas primitivas de la civilización humana. El niño repetirá así, abreviada, en su desarrollo psíquico, la historia de la especie, como ya la Embriología lo ha reconocido ha tiempo, con respecto al desarrollo físico.

Otro carácter de la temprana sexualidad infantil es el de no desempeñar en ella papel ninguno el órgano sexual femenino —que el niño no ha descubierto aún—. Todo el acento recae sobre el miembro masculino, y todo el interés se concentra sobre su presencia o ausencia. De la vida sexual de la niña sabemos menos que de la del niño. Pero no tenemos por qué avergonzarnos de esta diferencia, pues también la vida sexual de la mujer adulta continúa siendo un *dark continent* para la Psicología. Sin embargo, hemos descubierto que la niña lamenta grandemente la falta de un miembro sexual equivalente al masculino; se considera disminuida por esta carencia, y experimenta una «envidia del pene», que da origen a toda una serie de reacciones femeninas características.

También es peculiar al niño el hecho de revestir de interés sexual las dos necesidades excrementicias. La educación eleva luego entre ambos sectores una barrera, que el chiste derriba más tarde.

El niño necesita, en efecto, bastante tiempo para llegar a experimentar repugnancias. Ya eso no lo han negado tampoco aquellos que defienden en todo otro punto la seráfica pureza del alma infantil.

Pero el hecho que en más alto grado merece nuestra consideración es el de que el sujeto infantil proyecta regularmente sus deseos sexuales sobre las personas más próximamente afines a él, o sea, en primer lugar, sobre su padre o su madre, y después, sobre sus hermanos o hermanas. Para el niño, el primer objeto amoroso es la madre, y para la niña, el padre, en cuanto una disposición bisexual no favorece también, simultáneamente, la actitud contraria. El otro elemento de la pareja padre-madre es visto como un rival perturbador, y llega a ser con frecuencia objeto de una intensa hostilidad. Entiéndame usted bien: no quiero decir que el niño o la niña deseen por parte de la madre o del padre, respectivamente, aquella clase de ternura en la que nos place a los adultos ver la escena de las relaciones entre padres e hijos. No; el análisis no permite dudar de que los deseos del sujeto infantil van más acá de esta ternura y aspiran a todo aquello que consideramos como satisfacción sexual, aunque claro está que dentro de los límites de la facultad imaginativa infantil. Naturalmente, el niño no adivina nunca el verdadero aspecto de la unión sexual y lo sustituye con representaciones deducidas de sus experiencias y sensaciones propias. Por lo común, culminan sus deseos en la intención de dar a luz a su vez a un niño o de engendrarlo de una manera vaga e indeterminada. De este deseo de parir un hijo no queda excluido —en su ignorancia— el sujeto infantil masculino. A toda esta construcción psíquica es a lo que damos el nombre de complejo de Edipo, según la conocida leyenda griega. Normalmente debe sufrir este complejo, al terminar la primera época sexual, una transformación fundamental, cuyos resultados están llamados a influir decisivamente en la vida psíquica ulterior. Mas por lo regular no es dicha transformación suficientemente fundamental y la pubertad viene a provocar una resurrección del complejo que puede acarrear graves consecuencias.

Me asombra no oírle presentar a todo esto objeción ninguna, aunque no me atrevo a interpretar su silencio como aquiescencia. Al afirmar el análisis que la primera elección de objeto del sujeto infantil es *incestuosa* —para emplear ya el nombre técnico—, volvía indudablemente a irritar los más sagrados sentimientos de la Humanidad y debía estar preparada a tropezar con la incredulidad, la contradicción y los más duros reproches. Así ha sucedido, en efecto. Nada le ha sido tan desfavorable en el ánimo de sus contemporáneos como esta presentación del complejo de Edipo como una estructura universalmente ligada al destino humano. El mito griego tuvo, sin duda, esta misma significación; pero la inmensa mayoría de los hombres de hoy, cultos o incultos, prefiere creer que la

Naturaleza nos ha dotado de un horror innato al incesto como protección contra tan repugnante posibilidad.

Llamaremos a la Historia en nuestro auxilio. Cuando Julio César llegó a Egipto encontró a la joven reina Cleopatra casada con Ptolomeo, su hermano menor, unión nada extraña en la dinastía egipcia. Los Ptolomeos, de origen griego, no habían hecho sino continuar una costumbre puesta en práctica durante milenios enteros por sus predecesores los antiguos faraones. Pero en este caso se trata de un incesto entre hermanos que, aún hoy en día, es juzgado menos monstruoso. Volvamos, pues, la vista a la Mitología, testimonio el más importante que poseemos de las circunstancias de la Humanidad primitiva. Vemos por ella que los mitos de todos los pueblos, y no sólo los griegos, abundan en relaciones amorosas entre padre e hija e incluso entre madre e hijo. Tanto la Cosmología como las genealogías de las casas reales aparecen basadas en el incesto. ¿A qué intención puede suponerse obediente la creación de estas leyendas? ¿Acaso para imponer a dioses y reyes la marca infamante de los criminales y echar sobre ellos el oprobio de la Humanidad? No; sino porque los deseos incestuosos son una primitiva herencia humana, y no habiendo sido nunca totalmente dominados, se concedía aún su satisfacción a los dioses y a sus descendientes, cuando ya la mayoría de los humanos vulgares se veía forzada a renunciar a ellos. De completo acuerdo con estas enseñanzas de la Historia y de la Mitología, hallamos aún vivo y eficiente el deseo incestuoso en la infancia individual.

«Le podía reprochar ahora haber querido al principio silenciar todo lo que acaba de exponerme sobre la sexualidad infantil. Me parece interesantísimo, precisamente por sus relaciones con la prehistoria de la Humanidad.»

Temía apartarme demasiado de nuestro fin principal. Aunque, bien pensado, creo que la digresión ha de reportarnos sus ventajas.

«Dígame ahora. ¿Qué garantía puede usted ofrecerme en apoyo de sus conclusiones analíticas sobre la vida sexual de los niños? Su firme convicción, ¿reposa tan sólo sobre la coincidencia de tales conclusiones con los datos históricos y mitológicos?»

De ningún modo. Se basa en la observación más inmediata y directa. Su proceso es el siguiente: comenzamos por deducir del análisis de adultos, o sea, a una distancia de veinte o cuarenta años, el contenido de la infancia sexual. Más tarde hemos emprendido el análisis de sujetos infantiles, y no fue un triunfo despreciable el hallar confirmado en ellos todo lo que en los adultos habíamos adivinado, a pesar de las superposiciones y deformaciones sobrevenidas en el largo intervalo.

«¡Cómo! ¿Han sometido ustedes al análisis a niños de seis años? No lo hubiera creído posible y, además, me parece peligroso para esas criaturas.»

Pues no ofrece dificultades especiales. Es casi increíble lo mucho que sucede ya en un niño de cuatro a cinco años. Los niños presentan en esta edad una gran actividad espiritual; la temprana época sexual es también para ellos un período del florecimiento intelectual. Tengo la impresión de que al iniciarse el período de latencia se embota un tanto su intelecto. Muchos niños pierden también, a partir de este momento, su atractivo físico. Ahora, por lo que respecta a los peligros del análisis infantil, puedo decirle que el primer niño con quien se arriesgó, hace ya cerca de veinte años, este experimento, es hoy un joven sano de cuerpo y de espíritu, que ha atravesado de un modo perfectamente normal el período de la pubertad, no obstante haber sufrido en su transcurso graves traumas psíquicos. Espero que así suceda con todas las demás «víctimas» del análisis infantil. En estos análisis de niños confluyen intereses muy varios, y es muy posible que en lo futuro adquieran una importancia aún mayor. Su valor para la teoría es indiscutible; proporcionan datos inequívocos sobre cuestiones que los análisis de adultos dejan indecisas y evitan así al analítico errores de graves consecuencias para su teoría. Sorprendemos en plena actividad, en estos análisis, a aquellos factores que conforman la neurosis. Ahora bien: en interés del niño, debe ser amalgamado el influjo analítico con medidas de carácter pedagógico. Esta técnica está aún por fijar. Por otro lado, la observación de que muchos niños atraviesan en su desarrollo una fase claramente neurótica da a la cuestión un vital interés práctico. Desde que hemos aprendido a ver con más penetración nos inclinamos a afirmar que la neurosis infantil no es la excepción, sino la regla, como si fuera un accidente inevitable en el camino que va de la disposición infantil a la civilización social. En la mayoría de los casos, este acceso neurótico de los años infantiles es dominado espontáneamente. Sin embargo, no puede asegurarse que no deje siempre sus huellas, incluso en el adulto de salud normal. Lo que sí es indudable es que ningún neurótico adulto deja de mostrarnos un enlace de su enfermedad actual con una neurosis infantil que en su época pudo no presentar signos muy visibles. De un modo totalmente análogo afirman hoy, según creo, los internistas que todo individuo ha padecido en su infancia una infección tuberculosa. Claro es que, con respecto a la neurosis, no puede hablarse de infección y sí solamente de predisposición.

Vuelvo ahora sobre su demanda de garantías. Le he indicado ya que la observación analítica directa de los niños nos ha demostrado en todos los casos haber interpretado acertadamente las manifestaciones de los adultos sobre su pasada infancia. Pero, además, nos ha sido dable disponer con alguna frecuencia de un distinto medio de prueba. Con auxilio del material del análisis habíamos reconstruido determinados sucesos exteriores, acontecimientos impresionantes de los años infantiles, de los cuales nada conservaba la memoria consciente de los enfermos; mas una feliz casualidad nos permitió, consultando los recuerdos de los padres o guardadores del sujeto, lograr pruebas irrecusables de que tales sucesos por nosotros deducidos habían tenido plena realidad. Este medio de prueba no se nos ha ofrecido, como es natural, más que en un número limitado de casos; pero cuando por un feliz azar hemos dispuesto de él, nos ha dejado, al confirmar nuestras deducciones, una poderosísima impresión. Ha de saber usted que la exacta reconstrucción de tales sucesos infantiles olvidados produce siempre un gran efecto terapéutico, permita o no una confirmación objetiva[1]. Dichos sucesos deben, naturalmente, su importancia al hecho de haber tenido efecto en una época temprana, en la que podían ejercer sobre el *yo*, todavía débil, un influjo traumático.

«¿Y de qué género son estos sucesos que han de ser buscados por medio del análisis?»

Son muy diversos. En primer lugar, impresiones que fueron susceptibles de influir duraderamente sobre la vida sexual en germen del niño, tales como la observación de actos sexuales entre adultos o experiencias sexuales propias con adultos o con otro sujeto infantil —casos más frecuentes de lo que pudiera creerse—; la audición de conversaciones que el niño entendió ya o sólo posteriormente, pero de las que creyó obtener la clave de cosas misteriosas e inquietantes; por último, expresiones o actos del propio niño que prueban una importante actitud tierna u hostil del mismo con respecto a otras personas. Es también de especial importancia hacer recordar al sujeto en el análisis su propia actividad sexual infantil, olvidada ya, y determinar la intervención de las personas adultas que puso término a tal actividad.

«Me ofrece usted ahora la ocasión de dirigirle una pregunta que hace ya tiempo vengo reteniendo. ¿En qué consiste la "actividad sexual" del niño durante esta temprana época, actividad inadvertida, según me dijo antes, hasta el análisis?»

Lo singular es que la forma más regular y esencial de esta actividad sexual no había pasado inadvertida. En realidad, era imposible no verla. Los impulsos sexuales del sujeto infantil encuentran su expresión principal en la autosatisfacción por medio del estímulo de los propios genitales; en realidad, de la parte masculina de los mismos. La extraordinaria difusión de este «vicio» infantil ha sido conocida siempre por los adultos, que la han considerado

---

[1] [Cf. el trabajo posterior de Freud sobre el tema *Construcciones en Psicoanálisis* (1937d), Standard Ed., 23, 257.]

como un grave pecado, persiguiéndola severamente. No me pregunte usted cómo ha sido posible conciliar esta observación de las inclinaciones inmorales del niño —pues los niños hacen esto, como ellos mismos dicen, porque «les da gusto»— con la teoría de su innata pureza y falta de sensualidad. Es éste un misterio cuya solución habrá usted de pedir a los campeones de la inocencia infantil. A nosotros se nos plantea un problema más importante: el de cómo hemos de conducirnos con respecto a la actividad sexual de la temprana infancia. Conocemos la responsabilidad que supone yugularla, y tampoco nos decidimos a dejarla en completa libertad. En los pueblos de civilización más baja y en las capas inferiores de los civilizados no parece ponerse obstáculo ninguno a la sexualidad infantil. Con ello se consigue, desde luego, una fuerte protección contra la posterior adquisición por el adulto de neurosis individuales, pero quizá también una extraordinaria pérdida de capacidad para rendimientos sociales. Todo nos dice que nos hallamos aquí ante unas nuevas Escila y Caribdis.

Dejo ya a su juicio, con toda confianza, la resolución de si puede afirmarse que el interés que despierta el estudio de la vida sexual de los neuróticos puede crear una atmósfera favorable a la voluptuosidad.

5

«Creo penetrar su intención. Quiere usted mostrarme qué conocimientos son necesarios para el ejercicio del análisis, con el fin de hacerme posible juzgar si únicamente ha de serle permitido a los médicos. Pues bien: hasta ahora no ha surgido gran cosa privativamente médica. Mucha Psicología y algo de Biología o ciencia sexual. ¿O es que todavía no columbramos la meta?»

Desde luego, no. Quedan aún muchas lagunas por llenar. ¿Me permite usted un ruego? ¿Quiere usted describirme cómo se imagina usted ya un tratamiento psicoanalítico? Supóngase que tiene que encargarse ahora mismo de un enfermo.

«Está bien. No entra, desde luego, en mis cálculos resolver la cuestión que nos ocupa por medio de tal experimento. Pero no he de resistirme a su petición. De todos modos, sería usted el responsable. Así pues, suponga que el enfermo acude a mí y me cuenta sus cuitas. Yo le prometo la curación, o por lo menos algún alivio, si se presta a seguir mis indicaciones, y le invito a manifestarme con plena sinceridad todo lo que surja en su pensamiento, no apartándose de esta norma aun cuando se trate de algo que le resulte desagradable comunicar. ¿Me he aprendido bien esta regla primera?»

Sí; pero habrá usted de añadir que tampoco deberá silenciar lo que le parezca insignificante o falto de sentido.

«Es cierto. Entonces comienza el enfermo a relatar y yo a escucharle. De sus manifestaciones deduzco cuáles son los sucesos, los impulsos optativos y las impresiones que ha reprimido por haber sobrevenido en una época en la que su *yo* era aún débil y los temía, no osando afrontarlos. Una vez impuesto el paciente de esta circunstancia, se transporta a las situaciones en que tales represiones tuvieron efecto, y rectifica con mi ayuda los pasados procesos defectuosos. Desaparecen entonces las limitaciones a las que se veía forzado su *yo*, y queda éste reconstituido. ¿Es así?»

¡Bravo! Veo que pueden de nuevo hacerme el reproche de haber formado un analítico de persona ajena a la profesión médica. Se ha asimilado usted perfectamente la cuestión.

«No he hecho más que repetir lo oído, como quien recita una lección aprendida de memoria. Resulta así que no puedo representarme siquiera cómo me las arreglaría ante el enfermo, ni comprendo tampoco por qué tal labor habría de exigirme, durante meses y meses, una hora diaria. Por lo general, la vida de un hombre corriente no está tan llena de sucesos que su relato haya de ser tan largo, y, por otra parte, aquello que en la niñez sucumbe a la represión debe de ser probablemente idéntico en todos los casos.»

Lo que sucede es que el ejercicio real y verdadero del análisis enseña muchas cosas. Así, no habría de serle a usted tan fácil como quizá piensa deducir de las manifestaciones del paciente los sucesos por él olvidados y los impulsos pulsionales que hubo de reprimir. Tales manifestaciones tendrán al principio, para usted, tan poco sentido como para el propio enfermo. Habrá usted, pues, de dedicarse a considerar de una manera especial el material que el enfermo le proporciona, obediente a la regla primordial del análisis. Habrá usted de considerarlo, por ejemplo, como un mineral del que hay que extraer, por medio de determinados procedimientos, el valioso metal que contiene y se preparará entonces a elaborar muchas toneladas de mineral que sólo contienen, quizá, algunos gramos de la preciosa materia buscada. Esta sería la primera causa de la larga duración de la cura.

«Pero siguiendo su comparación, ¿cómo se elabora tal materia prima?»

Suponiendo que las comunicaciones y ocurrencias del enfermo no son sino deformaciones de lo buscado, alusiones por las cuales ha de adivinar usted lo que se esconde detrás. En una palabra: ante todo, tiene usted que *interpretar* el material dado, trátese de recuerdos, ocurrencias o sueños. Esta interpretación ha de llevarse a cabo naturalmente, atendiendo a aquellas hipótesis que su conocimiento de la materia le haya ido sugiriendo mientras escuchaba al enfermo.

«¡Interpretar! No me gusta esa palabra, que me quita toda posible seguridad. Si todo depende de mi interpretación, ¿quién me garantiza que interpreto con acierto? Todo queda ya abandonado a mi arbitrio.»

Exagera usted. ¿Por qué excluir sus propios procesos anímicos de la normatividad que reconoce usted a los del prójimo? Si usted ha logrado adquirir cierta disciplina de sus propios actos mentales y dispone de determinados conocimientos, sus interpretaciones no quedarán influidas por sus cualidades personales, y serán aceptadas. No quiere esto decir que para la buena marcha de esta parte del tratamiento sea indiferente la personalidad del analítico. Por el contrario, para llegar hasta lo inconsciente reprimido es preciso cierta penetración en la escucha, que no todo el mundo posee en igual medida. Pero, ante todo, surge en este punto, para el analítico, la obligación de capacitarse por medio de un profundo análisis propio para acoger sin prejuicio alguno el material analítico. Ciertamente, queda algo que puede compararse a la «ecuación personal» en las observaciones astronómicas: un factor individual, que siempre desempeñará en el psicoanálisis un papel más importante que en otra cualquier disciplina. Un hombre anormal, por muy estimables que sean sus conocimientos, no podrá nunca ver sin deformación, en el análisis, las imágenes de la vida psíquica, pues se lo impedirán sus propias anormalidades. Ahora bien: como no es posible probar a nadie sus anormalidades, ha de ser muy difícil alcanzar en las cuestiones de la psicología abismal un acuerdo general. Algunos psicólogos llegan incluso a juzgar vana toda esperanza en este sentido, y declaran que todo loco tiene derecho a presentar como sabiduría su locura. Por mi parte, soy más optimista. Nuestras experiencias nos muestran, en efecto, que también en Psicología es posible llegar a acuerdos bastante satisfactorios. Cada sector de investigación presenta dificultades propias, que hemos de esforzarnos en eliminar. Por último, también en el arte interpretativo del análisis hay, como en otras materias del saber, algo que puede ser estudiado y aprendido, por ejemplo, todo lo referente a la singular representación indirecta por medio de símbolos.

«Crea usted que no siento ya deseo alguno de llevar a cabo, ni siquiera en imaginación, un tratamiento psicoanalítico. ¿Quién sabe las sorpresas que me aguardarían?».

Hace usted bien en renunciar de antemano a tal intento. Va usted viendo ya cuánto estudio y cuanta práctica habrían de serle previamente necesarios. Pero sigamos. Una vez halladas las interpretaciones exactas, se plantea una nueva labor. Tiene usted que esperar el momento propicio para comunicar al paciente, con alguna probabilidad de éxito, su interpretación.

«¿Y cómo reconocer en cada caso este momento favorable?»

Es cuestión de cierto tacto, que la experiencia puede llegar a afinar considerablemente. Cometería usted un grave error revelando en el acto al paciente sus interpretaciones con el fin, por ejemplo, de abreviar el análisis. Con ello sólo conseguiría usted provocar manifestaciones de resistencia, repulsa e indignación, sin lograr, en cambio, que el *yo* del sujeto se apoderase de lo reprimido. La consigna es esperar hasta que el *yo* se encuentre tan cerca de tales elementos que sólo necesite dar ya, guiado por nuestra propuesta de interpretación, algunos, muy pocos pasos.

«No creo que llegase jamás a aprender tan difícil táctica. Y una vez seguidas en la interpretación todas esas reglas de precaución, ¿qué pasa?»

Que descubre usted algo totalmente inesperado.

«¿El qué?»

Descubre usted que se ha equivocado por completo con respecto al paciente, que ya no puede usted contar con su colaboración ni con su docilidad, que se muestra dispuesto a oponer a la labor común toda clase de dificultades; en una palabra: que de ningún modo quiere curarse.

«¡Cómo! Hasta ahora no le había oído a usted nada tan absurdo. No puedo creerlo. De manera que el pobre enfermo, que da muestras de sufrir tanto, que se queja de sus problemas y se impone grandes sacrificios en pro del tratamiento, ¿no quiere ya la salud? Por fuerza no es esto lo que usted quiere decir.»

Tranquilícese usted. Lo que acabo de afirmar es la pura verdad. No toda la verdad, ciertamente, pero sí una parte muy considerable de ella. El enfermo quiere curarse, pero también, y al mismo tiempo, no quiere. Su *yo* ha perdido la unidad, y de este modo no llega a construir voliciones unitarias. Si así no fuese, no existiría la enfermedad neurótica.

«Si fuese sagaz, no sería Tell» [*Guillermo Tell* (Schiller), acto III, escena 3].

Las ramificaciones de lo reprimido han penetrado en su *yo*, afirmándose en él, y sobre las tendencias de este origen posee el *yo* tan poco dominio como sobre los mismos elementos reprimidos, no sabiendo tampoco, por lo general, nada de ellas. Los enfermos de esta clase pertenecen a un orden especial y oponen dificultades con las cuales no estamos habituados a contar. Todas nuestras instituciones sociales están constituidas para personas con un *yo* unitario, normal, al que se puede clasificar de bueno o malo y que llena su función o es excluido de ella por una influencia más poderosa. De aquí la alternativa legal de responsable o irresponsable. Nada de esto puede aplicarse a los neuróticos. Ha de confesarse que resulta difícil adaptar las exigencias sociales a su estado psicológico. Esta dificultad ha sido comprobada en gran medida durante la última guerra. Los neuróticos que se sustraían al servicio militar, ¿eran o no simuladores? Lo eran y no lo eran. Cuando se les trataba como simuladores y se les hacía bien incómoda su situación de enfermos, se ponían buenos. Y cuando se les mandaba, aparentemente restablecidos, al servicio volvían a refugiarse rápidamente en la enfermedad. No había medio de conseguir algo de ellos. Pues bien: lo mismo sucede con los neuróticos de la vida civil. Se lamentan de su enfermedad, pero sacan de ella las mayores ventajas posibles, y cuando se les quiere arrebatar, la defienden como la leona de la fábula a su cachorro. Claro es que no tendría sentido alguno reprocharles tal contradicción.

«¿No sería entonces lo mejor prescindir de todo tratamiento de tales individuos y dejarlos abandonados a sí mismos? No creo que merezca la pena derrochar con cada uno de ellos el esfuerzo que, según voy viendo por sus indicaciones, exige el proceso terapéutico.»

Me es imposible agregarme a su propuesta. Creo mucho más acertado aceptar las complicaciones de la vida que rebelarse contra ellas. No todos los neuróticos que tratamos son, quizá, dignos del esfuerzo exigido por el análisis, pero sí hay entre ellos personas muy estimables. Hemos de proponernos, pues, que el número de individuos que afronte la vida civilizada con tan endeble anímica armadura sea lo más pequeño posible, y para conseguirlo habremos de reunir muchas experiencias y aprender a comprender muchas cosas. Cada uno de nuestros análisis puede aportarnos nuevos esclarecimientos, instruyéndonos así, independientemente del valor personal del enfermo.

«Pero si en el *yo* del enfermo se ha formado un impulso volitivo que quiere conservar la enfermedad, ello habrá de tener también su justificación y obedecer a razones y motivos determinados. Ahora bien: no veo por qué puede un hombre desear seguir enfermo ni qué ventaja puede representarle.»

Pues no es tan difícil. Piense usted en los neuróticos a quienes su enfermedad libraba de ir al frente durante la guerra. En la vida civil, la enfermedad puede servir para disculpar la propia insuficiencia en el ejercicio profesional y en la competencia con otros. Por último, en la vida familiar constituye un medio de imponer la propia voluntad y obligar a los demás a sacrificarse y a extremar sus pruebas de afecto. Todo esto que reunimos bajo el calificativo general de «ventajas de la enfermedad» es fácilmente visible. Lo único singular es que el *yo* del enfermo no tiene la menor noticia del enlace de tales motivos con los actos que lógicamente se derivan de ellos. El influjo de estas tendencias se combate forzando al *yo* a darse cuenta de ellas. Pero hay aún otros motivos más profundos del mismo orden, menos fáciles de combatir. Ahora bien: sin una nueva excursión a la teoría psicológica no es posible llegar a su comprensión.

«Adelante, pues. Un poco más de teoría no puede ya importarme.»

Al explicar la relación entre el *yo* y el *ello* silencié una parte muy importante de la teoría del aparato anímico. Consiste ésta en habernos visto obligados a admitir que dentro del mismo *yo* se ha diferenciado una instancia especial, a la que damos el nombre de *super-yo*. Este *super-*

yo ocupa una situación especial entre el *yo* y el *ello*. Pertenece al *yo*, participa de su elevada organización psicológica, pero se halla en relación muy íntima con el *ello*. Es, en realidad, el residuo de las primeras cargas del objeto del *ello*, el heredero del complejo de Edipo después de su abandono. Este *super-yo* puede oponerse al *yo*, tratarlo como un objeto, y lo trata, en efecto, muy frecuentemente, con gran dureza. Para el *yo* es tan importante permanecer en armonía con el *super-yo* como con el *ello*. Las disensiones entre el *yo* y el *super-yo* tienen una gran importancia para la vida anímica. Adivinará usted ya que el *super-yo* es el sustentáculo de aquel fenómeno al que damos el nombre de conciencia moral. Para la salud anímica es muy importante que el *super-yo* se halle normalmente desarrollado; esto es, que haya llegado a ser suficientemente impersonal, cosa que precisamente no sucede en el neurótico, cuyo complejo de Edipo no ha experimentado la transformación debida. El *super-yo* del neurótico se enfrenta aún con el *yo* como el severo padre con el hijo, y su moralidad actúa de un modo primitivo, haciendo que el *yo* se deje castigar por el *super-yo*. La enfermedad es usada como medio de este «autocastigo» y el neurótico se ve forzado a conducirse como si le dominase un sentimiento de culpabilidad, que exigiese, para su satisfacción, la enfermedad como castigo.

«Un tanto misterioso resulta todo eso. Especialmente el que este poderío de su conciencia moral permanezca ignorado para el enfermo.»

Si mi exposición le ha parecido un tanto oscura es porque hasta ahora no hemos empezado a darnos cuenta de la significación de todas estas importantes relaciones. Mas ahora puedo ya continuar. A todas aquellas fuerzas que se oponen a nuestra labor terapéutica les damos el nombre común de «resistencias» del enfermo. La «ventaja de la enfermedad» es la fuente de una de tales resistencias, y el «sentimiento de culpabilidad» inconsciente representa la resistencia del *super-yo*, siendo el factor más poderoso y el más temido por nosotros. En el transcurso de la cura tropezamos aún con otras distintas resistencias. Así, cuando en su temprana época de debilidad ha llevado a cabo el *yo*, impulsado por un miedo incoercible, una represión, tal miedo sigue subsistiendo y se exterioriza en forma de resistencia al tratar de aproximar al *yo* a lo reprimido. Por último, es natural que surjan dificultades cuando se intenta desviar hacia el nuevo camino abierto por el análisis un proceso pulsional que durante decenios enteros ha seguido una determinada ruta. Esta última resistencia es la resistencia del *ello*. El combate contra todas estas resistencias constituye nuestra labor capital durante la cura analítica y excede mucho en importancia a la labor de interpretación. Mas con esta lucha y con el vencimiento de las resistencias queda el *yo* del enfermo tan modificado y robustecido que podemos abrigar ya plena confianza en su futura conducta, después de terminada la cura. Irá usted comprendiendo ya por qué el tratamiento ha de resultar tan largo. La longitud del camino de desarrollo y la riqueza del material no son lo decisivo. Lo que importa es que el camino esté libre. Un trayecto que en tiempo de paz recorre el ferrocarril en un par de horas puede costar semanas enteras a un ejército si tiene que ir venciendo la resistencia del enemigo. Tales combates necesitan tiempo también en la vida anímica. Todas las tentativas realizadas hasta el día para apresurar la cura analítica han fracasado. El mejor medio de abreviarla es desarrollarla correctamente.

«Si alguna vez se me hubiese ocurrido hacerle la competencia y emprender por mi cuenta un análisis, su exposición de las resistencias me haría desistir más que aprisa. Pero ¿y la influencia personal que, según confesión de usted, ejerce el analítico? ¿No ayuda también a vencer las resistencias?»

Su pregunta viene muy a punto. Tal influencia personal es el arma dinámica más poderosa que poseemos; es un elemento nuevo que introducimos en la situación y que nos sirve para darle un gran impulso hacia su desenlace. El contenido intelectual de nuestros esclarecimientos no puede tener esta eficacia, pues el enfermo, que comparte los prejuicios generales, no tiene por qué darnos más crédito que nuestros críticos científicos. El neurótico presta su colaboración porque tiene fe en el analítico, y esta fe depende de una especial actitud sentimental con respecto a él, que va constituyéndose durante la cura. Tampoco el niño cree sino a aquellos a quienes quiere. Ya le dije para qué utilizamos esta influencia «sugestiva» tan importante. No para yugular los síntomas —y esto es lo que diferencia el método analítico de otros procedimientos psicoterápicos—, sino como fuerza impulsiva para mover al *yo* a vencer sus resistencias.

«Y conseguido esto, marcha ya todo satisfactoriamente, ¿no?»

Así debería ser. Pero, en realidad, surge aquí una inesperada complicación.

La mayor sorpresa, quizá, del analítico ha sido comprobar que los sentimientos nacidos en el paciente, con relación a su persona, son de un orden particularísimo. Ya el primer médico que intentó un análisis —no fui yo— tropezó con este fenómeno, que hubo de desorientarle por completo. Tales sentimientos tienen —para decirlo claramente— el carácter de un enamoramiento. Y lo más singular es que el analítico no hace, naturalmente, nada para provocar dicho enamoramiento, manteniéndose, por el contrario, fuera de su relación profesional, distante y reservado. Pero el extraño sentimiento amoroso del enfermo prescinde de todo y no tiene en cuenta circunstancia real ninguna, sobreponiéndose a todas las condiciones de atractivo, sexo, edad y posición. Trátase así de un amor absolutamente compulsivo, carácter que también presenta en muchos casos el enamoramiento espontáneo, pero que en la situación analítica surge siempre, en primer lugar, sin existir en ella nada que pueda explicarlo racionalmente. Lógicamente, la relación entre el analista y el paciente no debía despertar en éste más sentimiento que una cierta medida de respeto, confianza, agradecimiento y simpatía. Pero en lugar de todo esto surge el enamoramiento con caracteres que le dan el aspecto de un fenómeno patológico.

«Claro es que ese enamoramiento no puede ser sino

favorable a los propósitos analíticos, pues el amor supone docilidad y obediencia al sujeto amado.»

Así es, en efecto, al principio. Pero más tarde, cuando el amor ha ganado en profundidad, descubre todos sus especiales caracteres, muchos de los cuales son incompatibles con la labor analítica. El amor del paciente no se contenta con obedecer, sino que se hace exigente, demanda satisfacciones afectivas y sensuales, aspira a la exclusividad, desarrolla celos y muestra cada vez más claramente su reverso, esto es, su disposición a convertirse en hostilidad y deseo de venganza si no puede alcanzar sus propósitos. Simultáneamente, se antepone, como todo enamoramiento, a los restantes contenidos psíquicos y suprime el interés por el tratamiento y por la curación. En una palabra, nos prueba haberse sustituido a la neurosis, resultando así que nuestra labor ha obtenido el singular resultado de reemplazar una forma patológica por otra diferente.

«Resultando verdaderamente desconsolador. ¿Qué hacer entonces? ¿Renunciar al análisis? Pero si este fenómeno se da, como usted dice, en todos los casos, no habría análisis posible.»

Vamos primero a ver si de la situación planteada podemos extraer enseñanzas que nos ayuden luego a dominarla. Ante todo, ¿no es ya muy interesante el hecho de haber llegado a transformar una neurosis de un contenido cualquiera en un estado de enamoramiento patológico?

Nuestra convicción de que en el fondo de toda neurosis existe una magnitud de vida erótica anormalmente utilizada, queda inconmoviblemente fortalecida con esta experiencia, y sintiéndonos así de nuevo sobre un terreno firme, nos arriesgamos a tomar el enamoramiento mismo como objeto del análisis. Hacemos también otra observación. No en todos los casos se exterioriza el enamoramiento analítico tan clara y visiblemente como antes he intentado describirlo. ¿A qué obedece esta diferencia? Pronto lo vemos. En igual medida que intentan mostrarse los elementos sensuales y hostiles de su enamoramiento, despierta también la resistencia del paciente contra los mismos. Bajo nuestros ojos, lucha con ellos e intenta reprimirlos. Esta lucha nos da la clave del proceso. El paciente repite, bajo la forma de su enamoramiento, sucesos anímicos por los que ya pasó una vez —*ha transferido* sobre el analítico actitudes que se hallaban prontas en él, íntimamente enlazadas con la génesis de la neurosis—. Asimismo repite ante nosotros sus antiguos actos de defensa, y quisiera repetir en su relación con el analítico todos los destinos de aquel pretérito período de su vida, caído para él en el más absoluto olvido. Lo que nos muestra es, por tanto, el nódulo de la historia íntima de su vida, *reproduciéndolo palpablemente como presente, en lugar de recordarlo.* Con esto queda resuelto el enigma del amor de transferencia, y puede ser continuado el análisis, precisamente con ayuda de la nueva situación, que tan amenazadora parecía.

«Es el colmo del refinamiento. Pero ¿y el enfermo? ¿Da crédito a la afirmación de que, en realidad, no se halla enamorado, sino forzado a repetir un lejano pretérito?»

De ello depende ya todo, y para conseguirlo es necesaria una gran habilidad en el manejo de la transferencia. Es éste el punto en que más indispensable se hace un perfecto dominio de la técnica analítica. En él puede el analítico cometer los más graves errores o asegurarse los mayores éxitos. La tentativa de eludir las dificultades, yugulando o descuidando la transferencia, sería insensata. Todo lo hecho hasta entonces, por mucho que fuese, no merecería siquiera ser considerado como un análisis. Tampoco sería muy sensato despedir al enfermo en cuanto comienzan a sugir los inconvenientes de su neurosis de transferencia, constituyendo, además, una cobardía equivalente a la de conjurar a los espíritus y salir corriendo cuando se presentasen. Sin embargo, hay ocasiones en las que no queda otro camino. Se dan, en efecto, casos en los que resulta imposible dominar la transferencia desencadenada, y entonces se hace preciso suspender el análisis, pero no sin haber luchado antes a brazo partido con los malos espíritus. Ceder a las exigencias de la transferencia y cumplir los deseos de satisfacción afectiva y sensual del paciente sería, en primer lugar, contrario a toda consideración moral, y en segundo, completamente ineficaz como medio técnico para conseguir el propósito analítico. El neurótico no puede quedar curado porque se le facilite simplemente la repetición, no corregida, de un clisé inconsciente preparado en él. Si nos dejamos llevar a una transacción con el enfermo, ofreciéndole satisfacciones parciales a cambio de su colaboración al tratamiento, habremos de tener buen cuidado de no acabar en la ridícula situación de aquel religioso que quiso emprender la conversión de un agente de seguros: el agente no se convirtió, pero, en cambio, el religioso quedó asegurado contra toda clase de riesgos. La única solución posible de la transferencia es la regresión del pasado del enfermo, tal y como éste lo vivió o en la forma en que lo haya conformado la actividad cumplidora de deseos de su fantasía.

Y esto exige del analítico una gran dosis de habilidad, paciencia, serenidad y abnegación.

«Dígame ahora: ¿cuándo y cómo ha vivido el enfermo aquello que constituye el prototipo de su amor de transferencia?»

En su infancia y dentro de su relación con el padre o la madre. Recordará usted cuánta importancia concedíamos a estas tempranas relaciones afectivas. Aquí viene a cerrarse el círculo.

«¿Ha terminado usted ya? Confieso que se me va un poco la cabeza, de tantas cosas nuevas como le he oído. Sin embargo, quisiera saber todavía dónde y cómo se aprende lo necesario para el ejercicio del análisis.»

Actualmente existen dos institutos en los que se enseña el psicoanálisis. El primero ha sido establecido en Berlín por el doctor Max Eitingon, miembro de la Asociación Psicoanalítica de dicha capital. El segundo radica en Viena y es sostenido, a costa de considerables sacrificios, por la propia Asociación Psicoanalítica Vienesa. La colaboración de las autoridades oficiales se limita, por ahora, a suscitar toda aquella serie de dificultades que es costumbre oponer a las empresas jóvenes. Muy en breve se inaugurará en Londres, por la asociación de allí, un tercer instituto de enseñanza, dirigido por el doctor E. Jones. En estos establecimientos los candidatos son sometidos, como condición previa, al análisis. Reciben enseñanzas teóricas por medio de conferencias sobre todas las materias que pueden interesarles, y son auxiliados y vigilados por antiguos analíticos experimentados cuando se les considera ya con capacidad para comenzar a encargarse de algunos análisis, en casos fáciles. La duración de estos estudios es, aproximadamente, de dos años. Claro está que al cabo de este tiempo no se es todavía ningún maestro y sí sólo un principiante. Lo que falta habrá de ser adquirido por la práctica y por el cambio de ideas en las asociaciones psicoanalíticas, en las cuales los miembros jóvenes se reúnen con otros más experimentados. La preparación para la labor psicoanalítica no es, ciertamente, sencilla: el trabajo es duro y grande la responsabilidad. Pero aquel que ha seguido las enseñanzas descritas, ha sido objeto, a su vez, de un análisis, ha asimilado todo lo que hoy puede saberse en psicología de lo inconsciente, ha estudiado la ciencia de la vida sexual y ha aprendido la espinosa técnica del psicoanálisis, la interpretación, la manera de luchar contra la resistencia y el manejo de la transferencia, aquél *no es ya ningún profano en el terreno del psicoanálisis.*

Por el contrario, se halla perfectamente capacitado para emprender el tratamiento de las perturbaciones neuróticas, y con el tiempo dará en esta labor todo el rendimiento que puede exigirse de nuestra terapia.

6

«Se ha tomado usted el trabajo de explicarme qué cosa es el psicoanálisis y cuáles son los conocimientos necesarios para practicarlo con probabilidades de éxito. Está bien y no me arrepiento de haberle escuchado. Pero lo que no se me alcanza aún es la influencia que usted espera haber ejercido sobre mis opiniones. Sigo viendo ante mí un caso que no tiene nada de extraordinario. La neurosis es una enfermedad especial y el análisis un método especial de tratarla, o sea una especialidad médica. Por otro lado, es regla general que un médico que ha escogido un sector especial de la Medicina no se satisfaga con los conocimientos de los que certifica su título oficial. Sobre todo cuando se propone ejercer en una gran ciudad, donde sólo los especialistas pueden tener algún porvenir. Aquel que quiere ejercer Cirugía procurará practicar durante algunos años en una clínica quirúrgica. Igual conducta seguirá el oculista, el laringólogo, etc. Por lo que respecta al psiquiatra, es muy probable que permanezca toda su vida ligado a un establecimiento del Estado o a un sanatorio. Pues bien: con el analítico sucederá lo mismo. Aquel que se resuelva dedicarse a esta nueva especialidad ingresará, al terminar sus estudios, en alguno de los institutos psicoanalíticos de que hablamos y permanecerá en él los dos años que usted juzga necesarios para iniciarse en la técnica del análisis. Luego, dándose cuenta de las ventajas que puede ofrecerle el contacto con otros analíticos más experimentados, frecuentará las asociaciones psicoanalíticas e irá así completando su formación. Pero nada de esto se aparta de las normas generales y no veo surgir por ningún lado el problema del análisis profano.»

El médico que siga el camino trazado por usted será acogido por nosotros con los brazos abiertos. Por otro lado, las cuatro quintas partes de las personas a las que conozco como discípulos míos pertenecen a dicha profesión. Pero me va usted a permitir exponerle cuál ha sido hasta ahora la actitud de los médicos ante el análisis y qué aspecto tomará probablemente tal actitud en lo futuro. Los médicos no pueden alegar en modo alguno un derecho histórico a la exclusividad en el ejercicio del análisis, pues hasta hace muy poco han empleado contra él toda clase de armas, desde la leve ironía hasta las más graves calumnias. Me responderá usted, con razón, que todo esto pertenece al pasado y no tiene por qué influir en el porvenir. De acuerdo; pero temo mucho que este porvenir ha de ser muy distinto de lo que usted predice.

Me va usted a permitir que dé a la palabra curandero

un sentido más exacto que el que le atribuye la ley. Para ésta, *curandero* es todo aquel que trata enfermos sin hallarse en posesión del título médico oficial. Para mí, sólo puede llamarse curandero a quien emprende un tratamiento sin poseer los conocimientos y la capacidad indispensables para llevarlo a cabo. Basándome en esta definición, he de atreverme a afirmar que con referencia al análisis, y no sólo en los países europeos, la mayoría de los médicos merecen el dictado de curanderos. Practican, en efecto, el tratamiento analítico sin haberlo estudiado ni comprenderlo.

Será inútil objetarme que no cree usted capaces a los médicos de una conducta tan falta de conciencia y argüirme que un médico sabe muy bien que su título no es una patente de corso, y que un paciente no es un producto, debiendo, por tanto, suponerse siempre su buena fe, aunque haya incurrido en un error. Los hechos confirman constantemente mi anterior afirmación, y lo más que puedo concederle es que pueda encontrárseles una explicación conforme a sus juicios. Voy a intentar demostrarle cómo es posible que en las cuestiones referentes al psicoanálisis se conduzca un médico de un modo que evitaría cuidadosamente en cualquier otro terreno.

A este respecto ha de tenerse en cuenta que el médico recibe en las aulas una educación casi opuesta a lo que exigiría una preparación al psicoanálisis. Su atención es orientada hacia hechos anatómicos, físicos y químicos, objetivamente determinables, de cuya exacta comprensión e influencia apropiada depende el éxito de la intervención médica. Se aproxima a su círculo visual el problema de la vida, en cuanto hasta ahora hemos llegado a explicárnoslo por el juego de las fuerzas observables también en la naturaleza anorgánica. En cambio, no se despierta su interés por las facetas anímicas de los fenómenos vitales. El estudio de las funciones psíquicas superiores no interesa a la Medicina. Es el objeto de otra distinta facultad. La Psiquiatría debería ocuparse, por su parte, de las perturbaciones de las funciones anímicas, pero ya sabemos en qué forma y con qué intenciones lo hace. Busca las condiciones físicas de las perturbaciones psíquicas y las trata como otros motivos de enfermedad.

La Psiquiatría tiene razón al obrar así, y la formación médica es excelente. Al afirmar que es unilateral es preciso antes fijar el punto de vista desde el cual se convierte esta característica en un reproche. En sí toda ciencia es unilateral, y tiene que serlo necesariamente, por cuanto ha de limitarse a determinados contenidos, métodos y puntos de vista. Constituiría un contrasentido, en el cual no quiero participar, rebajar una ciencia para ensalzar otra. La Física no quita valor a la Química. No puede sustituirla ni ser tampoco sustituida por ella. El psicoanálisis es también, desde luego, especialmente unilateral como ciencia de lo psíquico inconsciente. Así pues, no puede negarse a las ciencias médicas el derecho a la unilateralidad.

El punto de vista buscado se nos muestra cuando pasamos de la disciplina médica científica a la medicina práctica. El hombre enfermo es un ser complicado y nos advierte que tampoco los fenómenos psíquicos, tan difícilmente aprehensibles, pueden ser borrados del cuadro de la vida. El neurótico constituye una complicación indeseada para la Medicina, tanto como para los tribunales de justicia o para el servicio militar. Pero existe, y compete muy especialmente a la Medicina. Ahora bien: la formación médica universitaria no proporciona medio ninguno para su estudio ni para su tratamiento. Dada la íntima conexión entre las cosas que diferenciamos en físicas y psíquicas, puede predecirse que llegará un día en que se abrirán caminos de conocimientos, y es de esperar que también de influjo, desde la biología de los órganos y la química hasta el campo de fenómenos de las neurosis. Este día parece aún lejano, y por ahora tales estados patológicos nos son inaccesibles desde el sector médico.

La situación sería aún soportable si la formación académica de los médicos se limitase a impedirles orientarse hacia el terreno de las neurosis. Pero es que, además, los sitúa en una posición falsa y perjudicial. Los médicos, cuyo interés por los factores psíquicos de la vida no ha sido despertado, resultan así predispuestos a no darles la importancia debida y a motejarlos de ajenos a la ciencia. De este modo, no llegan a tomar en serio su manejo ni se dan cuenta de las obligaciones que de ellos se derivan. Caen en una profana falta de respeto a la investigación psicológica, y se facilitan así considerablemente su labor. Los neuróticos han de ser sometidos a tratamiento, porque son enfermos y porque acuden al médico. Con ellos ha de intentarse cada vez algo nuevo. Mas ¿para qué imponerse el trabajo de una larga preparación? Probablemente sería inútil y, además, ¿quién sabe si las enseñanzas de los institutos psicoanalíticos tienen algún valor? De este modo, cuanto más ignorantes son los médicos en esta materia, más emprendedores se sienten. Sólo el que sabe es modesto, pues se da cuenta de lo insuficiente de su saber.

Así pues, la comparación de la especialidad analítica con otros sectores médicos, opuesta por usted como argumento contra mis alegaciones, cae completamente por su base. Para la Cirugía y otras especialidades, ofrece la misma enseñanza académica, posibilidades de una más amplia formación. Los institutos analíticos son escasos en número, jóvenes en años y carecen de autoridad. La escuela médica no los ha reconocido ni se ocupa de ellos. Así, el médico joven, que ha tenido que aceptar de sus maestros a ojos cerrados tantas cosas y no ha hallado ocasiones de educar su juicio propio, acogerá con gusto la ocasión de desempeñar, por fin, el papel de crítico en un sector en el que no existe aún ninguna autoridad reconocida.

Existen todavía otras circunstancias favorables a su actuación como curandero analítico. Si intentara practicar operaciones de la vista sin la suficiente preparación, el mal éxito de sus intervenciones alejaría pronto a los pacientes de su clínica, poniendo así término a su atrevimiento. En cambio, el ejercicio del análisis le será mucho menos peligroso. El público está acostumbrado a que las operaciones de la vista tengan, en general, un resultado feliz y espera siempre la curación. Por el contrario, nadie extraña que el «neurólogo» no logre restablecer a sus pacientes.

Los resultados de la terapia de los enfermos nerviosos no han llegado aún a «acostumbrar mal» a la gente, y ésta se satisface con poder decir que el doctor «se ha tomado mucho trabajo» con el paciente. No cabía hacer más, y sólo la naturaleza o el tiempo pueden traer el remedio. Así, cuando se trata de una enferma, se espera el remedio primero de la menstruación; luego, del matrimonio, y más tarde, de la menopausia. Al fin, lo que verdaderamente viene a poner remedio es la muerte. Por otro lado, lo que el analítico ha llevado a cabo con el enfermo nervioso es tan discreto, que no puede dar motivos de reproche. No ha empleado con él instrumentos ni medicinas; no ha hecho más que conversar con él y sugerirle algo o disuadirle de algo. Esto no puede perjudicar al enfermo, sobre todo cuando en el diálogo se ha evitado tocar temas penosos o excitantes. El médico analítico que ha eludido una severa enseñanza técnica no dejará, en cambio, de ceder a la tentación de mejorar el método del psicoanálisis, limando sus asperezas para hacerle agradable al enfermo. Si limita a esto su tentativa, todavía podrá considerarse dichoso, pues si realmente ha osado despertar resistencias y no sabe luego cómo combatirlas, podrá perder toda la simpatía del paciente.

La equidad nos obliga a confesar que la actividad del analítico ignorante es también más inofensiva para el enfermo que la del cirujano imperito. El daño producido se limita a haber impulsado al enfermo a un esfuerzo inútil con el que desaparecen o disminuyen sus posibilidades de curación, aparte del descrédito que el merecido fracaso puede arrojar injustamente sobre la terapia analítica. Todo ello es harto indeseable, pero no admite comparación con los daños que puede causar el bisturí del cirujano inexperto. Tampoco es de temer, a mi juicio, que la práctica ignorante del análisis produzca una agravación duradera del estado patológico. Las reacciones perjudiciales provocadas por inexperiencia del médico desaparecen al cabo de algún tiempo. Al lado de los traumas que la vida ha ocasionado al sujeto y han motivado su enfermedad, nada significa la torpeza médica. Sólo queda el hecho lamentable de haber sometido al paciente a un tratamiento inapropiado, que no ha podido serle beneficioso.

«He escuchado su descripción del curandero titulado en el ejercicio del análisis, sin interrumpirle, pero no sin experimentar la impresión de que se halla usted dominado por una intensa hostilidad contra la clase médica, hostilidad para cuya explicación histórica ya me mostró usted antes el camino. De todos modos, he de concederle que si han de hacerse análisis, habrá de ser por personas fundamentalmente preparadas para ello. Ahora bien: ¿no cree usted que los médicos que en lo futuro decidan dedicarse a esta especialidad harán todo lo posible para asimilarse tal preparación?»

Temo que no. Mientras las relaciones entre la enseñanza académica y los institutos analíticos no varíen, la tentación de facilitarse el trabajo continuará haciendo sucumbir a los médicos.

«Lo que veo es que hasta este momento va eludiendo usted consecuentemente toda manifestación directa sobre la cuestión del análisis profano. ¿He de entender ahora que, vista la imposibilidad de ejercer un control sobre los médicos que quieran practicar el análisis, propone usted, en venganza y para castigarlos, que se los despoje del monopolio del análisis, abriendo también esta actividad médica a los profanos?»

No sé si ha llegado usted a darse perfecta cuenta de mis motivos. Quizá más adelante pueda presentarle el testimonio de que mi verdadera actitud es mucho menos parcial. Lo que exijo es que *no pueda ejercer el análisis nadie que no haya conquistado, por medio de una determinada preparación, el derecho a una tal actividad.* Que tales personas sean o no médicos, me parece secundario.

«¿Cuáles serían entonces, con precisión, las condiciones exigidas?»

Es ésta una cuestión que no he precisado aún, ni sé si llegaré a determinar. Por ahora quisiera tratar con usted otro tema distinto, para lo cual he de comenzar tocando un determinado punto. Se dice que las autoridades competentes van a prohibir en general a los profanos, obedeciendo a exhortaciones de la clase médica, el ejercicio del análisis. Esta prohibición alcanzaría también a los miembros no médicos de la Asociación Psicoanalítica, personas que poseen una excelente preparación, perfeccionada ya por la práctica. Si tal prohibición se lleva a efecto, resultará que se impide el ejercicio de una actividad a personas de las que se está convencido que la pueden ejercer a la perfección, dejando, en cambio, libre el camino a otras que carecen en absoluto de garantías. No es éste, ciertamente, el resultado que una ley puede proponerse conseguir. Además, el especial problema planteado por el análisis profano no es ni tan urgente ni tan difícil de resolver. Trátase de un puñado de personas a quienes la prohibición no habría de causar graves daños. Probablemente emigrarían a Alemania, donde, libres de toda traba legal, encontrarían pronto el reconocimiento de su valía. Pero si se quiere ahorrarles todo esto y suavizar en su favor la dureza de la ley, no será difícil hacerlo apoyándose en conocidos precedentes. En el Austria monárquica se han dado repetidos casos de concederse a curanderos notorios autorización para ejercer la actividad médica, por constar evidentemente su perfecta capacidad. En estos casos, se trataba generalmente de personas residentes en pueblos y aldeas, y la petición era siempre apoyada y garantizada por alguna de las muchas archiduquesas que existían entonces. Nada se opone a que se haga ahora lo mismo con respecto a personas avecindadas en las ciudades y sobre la base de garantías, si no tan aristocráticas, mucho más peritas en la materia. La prohibición de que hablamos tendría harto mayor importancia que para los actuales analíticos no médicos, para el Instituto Analítico de Viena, que no podría ya admitir a sus enseñanzas candidatos ajenos al círculo de la Medicina. Con ello quedaría nuevamente suprimida en nuestra patria una orientación de la actividad espiritual, que en otros países puede desarrollarse libremente. Soy, ciertamente, el último en aspirar a una especial competencia en la exégesis de leyes y reglamentos. Pero sí veo que una acentuación de nuestras disposiciones legales contra el curanderismo sería contraria a la tendencia hoy dominante de adaptarnos a las circunstancias alemanas[1]. Además, la aplicación de dicha ley al caso del psicoanálisis tendría algo de anacrónico, pues en la época de su promulgación no existía aún nuestra disciplina ni era conocida la especial naturaleza de las enfermedades neuróticas.

Llego ahora al problema cuya discusión me parece más importante. ¿El ejercicio del psicoanálisis debe ser objeto de una intervención oficial, o, por el contrario, es más adecuado abandonarlo a su natural desarrollo? No me toca a mí resolver esta cuestión, pero sí he de permitirme rogarle que reflexione sobre ella. En nuestra patria reina de muy antiguo un verdadero *furor prohibendi,* una tendencia a dirigir, intervenir y prohibir que, como todos sabemos, no ha dado precisamente buenos frutos. La nueva Austria republicana no ha cambiado mucho en cuanto a esto. Sospecho que en la resolución del caso del psicoanálisis que ahora nos ocupa podrá usted hacer pesar ya su fundamentada opinión, pero ignoro si tendrá usted ganas de oponerse a las tendencias burocráticas e influencia para ello. De todos modos, no quiero ahorrarle la exposición de mis ideas sobre el caso, por poco *autorizadas* que sean. A mi juicio, el exceso de órdenes y prohibiciones perjudica la autoridad de la ley. Puede observarse que allí donde sólo existen escasas prohibiciones, son éstas rigurosamente observadas. En cambio, cuando a cada paso tropezamos con alguna, acabamos por sentir la tentación de infringirlas todas. Además, no creo que se sea un anarquista por opinar que las leyes y reglamentos no pueden aspirar, por su origen, a ser considerados sagrados e intangibles; que son con frecuencia de contenido insuficiente y contrarias a nuestro sentimiento de la justicia o llegan a tomar este carácter al cabo del tiempo, y por último que, dada la torpeza de las personas que dirigen nuestra sociedad, el mejor medio de corregir tales leyes inadecuadas es infringirlas valientemente. También es aconsejable, cuando se quiere mantener el respeto a las leyes y reglamen-

[1] [Desde luego, esto ocurría en la época de la República de Weimar.]

tos, no promulgar aquellos cuyo cumplimiento o infracción sea difícil de vigilar. Algo de lo que hemos dicho sobre el ejercicio del análisis por los médicos podríamos repetirlo aquí con respecto al análisis profano, que la ley quiere reprimir. El método analítico es muy discreto; no emplea medicinas ni instrumentos y consiste tan sólo en el intercambio de ideas. No ha de ser nada fácil probar a un profano el ejercicio del «análisis» cuando el acusado afirme que se limita a oir a las personas que a él acuden, aconsejarlas y ejercer una benéfica influencia, puramente humana, sobre individuos precisados de ayuda espiritual. Es esto algo que nadie le puede prohibir fundándose solamente en que también los médicos lo hacen alguna vez. En los pueblos de habla inglesa han alcanzado gran difusión las prácticas de la llamada «ciencia cristiana», una especie de negación dialéctica de la existencia del mal en la vida, basada en las doctrinas de la religión cristiana. No tengo por qué suponer que estas prácticas representan una lamentable aberración del espíritu humano; pero aunque así fuese, ¿quién pensaría en América o en Inglaterra prohibirlas bajo amenaza de castigo? ¿O es que nuestras altas autoridades austríacas están tan seguras del camino que conduce a la bienaventuranza, que pueden permitirse impedir que cada uno intente «salvarse a su manera»?[1].

Aun concediendo que muchos individuos, abandonados a sí mismos, se pongan en peligro y lleguen a perjudicarse, ¿no obrará mejor la autoridad delimitando cuidadosamente los campos cuyo acceso debe estar vedado y abandonando por lo demás a las criaturas, dentro de lo posible, a su educación por medio de la experiencia y del mutuo influjo? El psicoanálisis es algo tan nuevo en el mundo, la inmensa mayoría se halla poco orientada con respecto a él y la actitud de la ciencia oficial ante su existencia es aún tan vacilante, que me parece prematuro intervenir ya en su desarrollo con prescripciones legales. Dejemos a los enfermos mismos hacer el descubrimiento de que es perjudicial para ellos buscar ayuda espiritual en personas que no hayan estudiado el modo de prestarla. Haciéndoles ver claramente tales perjuicios y previniéndoles contra ellos, nos ahorraremos una prohibición. En las carreteras italianas, los postes sustentadores de las líneas de alta tensión muestran la siguiente inscripción, tan breve como impresionante: *Chi tocca, muore*, suficiente para regular la conducta de los transeúntes con respecto a los cables que una rotura pudiera dejar colgantes. Las advertencias empleadas en Alemania para igual caso son de una amplitud superflua y verdaderamente ofensiva: «Queda terminantemente prohibido tocar los cables, por existir peligro de muerte.» ¿Para qué la prohibición? El que tiene cariño a la vida ya se dicta la prohibición a sí mismo, y el que quiere suicidarse por este medio no pregunta si está o no permitido hacer uso de él.

«Pero existen precedentes legales a la cuestión del análisis profano. Me refiero a la prohibición de practicar el hipnotismo, no siendo médico, y a otra recientemente promulgada y relativa a las sesiones del ocultismo y a la fundación de asociaciones de este orden.»

No soy, ciertamente, un admirador de esas medidas. La última citada constituye un indudable abuso de autoridad en perjuicio de la libertad intelectual. Por mi parte, no soy sospechoso de prestar fe a los llamados fenómenos ocultos, ni siquiera de anhelar su reconocimiento. Pero tales prohibiciones no conseguirán ahogar el interés de los hombres hacia este supuesto mundo secreto. Quizá sólo se ha realizado algo muy perjudicial, despojando al interés científico imparcial de los medios necesarios para formar un juicio libertador sobre tan preocupadoras posibilidades. Pero esto tampoco sucede más que en Austria. En otros países no encuentra la investigación «parapsíquica» obstáculo legal ninguno. El caso de la hipnosis es algo diferente al del psicoanálisis. La hipnosis consiste en la provocación de un estado psíquico anormal y no es utilizada hoy en día por los profanos más que como espectáculo. Si la terapia hipnótica, tan prometedora al principio, hubiera mantenido sus promesas, se habrían establecido con su práctica circunstancias análogas a las del análisis. Desde otro distinto aspecto, nos proporciona la historia de la hipnosis un precedente de los destinos del psicoanálisis. En mis primeros tiempos de «docente» de Neuropatología, combatían los médicos, apasionadamente, el hipnotismo, declarándolo una farsa, un engaño diabólico y considerándolo peligrosísimo. Actualmente lo han monopolizado, sirviéndose de él sin temor como medio de investigación, y para algunos neurólogos continúa constituyendo aún el agente principal de su terapia.

Pero como ya dije antes, no está en mi ánimo proponer nada referente a la conveniencia o inconveniencia de una intervención legal en los asuntos del psicoanálisis. Sé que se trata de una cuestión de principios en cuya solución pesarán más que los argumentos las tendencias de las personas llamadas a dar la pauta. Ya hube de exponerle todo lo que me parece aconsejar una política de *laissez faire*. Ahora bien: si lo que se resuelve es, por el contrario, una intervención activa, entonces habrá de parecerme insuficiente la medida, injusta y desconsiderada, de prohibir a los no médicos el ejercicio del análisis. Será preciso atender algo más, fijar las condiciones bajo las cuales ha de ser permitida la práctica analítica a todos aquellos que quieran ejercerla, nombrar una autoridad que pueda informar de lo qué es el análisis y qué preparación debe exigirse para su ejercicio, y por último, fomentar las posibilidades de someterse a él: o dejar las cosas como están o crear orden y claridad perfectos, pero nunca intervenir en una situación harto complicada, con una prohibición aislada, derivada de una ley que ha perdido toda la adecuación.

7

«Está bien. Pero ¿y los médicos? Por más que hago no consigo hacerle entrar en el verdadero tema de nuestras conversaciones. Siempre acaba usted eludiendo la cuestión. Trátase, concretamente, de si ha de concederse a los médicos, aunque sea después de haber cumplido determinadas condiciones, el derecho exclusivo al ejercicio del análisis. Los médicos no son seguramente, en su gran mayoría, los "curanderos analíticos" que usted ha descrito antes. Usted mismo me ha dicho que la mayor parte de sus discípulos y partidarios pertenece a la carrera de Medicina. Por otra parte, me han asegurado que tampoco ellos comparten su punto de vista sobre el análisis profano. He de suponer, naturalmente, que sus discípulos participan de su opinión sobre la necesidad de una preparación suficiente, etc., y sin embargo, encuentran conciliable tales opiniones con la prohibición del análisis profano. Si todo esto es cierto, ¿cómo lo explica usted?».

Veo que está usted bien informado. No todos, pero sí buena parte de mis colaboradores médicos, difieren de mí en este punto, mostrándose partidarios del derecho exclusivo de los médicos al tratamiento analítico de los neuróticos. Verá usted, pues, que dentro de nuestro campo están permitidas las diferencias de criterio. Mi opinión es conocida por todos, y la diferencia que nos separa en la cuestión del análisis profano no turba nuestra buena armonía. Pregunta usted cómo puedo explicar la actitud de estos discípulos míos. No lo sé; seguramente obedece al poder de la conciencia profesional. Han tenido un desarrollo diferente del mío, se encuentran a disgusto aislados de sus colegas, quisieran ser acogidos sin recelos por la «profesión» y están dispuestos a obtener esta tolerancia a cambio de un sacrificio en una cuestión cuya importancia vital no vislumbran. Quizá no sea así. Suponerlos guiados por el afán de evitarse competencias sería no sólo acusarlos de pobreza de espíritu, sino también de una singular miopía. En realidad, están siempre dispuestos a iniciar a otros médicos en el análisis, y el tener que compartir los pacientes con sus colegas o con profanos es absolutamente igual para su provecho material. Probablemente, habremos de tener en cuenta algo distinto. Tales alumnos míos se hallan quizá bajo la influencia de determinados factores, que dan al médico en la práctica analítica una indudable ventaja sobre el profano.

«¡Por fin confiesa usted que el médico lleva una indudable ventaja al profano para el ejercicio del análisis! Entonces no hay que hablar. Su cuestión queda resuelta.»

Ningún trabajo me cuesta confesarlo. Ello le probará a usted que no estoy tan ciegamente apasionado como usted supone. Si he aplazado el momento de indicar esta circunstancia, es porque su decisión ha de hacer precisas nuevas explicaciones teóricas.

«¿A qué se refiere usted?»

En primer lugar, a la cuestión del diagnóstico. Cuando emprendemos el tratamiento analítico de un enfermo que padece perturbaciones de las llamadas «nerviosas», queremos antes alcanzar la seguridad —dentro de lo posible— de que nuestro tratamiento será el apropiado a su dolencia y podrá curarla o aliviarla. Ahora bien esto sólo sucede cuando la enfermedad que padece es realmente una neurosis.

«Está bien. Pero, según creo, eso es fácil de determinar por medio de la observación de los síntomas de que el paciente se queja.»

Sin embargo, es aquí donde surge una nueva complicación. Eso no siempre puede reconocerse con absoluta certeza. El enfermo puede presentar el cuadro exterior de una neurosis y padecer muy bien algo distinto: el comienzo de una enfermedad mental incurable o los prolegómenos de un destructor proceso cerebral. La distinción —el diagnóstico diferencial— no es siempre fácil ni puede establecerse inmediatamente en todas las fases. Unicamente un médico puede echar sobre sí la responsabilidad de una tal decisión, que muchas veces no le es ciertamente nada fácil. El caso patológico puede presentar durante mucho tiempo un aspecto inofensivo, surgiendo luego de repente su verdadera gravísima naturaleza. Por otro lado, los neuróticos tienen siempre el temor de adquirir una enfermedad mental. Si el médico permanece durante algún tiempo equivocado o indeciso sobre la naturaleza de uno de estos casos, no causa con ello daño alguno al enfermo ni le obliga a realizar nada superfluo. El tratamiento psicoanalítico de este mismo enfermo no le hubiera tampoco perjudicado, pero sería considerado como un esfuerzo inútil. Además, nunca faltaría quienes atribuyeran al análisis el mal resultado. Desde luego, injustamente; pero siempre es bueno evitar tales ocasiones.

«Me deja usted desconsolado. Echa usted ahora por tierra todo lo que antes me dijo sobre la naturaleza y la génesis de la neurosis.»

De ningún modo. Lo que hago es robustecer mi anterior escrito de que los neuróticos son para todo el mundo, y, por tanto, también para el análisis, un semillero de complicaciones y preocupaciones. Pero quizá dando a mis nuevas manifestaciones una expresión más correcta me será posible deshacer sus confusiones. Con relación a los casos de que ahora tratamos, es probablemente más exacto decir que padecen realmente una neurosis, pero que ésta no es psicógena, sino somatógena; esto es, que no tiene causas psíquicas, sino físicas. ¿Puede usted comprenderme?

«Comprenderle, sí. Pero lo que no puedo es conciliarlo con lo otro, con lo psicológico.»

Lo conseguirá usted en cuanto tenga en cuenta las complicaciones de la sustancia viva. ¿En qué hallamos la esencia de la neurosis? En el hecho de que el *yo*, la más alta organización del aparato anímico, elevada por la influencia del mundo exterior, no se encuentra en estado de cumplir su función de mediador entre el *ello* y la realidad, retirándose en su debilidad de determinados elementos pulsionales del *yo* y teniendo que aceptar las consecuencias de esta renuncia en forma de limitaciones, síntomas y formaciones reactivas inexitosas.

Por una tal debilidad del *yo* pasamos todos regularmente en nuestra niñez, siendo ésta la razón de que los sucesos de los más tempranos años infantiles adquieran tan gran importancia para la vida ulterior. Bajo la extraordinaria carga que gravita sobre esta época infantil —en pocos años tenemos que atravesar la enorme distancia evolutiva que separa al hombre primitivo de la edad de piedra del hombre civilizado de nuestros días, y rechazar entre tanto especialmente las pulsiones del temprano período sexual—; bajo esta enorme carga, repito, recurre nuestro *yo* a las represiones y se expone a una neurosis infantil, cuyo residuo perdura en él como disposición a ulteriores enfermedades nerviosas en la madurez. Todo depende luego del trato que el Destino reserve al ser humano en el curso de su existencia. Si la vida se le muestra demasiado dura y se hace demasiado grande la distancia entre las exigencias pulsionales y las de la realidad, el *yo* podrá fracasar en sus esfuerzos de conciliar ambos factores y tanto más cuanto mayor sea su inhibición por la disposición infantil que en él perdura. Se repite entonces el proceso de la represión, las pulsiones se sustraen al dominio del *yo,* creándose, por medio de regresiones, satisfacciones sustitutivas, y el pobre *yo* cae irremediablemente en la neurosis.

No perdiendo de vista que el eje de la situación es la fortaleza relativa de la organización del *yo,* ha de sernos fácil completar nuestra visión etiológica. Como causas normales, por decirlo así, de la nerviosidad conocemos ya la debilidad infantil del *yo,* la dura labor que supone el sometimiento de los tempranos impulsos de la sexualidad y los efectos de los sucesos que casualmente pueda vivir el sujeto durante su infancia. Pero ¿no habrá aún otros factores anteriores a la infancia que desempeñen también un papel etiológico? ¿Por ejemplo, una indomable fortaleza innata de la vida pulsional del *ello,* que plantea *a priori* al *yo* tareas excesivamente duras? ¿O una especial debilidad del *yo,* obediente a causas desconocidas? Desde luego, también estos factores presentan una importancia etiológica a veces dominante. Con la fortaleza de las pulsiones del *ello* hemos de contar siempre, y en aquellos casos en los que se encuentra excesivamente desarrollada no podremos fundar muchas esperanzas en nuestra terapia. De las causas que provocan una inhibición del desarrollo del *yo* sabemos aún muy poco. Estos serían, pues, los casos de neurosis con una base esencialmente constitucional. Sin alguna de tales circunstancias favorables congenitales y constitucionales no surge apenas neurosis ninguna.

Pero si el factor decisivo para la génesis de la neurosis es la debilidad relativa del *yo,* ha de ser también posible que una posterior enfermedad física cree una neurosis al producir una debilitación del *yo*. Así sucede, efectivamente, en un gran número de casos. Una tal perturbación somática puede repercutir en la vida pulsional del *ello* y elevar la fuerza de las pulsiones por encima de la capacidad de defensa del *yo*. El prototipo normal de tales procesos sería la transformación de la mujer por los trastornos de la menstruación y la menopausia. Asimismo, una enfermedad física general, por ejemplo, una perturbación orgánica del órgano nervioso central atacará las condiciones de alimentación del aparato anímico y le forzará a disminuir su función y a suprimir sus rendimientos más sutiles, entre los que figura el mantenimiento de la organización del *yo*. En todos estos casos surge aproximadamente el mismo cuadro neurótico. La neurosis tiene siempre el mismo mecanismo psicológico, pero su etiología es muy varia y compuesta.

«Así me gusta oírle. Por fin ha hablado usted como un médico. Espero, pues, su confesión de que una enfermedad tan complicada como la neurosis sólo puede ser tratada por los médicos.»

Despacio. Va usted más allá de mis palabras. Lo que acabamos de examinar es un trozo de Patología, y el análisis es un método terapéutico. Por mi parte, aconsejo o, mejor dicho, exijo que a todo análisis preceda un diagnóstico médico. La inmensa mayoría de las neurosis que se nos presentan son, afortunadamente, de naturaleza psicógena y exentas de toda sospecha patológica. Una vez comprobada esta circunstancia por el médico, puede éste abandonar tranquilamente al analítico profano el tratamiento. En nuestras asociaciones analíticas se sigue con todo rigor esta norma. El íntimo contacto exigente en ellas entre los miembros médicos y los que no lo son evita todo posible error en este punto. Hay todavía otro caso en el que el analítico tiene que pedir ayuda al médico. Durante el curso del tratamiento analítico pueden surgir síntomas —generalmente somáticos— de los que no se sabe bien si deben ser incluidos en el cuadro general de la neurosis o referidos a una naciente enfermedad orgánica independiente de ella. La solución de esta duda debe ser también encomendada al médico.

«Así pues, tampoco durante el análisis puede el analítico profano prescindir del médico. Un nuevo argumento a favor de este último.»

No, no; de esta posibilidad no puede deducirse un argumento contra el analítico profano, pues el analítico médico procedería exactamente lo mismo en igual caso.

«Eso sí que no lo entiendo.»

Muy sencillo. Una de nuestras normas teóricas prescribe que en estos casos de síntomas equívocos surgidos durante el tratamiento no se atenga nunca el analítico, aunque sea médico y confíe plenamente en sus reconocimientos, a su propio juicio, debiendo contrastarlo con el de otro médico ajeno al análisis; por ejemplo, un internista.

«¿Y a qué responde una tal prescripción, que me parece superflua?»

No lo es ciertamente, pues obedece a varias razones fundamentales. En primer lugar, no es nunca conveniente reunir en una sola mano dos tratamientos, el psíquico y el orgánico. Además, por la relación especialísima que la transferencia establece entre el enfermo y el analítico debe éste abstenerse de todo reconocimiento corporal del paciente. Por último, el analítico, que tiene concretado todo su interés en los factores psíquicos, no puede quizá confiar plenamente en su imparcialidad.

«Veo ya claramente su actitud con respecto al análisis profano. Persiste usted en su idea de que debe haber analíticos, no médicos. Pero como no puede usted negar su insuficiencia, reúne usted sólo lo que hace servir para disculpar y facilitar su existencia. Por mi parte, no logro comprender por qué ha de haber analíticos profanos que no pueden pasar de terapeutas de segunda clase. Admitiendo ya, si usted quiere, a los dos o tres profanos que han recibido la preparación analítica, creo que debiera evitarse su aumento, comprometiéndose los institutos analíticos a no acoger en sus aulas más que médicos.»

Estaré de acuerdo con usted si resulta posible demostrar que tal limitación no desatiende ninguno de los intereses que aquí entran en juego. Estos intereses son en número de tres: el de los enfermos, el de los médicos y —*last but not least*— el de la ciencia, que integra en sí el de todos los enfermos futuros. ¿Quiere usted que examinemos juntos estos tres puntos?

Para el enfermo es indiferente que el analítico sea o no médico, siempre que todo peligro de error quede eliminado por la contrastación médica exigida antes de iniciar el tratamiento y al surgir durante el mismo algún síntoma dudoso. Lo que le interesa es que el analítico posea cualidades personales que le hagan merecedor de confianza y haya adquirido aquellos conocimientos y experiencias que le capacitan verdaderamente para el cumplimiento de su labor. Pudiera creerse que la falta de título médico y la necesidad de acudir en ocasiones a quienes lo poseen habrán de disminuir en el ánimo del paciente la autoridad del analítico profano. Naturalmente, nunca omitimos informar a los pacientes de las circunstancias del analítico y hemos podido convencernos de que los prejuicios profesionales no encuentran en ellos el menor eco, mostrándose siempre dispuestos a aceptar la curación, cualquiera que sea su procedencia, actitud que es conocida ya hace mucho tiempo por la clase médica para la cual viene constituyendo grave motivo de indignación. Por otro lado, los analíticos profanos que hoy practican el análisis no son individuos cualesquiera, de procedencia indistinta, sino personas de formación académica, doctores en Filosofía, pedagogos y algunas señoras de gran experiencia y personalidad sobresaliente. El análisis, al que han de someterse todos los candidatos de nuestros institutos de enseñanza, es también el mejor medio de precisar su capacidad personal para el ejercicio de la actividad analítica.

Pasemos ahora al interés de los médicos. No puedo creer que la incorporación del psicoanálisis haya de ser ventajosa para la Medicina. El estudio de esta facultad dura ya cinco años y casi seis con la práctica de los últimos ejercicios de examen. Además, cada dos años se exige al estudiante alguna nueva condición, sin cuyo cumplimiento no podría considerarse suficiente su preparación. La entrada en la profesión médica es harto difícil, y su ejercicio ni muy satisfactorio ni rentable. Exigir, con plena justificación, desde luego, que el médico haya de estar también familiarizado con el aspecto anímico de la enfermedad, y extender así la educación médica a un trozo de la preparación para el análisis, supondría una nueva ampliación de las materias de enseñanza y una prolongación correlativa de los años de estudio. No sé si esta consecuencia de sus aspiraciones al psicoanálisis satisfará a los médicos. Pero resulta imprescindible. Y todo esto, en una época en que las condiciones materiales de la existencia han empeorado considerablemente para la clase en la cual se reclutan los médicos, viéndose obligada la joven generación a valerse pronto por sí misma.

No querrá usted quizá recargar el estudio de la Medicina con la preparación para la práctica analítica y considerará más adecuado que sean los futuros analíticos los que se preocupen por sí mismos de su preparación, una vez terminada la carrera. Piensa usted que la pérdida de tiempo consiguiente no puede tener importancia práctica ninguna, toda vez que un joven de treinta años no gozará nunca, por parte del paciente, de la confianza indispensable a la ayuda espiritual que precisa. A esto habría que responder que tampoco el médico no analítico, recién salido de las aulas, puede inspirar mucho respeto a sus pacientes, y que el analítico podría aprovechar su tiempo trabajando en una policlínica psicoanalítica, bajo la dirección de otros más experimentados.

Más importante me parece el hecho de que con su proposición apoya usted un gasto de energías que en estos tiempos difíciles no puede hallar justificación económica ninguna. La formación analítica corta ciertamente el círculo de la preparación médica, pero ni lo encierra ni es encerrado por él. Si hubiera de fundarse una facultad psicoanalítica —idea que aún suena a fantasía—, habría que estudiarse en ella mucha parte de lo que se enseña en la Facultad de Medicina. Además de la Psicología de lo inconsciente, que siempre constituiría la disciplina principal, una introducción a la Biología, el más amplio estudio posible de la ciencia de la vida sexual y un conocimiento de los cuadros patológicos de la Psiquiatría. Por otro lado, la enseñanza psicoanalítica comprendería también asignaturas ajenas al médico y con las que no suele tropezar en su actividad profesional: Historia de la civilización, Mitología, Psicología de las religiones y Literatura. Sin una buena orientación en estos campos no puede llegar el analítico a una perfecta comprensión de mucha parte de su material. En cambio, no le es precisa para sus fines una gran parte de los conocimientos exigidos por la Facultad médica. Tanto el conocimiento de los huesos del pie como los relativos a la composición de los hidratos de carbono o al trayecto de las fibras nerviosas del cerebro, así como lo descubierto por la Medicina sobre los microbios, los sueros y los neoplasmas. Todo esto es ciertamente muy estimable; mas, para el analítico, perfectamente inútil, pues ni puede ayudarle a comprender o a curar una neurosis ni tampoco contribuir a afinar aquellas facultades intelectuales a las que su actividad plantea las mayores exigencias. No puede objetarse que lo mismo sucede en todas las demás especialidades médicas: por ejemplo, en la Odontología. También el odontólogo tiene que estudiar muchas cosas que la Facultad no le ha enseñado y olvidar otras sobre las que ha sufrido severos exámenes. Pero su caso no admite comparación con el del analítico. Para la Odontología conservan toda su importancia los puntos capitales de la Patología, las teorías de la inflamación, la supuración, la necrosis y la influencia recíproca de los órganos del cuerpo. Mas al analítico le lleva su experiencia a otro distinto mundo con fenómenos y leyes diferentes. De cualquier modo que la Filosofía salve el abismo entre lo corporal y lo anímico, aquél sigue existiendo para nosotros en principio y hasta para nuestros esfuerzos prácticos.

Es injusto e ilógico obligar a un hombre, que desea libertar a otro del grave peso de una fobia o una representación obsesiva, a dar el inmenso rodeo que supone el estudio completo de la carrera médica. Además, no se conseguirá si antes no se logra suprimir totalmente el análisis. Represéntese usted un paisaje, y en él, dos caminos que conducen a un mismo punto: uno de ellos, corto y en línea recta; el otro, largo y serpenteado. Intente usted prohibir el tránsito por el camino breve, porque pasa, por ejemplo, junto a unos macizos de flores que quiere usted proteger contra los paseantes. Sólo si el camino prohibido es penoso y escarpado y, en cambio, el otro descansado y cómodo podrá usted abrigar alguna esperanza de ver respetada su prohibición. Pero si no sucede aí, y el sendero largo es además el más penoso, no tendrá usted que pensar mucho la suerte que correrán su prohibición y sus flores. Mucho me temo que no consiga usted nunca obligar a los profanos a estudiar Medicina, como tampoco lograría yo obligar a los médicos a estudiar el análisis. Ya conoce usted suficientemente la naturaleza humana.

«Pero si está usted en lo cierto al afirmar que el tratamiento analítico no puede practicarse sin una formación especial, que el estudio de la Medicina no puede soportar la sobrecarga de la preparación analítica y que los conocimientos médicos son en su gran mayoría superfluos para el analítico, ¿qué destino reserva usted al ideal, al que aspira la formación médica, de crear personalidades capaces de afrontar todos los problemas profesionales?»

No puedo predicar cuál será la solución de todas estas dificultades ni soy tampoco el más llamado a indicarla. Sólo veo dos cosas: primero, que el análisis es para usted un motivo de embarazo y sería mejor que no existiese —desde luego, también el neurótico es un ser embarazoso—, y segundo, que de momento se atendería a todos los intereses, decidiéndose los médicos a tolerar a una clase de terapeutas que les eviten el penoso tratamiento de las neurosis psicógenas, tan enormemente frecuentes, y se mantienen al tiempo en contacto permanente con estos enfermos, con gran ventaja para los mismos.

«¿Es ésta su última palabra sobre la cuestión o le queda aún algo que decir?»

Desde luego. Me queda todavía por hablar del interés de la ciencia en este problema. Lo que sobre este punto he de decir no ha de importarle a usted gran cosa, pero no puedo decir lo mismo de mí.

No creemos deseable, en efecto, que el psicoanálisis sea devorado por la Medicina y encuentre su última morada en los textos de la Psiquiatría, capítulo sobre la terapia, y entre métodos tales como la sugestión hipnótica, la autosugestión y la persuasión, que, extraídos de nuestra ignorancia, deben sus efectos, poco duraderos, a la pereza y la cobardía de las masas humanas. Merece mejor suerte, y hemos de esperar que la logre. Como «psicología abismal» o teoría de lo psíquico inconsciente, puede llegar a ser indispensable a todas aquellas ciencias que se ocupan de la historia de los orígenes de la civilización humana y de sus grandes instituciones, tales como el arte, la religión y el orden social. En mi opinión, ha prestado ya una considerable ayuda a estas ciencias para la resolución de sus problemas; pero éstas son aún aportaciones muy pequeñas, comparadas con las que se conseguirán si los expertos dedicados al estudio de la Historia de la civilización, la Psicología de las religiones, la Filosofía, etc., se decidieran a manejar por sí mismos el nuevo medio de investigación puesto a su alcance. El empleo del análisis para la terapia de las neurosis es sólo una de sus aplicaciones, y quizá venga el porvenir a demostrar que no es siquiera la más importante. De todos modos, sería injusto sacrificar a una aplicación todas las demás por la sola razón de que aquélla roza el círculo de los intereses médicos.

Se desarrolla aquí una nueva relación, en la cual no puede intervenirse sin grave daño. Si los representantes de diversas ciencias del espíritu han de estudiar el psicoanálisis para aplicar sus métodos y puntos de vista a su propio material científico, no les bastará atenerse a los resultados reseñados en la literatura analítica. Habrán de aprender a comprender el análisis siguiendo el único camino que existe para ello; esto es, sometiéndose por sí mismos a un análisis. Así, a los neuróticos necesitados del análisis vendría a agregarse una segunda clase de personas, que aceptarían ser sometidos a ella por motivos intelectuales, pero que seguramente saludarían con entusiasmo el incremento de su capacidad funcional, accesoriamente conseguido. La práctica de estos análisis exigiría una cantidad de analíticos, a los cuales no ofrecerían ventaja ninguna los conocimientos médicos. Pero estos analíticos habrán de ser objeto, en cambio, de una formación particularmente cuidadosa, y si no se quiere mutilar su preparación, habrá de proporcionárseles ocasiones de practicar el análisis en casos instructivos y probatorios. Ahora bien: como aquellos hombres sanos, a quienes no mueve un interés científico, no acuden a someterse al análisis, habrán de ser nuevamente individuos neuróticos los que constituyan el material vivo utilizado —bajo el más cuidadoso control— para la enseñanza práctica de tales analíticos. Todas estas circunstancias hacen precisa una cierta libertad de movimientos y no toleran limitaciones mezquinas.

Quizá no crea usted en este interés, puramente teórico, del psicoanálisis, o no quiera reconocer su influencia en la cuestión práctica del análisis profano. En este caso, habré de advertirle que existe todavía otra aplicación del psicoanálisis completamente sustraída al alcance de la ley sobre el curanderismo y a las aspiraciones médicas. Me refiero a su aplicación a la Pedagogía. Cuando un niño comienza a manifestar signos de una evolución indeseable, mostrándose malhumorado, irritable y distraído, ni el pediatra ni el médico escolar pueden hacer nada por él, incluso en aquellos casos en los que el infantil sujeto presenta claros fenómenos nerviosos, tales como angustia, inapetencia, vómitos o insomnios. En cambio, por medio de un tratamiento mixto del influjo analítico y medidas pedagógicas, desarrolladas por personas que no desprecian ocuparse de las circunstancias del ambiente infantil, se consigue muy pronto suprimir los síntomas nerviosos y deshacer la naciente modificación del carácter. Nuestro conocimiento de que las neurosis infantiles, con frecuencia poco visibles, suponen una disposición a graves enfermedades ulteriores, nos indica estos análisis de niños como un excelente medio profiláctico. Es innegable que aún tiene el psicoanálisis muchos enemigos. Ignoro de qué medios podrán disponer para oponerse también a la actividad de los analíticos pedagógicos o pedagogos analíticos y no creo posible que lo logren. Pero nunca se puede estar seguro.

Por lo demás, volviendo a nuestra cuestión del tratamiento analítico de los neuróticos adultos, he de advertirle que tampoco hemos agotado todos sus puntos de vista. Nuestra civilización ejerce sobre nosotros una presión ya casi intolerable y demanda una rectificación. Sería quizá demasiada fantasía esperar que el psicoanálisis esté llamado, no obstante las dificultades que se le oponen, a preparar a los hombres a una tal rectificación. Acaso haya de nuevo un americano a quien se le ocurra dedicar parte de su dinero a la preparación analítica de los *social workers* de su país para formar un ejército auxiliar, dedicado a combatir las neurosis, producto de la civilización.

«¿Una nueva especie de Ejército de Salvación?»

¿Por qué no? Nuestra imaginación labora siempre con sujeción a algún modelo. La masa de gentes, deseosa de aprender, que afluiría entonces a Europa, tendría que pasar de largo por Viena, pues la evolución analítica habría sucumbido ya aquí a un precoz trauma prohibitivo. ¿Sonríe usted? No digo esto, ciertamente, para influir sobre su juicio. Sé ya muy bien que no me presta usted fe y no puedo predecir si alguna vez cambiaría usted de opinión. Pero sí estoy seguro de una cosa. No importa mucho cuál sea la resolución que ustedes hagan recaer sobre la cuestión del análisis profano. Cualquiera que sea, sólo puede tener un efecto local. Lo verdaderamente importante es que las posibilidades de desarrollo que en sí entraña el psicoanálisis no pueden ser coartadas por leyes ni reglamentos.

EPÍLOGO A «A LA CUESTIÓN DEL ANÁLISIS PROFANO»[1]

El motivo inmediato que me indujo a redactar el pequeño libro que dio pie a las precedentes discusiones fue una acusación de curanderismo ante los tribunales de Viena contra nuestro colega no médico el doctor Theodor Reik. Como todos sabrán, se desistió de la querella una vez completada la instrucción del juicio y oídas varias peritaciones. No creo que ello fuese el resultado de mi libro, pues era evidente que se trataba de un caso demasiado endeble para la acusación, y quien la planteó como parte civil agraviada demostró ser un testigo muy poco fidedigno, de modo que el sobreseimiento del doctor Reik probablemente no siente jurisprudencia en los tribunales de Viena acerca de la cuestión del análisis profano. Cuando en mi escrito tendencioso creé la figura del interlocutor «imparcial», pensaba en uno de nuestros altos funcionarios, un hombre de espíritu benévolo y de extraordinaria integridad mental, con quien yo mismo había conversado sobre el caso Reik y a quien entregué, a su pedido, una peritación confidencial sobre el mismo. Tenía bien presente que no había logrado convencerlo de mi punto de vista, y fue por eso que también mi interlocutor imparcial quedó en desacuerdo conmigo al concluir nuestro diálogo.

Tampoco esperé en momento alguno que lograría establecer entre los analistas mismos una actitud unánime frente al problema del análisis profano. Quien compare las opiniones expresadas en esta discusión por la Asociación Húngara con las sustentadas por el grupo de Nueva York, quizá llegue a la conclusión de que mi obra ha sido totalmente ineficaz y que cada uno persiste en su opinión original. Mas tampoco creo esto. Por el contrario, pienso que muchos de mis colegas han morigerado su posición extrema y que en su mayoría han aceptado mi concepción de que el problema del análisis profano no debe ser re-

[1] Publicado por primera vez en *Int. Z. Psychoanal,* (1927). Incluido en la Standard Ed., 20, 251.

suelto de acuerdo con las normas tradicionales, sino que, correspondiente a una situación nueva, demanda también un nuevo enjuiciamiento.

Además, el giro que he dado a toda la discusión parece haber despertado aplauso. En efecto, destaqué la tesis de que no importaría si el analista posee o no un diploma médico, sino que lo fundamental es si ha adquirido la capacitación especial que requiere para el ejercicio del análisis. De aquí arrancó la discusión, tan fervientemente llevada por mis colegas, acerca de cuál sería la formación más conveniente para un analista. Mi propia opinión era entonces —y sigue siendo ahora— que en modo alguno es la prescrita por la Universidad para los futuros médicos. Lo que se conoce como formación médica me parece un acceso arduo y tortuoso a la profesión analítica, pues si bien ofrece al analista muchos elementos indispensables, lo carga también con muchas otras cosas que de nada podrán servirle y lo expone además a que su interés y su entera manera de pensar se aparten de la comprensión de los fenómenos psíquicos. Aún está por crearse el plan de enseñanza para el analista; sin duda habrá de comprender temas de las ciencias del espíritu, de psicología, historia de la cultura y sociología, así como de anatomía, biología y genética. Hay tanto que aprender en estos terrenos, que es justificable omitir de dicho programa cuanto no guarde una relación directa con la práctica del análisis y sólo contribuya indirectamente, como cualquier otro tipo de estudio, al adiestramiento del intelecto y de la capacidad de observación sensorial. Es fácil y cómodo aducir contra este proyecto la objeción de que no existen escuelas psicoanalíticas de tal especie, salvo en el terreno de los esquemas ideales. Por cierto que se trata de un ideal, pero de un ideal que puede y debe ser realizado. Con todas sus insuficiencias juveniles, nuestros institutos de enseñanza representan ya el germen de semejante realización.

No habrá escapado a la atención de mis lectores el hecho que en lo precedente ha aceptado como obvio algo que en nuestras discusiones aún ha sido violentamente disputado. En efecto, he dado por sentado que el psicoanálisis no es una rama especializada de la medicina, y por mi parte no concibo que sea posible dejar de reconocerlo. El psicoanálisis es una parte de la psicología, ni siquiera de la psicología médica en el viejo sentido del término, ni de la psicología de los procesos mórbidos, sino simplemente de la psicología a secas. No representa, por cierto, la totalidad de la psicología, sino su infraestructura, quizá aun todo su fundamento. La posibilidad de su aplicación con fines médicos no debe inducirnos a error, pues también la electricidad y la radiología han hallado aplicaciones en medicina, no obstante lo cual la ciencia a la que ambas pertenecen sigue siendo la física. Ni siquiera los argumentos históricos pueden modificar algo en esta filiación. Toda la teoría de la electricidad tuvo su origen en la observación de un preparado neuromuscular, pero a nadie se le ocurriría hoy considerarla por ello como una parte de la fisiología. En cuanto al psicoanálisis, se aduce que habría sido descubierto por un médico en el curso de sus esfuerzos por socorrer a sus pacientes; pero esto es a todas luces indiferente para abrir juicio al respecto. Por otra parte, tal argumento histórico es un arma de doble filo: siguiendo el curso de su evolución, podríamos recordar la frialdad, aun la enconada animosidad con la cual la profesión médica trató desde un comienzo al análisis; de ello se desprendería que tampoco hoy tiene derecho alguno a asumir prerrogativas sobre el mismo. Aunque por mi parte no admito tal implicación, tengo todavía fuertes dudas acerca de si la actual solicitud con que los médicos cortejan al psicoanálisis se basa, desde el punto de vista de la teoría de la libido, en la primera o en la segunda de las subfases de Abraham; es decir, si se trata de una toma de posesión con el propósito de la destrucción o de la preservación del objeto.

Quisiera detenerme un instante más en el argumento histórico. Dado que concierne a mi persona, puedo ofrecer a quien por ello se interese algunos atisbos de los motivos que me guiaron. Después de cuarenta y un años de actividad médica, mi autoconocimiento me dice que nunca fui un verdadero médico. Ingresé en la profesión porque se me obligó a apartarme de mi propósito original, y el triunfo de mi vida reside precisamente en que, después de un largo rodeo, he vuelto a encontrar mi primitiva orientación. De mi infancia no tengo ningún recuerdo de haber sentido la necesidad de socorrer a la humanidad doliente; mi innata disposición sádica no era muy grande, de modo que no tuvo necesidad de desarrollar este derivado suyo. Tampoco me dediqué nunca a «jugar al doctor»: mi curiosidad infantil siguió sin duda otros caminos. En mi juventud se apoderó de mí la omnipotente necesidad de comprender algo acerca de los enigmas del mundo en que vivimos y de contribuir quizá con algo a su solución. El ingreso en la Facultad de Medicina parecía ser el camino más prometedor para lograrlo; luego lo intenté, sin éxito, con la zoología y la química, hasta que finalmente, bajo la influencia de Von Brücke[1] —la más grande autoridad que haya influido nunca sobre mí—, quedé fijado a la fisiología, aunque en aquellos días ésta se hallaba excesivamente restringida a la histología. Por entonces ya había aprobado todos mis exámenes de la carrera médica, sin llegar a interesarme ninguna actividad de esta índole, hasta que mi respetado maestro me advirtió que, en vista de mi estrecha situación material debía renunciar a emprender una carrera teórica. Así llegué de la histología del sistema nervioso a la neuropatología, y luego, incitado por nuevas influencias, al estudio de las neurosis. Creo, sin embargo, que mi falta de una genuina inclinación médica no causó gran perjuicio a mis pacientes, pues no redunda precisamente en ventaja de éstos si el interés terapéutico del médico tiene un excesivo énfasis emocional. Para el paciente lo mejor es que el médico cumpla su tarea con ecuanimidad y con la mayor precisión posible.

Cuanto acabo de exponer no contribuye, evidente-

---

[1] [Ernst Wilhelm von Brücke (1819-92). Profesor de Fisiología en la Universidad de Viena, y director del Instituto de Fisiología donde Freud cursó sus primeros estudios neurológicos.]

mente, gran cosa a dilucidar el problema del análisis profano. Todo esto sólo estaba destinado a presentar mis credenciales personales en tanto que yo mismo propugno el valor autónomo del psicoanálisis y su independencia de la aplicación a la medicina. Aquí podría aducirse que el decidir si el psicoanálisis como ciencia es una subdivisión de la medicina o de la psicología sería una mera cuestión académica carente de todo interés práctico. El punto en cuestión sería otro: precisamente la aplicación del análisis al tratamiento de los enfermos; en la medida en que aspire a ser tal cosa, deberá resignarse a ser aceptado como una rama especializada de la medicina, tal como lo es, por ejemplo, la radiología, sometiéndose asimismo a las reglas vigentes para todos los métodos terapéuticos. Reconozco que es así, y lo admito: sólo quiero estar seguro de que la terapia no llegue a destruir la ciencia. Por desgracia, todas las analogías son de corto alcance, y no tardan en llegar a un punto en el cual divergen los dos términos comparados. El caso del análisis es distinto al de la radiología; el físico no necesita de la persona enferma para estudiar las leyes de los rayos X. El psicoanálisis, empero, no dispone de otro material, sino de los procesos psíquicos del ser humano. Por circunstancias fácilmente comprensibles, la persona neurótica ofrece un material más instructivo y accesible que los seres normales, y si se pretendiera privar de este material a quien se esfuerce por aprender y aplicar el análisis, se le restaría, con mucho, la mitad de sus posibilidades de estudio. Naturalmente, lejos de mí querer exigir que el interés del individuo neurótico se sacrifique al de la instrucción y al de la investigación científica. El objetivo de mi pequeño libro sobre el problema del análisis profano es precisamente mostrar cómo es posible conciliar fácilmente ambos intereses ajustándose a determinadas precauciones, y que el interés médico bien entendido no será el último en resultar beneficiado por tal solución.

Yo mismo he aducido todas las precauciones necesarias, y bien puedo afirmar que la discusión nada nuevo agregó al respecto; quisiera señalar, empero, que en su curso el énfasis se desplazó a menudo en una forma que no responde a la realidad de los hechos. Cuanto se dijo sobre las dificultades del diagnóstico diferencial y sobre la incertidumbre de valorar en muchos casos la sintomatología somática, es decir, sobre situaciones en las cuales son imprescindibles los conocimientos y la intervención de un médico, es exacto, pero incomparablemente mayor aún es el número de los casos que nunca plantean dudas de esta índole y en los cuales nada tiene que hacer el médico. Estos casos quizá no sean interesantes desde un punto de vista científico, pero desempeñan en la vida práctica una parte de importancia suficiente para justificar la actividad de los analistas profanos, perfectamente competentes para tratarlos. Hace algún tiempo analicé a un colega dominado por una particular antipatía contra la idea de que alguien se permitiese desempeñar una actividad médica no siendo a su vez médico. En el curso de su tratamiento tuve la oportunidad de preguntarle: «Estamos trabajando con usted ahora desde hace más de tres meses. ¿En qué momento de nuestro análisis tuve ocasión de emplear mis conocimientos médicos?» Hubo de admitir que tal ocasión no se había presentado en momento alguno.

Tampoco concedo mayor importancia al argumento de que el analista profano, estando expuesto a tener que consultar a un médico, no conquistará el necesario respeto de su paciente, quien no le concederá mayor autoridad que la de un enfermero, un masajista u otro auxiliar de análoga categoría. Una vez más la analogía es imperfecta, sin tener en cuenta siquiera la circunstancia de que los pacientes suelen reconocer la autoridad de acuerdo con su transferencia afectiva, y que la posesión de un diploma médico no les causa, ni mucho menos, la impresión que los médicos suponen. Un analista profano profesional no hallará dificultad en conquistar la consideración debida a una guía espiritual secular. Con estas palabras —«guía espiritual secular»— bien podría designarse, por otra parte, la función que el analista, sea médico o profano, debe cumplir en sus relaciones con el público. Nuestros amigos entre el clero protestante —recientemente también entre el católico— con frecuencia consiguen librar a sus feligreses de las inhibiciones que los aquejan en la vida cotidiana, restaurando su fe —luego de haberles ofrecido una breve información analítica sobre la índole de sus conflictos. Nuestros adversarios, los psicólogos individuales adlerianos, se esfuerzan por alcanzar un resultado similar en personas que se han tornado inestables o ineficientes, despertando su interés por la comunidad social, pero sólo después de haber iluminado un único sector de su vida anímica, al mostrarles qué parte desempeñan en su enfermedad los impulsos egoístas y desconfiados. Ambos procedimientos, que derivan el poderío de su fundamentación en el psicoanálisis tienen cabida en la psicoterapia. Nosotros, los analistas, nos planteamos el objetivo de llevar a cabo el análisis más complejo y profundo que sea posible en nuestros pacientes; no queremos aliviarlos incorporándolos a las comunidades católica, protestante o social, sino que procuramos más bien enriquecerlos a partir de sus propias fuentes íntimas, poniendo a disposición de su *yo* aquellas energías que, debido a la represión, se hallan inaccesiblemente fijadas en su inconsciente, así como aquellas que el *yo* se ve obligado a derrochar en la estéril tarea de mantener dichas represiones. Lo que así hacemos es una guía espiritual en el mejor sentido del término. ¿Acaso nos habremos puesto con ello una meta demasiado ambiciosa? ¿Por ventura merece la mayoría de nuestros pacientes los esfuerzos que tal tarea demanda de nosotros? ¿No sería más económico apuntalar sus debilidades desde el exterior, en vez de reformarlas desde el interior? No podría decidirlo; pero hay otra cosa que puedo afirmar decididamente. En el psicoanálisis reinó desde el principio una unión indisoluble entre curar e investigar; el conocimiento trajo consigo el éxito terapéutico; fue imposible tratar a un paciente sin aprender al mismo tiempo algo nuevo; ninguna nueva información pudo adquirirse sin experimentar simultáneamente sus resultados benéficos. Nuestro procedimiento analítico es el único en el cual permanece asegurada esta preciosa conjunción. Unicamente si practicamos nuestra guía espiritual analítica lograremos profundizar nuestra incipiente concepción de la mente humana. Esta perspectiva de un beneficio científico ha sido siempre el rasgo más noble y halagüeño de la labor analítica. ¿Será lícito sacrificarla en aras de consideraciones prácticas cualesquiera?

Algunas observaciones emitidas en el curso de esta discusión me inducen a sospechar que, a pesar de todo, mi estudio sobre el análisis profano ha sido mal interpretado en un punto particular. En efecto, se ha asumido contra mí la defensa de los médicos, como si yo los hubiese declarado, en términos generales, incompetentes para practicar el análisis y como si hubiese emitido a nuestros institutos de enseñanza la consigna de rechazar todo ingreso del campo médico. Nada más lejos de mi intención. Dicha apariencia posiblemente obedeciera a que en el curso de mis formulaciones polémicas me vi obligado a declarar que los analistas médicos no capacitados en el análisis son aún más peligrosos que los profanos. Mi verdadera opinión sobre el tema podría aclararla parafraseando una observación cínica sobre la mujer que en cierta oportunidad apareció en la revista *Simplicissimus*[1]. Un hombre se quejaba a otro de las debilidades y del complicado carácter del bello sexo, replicándole el último: «Con todo, la mujer es lo mejor que tenemos *en esa especie.*» Admito que mientras no existan las escuelas que anhelamos para la formación de los analistas, las personas capacitadas que cuenten con instrucción médica constituyen el mejor material para formar futuros analistas. Sin embargo, tenemos el derecho de exigir que no confundan su preformación médica con la formación analítica, que superen la unilateralidad favorecida por la enseñanza que han recibido en las escuelas de medicina y que resistan a la tentación de coquetear con la endocrinología y con el sistema nervioso autónomo, cuando se trata de aprehender hechos psicológicos por medio de un sistema de conceptos psicológicos. También comparto la opinión de que todos los problemas relacionados con la conexión entre los fenómenos

[1] [La revista humorística de Munich.]

psíquicos y sus fundamentos orgánicos, anatómicos y químicos, sólo pueden ser abordados por personas versadas en ambos terrenos; es decir, por analistas médicos. Mas no ha de olvidarse que esto no constituye la totalidad del psicoanálisis y que en sus demás aspectos nunca podremos prescindir de la cooperación de aquellas personas que cuentan con una formación preliminar en las ciencias del espíritu. Por razones prácticas hemos adoptado la norma —que incidentalmente también rige en nuestras publicaciones periódicas— de separar el análisis médico de las aplicaciones del psicoanálisis. Esta distinción, empero, no es correcta, pues en realidad la línea de división corre entre el psicoanálisis *científico* y sus *aplicaciones*, tanto a la medicina como a terrenos no médicos.

En el curso de estas discusiones, el rechazo más rotundo del análisis profano fue expresado por nuestros colegas norteamericanos, de modo que no considero superfluo replicarles en pocas palabras. Difícilmente podría acusárseme de abusar del análisis con fines polémicos, si expreso la opinión de que su resistencia se debe totalmente a factores prácticos. Ellos ven en su país cuántos desatinos y abusos cometen los analistas profanos con el análisis y a qué punto perjudican en consecuencia a sus pacientes, tanto como al buen nombre del psicoanálisis. Es comprensible, pues, que en su indignación quieran apartarse en lo posible de esos elementos inescrupulosos y perjudiciales, excluyendo a los profanos de toda participación en el análisis. Pero esos hechos ya bastan de por sí para reducir la importancia de la posición norteamericana. En efecto, la cuestión del análisis profano no puede ser decidida exclusivamente de acuerdo con consideraciones prácticas, y las condiciones locales reinantes en Estados Unidos no pueden ser las únicas que determinen nuestro juicio.

La resolución adoptada por nuestros colegas norteamericanos contra los analistas profanos, basada esencialmente en razones prácticas, me parece muy poco práctica, pues no logrará modificar uno de los factores que dominan la situación. Tiene, por así decirlo, el valor de un intento de represión. Si no es posible impedir que los analistas profanos continúen sus actividades y si el público no apoya la campaña contra los mismos, ¿no sería más conveniente reconocer el hecho de su existencia, ofreciéndoles la oportunidad de adquirir una capacitación? ¿No sería posible de esta manera influir sobre ellos y, al ofrecerles la posibilidad de ser aprobados por la profesión médica y de ser invitados a colaborar, despertar en ellos el interés por elevar su nivel ético e intelectual?

2. EL SIGNIFICADO DE LOS SUEÑOS

INTRODUCCION

Tal vez algunos alumnos no se sientan dispuestos a prestar atención al significado de los sueños, en tanto no se han discutido aún los importantes problemas de la vida diurna. Desde tiempos inmemoriales el interés humano se ha dirigido a la psicología con la esperanza de poder comprender aquello que en el transcurso de cada existencia está determinado por fuerzas exteriores, y las faltas y los errores, las pasiones, las inclinaciones y las repugnancias con las que el individuo contribuye por sí mismo a su destino.

Soy de la idea de que ninguna disciplina psicológica puede responder a esta interrogante en la medida en que considere como exclusivo objeto de estudio aquello que se revela en la superficie de la conciencia. Sólo cuando aprendemos lo que ocurre —citando a Freud (1950a)— «detrás de la conciencia oficial» podemos obtener una imagen realista de las influencias que determinan la conducta humana.

Hoy en día ya se conoce el hecho de que una gran parte de nuestra vida psíquica transcurre por fuera de nuestra conciencia, es decir, que nuestro yo —citando a Freud otra vez— «no es el amo de su propia casa». Poco a poco se ha ido integrando a la vida cotidiana el conocimiento de este inconsciente que incluye la vida instintiva, cuyos derivados en forma de deseos pugnan por su satisfacción.

Sin embargo, existe otra característica del inconsciente que es menos conocida, a saber, su modo predominante de pensamiento que en muchos aspectos difiere de los procesos del pensamiento de la vigilia. En tanto nuestro pensar y planear consciente atiende a las reglas de la razón y la lógica, y toma en cuenta incluso las condiciones del mundo exterior, el modo propio del in-

consciente dirige sus pasos hacia la obtención exclusiva de placer. Emplea un lenguaje figurativo que no tiene palabras a su disposición; no distingue entre pasado, presente y futuro; pasa por alto las contradicciones; no duda en desplazar los afectos tales como la ira o la furia de un objetivo a otro; crea figuras mixtas a partir de un número de individuos diferentes, etc.

Este modo de expresión nos resulta extraño, y para comprenderlo debemos traducirlo laboriosamente al nuestro, como si se tratase del lenguaje de una tribu primitiva. Las madres que observan el desarrollo del lenguaje de sus niños están familiarizadas al menos con una parte de estos fenómenos. Saben que en los niños pequeños la risa y el llanto están íntimamente ligados; que la ira y la furia dirigidas a una persona pueden traspasarse a otra; que a esta edad la noción de causa y efecto aún no están conectadas, y que la obtención de placer y la evitación del displacer son los móviles fundamentales que rigen todos los actos.

Comprendemos que esta forma de pensar es propia de cierta edad, y que sólo con la maduración progresiva será reemplazada por un proceso de pensamiento secundario, lógico y racional. Esto no implica que el modo primario se extinga. Continúa existiendo, pero oculto, y muy bien puede reconquistar el dominio de la vida psíquica cada vez que por alguna razón el yo razonante se debilita. Las fantasías de los pacientes afiebrados y los delirios de los enfermos mentales nos proporcionan un ejemplo de semejante inversión. Tan sólo el adulto sano se adhiere de manera persistente al proceso de pensamiento secundario, en la medida en que esté despierto y con pleno control de sus fuerzas psíquicas. Para él, únicamente el dormir lo retrotrae cada noche al proceso primario. La función del dormir es precisamente desactivar el pensamiento consciente; abolir temporariamente la censura moral cuya labor es la de custodiar el acceso del insconsciente a la conciencia; posibilitar que los impulsos optativos derivados de la temprana infancia emerjan de nuevo a la superficie; en suma, que el durmiente retorne a un estado primario y consiga experimentar en el sueño aquello que, en beneficio de la realidad, mantiene durante el día bajo estricto control.

Visto desde esta perspectiva, la preocupación por el tema de los sueños dista de ser un mero pasatiempo intelectual. Al comienzo de su obra psicoanalítica, Freud consideraba al sueño como la vía más importante hacia las fuerzas subterráneas que determinan los actos fallidos en la vida cotidiana, la elección del partenaire en el amor, y la formación de síntomas neuróticos y psicóticos en la enfermedad mental. Su obra La interpretación de los sueños, publicada en 1900, resultó ser un estudio pionero sobre el papel de la actividad onírica en los sanos; de las fuentes infantiles y actuales de los sueños; del lenguaje onírico; de los procesos de pensamiento que dominan en el inconsciente; de la deformación de los deseos en el sueño, necesaria para disfrazar los aspectos inadmisibles y prohibidos que caracterizan a estos deseos, y para sustraerlos al juicio crítico del durmiente, que jamás cesa enteramente de operar.

La interpretación de los sueños, que en virtud de su extensión no es factible para un curso introductorio, puede ser en parte reemplazada por el resumen que el propio Freud hizo de ella, Sobre los sueños (1901a). Pero in-

cluso a pesar de esta forma necesariamente abreviada, la sección sobre «El significado de los sueños» ofrece al estudiante las principales ideas que le servirán para introducirse en este importante area de la vida mental; sin un conocimiento profundo de ello, todo lo que puede observarse en la superficie permanece ininteligible.

No todos los discípulos de Freud comparten esta elevada estimación del sueño como auxiliar en el tratamiento psicoanalítico. Hoy en día, la conducta del paciente durante la hora analítica y sobre todo el resurgimiento en la relación analítica de los conflictos infantiles reprimidos conectados a personas ya desaparecidas, compiten con la posición destacada del sueño. A pesar de la importancia de esta transferencia emocional del paciente al analista, y de lo mucho que contribuye a la reconstrucción del pasado del paciente, no obstante, el sueño mantiene una *prerrogativa que ningún otro recurso de la técnica psicoanalítica puede jamás alcanzar: sólo la penetración en la naturaleza del sueño es capaz de procurarnos la visión de lo que es el lenguaje del inconsciente, esto es, de convencernos de la existencia de un modo primitivo de pensamiento, común a todos los hombres, que perdura en el inconsciente mucho después de que nuestra mente consciente haya aprendido a reconocer la supremacía de la razón y de la lógica.*

Freud apenas roza la relación entre el sueño y el dormir, que desde entonces atrajo la atención de muchos investigadores. Aunque no han contribuido a los problemas del contenido del sueño, del lenguaje y la deformación oníricos, estos estudios —fisiológicos en su mayoría— desarrollados en condiciones de laboratorio, han arrojado no obstante numerosos resultados de interés para el psicoanálisis. Sabemos ahora que existen dos tipos de estados del dormir, mucho menos diferentes entre sí que respecto al estado de vigilia. El primero, que tiene lugar en periodos de noventa minutos, se caracteriza por movimientos oculares rápidos; los experimentos han demostrado que en estos períodos los ojos siguen los movimientos de los objetos alucinados en el sueño. Lo paradójico es que esta fase del dormir, relativamente ligera, se acompaña por otra parte de leves movimientos corporales, lo que equivale a decir que en ese sentido esta fase puede considerarse como de un dormir «profundo». El soñar se limita a esta fase del dormir llamada «paradójica», y que basada en la actividad de satisfacción alucinatoria de deseos, constituye de hecho el guardián del reposo.

El segundo modo de dormir, llamado «ortodoxo», posee características fisiológicas distintas, y la actividad de pensamiento concomitante está más próxima al pensamiento diurno. En esta fase, los problemas del día anterior son tratados de un modo lógico, pese a que la vía de solucionarlos no se recuerda tras el despertar. En este sentido, toda actividad de pensamiento que transcurre durante la fase ortodoxa es más evanescente que el contenido de los sueños generados durante el período paradójico.

La investigación fisiológica de la naturaleza del dormir continúa, pero estamos en condiciones de afirmar que ha conducido a grandes coincidencias con la obra freudiana sobre la interpretación de los sueños. Un ejemplo es el papel que juegan los restos diurnos en el contenido del sueño, un papel que entretanto ha sido demostrado experimentalmente. Más significativa es aún la confirmación experimental de la hipótesis de Freud de que el sueño cumple la importante función de aliviar la tensión del aparato psíquico, asegurando de este modo la continuidad inalterada del dormir.

1. LOS SUEÑOS *

1

En tiempos que podemos llamar precientíficos, la explicación de los sueños era para los hombres cosa corriente. Lo que de ellos recordaban al despertar era interpretado como una manifestación benigna u hostil de poderes supraterrenos, demoníacos o divinos. Con el florecimiento de la disciplina intelectual de las ciencias naturales, toda esta significativa mitología se ha transformado en psicología, y actualmente son muy pocos, entre los hombres cultos, los que dudan aún de que los sueños son una *propia función psíquica* del durmiente.

Pero desde el abandono de la hipótesis mitológica han quedado los sueños necesitados de alguna explicación. Las condiciones de su génesis, su relación con la vida psíquica despierta, su dependencia de estímulos percibidos du-

* 1901. El original alemán apareció en Grundfragen des Nerven - und Seelenlebens, publicados por Bergmann (Wiesbaden). Incluida en Standard Ed., 5, 633.

rante el sueño, las muchas singularidades de su contenido que repugnan al pensamiento despierto, la incongruencia entre sus representaciones y los afectos a ellas ligados y, por último, su fugacidad y su repulsa por el pensamiento despierto, que considerándolos como algo extraño a él los mutila o extingue en la memoria, son problemas que desde hace muchos siglos demandan una satisfactoria solución, aún no hallada. El más interesante de todos ellos es el relativo a la significación de los sueños, el cual entraña dos interrogaciones principales. Refiérese la primera a la significación psíquica del acto de soñar, al lugar que el sueño ocupa entre los demás procesos anímicos y a su eventual función biológica. La segunda trata de inquirir si los sueños pueden ser *interpretados;* esto es, si cada uno de ellos posee un «sentido», tal como estamos acostumbrados a hallarlos en otros productos psíquicos.

Tres distintas orientaciones se han seguido en el estudio de los sueños. Una de ellas, que ha conservado como un eco de la antigua valoración de este fenómeno, ha sido adoptada por varios filósofos, para los cuales la base de la vida onírica es un estado especial de la actividad psíquica, al que incluso consideran superior al normal. Tal es, por ejemplo, la opinión de Schubert, según el cual el sueño sería la liberación del espíritu del poder de la naturaleza exterior, un desligamiento del alma de las cadenas de los sentidos. Otros pensadores no van tan lejos, pero mantienen el juicio de que los sueños nacen de estímulos esencialmente anímicos y representan manifestaciones de fuerzas psíquicas (de la fantasía onírica, Scherner, Volkelt) que durante el día se hallan impedidas de desplegarse libremente. Numerosos observadores conceden también a la vida onírica una capacidad de rendimiento superior a la normal por lo menos en determinados sectores (memoria).

En total oposición a esta hipótesis, coincide la mayoría de los autores médicos en una opinión que apenas atribuye a los sueños el valor de un fenómeno psíquico. Según ella, los sueños son provocados exclusivamente por estímulos corporales o sensoriales, que actúan desde el exterior sobre el durmiente, o surgen casualmente en sus órganos internos. Lo soñado no podrá, por tanto, aspirar a significación ni sentido, siendo comparable a la serie de sonidos que los dedos de un individuo profano en música arrancan al piano al recorrer al azar su teclado. Los sueños deben, pues, considerarse como «un proceso corporal inútil siempre y en muchos casos patológico» (Binz), y todas las peculiariades de la vida onírica se explican por la incoherente labor que órganos aislados o grupos de células del cerebro dormido realizan en el sueño obedeciendo a estímulos fisiológicos.

Poco influida por este juicio de la ciencia e indiferente al problema de las fuentes de los sueños, la opinión popular parece mantenerse en la creencia de que los sueños tienen desde luego un sentido —anuncio del porvenir— que puede ser puesto en claro extrayéndolo de su argumento enigmático y confuso por un procedimiento interpretativo cualquiera. Los más empleados consisten en sustituir por otro el contenido del sueño tal y como el sujeto lo recuerda, ora trozo a trozo, *conforme a una clave prefijada*, ora en su totalidad y por otra totalidad con respecto a la cual constituye el sueño un *símbolo*. Los hombres serios ríen de estos esfuerzos interpretativos. «Los sueños son vana espuma.»

2

Para mi gran asombro, descubrí un día que no era la concepción médica del sueño, sino la popular, medio arraigada aún en la superstición, la más cercana a la verdad. Tales conclusiones sobre los sueños fueron el resultado de aplicar a ellos un nuevo método de investigación psicológica que me había prestado excelentes servicios en la solución de las fobias, obsesiones y delirios, y que desde entonces había sido aceptado con el nombre de psicoanálisis por toda una escuela de investigadores. Las múltiples analogías de la vida onírica con los más diversos estados psicopatológicos de la vida despierta han sido acertadamente indicadas por numerosos investigadores médicos. Había, pues, desde un principio grandes esperanzas de que un procedimiento investigativo, cuya eficacia se había comprobado en los productos psicopáticos, pudiera aplicarse también a la explicación de los sueños. Las obsesiones y las fobias son tan extraños a la conciencia normal como los sueños a la conciencia despierta, para la cual permanecen igualmente desconocidos los orígenes respectivos de ambas clases de fenómenos. En las citadas formaciones psicopáticas fue un interés práctico el que llevó a investigar su procedencia y su génesis, pues la experiencia había enseñado que el descubrimiento de aquellas rutas mentales ocultas a la conciencia, que ponen en comunicación las ideas morbosas con el restante contenido psíquico, equivale a una solución de los síntomas patológicos, solución que trae consigo el dominio de la hasta entonces irrefrenable idea. Así, pues, el procedimiento de que me serví para la interpretación de los sueños procedía de la psicoterapia.

Este método es fácil de describir, aun cuando para emplearlo con éxito sea necesario conocerlo a fondo y haberlo ejercitado. Cuando se emplea en tercera persona (por ejemplo, en un enfermo con representaciones angustiosas), se demanda al paciente que dirija su atención sobre la idea de referencia; mas no, como ya lo ha hecho tantas veces, para meditar sobre ella, sino para observar claramente y comunicar al médico, *sin excepción alguna, todo aquello que se le ocurra con respecto a ella.* A la afirmación que quizá haga entonces el enfermo de que su atención no logra despertar en él ocurrencia alguna, se opone con la mayor energía la seguridad de que una tal carencia de representaciones es en absoluto imposible. En efecto, no tardan en presentarse numerosas ocurrencias, a las que se ligan otras nuevas, pero que regularmente van acompañadas de un juicio del autoobservador que las tacha de insensatas, nimias e impertinentes, y dice que se le han ocurrido casualmente y fuera de toda conexión con el tema tratado. Obsérvase en el acto que tal *crítica* es no sólo lo que ha excluido hasta el momento dichas ocurrencias de toda exteriorización, sino también lo que con anterioridad les impidió hacerse conscientes. Si puede conseguirse que el sujeto renuncie en absoluto a ella y continúe tejiendo las series de ideas que en él surgen mientras prosigue con su atención fija al tema dado, se obtendrá un material psíquico que se enlazará claramente a la idea morbosa, revelará sus conexiones con otras ideas y permitirá, por último, sustituirla por una nueva que se incluya de una manera inteligible en el acervo ideológico del paciente.

No es esta corta exposición lugar apropiado para examinar detalladamente las hipótesis sobre las que se funda este experimento ni las consecuencias que se deducen de su constante éxito. Tenemos, pues, que limitarnos a consignar el hecho de que la aplicación de este método a cada una de las ideas morbosas nos procura material suficiente para su solución en cuanto dirigimos nuestra atención sobre aquellas asociaciones *involuntarias* que, fuera de este caso, son siempre rechazadas por la crítica como escorias sin valor alguno, que *perturban nuestra reflexión*. En la autoaplicación de este procedimiento, el mejor auxilio es ir escribiendo en el acto las propias ocurrencias, incomprensibles al principio.

Expondré ahora los resultados de emplear este método en la investigación de los sueños. Cualquier sueño podría servirme de ejemplo; mas por diversos motivos escogeré uno propio que parezca falto de todo sentido y cuya brevedad facilite la tarea. Quizá llene estas condiciones lo soñado por mí en la noche pasada. El contenido de este sueño, que fijé por escrito inmediatamente después de despertar, es el siguiente:

Varias personas comiendo juntas. Reunión de invitados o mesa redonda... Comiendo espinacas —de un modo íntimo. La señora E. L. se halla sentada junto a mí, y coloca una de sus manos sobre mi rodilla. Yo alejo su mano de mí, rechazándola. Entonces dice la señora: «¡Ha tenido usted siempre tan bellos ojos!...» En este punto veo vagamente algo como dos ojos dibujados o el contorno de los cristales de unos lentes...

Esto es todo el sueño, o, por lo menos, todo lo que de él recuerdo, pareciéndome oscuro y falto de sentido, pero, sobre todo, extraño. La señora E. L. es una persona con la que apenas he tenido relaciones de amistad, y jamás, que yo sepa, he deseado tenerlas más íntimas. No la he visto hace largo tiempo y no creo que en los últimos días hablase yo o me hablasen de ella para nada. El fenómeno onírico no fue en este caso acompañado por afecto ninguno.

El reflexionar sobre este sueño no lo aproxima en nada a mi inteligencia. Sin propósito determinado y absteniéndome de toda crítica iré, pues, anotando las ocurrencias que surjan en mi autoobservación. Al comenzar a hacerlo observo en seguida que es muy ventajoso dividir el sueño en sus elementos y buscar las ocurrencias que se enlazan a cada uno de ellos.

Reunión de invitados o mesa redonda. A ello se enlaza en el acto el recuerdo de un pequeño suceso con el que terminó la tarde de ayer. Había yo abandonado, en unión de un amigo mío, una poco numerosa reunión. Mi amigo se ofreció a tomar un coche y conducirme en él a mi casa. «Prefiero un taxímetro —dijo—. El verlo funcionar entretiene mientras se va en el coche.» Al subir al vehículo y abrir el cochero el aparato, dejando ver la cifra de 60 céntimos, que constituye la suma inicial del precio de la carrera, proseguí yo la broma de mi acompañante diciendo: «Apenas hemos montado y ya le debemos 60 céntimos. Los coches con taxímetro me recuerdan siempre la mesa redonda de los hoteles. Le hacen a uno avaro y egoísta, recordándole de continuo su deuda. A mí me parece que ésta crece demasiado deprisa, y temo que me vaya a faltar dinero para pagar. Igualmente, en la mesa redonda no puedo defenderme de la cómica preocupación de que me sirven poco y debo pensar en sacar el mejor provecho posible de mi dinero.» En lejana conexión con esto cité luego los versos: «Nos introducís en la vida — y dejáis que el desdichado llegue a ser deudor»[1].

---

[1] Goethe: *Wilhelm Meister Lehrfahre,* libro II, capítulo XIII. La justa

Una segunda asociación a la idea de *mesa redonda:* Hace pocas semanas me disgustó profundamente la conducta que mi mujer observa en la mesa redonda de un balneario tirolés, no mostrándose todo lo reservada que yo hubiera deseado con respecto a unos vecinos de mesa con los que no quería yo entrar en relación ninguna. Con tal motivo rogué a mi mujer que se ocupase más de mí y menos de aquellos extraños. Esto es equivalente al hecho de que *en la mesa redonda me hubieran atendido poco.* Ahora se me aparece también la contraposición existente entre la conducta de mi mujer en aquella mesa redonda y la de la señora E. L. en el sueño *dedicándose por completo a mí.*

Prosigamos. Observo ahora que el sueño es la reproducción de una pequeña escena que se desarrolló en idéntica forma entre mi mujer y yo en la época en que le dirigí secretamente mi proposición de matrimonio. La caricia por debajo de la mesa fue la respuesta a la carta en que yo hacía mi petición. Mas en el sueño quedó sustituida mi mujer por la señora E. L., en absoluto extraña a mí.

Esta señora es hija de un hombre al que he *debido dinero.* No puedo menos de observar aquí una insospechada conexión entre los trozos del contenido del sueño y mis ocurrencias. Siguiendo la cadena de asociaciones que parte de un elemento del contenido del sueño llega uno en seguida a otro elemento del mismo. Mis ocurrencias sobre el sueño presentan conexiones que en aquél no se muestran visibles.

Cuando alguien espera que otro cuide de su provecho sin sacar de ello por su parte ventaja alguna, ¿no se suele,

---

traducción de estos versos es: «Nos introducís en la vida y dejáis que el desdichado caiga en la culpa. —Luego le abandonáis a su dolor—, pues toda la culpa se paga sobre la tierra.» La palabra «armen» puede significar 'pobre' en el sentido monetario y la palabra «schuldig» tiene el doble sentido de «culpable» y «deudor», y estos últimos significados motivan la inclusión de los versos goethianos en el sueño, como lo demuestra el análisis. Se traducirían 'Hacéis del pobre un deudor' *(N del T).*]

acaso, dirigir a tales ingenuos la pregunta de si esperan que haga uno todo aquello *por sus bellos ojos?* Pues entonces la frase «¡Ha tenido usted siempre tan bellos ojos!» no significa otra cosa que «Usted ha logrado siempre de los demás todo lo que ha querido. Así, todo lo ha *tenido usted de balde.*» Naturalmente, por lo que a mí respecta, la verdad ha sido la contraria. Todo lo que los demás han hecho por mí lo he tenido que pagar con creces. Mas ayer debió de hacerme impresión haber *tenido de balde* el coche en que mi amigo me condujo a casa.

Sin embargo, el amigo en cuya casa nos reunimos ayer sí me ha hecho considerarme varias veces en deuda de gratitud con él. Hace poco dejé pasar sin aprovecharla una ocasión de pagarle sus favores. No ha recibido de mí más que un solo regalo: una copa antigua con ojos pintados en derredor. Reciben estas copas el nombre de *occhiale* y era creencia de que *rechazaban el mal de ojo.* Mi amigo es, además, *oculista,* y aquella misma tarde le había preguntado por una paciente a la que había enviado a su consulta para que le graduara la vista y le indicara los *lentes* que debía usar.

Observamos que ya se hallan incluidos casi todos los trozos del contenido del sueño en su nuevo contexto. Mas podría preguntarse aún por qué el plato que en el sueño se servía a la mesa eran precisamente *espinacas.* Tal preferencia débese al recuerdo de una escena que se había desarrollado en nuestra mesa familiar poco tiempo antes, y en la que un hijo mío —y aquel del que sí podía decirse con justicia que poseía unos hermosos *ojos*— se negó a probar dicha verdura. También yo, cuando niño, compartí largo tiempo este horror a las *espinacas,* hasta que mucho después se transformó mi gusto y llegaron a ser uno de mis platos favoritos. La mención de este plato establece así una aproximación entre mi niñez y la de mi hijo. «Ya puedes alegrarte de tener qué comer, aunque sean espinacas —había dicho mi mujer al pequeño *gourmet*—. Hay muchos niños que se contentarían con ellas.» De este modo se me recuerdan las obligaciones de los padres para con sus hijos, y las palabras de Goethe: «Nos introducís en la vida y dejáis que el desdichado llegue a ser deudor», muestran en esta conexión un nuevo sentido[1].

Haremos alto aquí para revisar los resultados obtenidos hasta ahora en el análisis del sueño. Siguiendo las asociaciones que se enlazan a cada uno de los elementos del sueño, separado de la totalidad, he llegado hasta una serie de pensamientos y recuerdos en los que tengo que reconocer valiosas manifestaciones de mi vida anímica. Este material, hallado por medio del análisis del sueño, se muestra en íntima relación con el contenido del mismo; pero dicha relación es de tal naturaleza, que del contenido del sueño nunca hubiese podido yo deducir directamente lo hallado. El sueño estaba desprovisto de todo afecto y era incoherente e incomprensible; en cambio, mientras que desarrollo los pensamientos tras de él ocultos voy experimentando intensos y fundados movimientos afectivos y los pensamientos mismos van formando, con admirable docilidad, cadenas lógicamente eslabonadas, en la cuales se repiten como centrales determinadas representaciones. Ideas de este género no representadas por sí mismas en el sueño son en nuestro ejemplo la antítesis *egoísta-desinteresada* y los elementos *ser deudor y hacer de balde*. En el tejido cuya trama nos descubre claramente el análisis podría yo ahora separar más los hilos y demostrar que van a unirse todos en un nudo único; pero consideraciones de naturaleza no científica, sino privada, me impiden llevar a cabo en público tal labor. Al efectuarla revelaría muchas cosas íntimas que prefiero permanezcan secretas; cosas de que tampoco yo me había dado clara cuenta hasta que el desarrollo de este análisis las ha puesto ante mis ojos y que aún a mí mismo me cuesta trabajo confesarme. ¿Por qué, pues, no he elegido mejor otro sueño cuyo análisis fuera más comunicable y, por tanto, más apropiado para hacer surgir una convicción sobre el sentido y la conexión del material descubierto? La respuesta a esta interrogación es que *todo* sueño con el que emprendiera mi labor investigadora conduciría sin re-

[1] [El primer verso podría ahora estar dirigido a los padres.]

medio a cosas difícilmente publicables, imponiéndome la necesidad de ser discreto. Tampoco evitaría estas dificultades escogiendo para analizarlo un sueño de otra persona, a menos que las circunstancias permitieran prescindir de todo velo sin daño alguno para el que en mí se confiara.

La teoría que sobre los sueños sugiere en principio todo esto es la de que son una especie de *sustitutivos* de aquella series de pensamientos tan significativas y revestidas de afecto a las cuales hemos llegado al final de nuestro análisis. Aún no conocemos el proceso que ha hecho surgir el sueño de estos pensamientos, pero ya vemos que es injusto considerarlo como un fenómeno puramente físico, exento de toda importancia psíquica y nacido de la actividad aislada de algunas células cerebrales despertadas del reposo en que continúa sumido el resto del organismo.

Aún he observado dos cosas más: que el contenido del sueño es mucho más breve que aquellos pensamientos cuyo sustitutivo he convenido en declararle y que el análisis ha descubierto como *estímulo provocador del sueño (Traumerreger)* un nimio suceso del día anterior al mismo.

Claro es que una tan amplia conclusión no he podido fijarla con un único análisis. Mas cuando la experiencia me ha demostrado que por la persecución exenta de crítica de las asociaciones *todo sueño* puede llegar a tal cadena de pensamientos, entre cuyos elementos reaparecen los componentes del sueño y que están correcta y significativamente enlazados entre sí, no hay más remedio que abandonar la escasa esperanza que aún pudiese quedarnos de que las conexiones observadas la primera vez pudieran resultar casuales. Estará, pues, plenamente justificado fijar nuestros nuevos conocimientos sobre esta materia por medio de tecnicismos propios, y así distinguiremos el sueño, tal y como aparece en nuestro recuerdo, del material correspondiente hallado por medio del análisis, y denominaremos al primero *contenido manifiesto del sueño,* y al segundo —por ahora y sin mayor diferenciación—, *contenido latente* del mismo. Nos hallamos entonces ante dos nuevos problemas no formulados hasta este punto: 1.º Cual es el proceso psíquico que ha transformado el contenido latente en el manifiesto, que es el que por mi recuerdo conozco. 2.° Qué *motivo* o *motivos* son los que han hecho necesaria esta traducción. El proceso de la conversión del contenido latente en manifiesto lo denominaremos *elaboración del sueño (Traumarbeit),* siendo el *análisis* la labor contraria que ya conocemos y que lleva a cabo la transformación opuesta. Los restantes problemas del sueño referentes a los estímulos que lo provocan, a la procedencia del material anímico, al eventual sentido de lo soñado y a las razones de su olvido los discutiremos no en el contenido manifiesto, sino en el recién descubierto contenido latente. Dada mi opinión de que todas las contradicciones y todos los errores que pululan en la literatura existente sobre el sueño son debidos al desconocimiento de su contenido latente, sólo revelable por el análisis, intentaré evitar con todo cuidado una posible confusión entre el *sueño manifiesto* y las ideas latentes del sueño.

3

La transformación de las ideas latentes del sueño en el contenido manifiesto merece toda nuestra atención por ser el primer ejemplo conocido de versión de un material psíquico, de una forma expresiva a otra diferente, siéndonos la primera perfectamente comprensible y viéndonos obligados, en cambio, a efectuar una penosa labor y a servirnos de un guía para penetrar en la inteligencia de la segunda, aunque también tengamos que reconocerla como un rendimiento de nuestra actividad psíquica. Por la reacción del contenido latente del manifiesto pueden los sueños dividirse en tres categorías. Distinguiremos en primer lugar aquellos que poseen un *sentido* y que al mismo tiempo son *comprensibles;* esto es, susceptibles de ser incluidos sin violencia en nuestra vida psíquica. Tales sueños, breves en general, son muy frecuentes y no despiertan, en su mayoría, nuestra atención por carecer de todo aquello que pudiera causarnos extrañeza o asombro. Su existencia es, además, un poderoso argumento contra la teoría que hace nacer el sueño de la actividad aislada de aislados grupos de células cerebrales. En ellos falta todo indicio de una actividad psíquica debilitada o fragmentaria y, sin embargo, no oponemos nunca objeción alguna a su carácter de sueños ni los confundimos con productos de la vigilia. Un segundo grupo está formado por aquellos sueños que, aunque presentan coherencia y poseen un claro sentido, nos causan *extrañeza* por no saber cómo incluir dicho sentido en nuestra vida psíquica. Un tal caso es, por ejemplo, cuando soñamos que un querido pariente nuestro ha muerto de la peste, no teniendo nosotros ningún fundamento para esperarlo, temerlo o sospecharlo y haciéndonos el sueño preguntarnos, llenos de asombro, cómo se nos puede haber ocurrido aquello. Al tercer grupo pertenecen, por último, aquellos sueños que carecen de ambas cualidades: sentido y comprensibilidad, y se nos muestran *incoherentes, embrollados y faltos de sentido*. La inmensa mayoría de nuestros sueños presentan estos caracteres negativos que motivan nuestro despreciativo juicio sobre ellos y han servido de base a la teoría médica de la actividad psíquica limitada. Sobre esto, los productos oníricos más largos y complicados sólo raras veces dejan de presentar la más absoluta incoherencia.

La distinción entre contenido manifiesto y contenido latente no tiene desde luego significación más que en los sueños de la segunda y tercera categorías, y especialmente en estos últimos. En ellos es donde surgen aquellos enigmas que no desaparecen hasta que se sustituye el contenido manifiesto por el contenido ideológico latente. Un sueño de esta clase, confuso e incomprensible, fue el que antes sometimos al análisis. Mas, contra lo que esperábamos, tropezamos con motivos que nos vedaron llegar al completo conocimiento de las ideas latentes, y la repetición de idéntica experiencia conduce a la hipótesis de que entre *el carácter incomprensible y confuso del sueño y la dificultad de comunicar las ideas del mismo existe una íntima y regular conexión*. Antes de investigar la naturaleza de la misma nos conviene dirigir nuestro interés a los sueños de la primera categoría, más fácilmente comprensibles, en los que el contenido latente coincide con el manifiesto, no existiendo, por tanto, elaboración.

La investigación de estos sueños es recomendable todavía desde otro punto de vista. Los sueños de los *niños* pertenecen precisamente a este género, poseyendo un claro sentido y no causando extrañeza ninguna, cosa que, dicho sea de paso, constituye un nuevo argumento contra la reducción del sueño a una actividad disociada del cerebro, pues no hay razón alguna para suponer que tal depresión de las funciones psíquicas ha de constituir un carácter de los sueños de los adultos y no, en cambio, de los sueños infantiles. Por otro lado, debemos abrigar las mayores y más justificadas esperanzas de que la aclaración de los fenómenos psíquicos en el niño, en el cual deben de hallarse esencialmente simplificados, demuestre ser una labor preliminar indispensable para la psicología del adulto.

Expondré, pues, algunos ejemplos de sueños infantiles por mí reunidos. Una niña de diecinueve meses es tenida a dieta durante todo el día, a causa de haber vomitado al levantarse por haberle hecho daño, según declaró la niñera, unas fresas que había comido. En la noche de aquel día de abstinencia se le oye murmurar en sueños su nombre y añadir: «Fresas, frambuesas, bollos, papilla.» Sueña, pues, que está comiendo y hace resaltar en su *menú* precisamente aquello que supone le será negado por algún tiempo. Análogamente sueña con una prohibida golosina un niño de veintidós meses que el día anterior había sido encargado de ofrecer a su tío un cestillo de cerezas, de las cuales, como es natural, sólo le habían dejado probar tres o cuatro. Al despertar exclama, regocijado: «Germán ha comido todas las cerezas.» Una niña de tres años y tres meses había hecho durante el día una travesía por el lago, que debió de parecerle corta, pues rompió en llanto cuando la hicieron desembarcar. A la mañana siguiente relató haber navegado por la noche sobre el lago; esto es, haber continuado el interrumpido paseo. Un niño de cinco años y tres meses no pareció muy satisfecho durante una excursión a pie por las inmediaciones de una montaña conocida con el nombre de la Dachstein; cada vez que aparecía a la vista una nueva montaña preguntaba si aquélla era la Dachstein, y se negó después a andar hasta una cascada que visitaron los que con él iban. Achacóse al cansancio esta conducta del niño, pero su verdadero motivo se reveló cuando a la mañana siguiente contó el sueño que había tenido y que era el de *haber subido a la Dachstein*. Sin duda había esperado que el fin de la excursión fuera el de subir a esta montaña y le disgustó mucho no llegar siquiera a verla. Su sueño le compensó de lo que el día le había negado. Idéntico fue el sueño de una niña de seis años, cuyo padre tuvo que interrumpir su paseo, por lo avanzado de la hora, cuando ya llegaban al fin que se habían propuesto alcanzar. Al regresar, había llamado la atención de la niña un nombre inscrito en un poste indicador, y el padre le había prometido llevarla otro día al punto que correspondía dicho nombre. A la mañana siguiente, lo primero que la niña dijo a su padre fue que había soñado que iba con él, *tanto al sitio que no habían alcanzado la víspera como a aquel otro al que le había prometido llevarla*.

Lo que de común tienen estos sueños infantiles salta a la vista. Todos ellos realizan deseos estimulados durante el día y no cumplidos. Son *simples y francas realizaciones de deseos*.

Igualmente lo es también el siguiente sueño infantil, no del todo comprensible a primera vista. Una niña que aún no había cumplido cuatro años había sido trasladada del campo a la ciudad, a consecuencia de una afección poliomelítica que padecía, y pasó la noche en casa de una tía suya sin hijos, teniendo que dormir en una cama de persona mayor, que para ella resultaba enorme. A la mañana siguiente contó haber soñado que *la cama en que dormía era demasiado pequeña para ella, tan pequeña que apenas si cabía*. La solución de este sueño como sueño optativo es fácil de hallar, recordando que el «ser grande» es un deseo muy frecuente en los niños. La magnitud del lecho recordó demasiado expresivamente a la infantil ambiciosa su propia pequeñez, haciéndola corregir en su sueño aquella desproporción que la desagradaba y crecer hasta tal punto que la cama resultaba ya pequeña para ella.

Aun en los casos en que el contenido de los sueños infantiles se complica y sutiliza, no se aleja su solución del cumplimiento de un deseo. Un niño de ocho años soñó que iba con Aquiles en el carro de guerra guiado por Diomedes. Al buscar la solución de este sueño pudo demostrarse que días atrás le había interesado mucho la lectura de las leyendas heroicas griegas, con lo cual fue fácil de confirmar que había tomado por modelo a aquellos héroes y lamentaba no vivir en sus tiempos [1].

De esta pequeña colección de sueños infantiles surge claramente un segundo carácter de los mismos: *su conexión con la vida diurna*. Los deseos que en ellos se realizan son restos del día, generalmente de la víspera, y han poseído en el pensamiento despierto una intensa acentuación afectiva. Lo nimio e indiferente, o por lo menos lo que así tiene que ser considerado por el niño, no encuentra cabida en el contenido del sueño.

También en los adultos pueden reunirse numerosos ejemplos de tales sueños de tipo infantil; mas, como ya indicamos, son, en general, de breve contenido. De este modo, responden regularmente muchas personas a un nocturno estímulo de sed, con el sueño de hallarse bebiendo, el cual tiende, por tanto, a hacer desaparecer el estímulo y evitar que el durmiente despierte. En algunos individuos se presentan con frecuencia tales *sueños de comodidad (Bequemlichkeitsträume)* antes de despertar, cuando llega el momento en que tienen necesidad de levantarse. Sueñan entonces que ya se han levantado y están lavándose, o que se hallan ya en el colegio, la oficina, etc.; esto es, en el lugar en que efectivamente debían hallarse. En la noche anterior a un viaje se suele soñar haber llegado ya al punto de destino, y antes de una repre-

---

[1] [La mayoría de estos sueños son expuestos en detalle en *La interpretación de los sueños* (1900a), Standard Ed., 4, 122 ss. y en la Leccion VIII de las *Lecciones Introductorias* (1916-17), Standard, Ed., 15, 126 ss.]

sentación teatral o una reunión que se esperan con interés, el sueño anticipa no raras veces —impaciente— el placer esperado. Otras veces expresa el sueño la realización del deseo de un modo algo más indirecto, y para reconocer en él tal carácter es necesario el establecimiento de una relación y, por tanto, un comienzo de labor interpretativa. Así, cuando un marido me relata que su mujer ha soñado que se le presentaba la menstruación, he de suponer que la esposa piensa en que si dicho periódico fenómeno no se le presenta es que ha quedado embarazada, y entonces el sentido del sueño es el de mostrar realizado el deseo de no hallarse aún encinta. En circunstancias extraordinarias y extremas se hacen especialmente frecuentes tales sueños de carácter infantil. El director de una expedición polar cuenta, por ejemplo, que durante la invernada entre los hielos, y sometidos a una monótona y escasa alimentación, soñaban él y sus compañeros con suculentas comidas, montañas de tabaco y cómoda estancia en sus hogares.

Con no escasa frecuencia resalta en un largo sueño complicado, y en general confuso, un trozo especialmente claro, que contiene una innegable realización de deseos, pero que está ligado con el restante material incomprensible. Cuando se intenta analizar también los sueños, impenetrados en apariencia, de los adultos, se ve con asombro que sólo raras veces son tan sencillos como los infantiles, y que detrás de la realización de deseos deben de esconder aún otro sentido.

Sería una simple y satisfactoria solución del enigma de los sueños el que el análisis nos hiciese posible reducir también los sueños de los adultos, confusos y faltos de sentido, al tipo infantil del cumplimiento de un intenso deseo del día. Mas todas las apariencias son contrarias a esta esperanza. Los sueños presentan, en su mayoría, el más extraño e indiferente material, y nada hay en su contenido que pueda considerarse como la realización de un deseo.

No quiero abandonar los sueños infantiles, que son francas realizaciones de deseos, sin hacer mención de un carácter capital del sueño, ha largo tiempo observado, y que precisamente es en este grupo donde con más claridad se muestra. Cada uno de estos sueños lo podemos sustituir por una frase optativa: «¡Ojalá hubiera durado más tiempo el paseo por el lago!» «Me gustaría estar ya lavado y vestido.» «Si hubiera podido conservar para mí las cerezas, en lugar de dárselas a mi tío.» Pero el sueño muestra algo más que este optativo; muestra el deseo realizado ya, ofrece su realización real y presente, y el material de la representación onírica consiste predominantemente —aunque no con exclusividad— en situaciones e imágenes visuales. También en este grupo existe, pues, una especie de transformación, que puede considerarse como elaboración del sueño. *Una idea en optativa es sustituida por una visión en presente.*

4

Nos inclinamos a suponer que también en los sueños confusos se ha verificado una tal transmutación, aunque no sepamos todavía si en ellos se trataba asimismo de un optativo. El primero de nuestros ejemplos, cuyo análisis iniciamos, nos hace suponer en dos ocasiones algo semejante. En el análisis aparece el recuerdo de una escena en que mi mujer se dirigió, desatendiéndome, a sus vecinos en la mesa redonda; el sueño contiene la *absoluta antítesis* de este suceso, mostrándome a la persona que en él sustituye a mi mujer, únicamente dedicada a mí. ¿Y a qué deseo puede mejor dar motivo un suceso desagradable que al de que sucediera todo lo contrario, como aparece cumplido en el sueño? En idéntica relación contraria se halla mi amarga reflexión que nunca he tenido nada de balde, con la frase de la señora en mi sueño: «¡Ha tenido usted siempre tan bellos ojos!» Una parte de las contradicciones entre el contenido manifiesto y el latente podría, pues, reducirse también de este modo a la realización de deseos.

Más visible es todavía otra función de la elaboración onírica, por medio de la cual se forman los sueños incoherentes. Si en un ejemplo cualquiera comparamos el número de los elementos de representación del contenido manifiesto con el de las ideas latentes cuya huella aparece en el sueño y que nos han sido descubiertas por el análisis, no podemos dudar de que la elaboración del sueño ha llevado a cabo una magna comprensión o *condensación (Verdichtung)*, proceso de cuya magnitud no llega uno en un principio a darse cuenta exacta, pero que nos va revelando su extrema importancia conforme vamos ahondando en el análisis de los sueños. No se halla entonces un solo elemento del contenido del sueño del cual no partan los hilos de asociación en dos o más direcciones, ni una sola situación que no esté compuesta de dos o más impresiones o sucesos. Soñé yo un día, por ejemplo, que veía una especie de piscina de natación, en la que los bañistas partían nadando en distintas direcciones, mientras que una figura situada en la orilla se inclinaba hacia otra que se hallaba en el agua, como para ayudarla a salir. Esta situación estaba compuesta del recuerdo de un suceso acaecido durante mi pubertad y del de dos cuadros, uno de los cuales había yo contemplado poco tiempo antes del sueño. Tales dos cuadros eran el de la sorpresa en el baño del ciclo «Melusina» de Schwind y otro de autor italiano, que representaba el diluvio universal. El pequeño suceso de mi pubertad consistía en haber visto en la escuela de natación cómo el profesor ayudaba a salir del agua a una señora que se había retrasado hasta los comienzos de la hora destinada a los hombres. La situación que aparece en el sueño antes escogido como ejemplo nos conduce al emprender su análisis a una pequeña serie de recuerdos, cada uno de los cuales ha contribuido en algo a la formación del contenido. El primero de ellos es el de la pequeña escena que antes expuse y que tuvo lugar en la época en que prentendí la mano de la que hoy es mi mujer. El apretón de manos que entonces nos dimos a escondidas ha suministrado al sueño el detalle de «por debajo de la mesa». Claro está que en aquella escena no hubo lo de «dirigirse exclusivamente a mí», como luego en el sueño. El análisis me ha mostrado que este elemento es la realización por antítesis del deseo provocado en mí por la conducta de mi mujer en la mesa redonda del balneario. Mas detrás de este reciente recuerdo se esconde una escena muy semejante y de mucha mayor importancia, acaecida durante la época en que mi esposa y yo estábamos ya prometidos, y que dio origen a un disgusto entre nosotros. El íntimo gesto de colocar una mano sobre mi rodilla pertenece a otro suceso muy diferente, en el que intervinieron personas distintas. Ese elemento del sueño constituye ahora a su vez el punto de partida de dos series especiales de ideas, y así sucesivamente.

El acervo de ideas latentes que se ha reunido para formar el contenido manifiesto tiene que ser, desde luego, apropiado para tal empleo. Y para ello precisa integrar uno o varios *elementos comunes* a todos los componentes. La elaboración del sueño procede entonces como Francis Galton en la formación de sus fotografías de familia; esto es, oculta los diversos componentes, superponiéndoles, y hace que surja con toda claridad lo que de común hay en ellos, mientras que los detalles contrarios se destruyen recíprocamente. Este proceso constitutivo aclara también en parte la singular vaguedad de muchos elementos del contenido del sueño. Nuestro arte interpretativo basa en estos conocimientos la regla siguiente: allí donde en el análisis se encuentra una *impresión* que puede resolverse en la *elección alternativa de dos elementos* (o el elemento *A* o el elemento *B*), debe sustituirse, para la interpretación, tal alternativa por una agregación (el elemento *A* y el elemento *B*), tomando cada uno de los miembros de la aparente alternativa como punto de partida independiente de una serie de ocurrencias.

En aquellos casos en que las ideas latentes carecen de tales *elementos comunes*, la elaboración del sueño se ocupa en *crearlos* para hacer posible la representación común en el contenido manifiesto. El camino más cómodo para aproximar dos ideas del sueño que no tienen aún nada común consiste en variar la expresión verbal de una de ellas; operación a cuyo éxito coadyuva la otra por una correlativa transformación a otra forma expresiva. Es éste un proceso análogo al que tiene lugar en la composición de aleluyas, en las cuales la rima sustituye muchas veces al elemento común buscado. Una gran parte de la elaboración del sueño consiste en la creación de tales ideas intermedias, a veces muy chistosas, pero con gran frecuencia harto retorcidas y forzadas, que alcanzan desde la representación común en el contenido del sueño hasta las ideas del mismo, de diferente forma y esencia, y motivadas por los estímulos del sueño. También en el análisis de nuestro ejemplo hallamos un tal caso de transformación de una idea encaminada a hacerla coincidir con otra totalmente extraña a ella. Continuando el análisis, tropezamos con la idea de que *yo quisiera también conseguir alguna vez algo de balde;* pero esta forma es inutilizable para el contenido del sueño, y, por tanto, es sustituida por otra: *Quisiera gozar de algo sin que me «costase» nada.* La palabra «costar» *(«kosten» = costar o probar, «Kost» = plato, manjar)* se adapta, con su segundo significado, al ciclo de representaciones de la «mesa redonda», y puede hallar su representación en las *espinacas* servidas en el sueño. Cuando en mi casa se sirve algún plato que mis hijos rechazan, intenta primero su madre hacérselo comer con las palabras: *Aunque no sea más que probarlo (kosten).* Parece extraño que la elaboración del sueño aproveche tan sin titubeos el doble sentido de las palabras, pero el análisis de los sueños nos muestra que se trata de un proceso regular y corriente.

Por la labor de condensación del sueño se explican también determinados componentes del contenido del mismo que le son peculiares y no se hallan en la ideación dispuesta. Son éstos las personas colectivas y mixtas, y los singulares productos híbridos; creaciones análogas a las composiciones zoomórficas de la fantasía de los pueblos orientales. Mas éstas han llegado a concretarse en nuestro pensamiento como unidades sintéticas, al paso que las composiciones oníricas presentan una inagotable riqueza de nuevas formas. Todos conocemos tales productos por nuestros propios sueños, siendo muy diversos los procesos por medio de los que llegan a constituirse. Podemos formar una tal persona compuesta formando rasgos de dos o más diferentes y atribuyéndoselos a una sola, dándole la figura de una y pensando en nuestro sueño en el nombre de la otra, o representándonos exactamente la imagen de un determinado individuo, pero colocándolo en una situación de la que otro fue protagonista. En todos estos casos es muy significativa tal síntesis de varias personas en una sola, que las representa a todas en el contenido del sueño, y su sentido es el de un «y» o un «también»; esto es, una confusión de las personas originales con respecto a una determinada cuestión, que por otra parte puede hallarse indicada asimismo en el sueño. Mas por lo general esta comunidad, existente entre las personas fundidas en una sola, no se descubre sino en el análisis, no hallándose indicada en el contenido del sueño más que por la formación de la persona colectiva.

Igual regla analítica es aplicable a las formaciones mixtas del contenido del sueño, de tan rica composición, y de las que no creo necesario citar ejemplo alguno. Su singularidad desaparece por completo cuando nos decidimos a no colocarlas al lado de los objetos de la percepción despierta, sino que recordamos que representan un rendimiento de la condensación onírica, y hacen resaltar sintéticamente un carácter común de los objetos así combinados; comunidad que también aquí no aparece más que en el análisis. El contenido del sueño nos dice tan sólo que *todas aquellas cosas tienen una X común*. La descomposición de tales productos mixtos por medio del análisis conduce con frecuencia por el camino más corto al significado del sueño. Así, soñé yo una vez que me hallaba sentado, con uno de mis antiguos profesores universitarios, en un banco, que se movía rápidamente hacia adelante entre otros muchos. Era esto una especie de combinación de un aula con un *trottoir roulant*. Otra vez soñé hallarme en un vagón del ferrocarril, llevando sobre mis rodillas un objeto de la forma de un sombrero de copa[1] pero

[1] ['Zylinderhut', literalmente 'cilindro-sombrero'.]

del más transparente cristal. La situación me recordó en el acto el conocido proverbio de que «sombrero en mano puede recorrerse toda la Tierra». El sombrero de cristal recuerda, tras de cortos rodeos, a los *mecheros Auer*, haciéndome ver que mi sueño entrañaba el deseo de hacer un descubrimiento que me hiciese tan rico e independiente como el suyo a mi compatriota el doctor Auer, de Welsbach, y que entonces viajaría mucho, en vez de tener que permanecer en Viena. En mi sueño viajo con mi invento —el sombrero de cristal—; objeto, por cierto, nada corriente aún. La elaboración del sueño gusta preferentemente de representar por medio de un solo producto mixto dos ideas contrarias. Así, cuando una mujer se ve en sueños llevando una alta vara florida, como el ángel en los cuadros que representan la Anunciación (inocencia: María es el nombre de la sujeto de este sueño); pero las flores de la vara son grandes, blancas[1] y semejantes a camelias (antítesis de la inocencia: dama de las camelias).

Buena parte de lo que hemos llegado a conocer sobre la condensación del sueño puede resumirse en la fórmula siguiente: cada uno de los elementos del contenido del sueño está *superdeterminado* por el material de las ideas del sueño; tiene su antecedente no en un solo elemento de las ideas del sueño, sino en toda una serie de ellos que no necesitan estar muy próximos unos a otros dentro del contenido latente, pues pueden pertenecer a los más diferentes sectores del tejido ideológico. El elemento del sueño es en realidad *el representante, en el contenido manifiesto*, de todo este diverso material. El análisis descubre otra faceta de la relación compuesta entre el contenido y las ideas del sueño. Así como desde cada elemento del sueño conducen conexiones a varias ideas latentes, también generalmente *se halla representada una sola idea por más de un elemento.* Los hilos de asociación no convergen simplemente desde las ideas del sueño al contenido del

[1] [Aquí debería decir probablemente 'rojas'. Así son descritas las flores en una exposición más detallada de este sueño en *La interpretación de los sueños* (Standard Ed., 5, 347).]

mismo, sino que se cruzan y entretejen de múltiples maneras en el camino.

Junto a la transformación de una idea en una situación (la «dramatización»), es la condensación, el carácter más importante y peculiar de la elaboración del sueño. Mas aún no hemos descubierto motivo alguno que haga necesaria esta comprensión del contenido.

5

En los sueños complicados y confusos, de los que nos ocupamos ahora, no puede atribuirse por completo a los efectos de la condensación y la dramatización la disparidad que se observa a primera vista entre el contenido del sueño y las ideas del mismo, pues existen testimonios de la actuación de un tercer factor muy dignos de ser tenidos en cuenta.

Una vez conseguido por medio del análisis el conocimiento de las ideas del sueño, lo primero que echamos de ver es que el contenido manifiesto del mismo trata materias totalmente distintas que el latente. Mas, en realidad, esto es tan sólo una apariencia, que se desvanece en cuanto la investigación se hace más penetrante, pues entonces hallamos realizado en las ideas del sueño todo el contenido del mismo, y representadas casi todas las ideas por dicho contenido. Sin embargo, queda siempre alguna disparidad. Aquello que en el sueño se presentaba amplia y precisamente como contenido esencial, tiene que contentarse después del análisis con un papel muy secundario entre las ideas del sueño, y lo que mis sentimientos me hacen ver como lo más importante entre dichas ideas resulta que no se halla representado en el contenido manifiesto, o lo está solamente por una lejana alusión y en la parte más imprecisa del mismo. Este hecho puede describirse en la forma siguiente: *Durante la elaboración del sueño pasa la intensidad psíquica desde las ideas y representaciones, a las que pertenece justificadamente, a otras que, a mi juicio, no tienen derecho alguno a tal acentuación.*

Ningún otro proceso contribuye tanto a ocultar el sentido del sueño y a hacer irreconocible la conexión entre el contenido manifiesto y las ideas latentes. Durante este proceso, que denominaré *desplazamiento del sueño (Traumverschiebung)*, veo asimismo transformarse la intensidad psíquica, la importancia y la capacidad de afecto de las ideas en vivacidad sensorial. Lo más claro del contenido del sueño se me aparece a primera vista como lo más importante; pero el análisis nos muestra que un impreciso elemento del sueño constituye con frecuencia el más directo representante de la principal idea latente.

Lo que he denominado *desplazamiento del sueño* hubiera podido calificarlo [en términos de Nietzsche] también de *transmutación de los valores psíquicos*. Mas, para dejar totalmente caracterizado este fenómeno, debo añadir que su actuación varía mucho de intensidad en los diferentes sueños. En algunos de ellos no tiene lugar el menor desplazamiento, y éstos son al mismo tiempo los más llenos de sentido y más comprensibles; por ejemplo, aquellos que hemos reconocido como realizaciones no disfrazadas de deseos. En otros sueños no hay un solo elemento de las ideas latentes que haya conservado su propio valos psíquico, y a veces todo lo esencial de dichas ideas aparece sustituido por elementos secundarios. Entre estos caracteres extremos existe toda una serie de grados intermedios. Cuando más oscuro y confuso es un sueño, más participación debe atribuirse en su formación al factor *desplazamiento*.

En el ejemplo que hemos hecho objeto de nuestro análisis aparece como efecto del desplazamiento el hecho de que su contenido se halla diferentemente *centrado* que los pensamientos oníricos. El contenido del sueño muestra en primer término una situación, en la que parece que mi compañera de mesa me hace una velada declaración amorosa: lo más importante en las ideas del sueño reposa en el deseo de gozar alguna vez un amor desinteresado, que no «cueste nada», y esta idea se oculta detrás de la frase hecha «por mis bellos ojos» y la lejana alusión «espinacas».

Cuando por medio del análisis podemos seguir paso a paso el proceso del desplazamiento, llegamos a adquirir datos seguros sobre dos discutidísimos problemas de los sueños: sus estímulos y su conexión con la vida despierta. Existen sueños que revelan inmediatamente su enlace con los sucesos del día anterior; pero en otros no se descubre la menor huella de un tal enlace. Acudiendo en estos últimos al análisis puede mostrarse que todo sueño, sin excepción alguna, está ligado a una impresión de los últimos días, o quizá más precisamente del último día antes del sueño (día del sueño). Esta impresión, que constituye el estímulo del sueño, puede ser de una tal impor tancia que no nos maraville el ocuparnos de ella fuera del mismo, y en este caso decimos con razón que nuestro sueño continúa los importantes intereses de la vida despierta. Mas en general, cuando en el contenido del sueño aparece una relación con una impresión diurna, suele ser ésta tan insignificante, nimia y merecedora de ser olvidada, que ni siquiera podemos recordarla sino con esfuerzo. El mismo contenido del sueño parece entonces ocuparse —aun en los casos en que se muestra coherente y comprensible— con las más ociosas nimiedades, las cuales serían indignas de nuestro interés despierto. A esta preferencia por lo indiferente y fútil en el contenido del sueño obedece en gran parte el desprecio con que miramos los fenómenos oníricos.

El análisis destruye la apariencia en que se funda este juicio despreciativo. Donde el contenido del sueño presenta en primer término una impresión indiferente como estímulo, el análisis revela siempre el suceso importante —justificado como estímulo—, que, sustituido por la impresión indiferente, ha entrado en conexión con sus múltiples enlaces asociativos. Asimismo, en aquellos sueños cuyo contenido manifiesto actúa con un material de representaciones desprovisto de importancia e interés, descubre el análisis las numerosas rutas de enlace, por medio de las cuales se une lo indiferente con lo valioso en la estimación psíquica de cada elemento. *Constituye tan sólo un afecto del proceso de desplazamiento el hecho de que en lugar de la impresión justificadamente estimulante o el material de justificado interés sea lo indiferente lo que llegue a hacerse admitir con el contenido del sueño.* Y si para la solución de los problemas del estímulo de los mismos con la actividad cotidiana se tienen en cuenta los nuevos conocimientos que hemos adquirido al sustituir el contenido manifiesto por el latente, tendremos que convenir en que *el sueño no actúa nunca con nada que no sea digno de ocupar también nuestro pensamiento despierto, y que las pequeñeces que no llegan a atraer nuestro interés durante el día son también impotentes para perseguirnos en nuestro sueño.*

¿Cuál es el estímulo del sueño en el ejemplo que escogimos para nuestro análisis? El suceso —realmente insignificante— de que un amigo mío me procurase un *gratuito paseo en coche*. La escena de la mesa redonda, en mi sueño, contiene una alusión a este motivo indiferente, pues en mi conversación con mi acompañante había yo establecido un paralelo entre los taxímetros y las comidas en la mesa redonda de los hoteles. Mas también puedo indicar el suceso importante que en mi sueño se deja representar con este otro insignificante: días atrás me había yo desprendido de una cantidad bastante elevada en favor de una persona de mi familia. Entre las ideas latentes está la de que no sería extraño que dicha persona estuviese agradecida a mi beneficio, y que, por tanto, su cariño no fuese *gratuito (kontelos)*. La idea de cariño gratuito es precisamente la que ocupa el primer término entre las que forman el contenido latente del sueño. El hecho de que aún no hace mucho tiempo había yo ido varias veces en coche con el pariente objeto de mi liberalidad hace posible que el paseo en coche dado con mi amigo me recuerde mis relaciones con otra persona. La impresión indiferente, que por tales conexiones se convierte en estímulo del sueño, tiene aún que cumplir otra condición: la de ser *reciente;* esto es, proceder del día del sueño.

No puedo abandonar el tema del desplazamiento sin hacer constar un singular proceso, que tiene lugar en la formación del sueño, y en el que obra, conjuntamente la condensación y el desplazamiento. En la primera hemos examinado ya el caso de que dos representaciones de las ideas del sueño que tiene algo de común, un punto de contacto, son situadas en el contenido manifiesto por una representación mixta, en la cual aparece un claro nódulo, que corresponde al elemento común, e imprecisas determinantes accesorias, correspondientes a las peculiaridades de cada una de dichas representaciones. Si a esta condensación se añade un desplazamiento, no se produce una representación mixta, sino que se forma un *producto común intermedio*, que es a los elementos que lo forman lo que en el paralelogramo de las fuerzas son las resultantes a sus componentes. En el contenido de uno de mis sueños se trata, por ejemplo, de una inyección de *propilena*. El análisis me conduce al principio a un suceso indiferente, que había actuado como estímulo del sueño, y en el cual jugaba un papel la palabra amil. Todavía no estoy en condiciones de justificar la confusión entre amil y propil. Pero al ciclo de ideas del mismo sueño pertenece también el recuerdo de mi primera visita a Munich, en la que los *propileos*[1] atrajeron mi atención. Los resultados siguientes del análisis me hicieron admitir que el desplazamiento de amilena a propilena era debido a la influencia del segundo ciclo de representaciones sobre el primero. *Propilena* es, por decirlo así, la representación intermedia entre *amilena* y *propileos*, y como tal se ha introducido a modo de *transacción* y por una condensación y un desplazamiento simultáneos en el contenido del sueño.

Con mayor fuerza aún que al tratar de la condensación se impone aquí, al examinar el proceso del desplazamiento, la necesidad de hallar un motivo para todos estos misteriosos esfuerzos de la elaboración del sueño.

---

[1] [Un pórtico ceremonial tomado del modelo ateniense.]

6

Si al proceso de desplazamiento se debe principalmente el que no se hallen o no se reconozcan en el contenido del sueño las ideas del mismo —sin que pueda adivinarse el motivo de tal deformación—, otra forma menos intensa de la transformación que sufren las ideas del sueño nos conduce al descubrimiento de una nueva función, más fácilmente comprensible, de la elaboración del mismo. Las primeras ideas latentes que el análisis revela suelen extrañar por su poco corriente apariencia. No parecen presentarse en las tímidas formas expresivas, de las que se sirve preferentemente nuestro pensamiento, sino que se muestran representadas simbólicamente por medio de comparaciones y metáforas, como en un lenguaje poético, rico en imágenes. No es difícil hallar las causas que obligan a adoptar esta forma expresiva a las ideas del sueño. El contenido del mismo se compone casi siempre de situaciones visuales y, por tanto, las ideas del sueño tienen, ante todo, que adoptar una disposición que las haga utilizables para esta forma expositiva. Si intentamos sustituir las frases de un artículo político o de un informe forense por una serie de dibujos, comprenderemos fácilmente las transformaciones que la elaboración del sueño se ve obligada a llevar a cabo ante la necesidad de que el material dado *se ajuste a la consideración de la figurabilidad*.

Entre el material psíquico de las ideas latentes se encuentran regularmente recuerdos de sucesos impresionantes, que datan con frecuencia de la más temprana niñez, y han sido percibidos por el sujeto —dado su carácter de sucesos exteriores— como situaciones visuales en su mayor parte. Estos elementos de las ideas latentes ejercen siempre que les es posible una influencia determinante sobre la conformación del contenido del sueño, y actúan como núcleo de cristalización sobre el material de las ideas latentes. La situación del sueño no es, con frecuencia, más que una repetición de un tal suceso, modificada y complicada por numerosas intercalaciones. Sólo raras veces nos trae, en cambio, el sueño reproducciones fieles y no mezcladas de escenas reales. Mas el contenido del sueño no consta exclusivamente de situaciones, sino que encierra fragmentos inconexos de cuadros visuales, discursos y hasta trozos de ideas no transformados. Será quizá muy interesante exponer aquí lo más rápidamente posible los medios de representación de que dispone la elaboración del sueño para reproducir en la peculiar forma expresiva del mismo las ideas latentes.

Estas ideas que el análisis nos revela se nos muestran como un complejo psíquico de una complicadísima estructura, cuyos componentes se hallan unos con otros en las más diversas relaciones lógicas, constituyendo el primero y el último término las condiciones, las divagaciones, las aclaraciones y las objeciones. Casi siempre aparece junto a una ruta mental su reflejo contradictorio. No falta a este material ninguno de los caracteres que nos son conocidos por pertenecer a nuestro pensamiento despierto. Si de todo ello ha de nacer un sueño, sufre este material psíquico una comprensión, que lo condensa; una fragmentación y un desplazamiento internos, que crean nuevas superficies, y una influencia seleccionadora, ejercida por los componentes utilizables para la formación de la situación. Dada la génesis de este material, debe darse a un tal proceso el nombre de *regresión*. Los lazos lógicos, que hasta ahora habían mantenido unido el material psíquico, se pierden en esta transformación, de la cual surge el contenido del sueño. La elaboración onírica no toma a su cargo más que el contenido objetivo de las ideas latentes. Al análisis incumbe luego restablecer la conexión destruida por la elaboración.

Así, pues, los medios de expresión del sueño pueden considerarse escasísimos en comparación con los que el idioma nos proporciona para la exteriorización de nuestro pensamiento; mas el sueño no tiene necesariamente que renunciar por completo a la reproducción de las relaciones lógicas entre las ideas latentes. Con mucha frecuencia consigue, por el contrario, sustituirlas por caracteres formales que le son propios.

El sueño reconoce, en primer lugar, la innegable conexión entre todos los elementos de las ideas latentes por el hecho mismo de reunir dicho material para formar una situación. Reproduce la *conexión lógica* como *aproximación en el tiempo y en el espacio*, de un modo análogo al pintor que reúne en un cuadro que quiere representar el Parnaso a todos los poetas, los cuales jamás se han hallado juntos en la cima de una montaña, pero no por ello dejan de constituir una comunidad. El sueño emplea en todos sus detalles esta misma forma representativa, y cuando muestra en su contenido dos elementos próximos uno a otro delata con esta aproximación un enlace especialmente estrecho entre los correspondientes elementos latentes. Obsérvase además que todos los sueños de una misma noche revelan en el análisis proceder del mismo ciclo de pensamientos.

La *relación causal* entre las ideas queda unas veces sin representación alguna o es sustituida por la *sucesión* inmediata de dos largos trozos del sueño diferentes. A menudo esta última representación tiene lugar a la inversa, o sea que el primer trozo del sueño corresponde a la consecuencia, y el final del mismo al antecedente. La *transformación* directa de un objeto en otro parece representar en el sueño la relación de *causa a efecto*.

La *alternativa* (esto o aquello) no es expresada jamás por el sueño, el cual toma en este caso los dos miembros de la misma como igualmente justificados y los incluye en el mismo contexto. Ya indiqué también que cuando en el sueño aparece reproducida una alternativa (esto o aquello), debe traducirse por una agregación (esto y aquello).

Las ideas contradictorias son representadas preferentemente en el sueño por un mismo y único elemento[1]. El «No» parece no existir en lo que concierne al sueño. La *oposición* entre dos ideas, la relación de *inversión* halla en el sueño una notabilísima forma representativa, consisten-

---

[1] Filósofos muy autorizados afirman que los idiomas humanos más antiguos empleaban la misma palabra para expresar la antítesis (fuerte-débil, dentro-afuera, etc.: Fue descrito como «el sentido contradictorio de las palabras primitivas»). [Cf. Freud 1910c.]

te en que otro trozo del sueño es transformado —simultánea o sucesivamente— en su contrario. Más adelante hallaremos otra forma de expresar la *contradicción.* También la sensación tan frecuente en el sueño de *no poder moverse libremente,* sirve para representar una contradicción entre impulsos, un *conflicto de la voluntad.*

Una sola de las relaciones lógicas, la de *analogía, comunidad* o *coincidencia,* es aceptada francamente por el mecanismo de la elaboración del sueño, el cual se sirve de estos casos como un punto de apoyo para la condensación, reuniendo en una *nueva unidad* todo aquello que muestra tal coincidencia.

Esta corta serie de fugaces observaciones no agota naturalmente la exposición de la plenitud de medios representativos formales que el sueño posee para exponer las relaciones lógicas de las ideas latentes. Los distintos sueños se hallan, respecto a este punto, más sutil o descuidadamente elaborados, se ciñen más o menos al texto dado y hacen un mayor o menor uso de los medios auxiliares de la elaboración. En el último caso resultan oscuros, confusos e incoherentes. Mas cuando el sueño aparece claramente absurdo, encerrando en su contenido un franco contrasentido, es que se ha formado así intencionadamente, y expresa por medio de su aparente negligencia de todas las reglas lógicas un trozo del contenido intelectual de las ideas latentes. El absurdo en el sueño significa *contradicción, injuria* o *burla* en las ideas latentes. Dado que esta explicación nos proporciona la objeción más fuerte contra la teoría que hace surgir al sueño de una actividad psíquica disociada y exenta de crítica, la apoyaremos con la exposición de un ejemplo:

Uno de mis conocidos, el señor M., ha sido atacado en un artículo nada menos que por el propio Goethe. Todos reconocemos que la violencia del ataque es injustificada; pero como es natural, dada la personalidad del atacante, M. ha quedado totalmente hundido, y se lamenta amargamente de la injusticia sufrida ante varias personas, reunidas alrededor de una mesa. Sin embargo, no ha disminuido su veneración por Goethe. Intento aclarar las circunstancias de tiempo, que me parecen inverosímiles. Goethe murió en 1832. Dado que su ataque contra M. tuvo que tener lugar antes de esta fecha, M. debía de ser entonces muy joven. Me parece probable que tuviera unos dieciocho años. Mas no sé con seguridad el año en que nos hallamos actualmente, y de este modo, todo mi cálculo se hunde en las tinieblas. El ataque a M. se halla contenido en el ensayo de Goethe titulado *Naturaleza.*

La falta de sentido de este sueño aparece aún con mayor precisión sabiendo que M. es un hombre de negocios muy apartado de todo interés poético o literario. Mas al penetrar en el análisis puede demostrarse cuánto *método* se oculta detrás de tal falta de sentido. El sueño extrae su material de tres fuentes:

1.ª M., al que conocí en una *comida,* me pidió un día que reconociera a su hermano mayor, que presentaba señales de perturbación mental. En mi diálogo con el enfermo tuvo lugar una penosa escena, en la cual me reveló, sin que yo diese motivo ni ocasión para ello, las faltas de su hermano, aludiendo a su *disipada juventud.* En este reconocimiento hube de preguntar al paciente la *fecha de su nacimiento (año de la muerte en el sueño),* haciéndole verificar diversos cálculos, con objeto de investigar el grado de debilidad de su memoria.

2.ª Una revista médica, en la que figuraba yo como colaborador, había publicado una *abrumadora crítica,* obra de un *joven* redactor, sobre un libro de mi amigo F.[1], de Berlín. Habiendo reprochado yo al autor del artículo su encarnizamiento, me expresó su pesar por haberme disgustado, pero no pudo prometerme poner remedio alguno a lo hecho. A consecuencia de esto rompí mis relaciones con la revista y expresé en la carta en que notificaba mi separación la esperanza de que *lo sucedido no influiría para nada en nuestras relaciones personales.* Esta es la verdadera fuente del sueño. La despreciativa crítica del libro de mi amigo me había causado una profun-

[1] [Una referencia a Wilhelm Fliess (1858-1928), un otorrinolaringólogo con el que Freud, en los comienzos de su carrera mantuvo una extensa correspondencia (Freud, 1950a). Cf. Flies (1892).]

da impresión, pues a mi juicio contenía su obra un descubrimiento biológico fundamental, que comienza ahora —pasados muchos años— a ser aceptado por sus colegas.

3.ª Una paciente me había contado hacía poco tiempo la historia de la enfermedad de su hermano, el cual había sido atacado de locura frenética, sumiéndose en ella con el grito de *¡Naturaleza, naturaleza!* Los médicos habían opinado que tal exclamación provenía de la lectura del citado ensayo de Goethe, y constituía una indicación del exceso de trabajo que había pesado sobre el enfermo en sus estudios. Por mi parte, había yo observado que me *parecía más plausible* dar a la exclamación *¡Naturaleza!* aquel otro sentido sexual, conocido por todos los hombres, hasta por los de menor cultura. El hecho de que el infeliz paciente se mutilara después los genitales pareció darme la razón. Cuando sufrió el ataque inicial tenía este individuo dieciocho años.

En el contenido del sueño se oculta primeramente detrás del *yo* el amigo mío tan maltratado por la crítica. *Intento aclarar un poco las circunstancias de tiempo.* El libro de mi amigo trata precisamente de las circunstancias *temporales* de la vida y cita repetidamente a Goethe en relación con determinadas opiniones sobre biología.

Mas este *yo* es comparado a un paralítico. («No sé con seguridad el año en que nos hallamos.») Por tanto, el sueño representa que mi amigo se conduce como un paralítico y flota en el absurdo. Mas los pensamientos del sueño expresan irónicamente: «Es natural. El es un loco, y vosotros sois unos genios, y sabéis mucho más de estas cosas. ¿No será más bien todo lo *contrario?*» Esta *inversión* se halla representada ampliamente en el contenido del sueño: Goethe ha atacado a un hombre, actualmente joven, lo cual es absurdo; al paso que es muy fácil que cualquier joven literato actual critique duramente al gran Goethe.

Podemos casi seguramente afirmar que ningún sueño es producido por sentimientos distintos de los egoístas[1].

[1] [Sin embargo Freud relativizó esta afirmación en una nota añadida en

El *yo* del sueño no representa tan sólo a mi amigo, sino que también me representa a mí mismo. Yo me identifico con él por el hecho de que la suerte corrida por sus descubrimiento me muestra cómo han de ser acogidos quizá los *míos propios*. Cuando yo haga pública mi teoría sobre la significación etiológica de la sexualidad en las perturbaciones psiconeuróticas (véase la alusión al enfermo de dieciocho años: «¡Naturaleza, naturaleza!»), hallaré críticas idénticas, y de las que desde ahora me burlo con la misma ironía.

Persiguiendo las ideas latentes encuentro siempre *burla y desprecio* como *correlación a los absurdos del sueño*. El hallazgo de un cráneo de oveja en el Lido veneciano inspiró a Goethe la primera idea de la constitución vertebral del cráneo. Mi amigo se jacta de haber desencadenado, siendo estudiante, una protesta contra un anciano profesor, que muy competente en años anteriores (sobre todo en esta parte de la anatomía comparada), había llegado a ser, a causa de su ancianidad, totalmente inepto para continuar dando su clase. La agitación promovida por este caso puso remedio a la equivocación que supone el hecho de no existir en Alemania limitación alguna de edad para el ejercicio de la actividad académica. La *edad no protege contra la tontería*. En el hospital de Viena tuve el honor de prestar mis servicios durante muchos años bajo las órdenes de un director *fosilizado* que, notoriamente chocho hacía varios decenios, seguía ejerciendo un cargo lleno de responsabilidades. Una característica correspondiente al hallazgo del Lido [1] acude a mi pensamiento en este punto. Con referencia a este individuo, compusieron mis jóvenes colegas del hospital una variante de unos chistosos versos, populares por entonces: «Eso no lo ha escrito ningún Goethe ni lo ha compuesto ningún Schiller...»

1925, que puede leerse hacia el final del cap. V de *La interpretación de los sueños*. (Standard Ed., 4, 270.)]

[1] [Schafkopf, literalmente 'cabeza de oveja' = 'burro, una persona tonta'.]

7

No hemos terminado aún con el estudio de la elaboración del sueño. Nos vemos obligados a incluir en ella, además de la condensación, del desplazamiento y de la disposición visual del material psíquico, otra actividad cuya actuación no es reconocible en todos los sueños. No trataré aquí en detalle esta parte de la elaboración del sueño, y me limitaré a observar que como más rápidamente podemos formarnos una idea de su esencia es aceptando por lo pronto la hipótesis, probablemente inexacta, *de que actúa a posteriori sobre el contenido del sueño ya formado.* Su función es entonces la de ordenar los componentes del sueño de manera que se reúnan aproximadamente para formar una totalidad, una composición onírica. El sueño recibe así una especie de fachada, que de todos modos no cubre por completo el contenido, y sufre al mismo tiempo una primera interpretación provisional que es apoyada por intercalaciones y ligeras variantes. Esta elaboración del contenido del sueño deja subsistir todos sus enigmas y arbitrariedades y no proporciona más que una equivocada inteligencia de las ideas latentes, siendo necesario prescindir de esta tentativa de interpretación al emprender el análisis.

Esta parte de la elaboración del sueño deja transparentarse mejor que ninguna otra su motivación, que es el *intento de que el sueño resulte comprensible.* El descubrimiento de esta motivación nos revela la procedencia de la actividad a que la misma da origen, la cual se conduce con el contenido del sueño dado como nuestra actividad psíquica normal con cualquier contenido de una percepción que se sitúe ante ella. Nuestra actividad psíquica acoge dicho contenido empleando determinadas representaciones previas y lo ordena ya, al percibirlo, entre las hipótesis comprensibles. Mas, al hacerlo así, corre el peligro de falsearlo, y cae, efectivamente, en los más singulares errores, cuando no puede situarlo al lado de algo ya conocido. Sabido es que no podemos contemplar una serie de signos extraños, ni oír una serie de palabras desconocidas, sin falsear primero su percepción, situándolos al lado de algo que nos es conocido, impulsados por la preocupación de la comprensibilidad.

Aquellos sueños que han experimentado esta elaboración por parte de una actividad psíquica totalmente análoga al pensamiento despierto pueden denominarse *bien compuestos*. En otros sueños falta por completo tal actividad; no se ha intentado siquiera establecer en ellos un orden ni una interpretación, y al despertar, sintiéndonos identificados con esta parte de la elaboración onírica, juzgamos que nuestro sueño ha sido «confuso y embrollado». Mas para el análisis tienen tanto valor aquellos sueños que semejan un desordenado montón de fragmentos incoherentes como los que presentan una lisa superficie continua. En el primer caso, nos ahorramos el esfuerzo de destruir de nuevo, por medio del análisis, la elaboración del contenido manifiesto.

Sería, sin embargo, un error no ver en estas fachadas de los sueños más que tales elaboraciones, realmente confusas y asaz arbitrarias, del contenido manifiesto por la instancia consciente de nuestra vida anímica. Para la construcción de la fachada del sueño se emplean con frecuencia fantasías optativas que se hallan ya formadas en las ideas latentes y que son del mismo género que las que conocemos por pertenecer a nuestra vida despierta y llamamos, apropiadamente, «sueños diurnos». Las fantasías optativas que el análisis descubre en los sueños nocturnos revelan ser repeticiones y transformaciones de escenas infantiles, y de este modo nos muestra inmediatamente la fachada del sueño, en algunos de éstos, el verdadero nódulo del mismo, desfigurado por la mezcla con otro material.

Las cuatro actividades mencionadas son las únicas que pueden descubrirse en la elaboración del sueño. Si sostenemos nuestra definición de que el concepto «elaboración del sueño» significa la traslación de las ideas del sueño al contenido del mismo, tendremos que decirnos que dicha elaboración no es, en modo alguno, creadora: no desarrolla ninguna fantasía propia, no juzga ni concluye nada y su función se limita a condensar el material dado, desplazarlo y hacerlo apto para la representación visual, actividades a las que se agrega el último trozo, inconstante, de elaboración interpretativa. Algo hallamos también en el contenido del sueño que quisiéramos considerar como el resultado de una distinta y más elevada función intelectual, pero el análisis demuestra siempre convincentemente *que estas operaciones intelectuales han tenido lugar ya en las ideas del sueño habiéndose limitado el contenido del sueño a acogerlas en sí.* Una consecuencia, en el sueño no es otra cosa que la repetición de una conclusión que ha tenido lugar en las ideas latentes, apareciendo incontrovertible cuando ha pasado al sueño sin sufrir transformación alguna, e insensata cuando ha sido desplazada sobre otro material por la elaboración. Una operación aritmética incluida en el contenido manifiesto no significa otra cosa sino que entre las ideas latentes se encuentra un cálculo, el cual es siempre exacto, mientras que la operación que aparece en el sueño puede dar los más absurdos resultados, por condensación de sus factores y desplazamientos, sobre otro material, del modo de realizarla. Ni siquiera las frases que se hallan en el contenido del sueño son de nueva composición, pues se revelan como construidas con fragmentos de frases pronunciadas, oídas o leídas por el sujeto, y renovadas en las ideas latentes, copiando con toda fidelidad su forma, pero prescindiendo por completo de la causa que las motivó y alterando enormemente su sentido.

No es, quizá, superfluo apoyar con algunos ejemplos estas últimas afirmaciones:

1. Un sueño aparentemente inocente y bien compuesto, de una paciente mía.

«Va al mercado con su cocinera, la cual lleva su cesta. El carnicero, al que piden algo, les contesta: *No hay ya*, y quiere despachar otra cosa diferente, observando: 'Esto también es bueno.' Ella rehúsa la oferta y se dirige al puesto de la verdulera, la cual quiere venderle una extraña verdura, atada formando manojo y de color negro. Ella dice entonces: *No he visto nunca cosa semejante.* No la compro.»

La frase «No hay ya» procede del tratamiento. Yo mismo había explicado a la paciente, días antes, que en la memoria del adulto *no hay ya* nada de sus antiguos recuerdos infantiles, los cuales han sido sustituidos por transferencias y por sueños. Soy yo, por tanto, el carnicero.

La segunda frase: «No he visto nunca cosa semejante», fue pronunciada en otra ocasión totalmente distinta. El día anterior había exclamado la paciente al regañar a su cocinera, que, como hemos visto, aparece también en el sueño: «Tiene usted que conducirse más correctamente. ¡No he visto nunca cosa semejante!», esto es, no permito tal comportamiento. El trozo más inocente de esta frase llegó por desplazamiento a incluirse en el contenido del sueño. En cambio, en las ideas latentes sólo el otro trozo de la frase desempeñaba un papel determinado, pues la elaboración del sueño transformó hasta hacerla irreconocible, y darle el aspecto de una total inocencia, una situación fantástica, en la cual yo me *conducía incorrectamente en cierto sentido* con la señora de referencia. Esta situación, esperada en la fantasía, no es, además, sino una nueva edición de una escena realmente vivida por la paciente en ocasión anterior.

2. Un sueño aparentemente insignificante y en el que aparecen números. «Ella quiere pagar alguna cosa; su hija saca de su bolsillo *3 florines 65 céntimos.* Pero ella le dice: '¿Qué haces? No cuesta más que *21 céntimos*'.»

El sujeto de este sueño era una señora extranjera, que había hecho ingresar a su hija en un establecimiento pedagógico de Viena y que se sometió a mi tratamiento. En el día del sueño le había indicado la directora del establecimiento la conveniencia de dejar en él a su hija un año más. En este caso hubiera ella podido prolongar por dicho tiempo su tratamiento curativo. Los números del sueño adquieren su significación al recordar que el tiempo es oro. *Time is money.* Un año es igual a 365 días, o expresado en céntimos, a 365 céntimos, 3 florines 65 céntimos.

Los 21 céntimos corresponden a las tres *semanas* que restaban hasta el final del año escolar, y, por tanto, hasta el día en que habría que dar por terminado el tratamiento. Eran seguramente razones económicas las que habían llevado a la señora a rechazar la indicación de la directora del colegio y las que motivaban la pequeñez de la cantidad que aparecía en el sueño.

3. Una joven señora, casada hacía varios años, supo que una amiga suya, de su misma edad, Elisa L., había celebrado sus esponsales. Esta noticia motivó el sueño siguiente: «Se halla en el teatro con su marido. Una parte del patio de butacas está desocupada. Su marido le cuenta que Elisa L. y su prometido hubieran querido ir también al teatro, pero no habían conseguido más que muy mala localidad, tres por 1 florín 50 céntimos, y no quisieron tomarlas. Ella contesta que el no haber podido ir aquella noche al teatro no es ninguna desgracia.»

Nos interesa averiguar, en este sueño, de qué ideas latentes proceden los números que aparecen en el contenido manifiesto y cuáles han sido las transformaciones por las que dichas ideas han pasado. ¿De dónde procede la cantidad 1,50 florines? De un motivo indiferente del día anterior. Su cuñada había recibido, como regalo de su hermano, el marido de la protagonista del sueño, la suma de 1,50 florines y se había *apresurado* a gastarlos comprándose un objeto de adorno. Observaremos que 150 florines son 100 veces 1 florín 50 céntimos. Para el número *tres,* de los billetes del teatro, no se encuentra más enlace que el de que Elisa L., la amiga prometida, es precisamente tres meses más joven que la sujeto del sueño. La situación que en éste aparece es la reproducción de un pequeño suceso que motivó las burlas de su esposo. En una ocasión se había *apresurado* a tomar, con gran anticipación, billetes para una representación teatral, y cuando entraron en el teatro vieron que *una parte del patio de butacas quedaba casi vacía.* No había, pues, necesidad de haberse apresurado tanto a tomar las localidades. No dejaremos, por último, pasar inadvertido el *absurdo* detalle del sueño, de que dos personas tengan que tomar tres localidades.

Veamos ahora las ideas latentes de este sueño. Ha sido un *disparate casarme* tan joven; *no tenía necesidad alguna de apresurarme tanto.* En el ejemplo de Elisa L., veo que no me hubiese faltado un marido, y, además, uno *cien* veces mejor (Schatz = marido, novio, tesoro), si hubiera esperado. *Tres* maridos como ese hubiera podido comprarme con el mismo dinero (dote).

8

Después del estudio de la elaboración del sueño, que hemos llevado a cabo en los capítulos que anteceden, nos hallaremos inclinados a considerarla como un proceso *psíquico* especial, sin precedente alguno en nuestro conocimiento. De este modo, recae ahora sobre la elaboración onírica la extrañeza que solía antes despertar en nosotros su producto, o sea el sueño mismo. De toda una serie de procesos psíquicos a los que debe atribuirse la formación de los síntomas histéricos y de las ideas angustiosas, obsesivas y delirantes, la elaboración del sueño es el primero a cuyo conocimiento nos ha sido dado llegar. La condensación, y sobre todo el desplazamiento, son caracteres que nunca faltan en estos otros procesos. En cambio, la conversión en imágenes visuales es privativa de la elaboración onírica. Si de nuestras investigaciones resultase la posibilidad de incluir los fenómenos oníricos junto con las formaciones de la enfermedad psíquica, tanto más importante sería para nosotros averiguar las condiciones esenciales de procesos como el de la formación de los sueños. Pero aunque parezca extraño y casi increíble, ni el dormir ni la enfermedad pertenecen a estas indispensables condiciones. Una gran cantidad de fenómenos de la vida cotidiana de los sanos: el olvido, las equivocaciones orales, los actos de aprehensión errónea y una determinada clase de errores, deben su génesis a un mecanismo psíquico análogo al sueño y a los demás procesos que constituyen la serie antes citada.

El corazón del problema se halla en el desplazamiento, la más singular de las funciones de la elaboración del sueño. Cuando se penetra suficientemente en la materia, se ve que la condición esencial del desplazamiento es puramente psicológica y de la naturaleza de una *motivación*, cuyas huellas aparecen en cuanto se presta atención a ciertos resultados del análisis de los sueños, que no pueden pasar inadvertidos. En el primero de los análisis expuestos tuve que interrumpirme en la comunicación de las ideas latentes, por haber entre ellas algunas que prefería mantener secretas y que no podía revelar sin herir importantes consideraciones. Añadí luego que no traería ventaja ninguna elegir otro ejemplo para comunicar su análisis, pues en todo sueño de contenido oscuro y embrollado llegaría a tropezar con pensamientos que exigirían el secreto. Pero prosiguiendo para mí mismo el análisis, llego a pensamientos que no conocía existieran en mí y que no sólo me parecen *extraños*, sino que me son *desagradables* y quisiera negarme a mí mismo, rechazando el análisis cuya inexorable concatenación me fuerza, bien a pesar mío, a admitirlos. No puedo explicarme este estado de cosas sino aceptando que tales pensamientos existían realmente en mi vida psíquica y poseían una cierta intensidad o energía, pero se encontraban en una peculiar situación psicológica, a consecuencia de la cual no podían *hacérseme conscientes*. Este especial estado es el que conocemos con el nombre de estado de *represión*. No puedo entonces por menos de admitir una relación causal entre la oscuridad del contenido del sueño y el estado de represión, o sea la incapacidad de devenir conscientes de algunos de los pensamientos del sueño, y me veo obligado a concluir que el sueño tiene que ser oscuro *para no revelar los prohibidos pensamientos*. De este modo, llego al concepto de la *deformación del sueño*, obra de la elaboración del mismo, puesta al servicio de la *ocultación* de dichos pensamientos, esto es, del propósito de mantenerlos secretos.

Haré la prueba en el ejemplo del sueño antes sometido al análisis, intentando descubrir cuál es en él el pensamiento que aparece deformado, y que, sin el disfraz adoptado, despertaría mi más enérgica repulsa. Recuerdo que mi gratuito paseo en coche trajo a mi memoria otros, no gratuitos, en los que me acompañaba una persona de mi familia; que la interpretación de mi sueño era la de que yo abrigaba el deseo de gozar alguna vez de un afecto desinteresado; y que poco tiempo antes había tenido que desembolsar una crecida cantidad en favor de la referida persona. Ante estos datos que el análisis me proporciona, no puedo rechazar la idea de que *me duele el desembolso realizado*. Sólo al darme cuenta de este sentimiento adquiere un sentido el hecho de desearme en sueños el goce de un afecto que no me ocasione gasto alguno. Y, sin embargo, puedo afirmar honradamente que al decidir desprenderme de aquella suma no experimenté la menor vacilación. El impulso contrario, mi sentimiento por el gasto efectuado, no se hizo consciente en mí. La razón de que permaneciese inconsciente constituye una nueva cuestión que nos llevaría muy lejos, y cuya solución, que me es conocida, pertenece a otro orden de cosas.

Al someter al análisis, no un sueño propio, sino el de una persona extraña, el resultado es idéntico, pero varían los motivos de convicción. Si se trata del sueño de un individuo sano, no me queda otro medio de forzarle a la aceptación de la idea reprimida hallada que mostrarle el perfecto enlace de las ideas latentes y dejarle que se resista en vano contra la evidencia. Mas si se trata de un neurótico, por ejemplo, de un histérico, la aceptación de la idea reprimida se hace forzosa para él por su conexión con los síntomas de su enfermedad y por la mejoría que experimenta en el cambio de síntomas por ideas reprimidas. Así, con relación a la paciente que tuvo el sueño antes expuesto de los tres billetes de teatro por un florín cincuenta céntimos, tiene el análisis que aceptar que estima en poco a su marido, que lamenta haberse casado con él y que le cambiaría gustosa por otro. Ella afirma, ciertamente, que ama a su marido y que en su vida sentimental no existe desprecio alguno para él (¡otro cien veces mejor!), pero todos sus síntomas conducen a la misma solución que el sueño, y después de hacer resurgir en ella el recuerdo reprimido de una época durante la cual experimentó hacia su marido un desamor totalmente consciente, quedaron suprimidos tales síntomas y desapareció la resistencia que se oponía en ella a la interpretación del sueño.

9

Después de haber fijado el concepto de la represión y haber relacionado la deformación del sueño con el material psíquico reprimido, podemos expresar ya, con toda generalidad, el resultado capital del análisis de los sueños. De aquellos que se muestran comprensibles y presentan un claro sentido, hemos averiguado que son francas realizaciones de deseos; esto es, que la situación del sueño constituye en ellos la satisfacción de un deseo conocido de la conciencia, que ha quedado sin realizar en el día y es digno de interés. Sobre los sueños oscuros y embrollados nos enseña también el análisis algo análogo: la situación del sueño presenta también realizado un deseo que surge regularmente de los pensamientos latentes, pero la representación es irreconocible, no pudiendo aclararse sino por medio del análisis, y el deseo ha sucumbido a la represión y es extraño a la conciencia o está íntimamente ligado a pensamientos reprimidos que lo sustentan. La fórmula para tales sueños será, pues, la siguiente: *son realizaciones disfrazadas de deseos reprimidos.* Es muy interesante observar aquí que la opinión popular está en lo justo cuando considera el sueño como predicción del porvenir. En realidad, es el porvenir lo que el sueño nos muestra, mas no el porvenir real, sino el que nosotros deseamos. El alma popular se conduce aquí según su costumbre, creyendo lo que desea.

Por su carácter de realización de deseos se dividen los sueños en tres clases: en primer lugar, aquellos que muestran *francamente* un deseo *no reprimido;* estos son los sueños del tipo infantil, poco frecuentes en los adultos. En segundo, los que exteriorizan *disfrazadamente* un deseo *reprimido;* constituyen la mayoría absoluta de nuestros sueños y requieren el análisis para su comprensión. Y en tercer lugar, aquellos otros que, si bien representan un deseo reprimido, lo hacen *sin* disfraz alguno o con un disfraz insuficiente. Estos últimos sueños suelen presentarse acompañados de *angustia*, sensación que acaba por interrumpirlos, y que es aquí un sustitutivo de la deformación, siendo evitada, por la elaboración, en los sueños de la segunda clase. Puede demostrarse, sin gran dificultad, que el contenido de las representaciones que nos producen angustia o terror fue en su día un deseo y sucumbió después a la represión.

Existen también sueños cuyo contenido es claro y penoso, pero no produce sensación desagradable alguna. No pueden éstos, por tanto, contarse entre los sueños de angustia, y han servido siempre para demostrar la insignificancia y la falta de valor psíquico de los sueños. El análisis de un tal ejemplo mostrará que se trata de realizaciones, *bien disfrazadas*, de deseos reprimidos, esto es, de sueños pertenecientes a la segunda de las clases establecidas, y nos hará ver, asimismo, con toda claridad, cuán excelentemente lleva a cabo el proceso de desplazamiento la ocultación del deseo.

Una muchacha soñó que había muerto el único hijo que le quedaba a su hermana, de dos que había tenido, y que su cadáver se hallaba colocado en la misma forma y rodeado por las mismas personas que el de su hermano, fallecido anteriormente. Tal sueño no produjo ningún sentimiento de dolor a la muchacha, pero ésta se resistió luego a aceptar que correspondiera a un deseo suyo. Esto es hasta cierto punto real, pues la verdad del caso es que años atrás había visto y hablado por última vez al hombre a quien amaba junto al ataúd del niño que había muerto. Si ahora muriera el otro, volvería ella seguramente a encontrar a aquel hombre en casa de su hermana. Anhela este encuentro, pero sus sentimientos rechazan la triste ocasión en que podría verificarse. El mismo día del sueño había tomado una entrada para una conferencia que iba a dar aquel hombre, al que seguía amando. Su sueño es, por tanto, un simple sueño de impaciencia, como suelen presentarse de costumbre antes de los viajes, representaciones teatrales u otros placeres vivamente esperados. Mas para ocultar su anhelo, queda desplazada la situación a una ocasión impropia de todo sentimiento de regocijo y que realmente se ha presentado ya una vez. Obsérvese, además, que los afectos que aparecen en el sueño no corresponden al contenido desplazado, sino al verdadero contenido retenido. La situación del sueño adelanta el encuentro tanto tiempo deseado y no ofrece ocasión alguna para una sensación dolorosa.

10

Los filósofos no han podido hasta ahora ocuparse de una psicología de la represión. Está, pues, justificado que, aproximándonos al aún desconocido estado de cosas, intentemos formarnos una idea de la génesis de la formación de los sueños. El esquema que nuestras investigaciones generales, y no solamente las del problema de los sueños, nos permiten establecer, es harto complicado, pero no podemos servirnos de otro más sencillo. Suponemos que en nuestro aparato psíquico existen dos instancias generadoras de pensamientos, la segunda de las cuales posee el privilegio de que sus productos encuentran abierto el acceso a la conciencia, mientras que la actividad de la primera instancia es inconsciente en sí y no puede llegar a la conciencia sino pasando por la segunda. En la frontera entre ambas instancias, o sea en el paso de la primera a la segunda, se encuentra una censura que no deja pasar sino aquello que le agrada, deteniendo todo lo demás. Lo rechazado por la censura se halla entonces, según nuestra definición anterior, en estado de represión. Bajo determinadas condiciones, una de las cuales es el dormir, se transforma la relación de las fuerzas entre ambas instancias, de tal modo, que lo reprimido no puede ya ser reprimido por completo. Esto sucede, hallándose dormido el sujeto, por un relajamiento de la censura, y entonces, lo hasta el momento reprimido consigue abrirse camino hasta la conciencia. Mas como la censura no cesa jamás totalmente, sino que lo que hace es sufrir una disminución, tiene lo reprimido que tolerar transformaciones encaminadas a mitigar aquellos de sus caracteres que provocan la repulsa. Lo que en este caso llega a hacerse consciente es una especie de transacción entre lo intentado por una de las instancias y lo permitido por la otra. *Represión —relajamiento de la censura— transacción,* es también el esquema fundamental de la génesis de otras muchas formaciones psicopáticas y no sólo el de la del sueño. En la formación de tales transacciones obsérvanse siempre, y no únicamente en las oníricas, los procesos de condensación, desplazamiento y utilización de asociaciones superficiales, que hemos observado en la elaboración del sueño.

No tenemos motivo alguno para ocultar el elemento de demonismo que ha intervenido en la construcción de nuestro esclarecimiento de la elaboración del sueño. Los resultados de nuestro estudio nos dan la impresión de que la formación de los sueños oscuros se verifica como si una persona, dependiente de otra, tuviera que exteriorizar algo que había de ser desagradable para esta última. Partiendo de este símil, hemos fijado el concepto de la *deformación del sueño* y el de la censura, y nos hemos esforzado en traducir nuestra impresión en una teoría psicológica, grosera aún; pero, por lo menos, claramente definida. Sea lo que quiera aquello con lo que un más transparente conocimiento de la materia nos permita identificar nuestras dos instancias, esperamos quede confirmada una parte de nuestra hipótesis: la relativa al hecho de que la segunda instancia rige el acceso a la conciencia y puede impedírselo a la primera.

Cuando el sujeto despierta, la censura recobra rápidamente toda su intensidad, y puede de nuevo destruir todo aquello que durante su debilidad ha dejado escapar. Una experiencia innumerables veces confirmada muestra que nuestro *olvido* del sueño demanda, por lo menos *en par,* esta explicación. Durante el relato de un sueño, o durante su análisis, sucede con frecuencia que de repente vuelve a surgir un fragmento del sueño que se creía olvidado. Este fragmento, hurtado al olvido, contiene siempre el mejor y más rápido acceso a la significación del sueño, y precisamente por ello estaba destinado al olvido, esto es, a una nueva represión.

11

Si conceptuamos el contenido del sueño como la exposición de un deseo realizado y atribuimos su oscuridad a las transformaciones impuestas por la censura al material reprimido, no nos será ya muy difícil deducir la función del sueño. En extraña oposición a las opiniones corrientes, que consideran los sueños como perturbadores del reposo del durmiente, tenemos que reconocer que *los sueños son los protectores del dormir.* Para los sueños infantiles será fácilmente aceptada nuestra afirmación.

El niño concilia el sueño obedeciendo a una decisión de dormir, que le es impuesta por una autoridad exterior o es hecha surgir espontáneamente en él por sensaciones de fatiga. Mas para que tal decisión llegue a cumplirse es imprescindible la ausencia de toda excitación que pudiera impulsar al aparato psíquico hacia fines distintos del dormir. Los medios que sirven para alejar las excitaciones externas nos son a todos conocidos. Mas ¿cuáles son, en cambio, aquellos de que disponemos para mantener dominadas las excitaciones psíquicas internas que se oponen a la conciliación del sueño? Obsérvese a una madre que duerme a su hijo. El niño manifiesta sin cesar deseos o necesidades, quiere otro beso, le gusta jugar un ratito más. Estos deseos son satisfechos en parte, y en parte aplazados, por la autoridad materna, para el día siguiente. Es indudable que los deseos o las necesidades en actividad constituyen un obstáculo a la conciliación del sueño. ¿Quién no conoce la divertida historia del niño caprichoso que, despertándose a media noche, grita desde su cama: *Quiero el rinoceronte?* Un niño más juicioso, en vez de despertarse y alborotar, hubiera *soñado* que jugaba con el deseado animal. El sueño, que muestra cumplido el deseo, goza del completo crédito mientras el sujeto duerme, y haciendo cesar durante este tiempo el impulso optativo, consigue que el reposo no se interrumpa. No puede negarse que la imagen del sueño es aceptada como verdadera, pues se reviste con la apariencia de una percepción, y el niño no posee la facultad, que se adquiere más tarde, de distinguir entre fantasía, alucinación y realidad.

El adulto sabe ya establecer esta diferenciación; ha comprendido también la inutilidad de desear, y ha aprendido, tras de largos esfuerzos, a aplazar sus impulsos hasta que la transformación de las circunstancias exteriores facilite su realización. Esta experiencia del adulto hace que sean muy raras en él las realizaciones de deseos por el corto camino psíquico del sueño, y hasta es posible que no se presenten nunca y que todo lo que en nuestros sueños aparece formado conforme al patrón de los infantiles precise de una mucho más complicada solución. En cambio, en el adulto —y sin excepción alguna en todo hombre en uso de sus facultades— se ha formado una diferenciación del material psíquico, que no existía en el niño, constituyéndose una instancia psíquica que, instruida por la experiencia de la vida, ejerce con celosa severidad una influencia dominadora y coercitiva sobre los sentimientos anímicos, y posee, por su posición con respecto a la conciencia y a la movilidad contingente, los máximos medios de potencia psíquica. Una parte de los sentimientos infantiles ha sido reprimida, como inútil para la vida, por esta instancia, y todo el material de ideas que de dicha parte se deriva se halla en estado de represión.

Mientras la instancia, en la que reconocemos nuestro *yo* normal, se doblega al deseo de dormir, parece obligada, por las condiciones psicofisiológicas del sueño, a perder parte de la energía con la que durante el día mantenía a raya a lo reprimido. Esta negligencia es, sin embargo, totalmente inocente; los impulsos del alma infantil reprimida pueden, sin peligro alguno, seguir agitándose, pues, a consecuencia del mismo estado del dormir hallarán dificultoso el acceso a la conciencia y cerrado el que conduce a la movilidad. Mas hay que evitar que perturben el sueño. Llegados a este punto, tenemos que arriesgar la hipótesis de que hasta en el más profundo sueño se mantiene vigilante un cierto acervo de libre atención, como centinela contra las excitaciones sensoriales, que a veces consideran más conveniente despertar al sujeto que dejarle proseguir su sueño. De no ser así, sería inexplicable el hecho de que siempre nos despierten excitaciones sensoriales de una determinada *cualidad*, cosa que ya hizo notar el antiguo fisiólogo Burdach. Así, la madre despierta siempre al menor sollozo de su hijo pequeño; el molinero, en el momento en que su molino cesa de andar, y la mayoría de las personas, a su nombre pronunciado en voz baja. Esta vigilante atención se dirige también hacia las excitaciones optativas internas, procedentes de lo reprimido, y forma con ellas el sueño, que, a modo de transacción, satisface simultáneamente a ambas instancias, creando una especie de desahogo psíquico para el deseo reprimido o formado con ayuda de lo reprimido, representándolo como realizado, y haciendo posible al mismo tiempo el reposo. Nuestro *yo* gusta en esto de conducirse como un niño, y presta fe a las imágenes del sueño, como si quisiera decir: «Sí, tienes razón, pero déjame dormir.» El desprecio con que una vez despiertos miramos nuestros sueños, y que fundamos en su confusión y su aparente falta de lógica, no es probablemente más que el juicio que nuestro *yo* durmiente hace recaer sobre los sentimientos procedentes de lo reprimido, juicio que, más razonablemente que el que formamos ya despiertos, se funda en la impotencia motora de tales perturbadores del sueño. Este juicio despectivo se nos hace a veces consciente en el sueño mismo; así, cuando el contenido del sueño traspasa excesivamente la censura, pensamos: «No es más que un sueño», y seguimos durmiendo.

No hay objeción posible contra esta hipótesis, aunque también en los sueños existan casos extremos en los cuales no pueden ya llevar a cabo su función de proteger el reposo —por ejemplo, en los sueños de angustia, pesadillas—, y tienen que cambiarla por otra: la de interrumpirlo a tiempo. Con esto no hacen más que conducirse como el más concienzudo vigilante nocturno, que cumple su deber intentando primero hace cesar las perturbaciones, para evitar que se interrumpa el sueño de los vecinos, pero que continúa fiel a su cometido al despertarlos en el momento en que las causas del disturbio le parecen sospechosas y no logra hacerlas cesar por su sola intervención.

Esta función del sueño se nos muestra con especial claridad cuando el durmiente experimenta un estímulo sensorial. El hecho de que las excitaciones sensoriales producidas durante el sueño influyen sobre el contenido del mismo es generalmente conocido, ha sido demostrado experimentalmente y pertenece a los escasos resultados seguros de la investigación médica del sueño, a los cuales se ha concedido, sin embargo, un exagerado valor. Pero a este descubrimiento se ha ligado un problema no resuelto hasta el día. El estímulo sensorial que el experimentador hace actuar sobre el durmiente no es acertadamente reconocido en el sueño, sino que sucumbe a una interpretación cualquiera, cuya determinación aparece aparentemente abandonada al capricho psíquico. Mas sabemos que no existe una tal arbitrariedad psíquica. El durmiente puede reaccionar de muy diversos modos a un estímulo sensorial exterior. O se despierta, o consigue, a pesar de todo, proseguir durmiendo. En el último caso, puede servirse del sueño para suprimir la excitación exterior, y esto también de muy diversos modos. Puede, por ejemplo, llevar a cabo tal supresión soñando hallarse en una situación totalmente incompatible con el estímulo excitante. Así, un sujeto cuyo reposo nocturno corría peligro de ser perturbado por el dolor de un absceso que padecía en el periné, soñó que iba a caballo, sirviéndole de silla de montar la cataplasma que se le había puesto para mitigar sus molestias, y de este modo logró superar la excitación producida. O también —y esto es lo más frecuente— experimenta el estímulo exterior un cambio de sentido que le incluye en el contexto de un deseo reprimido que espera su realización. Tal cambio de sentido despoja entonces al estímulo de su realidad, y lo trata como un fragmento del material psíquico. De este género es el ejemplo siguiente: un individuo sueña que ha escrito una comedia, en la que defiende una determinada tesis. La obra es representada en el teatro, y acaba de terminar el primer acto, con clamoroso éxito. Los aplausos ensordecen... En este sueño, el durmiente debió de conseguir prolongar su reposo más allá de la perturbación, pues al despertar no oyó ya ruido alguno, pero juzgó, muy razonablemente, que debían de haber sacudido o vareado un tapiz o un colchón en las cercanías de su cuarto. Los sueños que se producen inmediatamente antes que un intenso ruido despierte al durmiente han intentado negar el esperado estímulo perturbador del reposo, buscándole otra explicación, y retrasar así un poco más el momento de despertar.

12

Aquellos que acepten nuestra hipótesis de que la enigmática oscuridad y confusión de los sueños es debida principalmente a la existencia de una *censura*, no se extrañarán de ver entre los resultados de la interpretación onírica el de que la mayoría de los sueños de los adultos se revelan en el análisis como dependientes de *deseos eróticos*. Esta afirmación no se refiere a los sueños de franco contenido sexual que todos conocemos por propia experiencia, y que hasta ahora han sido considerados como los únicos «sueños sexuales». No obstante su claro contenido, también estos sueños despiertan nuestra extrañeza por su arbitrariedad en la elección de las personas que convierten en objetos sexuales, su desprecio de todas las barreras ante las que en la vida despierta contiene el sujeto sus necesidades sexuales y sus numerosos detalles orientados hacia lo denominado «perverso». Mas el análisis nos muestra que muchos otros sueños que no dejan transparentar nada erótico en su contenido manifiesto se revelan, al ser desenmascarados por la labor interpretativa, como realizaciones de deseos sexuales. Por otra parte, muchas de las ideas sobrantes como *restos diurnos (Tagesreste)* del trabajo mental despierto no llegan a exteriorizarse en el sueño más que por el auxilio de deseos eróticos reprimidos.

No existe razon teórica de por qué esto es así. En explicación de este estado de cosas indicaremos que ningún otro grupo de pulsiones ha experimentado un más amplio sojuzgamiento por las exigencias de la educación civilizada como precisamente la sexuales; pero haremos también constar que tales pulsiones son las que mejor saben escapar, en la mayoría de los hombres, al dominio de las más elevadas instancias psíquicas. Desde que hemos llegado al conocimiento de la sexualidad infantil, que regularmente pasa inadvertida o es mal comprendida, podemos decir justificadamente que casi todo hombre civilizado ha conservado en algún punto la conformación infantil de la vida sexual y comprendemos de este modo que los deseos sexuales infantiles reprimidos proporcionan las más frecuentes y poderosas fuerzas pulsionales para la formación de los sueños[1].

Si aquellos sueños que exteriorizan deseos eróticos consiguen aparecer inocentemente asexuales en su contenido manifiesto, ello no puede suceder más que de una sola manera. El material de representaciones sexuales no debe ser producido como tal sino que tiene que ser sustituido en el contenido del sueño por indicaciones o alusiones; pero a diferencia de otros casos de representación indirecta, la usada en el sueño es despojada de la comprensibilidad inmediata. Nos hallamos, pues, en el sueño ante una representación por medio de símbolos, los cuales son objeto de especial interés desde que se ha observado que los sujetos que hablan un mismo idioma se sirven en sus sueños de símbolos idénticos, y también que esta comunidad traspasa en algunos casos las fronteras del lenguaje. Dado que los que sueñan no conocen la significación de los símbolos por ellos empleados, se nos presenta al principio envuelta en tenebrosa oscuridad la procedencia de su relación con aquello que indican y repre-

[1] Véase mi *Teoría sexual* (1905d). [Cap. 5 de este volumen.]

sentan. Mas el hecho mismo es indudable y posee enorme importancia para la técnica de la interpretación de los sueños, pues mediante el conocimiento del simbolismo onírico se hace posible comprender el sentido de elementos aislados del contenido del sueño, de trozos del mismo, o a veces de sueños enteros, sin necesidad de interrogar al sujeto sobre sus asociaciones libres[1]. Nos acercamos de este modo al ideal popular de una traducción de los sueños y retrocedemos, por otro lado, a la técnica interpretativa de los antiguos pueblos, cuya interpretación de los sueños era idéntica a la que se lleva a cabo por medio del simbolismo.

Aun cuando los estudios sobre los símbolos del sueño se hallan muy lejos todavía de un resultado definitivo, podemos ya establecer con seguridad toda una serie de afirmaciones generales y datos particulares que las confirman. Existen símbolos que pueden interpretarse casi siempre del mismo modo. Así, el emperador y la emperatriz (rey y reina) representan a los padres; las habitaciones son símbolo de la mujer[2] y sus accesos significan las aberturas del cuerpo humano. La mayoría de los símbolos oníricos sirve para la representación de personas, partes del cuerpo y actos que poseen interés erótico. Particularmente, los genitales pueden ser representados por una gran cantidad de símbolos, con frecuencia sorprendentes en extremo. Los más diversos objetos son empleados para la designación simbólica de los genitales. Cuando agudas armas y objetos alargados y rígidos tales como troncos de árbol o bastones, representan los genitales masculinos, y armarios, cajas, coches o estufas los femeninos, el *tertium comparationis,* lo común de tales sustituciones nos es inmediatamente comprensible; mas no en todos los símbolos nos es tan fácil la aprehensión de las relaciones de enlace. Símbolos como el de la escalera o del subir, para el co-

---

[1] [Véase, sin embargo, cómo esta afirmación se relativiza tres párrafos más abajo.]

[2] ['Frauenzimmer', literalmente 'cuarto de mujer' usado con frecuencia en Alemania como equivalente despectivo de 'mujer'.]

mercio sexual, el de la corbata para el miembro masculino y el de la madera para el órgano femenino excitan nuestra duda en tanto que no llegamos por otros caminos al conocimiento de las relaciones simbólicas. Además, muchos de los símbolos del sueños son bisexuales y pueden referirse a los genitales masculinos o a los femeninos, según el contexto en que se hallen incluidos.

Existen símbolos de difusión universal, que se hallan en los sueños de todos los individuos pertenecientes a un mismo grado de civilización o que hablan un mismo idioma, y otros de limitadísima aparición individual, que han sido formados por el sujeto aislado utilizando su material de representaciones propio. Entre los primeros se distinguen aquellos cuya iniciación en representar lo sexual se halla suficientemente justificada por los usos del idioma (por ejemplo, los símbolos procedentes de la agricultura: reproducción, semilla), y otros cuya relación con lo sexual parece alcanzar a los más antiguos tiempos y a las más oscuras profundidades de la formación de nuestros conceptos. La fuerza creadora de símbolos no ha desaparecido aún en nuestros días en ninguno de los casos que he distinguido al comienzo de este párrafo. Puede observarse que determinados descubrimientos modernos (tales como los globos dirigibles) son elevados en el acto a la categoría de símbolos sexuales de empleo universal.

Será equivocado esperar que un más fundamental conocimiento del simbolismo del sueño («del lenguaje de los sueños») nos permita prescindir de interrogar al sujeto por sus asociaciones y nos conduzca de nuevo y por completo a la técnica de la antigua interpretación de los sueños. Aparte de los símbolos individuales y de las variantes en el empleo de los universales, no se sabe nunca si un elemento del sueño debe interpretarse simbólicamente o conforme a su verdadero sentido, y se sabe, en cambio, con seguridad, que no todo el contenido del sueño debe interpretarse simbólicamente. El conocimiento del simbolismo del sueño nos proporcionará tan sólo la traducción de algunos componentes del contenido manifiesto, pero no hará innecesarias las reglas técnicas antes expuestas. En cambio, constituirá el más importante medio auxiliar de la interpretación en aquellos casos en que faltan o son insuficientes las ocurrencias del sujeto.

El simbolismo del sueño resulta también imprescindible para la inteligencia de los llamados sueños «típicos» de los hombres y de los sueños «repetidos» del individuo aislado. Si el estudio de la forma expresiva simbólica del sueño ha resultado demasiado incompleto en esta breve exposición, ello está justificado por un hecho que pertenece a los más importantes entre los que con estos problemas se relacionan. El simbolismo onírico va mucho más allá de los sueños. No pertenece a ellos como cosa propia, sino que domina de igual manera la representación en las fábulas, mitos y leyendas, en los chistes y en el folklore permitiéndonos descubrir las relaciones íntimas del sueño con estas producciones. Mas debemos tener en cuenta que no constituye un producto de la elaboración del sueño, sino que es una peculiaridad —probablemente de nuestro pensamiento inconsciente— que proporciona a dicha elaboración el material para la condensación, el desplazamiento y la dramatización[1].

13

No aspiro a haber esclarecido todos los problemas de los sueños, ni tampoco a haber resuelto convincentemente los expuestos y discutidos en estos ensayos. Aquellos a quienes interese la literatura sobre los sueños en toda su amplitud pueden consultar el libro de Sante de Sanctis titulado *I sogni* (Turín, 1899), y los que quieran hallar una más honda cimentación de la teoría por mí expuesta pueden ver mi obra titulada *La interpretación de los sueños.*

---

[1] Sobre el simbolismo de los sueños se hallarán otros datos en los antiguos libros sobre la interpretación de los mismos (Artemidoro de Daldis, Scherner, *Das Leben des Traumes*, 1861) y, además, en nuestra *Interpretación de los sueños,* en los trabajos mitológicos de la escuela psicoanalítica y, ante todo, en los trabajos de W. Stekel *(Die Sprache des Traumes,* 1911).

Por último, indicaré en qué dirección creo debe proseguirse mi labor investigadora.

Cuando fijo como labor de una interpretación de los sueños la sustitución del sueño por las ideas latentes del mismo, o sea la solución de lo que la elaboración del sueño ha tejido, planteo, por un lado, una serie de nuevos problemas psicológicos que se refieren tanto al mecanismo de esta elaboración del sueño como a la naturaleza y condiciones de la llamada represión, y por otro lado afirmo la existencia de las ideas latentes como un rico material de formaciones psíquicas del orden más elevado, y provistas de todas las características de una función intelectual, material que escapa a la conciencia hasta que le da noticias de sí por medio del contenido del sueño. Debo asimismo admitir que tales pensamientos existen en todo individuo, dado que casi todos los hombres, hasta los más normales, sueñan. A lo inconsciente de las ideas del sueño y a su relación con la conciencia y con la representación se enlazan otros problemas de gran importancia para la Psicología, pero cuya solución habrá de aplazarse hasta que el análisis haya esclarecido la génesis de otras formaciones psicopáticas, tales como los síntomas histéricos y las ideas obsesivas.

3. EL CONCEPTO DE LO INCONSCIENTE

INTRODUCCION

Los alumnos que estuvieron dispuestos a ser introducidos en ese mundo del sueño que antes parecía enigmático, se confrontan ahora con la labor de penetrar más profundamente en las complejidades del pensamiento humano.

Con frecuencia se le ha reprochado al psicoanálisis, aunque sin justificación alguna, el haber reclamado de manera incorrecta la prioridad sobre la presunción de las actividades mentales inconscientes. *En defensa del psicoanálisis, me remito a las palabras que Freud escribió en el último año de su vida: «El concepto de inconsciente ha estado mucho tiempo golpeando las puertas de la psicología y rogando ser admitido por ella. La filosofía y la literatura han jugueteado a menudo con él, pero la ciencia no pudo encontrarle utilidad. El psicoanálisis ha sabido asir el concepto, tomarlo con seriedad, y darle un contenido nuevo» (1940b).*

Aquellos que se esfuercen por seguir las enseñanzas del psicoanálisis, pueden apreciar por sí mismos las características de este nuevo contenido. De ningún modo se limita a desestimar las actividades psíquicas conscientes y su papel en la dirección de las labores vitales. Por el contrario, la tarea y el objetivo del trabajo analítico consiste en ampliar el dominio del pensamiento consciente, en llenar sus lagunas, en descubrir y disolver las resistencias que impiden a los contenidos psíquicos acceder a la conciencia. Para cualquier analista constituye un triunfo el lograr que los procesos inconscientes se vuelvan conscientes.

El historiador que se sumerge en la prehistoria y la historia inicial del psicoanálisis, queda impresionado por el contraste de actitudes hacia la enfermedad mental antes y después de la hipótesis del pensamiento inconsciente. Los baños de agua helada y la faradización, únicos auxiliares con los que en el pasado se contaba en la lucha contra el sufrimiento psíquico, eran al mismo tiempo la evidencia de la falta de comprensión que el médico tenía respecto a las histéricas, los neuróticos obsesivos y los hipocondríacos. Nada de lo que tiene lugar en el pensamiento de la conciencia puede abrir un camino hacia los procesos mentales anormales e irracionales que subyacen a los síntomas psíquicos.

Esta oscuridad que a Freud se le antojaba insoportable, fue iluminada por la labor de tres hombres. El primero fue Jean-Martin Charcot, en París, quien en 1885-86 consiguió descubrir el significado de los ataques histéricos. A continuación, Freud se sintió influido en 1889 por Hippolyte Bernheim en Nancy, quien en sus demostraciones de hipnosis comprobó que la conducta humana puede estar motivada por procesos de pensamiento de los que la persona no es consciente. Finalmente, el paso decisivo está asociado al nombre de Josef Breuer, un respetable médico vienés, quien en su esmerada labor con su paciente Ana O., pudo rastrear sus numerosos síntomas histéricos hasta sus orígenes en experiencias psíquicas devenidas inconscientes.

Breuer y Freud (1893-95) advirtieron juntos que la enfermedad histérica de un individuo está determinada por un retorno al pasado, un hallazgo que encontró expresión sucinta en la fórmula: «Los histéricos sufren de reminiscencias» (1893a). En sus primeros trabajos, Freud atribuyó esta «reminiscencia» a la seducción sexual en la infancia, un punto de vista que abandonó en 1897. Lo sustituyó por el descubrimiento de que el histérico no está atado al recuerdo de sucesos reales, sino que se retrotrae a las fantasías. Podemos afirmar que el histérico retorna a las fantasías optativas de la infancia.

En sus esfuerzos pioneros, Freud y Breuer también compartieron el descubrimiento de que lo que tiene lugar en la consciencia constituye tan sólo una parte de la vida mental humana, y que el modo lógico de pensamiento con el que estamos familiarizados no se extiende más allá de la superficie de la conciencia. Lo que sucede detrás de ella y emerge bajo la forma de síntomas patológicos es tan irracional, deformado y condensando como los fenómenos de la vida onírica. No es tampoco «insensato» en el sentido corriente del término; en su propio modo de expresión, ajeno a nuestra conciencia, sigue más bien un sentido particular, que nos es extraño. El intérprete psicoanalítico de los sueños que puede desenmarañar la deformación onírica y traducir el contenido latente del sueño a los pensamientos manifiestos, es el modelo del terapeuta analítico que comprende el lenguaje de los síntomas y rastrea las manifestaciones patológicas hasta sus verdaderos orígenes.

Freud fue la primera persona que, siguiendo el ejemplo de Breuer, escogió este camino. Los Estudios sobre la histeria de Breuer y Freud (1895d) dan fe de la minuciosa labor que supone ir de la conciencia hacia los pensamientos que la subyacen. En esta época, se apelaba todavía a la hipnosis para remover los obstáculos que se interponían en este camino. Sin embargo, muy pronto la hipnosis demostró ser un auxiliar poco confiable; su efecto terapéutico estaba demasiado asociado a la persona del hipnotizador y sus sugestiones y, por tanto, implicaba siempre el peligro de que el efecto terapéutico se extinguiera con *la resolución del lazo emocional que unía al paciente con su terapeuta. Debía encontrarse un nuevo método para llegar al inconsciente, un método más acorde con la racionalidad de Freud y su actitud no autoritaria. Las órdenes que el hipnotizador introduce de manera autocrática en el mundo interior del paciente, debían ser reemplazadas por el propio paciente, quien mediante su propio acto volitivo y libre decisión se resolviera a suspender su forma de pensar lógica y dirigida a un fin, dando libre curso a sus pensamientos, lo que rápidamente los aparta de las exigencias de la vida cotidiana y los somete a la presión de los deseos instintivos y las fantasías con las que nos hemos familiarizado en la teoría de los sueños. Hoy en día consideramos que el reemplazo de la hipnosis por la llamada «asociación libre» ha sido el verdadero nacimiento del psicoanálisis. Junto con la interpretación de los sueños, la asociación libre es la segunda* via regia *para adentrarse en el inconsciente.*

Para el estudiante serio de psicoanálisis, la afirmación de los procesos de pensamientos inconscientes supone sólo un primer paso. Otros cuatro pasos le conducirán a un mundo de trabajosas comprensiones clínicas y teorías que de ellas se derivan.

La primera penetración fundamental de este tipo, atañe al contraste entre el psicoanálisis y todas las teorías psicológicas anteriores. Para estas últimas, la equivalencia entre conciencia y actividad psíquica constituía un axioma, una suposición plenamente coincidente con la opinión popular de que la gente conoce lo que sucede en su mundo ideacional, es consciente del origen de sus actitudes emocionales y sus fantasías, y está informada de los motivos de sus acciones. Es justamente esta noción familiar, que abriga al hombre en una seguridad engañosa, la que contrasta decisivamente con el psicoanálisis. Sus descubrimientos descritos más arriba, no sólo apuntan a los procesos psíquicos que tienen lugar fuera *del campo de la conciencia; alteran también la proporción entre la conciencia y la inconciencia de sí mismo. Nos enseñan que nuestra actividad psíquica procede en su mayor parte del inconsciente; que tan sólo algunos fragmentos de esta actividad emergen de modo temporario en la conciencia; que, lejos de controlar nuestra vida interior, estamos sujetos en muchos sentidos a su dominio; en suma, para usar una vez más la fórmula de Freud, psicológicamente «no somos amos en [nuestra] propia casa» (1917a). En numerosas ocasiones Freud comparó la injuria que le infligiera al hombre a partir de sus hallazgos, con el molesto efecto producido por el descubrimiento darwiniano de que el hombre desciende del mono, no menos incómodo que la revelación copernicana de que la tierra no es el centro del universo (v.g. 1925e). Exceptuando el descubrimiento de la sexualidad infantil, ningún otro hallazgo del psicoanálisis se granjeó mayor enemistad y despertó mayor resistencia.*

Una segunda penetración complica las cosas aún más para el estudiante: no hay una sola clase de inconsciente, sino dos. Es posible demostrar procesos de pensamiento que desaparecen temporariamente de la superficie de la conciencia, y que son, por tanto, inconscientes desde el punto de vista descriptivo, aunque no cambien su carácter por el hecho de desaparecer. Se limitan a dar sitio a otros procesos, en ese momento más relevantes, pero para tal fin sólo abandonan temporariamente el terreno de la conciencia; en cualquier momento pueden retornar a ella sin dificultad. En psicoanálisis se los llama preconscientes, *un término que caracteriza su posición de espera en la antesala de la conciencia. Distinguimos los procesos de pensamiento preconscientes de los inconscientes* —inconscientes *en el verdadero sentido de la palabra—, cuya existencia transcurre en un terreno distinto de la vida mental, y que están separados de la conciencia por intensas fuerzas contrarias, esto es, resistencias que sólo pueden vencerse con la ayuda de la interpretación de los sueños y la asociación libre. Esta clasificación de los procesos psíquicos en conscientes, preconscientes e inconscientes, ha demostrado ser un avance importante en la nueva orientación hacia la vida mental humana.*

La tercera penetración concierne a las características del modo de pensamiento que gobierna el dominio de lo inconsciente, penetración para la cual nuestros alumnos ya han sido preparados a partir de la discusión de los procesos oníricos. Repito: tratamos aquí con modos de expresión más próximos a la alucinación que al pensamiento con palabras; los elementos antitéticos se vuelven equivalentes; las relaciones temporales y las secuencias no son tomadas en consideración; faltan el pensamiento lógico y las conexiones causa-efecto; se forman figuras mixtas como resultado de la condensación de figuras simples. En conjunto, este modo de pensamiento característico del inconsciente se nos antoja extraordinariamente primitivo; no es diferente al que predomina en la infancia antes de la adquisición del lenguaje. En la terminología psicoanalítica lo denominamos proceso primario, *en contraste con el proceso de pensamiento consciente que evoluciona ulteriormente, el* proceso secundario. *Las diferencias entre ambos procesos son decisivas para la vida interior humana, y no pueden desestimarse.*

El cuarto avance necesario es el interés en las relaciones mutuas entre los procesos conscientes, preconscientes e inconscientes, especialmente el intercambio entre estos dos sistemas diferentes. Mientras el preconsciente y la conciencia pueden atravesarse mutuamente e intercambiar sus elementos, en la frontera entre el sistema consciente (Cc.) *y el sistema inconsciente* (Inc.) *existen guardianes que examinan y censuran los elementos que emergen de las profundidades con el fin de considerar su admisibilidad y hacer retornar todo lo que es objetable desde el punto de vista de la conciencia. En el lenguaje personificador del psicoanálisis, estas fuerzas guardianas son de hecho comparadas con el censor político y el método empleado para mantener alejados de la conciencia los elementos objetables se denomina* represión. *Toda vez que los elementos del sistema inconsciente consiguen eludir la censura y penetrar en el sistema consciente, surge la angustia, algo similar a lo que sucede en el sueño de angustia, cuando el derivado de un impulso prohibido alcanza el contenido manifiesto del sueño sin deformación. Buena parte del sufrimiento psíquico del hombre procede de la lucha permanente entre los derivados instintivos que son mantenidos a raya, pero se afanan por asomar a la superficie, y el sistema consciente que se protege de estos invasores o que, cuando falla la defensa, intenta mediante algún tipo de disfraz minimizar al menos el daño. Una persona que —como el analista— haya aprendido a seguir semejante lu-*

cha defensiva en todos sus detalles, permanecerá para siempre fascinado por las interminables variaciones y complicaciones de la vida psíquica humana.

El alumno que nos haya seguido hasta aquí, está ahora en condiciones de abordar el estudio de los trabajos de Freud «Algunas observaciones sobre el concepto de inconsciente en psicoanálisis» (1912g), «Lo inconsciente» (1915e) y «Algunas lecciones elementales de psicoanálisis» (1940b).

ALGUNAS OBSERVACIONES SOBRE EL CONCEPTO DE LO INCONSCIENTE EN EL PSICOANALISIS (1912) *

Quisiera exponer en pocas palabras y lo más claramente posible qué sentido entraña en el psicoanálisis —y sólo en el psicoanálisis— la expresión «inconsciente». Una representación —o cualquier otro elemento psíquico— puede hallarse ahora *presente* en mi conciencia, *desaparecer* de ella en el momento inmediato y emerger de nuevo, sin modificación alguna, después de un intervalo; mas no como consecuencia de una nueva percepción sensorial, sino del recuerdo, según la expresión corriente. Para explicarnos este hecho nos vemos obligados a suponer que también durante el intervalo hubo de hallarse tal representación presente en nuestro espíritu, aunque permanecía latente en la conciencia. Lo que no podemos representarnos es la forma en la que existía mientras se hallaba presente en la vida psíquica y latente en la conciencia.

Sale aquí a nuestro encuentro la hipótesis filosófica de que la representación latente no existió como objeto de la

* Publicado por primera vez en inglés, en las *Actas* de la Sociedad para la Investigación Psíquica. Incluido en Standard Edition, 12, 260.

psicología, sino tan sólo como disposición física a la repetición del mismo fenómeno psíquico, esto es, de la representación de que se trate. Pero tal teoría, a más de traspasar los límites de la Psicología propiamente dicha, no hace sino eludir el problema, sosteniendo que «consciente» y «psíquico» son conceptos idénticos, e incurre evidentemente en error al negar a la Psicología el derecho a explicar con sus propios medios auxiliares uno de sus hechos más corrientes, como el recuerdo.

Llamaremos, pues, «consciente» a la representación que se halla presente en nuestra conciencia y es objeto de nuestra autopercepción, y éste será por ahora el único y estricto sentido que atribuiremos a la expresión discutida. En cambio, denominaremos «inconsciente» a aquellas representaciones latentes de las que tenemos algún fundamento para sospechar que se hallan contenidas en la vida anímica, como sucedía en la memoria.

Una representación inconsciente será entonces una representación que no percibimos, pero cuya existencia estamos, sin embargo, prontos a afirmar, basándonos en indicios y pruebas de otro orden.

Esta labor podría ser considerada como puramente descriptiva o clasificadora si para formar nuestro juicio no dispusiéramos de otros datos que los hechos de la memoria o los de la asociación a través de elementos intermedios inconscientes. Pero el conocido experimento de la «asociación posthipnótica» nos demuestra la extraordinaria importancia de la distinción entre *consciente* e *inconsciente* y parece aumentar su valor.

Este experimento, tal y como lo realizaba Bernheim, consiste en sumir a una persona en estado hipnótico, y hallándose así bajo la influencia del médico, ordenarle la ejecución de cierto acto en determinado momento ulterior (por ejemplo, media hora después), despertándola luego de transmitirle la orden. Al despertar, parece el sujeto haber vuelto totalmente a la conciencia y a su sentido habitual, sin que conserve recuerdo alguno del estado hipnótico, no obstante lo cual, en el momento fijado surge en él el impulso a ejecutar el acto prescrito, que es realizado con plena conciencia, aunque sin saber por qué. Para describir este fenómeno habremos de decir que el propósito existe en forma *latente* o *inconsciente* en el ánimo del sujeto hasta el instante prefijado, llegado el cual pasa a hacerse consciente. Pero lo que en tal momento surge en la conciencia no es el propósito en su totalidad, sino tan sólo la representación del acto que de ejecutar se trata. Las demás ideas asociadas con esta representación —la orden, la influencia del médico y el recuerdo del estado hipnótico— permanecen todavía inconscientes.

Pero aún nos ofrece este experimento otras enseñanzas. Nos lleva, de una concepción puramente descriptiva del fenómeno, a una concepción *dinámica.* La idea del acto prescrito durante la hipnosis no se limita a devenir en un momento dado objeto de la conciencia, sino que se hace *eficaz,* circunstancia ésta la más singular de los hechos. Pasa a convertirse en acto en cuanto la conciencia advierte su presencia. Dado que el verdadero impulso a la acción es la orden del médico, no podemos por menos de suponer que también la idea de esta prescripción ha llegado a hacerse *eficaz.*

Sin embargo, esta última idea no es acogida en la conciencia, como sucede con la idea del acto de ella derivada, sino que permanece inconsciente, siendo así, a un mismo tiempo, *eficaz* e *inconsciente.*

La sugestión posthipnótica es un producto de laboratorio, un hecho artificialmente provocado. Pero si aceptamos la teoría de los fenómenos histéricos, iniciada por P. Janet y desarrollada por Breuer y por mí, se nos ofrece una multitud de hechos naturales que muestran todavía más clara y precisamente el carácter psicológico de la sugestión posthipnótica.

La vida anímica de los pacientes histéricos se nos muestra llena de ideas eficaces, pero inconscientes. De ellas proceden todos los síntomas. El carácter más singular del estado anímico histérico es, en efecto, el dominio de las representaciones inconscientes. Los vómitos de una paciente histérica pueden ser una consecuencia de su idea de que se halla encinta. Sin embargo, la sujeto no tiene conocimiento alguno de tal idea, aunque no sea difícil descubrirla en su vida anímica y hacerla emerger en su conciencia por uno de los procedimientos técnicos del psicoanálisis. Cuando se entrega a las convulsiones y gesticulaciones que constituyen su «ataque», no se representa siquiera conscientemente los actos que se propone, y observa quizá tales manifestaciones con los sentimientos de un espectador indiferente, no obstante lo cual puede el análisis demostrar que desempeña su papel en la reproducción dramática de una escena de su vida cuyo recuerdo es inconscientemente eficaz durante el ataque. El análisis descubre este mismo predominio de ideas inconscientes eficaces como el elemento esencial de la psicología de todas las demás formas de neurosis.

Nos enseña, pues, el análisis de los fenómenos neuróticos que una idea latente o inconsciente no es necesariamente débil y que la presencia de tal idea en la vida anímica es susceptible de pruebas indirectas indiscutibles, de un valor casi idéntico a la prueba directa suministrada por la conciencia. Nos sentimos así autorizados a acordar nuestra clasificación con este aumento de nuestros conocimientos, introduciendo una diferenciación fundamental de las ideas latentes e inconscientes. Estábamos acostumbrados a pensar que toda idea latente lo era a consecuencia de su debilidad y se hacía consciente en cuanto adquiría fuerza. Mas ahora hemos llegado a la convicción de que existen ciertas ideas latentes que no penetran en la conciencia por fuertes que sean. Así, pues, denominaremos *preconscientes* a las ideas latentes del primer grupo y reservaremos el calificativo de *inconscientes* (en su sentido propio) para las del segundo, que son las que hemos observado en las neurosis. La expresión *inconsciente,* que hasta aquí no hemos utilizado sino en sentido descriptivo, recibe ahora una significación más amplia. No designa ya tan sólo ideas latentes en general, sino especialmente las que presentan un determinado carácter dinámico; esto es, aquellas que, a pesar de su intensidad y eficacia, se mantienen lejos de la conciencia.

Antes de continuar nuestra exposición queremos salir

al paso de dos objeciones que prevemos han de sernos opuestas en este punto. La primera sería la de que en lugar de agregarnos a la hipótesis de las ideas inconscientes, de las que nada sabemos, haríamos mejor en aceptar que la conciencia puede fragmentarse, de manera que algunas ideas u otros procesos psíquicos lleguen a formar una conciencia aparte, disociada del núcleo principal de la actividad psíquica y sustraída a ella. Conocidos casos patológicos, como el del doctor Azam[1], parecen muy apropiados para demostrar que la disociación de la conciencia no es ninguna imaginación fantástica.

Pero tal teoría se basa únicamente, a nuestro juicio, en el empleo abusivo de la palabra *consciente*. No tenemos derecho a extender el sentido de esta palabra hasta el punto de utilizarla para designar una conciencia de la que nada sabe su poseedor. Si para los filósofos resulta difícil creer en la existencia de un pensamiento inconsciente, más inaceptable ha de parecerles la existencia de una conciencia inconsciente. Los casos descritos como de disociación de la conciencia, así el del doctor Azam, pueden ser más bien considerados como casos de traslación de la conciencia, en los cuales esta función —o lo que sea— oscila entre dos distintos complejos psíquicos que devienen alternativamente conscientes e inconscientes.

La segunda objeción que preveíamos era la de que aplicamos a la psicología de los normales consecuencias deducidas principalmente del estudio de estados patológicos y podemos destruirla con la simple exposición de un hecho cuyo conocimiento debemos al psicoanálisis. Ciertas perturbaciones funcionales que aparecen con extrema frecuencia en los individuos sanos, por ejemplo, los *lapsus linguae*, los errores de memoria, el olvido de nombres, etcétera, pueden ser referidos sin dificultad a la actuación de intensas ideas inconscientes, lo mismo que los síntomas neuróticos. En el curso de esta especulación hallaremos otro argumento aún más convincente.

---

[1] La referencia es el caso Félida X., un ejemplo asombroso de doble personalidad, descrito por Azam (1876, 1887).

La distinción de ideas preconscientes e inconscientes nos conduce a abandonar los dominios de la clasificación y a formarnos un juicio sobre las relaciones funcionales y dinámicas en la actividad psíquica. Hasta aquí hemos hallado un *preconsciente eficaz*, que se hace fácilmente conciencia, y un *inconsciente eficaz*, que permanece inconsciente y parece estar disociado de la conciencia.

No sabemos si estas dos clases de actividad psíquica son desde un principio idénticas o contrarias por esencia, pero podemos preguntarnos por qué pueden haberse diferenciado en el curso de los procesos psíquicos. El psicoanálisis nos da, sin vacilar, clara respuesta a esta interrogación. Para el producto de lo insconsciente eficaz no es imposible penetrar en la conciencia; mas este resultado requiere un cierto esfuerzo. Si intentamos conseguirlo en nosotros mismos, experimentamos la clara sensación de un rechazo que ha de ser vencido, y cuando nos lo proponemos con un paciente, advertimos signos inequívocos de aquello que denominamos *resistencia*. Averiguamos así que la idea inconsciente es excluida de la conciencia por fuerzas vivas que se oponen a su recepción, no oponiendo, en cambio, obstáculo ninguno a las ideas preconscientes. El psicoanálisis demuestra que la repulsa de las ideas inconscientes es provocada exclusivamente por las tendencias encarnadas en su contenido. La teoría más inmediata y verosímil que podemos edificar en este estadio de nuestro conocimiento es la que sigue: lo inconsciente es una fase regular e inevitable de los procesos que cimentan nuestra actividad psíquica; todo acto psíquico comienza por ser inconsciente, y puede continuar siéndolo o progresar hasta la conciencia, desarrollándose según tropiece o no con una resistencia. La diferenciación de actividad preconsciente y actividad consciente no es primaria, sino que se establece después de haber entrado en juego la *defensa*. Sólo entonces adquiere un valor teórico y práctico la diferencia entre ideas preconscientes, que surgen en la conciencia y pueden volver a ella en todo momento, e ideas inconscientes, a las que ello está vedado. El arte fotográfico nos ofrece una analogía de esta hipotética relación entre la actividad consciente y la inconsciente. El primer estadio de la fotografía es el del negativo. Toda imagen fotográfica tiene que pasar por el proceso *negativo*, y algunos de estos negativos, que han resistido bien la prueba, son admitidos al *proceso positivo*, que acaba en la imagen perfecta.

Pero la diferenciación de actividad preconsciente e inconsciente y el conocimiento de la barrera que les separa no constituyen el último ni el más importante resultado de la investigación psicoanalítica de la vida anímica. Existe un producto psíquico que encontramos en las personas más normales y que, sin embargo, ofrece una singularísima analogía con los más extraños e intensos de la locura y que no ha sido para los filósofos más comprensible que la locura misma. Me refiero a los sueños. El psicoanálisis se basa en el análisis de los sueños; la interpretación onírica es la labor más completa que nuestra joven ciencia ha llevado a cabo hasta hoy. Un caso típico de formación onírica puede ser descrito del modo siguiente: la actividad anímica diurna ha despertado una serie de pensamientos que ha conservado algo de su eficacia, escapando así a la general anulación del interés que trae consigo el reposo y constituye la preparación espiritual del dormir. Esta serie de pensamientos consigue durante la noche ponerse en conexión con uno de los deseos inconscientes que desde la infancia del sujeto se hallan siempre presentes en su vida anímica, aunque por lo regular *reprimidos* y excluidos de la existencia consciente. Por medio de la energía que les presta este apoyo inconsciente recobran su eficacia los pensamientos residuales de la actividad diurna y quedan capacitados para surgir en la conciencia bajo la forma de un sueño. Así, pues, han sucedido tres cosas:

1.ª Los pensamientos han experimentado una modificación, un disfraz y una deformación, que representan la participación de su aliado inconsciente.

2.ª Han conseguido ocupar la conciencia en una ocasión en la que la misma no debía haberles sido accesible.

3.ª Un fragmento de inconsciente ha logrado emerger en la conciencia, resultado que le hubiera sido imposible conseguir en toda otra circunstancia.

El psicoanálisis nos ha instruido en el arte de descubrir los «restos diurnos» y los *pensamientos latentes del sueño*. Por su comparación con el *contenido manifiesto del sueño* hemos podido formarnos un juicio sobre las transformaciones por las que dichos restos y pensamientos han pasado y la forma en que las mismas han llegado a efecto.

Los pensamientos latentes del sueño no se diferencian en nada de los productos de nuestra ordinaria actividad psíquica consciente. Puede aplicárseles el nombre de pensamientos preconscientes y, en efecto, pueden haber sido conscientes en un momento de la vida despierta. Mas por su enlace con las tendencias inconscientes, establecido durante la noche, quedaron asimilados a ellas, rebajados hasta cierto punto al estado de pensamientos inconscientes y sometidos a las leyes que rigen la actividad inconsciente. Se nos ofrece aquí la posibilidad de averiguar algo que ni la especulación ni ninguna otra fuente del conocimiento empírico nos hubieran permitido adivinar jamás, esto es, que las leyes de la actividad anímica inconsciente se diferencian en alto grado de aquellas que rigen la actividad anímica consciente. Una detallada labor nos lleva al conocimiento de las peculiaridades de lo *inconsciente*, y podemos esperar que mediante una más penetrante investigación de los procesos de la formación de los sueños alcanzaremos nuevos conocimientos.

Esta investigación no está aún llevada a término, y una exposición de los resultados obtenidos hasta ahora nos obligaría a entrar en los más complejos problemas de la interpretación onírica. Pero no quisiera terminar estas explicaciones sin indicar la transformación y el progreso de nuestra comprensión de lo inconsciente, que debemos al estudio psicoanalítico de los sueños.

Lo inconsciente nos pareció al principio tan sólo un enigmático carácter de un determinado proceso psíquico. Ahora significa ya algo más para nosotros, pues constituye un signo de que tal proceso participa de la naturaleza de una determinada categoría psíquica que nos es conocida por otros rasgos característicos de mayor importancia, y de que pertenece a un sistema de actividad psíquica digno de toda nuestra atención. El valor de lo inconsciente como elemento indicador sobrepasa extraordinariamente su importancia como cualidad. Al sistema que se nos muestra caracterizado por el hecho de ser inconsciente todos y cada uno de los procesos que lo constituyen, lo designamos con el nombre de «lo inconsciente», a falta de otro término mejor y menos equívoco. Como fórmula de este sistema emplearemos la abreviatura *Inc.*

Este es el tercero y más importante sentido que ha adquirido en el psicoanálisis la expresión «inconsciente».

LO INCONSCIENTE * (1915)

El psicoanálisis nos ha revelado que la esencia del proceso de la represión no consiste en suprimir y destruir una idea que representa a la pulsión, sino en impedirle hacerse consciente. Decimos entonces que dicha idea es «inconsciente» y tenemos pruebas de que, aun siéndolo, puede producir determinados efectos, incluyendo algunos que acaban por llegar a la conciencia. Todo lo reprimido tiene que permanecer insconsciente; pero queremos dejar sentado desde un principio que no forma por sí solo todo el contenido de lo inconsciente. Lo reprimido es, por tanto, una parte de lo inconsciente.

¿Cómo llegar al conocimiento de lo insconsciente? Sólo lo conocemos como consciente; esto es, después que ha experimentado una transmutación o traducción a lo consciente. La labor psicoanalítica nos muestra cotidianamente la posibilidad de tal traducción.

---

* Publicado por primera vez en *Int. Z. Psychoanal.* Junto con los artículos «Las pulsiones y sus destinos» y «La represión», forma parte de los escritos metapsicológicos de Freud.

Para llevarla a cabo es necesario que el analizado venza determinadas resistencias, las mismas que, a su tiempo, reprimieron el material de que se trate, rechazándolo de lo consciente.

1. JUSTIFICACIÓN DE LO INCONSCIENTE

Desde muy diversos sectores se nos ha discutido el derecho a aceptar la existencia de un psiquismo inconsciente y a laborar científicamente con esta hipótesis. Contra esta opinión podemos argüir que la hipótesis de la existencia de lo inconsciente es *necesaria y legítima*, y, además, que poseemos múltiples *pruebas* de su exactitud. Es necesaria, porque los datos de la conciencia son altamente incompletos. Tanto en los sanos como en los enfermos surgen con frecuencia actos psíquicos cuya explicación presupone otros, de los que la conciencia no nos ofrece testimonio alguno. Actos de este género son no sólo los fallidos y los sueños de los individuos sanos, sino también todos aquellos que calificamos de síntomas y de fenómenos obsesivos en los enfermos.

Nuestra cotidiana experiencia personal nos muestra ocurrencias cuyo origen desconocemos y resultados de procesos mentales cuya elaboración ignoramos. Todos estos actos conscientes resultarán faltos de sentido y coherencia si mantenemos la teoría de que la totalidad de nuestros actos psíquicos ha de sernos dada a conocer por nuestra conciencia y, en cambio, quedarán ordenados dentro de un conjunto coherente e inteligible si interpolamos entre ellos los actos inconscientes deducidos. Esta adquisición de sentido y coherencia constituye, de por sí, motivo justificado para traspasar los límites de la experiencia directa. Y si luego comprobamos que tomando como base la existencia de un psiquismo inconsciente podemos estructurar una actividad eficacísima, por medio de la cual influimos adecuadamente sobre el curso de los procesos conscientes, tendremos una prueba irrebatible de la exactitud de nuestra hipótesis. Habremos de situarnos entonces en el punto de vista de que no es sino una *pretensión insostenible* el exigir que todo lo que sucede en lo psíquico haya de ser conocido a la conciencia.

También podemos aducir, en apoyo de la existencia de un estado psíquico inconsciente, el hecho de que la conciencia sólo integra en un momento dado un limitado contenido, de manera que la mayor parte de aquello que denominamos conocimiento consciente tiene que hallarse de todos modos, durante largos períodos de tiempo, en estado de latencia; esto es, en un estado de inconsciencia psíquica. La negación de lo inconsciente resulta incomprensible en cuanto volvemos la vista a todos nuestros recuerdos latentes. Se nos opondrá aquí la objeción de que estos recuerdos latentes no pueden ser considerados como psíquicos, sino que corresponden a restos de procesos somáticos, de los cuales puede volver a surgir lo psíquico. No es difícil argüir a esta objeción que el recuerdo latente es, por lo contrario, un indudable residuo de un proceso psíquico. Pero es aún más importante darse cuenta de que la objeción discutida reposa en una asimilación de lo consciente a lo psíquico. Y esta asimilación es o una petición de principio, que no deja lugar a la interrogación de si todo lo psíquico tiene también que ser consciente, o una pura convención. En este último caso, resulta, como toda convención, irrebatible, y sólo nos preguntaremos si resulta en realidad tan útil y adecuada que hayamos de agregarnos a ella. Pero podemos afirmar que la equiparación de lo psíquico con lo consciente es por completo inadecuada. Destruye las continuidades psíquicas, nos sume en las insolubles dificultades del paralelismo psicofísico[1], sucumbe al reproche de exagerar sin fundamento alguno la misión de la conciencia y nos obliga a abandonar prematuramente el terreno de la investigación psicológica, sin ofrecernos compensación alguna en otros sectores.

Por otra parte, es evidente que la discusión de si he-

[1] [El propio Freud parece haber estado a favor de esta teoría en otra época, como lo sugiere un pasaje de su libro sobre la afasia. Podrá hallarse traducido en el Apéndice B.]

mos de considerar como estados anímicos inconscientes o como estados físicos los estados latentes de la vida anímica, amenaza convertirse en una mera cuestión de palabras. Así, pues, es aconsejable situar en primer término aquello que de la naturaleza de tales estados nos es seguramente conocido. Ahora bien: los caracteres físicos de estos estados nos son totalmente inaccesibles; ninguna representación fisiológica ni ningún proceso químico puede darnos una idea de su esencia. En cambio, es indudable que presentan amplio contacto con los procesos anímicos conscientes. Cierta elaboración permite incluso transformarlos en tales procesos o sustituirlos por ellos y pueden ser descritos por medio de todas las categorías que aplicamos a los actos psíquicos conscientes, tales como representaciones, tendencias, decisiones, etc. De muchos de estos estados podemos incluso decir que sólo la ausencia de la conciencia los distingue de los conscientes. No vacilaremos, pues, en considerarlos como objetos de la investigación psicológica, íntimamente relacionados con los actos psíquicos conscientes.

La tenaz negativa a admitir el carácter psíquico de los actos anímicos latentes se explica por el hecho de que la mayoría de los fenómenos de referencia no han sido objeto de estudio fuera del psicoanálisis. Aquellos que, desconociendo los hechos patológicos, consideran como casualidades los actos fallidos y se agregan a la antigua opinión de que «los sueños son vana espuma», no necesitan ya sino pasar por alto algunos enigmas de la psicología de la conciencia para poder ahorrarse el reconocimiento de una actividad psíquica inconsciente. Además, los experimentos hipnóticos, y especialmente la sugestión posthipnótica, demostraron ya, antes del nacimiento del psicoanálisis, la existencia y la actuación de lo anímico inconsciente[1].

La aceptación de lo inconsciente es, además, perfecta-

[1] [En su última discusión sobre este tema «Algunas lecciones elementales en psicoanálisis» (1940), Freud se extiende sobre la evidencia proporcionada por la sugestión poshipnótica.]

mente *legítima,* es tanto en cuanto al establecerla no nos hemos separado un ápice de nuestro método deductivo, que consideramos correcto. La conciencia no ofrece al individuo más que el conocimiento de sus propios estados anímicos. La afirmación de que también los demás hombres poseen una conciencia es una conclusión que deducimos *per analogiam,* basándonos en sus actos y manifestaciones perceptibles y con el fin de hacernos comprensible su conducta. (Más exacto, psicológicamente, será decir que atribuimos a los demás, sin necesidad de una reflexión especial, nuestra propia constitución y, por tanto, también nuestra conciencia, y que esta identificación es la premisa de nuestra comprensión.) Esta conclusión —o esta identificación— hubo de extenderse antiguamente desde el *yo* no sólo a los demás hombres, sino también a los animales, plantas, objetos inanimados y al mundo en general, y resultó utilizable mientras la analogía con el *yo* individual fue suficientemente amplia, dejando luego de ser adecuada conforme «lo otro» fue separándose del *yo.* Nuestra crítica actual duda en lo que respecta a la conciencia de los animales, la niega a las plantas y relega al misticismo la hipótesis de una conciencia de lo inanimado. Pero también allí donde la tendencia originaria a la identificación ha resistido el examen crítico, esto es, en nuestros semejantes, la aceptación de una conciencia reposa en una deducción y no en una irrebatible experiencia directa como la de nuestro propio psiquismo consciente.

El psicoanálisis no exige sino que apliquemos también este procedimiento deductivo a nuestra propia persona, labor en cuya realización no nos auxilia, ciertamente, tendencia constitucional alguna. Procediendo así hemos de convenir en que todos los actos y manifestaciones que en nosotros advertimos, sin que sepamos enlazarlos con el resto de nuestra vida activa, han de ser considerados como si pertenecieran a otra persona y deben ser explicados por una vida anímica a ella atribuida. La experiencia muestra también que cuando se trata de otras personas sabemos interpretar muy bien; esto es, incluir en la coherencia anímica aquellos mismos actos a los que negamos el reconocimiento psíquico cuando se trata de nosotros mismos. La investigación es desviada, pues, de la propia persona por un obstáculo especial que impide su exacto conocimiento.

Este procedimiento deductivo, aplicado, no sin cierta resistencia interna, a nuestra propia persona, no nos lleva al descubrimiento de un psiquismo inconsciente, sino a la hipótesis de una segunda conciencia unida en nosotros a la que nos es conocida. Pero contra esta hipótesis hallamos en seguida justificadísimas objeciones. En primer lugar, una conciencia de la que nada sabe el propio sujeto es algo muy distinto de una conciencia ajena y ni siquiera parece indicado entrar a discutirla, ya que carece del principal carácter de tal. Aquellos que se han resistido a aceptar la existencia de un psiquismo inconsciente, menos podrán admitir la de una *conciencia inconsciente*. Pero, además, nos indica el análisis que los procesos anímicos latentes deducidos gozan entre sí de gran independencia, pareciendo no hallarse relacionados ni saber nada unos de otros. Así, pues, habríamos de aceptar no sólo una segunda conciencia, sino toda una serie ilimitada de estados de conciencia ocultos a nuestra percatación e ignorados unos de otros. Por último, ha de tenerse en cuenta —y éste es el argumento de más peso— que, según nos revela la investigación psicoanalítica, una parte de tales procesos latentes posee caracteres y particularidades que nos parecen extraños, increíbles y totalmente opuestos a las cualidades por nosotros conocidas de la conciencia. Todo esto nos hace modificar la conclusión del procedimiento deductivo que hemos aplicado a nuestra propia persona, en el sentido de no admitir ya en nosotros la existencia de una segunda conciencia, sino la de actos psíquicos carentes de conciencia. Asimismo habremos de rechazar, por ser incorrecto y muy susceptible de inducir en error, el término «subconciencia»[1]. Los casos conocidos de *dou-*

[1] [Freud mismo empleó el término «subconsciente» en sus escritos iniciales, v.g., *Estudios sobre la histeria* (1985d), Standard Ed., 2, 69. Pero lo desaconseja a partir de *La interpretación de los sueños* (1900a), Standard Edition

ble conscience (disociación de la conciencia) no prueban nada contrario a nuestra teoría, pudiendo ser considerados como casos de disociación de las actividades psíquicas en dos grupos, hacia los cuales se orienta alternativamente la conciencia.

El psicoanálisis nos obliga, pues, a afirmar que los procesos psíquicos son inconscientes y a comparar su percepción por la conciencia con la del mundo exterior por los órganos sensoriales[1]. Esta comparación nos ayudará, además, a ampliar nuestros conocimientos. La hipótesis psicoanalítica de la actividad psíquica inconsciente constituye en un sentido una continuación del animismo, que nos mostraba por doquiera fieles imágenes de nuestra conciencia, y en otro, la de rectificación, llevada a cabo por Kant, de la teoría de la percepción externa.

Del mismo modo que Kant nos invitó a no desatender la condicionalidad subjetiva de nuestra percepción y a no considerar nuestra percepción idéntica a lo percibido incognoscible, nos invita el psicoanálisis a no confundir la percepción de la conciencia con el proceso psíquico inconsciente objeto de la misma. Tampoco lo psíquico necesita ser en realidad tal como lo percibimos. Pero hemos de esperar que la rectificación de la percepción interna no oponga tan grandes dificultades como la de la externa y que el objeto interior sea menos incognoscible que el mundo exterior.

2. LA MULTIPLICIDAD DE SENTIDO DE LO INCONSCIENTE Y EL PUNTO DE VISTA TÓPICO

Antes de continuar queremos dejar establecido el hecho, tan importante como espinoso, de que la inconsciencia no es sino uno de los múltiples caracteres de lo psíquico, no bastando, pues, por sí solo para formar su ca-

5, 615. Argumenta un poco más éste en el capítulo I de *La cuestión del análisis profano* (1926c).]

[1] [Esta idea fue discutida más extensamente en el capítulo VII (F) de *La interpretación de los sueños* (1900a), Standard Edition 5, 615-17.]

racterística. Existen actos psíquicos de muy diversa categoría que, sin embargo, coinciden en el hecho de ser inconscientes. Lo inconsciente comprende, por un lado, actos latentes y temporalmente inconscientes, que, fuera de esto, en nada se diferencian de los conscientes, y, por otro, procesos tales como los reprimidos, que si llegaran a ser conscientes presentarían notables diferencias con los demás de este género.

Si en la descripción de los diversos actos psíquicos pudiéramos prescindir por completo de su carácter consciente o inconsciente y clasificarlos atendiendo únicamente a su relación con las diversas pulsiones y fines, a su composición y a su pertenencia a los distintos sistemas psíquicos subordinados unos a otros, lograríamos evitar todo error de interpretación. Pero no siéndonos posible proceder en esta forma, por oponerse a ello varias e importantes razones, habremos de resignarnos al equívoco que ha de representar el emplear los términos «consciente» e «inconsciente» en sentido descriptivo unas veces, y otras, cuando sean expresión de la pertenencia a determinados sistemas y de la posesión de ciertas cualidades, en sentido sistemático. También podríamos intentar evitar la confusión designando los sistemas psíquicos reconocidos con nombres arbitrarios que no aludiesen para nada a la conciencia. Pero antes de hacerlo así habríamos de explicar en qué fundamos la diferenciación de los sistemas, y en esta explicación nos sería imposible eludir el atributo de la consciencia, que constituye el punto de partida de todas nuestras investigaciones. Nos limitaremos, pues, a emplear un sencillo medio auxiliar, consistente en sustituir, respectivamente, los términos «conciencia» e «inconsciente» por las fórmulas *Cc.* e *Inc.*, siempre que usemos estos términos en sentido sistemático[1].

Pasando ahora a la exposición positiva, afirmaremos que, según nos demuestra el psicoanálisis, un acto psíquico pasa generalmente por dos estados o fases, entre las

[1][Freud había introducido ya estas abreviaturas en *La interpretación de los sueños* (1900a), Standard Edition, 5, 540 ss.]

cuales se halla intercalada una especie de examen (censura). En la primera fase es inconsciente y pertenece al sistema *Inc.* Si al ser examinado por la censura es rechazado, le será negado el paso a la segunda fase; lo calificaremos de «reprimido» y tendrá que permanecer inconsciente. Pero si sale triunfante del examen, pasará a la segunda fase y a pertenecer al segundo sistema, o sea al que hemos convenido en llamar sistema *Cc.* Sin embargo, su relación con la conciencia no quedará fijamente determinada por tal pertenencia. No es todavía consciente, pero *sí capaz de conciencia* (según la expresión de J. Breuer)[1]. Quiere esto decir que bajo determinadas condiciones puede llegar a ser, sin que a ello se oponga resistencia especial alguna, objeto de la conciencia. Atendiendo a esta capacidad de conciencia, damos también al sistema *Cc.* el nombre de «preconsciente». Si más adelante resulta que también el acceso de lo preconsciente a la conciencia se halla codeterminado por una cierta censura, diferenciaremos más precisamente entre sí los sistemas *Prec.* y *Cc.* Mas, por lo pronto, nos bastará retener que el sistema *Prec.* comparte las cualidades del sistema *Cc.* y que la severa censura ejerce sus funciones en el paso desde el *Inc.* al *Prec.* (o *Cc.*).

Con la aceptación de estos (dos o tres) sistemas psíquicos se ha separado el psicoanálisis un paso más de la psicología descriptiva de la conciencia, planteándose un nuevo acervo de problemas y adquiriendo un nuevo contenido. Hasta aquí se distinguía principalmente de la Psicología por su concepción dinámica de los procesos anímicos, a la cual viene a agregarse ahora su aspiración a atender también a la *tópica psíquica* y a indicar dentro de qué sistemas o entre qué sistemas se desarrolla un acto psíquico cualquiera. Esta aspiración ha valido al psicoanálisis el calificativo de *psicología de las profundidades (Tiefenpsychologie)*[2]. Más adelante hemos de ver cómo todavía integra otro interesantísimo punto de vista.

---

[1] [Véase los *Estudios sobre la histeria,* Breuer y Freud (1985d), Standard Edition, 2, 225.]

[2] [Por Bleuler, en 1914.]

Si queremos establecer seriamente una *tópica* de los actos anímicos, habremos de comenzar por resolver una duda que en seguida se nos plantea. Cuando un acto psíquico (limitándonos aquí a aquellos de la naturaleza de una representación) pasa del sistema *Inc.* al sistema *Cc. (o Prec.)*, ¿hemos de suponer que con este paso se halla enlazada una nueva fijación o, como pudiéramos decir, una segunda inscripción de la representación de que se trate, inscripción que de este modo podrá resultar integrada en una nueva localidad psíquica, y junto a la cual continúa existiendo la primitiva inscripción inconsciente?[1] ¿O será más exacto admitir que el paso de un sistema a otro consiste en un cambio de estado, que tiene efecto en el mismo material y en la misma localidad? Esta pregunta puede parecer abstrusa, pero es obligado plantearla si queremos formarnos una idea determinada de la tópica psíquica; esto es, de la dimensión psíquica de la profundidad. Resulta difícil de contestar, porque va más allá de lo puramente psicológico y entra en las relaciones del aparato anímico con la anatomía. La investigación científica ha demostrado irrebatiblemente la existencia de tales relaciones, mostrando que la actividad anímica se halla enlazada a la función del cerebro como a ningún otro órgano. Más allá todavía —y aún no sabemos cuánto— nos lleva el descubrimiento del valor desigual de las diversas partes del cerebro y sus particulares relaciones con partes del cuerpo y actividades espirituales determinadas. Pero todas las tentativas realizadas para fijar, partiendo del descubrimiento antes citado, una localización de los procesos anímicos, y todos los esfuerzos encaminados a imaginar almacenadas las representaciones en células nerviosas y transmitidos los estímulos a lo largo de fibras nerviosas, han fracasado totalmente. Igual suerte correría una teoría que fijase el lugar anatómico del sistema *Cc.*, o sea de la actividad anímica consciente, en la corteza cerebral y

[1] [La concepción de que una representación tenga más de una inscripción psíquica es empleada en conexión con la teoría de la memoria en *La interpretación de los sueños* (1900a), Standard Edition, 5, 539.]

transfiriese a las partes subcorticales del cerebro los procesos inconscientes. Existe aquí una solución de continuidad, cuya supresión no es posible llevar a cabo, por ahora, ni entra tampoco en los dominios de la Psicología. Nuestra tópica psíquica no tiene, *de momento*, nada que ver con la Anatomía, refiriéndose a regiones del aparato anímico, cualquiera que sea el lugar que ocupen en el cuerpo, y no a localidades anatómicas.

Nuestra labor benéfica, pues, en este aspecto es de completa libertad y puede proceder conforme vayan marcándoselo sus necesidades. De todos modos, no deberemos olvidar que nuestras hipótesis no tienen, en un principio, otro valor que el de simples esquemas aclaratorios. La primera de las dos posibilidades que antes expusimos, o sea la de que la fase consciente de la representación significa una nueva inscripción de la misma en un lugar diferente, es, desde luego, la más grosera, pero también la más cómoda. La segunda hipótesis, o sea la de un cambio de estado meramente funcional, es desde un principio más verosímil, pero menos plástica y manejable. Con la primera hipótesis —tópica— aparecen enlazadas la de una separación tópica de los sistemas *Inc.* y *Cc.*, y la posibilidad de que una representación exista simultáneamente en dos lugares del aparato psíquico, e incluso pase regularmente del uno al otro, sin perder eventualmente su primera residencia o inscripción. Esto parece extraño, pero podemos alegar en su apoyo determinadas impresiones que recibimos durante la práctica psicoanalítica.

Cuando comunicamos a un paciente una representación por él reprimida en su vida y adivinada por nosotros, esta revelación no modifica en nada, al principio, su estado psíquico. Sobre todo, no levanta la represión ni anula sus efectos, como pudiera esperarse, dado que la representación antes inconsciente ha devenido consciente. Por el contrario, sólo se consigue al principio una nueva repulsa de la representación reprimida. Pero el paciente posee ya, efectivamente, en dos distintos lugares de su aparato anímico y bajo dos formas diferentes, la misma representación. Primeramente posee el recuerdo consciente de la huella auditiva de la representación tal y como se la hemos comunicado, y además tenemos la seguridad de que lleva en sí, bajo su forma primitiva, el recuerdo inconsciente del suceso de que se trate[1]. El levantamiento de la represión no tiene efecto, en realidad, hasta que la representación consciente entra en contacto con la huella mnémica inconsciente después de haber vencido las resistencias. Sólo el acceso a la conciencia de dicha huella mnémica inconsciente puede acabar con la represión. A primera vista parece esto demostrar que la representación consciente y la inconsciente son diversas inscripciones, tópicamente separadas, del mismo contenido. Pero una reflexión más detenida nos prueba que la identidad de la comunicación con el recuerdo reprimido del sujeto es tan sólo aparente. El haber oído algo y el haberlo vivido son dos cosas de naturaleza psicológica totalmente distinta, aunque posean igual contenido.

No nos es factible, de momento, decidir entre las dos posibilidades indicadas. Quizá más adelante hallemos factores que nos permitan tal decisión o descubramos que nuestro planteamiento de la cuestión ha sido insuficiente y que la diferenciación de las representaciones conscientes e inconscientes ha de ser determinada en una forma completamente distinta.

3. SENTIMIENTOS INCONSCIENTES

Habiendo limitado nuestra discusión a las representaciones, podemos plantear ahora una nueva interrogación, cuya respuesta ha de contribuir al esclarecimiento de nuestras opiniones teóricas. Dijimos que había representaciones conscientes e inconscientes. ¿Existen también mociones pulsionales, sentimientos y sensaciones inconscientes, o carecerá de todo sentido aplicar a tales elementos dichos calificativos?

---

[1] [La representación tópica de la diferencia entre lo consciente y lo inconsciente figura en la discusión de Freud sobre el «Caso Juanito» (1909b), Standard Ed., 10, 120.]

A mi juicio, la antítesis de «consciente» e «inconsciente» carece de aplicación a la pulsión. Una pulsión no puede devenir nunca objeto de la conciencia. Unicamente puede serlo la idea que la representa. Pero tampoco en lo consciente puede hallarse representada más que por una idea. Si la pulsión no se enlazara a una idea ni se manifestase como un estado afectivo, nada podríamos saber de ella. Así, pues, cuando empleando una expresión inexacta hablamos de mociones pulsionales, inconscientes o reprimidas, no nos referimos sino a mociones pulsionales, cuya representación ideológica es inconsciente[1].

Pudiera creerse igualmente fácil dar respuesta a la pregunta de si, en efecto, existen sensaciones, sentimientos y afectos inconscientes. En la propia naturaleza de un sentimiento está el ser percibido, o sea, conocido por la conciencia. Así, pues, los sentimientos, sensaciones y afectos carecerían de toda posibilidad de inconsciencia. Sin embargo, en la práctica psicoanalítica acostumbramos a hablar de amor, odio y cólera inconscientes, e incluso empleamos la extraña expresión de «conciencia inconsciente de culpa», o la paradójica de «angustia inconsciente». Habremos, pues, de preguntarnos si con estas expresiones no cometemos una inexactitud mucho más importante que la de hablar de «pulsiones inconscientes».

Pero la situación es aquí completamente distinta. Puede suceder en primer lugar que un impulso afectivo sea percibido, pero erróneamente interpretado. Por la represión de su verdadero representante se ha visto obligado a enlazarse a otra representación y es considerado entonces por la conciencia como una manifestación de esta última. Cuando reconstituimos el verdadero enlace calificamos de «inconsciente» el impulso afectivo originario, aunque su afecto no fue nunca inconsciente y sólo su representación sucumbió al proceso represivo. El uso de las expresiones «afecto inconsciente» y «sentimiento inconsciente» se refiere, en general, a los destinos que la represión impone

[1] [Cf. «Las pulsiones y sus destinos», en el capítulo 4 de este volumen.]

al factor cuantitativo de la moción pulsional. (Véase nuestro estudio de la represión.) Sabemos que tales destinos son en número de tres[1]: el afecto puede perdurar total o fragmentariamente como tal; puede experimentar una transformación en otro montante de afecto, cualitativamente distinto, sobre todo en angustia, o puede ser suprimido; esto es, coartado en su desarrollo. (Estas posibilidades pueden estudiarse más fácilmente quizá en la elaboración onírica que en las neurosis). Sabemos también que la coerción del desarrollo de afecto es el verdadero fin de la represión y que su labor queda incompleta cuando dicho fin no es alcanzado. Siempre que la represión consigue impedir el desarrollo de afecto, llamamos inconscientes a todos aquellos afectos que reintegramos a su lugar al deshacer la labor represiva. Así, pues, no puede acusársenos de inconsecuentes en nuestro modo de expresarnos. De todas maneras, al establecer un paralelo con la representación inconsciente surge la importante diferencia de que dicha representación perdura, después de la represión y en calidad de formación real en el sistema *Inc.*, mientras que al afecto inconsciente sólo corresponde, en este sistema, una posibilidad de surgimiento que no pudo llegar a desarrollarse. Así, pues, aunque nuestra forma de expresión sea irreprochable, no hay, estrictamente hablando, afectos inconscientes, como hay representaciones inconscientes. En cambio, puede haber muy bien en el sistema *Inc.* formaciones afectivas que, como otras, llegan a ser conscientes. La diferencia procede en su totalidad de que las representaciones son cargas psíquicas y en el fondo cargas de huellas, mientras que los afectos y los sentimientos corresponden a procesos de descarga cuyas últimas manifestaciones son percibidas como sensaciones. En el estado actual de nuestro conocimiento de los afectos y sentimientos no podemos expresar más claramente esta diferencia[2].

---

[1] [Cf. *La represión*, en el cap. 8 de este volumen.]

[2] [Este tema es discutido nuevamente en la segunda parte de *El yo y el ello*, cap. 6 de este volumen.]

La comprobación de que la represión puede llegar a coartar la transformación de la moción pulsional en una manifestación afectiva, presenta para nosotros un particular interés. Nos revela, en efecto, que el sistema *Cc.* regula normalmente la afectividad y el acceso a la motilidad y eleva el valor de la represión, mostrándonos que no sólo excluye de la conciencia a lo reprimido, sino que le impide también provocar el desarrollo de afecto y estimular la actividad muscular. Invirtiendo nuestra exposición podemos decir que, mientras el sistema *Cc.* regula la afectividad y la motilidad, calificamos de normal el estado psíquico de un individuo. Sin embargo, no puede ocultársenos cierta diferencia entre las relaciones del sistema dominante con cada uno de los dos actos afines de descarga[1]. En efecto, el dominio de la motilidad contingente por el sistema *Cc.* se halla firmemente arraigado, resiste los embates de la neurosis y sólo sucumbe ante la psicosis. En cambio, el dominio que dicho sistema ejerce sobre el desarrollo de afecto es mucho menos consciente. Incluso en la vida normal puede observarse una constante lucha de los sistemas *Cc.* e *Inc.* por el dominio de la afectividad, delimitándose determinadas esferas de influencia y mezclándose las energías actuantes.

La significación del sistema *Cc. (Prec.)* con respecto al desarrollo de afecto y a la acción nos descubre la de la representación sustitutiva en la formación de la enfermedad. El desarrollo de afecto puede emanar directamente del sistema *Inc.*, y en este caso tendrá siempre el carácter de angustia, la cual es la sustitución regular de los afectos «reprimidos». Pero con frecuencia la moción pulsional tiene que esperar a hallar en el sistema *Cc.* una representación sustitutiva, y entonces se hace posible el desarrollo de afecto, partiendo de dicha sustitución consciente, cuya naturaleza marcará al afecto su carácter cualitativo.

Hemos afirmado que en la represión queda separado el afecto de su representación, después de lo cual sigue

[1] La afectividad se manifiesta, esencialmente, en la descarga motora encaminada a la modificación (interna) del propio cuerpo y la motilidad, en actos destinados a la modificación del mundo exterior.

cada uno de estos elementos su destino particular. Esto es indiscutible desde el punto de vista descriptivo, pero, en realidad, el afecto no surge nunca hasta después de conseguida una nueva representación en el sistema *Cc.*

4. TÓPICA Y DINÁMICA DE LA REPRESIÓN

Hemos llegado a la conclusión de que la represión es un proceso que recae sobre representaciones y se desarrolla en la frontera entre los sistemas *Inc.* y *Cc. (Prec.).* Vamos ahora a intentar describirlo más minuciosamente. Tiene que efectuarse en él una *sustracción* de carga psíquica, pero hemos de preguntarnos en qué sistema se lleva a cabo esta sustracción y a qué sistema pertenece la carga sustraída.

La representación reprimida conserva en el sistema *Inc.* su capacidad de acción; debe, pues, conservar también su carga. Por tanto, lo sustraído habrá de ser algo distinto. Tomemos el caso de la represión propiamente dicha (secundaria)[1], tal y como se desarrolla en una representación preconsciente o incluso consciente. En este caso, la represión no puede consistir sino en que la carga (pre)consciente, perteneciente al sistema *Prec.),* es sustraída a la representación. Esta queda entonces descargada, recibe una carga emanada del sistema *Inc.,* o conserva la carga *Inc.* que antes poseía. Así, pues, hallamos aquí una sustracción de la carga preconsciente, una conservación de la inconsciente o una sustitución de la primera por la segunda.

Vemos, además, que hemos basado, sin intención aparente, esta observación en la hipótesis de que el paso desde el sistema *Inc.* a otro inmediato no sucede por una nueva inscripción, sino por un cambio de estado, o sea, en este caso, por una transformación de la carga. La hipótesis funcional ha derrotado aquí sin esfuerzo a la tópica.

---

1 [Cf. «La represión» (1915) en este volumen.]

Este proceso de la sustracción de la libido[1] no es, sin embargo, suficiente para explicarnos otro de los caracteres de la represión. No comprendemos por qué la representación que conserva su carga o recibe otra nueva, emanada del sistema *Inc.*, no habría de renovar la tentativa de penetrar en el sistema *Prec.*, valiéndose de su carga. Habría, pues, de repetirse en ella la sustracción de la libido, y este juego continuaría indefinidamente, pero sin que su resultado fuese el de la represión. Este mecanismo de la sustracción de la carga preconsciente fallaría también si se tratase de la represión primitiva, pues en ella nos encontramos ante una representación inconsciente, que no ha recibido aún carga ninguna del sistema *Prec.*, y a la que, por tanto, no puede serle sustraída tal carga.

Necesitaríamos, pues, aquí de otro proceso que en el primer caso mantuviese la represión y en el segundo cuidase de constituirla y conservarla; proceso que no podemos hallar sino admitiendo una *contracarga*, por medio de la cual se protege el sistema *Prec.* contra la presión de la representación inconsciente. En diversos ejemplos clínicos veremos cómo se manifiesta esta contracarga, que se desarrolla en el sistema *Prec.*, y constituye no sólo la representación del continuado esfuerzo de una represión primitiva, sino también la garantía de su duración. La contracarga es el único mecanismo de la represión primitiva. En la represión propiamente dicha (secundaria) se agrega a él la sustracción de la carga *Prec.* Es muy posible que precisamente la carga sustraída a la representación sea la empleada para la contracarga.

Poco a poco hemos llegado a introducir en la exposición de los fenómenos psíquicos un tercer punto de vista, agregando así al *dinámico* y al *tópico* el *económico*, el cual aspira a perseguir los destinos de las magnitudes de excitación y a establecer una estimación, por lo menos relativa, de los mismos. Considerando conveniente distinguir con un nombre especial este último sector, el más acabado de la investigación psicoanalítica, denominaremos *me-*

[1] [Para el empleo aquí del término 'libido', véase tres párrafos más abajo.]

tapsicológica [1] a aquella exposición en la que consigamos describir un proceso psíquico conforme a sus relaciones *dinámicas, tópicas* y *económicas.* Anticiparemos que, dado el estado actual de nuestros conocimientos, sólo en algunos lugares aislados conseguiremos desarrollar tal exposición.

Comenzaremos por una tímida tentativa de llevar a cabo una descripción metapsicológica del proceso de la represión en las tres neurosis de transferencia conocidas. En ella podemos sustituir el término «carga psíquica» por el de «libido», pues sabemos ya que dichas neurosis dependen de los destinos de las pulsiones sexuales.

En la histeria de angustia se desatiende con frecuencia una primera fase del proceso, perfectamente visible, sin embargo, para un observador cuidadoso. Consiste esta fase en que la angustia surge sin que se haya percibido aquello que la origina. Hemos de suponer, pues, que en el sistema *Inc.* existía un impulso erótico que aspiraba a pasar al sistema *Prec.;* pero la carga de que tal impulso fue objeto por parte de este sistema se retiró de él, como en un intento de fuga, y la carga inconsciente de libido de la representación rechazada fue derivada en forma de angustia. Al repetirse, eventualmente, el proceso, se dio un primer paso hacia el vencimiento del penoso desarrollo de angustia. La carga en fuga pasó a una representación sustitutiva, asociativamente enlazada a la representación rechazada, pero sustraída, por su alejamiento de ella, a la represión (sustitución por desplazamiento) y permitió una racionalización del desarrollo de angustia, aún incoercible. La representación sustitutiva desempeña entonces, para el sistema *Cc. (Prec.)*, el papel de una contracarga, asegurándolo contra la emergencia de la representación reprimida, en el sistema *Cc.*, y constituyendo, por otro lado, el punto de partida de un desarrollo de angustia, incoercible ya.

La observación clínica nos muestra, por ejemplo, que

[1] [Freud había utilizado este término unos veinte años antes, en una carta a Fliess del 13 de febrero de 1896. (Freud, 1950a, Carta 41).]

el niño enfermo de zoofobia siente angustia en dos distintas condiciones: primeramente, cuando el impulso erótico reprimido experimenta una intensificación, y en segundo lugar, cuando es percibido el animal productor de angustia. La representación sustitutiva se conduce en el primer caso como un lugar de transición desde el sistema *Inc.* al sistema *Cc.*, y en el otro, como una fuente independiente de la génesis de angustia. La extensión del dominio del sistema *Cc.* suele manifestarse en que la primera forma de excitación de la representación sustitutiva deja su lugar, cada vez más ampliamente, a la segunda. El niño acaba, a veces, por conducirse como si no entrañara inclinación ninguna hacia su padre, se hubiese libertado de él en absoluto y tuviera realmente miedo al animal. Pero este miedo, alimentado por la fuente de la pulsión inconsciente, se muestra superior a todas las influencias emanadas del sistema *Cc.* y delata, de este modo, tener su origen en el sistema *Inc.*

La contracarga emanada del sistema *Cc.* lleva, pues, en la segunda fase de la histeria de angustia, a la formación de un sustitutivo. Este mismo mecanismo encuentra poco después una distinta aplicación. Como ya sabemos, el proceso represivo no termina aquí, y encuentra un segundo fin en la coerción del desarrollo de angustia emanado de la sustitución. Esto sucede en la siguiente forma: todos los elementos que rodean a la representación sustitutiva y se hallan asociados con ella reciben una carga psíquica de extraordinaria intensidad, que les confiere una especial sensibilidad a la excitación. De este modo la excitación de cualquier punto de la muralla defensiva formada en torno de la representación sustitutiva por tales elementos provoca, por el enlace asociativo de los mismos con dicha representación, un pequeño desarrollo de angustia, que da la señal para coartar, por medio de una nueva fuga de la carga, la continuación de dicho desarrollo[1].

[1] [La noción de un pequeño desencadenamiento de displacer que activa como una 'señal' que impide un desencadenamiento mayor, fue desarrollada más tarde en *Inhibición, Síntoma y Angustia* (1926d), Standard Ed., 20, 160-3.]

Cuanto más lejos de la sustitución temida se hallan situadas las contracargas sensibles y vigilantes, más precisamente puede funcionar el mecanismo que ha de aislar a la representación sustitutiva y protegerla contra nuevas excitaciones. Estas precauciones no protegen, naturalmente, más que contra aquellas excitaciones que llegan desde el exterior y por el conducto de la percepción a la representación sustitutiva, pero no contra la excitación de la pulsión, que partiendo de la conexión con la representación reprimida llega a la sustitutiva. Comienzan, pues, a actuar cuando la sustitución se ha arrogado por completo la representación de lo reprimido, y nunca constituyen una plena garantía. A cada intensificación de la excitación pulsional tiene que avanzar un tanto la muralla protectora que rodea a la representación sustitutiva. Esa construcción queda establecida también, de un modo análogo, en las demás neurosis, y la designamos con el nombre de *fobia*. Las precauciones, prohibiciones y privaciones características de la histeria de angustia son la expresión de la fuga ante la carga consciente de la representación sustitutiva. Considerando el proceso en su totalidad, podemos decir que la tercera fase repite con mayor amplitud la labor de la segunda. El sistema *Cc.* se protege ahora, contra la actividad de la representación sustitutiva, por medio de la contracarga de los elementos que le rodean, como antes se protegía, por medio de la carga de la representación sustitutiva, contra la emergencia de la representación reprimida. La formación de sustitutivos por desplazamiento queda continuada en esta forma. Al principio, el sistema *Cc.* no ofrecía sino un único punto —la representación sustitutiva— accesible, la moción pulsional reprimida; en cambio, luego, toda la construcción fóbica constituye un campo abierto a las influencias inconscientes. Por último, hemos de hacer resaltar el interesantísimo punto de vista de que por medio de todo el mecanismo de defensa puesto en actividad queda proyectado al exterior el peligro de la pulsión. El *yo* se conduce como si la amenaza del desarrollo de angustia no procediese de una moción pulsional, sino de una percepción, y puede, por tanto, reaccionar contra esta amenaza exterior por medio de las tentativas de fuga que suponen las precauciones de la fobia. En este proceso represivo se consigue poner un dique a la génesis de angustia, pero sólo a costa de graves sacrificios de la libertad personal.

Ahora bien: el intento de fuga ante una aspiración pulsional es, en general, inútil, y el resultado de la fuga fóbica es siempre insatisfactorio.

Gran parte de las circunstancias observadas en la histeria de angustia se repite en las otras dos neurosis. Podemos, pues, limitarnos a señalar las diferencias y a examinar la misión de la contracarga. En la histeria de conversión es transformada la carga pulsional de la representación reprimida en una inervación del síntoma. Hasta qué punto y bajo qué condiciones queda vaciada en favor de la inervación la representación inconsciente por esta descarga, siéndole ya posible cesar en su aspiración hacia el sistema *Cc.*, es algo que reservamos para un estudio especial de la histeria[1]. La función de la contracarga que parte del sistema *Cc. (Prec.)* resalta claramente en la histeria de conversión y se nos revela en la formación de síntomas. La contracarga es la que elige el elemento de la representación de la pulsión, en el que ha de ser concentrada toda la carga del mismo. Este fragmento elegido para síntoma cumple la condición de dar expresión tanto al fin optativo del movimiento pulsional como a la aspiración defensiva o punitiva del sistema *Cc.* Por tanto, recibe una sobrecarga y es mantenido por ambos lados como la representación sustitutiva de la histeria de angustia. De esta circunstancia podemos deducir que el esfuerzo represivo del sistema *Cc.* no necesita ser tan grande como la energía de carga del síntoma, pues la intensidad de la representación se mide por la contracarga empleada, y el síntoma no se apoya solamente en la contracarga, sino también en la carga pulsional condensada en él y emanada del sistema *Inc.*

[1] [Freud ya se había planteado este problema en los *Estudios sobre la histeria* (1895d), Standard Ed., 2, 166.]

Con respecto a la neurosis obsesiva, bastará añadir una sola observación a las ya expuestas en el artículo anterior[1]. En ella se nos muestra más visiblemente que en las otras neurosis la contracarga del sistema *Cc.* Esta contracarga, organizada como una formación reactiva, es la que lleva a cabo la primera represión y en la que tiene efecto después la emergencia de la representación reprimida. Del predominio de la contracarga y de la falta de derivación depende, a nuestro juicio, que la obra de la represión aparezca menos conseguida en la histeria de angustia y en la neurosis obsesiva que en la histeria de conversión.

5. CUALIDADES ESPECIALES DEL SISTEMA «INC.»

La diferenciación de los dos sistemas psíquicos adquiere una nueva significación cuando nos damos cuenta de que los procesos del sistema *Inc.* muestran cualidades que no volvemos a hallar en los sistemas superiores inmediatos.

El nódulo del sistema *Inc.* está constituido por representaciones de pulsiones que aspiran a derivar su carga, o sea por impulsos optativos. Estas mociones pulsionales se hallan coordinadas entre sí y coexisten sin influir unas sobre otros ni tampoco contradecirse. Cuando dos impulsos optativos cuyos fines nos parecen inconciliables son activados al mismo tiempo, no se anulan recíprocamente, sino que se unen para formar un fin intermedio, o sea una transacción.

En este sistema no hay negación ni duda alguna, ni tampoco grado ninguno de seguridad. Todo esto es aportado luego por la labor de la censura que actúa entre los sistemas *Inc.* y *Prec.* La negación es una sustitución, en un nivel más elevado de la represión[2]. En el sistema *Inc.*

---

[1] [Se refiere al trabajo 'La represión', incluido en el capítulo 8.]

[2] [Cf. la afirmación análoga en «Los dos principios del suceder psíquico», en el capítulo 7.]

no hay sino contenidos más o menos enérgicamente cargados.

En cambio, reina en él una mayor movilidad de las intensidades de carga. Por medio del proceso del *desplazamiento* puede una representación transmitir a otra todo el montante de su carga, y por el de la *condensación*, acoger en sí toda la carga de varias otras. A mi juicio, deben considerarse estos dos procesos como caracteres del llamado *proceso psíquico primario*. En el sistema *Prec.* domina el proceso secundario[1]. Cuando tal proceso primario recae sobre elementos del sistema *Prec.*, lo juzgamos «cómico» y despierta la risa[2].

Los procesos del sistema *Inc.* se hallan *fuera del tiempo;* esto es, no aparecen ordenados cronológicamente, no sufren modificación ninguna por el transcurso del tiempo y carecen de toda relación con él. También la relación temporal se halla ligada a la labor del sistema *Cc*[3].

Los procesos del sistema *Inc.* carecen también de toda relación con la *realidad*. Se hallan sometidos al principio del placer y su destino depende exclusivamente de su fuerza y de la medida en que satisfacen las aspiraciones de la regulación del placer y el displacer[4].

Resumiendo, diremos que los caracteres que esperamos encontrar en los procesos pertenecientes al sistema *Inc.* son la *falta de contradicción*, el *proceso primario* (mo-

---

[1] Cf. la discusión en el capítulo 7 de *La interpretación de los sueños* [Standard Ed., 5, 588] basada en las ideas desarrolladas por Breuer en los *Estudios sobre la histeria* (Breuer y Freud, 1895).

[2] [Este punto es tratado extensamente en el libro de Freud sobre el chiste (1905c) Standard Ed., 8, 199.]

[3] [Menciones a la «atemporalidad» del inconsciente se hallan diseminados a lo largo de los escritos de Freud. La más temprana es quizá una frase que data de 1897 (Freud, 1950a, Manuscrito M) en la que afirma que «la desconsideración de la noción del tiempo es sin duda una distinción esencial entre la actividad del preconsciente y del inconsciente», pero la primera mención explícita publicada sobre esta cuestión parece ser una nota agregada a pie de página en 1907 en la *Psicopatología de la vida cotidiana* (1901b). Standard Ed., 6, 274.]

[4] [Cf. la sección 8 de «Los dos principios del suceso psíquico» (1911b), en el capítulo 7 de este libro.]

vilidad de las cargas), la *independencia del tiempo* y la *sustitución de la realidad exterior por la psíquica*[1].

Los procesos inconscientes no se nos muestran sino bajo las condiciones del fenómeno onírico y de las neurosis, o sea cuando los procesos del sistema *Prec.*, superior al *Inc.*, son transferidos por una regresión a una fase anterior. De por sí son incognoscibles e incapaces de existencia, pues el sistema *Inc.* es cubierto muy pronto por el *Prec.*, que se apodera del acceso a la conciencia y a la motilidad. La descarga del sistema *Inc.* tiene lugar por medio de la inervación somática que conduce al desarrollo de afectos, pero también estos medios de descarga le son disputados, como ya sabemos, por el sistema *Prec.* Por sí solo no podría el sistema *Inc.* provocar en condiciones normales ninguna acción muscular adecuada, con excepción de aquellas organizadas ya como reflejos.

La completa significación de los caracteres antes descritos del sistema *Inc.* se nos revelaría en cuanto los comparásemos con las cualidades del sistema *Prec;* pero esto nos llevaría tan lejos que preferimos aplazar dicha comparación hasta ocuparnos del sistema superior. Así, pues, sólo expondremos ahora lo más indispensable.

Los procesos del sistema *Prec.* muestran ya, sean conscientes o sólo capaces de conciencia, una coerción de la tendencia a la descarga de las representaciones cargadas. Cuando el proceso pasa de una representación a otra, conserva la primera una parte de su carga, y sólo queda desplazado un pequeño montante de la misma. Los desplazamientos y condensaciones tal como tienen lugar en el proceso primario, quedan excluidos o muy limitados. Esta circunstancia ha impulsado a J. Breuer a admitir dos diversos estados de la energía de carga en la vida anímica. Un estado tónicamente fijo y otro libremente móvil que aspira a la descarga[2]. A mi juicio, representa esta diferenciación nuestro más profundo conocimiento de la esencia

---

[5] Nos reservamos para un contexto diferente la mención de otro notable privilegio del *Ics.*

[2] [Cf. Breuer y Freud (1895d).]

de la energía nerviosa, y no veo cómo podría prescindirse de él. Sería una urgente necesidad de la exposición metapsicológica, aunque quizá todavía una empresa demasiado atrevida, proseguir la discusión partiendo de este punto.

Al sistema *Prec.* le corresponde, además, la constitución de una capacidad de relación entre los contenidos de las representaciones, de manera que puedan influirse entre sí; la ordenación temporal de dichos contenidos y la introducción de una o varias censuras del examen de la realidad y del principio de la realidad. También la memoria consciente parece depender por completo del sistema *Prec.*[1], y debe distinguirse de las huellas mnémicas en las que se fijan los sucesos del sistema *Inc.*, pues corresponde verosímilmente a una inscripción especial semejante a la que admitimos al principio y rechazamos después para la relación de la represión consciente con la inconsciente. Encontraremos también aquí el medio de poner fin a nuestra vacilación en la calificación del sistema superior, al cual llamamos ahora tan pronto sistema *Prec.* como sistema *Cc.*

No debemos apresurarnos, sin embargo, a generalizar lo que hasta aquí hemos descubierto sobre la distribución de las funciones anímicas entre los dos sistemas.

Describimos las circunstancias tal y como se nos muestran en sujetos adultos, en los cuales el sistema *Inc.* no funciona, estrictamente considerado, sino como una fase preliminar de la organización superior. El contenido y las relaciones de este sistema durante el desarrollo individual y su significación en los animales no pueden ser deducidos de nuestra descripción, sino de una investigación especial.

Asimismo debemos hallarnos preparados a encontrar en el hombre condiciones patológicas en las cuales los dos sistemas modifican su contenido y sus caracteres o los cambian entre sí.

---

[1] [Véase el trabajo de Freud 'Introducción al narcisismo' (1914c), Standard Ed., 14, 67.]

6. RELACIONES ENTRE AMBOS SISTEMAS

Sería injusto representarse que el sistema *Inc.* permanece inactivo y que toda la labor psíquica es efectuada por el sistema *Prec.*, resultando así el sistema *Inc.* un órgano rudimentario, residuo del desarrollo. Igualmente sería equivocado suponer que la relación de ambos sistemas se limita al acto de la represión, en el cual el sistema *Prec.* arrojaría a los abismos del sistema *Inc.* todo aquello que le pareciese perturbador. Por el contrario, el sistema *Inc.* posee una gran vitalidad, es susceptible de un amplio desarrollo y mantiene una serie de otras relaciones con el *Prec.;* entre ellas la de cooperación. Podemos, pues, decir, sintetizando, que el sistema *Inc.* continúa en ramificaciones[1], siendo accesible a las influencias de la vida, influyendo constantemente sobre el *Prec.* y hallándose, por su parte, sometido a las influencias de éste.

El estudio de las ramificaciones del sistema *Inc.* defraudará nuestra esperanza de una separación esquemáticamente precisa entre los dos sistemas psíquicos. Esta decepción hará considerar insatisfactorios nuestros resultados y será probablemente utilizada para poner en duda el valor de nuestra diferenciación de los procesos psíquicos.

Pero hemos de alegar que nuestra labor no es sino la de transformar en una teoría los resultados de la observación y que nunca nos hemos obligado a construir, de buenas a primeras, una teoría absolutamente clara y sencilla. Así, pues, defenderemos sus complicaciones mientras demuestren corresponder a la observación, y continuaremos esperando llegar con ella a un conocimiento final de la cuestión, que, siendo sencillo en sí, refleje, sin embargo, las complicaciones de la realidad.

Entre las ramificaciones de los impulsos inconscientes, cuyos caracteres hemos descrito, existen algunas que reúnen en sí las determinaciones más opuestas. Por un lado presentan un alto grado de organización, se hallan exentas de contradicciones, han utilizado todas las adqui-

[1] [Véase el artículo 'La represión' en el capítulo 8.]

siciones del sistema *Cc.* y apenas se diferencian de los productos de este sistema; pero, en cambio, son inconscientes e incapaces de conciencia. Pertenecen, pues, cualitativamente, al sistema *Prec.;* pero, efectivamente, al *Inc.* Su destino depende totalmente de su origen, y podemos compararlas con aquellos mestizos semejantes en general a los individuos de la raza blanca, pero que delatan su origen mixto por diversos rasgos visibles, y quedan así excluidos de la sociedad y del goce de las prerrogativas de los blancos. Aquellos productos de la fantasía de los normales y de los neuróticos, que reconocimos como fases preliminares de la formación de sueños y de síntomas, productos que, a pesar de su alto grado de organización, permanecen reprimidos y no pueden, por tanto, llegar a la conciencia, son formaciones de este género[1]. Se aproximan a la conciencia y permanecen cercanos a ella, sin que nada se lo estorbe, mientras su carga es poco intensa; pero en cuanto ésta alcanza cierta intensidad, quedan rechazados. Ramificaciones del *Inc.*, igualmente organizadas, son también las formaciones sustitutivas; pero éstas consiguen el acceso a la conciencia merced a una relación favorable; por ejemplo, merced a su coincidencia con una contracarga del sistema *Prec.*

Investigando más detenidamente en otro lugar las condiciones del acceso a la conciencia, lograremos resolver muchas de las dificultades que aquí se nos oponen. Para ello creemos conveniente invertir el sentido de nuestro examen, y si hasta ahora hemos seguido una dirección ascendente, partiendo del sistema *Inc.* y elevándonos hacia el sistema *Cc.*, tomaremos ahora a este último como punto de partida. Frente a la conciencia hallamos la suma total de los procesos psíquicos, que constituyen el reino de lo preconsciente. Una gran parte de lo preconsciente procede de lo inconsciente, constituye una ramificación de tal sistema y sucumbe a una censura antes de poder hacerse consciente. En cambio, otra parte de dicho sistema

[1] [Véase la nota de *Tres ensayos* de este volumen, apartado *La barrera contra el incesto.*]

Prec. es capaz de conciencia sin previo examen por la censura. Queda aquí contradicha una de nuestras hipótesis anteriores. En nuestro estudio de la represión nos vimos forzados a situar entre los sistemas *Inc.* y *Prec.* la censura, que decide el acceso a la conciencia, y ahora encontramos una censura entre el sistema *Prec.* y el *Cc*[1]. Pero no deberemos ver en esta complicación una dificultad, sino aceptar que a todo paso desde un sistema al inmediatamente superior, esto es, a todo progreso hacia una fase más elevada de la organización psíquica, corresponde una nueva censura. La hipótesis de una continua renovación de las inscripciones queda de este modo anulada.

La causa de todas estas dificultades es que el atributo de la conciencia, único carácter de los procesos psíquicos que nos es directamente dado, no se presta, en absoluto, a la distinción de sistemas. La observación nos ha mostrado que lo consciente no es siempre consciente, sino latente también durante largos períodos de tiempo, y, además, que muchos de los elementos que comparten las cualidades del sistema *Prec.* no llegan a ser conscientes. Más adelante hemos de ver asimismo que el acceso a la conciencia queda limitado por determinadas orientaciones a las que el *Prec.* presta su atención. La conciencia presenta de este modo, con los sistemas y con la represión, relaciones nada sencillas.

En realidad, sucede que no sólo permanece ajeno a la conciencia lo psíquico reprimido, sino también una parte de los impulsos que dominan a nuestro *yo*, o sea la más enérgica antítesis funcional de lo reprimido. Por tanto, si queremos llegar a una consideración metapsicológica de la vida psíquica, habremos de aprender a emanciparnos de la significación del síntoma «conciencia»[2].

Mientras no llegamos a emanciparnos en esta forma, queda interrumpida nuestra generalización por continuas

---

[1] [Este punto se discute más extensamente en el capítulo 6.]

[2] [La complicación surgida en este párrafo fue acentuada por Freud en *El yo y el ello* (1923b), apartado I, y en el apartado II propuso su nueva representación estructural del aparato psíquico, que simplificó notablemente la descripción de su funcionamiento.]

excepciones. Vemos, en efecto, que ciertas ramificaciones del sistema *Prec.* devienen conscientes, como formaciones sustitutivas y como síntomas, generalmente después de grandes deformaciones en comparación con lo inconsciente, pero muchas veces conservando gran cantidad de los caracteres que provocan la represión, y encontramos que muchas formaciones preconscientes permanecen inconscientes, a pesar de que, por su naturaleza, podrían devenir conscientes. Habremos, pues, de admitir que vence en ellas la atracción del sistema *Inc.*, resultando así que la diferencia más importante no debe buscarse entre lo consciente y lo preconsciente, sino entre lo preconsciente y lo inconsciente. Lo *Inc.* es rechazado por la censura al llegar a los límites de lo *Prec.*, pero sus ramificaciones pueden eludir esta censura, organizarse en alto grado y llegar en lo *Prec.* hasta cierta intensidad de la carga, traspasada la cual intentan imponerse a la conciencia, siendo reconocidas como ramificaciones del sistema *Inc.* y rechazadas hasta la nueva frontera de la censura, entre el sistema *Prec.* y el *Cc.* La primera censura funciona, así, contra el sistema *Inc.*, y la última, contra las ramificaciones *Prec.* del mismo. Parece como si la censura hubiera avanzado cierto estadio en el curso del desarrollo individual.

En la práctica psicoanalítica se nos ofrece la prueba irrebatible de la existencia de la segunda censura, o sea de la situada entre los sistemas *Prec.* y *Cc.* Invitamos al enfermo a formar numerosas ramificaciones del sistema *Inc.*, le obligamos a dominar las objeciones de la censura contra el acceso a la conciencia de estas formaciones preconscientes y nos abrimos, por medio del vencimiento de esta censura, el camino que ha de conducirnos al levantamiento de la represión, obra de la censura anterior. Añadiremos aún la observación de que la existencia de la censura entre el sistema *Prec.* y el *Cc.* nos advierte que el acceso a la conciencia no es un simple acto de percepción, sino, probablemente, también una *sobrecarga*[1], o sea un nuevo progreso de la organización psíquica.

---

[1] [Véase el apartado siguiente.]

Volviéndonos hacia la relación del sistema *Inc.* con los demás sistemas, y menos para establecer nuevas afirmaciones que para no dejar de consignar determinadas circunstancias evidentes, vemos que en las raíces de la actividad pulsional se comunican ampliamente los sistemas. Una parte de los procesos aquí estimulados pasa por el sistema *Inc.* como por una fase preparatoria y alcanza en el sistema *Cc.* el más alto desarrollo psíquico, mientras que la otra queda retenida como *Inc.* Lo *Inc.* es también herido por los estímulos procedentes de la percepción exterior. Todos los caminos que van desde la percepción al sistema *Inc.* permanecen regularmente libres, y sólo los que parten del sistema *Inc.* y conducen más allá del mismo son los que quedan cerrados por la represión.

Es muy singular y digno de atención el hecho de que el sistema *Inc.* de un individuo pueda reaccionar al de otro, eludiendo absolutamente el sistema *Cc.* Este hecho merece ser objeto de una penetrante investigación, encaminada precisamente a comprobar si la actividad preconsciente queda también excluida en tal proceso, pero de todos modos es irrebatible como descripción.

El contenido del sistema *Prec.* (o *Cc.)* procede, en parte, de la vida pulsional (por mediación del sistema *Inc.)*, y, en parte, de la percepción. No puedo determinar hasta qué punto los procesos de este sistema son capaces de ejercer sobre el sistema *Inc.* una influencia directa. La investigación de casos patológicos muestra con frecuencia una independencia casi increíble del sistema *Inc.* y una falta de sensibilidad al influjo.

La característica de la enfermedad es, en general, una completa separación de las tendencias y una ruina absoluta de ambos sistemas. Ahora bien, la cura psicoanalítica se halla fundada en la influencia del sistema *Cc.* sobre el sistema *Inc.* y muestra, de todos modos, que tal influencia no es imposible, aunque sí difícil. Las ramificaciones del sistema *Inc.*, que establecen una mediación entre ambos sistemas, nos abren, como ya hemos indicado, el camino que conduce a este resultado. Podemos, sin embargo, admitir que la modificación espontánea del sistema

Inc., por parte del sistema Cc., es un proceso penoso y lento.

La cooperación entre un impulso preconsciente y otro consciente, o incluso intensamente reprimido, puede surgir cuando el impulso inconsciente es capaz de actuar en el mismo sentido que una de las tendencias dominantes. En este caso, queda levantada la represión y permitida la actividad reprimida, a título de intensificación de la que el *yo* se propone. Lo inconsciente se vuelve egosintónico coraco únicamente en esta constelación, pero sin que su represión sufra modificación alguna. La obra que el sistema *Inc.* lleva a cabo en esta cooperación resulta claramente visible. Las tendencias intensificadas se conducen, en efecto, de un modo diferente al de las normales, capacitan para funciones especialmente perfectas y muestran ante la contradicción una resistencia análoga a la de los síntomas obsesivos.

El contenido del sistema *Inc.* puede ser comparado a una población primitiva psíquica. Si en el hombre existe un acervo de formaciones psíquicas heredadas, o sea algo análogo al instinto animal, ello será lo que constituya el nódulo del sistema *Inc.* A esto se añaden después los elementos rechazados por inútiles durante el desarrollo infantil, elementos que pueden ser de naturaleza idéntica a lo heredado. Hasta la pubertad no se establece una precisa y definitiva separación del contenido de ambos sistemas.

7. EL RECONOCIMIENTO DE LO INCONSCIENTE

Todo lo que hasta aquí hemos expuesto sobre el sistema *Inc.* puede extraerse del conocimiento de la vida onírica y de las neurosis de transferencia. No es, ciertamente, mucho; nos parece, en ocasiones, oscuro y confuso, y no nos ofrece la posibilidad de incluir el sistema *Inc.* en un contexto conocido o subordinado a él. Pero el análisis de una de aquellas afecciones a las que damos el nombre de psiconeurosis narcisistas, nos promete proporcionarnos datos, por medio de los cuales podremos aproximarnos al misterioso sistema *Inc.* y llegar a su inteligencia.

Desde un trabajo de Abraham (1908), que este concienzudo autor atribuyó a mi estímulo, intentamos caracterizar la *dementia praecox* de Kraepelin (la 'esquizofrenia' de Bleuler) por su conducta con respecto a la antítesis del *yo* y el objeto. En las neurosis de transferencia (histerias de angustia y de conversión y neurosis obsesiva) no había nada que situase en primer término esta antítesis. Comprobamos que la falta de objeto traía consigo la eclosión de la neurosis; que ésta integraba la renuncia al objeto real, y que la libido sustraída al objeto real retrocedía hasta un objeto fantástico, y desde él, hasta un objeto reprimido (introversión)[1]. Pero la carga de objeto queda tenazmente conservada en estas neurosis, y una sutil investigación del proceso represivo nos ha forzado a admitir que dicha carga perdura en el sistema *Inc.*, a pesar de la represión, o más bien, a consecuencia de la misma. La capacidad de transferencia que utilizamos terapéuticamente en estas afecciones presupone una carga de objeto no estorbada.

A su vez, el estudio de la esquizofrenia nos ha impuesto la hipótesis de que, después del proceso represivo, no busca la libido sustraída ningún nuevo objeto, sino que se retrae al *yo*, quedando así suprimida la carga de objeto y reconstituido un primitivo estado narcisista, carente de objeto. La incapacidad de transferencia de estos pacientes dentro de la esfera de acción del proceso patológico, su consiguiente inaccesibilidad terapéutica, su singular repulsa del mundo exterior, la aparición de indicios de una sobrecarga del propio *yo*, y como final, la más completa apatía, todos estos caracteres clínicos parecen corresponder a maravilla a nuestra hipótesis de la cesación de la carga de objeto. Por lo que respecta a la relación con los dos sistemas psíquicos, han comprobado todos los investigado-

[1] [El proceso es descrito con detalle en la Sección (a) del trabajo de Freud *Sobre los tipos de adquisición de las neurosis* (1912c), Standard Ed., 12, 232.]

res que muchos de aquellos elementos que en las neurosis de transferencia nos vemos obligados a buscar en lo inconsciente por medio del psicoanálisis, son conscientemente exteriorizados en la esquizofrenia. Pero al principio no fue posible establecer entre la relación del *yo* con el objeto y las relaciones de la conciencia una conexión inteligible.

Esta conexión se nos reveló después de un modo inesperado. Se observa en los esquizofrénicos, sobre todo durante los interesantísimos estadios iniciales, una serie de modificaciones del *lenguaje*, muchas de las cuales merecen ser consideradas desde un determinado punto de vista. La expresión verbal es objeto de un especial cuidado, resultando escogida y «redicha». Las frases experimentan una particular desorganización de su estructura, que nos las hace ininteligibles, llevándonos a creer faltas de todo sentido las manifestaciones del enfermo. En éstas aparece con frecuencia, en primer término, una alusión a órganos somáticos o a sus inervaciones. Observamos, además, que en estos síntomas de la esquizofrenia, semejantes a las formaciones sustitutivas histéricas o de la neurosis obsesiva, muestra, sin embargo, la relación entre la sustitución y lo reprimido, peculiaridades que en las dos neurosis mencionadas nos desorientarían.

El doctor V. Tausk (Viena) ha puesto a mi disposición algunas de sus observaciones de casos de esquizofrenia en su estado inicial, observaciones que presentan la ventaja de que el enfermo mismo proporcionaba aún la explicación de sus palabras. Exponiendo dos de estos ejemplos, indicaremos cuál es nuestra opinión sobre este punto concreto, para cuyo esclarecimiento puede cualquier observador acoplar, sin dificultad alguna, material suficiente.

Uno de los enfermos de Tausk, una muchacha, que acudió a su consulta poco después de haber regañado con su novio, exclama:

«Los ojos no están bien, están torcidos», y explica luego, por sí misma, esta frase, añadiendo en lenguaje ordenado una serie de reproches contra el novio: Nunca ha podido comprenderle. Cada vez se le muestra distinto. Es un hipócrita, que «le ha vuelto los ojos del revés»[1], haciéndole ver «torcidamente» todas las cosas.

Estas manifestaciones, añadidas por la enferma a su primera frase ininteligible, tienen todo el valor de un análisis, pues contienen una equivalencia de la misma en lenguaje perfectamente comprensible y proporcionan, además, el esclarecimiento de la génesis y la significación de la formación verbal esquizofrénica.

Coincidiendo con Tausk, haremos resaltar en este ejemplo el hecho de que la relación del contenido con un órgano del soma (en este caso con el de la visión) llega a arrogarse la representación de dicho contenido en su totalidad. La frase esquizofrénica presenta así un carácter hipocondríaco, constituyéndose en *lenguaje de los órganos*[2].

Otra expresión de la misma enferma: «Está en la iglesia y siente, de pronto, un impulso *a colocarse de otro modo, como si colocara a alguien, como si la colocaran a ella.»*

A continuación de esta frase desarrolla la paciente su análisis por medio de una serie de reproches contra el novio: «Es muy ordinario y la ha hecho ordinaria a ella, que es de familia fina. La ha hecho igual a él, haciéndole creer que él le era superior, y ahora ha llegado a ser ella como él, porque creía que llegaría a ser mejor si conseguía igualarse a él. El se ha colocado en un lugar que no le correspondía, y ella es ahora como él (identificación), pues él la ha colocado en un lugar que no le corresponde.»

El movimiento de «colocarse de otro modo», observa Tausk, es una representación de la palabra «fingir» *(sich stellen* = colocarse; *verstellen* = fingir) y de la identificación con el novio. Hemos de hacer resaltar aquí nuevamente el predominio de aquel elemento del proceso mental, cuyo contenido es una inervación somática (o, más bien, su sensación). Además, una histérica hubiera torci-

[1] [En alemán, '*Augenverdreher*' tiene el sentido figurado de 'hipócrita, embustero']

[2] [Cf. la discusión de Freud sobre la hipocondría en el capítulo I de su trabajo sobre el narcisismo (1914c) Standard Ed., 14, 83.]

do convulsivamente los ojos en el primer caso, y en el segundo habría realizado el movimiento indicado, en lugar de sentir el impulso a realizarlo o la sensación de llevarlo a cabo, y sin poseer, en ninguno de los dos casos, pensamiento consciente alguno enlazado con el movimiento ejecutado ni ser capaz de exteriorizarlo después.

Estas dos observaciones testimonian de aquello que hemos denominado lenguaje hipocondríaco o de los órganos, pero además atraen nuestra atención sobre un hecho que puede ser comprobado a voluntad; por ejemplo, en los casos reunidos en la monografía de Bleuler (1911) y concretado en una fórmula. En la esquizofrenia quedan sometidas las palabras al mismo proceso que forma las imágenes oníricas partiendo de las ideas latentes del sueño, o sea al *proceso psíquico primario.* Las palabras quedan condensadas y se transfieren sus cargas unas a otras por medio del desplazamiento.

Este proceso puede llegar hasta conferir a una palabra, apropiada para ello por sus múltiples relaciones, la representación de toda la serie de ideas. Los trabajos de Bleuler, Jung y sus discípulos ofrecen material más que suficiente para comprobar esta afirmación [1].

Antes de deducir una conclusión de estas impresiones, examinaremos la extraña y sutil diferencia existente entre las formaciones sustitutivas de la esquizofrenia y las de la histeria y la neurosis obsesiva. Un enfermo al que actualmente tengo en tratamiento, se hace la vida imposible absorbido por la preocupación que le ocasiona el supuesto mal estado de la piel de su cara, pues afirma tener en el rostro multitud de profundos agujeros, producidos por granitos y «espinillas». El análisis demuestra que hace desarrollarse en la piel de su rostro un complejo de castración. Al principio no le preocupaban nada tales granitos, y se los quitaba apretándolos entre las uñas, operación en

[1] En ocasiones, la elaboración onírica maneja las palabras, como si fuesen objetos, y crea entonces frases y neologismos muy análogos a los de la esquizofrenia. [Cf. *La interpretación de los sueños* (1900a) Standard Ed., 4, 295.]

la que, según sus propias palabras, le proporcionaba gran contento «ver cómo brotaba algo» de ellos. Pero después empezó a creer que en el punto en que había tenido una de estas «espinillas» le quedaba un profundo agujero, y se reprochaba duramente haberse estropeado la piel con su manía de «andarse siempre tocando». Es evidente que el acto de reventarse los granitos de la cara, haciendo surgir al exterior su contenido, es en este caso una sustitución del onanismo. El agujero resultante de este manejo corresponde al órgano genital femenino, o sea al cumplimiento de la amenaza de castración provocada por el onanismo (o la fantasía correspondiente). Esta formación sustitutiva presenta, a pesar de su carácter hipocondríaco, grandes analogías con una conversión histérica, y, sin embargo, experimentamos la sensación de que en este caso debe desarrollarse algo distinto y que una histeria de conversión no podría presentar jamás tales productos sustitutivos. Un histérico no convertirá nunca un agujero tan pequeño como el dejado por la extracción de una «espinilla» en símbolo de la vagina, a la que comparará, en cambio, con cualquier objeto que circunscriba una cavidad. Creemos también que la multiplicidad de los agujeros le impediría igualmente tomarlos como símbolo del genital femenino. Lo mismo podríamos decir de un joven paciente cuyo historial clínico relató el doctor Tausk hace ya años ante la Sociedad Psicoanalítica de Viena. Este paciente se conducía en general como un neurótico obsesivo, necesitaba largas horas para asearse y vestirse, etc. Pero presentaba el singularísimo rasgo de explicar espontáneamente, sin resistencia alguna, la significación de sus inhibiciones. Así al ponerse los calcetines, le perturbaba la idea de tener que estirar las mallas del tejido, produciendo en él pequeños orificios, cada uno de los cuales constituía para él el símbolo del genital femenino. Tampoco este simbolismo es propio de un neurótico obsesivo. Uno de estos neuróticos observado por Reitler, que padecía de igual dificultad al ponerse los calcetines, halló, una vez vencidas sus resistencias, la explicación de que el pie era un símbolo del pene, y el acto de ponerse sobre él el calcetín, una representación del onanismo, viéndose obligado a ponerse y quitarse una y otra vez el calcetín, en parte para completar la imagen de la masturbación y en parte para anularla.

Estos extraños caracteres de la formación sustitutiva y del síntoma en la esquizofrenia dependen del predominio de la relación verbal sobre la objetiva. Entre el hecho de extraerse una «espinilla» de la piel y una eyaculación existe muy escasa analogía, y menos aún entre los infinitos poros de la piel y la vagina. Pero en el primer caso «brota» en ambos actos algo, y al segundo puede aplicarse la cínica frase de que «un agujero es siempre un agujero». La semejanza de la expresión verbal, y no la analogía de las cosas expresadas, es lo que ha decidido la sustitución. Así, pues, cuando ambos elementos —la palabra y el objeto— no coinciden, se nos muestra la formación sustitutiva esquizofrénica distinta de la que surge en las neurosis de transferencia.

Esta conclusión nos obliga a modificar nuestra hipótesis de que la carga de objetos queda interrumpida en la esquizofrenia y a reconocer que continúa siendo mantenida la carga de las representaciones verbales de los objetos. La representación consciente del objeto queda así descompuesta en dos elementos: *la representación de palabra* y *de cosa,* consistente esta última en la carga, no ya de huellas mnémicas objetivas directas, sino de huellas mnémicas más lejanas, derivadas de las primeras. Creemos descubrir aquí cuál es la diferencia existente entre una representación consciente y una representación inconsciente. No son, como supusimos, distintas inscripciones del mismo contenido en diferentes lugares psíquicos, ni tampoco diversos estados funcionales de la carga, en el mismo lugar. Lo que sucede es que la representación consciente integra la representación de cosa más la correspondiente representación de palabra, mientras que la inconsciente es tan sólo la representación de cosa. El sistema *Inc.* contiene las cargas objetivas de los objetos, o sea las primeras y verdaderas cargas de objeto. El sistema *Prec.* nace a consecuencia de la sobrecarga de la representación de cosa por su conexión con las representaciones de palabra a ella correspondientes. Habremos de suponer que estas sobrecargas son las que traen consigo una más elevada organización psíquica y hacen posible la sustitución del proceso primario por el proceso secundario, dominante en el sistema *Prec.* Podemos ahora expresar más precisamente qué es lo que la represión niega a las representaciones rechazadas en la neurosis de transferencia. Les niega la traducción en palabras, las cuales permanecen enlazadas al objeto. La representación no concretada en palabras o el acto psíquico no traducido permanecen entonces reprimidos en el sistema *Inc.*

He de hacer resaltar que este conocimiento, que hoy nos hace inteligible uno de los más singulares caracteres de la esquizofrenia, lo poseíamos hace ya mucho tiempo. En las últimas páginas de nuestra *Interpretación de los sueños*, publicada en 1900, exponíamos ya que los procesos mentales, esto es, los actos de carga más alejados de las percepciones, carecen en sí de cualidad y de conciencia, y sólo por la conexión con los restos de las percepciones de palabras alcanzan su capacidad de devenir conscientes[1]. Las representaciones de palabra nacen, por su parte, de la percepción sensorial en la misma forma que las representaciones de cosa, de manera que podemos preguntarnos por qué las representaciones de objeto no pueden devenir conscientes por medio de sus propios restos de percepción. Pero probablemente el pensamiento se desarrolla en sistemas tan alejados de los restos de percepción primitivos que no han recibido ninguna de sus cualidades y precisan para devenir conscientes de una intensificación por medio de nuevas cualidades. Asimismo pueden ser provistas de cualidades, por su conexión con palabras, aquellas cargas a las que la percepción no pudo prestar cualidad alguna, por corresponder simplemente a relaciones entre las representaciones de objetos. Estas relaciones

[1] [*La interpretación de los sueños* (1900a), Standard Ed., 5, 617. Esta hipótesis, también se menciona en 'Los dos principios del suceder psíquico' (1911b), capítulo 7 de este libro.]

concretadas en palabras constituyen un elemento principalísimo de nuestros procesos mentales. Comprendemos que la conexión con representaciones de palabra no coincide aún con el acceso a la conciencia, sino que se limita a hacerlo posible, no caracterizando, por tanto, más que al sistema *Prec*[1]. Pero observamos que con estas especulaciones hemos abandonado nuestro verdadero tema, entrando de lleno en los problemas de lo preconsciente y lo inconsciente, que será más adecuado reservar para una investigación especial.

En la esquizofrenia, que tampoco rozamos aquí sino en cuanto nos parece indispensable para el conocimiento de lo inconsciente, surge la duda de si el proceso represivo que en ella se desarrolla tiene realmente algún punto de contacto con la represión de las neurosis de transferencia. La fórmula de que la represión es un proceso que se desarrolla entre los sistemas *Inc.* y *Prec.* (o *Cc.)* y cuyo resultado es la distanciación de la conciencia, precisa ser modificada si ha de comprender también los casos de demencia precoz y otras afecciones. Pero la tentativa de fuga del *yo,* que se exterioriza en la sustracción de la carga consciente, sigue siendo un elemento común. La observación más superficial nos enseña, por otro lado, que esta fuga del *yo* es fundamental en las neurosis narcisistas.

Si en la esquizofrenia consiste esta fuga en la sustracción de la carga pulsional de aquellos elementos que representan a la idea inconsciente del objeto, puede parecernos extraño que la parte de dicha representación correspondiente al sistema *Prec.* —las representaciones de palabra a ella correspondientes— haya de experimentar una carga más intensa. Sería más bien de esperar que la representación de palabra hubiera de experimentar, por constituir la parte preconsciente, el primer impulso de la represión, resultando incapaz de carga una vez llegada la represión de las representaciones de cosa inconscientes. Esto parece difícilmente comprensible, pero se explica en

[1] [Freud retomó este tema en *El yo y el ello* (1923b), capítulo 6 de este libro.]

cuanto reflexionamos que la carga de la representación de palabra no pertenece a la labor represiva, sino que constituye la primera de aquellas tentativas de restablecimiento o de curación que dominan tan singularmente el cuadro clínico de la esquizofrenia[1]. Estos esfuerzos aspiran a recobrar los objetos perdidos, y es muy probable que con este propósito tomen el camino hacia el objeto, pasando por la parte verbal del mismo. Pero al obrar así tienen que contentarse con las palabras en lugar de los objetos. Nuestra actividad anímica se mueve generalmente en dos direcciones opuestas, partiendo de las pulsiones, a través del sistema *Inc.*, hasta la labor mental consciente, o por un estímulo externo, a través de los sistemas *Cc.* y *Prec.*, hasta las cargas *Inc.* del *yo* y de los objetos. Este segundo camino tiene que permanecer transitable, a pesar de la represión, y se halla abierto hasta cierto punto a los esfuerzos de la neurosis por recobrar sus objetos. Cuando pensamos abstractamente, corremos el peligro de desatender las relaciones de las palabras con las representaciones de cosa inconscientes, y no puede negarse que nuestro filosofar alcanza entonces una indeseada analogía de expresión y de contenido con la labor mental de los esquizofrénicos. Por otro lado, podemos decir que la labor mental de los esquizofrénicos se caracteriza por el hecho de manejar lo concreto como abstracto.

Si con las consideraciones que preceden hemos llegado a un exacto conocimiento del sistema *Inc.* y a determinar concretamente la diferencia entre las representaciones conscientes y las inconscientes, nuestras sucesivas investigaciones sobre otros diversos puntos, aún no esclarecidos, habrán de conducirnos de nuevo a las conclusiones deducidas.

---

[1] [Véase la parte III del análisis de Schreber (1911c).]

APENDICE A

Freud y Ewald Hering

Entre los maestros de Freud en Viena figuraba el fisiólogo Ewald Hering (1834-1918) quien, como sabemos por el doctor Jones (1953), ofreció al joven un puesto como su asistente en Praga; esto sucedió probablemente mientras Freud trabajaba aún en el Instituto de Fisiología de Brücke, alrededor de 1882; Hering fue a Praga en 1870 como Profesor Ordinario. Un episodio que tuvo lugar unos cuarenta años después parece sugerir, como lo ha hecho notar Ernst Kris (1956), que la influencia de Hering puede haber contribuido a la concepción de Freud sobre el inconsciente. En 1880 Samuel Butler publicó su *Memoria inconsciente.* Allí se incluía la traducción de una conferencia dictada por Hering en 1870, «Über das Gedächtnis als eine allgemeine Funktion der organisierten Materie» («Sobre la memoria como función general de la materia organizada»), con cuyos puntos de vista Butler concordaba enteramente. En 1923 se publicó en Inglaterra un libro de Israel Levine con el título *El inconsciente;* en 1926 apareció una traducción al alemán realizada por Anna Freud. Sin embargo, la sección del libro que trata sobre Samuel Butler (Parte I, Sección 13) fue traducida por el propio Freud. A pesar de que el autor, Levine, mencionase la conferencia de Hering, se hallaba más compenetrado con Butler que con Hering, y al respecto (en la página 34 de la traducción alemana) Freud añadió la nota que sigue:

«Los lectores alemanes, familiarizados con esta conferencia de Hering, a la que consideran una obra maestra, no estarán dispuestos a poner en primer plano las consideraciones que de ella extrae Butler. Además, en Hering pueden encontrarse algunas observaciones pertinentes que avalan el derecho de la psicología a asumir la existencia de la actividad mental inconsciente: "¿Quién podría aspirar a desenredar la urdimbre de nuestra vida interior, con sus infinitas complicaciones, sin estar dispuesto a perseguir más que las hebras que atraviesan la conciencia?... Cadenas tales como las de los procesos nerviosos inconscientes, cuyo término se acompaña de una percepción consciente, han sido descritas como 'series inconscientes de ideas' e 'inferencias inconscientes', lo que puede justificarse desde el punto de vista de la psicología. Puesto que la mente se escurriría de entre los dedos de la psicología si ésta rehusase atender los estados inconscientes de aquella".» [Hering, 1870, 11 y 13.]

APENDICE B

Paralelismo psico-físico

[Se ha señalado que las primeras concepciones de Freud sobre la relación entre la mente y el sistema nervioso recibieron una gran influencia de Hughlings Jackson. Esto se advierte en especial en el siguiente pasaje extraído de su monografía sobre la afasia (Freud, 1891 b). Resulta particularmente instructivo comparar las últimas frases sobre el tema de los recuerdos latentes, con la posición ulterior de Freud.]

Luego de esta disgresión, volveremos a considerar la afasia. Recordaremos que sobre la base de las enseñanzas de Meynert la teoría ha planteado que el aparato del lenguaje consiste en centros corticales localizados, en cuyas células están contenidas las representaciones de palabra. Estos centros están separados por una región cortical carente de función, y unidos entre sí por fibras blancas (haces conectores). Surge de inmediato la pregunta de si una hipótesis de este tipo, que incluye las representaciones en las células nerviosas, puede acaso ser correcta y admisible. Por mi parte, creo que no.

La tendencia de los primeros períodos de la medicina fue la de localizar facultades mentales completas, tal como las define la nomenclatura psicológica, en ciertas regiones del cerebro. Por ello, en contraste, pareció un gran avance el que Wernicke declarase que sólo los elementos psíquicos más simples, las distintas representaciones sensoriales, podían ser legítimamente localizadas en la terminación central del nervio periférico que ha recibido la impresión. ¿Pero no estaríamos cometiendo el mismo error de principio si lo que tratásemos de localizar fuera un concepto complejo, una actividad mental completa o un elemento psíquico? ¿Es acaso justificable tomar una fibra nerviosa, que ha sido a lo largo de toda su trayectoria una estructura puramente fisiológica, sujeta a alteraciones puramente fisiológicas, para sumergir su terminación en la esfera mental y dotar a esta terminación de una representación o una imagen mnémica? Si se reconoce que «voluntad», «inteligencia», etc., son términos técnicos psicológicos a los que les corresponden complicados hechos del mundo fisiológico, ¿podemos estar seguros de que una «representación sensorial simple» sea algo más que un mero término técnico del mismo tipo?

Es probable que la cadena de sucesos fisiológicos no se halle en conexión causal con los sucesos psíquicos. Los sucesos fisiológicos no cesan tan pronto como se han iniciado los psíquicos; por el contrario, la cadena fisiológica continúa. Lo que sucede simplemente es que, luego de cierto tiempo, a cada una (o a algunas) de sus conexiones le corresponde un fenómeno psíquico. Por tanto, lo psíquico es un proceso paralelo al fisiológico, un «concomitante dependiente»[1].

Sé muy bien que no puedo acusar a las personas cuyos puntos de vista estoy discutiendo, de haber realizado este salto y este cambio en su ángulo de aproximación científica [esto es, de lo fisiológico a lo psicológico] sin consideración. Obviamente, no pretendían decir otra cosa sino que las modificaciones fisiológicas de las fibras nerviosas que acompañan a la excitación sensorial, produce otra modificación en la célula nerviosa central, y que esta última modificación se convierte en el correlato fisiológico de la «representación». Dado que pueden decir mucho más de las representaciones que de las modificaciones, de las que aún no se ha conseguido ninguna caracterización

[1] [La frase es de Hughlings Jackson.]

fisiológica y que son desconocidas, emplean la afirmación elíptica de que la representación está localizada en la célula nerviosa. Sin embargo, esta forma de considerar la cuestión conduce sin demora a una confusión entre las dos cosas, que no guardan entre sí semejanza alguna. En psicología, una representación simple es algo elemental, que puede ser claramente diferenciada de sus conexiones con otras representaciones. Esto nos lleva a suponer que el correlato fisiológico de la representación —o sea, la modificación que se origina a partir de la excitada fibra nerviosa con su terminación en el centro— es algo también simple, y que puede localizarse en un punto preciso. Es absolutamente injustificado trazar un paralelismo de esta clase; las características de la modificación deben ser establecidas por sí mismas, independientemente de su contrapartida psicológica[1].

¿Cuál es, pues, el correlato fisiológico de una representación simple, o de la misma representación cuando se repite? Está claro que no se trata de algo estático, sino de la naturaleza de un proceso. Este proceso admite su localización. Comienza en un punto particular del cortex y se despliega desde allí hacia la totalidad del cortex, o a lo largo de ciertas vías. Cuando este proceso se completa, deja tras de sí una modificación en la región del cortex que ha sido afectada: la posibilidad de recordar. Es muy dudoso que exista algo psíquico que corresponda a esta modificación. Nuestra conciencia no muestra nada semejante que justifique, desde el punto de vista psíquico, el nombre de «imagen mnémica latente». Pero cada vez que vuelve a provocarse el mismo estado del cortex, el aspecto psíquico vuelve a ser una vez más una imagen mnémica...

APENDICE C

Palabras y cosas

[La sección última del artículo de Freud sobre «Lo inconsciente» parece hundir sus raíces en su antigua monografía sobre la afasia (1891b). Por tal motivo, puede resultar de interés reproducir un pasaje de dicha obra, que a pesar de su dificultad ilumina algunos de los supuestos que subyacen a los puntos de vista posteriores de Freud. El pasaje tiene el interés añadido de presentar a Freud en una de las escasas ocasiones en que emplea el lenguaje técnico de la psicología «académica» del final del siglo XIX. El fragmento que

---

[1] Hughlings Jackson ha advertido enfáticamente contra esta clase de confusiones entre lo físico y lo psíquico en el proceso del habla: «en todos nuestros estudios de las enfermedades del sistema nervioso debemos estar prevenidos contra la falacia de que aquello que constituyen estados físicos en los centros inferiores se conviertan en estados psíquicos en los centros superiores; de que, por ejemplo, las vibraciones de los nervios sensoriales se conviertan en sensaciones, o que de un modo u otro una idea produzca un movimiento» (1878).

se cita viene luego de una argumentación anatómica y fisiológica, tanto destructiva como constructiva, que han conducido a Freud a un hipotético esquema de funcionamiento neurológico que describe como el «aparato del lenguaje». Sin embargo, debe advertirse que hay una diferencia importante, y que quizá produce confusión, entre la terminología que Freud utiliza aquí y en «Lo inconsciente». Lo que en el presente trabajo denomina la «representación de objeto» es lo que en «Lo inconsciente» llama «representación de cosa»; mientras que en «Lo inconsciente» el término «representación de objeto» supone un complejo que combina la «representación de cosa» y la «representación de palabra», dicho complejo en el pasaje de *La afasia* carece de denominación. Al igual que en la última sección de «Lo inconsciente», hemos empleado aquí en todo momento la palabra «representación» para dar cuenta del alemán «Vorstellung», mientras que «imagen» corresponde al término alemán «Bild».]

Me propongo ahora considerar cuáles son las hipótesis que se requieren para explicar los trastornos del lenguaje sobre la base de un aparato del lenguaje construido de esta manera; en otras palabras, lo que el estudio de las perturbaciones del lenguaje nos enseña sobre la función de dicho aparato. Para lo cual habré de mantener los aspectos psicológicos y anatómicos de la cuestión tan separados como me sea posible.

Desde el punto de vista de la psicología la unidad de la función del lenguaje es la «palabra», una representación compleja, que resulta ser una combinación de elementos auditivos, visuales y cinestésicos reunidos en un conjunto. Debemos nuestro conocimiento de esta combinación a la patología, que nos muestra que en las lesiones orgánicas del aparato del lenguaje una desintegración del lenguaje se produce siguiendo las coordenadas en las que se ha establecido la combinación. De este modo, cabe esperar que la ausencia de uno de estos elementos de la representación de palabra resultará ser la indicación más importante que nos permita localizar la enfermedad. Se distinguen habitualmente cuatro componentes de la representación de palabra: «la imagen sonora», la «imagen visual de la letra», la «imagen motriz del habla», y la «imagen motriz de la escritura». Sin embargo, esta combinación resulta ser más complicada cuando uno se adentra en el proceso asociativo que tiene lugar en cada una de las distintas actividades del lenguaje:

1. Aprendemos a *hablar* asociando una «imagen sonora de una palabra», con una «sensación de la inervación de una palabra»[1].

Luego de haber hablado, nos hacemos poseedores incluso de una «representación motriz del habla» (sensaciones centrípetas procedentes de los ór-

[1] [Se llegó a suponer que los movimientos iniciados activamente implicaban un tipo particular de sensación, conectada directamente con la descarga de impulsos nerviosos de las áreas motoras del cerebro a los músculos ...La existencia de este «sentido de la inervación», o sentido de la energía puesta en marcha, es hoy en día generalmente rechazada.» Stout (1938). Esta última observación es confirmada por Freud unas líneas más abajo.]

ganos del lenguaje); de manera que, desde el punto de vista motriz, la «palabra» está doblemente determinada. De los dos elementos determinantes, el primero (la representación de palabra inervativa) parece tener escaso valor desde una perspectiva psicológica; por cierto, toda su apariencia de factor psíquico cabe ser discutida. A esto se le agrega que luego de hablar recibimos una «imagen sonora» de la palabra pronunciada. Si nuestra capacidad de lenguaje no está muy desarrollada, esta segunda imagen sonora no necesita ser idéntica a la primera, sino tan sólo estar asociada a ella[1]. En este estadio del desarrollo del lenguaje —el de la temprana infancia— empleamos una lengua construida por nosotros mismos. Nos conducimos en este punto como los afásicos motores, puesto que asociamos una variedad de sonidos verbales ajenos como uno solo producido por nosotros mismos.

2. Aprendemos a hablar la lengua de otras personas esforzándonos por hacer que la imagen sonora que producimos sea lo más parecida posible a la que dio origen a nuestra inervación lingüística. De este modo, aprendemos a «repetir», a «hablar después» de otra persona. Cuando yuxtaponemos las palabras en un lenguaje conectado, retenemos la inervación de la palabra siguiente hasta que la imagen sonora o la representación motriz del habla (o ambas) de la palabra anterior llega a nosotros. Así pues, la seguridad de nuestro lenguaje está sobredeterminada, y puede soportar fácilmente la pérdida de uno u otro factor determinante. Por otra parte, una pérdida de la corrección ejercida por la segunda imagen sonora y por la representación lingüística motriz explica algunas de las particularidades de la parafasia, tanto fisiológicas como patológicas.

3. Aprendemos a *deletrear* uniendo las imágenes visuales de las letras con nuevas imágenes sonoras, que por su parte deben recordarnos los sonidos verbales que ya conocemos. Repetimos de inmediato la imagen sonora que denota la letra, de tal manera que también las letras están determinadas por dos imágenes que coinciden, y dos representaciones motrices correspondientes a cada una.

4. Aprendemos a *leer* enlazando, según ciertas reglas, la sucesión de representaciones motrices e inervatorias de palabra que recibimos cuando pronunciamos letras separadas, de tal modo que surgen las nuevas representaciones motrices de palabra. Tan pronto como hemos proferido en voz alta estas nuevas representaciones de palabra, descubrimos por sus imágenes sonoras que las dos imágenes motrices y las sonoras que hemos recibido de este modo nos resultan familiares y son idénticas a las imágenes que empleamos al hablar. Asociamos entonces el significado enlazado a los sonidos verbales primarios, con las imágenes lingüísticas que han sido adquiridas mediante el deletreo. A partir de entonces leemos con capacidad de entendimiento. Si lo que se dijo primariamente era un dialecto y no un lenguaje literario, las imágenes motrices y sonoras de las nuevas palabras adquiridas de-

[1] [La segunda imagen sonora es la de la palabra dicha por nosotros mismos, y la primera es la de la palabra que estamos imitando (la imagen sonora mencionada al comienzo del párrafo).]

ben sobreasociarse con las imágenes antiguas; de este modo, tenemos que aprender un nuevo lenguaje, una labor que se ve facilitada por la similitud entre el dialecto y el lenguaje literario.

Por la descripción del aprendizaje de la lectura se deduce que se trata de un proceso muy complicado, en el cual el curso de las asociaciones debe moverse repetidamente hacia adelante y hacia atrás. Debemos incluso estar preparados para encontrarnos con que las perturbaciones de la lectura en la afasia puedan producirse de maneras muy variadas. La única cosa que indica decisivamente una lesión en el elemento *visual* de la lectura, es una alteración en la lectura de las *letras por separado.* La *combinación* de letras para formar una palabra tiene lugar durante la transmisión a la vía del habla, y por tanto, queda abolida en la afasia *motora.* Una *comprensión* de lo que se lee sólo se alcanza por medio de las imágenes sonoras producidas por las palabras que se han pronunciado, o por medio de las imágenes motrices de palabra que se ponen en juego al hablar. Por tanto, parece tratarse de una función que se extingue no sólo en el caso de lesiones motrices, sino también en el de las *acústicas.* La comprensión de lo que se lee resulta ser una función independiente de la ejecución misma de la lectura. Cualquiera puede descubrir por medio de la auto-observación que existen distintos tipos de lectura, y que en algunos casos lo hacemos sin comprender lo que leemos. Cuando leo pruebas de imprenta con la intención de prestar una atención especial a las imágenes visuales de las letras u otros signos tipográficos, el sentido de lo que leo se me escapa al punto de que tengo que leer las pruebas nuevamente si deseo corregir el estilo. Por otra parte, cuando estoy leyendo un libro que me interesa, como es el caso de una novela, paso por alto todas las erratas; y puede suceder que los nombres de los personajes dejen en mi mente tan sólo una impresión confusa; tal vez el recuerdo de que son largos o cortos, o que contienen una letra poco frecuente, como una «x» o una «z». Cuando tengo que leer en voz alta, y debo prestar atención a las imágenes sonoras de mis palabras y los intervalos entre ellas, una vez más corro el riesgo de implicarme escasamente en el significado de las palabras; y tan pronto como me fatigo leo de tal modo que a pesar de que otras personas todavía pueden comprender lo que estoy leyendo, por mi parte ya no sé lo que he leído. Son fenómenos de atención dividida, que surgen precisamente porque una comprensión de lo que se lee sólo se produce por una vía muy indirecta. Si el proceso de la lectura ofrece dificultades en sí mismo, ya no hay más lugar a la comprensión. Esto se aclara por analogía con nuestro comportamiento cuando aprendemos a leer; y debemos tener cuidado de no considerar la ausencia de comprensión como la evidencia de la interrupción de una vía. El leer en voz alta no debe considerarse un proceso distinto al de leer para uno mismo, aparte del hecho de que ayuda a desviar la atención de la parte sensorial del proceso de lectura.

5. Aprendemos a *escribir* reproduciendo las imágenes visuales de las letras por medio de las imágenes inervativas de la mano, hasta que aparecen las mismas imágenes visuales, o similares. Por regla general, las imágenes de escritura son sólo similares a las imágenes de lectura, y están sobreasociadas

a ellas, dado que lo que aprendemos a leer es *letra impresa* y lo que aprendemos a escribir es *letra manuscrita.* La escritura resulta ser un simple proceso comparativo, y no se perturba tan fácilmente como la lectura.

6. Posteriormente llevamos a cabo estas diferentes funciones del lenguaje atravesando las mismas vías asociativas por las que las hemos aprendido. En este último estadio, pueden haber abreviaciones y sustituciones, pero no siempre es fácil decidir sobre su naturaleza. Su importancia disminuye por el hecho de que en los casos de lesión orgánica el aparato del lenguaje probablemente resulte dañado como un todo, viéndose obligado a retornar a modos de asociación primarios, bien establecidos y más prolongados. En lo que concierne a la lectura, la «imagen visual de palabra» hace notar indudablemente su influencia en los lectores prácticos, de tal modo que las palabras individuales (en especial los nombres propios) pueden leerse sin necesidad de deletrearse.

Una palabra es una representación compleja consistente en las imágenes enumeradas más arriba; o, dicho de otro modo, a la palabra le corresponde un complicado proceso asociativo en el cual intervienen juntos los elementos de origen visual, acústico y cinestésico antes mencionados.

Sin embargo, una palabra adquiere su *significado* por medio de su conexión con una «representación de objeto»[1], en todo caso si nos ceñimos a la consideración de los sustantivos. La representación de objeto es en sí misma un nuevo complejo de asociaciones construida mediante una enorme variedad de representaciones visuales, acústicas, tactiles, cinestésicas y otras. La filosofía nos enseña que una representación de objeto consiste en lo siguiente: la apariencia de que existe una «cosa» de cuyos distintos atributos son testigos estas impresiones sensoriales, se debe simplemente al hecho de que, al enumerar las impresiones sensoriales que hemos recibido de un objeto, damos por sentada la posibilidad de que exista un buen número de impresiones ulteriores en la misma cadena de asociaciones (J. S. Mill)[2]. La representación de objeto resulta ser así una representación que no está cerrada, incluso que no puede estar cerrada, en tanto que la representación de palabra resulta ser algo cerrado, aunque susceptible de extensión.

La patología de los trastornos del lenguaje nos obliga a afirmar que *la representación de palabra se conecta en su terminación sensorial (por su imagen sonora) con la representación de objeto.* Llegamos de este modo a la existencia de dos tipos de perturbación del lenguaje: 1) una afasia de primer orden, *afasia verbal,* en la que sólo se alteran las asociaciones entre los elementos aislados de la representación de palabra, y 2) una afasia de segundo orden, *afasia asimbólica* en la que se altera la asociación entre la representación de palabra y la representación de objeto.

Empleo el término «asimbolia» en sentido diferente al que se usa por lo general a partir de Finkelnburg [1870][3], porque la relación entre, la [repre-

---

[1] [La «representación de cosa» del artículo «Lo inconsciente».]

[2] Cf. J. S. Mill, *A System of Logic* (1843), 1, Book I, Cap. III, también en *An Examination of Sir William Hamilton's Philosophy* (1865).

[3] Citado por Spamer (1876).

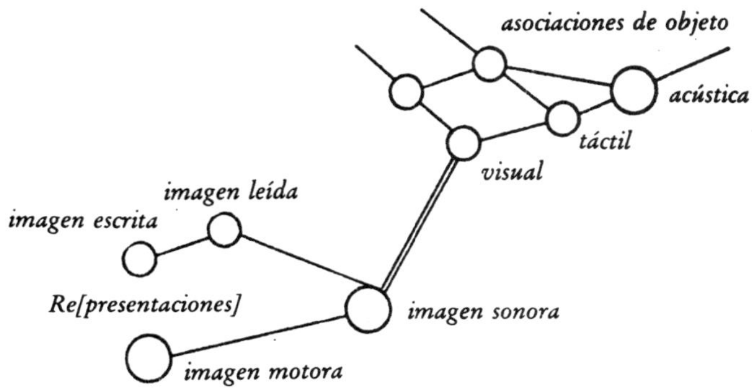

Diagrama psicológico de una representación de palabra

La representación de palabra se ve como un complejo cerrado de representaciones, mientras que la representación de objeto es un complejo abierto. La representación de palabra no está enlazada a la representación de objeto por *todos* sus elementos constitutivos, sino tan sólo por su imagen sonora. Entre las asociaciones de objeto, son las visuales las que responden por el objeto, del mismo modo que la imagen sonora soporta la palabra. No se indican otras conexiones que unan la imagen sonora de la palabra con las asociaciones de objeto, que no sean las visuales.

sentación de] palabra y la representación de objeto, merece a mi juicio ser descrita como «simbólica», más que la relación entre el objeto y la representación de objeto. Para las perturbaciones en el reconocimiento de los objetos, que Finkelnburg califica como asimbolia, quisiera proponer el término «agnosia». Es posible que los trastornos «agnósticos» (que sólo tienen lugar en los casos de lesiones corticales bilaterales y extensivas) puedan también ocasionar una perturbación del lenguaje, dado que todos los estímulos para el habla espontánea provienen del campo de las asociaciones de objeto. Denominaría a tales trastornos del lenguaje, afasia de tercer orden o *afasias agnósticas.* De hecho, la observación clínica nos ha procurado algunos casos que requieren ser considerados de este modo...

ALGUNAS LECCIONES ELEMENTALES DE PSICOANALISIS (1940 [1938]) *

Un autor que se propone introducir alguna rama de conocimientos —o para decirlo más modestamente, alguna rama de la investigación— a un público no instruido debe hacer claramente su elección entre dos métodos o técnicas.

Es posible partir de lo que cualquier lector sabe (o piensa que sabe) y considera como evidente en sí mismo sin contradecirlo ya desde el comienzo. Pronto se presentará una oportunidad para llamar su atención sobre algunos hechos en el mismo campo, que aunque le son conocidos, ha descuidado o ha apreciado imperfectamente. Empezando con ellos, uno puede introducir más hechos ante él de los que *no* tiene conocimiento y prepararlo así para ir más allá de sus primeros juicios, para buscar nuevos puntos de vista y tomar en consideración nuevas hipótesis. Por este camino se le puede llevar a tomar parte en la edificación de una nueva teoría acerca del sujeto y

* Publicado, por primera vez, en Int. Z. Psychoanal. (en parte). El texto inglés se incluye en *Standard Ed.*, *23*, 281.

se pueden conocer sus objeciones a ella durante el curso del trabajo en común. Un método de esta clase podría llamarse *genético*. Sigue el camino que el propio investigador ha seguido antes. A despecho de todas sus ventajas; tiene el defecto de no hacer una impresión demasiado contundente sobre el que aprende. No quedará tan impresionado por algo que ha visto surgir a la existencia y pasar por un difícil período de crecimiento, como lo sería por algo que se le presentara ya hecho como un total aparentemente cerrado.

Es precisamente este efecto último el que produce el método alternativo de presentación. Este otro método, el *dogmático,* empieza por plantear sus conclusiones. Sus premisas exigen la atención y la fe de la audiencia y en apoyo de ellas se aduce muy poco. Y entonces existe el peligro de que un oyente crítico sacuda la cabeza y diga: «Todo esto suena de un modo muy peculiar; ¿de dónde lo ha sacado este tipo?»

En lo que sigue no me limitaré a ninguno de los dos métodos de presentación. Usaré unas veces uno, otras otro. No me hago ilusiones acerca de la dificultad de mi tarea. El psicoanálisis tiene pocas probabilidades de hacerse querido o popular. No es sólo que mucho de lo que tiene que decir ofenda los sentimientos de la gente. Casi una similar dificultad es creada por el hecho de que nuestra ciencia abarca un cierto número de hipótesis —es difícil decir si deberían ser consideradas como postulados[1] o como producto de nuestras investigaciones— que están expuestas a parecer muy extrañas a los modos ordinarios de pensamiento y que fundamentalmente contradicen los puntos de vista corrientes. Pero no se puede evitar esto. Hemos de empezar nuestro breve estudio con dos de esas arriesgadas hipótesis.

---

[1] [En la única edición alemana en la que aparece este pasaje, esta palabra, *Voraussetzungen*, contiene un inexplicable error de imprenta, y dice *Moralbesetzugen* («catexias morales»).]

El psicoanálisis es una parte de la psicología. También es descrito como «psicología profunda» —más tarde descubriremos por qué—. Si alguien pregunta lo que realmente significa «lo psíquico», es fácil replicar enumerando sus constituyentes: nuestras percepciones, ideas, recuerdos, sentimientos y actos volitivos, todos ellos forman parte de lo psíquico. Pero si el interrogador sigue más adelante y pregunta si no hay alguna cualidad común poseída por todos esos procesos que haga posible llegar más cerca de la *naturaleza* o, como la gente dice a veces, de la *esencia* de lo psíquico, entonces eso es más difícil de contestar.

Si una pregunta análoga se le planteara a un físico (en cuanto a la naturaleza de la electricidad, por ejemplo), su respuesta hasta hace muy poco tiempo hubiera sido: «Con el fin de explicar ciertos fenómenos suponemos la existencia de fuerzas eléctricas que se hallan presentes en las cosas y emanan de ellas. Estudiamos esos fenómenos, descubrimos las leyes que los gobiernan y disponemos de ellos para usarlos. Esto nos satisface provisionalmente. No conocemos la *naturaleza* de la electricidad. Tal vez la descubramos un día conforme nuestro trabajo progrese. Hemos de admitir que lo que ignoramos es precisamente la parte más importante e interesante de toda la cuestión, pero por el momento esto no nos preocupa. Así ocurren sencillamente las cosas en las ciencias naturales.»

La Psicología también es una ciencia natural. ¿Qué otra cosa puede ser? Pero su caso es diferente. Nadie es bastante atrevido para emitir juicios acerca de cuestiones físicas; pero todo el mundo —el filósofo y el hombre de la calle por igual— tiene su opinión sobre los problemas psicológicos y se comporta como si por lo menos fuera un psicólogo *amateur.* Y ahora viene lo notable. Todo el mundo —o casi todo el mundo— está de acuerdo en que lo psíquico *tiene* realmente una cualidad común en la cual se expresa su esencia: la cualidad —única, indescriptible, pero no necesitando descripción— de *ser consciente.* Todo lo que es consciente, dicen, es psíquico, y, al contrario, todo lo que es psíquico es consciente; esto es evidente, y contradecirlo es un disparate. No puede decirse que esta decisión arroje mucha luz sobre la naturaleza de lo psíquico, porque la concienciación es uno de los hechos fundamentales de nuestra vida y nuestras investigaciones tropiezan con ella y no pueden encontrar un camino detrás. Además, la equiparación de lo que es psíquico con lo que es consciente tuvo el indeseable resultado de divorciar los procesos psíquicos del contexto general de los acontecimientos en el universo y de colocarlos en completo contraste con todos los demás. Pero esto no sería así, puesto que no se podría pasar por alto el hecho de que los fenómenos psíquicos dependen en alto grado de influencias somáticas y por su parte tienen los más potentes efectos sobre los procesos corporales. Si alguna vez el pensamiento humano se ha encontrado en un *callejón sin salida*, es aquí. Para encontrar una salida los filósofos se vieron obligados a suponer que existían procesos orgánicos paralelos a los procesos psíquicos conscientes, relacionados con ellos de un modo difícil de explicar, que actuaban como intermediarios en las relaciones recíprocas entre «cuerpo y mente», lo cual sirvió para reinsertar lo psíquico en la textura de la vida. Pero esta solución resultaba insatisfactoria.

El psicoanálisis escapó a dificultades de este tipo, negando enérgicamente la equiparación de lo psíquico y lo consciente. No; el ser consciente no puede ser la esencia de lo que es psíquico. Es sólo una *cualidad* de lo que es psíquico, y desde luego una cualidad inconstante, que se halla muchas más veces ausente que presente. Lo psíquico, sea cualquiera su naturaleza, es por sí mismo inconsciente y probablemente de una clase similar a todos los demás procesos naturales de los que tenemos algún conocimiento.

El psicoanálisis basa sus afirmaciones en un cierto número de hechos de los que daré ahora una selección.

Sabemos a lo que nos referimos cuando decimos que a uno «se le ocurren» algunas ideas-pensamientos que aparecen súbitamente en la conciencia sin que percibamos los pasos que llevaron a ellos, aunque también han debido ser actos psíquicos. Puede incluso suceder que lleguemos por este camino a la solución de algún problema intelectual difícil que antes, durante algún tiempo, se había burlado de nuestros esfuerzos. Todo el complicado proceso de selección, rechazo y decisión que ha ocupado el intervalo se ha hallado fuera de la conciencia. No es ninguna nueva teoría el decir que eran inconscientes y tal vez también continuaron siéndolo.

En segundo lugar, tomaré un sencillo ejemplo para representar una clase inmensamente grande de fenómenos[1]. El presidente de una corporación pública (la Asamblea de los Diputados del Parlamento de Austria) en una ocasión abrió una sesión con las siguientes palabras: «Me doy cuenta de que se halla presente un número suficiente de diputados, y por tanto, declaro la sesión *terminada.*» Fue un desliz verbal, porque no hay duda de que lo que el presidente quería decir era «abierta». ¿Por qué entonces dijo lo contrario? Esperamos que se nos dirá que fue un error accidental, un fracaso al realizar una intención, como puede suceder fácilmente por diversas razones: no tenía ningún significado, y en cualquier caso los contrarios se sustituyen uno por otro con facilidad. Pero si tenemos en cuenta la situación en que ocurrió el desliz verbal, nos inclinaremos a preferir otras explicaciones. Muchas de las anteriores sesiones de la Asamblea habían sido desagradablemente tormentosas y no habían realizado nada, de modo que resultaba natural que el presidente pensara en aquel momento al hacer su manifestación pública: «¡Si la sesión, que está en sus comienzos, se hubiera acabado!... ¡Me gustaría más levantarla que abrirla!» Cuando empezó a hablar, probablemente no se daba cuenta de este deseo —no era consciente para él—; pero se encontraba ciertamente presente y pudo manifestarse, contra la voluntad del que hablaba, en su aparente equivocación. Un solo ejemplo no puede permitirnos decidir entre dos explica-

[1] Véase la *Psicopatología de la vida cotidiana* [1901b, capítulo V, *Standard Ed.*, *6*, 59-60.]

ciones diferentes. Pero ¿qué diríamos si todas las equivocaciones verbales pudieran ser explicadas de la misma forma y del mismo modo, y también todas las equivocaciones escritas, todo error al leer o al oír y todas las acciones equivocadas? ¿Qué diríamos si en todos estos ejemplos (podríamos decir sin ninguna excepción) fuera posible demostrar la presencia de un acto psíquico —un pensamiento, un deseo o una intención— que explicaría la aparente equivocación y que era inconsciente en el momento en que se realizó, aunque haya podido ser previamente consciente? Si esto fuera así, no sería ya realmente posible seguir negando el hecho de que existen actos psíquicos que son inconscientes y que incluso a veces son activos mientras son inconscientes, e incluso en este caso pueden a veces influir considerablemente en las intenciones conscientes. La persona que ha sufrido una equivocación de esta clase puede reaccionar a ella de varias maneras. Puede pasarla completamente por alto o puede percibirla y quedar confusa y avergonzada. Por lo regular no puede encontrar la explicación por sí misma y sin ayuda ajena, y con frecuencia rehúsa aceptar la explicación cuando se le coloca ante ella por lo menos durante algún tiempo.

En tercer lugar, finalmente, es posible, en el caso de personas en estado hipnótico, probar experimentalmente que existen cosas como los actos psíquicos inconscientes y que la concienciación no es una condición indispensable para la actividad (psíquica). Cualquiera que haya presenciado uno de estos experimentos recibirá una impresión inolvidable y una convicción que nunca será quebrantada. Esto es, poco más o menos, lo que ocurre. El médico entra en la sala del hospital, apoya su paraguas en el rincón, hipnotiza a uno de los pacientes y le dice: «Ahora me voy. Cuando vuelva, usted saldrá a mi encuentro con mi paraguas abierto y lo mantendrá sobre mi cabeza.» Entonces el médico y sus ayudantes abandonan la sala. En cuanto vuelven, el paciente, que ya no se halla hipnotizado, lleva a cabo exactamente las instrucciones que se le dieron mientras estaba bajo hipnosis. El médico le pregunta: «¿Qué está usted haciendo? ¿Qué significa esto?» El paciente queda claramente confundido. Hace alguna observación inoportuna, como: «Sólo pensé, doctor, que, como llueve afuera, usted abriría su paraguas en la sala antes de salir.» La explicación es evidentemente inadecuada y hecha en el apuro del momento para ofrecer algún motivo de su conducta sin sentido. Es evidente, para nosotros los espectadores, que ignora su real motivo. Sin embargo nosotros sabemos cuál es, porque estábamos presentes cuando se le hizo la sugestión que ahora realiza, mientras que él nada sabe del acto que está en acción[1].

La cuestión de la relación del consciente con lo psíquico puede ser considerada ahora como establecida: la conciencia es sólo una *cualidad* o atributo de lo que es psíquico, pero una cualidad inconstante. Pero existe otra objeción que hemos de aclarar. Se nos dice que, a pesar de los hechos que hemos mencionado, no es necesario abandonar la identidad entre lo que es consciente y lo que es psíquico; los llamados procesos psíquicos inconscientes son los procesos orgánicos que desde hace tiempo se ha reconocido que corren paralelos a los procesos mentales. Esto, naturalmente, reduciría nuestro problema a una cuestión, aparentemente baladí, de definición. Nuestra respuesta es que estaría injustificado y sería impropio establecer una brecha en la unidad de la vida mental para lograr una definición, puesto que en cualquier caso está claro que la conciencia sólo puede ofrecernos una cadena incompleta y rota de fenómenos. Y sería una cuestión de suerte que hasta que el cambio hubiera sido hecho en la definición de lo psíquico, resultara posible construir una teoría amplia y coherente de la vida mental.

Ni es necesario suponer que esta visión alternativa de lo psíquico sea una innovación debida al psicoanálisis. Un filósofo alemán, Theodor Lipps[2], afirmó con la mayor cla-

---

[1] Estoy describiendo experimentos hechos por Bernheim en Nancy en 1889, a los que asistí. En esos días no era para mí discutible la autenticidad de los fenómenos hipnóticos de esta clase. [Véase el relato completo de la visita de Freud a Nancy en el capítulo I de su *Autobiografía* (1925d), *Standard Ed.*, *20*, 17-18.]

[2] [1851-1914, profesor de Filosofía en Munich. Algunas notas sobre la re-

ridad que lo psíquico es en sí mismo inconsciente y que lo inconsciente es lo verdaderamente psíquico. El concepto del inconsciente ha estado desde hace tiempo llamando a las puertas de la psicología para que se le permitiera la entrada. La filosofía y la literatura han jugado con frecuencia con él, pero la ciencia no encontró cómo usarlo. El psicoanálisis ha aceptado el concepto, lo ha tomado en serio y le ha dado un contenido nuevo. Con sus investigaciones ha llegado a un conocimiento de las características de lo psíquico inconsciente que hasta ahora eran insospechadas y ha descubierto algunas de las leyes que lo gobiernan. Pero nada de esto implica que la calidad de ser consciente haya perdido su importancia para nosotros. Continúa siendo la luz que ilumina nuestro camino y nos lleva a través de la oscuridad de la vida mental. Como consecuencia del carácter especial de nuestros descubrimientos, nuestro trabajo científico en la psicología consistirá en traducir los procesos inconscientes en procesos conscientes, llenando así las lagunas de la percepción consciente...

---

lación de Freud con sus escritos se encontrarán en el Prefacio del Editor a su libro sobre los chistes (1905c) *Standard Ed.*, *8*, 4-5.]

4. LOS IMPULSOS INSTINTIVOS

INTRODUCCION

Suponemos que nuestros alumnos ya se han convencido de la existencia de una vida mental inconsciente y han recorrido gradualmente cuatro pasos del conocimiento: penetración en el alcance arrollador de los procesos inconscientes, incomparable al de la experiencia consciente; la diferencia entre lo que es auténticamente inconsciente y lo que está descriptiva y temporalmente separado de la consciencia; comprensión del primitivo modo de pensar que domina en el inconsciente, propio de los procesos psíquicos de la temprana infancia; una primera impresión de la disarmonía entre las distintas instancias psíquicas, que con el carácter de «conflictos internos» agravan y sobrecargan la vida humana. Lo que esperamos ahora del alumno hasta aquí preparado, es un quinto paso: una mirada al contenido *del inconsciente, v.g., a los elementos que componen dicho sistema. Sólo la comprensión de sus características puede explicar el por qué deben ser alejados de la conciencia, y porqué el hombre debe mantenerse permanentemente alerta contra su emergencia.*

En los seminarios que se imparten en nuestros institutos de formación, se les explica con frecuencia a los candidatos que el psicoanálisis es en esencia una psicología de los instintos. Ello no implica que el psicoanálisis declare haber formulado una teoría instintiva que supere en amplitud, especificidad y utilidad a todos los intentos realizados anteriormente en esa dirección. Por el contrario, Freud afirmó en numerosas ocasiones que consideraba insatisfactorio el estado de la teoría psicoanalítica de los instintos. Se refirió a ellos en términos de «entidades míticas, grandiosas en su indefinición», considerando que su descripción constituye «por así decirlo, nuestra mitología». Sin embargo, aseveró al mismo tiempo que en su labor el analista «no puede pasarlas por alto ni un momento» (1933a). Es precisamente esta preocupación constante por la existencia y el obrar de los instintos lo que confiere a la labor y la teoría psicoanalíticas su carácter especial. La exploración del inconsciente por medio del sueño, la asociación libre y la interpretación de la conducta transferencial en la situación analítica, es a la vez una tarea de investigación que apunta a la comprensión de los instintos. Se extiende más allá del terreno psicológico, en la convicción de que las fuentes de los instintos residen en la esfera biológica y somática, de donde los impulsos envían sus derivados hacia el campo psíquico. En su búsqueda de satisfacción, estos derivados llegan al inconsciente, el sistema que le es más próximo, y desde allí intentan abrirse paso hacia el pensamiento consciente y la acción. El «conflicto interior» antes mencionado, que tanto problema acarrea al individuo y su analista, es consecuentemente la incompatibilidad entre las demandas de los instintos y el lado moral, ético y social de la personalidad humana que se les opone.

El intento persistente y tentativo que Freud sostuvo a lo largo de su vida por crear su propia teoría instintiva, lo condujo muy lejos de sus predecesores. Consideró que los instintos aislados descritos por otros autores, como el instinto de dominio, de imitación, de juego, gregario, carecían de importancia para explicar los sucesos más significativos que gobiernan la vida mental humana. Su búsqueda se dirigió a un dualismo, las dos supremas fuerzas opuestas, con cuyas demandas tienen que lidiar los procesos psíquicos: autoconservación versus conservación de la especie, instintos del yo versus instintos sexuales, instinto de vida versus instinto de muerte. El punto de vista de Freud se dirigió a la biología, el campo subyacente a la esfera psíquica, v.g., hacia los procesos vitales mismos que tan sólo se reflejan en los procesos psíquicos.

Cada uno de estos intentos por resolver el enigma de los instintos dominó fases enteras de la labor y la producción de Freud. Algunas veces, estos períodos estuvieron íntimamente ligados a las observaciones clínicas, que los sustentaron y los exigieron; otras, fueron más distantes y más asimilables a las especulaciones biológicas que a las descripciones de los hechos clínicos. El destino de estos avances diferentes fue tanto el de provocar acuerdo como desacuerdo, no sólo en los círculos más amplios, sino especialmente entre los discípulos inmediatos de Freud. En particular el dualismo entre los instintos de vida y muerte se convirtió en motivo de disputa; muchos analistas clínicos consideran la hipótesis del instinto de muerte como un cuerpo extraño; otros le dan la bienvenida y la consideran la base de todos los conflictos psíquicos. Sea como fuere, Freud sintió que con su última formulación de la teoría instintiva se había aproximado más a un factor que, extendiéndose por encima de la vida psíquica individual, era responsable de los procesos vitales en su sentido más amplio.

Para los alumnos en general suele ser difícil seguir en detalle la secuencia en el análisis de los conceptos relativos a los instintos. Sugiero por lo tanto en primer lugar «Las pulsiones y sus destinos» (1915c), atendiendo al hecho de que este artículo es un intento relativamente temprano de Freud por tratar el tema de un modo abarcativo. Ha seguido siendo un texto fundamental, incluso para la comprensión de los subsiguientes cambios en la clasificación de los instintos. La última formulación de Freud, expresada en la antítesis Eros *y* Tánatos, *puede estudiarse en* Más allá del principio del placer *(1920g).*

LAS PULSIONES Y SUS DESTINOS (1915) *

Hemos oído expresar más de una vez la opinión de que una ciencia debe hallarse edificada sobre conceptos fundamentales, claros y precisamente definidos. En realidad, ninguna ciencia, ni aún la más exacta, comienza por tales definiciones. El verdadero principio de la actividad científica consiste más bien en la descripción de fenómenos, que luego son agrupados, ordenados y relacionados entre sí.

Ya en esta descripción se hace inevitable aplicar al material determinadas ideas abstractas extraídas de diversos sectores y, desde luego, no únicamente de la observación del nuevo conjunto de fenómenos descritos. Más imprescindibles aún resultan tales ideas —los ulteriores principios fundamentales de la ciencia— en la subsiguiente elaboración de la materia. Al principio han de presentar cierto grado de indeterminación, y es imposible hablar de una clara delimitación de su contenido. Mientras permanecen

* Publicado por primera vez en *Int. Z. Psychoanal.* Incluido en Standard Edition, 14, 117.

en este estado, nos concentramos sobre su significación por medio de repetidas referencias al material del que parecen derivadas, pero que en realidad les es subordinado. Presentan, pues, estrictamente consideradas, el carácter de convenciones, circunstancia en la que todo depende de que no sean elegidas arbitrariamente, sino que se hallen determinadas por importantes relaciones con la materia empírica, relaciones que creemos adivinar antes de hacérsenos asequibles su conocimiento y demostración. Sólo después de una más profunda investigación del campo de fenómenos de que se trate resulta posible precisar más sus conceptos fundamentales científicos y modificarlos progresivamente, de manera de extender en gran medida su esfera de aplicación, haciéndolos así irrebatibles. Este podrá ser el momento de concretarlos en definiciones. Pero el progreso del conocimiento no tolera tampoco la inalterabilidad de las definiciones. Como nos lo evidencia el ejemplo de la Física, también los «conceptos fundamentales» fijados en definiciones experimentan una perpetua modificación del contenido.

Un semejante principio básico convencional, todavía algo oscuro, pero del que no podemos prescindir en Psicología, es el de pulsión. Intentaremos establecer su significación, aportándole contenido desde diversos sectores.

En primer lugar, desde el campo de la Fisiología. Esta ciencia nos ha dado el concepto del estímulo y el esquema de reflejos, concepto según el cual un estímulo aportado *desde* el exterior al tejido vivo (de la sustancia nerviosa) es derivado *hacia* el exterior por medio de la acción. Esta acción logra su fin sustrayendo la sustancia estimulada a la influencia del estímulo, alejándola de la esfera de actuación del mismo.

¿Cuál es ahora la relación de la «pulsión» con el «estímulo»? Nada nos impide subordinar el concepto de pulsión al de estímulo. La pulsión sería entonces un estímulo para lo psíquico. Mas en seguida advertimos la improcedencia de equiparar la pulsión al estímulo psíquico. Para lo psíquico existen evidentemente, otros estímulos distintos de los pulsionales y que se comportan más bien de un modo análogo a los fisiológicos. Así, cuando la retina es herida por una intensa luz, no nos hallamos ante un estímulo pulsional. Sí, en cambio, cuando se hace perceptible la sequedad de las mucosas bucales o la irritación de las del estómago.

Tenemos ya material bastante para distinguir los estímulos pulsionales de otros (fisiológicos) que actúan sobre lo anímico. En primer lugar, los estímulos pulsionales no proceden del mundo exterior, sino del interior del organismo. Por esta razón actúan diferentemente sobre lo anímico y exigen, para su supresión, distintos actos. Pero, además, para dejar fijadas las características esenciales del estímulo, basta con admitir que actúa como un impulso único, pudiendo ser, por tanto, suprimido mediante un único acto adecuado, cuyo tipo será la fuga motora ante la fuente de la cual emana. Naturalmente, pueden tales impulsos repetirse y sumarse; pero esto no modifica en nada la interpretación del proceso ni las condiciones de la supresión del estímulo. La pulsión, en cambio, no actúa nunca como una *fuente impulsiva momentánea*, sino siempre como una fuerza *constante*. No procediendo del mundo exterior, sino del interior del cuerpo, la fuga es ineficaz contra él. Al estímulo pulsional lo denominaremos mejor *necesidad*, y lo que suprime esta necesidad es la *satisfacción*. Esta puede ser alcanzada únicamente por una transformación adecuada de la fuente de estímulo interna.

Coloquémonos ahora en la situación de un ser viviente, desprovisto casi en absoluto de medios de defensa y no orientado aún en el mundo, que recibe estímulos en su sustancia nerviosa[1]. Este ser llegará muy pronto a rea-

[1] [La hipótesis que sigue respecto a la conducta de un primitivo organismo viviente, y el postulado de un «principio de constancia» fundamental, habían sido formuladas en términos similares en algunos de los trabajos psicológicos más tempranos de Freud. Véase, por ejemplo, el capítulo l7, secciones C y E de *La interpretación de los sueños* (1900a). Incluso antes, en lenguaje *neurológico*, en su «Proyecto» de 1895, publicado póstumamente (1950a, parte I, sección 1), y también de forma más breve en su conferencia sobre la «Comunicación Preliminar» de Breuer y Freud (1893h) y en el pe-

lizar una primera diferenciación y adquirir una primera orientación. Por un lado, percibirá estímulos a los que le es posible sustraerse mediante una acción muscular (fuga), y atribuirá estos estímulos al mundo exterior. Pero también percibirá otros, contra los cuales resulta ineficaz tal acción y que conservan, a pesar de la misma, su carácter constantemente apremiante. Estos últimos constituirán un signo característico del mundo interior y, una demostración de la existencia de necesidades pulsionales. La sustancia perceptora del ser viviente hallará así, en la eficacia de su actividad muscular, un punto de apoyo para distinguir un «exterior» de un «interior»[1].

Encontramos, pues, la esencia de la pulsión primeramente en sus caracteres principales, su origen de fuentes de estímulo situadas en el interior del organismo y su aparición como fuerza constante, y derivamos de ella otra de sus cualidades: la ineficacia de la fuga para su supresión. Pero durante estas reflexiones hubimos de descubrir algo que nos fuerza a una nueva confesión. No sólo aplicamos a nuestro material determinadas convenciones como conceptos fundamentales, sino que nos servimos, además, de algunas complicadas *hipótesis* para guiarnos en la elaboración del mundo de los fenómenos psicológicos. Ya hemos delineado antes en términos generales lo más importante de esta hipótesis; quédanos tan sólo hacerla resaltar expresamente. Es de naturaleza *biológica*, labora con el concepto de la tendencia (eventualmente con el de la conveniencia) y su contenido es como sigue: el sistema nervioso es un aparato al que compete la función de suprimir los estímulos que hasta él llegan, a reducirlos a su mismo nivel, y que, si ello fuera posible, quisiera mantenerse libre de todo estímulo[2]. Admitiendo interinamente esta idea, sin parar mientes en su determinación, atribuiremos,

---

núltimo párrafo de su artículo en francés sobre las parálisis histéricas (1983c). Freud retomó una vez más esta hipótesis en *Más allá del principio del placer* (1920g), incluido en este libro.]

[1] [Freud se ocupó posteriormente de este tema en su artículo sobre «La negación» (1925h) y en el capítulo I de *El malestar en la cultura* (1930a).]

[2] [Este es el «principio de constancia».]

en general, al sistema nervioso la labor del *vencimiento de los estímulos.* Vemos entonces cuánto complica el sencillo esquema fisiológico de reflejos la introducción de las pulsiones: Los estímulos exteriores no plantean más problemas que el de sustraerse a ellos, cosa que sucede por medio de movimientos musculares, uno de los cuales acaba por alcanzar tal fin, y se convierte entonces, como el más adecuado, en disposición hereditaria. En cambio, los estímulos pulsionales nacidos en el interior del soma no pueden ser suprimidos por medio de este mecanismo. Plantean, pues, exigencias mucho más elevadas al sistema nervioso, le inducen a complicadísimas actividades, íntimamente relacionadas entre sí, que modifican ampliamente el mundo exterior hasta hacerle ofrecer la satisfacción de la fuente de estímulo interna, y manteniendo una inevitable aportación continua de estímulos, la fuerzan a renunciar a su propósito ideal de conservarse alejado de ellos. Podemos, pues, concluir que las presiones y no los estímulos externos son los verdaderos motores de los progresos que han llevado a su actual desarrollo al sistema nervioso, tan inagotablemente capaz de rendimiento. Nada se opone a la hipótesis de que las pulsiones mismas, son, por lo menos en parte, residuos de efectos estimulantes externos que en el curso de la filogénesis actuaron modificativamente sobre la sustancia viva.

Cuando después hallamos que toda actividad, incluso la del aparato anímico más desarrollado, se encuentra sometida al principio del *placer,* o sea que es regulada automáticamente por sensaciones de la serie «placer-displacer», nos resulta ya difícil rechazar la hipótesis inmediata de que estas sensaciones reproducen la forma en la que se desarrolla el vencimiento de los estímulos, y seguramente en el sentido de que la sensación de displacer se halla relacionada con un incremento del estímulo y la de placer con una disminución del mismo. Mantendremos la amplia indeterminación de esta hipótesis hasta que consigamos adivinar la naturaleza de la relación entre la serie «placer-displacer» y las oscilaciones de las magnitudes de estímulo que actúan sobre la vida anímica. Desde luego, han de ser posibles muy diversas y complicadas relaciones de este género[1].

Si consideramos la vida anímica desde el punto de vista biológico, se nos muestra la «pulsión» como un concepto límite entre lo anímico y lo somático, como un representante psíquico de los estímulos procedentes del interior del cuerpo que arriban al alma y como una magnitud de la exigencia de trabajo impuesta a lo anímico a consecuencia de su conexión con lo somático.

Podemos discutir ahora algunos términos empleados en relación con el concepto de pulsión, tales como perentoriedad, fin, objeto y fuente de la pulsión.

Por *perentoriedad [Drang]* de una pulsión se entiende su factor motor, esto es, la suma de fuerza o la cantidad de exigencia de trabajo que representa. Este carácter perentorio es una cualidad general de las pulsiones e incluso constituye la esencia de las mismas. Cada pulsión es una magnitud de actividad, y al hablar negligentemente de pulsiones pasivas se alude tan sólo a pulsiones de fin pasivo[2].

El *fin [Ziel]* de una pulsión es siempre la satisfacción,

---

[1] [Puede verse que hay aquí dos principios involucrados: el «principio de constancia» y el «principio del placer», que Freud consideró en un comienzo íntimamente relacionados (cf., *La interpretación de los sueños* (1900a). Sin embargo, en el pasaje anterior aparece expresada una duda concerniente a la absoluta correlación entre ambos principios. Esta duda se continúa en *Más allá del principio del placer,* y se discute con cierto detalle en *El problema económico del masoquismo* (1924c). Freud argumenta allí que los dos principios no pueden ser idénticos, en la medida en que existen estados inequívocos de aumento de tensión que son vividos como placenteros (v.g., excitación sexual), y sugiere (tal como lo hace en *Más allá del principio del placer)* que la propiedad placentera o displacentera de un estado podría deberse a una característica *temporal* (o ritmo) en la cantidad presente de excitación. Concluye que en cualquier caso ambos principios no deben considerarse como idénticos: el principio del placer es una *modificación* del principio del Nirvana. Sostiene que el principio del Nirvana debe atribuirse a la «pulsión de muerte», y su transformación en principio del placer se debe a la influencia de la «pulsión de vida» o libido.]

[2] [Algunas observaciones sobre la naturaleza activa de las pulsiones se encuentran en una nota al pie agregada en 1915 a la sección 4 del tercero de los *Tres ensayos* (1905d) de Freud. Una crítica de Adler por su incomprensión del «empuje» característico de las pulsiones, aparece en la segunda sección de la tercera parte del análisis de «Juanito» (1907b), Standard Ed., 10, 140-1.]

que sólo puede ser alcanzada por la supresión del estado de excitación de la fuente de la pulsión. Pero aun cuando el fin último de toda pulsión es invariable, puede haber diversos caminos que conduzcan a él, de manera que para cada pulsión pueden existir diferentes fines próximos susceptibles de ser combinados o sustituidos entre sí. La experiencia nos permite hablar también de pulsiones *coartadas en su fin,* esto es, de procesos a los que se permite avanzar cierto espacio hacia la satisfacción de la pulsión, pero que experimentan luego una inhibición o una desviación. Hemos de admitir que también con tales procesos se halla enlazada una satisfacción parcial.

El *objeto [objekt]* de la pulsión es aquel en el cual o por medio del cual puede la pulsión alcanzar su satisfacción. Es lo más variable de la pulsión; no se halla enlazado a ella originariamente, sino subordinado a ella a consecuencia de su adecuación al logro de la satisfacción. No es necesariamente algo exterior al sujeto, sino que puede ser una parte cualquiera de su propio cuerpo y es susceptible de ser sustituido indefinidamente por otro durante la vida de la pulsión. Este desplazamiento de la pulsión desempeña importantísimas funciones. Puede presentarse el caso de que el mismo objeto sirva simultáneamente a la satisfacción de varias pulsiones (el caso de la confluencia *[Triebverschränkung]*[1] de las pulsiones, según Alfredo Adler). Cuando una pulsión aparece ligada de un modo especialmente íntimo y estrecho al objeto, hablamos de una *fijación* de dicha pulsión. Esta fijación tiene efecto con gran frecuencia en períodos muy tempranos del desarrollo de las pulsiones y pone fin a la movilidad de la pulsión de que se trate, oponiéndose intensamente a su separación del objeto.

Por *fuente [Quelle]* de la pulsión se entiende aquel proceso somático que se desarrolla en un órgano o una parte del cuerpo, y es representado en la vida anímica por la pulsión. Se ignora si este proceso es regularmente de na-

---

[1] [Freud da dos ejemplos de esta noción en el análisis de «Juanito» (1909b).]

turaleza química o puede corresponder también al desarrollo de otras fuerzas; por ejemplo, de fuerzas mecánicas. El estudio de las fuentes de la pulsión no corresponde ya a la Psicología. Aunque el hecho de nacer de fuentes somáticas sea en realidad lo decisivo para la pulsión, ésta no se nos da a conocer en la vida anímica sino por sus fines. Para la investigación psicológica no es absolutamente indispensable más preciso conocimiento de las fuentes de la pulsión y muchas veces pueden ser deducidas éstas del examen de los fines de la pulsión.

¿Habremos de suponer que las diversas pulsiones procedentes de lo somático y que actúan sobre lo psíquico se hallan también caracterizadas por cualidades diferentes y actúan por esta causa de un modo cualitativamente distinto en la vida anímica? A nuestro juicio, no. Bastará más bien admitir simplemente que todas las pulsiones son cualitativamente iguales y que su efecto no depende sino de las magnitudes de excitación que llevan consigo y quizá de ciertas funciones de esta cantidad. Las diferencias que presentan las funciones psíquicas de las diversas pulsiones pueden atribuirse a la diversidad de las fuentes de estas últimas. Más adelante, y en una distinta relación, llegaremos, de todos modos, a aclarar lo que el problema de la cualidad de las pulsiones significa.

¿Cuántas y cuáles pulsiones habremos de contar? Queda abierto aquí un amplio margen a la arbitrariedad, pues nada podemos objetar a aquellos que hacen uso de los conceptos de pulsión de juego, de destrucción o de sociabilidad cuando la materia lo demanda y lo permite la limitación del análisis psicológico. Sin embargo, no deberá perderse de vista la posibilidad de que estos motivos de pulsión, tan especializados, sean susceptibles de una mayor descomposición en lo que a las fuentes de la pulsión se refiere, resultando así que sólo las pulsiones primarias e irreducibles podrían aspirar a una significación.

Por nuestra parte hemos propuesto distinguir dos grupos de estas pulsiones primarias: el de las *pulsiones del yo o pulsiones de conservación* y el de las *pulsiones sexuales*. Esta división no constituye una hipótesis necesaria, como la que antes hubimos de establecer sobre la tendencia biológica del aparato anímico. No es sino una construcción auxiliar, que sólo mantendremos mientras nos sea útil y cuya sustitución por otra no puede modificar sino muy poco los resultados de nuestra labor descriptiva y ordenadora. La ocasión de establecerla ha surgido en el curso evolutivo del psicoanálisis, cuyo primer objeto fueron las psiconeurosis o, más precisamente, aquel grupo de psiconeurosis a las que damos el nombre de «neurosis de transferencia» (la histeria y la neurosis obsesiva), estudio que nos llevó al conocimiento de que en la raíz de cada una de tales afecciones existía un conflicto entre las aspiraciones de la sexualidad y las del *yo*. Es muy posible que un más penetrante análisis de las restantes afecciones neuróticas (y ante todo de las psiconeurosis narcisistas, o sea de las esquizofrenias) nos imponga una modificación de esta fórmula y con ella una distinta agrupación de las pulsiones primarias. Mas por ahora no conocemos tal nueva fórmula ni hemos hallado ningún argumento desfavorable a la oposición de pulsiones del *yo* y pulsiones sexuales.

Dudo mucho de que la elaboración del material psicológico pueda proporcionarnos datos decisivos para la diferenciación y clasificación de las pulsiones. A los fines de esta elaboración parece más bien necesario aplicar al material determinadas hipótesis sobre la vida pulsional, y sería deseable que tales hipótesis pudieran ser tomadas de un sector diferente y transferidas luego al de la Psicología. Aquello que en esta cuestión nos suministra la Biología no se opone ciertamente, a la diferenciación de pulsiones del *yo* y pulsiones sexuales. La Biología enseña que la sexualidad no puede equipararse a las demás funciones del individuo, dado que sus tendencias van más allá del mismo y aspiran a la producción de nuevos individuos, o sea a la conservación de la especie.

Nos muestra además, como igualmente justificadas, dos distintas concepciones de la relación entre el *yo* y la sexualidad: una para la cual es el individuo lo principal, la sexualidad una de sus actividades y la satisfacción sexual una de sus necesidades, y otra que considera al individuo como un accesorio temporal y pasajero del plasma germinativo casi inmortal, que le fue confiado por la generación. La hipótesis de que la función sexual se distingue de las demás por un quimismo especial aparece también integrada, según creo, en la investigación biológica de Ehrlich[1].

Dado que el estudio de la vida pulsional desde la conciencia presenta dificultades casi insuperables, continúa siendo la investigación psicoanalítica de las perturbaciones anímicas la fuente principal de nuestro conocimiento. Pero correlativamente al curso de su desarrollo, no nos ha suministrado hasta ahora el psicoanálisis datos satisfactorios más que sobre las pulsiones sexuales, por ser éste el único grupo de pulsiones que le ha sido posible aislar y considerar por separado en las psiconeurosis. Con la extensión del psicoanálisis a las demás afecciones neuróticas quedará también cimentado seguramente nuestro conocimiento de las pulsiones del *yo,* aunque parece imprudente esperar hallar en este campo de investigación condiciones análogamente favorables a la labor observadora.

De las pulsiones sexuales podemos decir, en general, lo siguiente: son muy numerosas, proceden de múltiples y diversas fuentes orgánicas, actúan al principio independientemente unas de otras y sólo ulteriormente quedan reunidas en una síntesis más o menos perfecta. El fin al que cada una de ellas tiende es la consecución del *placer de órgano*[2], y sólo después de su síntesis entra al servicio de la *procreación,* con lo cual se evidencian entonces, generalmente, como pulsiones sexuales. En su primera aparición se apoyan ante todo en las pulsiones de conservación, de las cuales no se separan luego sino muy poco a

[1] [Véase la sección 2 del tercero de los *Tres ensayos* (1905d) en este volumen.]

[2] [«Placer de órgano» (placer que implica a un órgano corporal en particular) es una expresión que al parecer Freud emplea aquí por primera vez. El término es discutido con mayor detalle en la primera parte de la conferencia 21 de las *Lecciones introductorias* (1916-1917). La idea subyacente se remonta sin embargo muy atrás. Véase, por ejemplo, el pasaje inicial del tercero de los *Tres ensayos* (1905d).]

poco, siguiendo también en el hallazgo de objeto los caminos que las pulsiones del *yo* les marcan. Parte de ellas permanece asociada a través de toda la vida a las pulsiones del *yo*, aportándoles componentes libidinosos que pasan fácilmente inadvertidos durante la función normal y sólo se hacen claramente perceptibles en los estados patológicos. Se caracterizan por la facilidad con la que se reemplazan unas a otras y por su capacidad de cambiar indefinidamente de objeto. Estas últimas cualidades las hacen aptas para funciones muy alejadas de sus primitivos actos finales *(sublimación).*

Siendo las pulsiones sexuales aquellas en cuyo conocimiento hemos avanzado más hasta el día, limitaremos a ellas nuestra investigación de los destinos por los cuales pasan las pulsiones en el curso del desarrollo y de la vida. De estos destinos nos ha dado a conocer la observación los siguientes:

La transformación en lo contrario.
La orientación contra la propia persona.
La represión.
La sublimación.

No proponiéndonos tratar aquí de la sublimación, y exigiendo la represión capítulo aparte, quédannos tan sólo la descripción y discusión de los dos primeros puntos. Por motivos que actúan en contra de una continuación directa de las pulsiones, podemos representarnos también sus destinos como modalidades de la *defensa* contra ellas.

La *transformación en lo contrario* se descompone, al someterla a un detenido examen, en dos distintos procesos, *la transición* de una pulsión *desde la actividad a la pasividad* y la *transformación de contenido.* Estos dos procesos, de esencia totalmente distinta, habrán de ser considerados separadamente.

Ejemplos del primero son los pares antitéticos «sadismo-masoquismo» y «placer visual-exhibición». La transformación en lo contrario alcanza sólo a los *fines* de la pulsión. El fin activo —atormentar, ver— es sustituido por el pasivo —ser atormentado, ser visto—. La transformación de contenido se nos muestra en el caso de la conversión del amor en odio.

La *orientación contra la propia persona* queda aclarada en cuanto reflexionamos que el masoquismo no es sino un sadismo dirigido contra el propio *yo* y que la exhibición entraña la contemplación del propio cuerpo. La observación analítica demuestra de un modo indubitable que el masoquista comparte el goce activo de la agresión a su propia persona y el exhibicionista el resultante de la desnudez de su propio cuerpo. Así, pues, lo esencial del proceso es el cambio de *objeto*, con permanencia del mismo fin.

No puede ocultársenos que en estos ejemplos coinciden la orientación contra la propia persona y la transición desde la actividad a la pasividad. Por tanto, para hacer resaltar claramente las relaciones resulta precisa una más profunda investigación.

En el par antitético «sadismo-masoquismo» puede representarse el proceso en la forma siguiente:

a) El sadismo consiste en la violencia ejercida contra una tercera persona como objeto.

b) Este objeto es abandonado y sustituido por la propia persona. Con la orientación contra la propia persona queda realizada también la transformación del fin activo de la pulsión en un fin pasivo.

c) Es buscada nuevamente como objeto una tercera persona, que a consecuencia de la transformación del fin tiene que encargarse del papel de sujeto[1].

El caso c) es el de lo que vulgarmente se conoce con el nombre de masoquismo. También en él es alcanzada la satisfacción por el camino del sadismo primitivo, transfiriéndose imaginativamente el *yo* a su lugar anterior, abandonado ahora al sujeto extraño. Es muy dudoso que exis-

---

[1] [A pesar de que el sentido general de estos pasajes es claro, puede haber cierta confusión en el empleo de la palabra «sujeto». Como regla general «sujeto» y «objeto» se usan respectivamente como la persona en la que se origina una pulsión (u otro estado psíquico), y la persona o cosa a la que se dirige. En este caso, sin embargo, «sujeto» parece emplearse en el sentido de la persona que toma el papel activo en la relación —el agente.]

ta una satisfacción masoquista más directa. No parece existir un masoquismo primitivo no nacido del sadismo en la forma descrita[1]. La conducta de la pulsión sádica en la neurosis obsesiva demuestra que la hipótesis de la fase b) no es nada superflua. En la neurosis obsesiva hallamos la orientación contra la propia persona sin la pasividad con respecto a otra. La transformación no llega más que hasta la fase b). El deseo de atormentar se convierte en autotormento y autocastigo, no en masoquismo. El verbo activo no se convierte en pasivo, sino en un verbo reflexivo intermedio.

Para la concepción del sadismo hemos de tener en cuenta que esta pulsión parece perseguir, a más de su fin general (o quizá mejor, dentro del mismo), un especialísimo acto final. Además de la humillación y el dominio, el causar dolor. Ahora bien: el psicoanálisis parece demostrar que el causar dolor no se halla integrado entre los actos finales primitivos de la pulsión. El niño sádico no tiende a causar dolor ni se lo propone expresamente. Pero una vez llevada a efecto la transformación en masoquismo, resulta el dolor muy apropiado para suministrar un fin pasivo masoquista, pues todo nos lleva a admitir que también las sensaciones dolorosas, como en general todas las displacientes, se extienden a la excitación sexual y originan un estado placiente que lleva al sujeto a aceptar de buen grado el displacer del dolor[2]. Una vez que el experimentar dolor ha llegado a ser un fin masoquista, puede surgir también el fin sádico de causar dolor, y de este dolor goza también aquel que lo inflige a otros, identificándose, de un modo masoquista, con el objeto pasivo. Naturalmente, aquello que se goza en ambos casos no es el dolor mismo, sino la excitación sexual concomitante, cosa especialmente cómoda para el sádico. El goce del dolor sería, pues, un fin originariamente masoquista; pero que

---

[1] [Nota añadida en 1924.] He expresado un punto de vista contrario en trabajos ulteriores relacionados con problemas de la vida pulsional (cf., «El problema económico del masoquismo» (1924c).

[2] [Véase la sección 7 del segundo de los *Tres ensayos* (1905d).]

sólo, dado un sadismo primitivo, puede convertirse en fin de una pulsión.

Para completar nuestra exposición añadiremos que la *compasión* no puede ser descrita como un resultado de la transformación de las pulsiones en el sadismo, sino como una *formación reactiva* contra la pulsión. Más adelante examinaremos esta distinción[1].

La investigación de otro par antitético de las pulsiones, cuyo fin es la contemplación y la exhibición *(voyeurs* y exhibicionista, en el lenguaje de las perversiones), nos proporciona resultados distintos y más sencillos. También aquí podemos establecer las mismas fases que en el caso anterior: a) La contemplación como actividad orientada hacia un objeto ajeno; b) El abandono del objeto, la orientación de la pulsión de contemplación hacia una parte de la propia persona, y con ello la transformación en pasividad y el establecimiento del nuevo fin: el de ser contemplado; c)El establecimiento de un nuevo sujeto [2] al que la persona se muestra para ser por él contemplada. Es casi indudable que el fin activo aparece antes que el pasivo, precediendo la contemplación a la exhibición. Pero surge aquí una importante diferencia con el caso del sadismo, diferencia consistente en que en la pulsión de contemplación hallamos aún una fase anterior a la señalada con la letra a). La pulsión de contemplación es, en efecto, autoerótica al principio de su actividad; posee un objeto, pero lo encuentra en el propio cuerpo. Sólo más tarde es llevada (por el camino de la comparación) a cambiar este objeto por uno análogo del cuerpo ajeno (fase a). Esta fase

---

[1] [No está claro cuál es el pasaje al que esta frase se refiere, a menos que estuviese incluido en un artículo perdido sobre la sublimación. De hecho hay cierta discusión sobre el tema en «Consideraciones de actualidad sobre la guerra y la muerte» (1915b). Pero no puede tratarse de lo que Freud tenía *in mente*, ya que fue publicado originariamente en un volumen distinto. En una nota agregada en 1915 a los *Tres ensayos* (1905d), Freud insiste en que la sublimación y la formación reactiva deben considerarse como procesos distintos. Otro punto de vista sobre el origen de la compasión puede leerse en el «Hombre de los lobos» (1918b), Standard Ed., 17, 88.]

[2] [O sea, el agente.]

preliminar es interesante por surgir de ella las dos situaciones del par antitético resultante, según el cambio tenga efecto en un lugar o en otro.

El esquema de la pulsión de contemplación podría establecerse como sigue:

α)	Contemplar un órgano sexual	=		Ser contemplado el órgano sexual propio.
				|
β)	Contemplar un objeto ajeno. (Placer visual activo.)		ψ)	Ser contemplado el objeto propio por persona ajena. (Exhibicionismo.)

Tal fase preliminar no se presenta en el sadismo, el cual se orienta desde un principio hacia un objeto ajeno. De todos modos no sería absurdo deducirla de los esfuerzos del niño que quiere hacerse dueño de sus miembros[1].

A los dos ejemplos de pulsiones que aquí venimos considerando puede serles aplicada la observación de que la transformación de las pulsiones por cambio de la actividad en pasividad y orientación a la propia persona nunca se realiza en la totalidad del movimiento pulsional. El anterior sentido activo de la pulsión continúa subsistiendo en cierto grado junto al sentido pasivo ulterior, incluso en aquellos casos en los que el proceso de transformación de la pulsión ha sido muy amplio. La única afirmación exacta sobre la pulsión de contemplación sería la de que todas las fases evolutivas de la pulsión, tanto la fase preliminar autoerótica como la estructura final activa y pasiva, continúan existiendo conjuntamente, y esta afirmación se hace indiscutible cuando en lugar de los actos pulsionales tomamos como base de nuestro juicio el mecanismo de la satisfacción. Quizá resulte aún justificada

[1] [Nota agregada en 1924.] Cf., la nota al pie núm. 2, pág. 123.

otra distinta concepción y descripción. La vida de cada pulsión puede considerarse dividida en diversos impulsos, temporalmente separados e iguales, dentro de la unidad de tiempo (arbitraria), impulsos semejantes a sucesivas erupciones de lava. Podemos así representarnos que la primera y primitiva erupción de la pulsión continúa sin experimentar transformación ni desarrollo ningunos. El impulso siguiente experimentaría, en cambio, desde su principio una modificación, quizá la transición a la pasividad, y se sumaría con este nuevo carácter al anterior, y así sucesivamente. Si consideramos entonces los movimientos pulsionales, desde su principio hasta un punto determinado, la descrita sucesión de los impulsos tiene que ofrecernos el cuadro de un determinado desarrollo de la pulsión.

El hecho de que en tal época ulterior del desarrollo se observe, junto a cada movimiento pulsional, su contrario (pasivo), merece ser expresamente acentuado con el nombre de *ambivalencia,* acertadamente introducido por Bleuler[1].

La subsistencia de las fases intermedias y el examen histórico de la evolución de la pulsión nos han aproximado a la inteligencia de esta evolución. La amplitud de la ambivalencia varía mucho, según hemos podido comprobar, en los distintos individuos, grupos humanos o razas. Los casos de amplia ambivalencia en individuos contemporáneos pueden ser interpretados como casos de herencia arcaica, pues todo nos lleva a suponer que la participación de los movimientos pulsionales no modificados en la vida pulsional fue en épocas primitivas mucho mayor que hoy.

Nos hemos acostumbrado a denominar *narcisismo* la

---

[1] [El término ambivalencia, acuñado por Bleuler (1910 y 1911) no parece haber sido empleado en el mismo sentido. El distinguía tres clases de ambivalencia: 1) emocional, v.g. oscilación entre el amor y el odio, 2) volitiva, incapacidad para decidir una acción, y 3) intelectual, o creencia en proposiciones contrarias. Freud usa generalmente el término en el primero de estos sentidos. El pasaje del texto es uno de los pocos en los que lo aplica a la actividad/pasividad.]

temprana fase del *yo*, durante la cual se satisfacen autoeróticamente las pulsiones sexuales del mismo, sin entrar de momento a discutir la relación entre autoerotismo y narcisismo. De este modo diremos que la fase preliminar de la pulsión de contemplación, en la cual el placer visual tiene como objeto el propio cuerpo, pertenece al narcisismo y es una formación narcisista. De ella se desarrolla la pulsión de contemplación activa, abandonando el narcisismo; en cambio, la pulsión de contemplación pasiva conservaría el objeto narcisista. Igualmente, la transformación del sadismo en masoquismo significa un retorno al objeto narcisista, mientras que en ambos casos es sustituido el objeto narcisista por identificación con otro *yo* ajeno. Teniendo en cuenta la fase preliminar narcisista del sadismo antes establecida, nos acercamos así al conocimiento más general de que la orientación de las pulsiones contra el propio *yo* y la transición de la actividad a la pasividad dependen de la organización narcisista del *yo* y llevan impreso el sello de esta fase. Corresponden quizá a las tentativas de defensa del desarrollo del *yo*.

Recordamos aquí que hasta ahora sólo hemos traído a discusión los dos pares antitéticos «sadismo-masoquismo» y «placer visual-exhibición». Son éstas las pulsiones sexuales ambivalentes mejor conocidas. Los demás componentes de la función sexual ulterior no son aún suficientemente asequibles al análisis para que podamos discutirlos de un modo análogo. Podemos decir de ellos, en general, que actúan *autoeróticamente*, esto es, que su objeto desaparece ante el órgano que constituye su fuente y coincide casi siempre con él. Aunque el objeto de la pulsión de contemplación es también al principio una parte del propio cuerpo, no es, sin embargo, el ojo mismo, y en el sadismo, la fuente orgánica, probablemente la musculatura capaz de acción, señala directamente otro objeto distinto, aunque también en el propio cuerpo. En las pulsiones autoeróticas es tan decisivo el papel de la fuente orgánica, que, según una hipótesis de P. Federn y L. Jekels, la forma y la función del órgano deciden la actividad o pasividad del fin de la pulsión.

La transformación de una pulsión en su contraria (contenido) no se observa sino en un único caso: en la conversión del *amor en odio*[1]. Estos dos sentimientos aparecen también muchas veces orientados conjuntamente hacia un solo y mismo objeto, ofreciéndonos así el más importante ejemplo de ambivalencia.

Este caso del amor y el odio adquiere un especial interés, por la circunstancia de eludir su inclusión en nuestra exposición de las pulsiones. No puede dudarse de la íntima relación entre estos dos contrarios sentimentales y la vida sexual, pero hemos de resistirnos a considerar el amor como una particular pulsión parcial de la sexualidad. Preferiríamos ver en él la expresión de la tendencia sexual total, pero tampoco acaba esto de satisfacernos, y no sabemos cómo representarnos la antítesis material de esta tendencia.

El amor es susceptible de tres antítesis y no de una sola. Aparte de la antítesis «amar-odiar», existe la de «amar-ser amado», y, además, el amor y el odio, tomados conjuntamente, se oponen a la indiferencia. De estas tres antítesis, la segunda —«amar-ser amado»— corresponde a la transición de la actividad a la pasividad, y puede ser referida, como la pulsión de contemplación, a una situación fundamental, la de *amarse a sí mismo,* situación que es para nosotros la característica del narcisismo. Según que el objeto o el sujeto sean cambiados por otros ajenos, resulta la tendencia final activa del amor, o la pasiva del ser amado, próxima al narcisismo.

Quizá nos aproximemos más a la comprensión de las múltiples antítesis del amor reflexionando que la vida anímica es dominada en general por tres *polarizaciones;* esto es, por las tres antítesis siguientes:

Sujeto (yo) - Objeto (mundo exterior).

Placer-Displacer.

Activo-Pasivo.

La antítesis *yo-no yo* (exterior) (sujeto-objeto) es im-

[1] [En las ediciones alemanas previas a 1924 se lee la conversión del *amor y el odio.]*

puesta al individuo muy tempranamente, como ya indicamos, por la experiencia de que puede hacer cesar, mediante una acción muscular, los estímulos exteriores, careciendo, en cambio, de toda defensa contra los estímulos interiores. Ante todo, conserva una absoluta soberanía en lo referente a la función intelectual y crea para la investigación la situación fundamental, que no puede ser ya modificada por ningún esfuerzo. La polarización «placer-displacer» acompaña a una serie de sensaciones, cuya insuperada importancia para la decisión de nuestros actos (voluntad) hemos acentuado ya. La antítesis «activo-pasivo» no debe confundirse con la de «*yo*-sujeto—exterior-objeto». El *yo* se conduce pasivamente con respecto al mundo exterior en tanto en cuanto recibe de él estímulos, y activamente cuando a dichos estímulos reacciona. Sus pulsiones le imponen una especialísima actividad con respecto al mundo exterior, de manera que, acentuando lo esencial, podríamos decir lo siguiente: el *yo*-sujeto es pasivo con respecto a los estímulos exteriores y activo por sus propias pulsiones. La antítesis «activo-pasivo» se funde luego con la de «masculino-femenino», que antes de esta fusión carecía de significación psicológica. La unión de la actividad con la masculinidad y de la pasividad con la femineidad nos sale al encuentro como un hecho biológico, pero no es en ningún modo tan regularmente total y exclusiva como se está inclinado a suponer[1].

Las tres polarizaciones anímicas establecen entre sí importantes conexiones. Existe una situación primitiva psíquica en la cual coinciden dos de ellas. El *yo* se encuentra originariamente al principio de la vida anímica revestido de pulsiones y es en parte capaz de satisfacer sus pulsiones en sí mismo. A este estado le damos el nombre de narcisismo, y calificamos de autoerótica a la posibilidad de satisfacción correspondiente[2]. El mundo exterior no atrae

---

[1] [Vean la sección 4 del tercero de los *Tres ensayos.]*

[2] Una parte de las pulsiones sexuales es capaz, como ya sabemos, de esta satisfacción autoerótica, resultando, pues, apropiada para constituirse en portadora del desarrollo que a continuación se describe, bajo el dominio del principio del placer. Las pulsiones sexuales que desde un principio exigen un ob-

a sí en esta época interés ninguno (en términos generales) y es indiferente (o displaciente a veces, como fuente de estímulos). Si definimos, por lo pronto, el amor como la relación del *yo* con sus fuentes de placer, la situación en la que el *yo* se ama a sí mismo con exclusión de todo otro objeto y se muestra indiferente al mundo exterior nos aclarará la primera de las relaciones antitéticas en las que hemos hallado al «amor»[1].

El *yo* no precisa del mundo exterior en tanto en cuanto es autoerótico; pero recibe de él objetos a consecuencia de los procesos de las pulsiones de conservación y no puede por menos de sentir como displacientes, durante algún tiempo, los estímulos pulsionales interiores. Bajo el dominio del principio del placer se realiza luego en él un desarrollo ulterior. Acoge en su *yo* los objetos que le son ofrecidos en tanto en cuanto constituyen fuentes de placer y se los introyecta (según la expresión de Ferenczi), alejando, por una parte, de sí aquello que en su propio interior constituye motivo de displacer. (Véase más adelante el mecanismo de la proyección.)

Pasamos así desde el primitivo *yo* real, que ha diferenciado el interior del exterior conforme a exactos signos objetivos[2], a un *yo* de placer, que antepone a todo el carácter placiente. El mundo exterior se divide para él en una parte placiente, que se incorpora, y un resto, extraño a él. Ha separado del propio *yo* una parte que arroja al mundo exterior y percibe como hostil a él. Después de

---

jeto, y las necesidades de las pulsiones del yo, jamás susceptibles de satisfacción autoerótica, perturban, como es natural, este estado y preparan los progresos. El estado narcisista primitivo no podría seguir el desarrollo si cada individuo no pasase por un período de *indefensión y cuidados,* durante el cual son satisfechas sus necesidades por un auxilio exterior, y contenido así su desarrollo.

[1] [Freud enumera las antítesis de *amar* en el siguiente orden: 1) odiar, 2) ser amado, y 3) indiferencia. En este párrafo, y en los siguientes, adopta sin embargo un orden diferente: (1) indiferencia, 2) odiar, y 3) ser amado. Es posible que en esta segunda disposición le otorgue el primer plano a la indiferencia por ser la primera en aparecer durante el transcurso del desarrollo.]

[2] [El «yo real» y el «yo de placer» fueron introducidos anteriormente en el artículo sobre los dos principios del suceder psíquico (1911b), capítulo 7 de este libro.]

esta nueva ordenación queda nuevamente establecida la coincidencia de las dos polarizaciones, o sea la del *yo*-sujeto con el placer y la del mundo exterior con el displacer (antes indiferencia).

Con la entrada del objeto en la fase del narcisismo primario alcanza también su desarrollo la segunda contradicción del amor y el odio.

El objeto es aportado primeramente al *yo*, como ya hemos visto, por las pulsiones de conservación, que lo toman del mundo exterior, y no puede negarse que también el primitivo sentido del odio es el de la relación contra el mundo exterior, ajeno al *yo* y aportador de estímulos. La indiferencia se subordina al odio como un caso especial, después de haber surgido primeramente como precursora del mismo. Lo exterior, el objeto y lo odiado habrían sido al principio idénticos. Cuando luego se demuestra el objeto como fuente de placer es amado, pero también incorporado al *yo*, de manera que para el *yo* de placer purificado coincide de nuevo el objeto con lo ajeno y odiado.

Observamos también ahora que así como el par antitético «amor-indiferencia» refleja la polarización «*yo*-mundo exterior», la segunda antítesis «amor-odio» reproduce la polarización «placer-displacer» enlazada con la primera. Después de la sustitución de la fase puramente narcisista por la fase objetiva, el placer y el displacer significan relaciones del *yo* con el objeto. Cuando el objeto llega a ser fuente de sensaciones de placer, surge una tendencia motora que aspira a acercarlo e incorporarlo al *yo*. Hablamos entonces de la «atracción» ejercida por el objeto productor de placer y decimos que lo «amamos». Inversamente, cuando el objeto es fuente de displacer, nace una tendencia que aspira a aumentar su distancia del *yo*, repitiendo con él la primitiva tentativa de fuga ante el mundo exterior emisor de estímulos. Sentimos la «repulsa» del objeto y lo odiamos; odio que puede elevarse hasta la tendencia a la agresión contra el objeto y el propósito de suprimirlo.

En último término, podríamos decir que la pulsión «ama» al objeto al que tiende para lograr su satisfacción.

En cambio, nos parece extraño e impropio oír que una pulsión «odia» a un objeto, y de este modo caemos en la cuenta de que los conceptos[1] de amor y odio no son aplicables a las relaciones de las pulsiones con sus objetos, debiendo ser reservados para la relación del *yo* total con los objetos. Pero la observación de los usos del lenguaje, tan significativos siempre, nos muestra una nueva limitación de la significación del amor y el odio. De los objetos que sirven a la conservación del *yo* no decimos que los amamos, sino acentuamos que precisamos de ellos añadiendo quizá una relación distinta por medio de palabras expresivas de un amor muy disminuido, tales como la de agradar, gustar, etc.

Así, pues, la palabra «amar» se inscribe cada vez más en la esfera de la pura relación de placer del *yo* con el objeto y se fija, por último, a los objetos estrictamente sexuales y a aquellos otros que satisfacen las necesidades de las pulsiones sexuales sublimadas. La separación entre pulsiones del *yo* y pulsiones sexuales que hemos impuesto a nuestra psicología demuestra así hallarse en armonía con el espíritu de nuestro idioma. El hecho de que no acostumbramos decir que una pulsión sexual ama a su objeto y veamos el más adecuado empleo de la palabra «amar» en la relación del *yo* con un objeto sexual, nos enseña que su empleo en tal relación comienza únicamente con la síntesis de todas las pulsiones parciales de la sexualidad, bajo la primacía de los genitales y al servicio de la reproducción.

Es de observar que en el uso de la palabra «odiar» no aparece ninguna relación tan íntima con el placer sexual y la función sexual; por el contrario, la relación de displacer parece ser aquí la única decisiva. El *yo* odia, aborrece y persigue con propósitos destructores a todos los objetos que llegan a suponerle una fuente de sensaciones de displacer, constituyendo una privación de la satisfac-

[1] [En alemán, *Beziehungen*, «relaciones». En la primera edición esta palabra aparecía impresa como «Bezeichnungen», «conceptos» o «términos», lo que se ajusta más al sentido.]

ción sexual o de la satisfacción de necesidades de conservación. Puede incluso afirmarse que el verdadero prototipo de la relación de odio no procede de la vida sexual, sino de la lucha del *yo* por su conservación y afirmación.

La relación entre el odio y el amor, que se nos presentan como completas antítesis materiales, no es, pues, nada sencilla. El odio y el amor no han surgido de la disociación de un todo original, sino que tienen diverso origen y han pasado por un desarrollo distinto y particular cada uno, antes de constituirse en antítesis bajo la influencia de la relación «placer-displacer». Se nos plantea aquí la labor de reunir todo lo que sobre la génesis del amor y el odio sabemos.

El amor procede de la capacidad del *yo* de satisfacer autoeróticamente, por la adquisición de placer orgánico, una parte de sus movimientos pulsionales. Originariamente narcisista, pasa luego a los objetos que han sido incorporados al *yo* ampliado y expresa la tendencia motora del *yo* hacia estos objetos, considerados como fuentes de placer. Se enlaza íntimamente con la actividad de las pulsiones sexuales y, una vez realizada la síntesis de estas pulsiones, coincide con la totalidad de la tendencia sexual. Mientras las pulsiones sexuales pasan por su complicado desarrollo, aparecen fases preliminares del amor en calidad de fines sexuales interinos. La primera de estas fases es la *incorporación* o *ingestión*, modalidad del amor que resulta compatible con la supresión de la existencia particular del objeto y puede, por tanto, ser calificada de ambivalente[1]. En la fase superior de la organización pregenital sadicoanal[2] surge la aspiración al objeto en la forma de impulso al dominio, impulso para el cual es indiferente el daño o la destrucción del objeto. Esta forma y fase preliminar del amor apenas se diferencia del odio en su conducta para con el objeto. Hasta el establecimiento de la organización genital no se constituye el amor en antítesis del odio.

---

[1] [Véase la sección 6 del segundo de los *Tres ensayos.*]
[2] [Véase «La disposición a la neurosis obsesiva» (1913i).]

El odio es, como relación con el objeto, más antiguo que el amor. Nace de la repulsa primitiva del mundo exterior emisor de estímulos por parte del *yo* narcisista. Como expresión de la reacción de displacer provocada por los objetos, permanece siempre en íntima relación con las pulsiones de conservación del *yo*, de manera que las pulsiones del *yo* y las sexuales entran fácilmente en una oposición que reproduce la del amor y el odio. Cuando las pulsiones del *yo* dominan la función sexual, como sucede en la fase de la organización sadicoanal, prestan al fin de la pulsión los caracteres del odio.

La historia de la génesis y de las relaciones del amor nos hace comprensible su frecuentísima ambivalencia, o sea la circunstancia de aparecer acompañado de sentimientos de odio orientados contra el mismo objeto. El odio mezclado al amor procede en parte de las fases preliminares del amor, no superadas aún por completo, y en parte de reacciones de repulsa de las pulsiones del *yo*, las cuales pueden alegar motivos reales y actuales en los frecuentes conflictos entre los intereses del *yo* y los del amor. Así, pues, en ambos casos, el odio mezclado puede retrotraerse a la fuente de las pulsiones de conservación del *yo*. Cuando la relación amorosa con un objeto determinado queda rota, no es extraño ver surgir el odio en su lugar, circunstancia que nos da la impresión de una transformación del odio en amor. Más allá de esta descripción nos lleva ya la teoría a que en tal caso el odio realmente motivado es reforzado por la regresión del amor a la fase preliminar sádica, de manera que el odio recibe un carácter erótico, produciéndose la continuidad de una relación amorosa.

La tercera antítesis del amor, o sea la transformación de amar en ser amado, corresponde a la influencia de la polarización de actividad y pasividad y queda subordinada al mismo juicio que los casos de la pulsión de contemplación y del sadismo[1]. Sintetizando, podemos decir que

[1] [La relación entre el amor y el odio fue discutida más tarde por Freud, a la luz de su hipótesis de una pulsión de muerte, en *El yo y el ello* (1923b), capítulo IV.]

los destinos de las pulsiones consisten esencialmente en que *los movimientos pulsionales son sometidos a la influencia de las tres grandes polarizaciones que dominan la vida anímica.* De estas tres polarizaciones podríamos decir que la de «actividad-pasividad» es la *biológica;* la de «yo-mundo exterior», la *real,* y la de «placer-displacer», la *económica.*

Otro de los destinos de las pulsiones —la represión— merece capítulo aparte.

MAS ALLA DEL PRINCIPIO DEL PLACER (1920) *

1

En la teoría psicoanalítica suponemos que el curso de los procesos anímicos es regulado automáticamente por el principio del placer; esto es, creemos que dicho curso tiene su origen en una tensión displaciente y emprende luego una dirección tal, que su último resultado coincide con una minoración de dicha tensión y, por tanto, con un ahorro de displacer o una producción de placer. Al aplicar esta hipótesis al examen de los procesos anímicos por nosotros estudiados introducimos en nuestra labor el punto de vista económico. Una exposición que, al lado de los factores *tópico* y *dinámico*, intente incluir asimismo el *económico* ha de ser la más completa que por el momento pueda presentarse y merece la calificación de *metapsicológica*[1].

---

* Publicado por primera vez por *Internationaler Psychoanalytischer Verlag* (Leipzig, Vienna, Zurich). La traducción inglesa en *Standard Edition*, 18, 7.

[1] [Cf., sección IV de *Lo inconsciente* (1915e).]

No presenta interés alguno para nosotros investigar hasta qué punto nos hemos aproximado o agregado, con la fijación del principio del placer, a un sistema filosófico determinado e históricamente definido. Lo que a estas hipótesis especulativas nos hace llegar es el deseo de describir y comunicar los hechos que diariamente observamos en nuestra labor. La prioridad y la originalidad no pertenecen a los fines hacia los que tiende la labor psicoanalítica, y los datos en los que se basa el establecimiento del mencionado principio son tan visibles, que apenas si es posible dejarlos pasar inadvertidos. En cambio, nos agregaríamos gustosos a una teoría filosófica o psicológica que supiera decirnos cuál es la significación de las sensaciones de placer y displacer, para nosotros tan imperativas; pero, desgraciadamente, no existe ninguna teoría de este género que sea totalmente admisible.

Trátase del sector más oscuro e impenetrable de la vida anímica, y ya que no podemos eludir su investigación, opino que debe dejársenos en completa libertad para construir sobre él aquellas hipótesis que nuestra experiencia nos presente como más probables. Hemos resuelto relacionar el placer y el displacer con la cantidad de excitación existente en la vida anímica, excitación no ligada[1] a factor alguno determinado, correspondiendo el displacer a una *elevación y* el placer a una *disminución* de tal cantidad. No pensamos con ello en una simple relación entre la fuerza de las sensaciones y las transformaciones en la cantidad de excitación y, mucho menos —conforme a toda la experiencia de la Psicofisiología—, en una proporcionalidad directa; probablemente, el factor decisivo, en cuanto a la sensación, es la medida del aumento o la disminución en un periodo determinado de tiempo. Esto sería, quizá, comprobable experimentalmente; mas para nosotros, analíticos, no es aceptable el internarnos más en estos problemas, mientras no puedan guiarnos observaciones perfectamente definidas[2].

---

[1] Véase sección 4, «Lo inconsciente» (1915e) en cap. 3.

[2] [Esta cuestión está más desarrollada en *El problema económico del masoquismo* (1924c).]

Sin embargo, no puede sernos indiferente ver que un investigador tan penetrante como G. Th. Fechner adopta una concepción del placer y el displacer coincidente en esencia con la que nosotros hemos deducido de nuestra labor psicoanalítica. Las manifestaciones de Fechner sobre esta materia se hallan contenidas en un fascículo titulado *Algunas ideas sobre la historia de la creación y evolución de los organismos*, 1873 (Parte XI, suplemento 94), y su texto es el siguiente: «En cuanto los impulsos conscientes se hallan siempre en relación con el placer o displacer, puede también suponerse a estos últimos en una relación psicofísica con estados de estabilidad e inestabilidad, pudiendo fundarse sobre esta base la hipótesis, que más adelante desarrollaré detalladamente, de que cada movimiento psicofísico que traspasa el umbral de la conciencia se halla tanto más revestido de placer cuanto más se acerca a la completa estabilidad, a partir de determinado límite, o de displacer cuanto más se aleja de la misma, partiendo de otro límite distinto. Entre ambos límites, y como umbral cualitativo de las fronteras del placer y el displacer, existe cierta extensión de indiferencia estética...»

Los hechos que nos han movido a opinar que la vida psíquica es regida por el principio del placer, hallan también su expresión en la hipótesis de que una de las tendencias del aparato anímico es la de conservar lo más baja posible o, por lo menos, constante la cantidad de excitación en él existente. Esta hipótesis viene a expresar en una forma distinta la misma cosa, pues si la labor del aparato anímico se dirige a mantener baja la cantidad de excitación, todo lo apropiado para elevarla tiene que ser sentido como antifuncional; esto es, como displaciente. El principio del placer se deriva del principio de la constancia, el cual, en realidad, fue deducido de los mismos hechos que nos obligaron a la aceptación del primero[1]. Profundizando en la materia hallaremos que esta tendencia, por nosotros supuesta, del aparato anímico cae, como un

[1] [Cf., la introducción a *Las pulsiones y sus destinos* (1915).]

caso especial, dentro del principio de Fechner de la *tendencia a la estabilidad*, con el cual ha relacionado este investigador las sensaciones de placer y displacer.

Mas fuérzanos el decir ahora que es inexacto hablar de un dominio del principio del placer sobre el curso de los procesos psíquicos. Si tal dominio existiese, la mayor parte de nuestros procesos psíquicos tendría que presentarse acompañada de placer o conducir a él, lo cual queda enérgicamente contradicho por la experiencia general. Existe, efectivamente, en el alma fuerte tendencia al principio del placer; pero a esta tendencia se opone, en cambio, otras fuerzas o estados determinados, y de tal manera, que el resultado final no puede corresponder siempre a ella. Comparemos aquí otra observación de Fechner sobre este mismo punto *(l. c.,* página 90): «Dado que la tendencia hacia el fin no supone todavía el alcance del mismo, y dado que el fin no es, en realidad, alcanzable sino aproximadamente...» Si ahora dirigimos nuestra atención al problema de cuáles son las circunstancias que pueden frustrar la victoria del principio del placer, nos hallaremos de nuevo en terreno conocido y seguro y podremos utilizar, para su solución, nuestra experiencia analítica, que nos proporciona rico acervo de datos.

El primer caso de tal inhibición del principio del placer nos es conocido como normal. Sabemos que el principio del placer corresponde a un funcionamiento primario del aparato anímico y que es inútil, y hasta peligroso en alto grado, para la autoafirmación del organismo frente a las dificultades del mundo exterior. Bajo el influjo del instinto de conservación del *yo* queda sustituido el principio del placer por el *principio de la realidad,* que, sin abandonar el propósito de una final consecución del placer, exige y logra el aplazamiento de la satisfacción y el renunciamiento a algunas de las posibilidades de alcanzarla, y nos fuerza a aceptar pacientemente el displacer durante el largo rodeo necesario para llegar al placer. El principio del placer continúa aún, por largo tiempo, rigiendo el funcionamiento de la presión sexual, más difícilmente «educable», y partiendo de esta última o en el mismo *yo,* llega a dominar al principio de la realidad, para daño del organismo entero.

No puede, sin embargo, hacerse responsable a la sustitución del principio del placer por el principio de la realidad más que de una pequeña parte, y no la más intensa, ciertamente de las sensaciones de displacer. Otra fuente no menos normal de la génesis del displacer surge de los conflictos y disociaciones que tienen lugar en el aparato psíquico mientras el *yo* verifica su evolución hasta organizaciones de superior complejidad. Casi toda la energía que llena el aparato procede de las pulsiones que le son inherentes, mas no a todas ellas les es admitida las mismas fases evolutivas. Algunas pulsiones o parte de ellas demuestran ser incompatibles, por sus fines o aspiraciones, con las demás, las cuales pueden reunirse formando la unidad del *yo*. Dichas pulsiones incompatibles son separadas de esta unidad por el proceso de la represión, retenidas en grados más bajos del desarrollo psíquico y privadas, al principio de la posibilidad de una satisfacción. Si entonces consiguen —cosa en extremo fácil para las pulsiones sexuales reprimidas— llegar por caminos indirectos a una satisfacción directa o sustitutiva, este éxito, que en otras condiciones hubiese constituido una posibilidad de placer, es sentido por el *yo* como displacer. A consecuencia del primitivo conflicto, al que puso término la represión, experimenta el principio del placer una nueva fractura, que tiene lugar, precisamente, mientras determinadas pulsiones se hallan dedicadas, conforme al principio mismo, a la consecución de nuevo placer. Los detalles del proceso por medio del cual transforma la represión una posibilidad de placer en una fuente de displacer no han sido aún bien comprendidos o no pueden describirse claramente; pero, con seguridad, todo displacer neurótico es de esta naturaleza: placer que no puede ser sentido como tal[1].

No todas nuestras sensaciones de displacer, ni siquie-

[1] [Nota agregada en 1925.] Lo esencial es que el placer y el displacer en calidad de sensaciones conscientes aparecen ligados al *yo*.

ra la mayoría, pueden ser atribuidas a las dos fuentes de displacer antes consignadas; pero de aquellas cuyo origen es distinto podemos, desde luego, afirmar con cierta justificación que no contradicen la vigencia del principio del placer. La mayoría del displacer que experimentamos es, ciertamente, displacer de *percepción*, percepción del esfuerzo de pulsiones insatisfechas o percepción exterior, ya por ser esta última penosa en sí o por excitar en el aparato anímico expectaciones llenas de displacer y ser reconocida como un «peligro» por el mismo. La reacción a estas aspiraciones pulsionales y a estas amenazas de peligro, reacción en la que se manifiesta la verdadera actividad del aparato psíquico, puede ser entonces dirigida en una forma correcta por el principio del placer o por el principio de la realidad, que lo modifica. Con esto no parece necesario reconocer mayor limitación del principio del placer, y, sin embargo, precisamente, la investigación de la reacción anímica al peligro exterior puede proporcionar nueva materia y nuevas interrogaciones al problema aquí tratado.

2

Después de graves conmociones mecánicas, tales como choques de trenes y otros accidentes en los que existe peligro de muerte, suele aparecer una perturbación, ha largo tiempo conocida y descrita, a la que se ha dado el nombre de «neurosis traumática». La espantosa guerra que acaba de llegar a su fin ha hecho surgir una gran cantidad de estos casos y ha puesto término a los intentos de atribuir dicha enfermedad a una lesión del sistema nervioso producida por una violencia mecánica[1]. El cuadro de la neurosis traumática se acerca al de la histeria por su riqueza en análogos síntomas motores, mas lo supera en ge-

[1] Véase la obra *Zur Psychoanalyse der Kriegsneurosen*, con aportaciones de Ferenczi, Abraham, Simmel y E. Jones. Tomo I de la *Internationale Psychoanalytische Bibliotehek*, 1919. [Introd. de Freud (1919d).]

neral por los acusados signos de padecimiento subjetivo, semejantes a los que presentan los melancólicos o hipocondríacos, y por las pruebas de más amplia astenia general y mayor quebranto de las funciones anímicas. No se ha llegado todavía a una completa inteligencia de las neurosis de guerra, ni tampoco de las neurosis traumáticas de los tiempos de paz. En las primeras parecía aclarar en parte la cuestión, complicándola, en cambio, por otro lado el hecho de que el mismo cuadro patológico aparecía en ocasiones sin que hubiera tenido lugar violencia mecánica alguna. En la neurosis traumática corriente resaltan dos rasgos, que se pueden tomar como puntos de partida de la reflexión: primeramente, el hecho de que el factor capital de la motivación parece ser la sorpresa; esto es, el sobresalto o susto experimentado, y en segundo lugar, que una contusión o herida recibida simultáneamente actúa *en contra* de la formación de la neurosis. Susto, miedo y angustia son términos que se usan erróneamente como sinónimos, pues pueden diferenciarse muy precisamente según su relación al peligro. La angustia constituye un estado semejante a la expectación del peligro y preparación para el mismo, aunque nos sea desconocido. El miedo reclama un objeto determinado que nos lo inspire. En cambio, el susto constituye aquel estado que nos invade bruscamente cuando se nos presenta un peligro que no esperamos y para el que no estamos preparados; acentúa, pues, el factor sorpresa. No creo que la angustia pueda originar una neurosis traumática; en ella hay algo que protege contra el susto y, por tanto, también contra la neurosis de sobresalto. Más adelante volveremos sobre esta cuestión[1].

El estudio del sueño debe ser considerado como el ca-

[1] [Freud está muy lejos de mantener siempre esta distinción. A menudo utiliza el término 'Augst' para denotar un estado de temor sin ninguna referencia al futuro. No parece erróneo considerar que en este pasaje comienza a formular la distinción establecida en *Inhibición, síntoma y angustia* (1926d) entre la angustia como una reacción a una situación traumática —probablemente equivalente a lo que aquí se denomina schreck— y la angustia como señal de alarma de la aproximación de tal suceso.]

mino más seguro para la investigación de los más profundos procesos anímicos. Y la vida onírica de la neurosis traumática muestra el carácter de reintegrar de continuo al enfermo a la situación del accidente sufrido, haciéndole despertar con nuevo sobresalto. Este singular carácter posee mayor importancia de la que se le concede generalmente, suponiéndolo tan sólo una prueba de la violencia de la impresión producida por el suceso traumático, la cual perseguiría al enfermo hasta sus mismos sueños. El enfermo hallaríase, pues, por decirlo así, psíquicamente fijado al trauma. Tales fijaciones al suceso que ha desencadenado la enfermedad nos son ha largo tiempo conocidas en la histeria.

Ya en 1893[1] hacíamos observar Breuer y yo en nuestro libro sobre esta neurosis que los histéricos sufren de reminiscencias. Ultimamente, investigadores como Ferenczi y Simmel han podido también explicar algunos síntomas motores de las neurosis de guerra por la fijación del trauma.

Mas por mi parte no he podido comprobar que los enfermos de neurosis traumática se ocupen mucho en su vida despierta del accidente sufrido. Quizá más bien se esfuerzan en *no* pensar en él. El aceptar como cosa natural que el sueño nocturno les reintegre a la situación patógena supone desconocer la verdadera naturaleza del sueño, conforme a la cual lo que el mismo habría de presentar al paciente serían imágenes de la esperada curación o de la época en que gozaba de salud. Si los sueños de los enfermos de neurosis traumática no nos han de hacer negar la tendencia realizadora de deseos de la vida onírica, deberemos acogernos a la hipótesis de que, como tantas otras funciones, también la de los sueños ha sido conmocionada por el trauma y apartada de sus intenciones, o, en último caso, recordar las misteriosas tendencias masoquistas del *yo*.

Abandonemos por ahora el oscuro y sombrío tema de la neurosis traumática para dedicarnos a estudiar el fun-

[1] [*El mecanismo psíquico de los fenómenos histéricos,* final de la Sección I.]

cionamiento del aparato anímico en una de sus más tempranas actividades normales. Me refiero a los juegos infantiles.

Las diversas teorías sobre el juego infantil han sido reunidas y estudiadas analíticamente por vez primera en un ensayo de S. Pfeifer, publicado en la revista *Imago* (vol. IV); ensayo que recomiendo a los que por la materia en él tratada se interesen. Dichas teorías se esfuerzan en adivinar los motivos del jugar infantil, sin tener en cuenta en primer término el punto de vista *económico*, la consecución de placer. Aunque sin propósito de abarcar la totalidad de estos fenómenos, he aprovechado una ocasión que se me ofreció de esclarecer el primer juego, de propia creación, de un niño de año y medio. Fue ésta una observación harto detenida, pues viví durante algunas semanas con el niño y sus padres bajo el mismo techo, y pasaron muchos días hasta que el misterioso manejo del pequeño, incansablemente repetido durante largo tiempo, me descubriera su sentido.

No presentaba este niño un precoz desarrollo intelectual; al año y medio apenas si pronunciaba algunas palabras comprensibles, y fuera de ellas disponía de varios sonidos significativos que eran comprendidos por las personas que le rodeaban. Pero, en cambio, se hallaba en excelentes relaciones con sus padres y con la única criada que tenía a su servicio, y era muy elogiado su *juicioso carácter*. No perturbaba por las noches el sueño de sus padres, obedecía concienzudamente a las prohibiciones de tocar determinados objetos o entrar en ciertas habitaciones y, sobre todo, no lloraba nunca cuando su madre le abandonaba por varias horas, a pesar de la gran ternura que le demostraba. La madre no sólo le había criado, sino que continuaba ocupándose constantemente de él casi sin auxilio ninguno ajeno. El excelente chiquillo mostraba tan sólo la perturbadora costumbre de arrojar lejos de sí, a un rincón del cuarto, bajo una cama o en sitios análogos, todos aquellos pequeños objetos de que podía apoderarse, de manera que el hallazgo de sus juguetes no resultaba a veces nada fácil. Mientras ejecutaba el manejo descrito solía producir, con expresión interesada y satisfecha, un agudo y largo sonido, o-o-o-o, que, a juicio de la madre y mío, no correspondía a una interjección, sino que significaba *fuera (fort)*. Observé, por último, que todo aquello era un juego inventado por el niño y que éste no utilizaba sus juguetes más que para jugar con ellos a *estar fuera*. Más tarde presencié algo que confirmó mi suposición. El niño tenía un carrete de madera atado a una cuerdecita, y no se le ocurrió jamás llevarlo arrastrando por el suelo, esto es, *jugar al coche*, sino que, teniéndolo sujeto por el extremo de la cuerda, lo arrojaba con gran habilidad por encima de la barandilla de su cuna, forrada de tela, haciéndolo desaparecer detrás de la misma. Lanzaba entonces su significativo o-o-o-o, y tiraba luego de la cuerda hasta sacar el carrete de la cuna, saludando su reaparición con un alegre «aquí». Este era, pues, el juego completo: desaparición y reaparición, juego del cual no se llevaba casi nunca a cabo más que la primera parte, la cual era incansablemente repetida por sí sola, a pesar de que el mayor placer estaba indudablemente ligado al segundo acto[1].

La interpretación del juego quedaba así facilitada. Hallábase el mismo en conexión con la más importante función de cultura del niño, esto es, con la renuncia a la pulsión (renuncia a la satisfacción de la pulsión) por él llevada a cabo al permitir sin resistencia alguna la marcha de la madre. El niño se resarcía en el acto poniendo en escena la misma desaparición y retorno con los objetos que a su alcance encontraba. Para la valoración efectiva de este juego es indiferente que el niño lo inventara por sí mismo o se lo apropiara a consecuencia de un estímulo exterior.

---

[1] Esta interpretación fue plenamente confirmada por una nueva observación. Un día que la madre había estado ausente muchas horas, fue recibida, a su vuelta, con las palabras: «¡Nene o-o-o-o!», que en un principio parecieron incomprensibles. Mas en seguida se averiguó que durante el largo tiempo que el niño había permanecido solo había hallado un medio de hacerse desaparecer a sí mismo. Había descubierto su imagen en un espejo que llegaba casi hasta el suelo y luego se había agachado de manera de hacer que la imagen desapareciese a sus ojos; esto es, quedarse «fuera».

Nuestro interés se dirigía ahora hacia otro punto. La marcha de la madre no puede ser de ningún modo agradable, ni siquiera indiferente, para el niño. ¿Cómo, pues, está de acuerdo con el principio del placer el hecho de que el niño repita como un juego el suceso penoso para él? Se querrá quizá responder que la marcha tenía que ser representada como condición preliminar de la alegre reaparición y que en esta última se hallaba la verdadera intención del juego; pero esto queda contradicho por la observación de que la primera parte, la marcha, era representada por sí sola como juego y, además, con mucha mayor frecuencia que la totalidad llevada hasta su regocijado final.

El análisis de un solo caso de este género no autoriza para establecer conclusión alguna. Considerándolo imparcialmente, se experimenta la impresión de que ha sido otro el motivo por el cual el niño ha convertido en juego el suceso desagradable. En éste representaba el niño un papel pasivo, era el objeto del suceso, papel que trueca por el activo repitiendo el suceso, a pesar de ser penoso para él como juego. Este impulso podría atribuirse a un instinto de dominio, que se hace independiente de que el recuerdo fuera o no penoso en sí. Puede intentarse también otra interpretación diferente. El arrojar el objeto de modo que desapareciese o quedase *fuera* podía ser asimismo la satisfacción de un reprimido impulso vengativo contra la madre por haberse separado del niño y significar el enfado de éste: «Te puedes ir, no te necesito. Soy yo mismo el que te echa.» Este mismo niño, cuyo primer juego observé yo cuando tenía año y medio, acostumbraba un año después, al enfadarse contra alguno de sus juguetes, arrojarlo contra el suelo, diciendo: «Vete a la gue(rra)a.» Le habían dicho que el padre, ausente, se hallaba en la guerra, y el niño no le echaba de menos, sino que, por el contrario, manifestaba claros signos de que no quería ser estorbado en la exclusiva posesión de la madre[1]. Sabemos

---

[1] Teniendo el niño cinco años y nueve meses, murió su madre. Entonces, cuando ya se hallaba ésta realmente «fuera», no mostró el niño dolor alguno. Cierto es que entre tanto le había nacido un hermanito que había despertado fuertemente sus celos.

también de otros niños que suelen expresar análogos sentimientos hostiles arrojando al suelo objetos que para ellos representan a las personas odiadas[1]. Llégase así a sospechar que el impulso a elaborar psíquicamente algo impresionante, consiguiendo de este modo su total dominio, puede llegar a manifestarse primariamente y con independencia del principio del placer. En el caso aquí discutido, la única razón de que el niño repitiera como juego una impresión desagradable era la de que a dicha repetición se enlazaba una consecución de placer de distinto género, pero de todos modos directa.

Una más amplia observación de los juegos infantiles no hace tampoco cesar nuestra vacilación entre tales dos hipótesis. Se ve que los niños repiten en sus juegos todo aquello que en la vida les ha causado una intensa impresión y que de este modo procuran un exutorio a la energía de la misma, haciéndose, por decirlo así, dueños de la situación. Pero, por otro lado, vemos con suficiente claridad que todo juego infantil se halla bajo la influencia del deseo dominante en esta edad: el de ser grandes y poder hacer lo que los *mayores*. Obsérvese asimismo que el carácter desagradable del suceso no siempre hace a éste utilizable como juego. Cuando el médico ha reconocido la garganta del niño o le ha hecho sufrir alguna pequeña operación, es seguro que este suceso aterrorizante se convertirá en seguida en el contenido de un juego. Mas no debemos dejar de tener en cuenta otra fuente de placer muy distinta de la anteriormente señalada. Al pasar el niño de la pasividad del suceso a la actividad del juego hace sufrir a cualquiera de sus camaradas la sensación desagradable por él experimentada, vengándose así en aquél de la persona que se la infirió.

De toda esta discusión resulta que es innecesaria la hipótesis de un especial instinto de imitación como motivo del juego. Agregaremos tan sólo la indicación de que la imitación y el juego artístico de los adultos, que, a dife-

---

[1] Véase *Un recuerdo infantil de Goethe*, en *Poesía y Verdad, Obras completas*, II, 13, *op. cit.* (1917b).

rencia de los infantiles, van dirigidos ya hacia espectadores, no ahorran a éstos las impresiones más dolorosas —así en la tragedia—, las cuales, sin embargo, pueden ser sentidas por ellos como un elevado placer[1]. De este modo llegamos a la convicción de que también bajo el dominio del principio del placer existen medios y caminos suficientes para convertir en objeto del recuerdo y de la elaboración psíquica lo desagradable en sí. Quizá con estos casos y situaciones, que tienden a una final consecución de placer, pueda construirse una estética económicamente orientada; mas para nuestras intenciones no nos son nada útiles, pues presuponen la existencia y el régimen del principio del placer y no testimonian nada en favor de la actuación de tendencias más allá del mismo, esto es, de tendencias más primitivas que él e independientes de él en absoluto.

3

Resultado de veinticinco años de intensa labor ha sido que los fines próximos de la têcnica psicoanalítica sean hoy muy otros que los de su principio. En los albores de nuestra técnica el médico analítico no podía aspirar a otra cosa que a adivinar lo inconsciente oculto para el enfermo, reunirlo y comunicárselo en el momento debido. El psicoanálisis era ante todo una ciencia de interpretación. Mas dado que la cuestión terapéutica no quedaba así por completo resuelta, apareció un nuevo propósito: el de forzar al enfermo a confirmar la construcción por medio de su propio recuerdo. En esta labor la cuestión principal se hallaba en vencer las resistencias del enfermo, y el arte consistía en descubrirlas lo antes posible, mostrárselas al paciente y moverle por un influjo personal —sugestión actuante como *transferencia*— a hacer cesar las resistencias.

Hízose entonces cada vez más claro que el fin pro-

---

[1] [Freud hizo un estudio sobre este tema, publicado después de su muerte *Personajes psicopáticos en el teatro* (1942a [1905-6]) Standard Edition, 7, 305.]

puesto, el de hacer consciente lo inconsciente, no podía tampoco ser totalmente alcanzado por este camino. El enfermo puede no recordar todo lo en él reprimido, puede no recordar precisamente lo más importante y de este modo no llegar a convencerse de la exactitud de la construcción que se le comunica, quedando obligado a *repetir* lo reprimido, como un suceso actual, en vez de —según el médico desearía— *recordarlo* cual un trozo del pasado[1]. Esta reproducción, que aparece con fidelidad indeseada, entraña siempre como contenido un fragmento de la vida sexual infantil y, por tanto, del complejo de Edipo y de sus ramificaciones y tiene lugar siempre dentro de la transferencia; esto es, de la relación con el médico. Llegado a este punto el tratamiento, puede decirse que la neurosis primitiva ha sido sustituida por una nueva neurosis de transferencia. El médico se ha esforzado en limitar la extensión de esta segunda neurosis, hacer entrar lo más posible en el recuerdo y permitir lo menos posible la repetición. La relación que se establece entre el recuerdo y la reproducción es distinta para cada caso. Generalmente no puede el médico ahorrar al analizado esta fase de la cura y tiene que dejarle que viva de nuevo un cierto trozo de su olvidada vida, cuidando de que conserve una cierta superioridad, mediante la cual la aparente realidad sea siempre reconocida como reflejo de un olvidado pretérito. Conseguido esto, queda logrado el convencimiento del enfermo y el éxito terapéutico que del mismo depende.

Para hallar más comprensible esta *compulsión de repetición (Wiederholungszwang)* que se manifiesta en el tratamiento psicoanalítico de los neuróticos, hay que libertarse ante todo del error que supone creer que en la lucha contra las resistencias se combate contra una resistencia de lo inconsciente. Lo inconsciente, esto es, lo reprimido, no presenta resistencia alguna a la labor curativa; no tien-

[1] Cf. mi trabajo sobre *Recuerdo, repetición y elaboración* (1914g). [Una referencia temprana a la «compulsión a repetir» se encontrará en el mismo artículo. El término 'neurosis de transferencia' en el sentido en que es utilizado unas pocas líneas más abajo también aparece en dicho texto.]

de por sí mismo a otra cosa que a abrirse paso hasta la conciencia o a hallar un exutorio por medio del acto real, venciendo la coerción a que se halla sometido.

La resistencia procede en la cura de los mismos estratos y sistemas superiores de la vida psíquica que llevaron a cabo anteriormente la represión. Mas como los motivos de las resistencias y hasta estas mismas son —según nos demuestra la experiencia— inconscientes al principio de la cura, tenemos que modificar y perfeccionar un defecto de nuestro modo de expresarnos. Escaparemos a la falta de claridad oponiendo uno a otro, en lugar de lo consciente y lo inconsciente, el *yo coherente* y *lo reprimido.* Mucha parte del *yo* es seguramente inconsciente, sobre todo aquella que puede denominarse nódulo del *yo*[1], y de la cual sólo un escaso sector queda comprendido en lo que denominamos *preconsciente.* Tras de esta sustitución de una expresión puramente descriptiva por otra sistemática o dinámica, podemos decir que la resistencia del analizado parte de su *yo*[2], y entonces vemos enseguida que la compulsión de repetición debe atribuirse a lo reprimido inconsciente, material que no podía probablemente exteriorizarse hasta que la labor terapéutica hubiera debilitado la represión[3].

Es indudable que la resistencia del *yo* consciente y preconsciente se halla al servicio del principio del placer, pues se trata de ahorrar el displacer que sería causado por la libertad de lo reprimido. Así, *nuestra* labor será la de conseguir la admisión de tal displacer haciendo una llamada al principio de la realidad. Mas, ¿en qué relación con el principio del placer se halla la compulsión de repetición en la que se manifiesta la energía de lo reprimido? Es in-

---

[1] [Cf., *El yo y el ello.]*

[2] [Una consideración más completa y algo diferente de las fuentes de resistencia se encontrará en el capítulo XI de *Inhibición, síntoma y angustia* (1926d).]

[3] [Nota agregada en 1923.] He considerado en otra parte [1923c] que lo que acude en ayuda de la compulsión de repetición es el factor de «sugestión» en el tratamiento —es decir la dependencia del paciente al médico cuyas raíces profundas se encuentran en su complejo parental inconsciente.

contestable que la mayor parte de lo que la compulsión de repetición hace vivir de nuevo tiene que producir displacer al *yo*, pues saca a la superficie funciones de las pulsiones reprimidas; mas es éste un displacer que, como ya hemos visto, no contradice al principio del placer: displacer para un sistema y al mismo tiempo satisfacción para otro. Un nuevo hecho singular es el de que la compulsión de repetición reproduce también sucesos del pasado que no traen consigo posibilidad ninguna de placer y que cuando tuvieron lugar no constituyeron una satisfacción ni siquiera fueron desde entonces pulsiones reprimidas.

La primera flor de la vida sexual infantil se hallaba destinada a sucumbir a consecuencia de la incompatibilidad de sus deseos con la realidad y de la insuficiencia del grado de evolución infantil, y, en efecto, sucumbió entre las más dolorosas sensaciones. La pérdida de amor y el fracaso dejaron tras sí una duradera cicatriz narcisista que, a mi juicio, conforme en un todo con los estudios de Marcinowski[1], constituye la mayor aportación al frecuente *sentimiento de inferioridad (Minderwertigkeitsgefuhl)* de los neuróticos. La investigación sexual, limitada por el incompleto desarrollo físico del niño, no consiguió llegar a conclusión alguna satisfactoria. De aquí el lamento posterior: «No puedo conseguir nada; todo me sale mal.» La tierna adhesión a uno de los progenitores, casi siempre al de sexo contrario, sucumbió al desengaño, a la inútil espera de satisfacción y a los celos provocados por el nacimiento de un hermanito, que demostró inequívocamente la infidelidad de la persona amada; el intento emprendido con trágica gravedad de crear por sí mismo un niño semejante, fracasó de un modo vergonzoso; la minoración de la ternura que antes rodeaba al niño, las más elevadas exigencias de la educación, las palabras severas y algún castigo, le descubrieron, por último, el *desprecio* de que era víctima. Existen aquí algunos tipos, que retornan re-

---

[1] Marcinowski, *Die erotischen Quellen der Minderwertigkeisgefühle*, en *Zeitschrift für Sexualwissenschaft*, IV, 1918.

gularmente, de cómo queda puesto fin al amor típico de esta época infantil.

Todas estas dolorosas situaciones afectivas y todos estos sucesos indeseados son resucitados con gran espontaneidad y repetidos por los neuróticos en la transferencia. El enfermo tiende entonces a la interrupción de la cura, aún no terminada, y sabe crearse de nuevo la impresión de desprecio, obligando al médico a dirigirle duras palabras y a tratarle con frialdad; halla los objetos apropiados para sus celos y sustituye el ansiado niño de la época primitiva por el propósito o la promesa de un gran regalo, que en la mayoría de los casos no es menos irreal que aquél. Nada de esto podía ser anteriormente portador de placer; mas surgiendo luego como recuerdo, hay que suponer que debería traer consigo un menor displacer que si toman la forma de un suceso presente. Trátase, naturalmente, de la acción de pulsiones que debían llevar a la satisfacción; pero la experiencia de que en lugar de esto llevaron anteriormente tan sólo el displacer, no ha servido de nada, y su acción es repetida por imposición compulsiva.

Lo mismo que el psicoanálisis nos muestra en los fenómenos de transferencia de los neuróticos, puede hallarse de nuevo en la vida de personas no neuróticas, y hace en las mismas la impresión de un destino que las persigue, de una influencia demoníaca que rige su vida. El psicoanálisis ha considerado desde un principio tal destino como preparado, en su mayor parte, por la persona misma y determinado por tempranas influencias infantiles. La compulsión que en ello se muestra no se diferencia de la de repetición de los neuróticos, aunque tales personas no hayan ofrecido nunca señales de un conflicto neurótico resuelto por la formación de síntomas. De este modo conocemos individuos en los que toda relación humana llega a igual desenlace: filántropos a los que todos sus protegidos, por diferente que sea su carácter, abandonan irremisiblemente, con enfado, al cabo de cierto tiempo, pareciendo así destinados a saborear todas las amarguras de la ingratitud; hombres en los que toda amistad termina por la traición del amigo; personas que repiten varias veces en su vida el hecho de elevar como autoridad sobre sí mismas, o públicamente, a otra persona, a la que tras algún tiempo derrocan para elegir a otra nueva; amantes cuya relación con las mujeres pasa siempre por las mismas fases y llega al mismo desenlace. No nos maravilla en exceso este «perpetuo retorno de lo mismo» cuando se trata de una conducta *activa* del sujeto y cuando hallamos el rasgo característico permanente de su ser, que tiene que manifestarse en la repetición de los mismos actos. Mas, en cambio, sí nos extrañamos en aquellos casos en que los sucesos parecen hallarse fuera de toda posible influencia del sujeto y éste pasa una y otra vez *pasivamente* por la repetición del mismo destino. Piénsese, por ejemplo, en la historia de aquella mujer que, casada tres veces, vio al poco tiempo y sucesivamente enfermar a sus tres maridos y tuvo que cuidarlos hasta su muerte[1]. La exposición poética más emocionante de tal destino ha sido compuesta por el Tasso en su epopeya romántica *La Jerusalén libertada.* El héroe Tancredo ha dado muerte, sin saberlo, a su amada Clorinda, que combatió con él revestida con la armadura de un caballero enemigo. Después de su entierro penetra Tancredo en un inquietante bosque encantado que infunde temor al ejército de los cruzados, y abate en él con su espada un alto árbol, de cuya herida mana sangre, y surge la voz de Clorinda, acusándole de haber dañado de nuevo a la amada.

Estos datos, que en la observación del destino de los hombres y de su conducta en la transferencia hemos hallado, nos hacen suponer que en la vida anímica existe realmente una compulsión de repetición que va más allá del principio del placer y a la cual nos inclinamos ahora a atribuir los sueños de los enfermos de neurosis traumáticas y los juegos de los niños. Mas, de todos modos, debemos decirnos que sólo en raros casos podemos obser-

[1] Compárese el excelente estudio de C. G. Jung titulado *Die Bedeutung des Vaters für das Schicksal des Einzelnen*, en *Jahrbuch für Psychoanalyse*, I, 1909.

var los efectos de la compulsión de repetición por sí solos y sin la ayuda de otros motivos.

En los juegos infantiles hemos hecho ya resaltar qué otras interpretaciones permite su génesis. La compulsión de repetición y la satisfacción pulsional directa y acompañada de placer parecen confundirse aquí en una íntima comunidad. Los fenómenos de la transferencia se hallan claramente al servicio de la resistencia por parte del *yo*, que, obstinado en la represión y deseoso de no quebrantar el principio del placer, llama en su auxilio a la compulsión de repetición.

De lo que pudiéramos llamar fuerza del Destino nos parece gran parte comprensible por la reflexión racional, de manera que no se siente la necesidad de establecer un nuevo y misterioso motivo. Los menos sospechosos son los casos de los sueños de traumas; pero una más detenida reflexión nos hace confesar que tampoco en los otros ejemplos queda explicado el estado de cosas por la función de los motivos que conocemos.

Queda suficiente resto que justifica nuestra hipótesis de la compulsión de repetición, la cual parece ser más primitiva, elemental y pulsional que el principio del placer al que se sustituye. Mas si en la vida anímica existe tal compulsión de repetición, quisiéramos saber algo de ella, a qué función corresponde, bajo qué condiciones puede surgir y en qué relación se halla con el principio del placer, al que hasta ahora habíamos atribuido el dominio sobre el curso de los procesos de excitación en la vida psíquica.

4

Lo que sigue es pura especulación y a veces harto extremada, que el lector aceptará o rechazará según su posición particular en estas materias. Constituye, además, un intento de perseguir y agotar una idea, por curiosidad de ver hasta dónde nos llevará.

La especulación psicoanalítica deduce de las impresiones experimentadas en la investigación de los procesos inconscientes el hecho de que la conciencia no puede ser un carácter general de los procesos anímicos, sino tan sólo una función especial de los mismos. Así, afirma usando un tecnicismo metapsicológico, que la *conciencia* es la función de un sistema especial al que denomina sistema *Cc.*[1]. Dado que la conciencia procura esencialmente *percepciones* de estímulos procedentes del mundo exterior y sensaciones de placer y displacer que no pueden provenir más que del interior del aparato anímico, podemos atribuir al sistema *P-Cc.*[2] una localización. Tiene que hallarse situado en la frontera entre el exterior y el interior, estar vuelto hacia el mundo exterior y envolver a los otros sistemas psíquicos. Observamos entonces que con estas afirmaciones no hemos expuesto nada nuevo, sino que nos hemos agregado a la anatomía localizante del cerebro, que coloca la «sede» de la conciencia en la corteza cerebral, en la capa exterior envolvente del órgano central. La anatomía del cerebro no necesita preocuparse de por qué —anatómicamente hablando— se halla situada la conciencia precisamente en la superficie del cerebro, en lugar de morar, cuidadosamente preservada, en lo más íntimo del mismo. Quizá con nuestra hipótesis de tal situación de nuestro sistema *P-Cc.* logremos un mayor esclarecimiento.

La conciencia no es la única peculiaridad que atribuimos a los procesos que tienen lugar en este sistema. Basándonos en las impresiones de nuestra experiencia psicoanalítica, suponemos que todos los procesos excitantes que se desarrollan en los demás sistemas dejan en éste huellas duraderas como fundamento de la memoria, esto es, restos mnémicos que no tienen nada que ver con la conciencia y que son con frecuencia más fuertes y permanentes cuando el proceso del que han nacido no ha llegado

---

[1] [Ver *La interpretación de los sueños* (1900a) Standard Edition, 5, 610. Ver también *Lo inconsciente* (1915e), sección II.]

[2] [El sistema *P.* fue descrito por Freud por primera vez en *La interpretación de los sueños*, Standard Edition, 5, 536. En un trabajo posterior (1917) argumentó que el sistema *P.* coincidía con el sistema Cc.]

jamás a la conciencia. Pero nos es difícil creer que tales huellas duraderas de la excitación se produzcan también en el sistema *P-Cc.* Si permanecieran siempre conscientes, limitarían pronto la actitud del sistema para la recepción de nuevas excitaciones[1]; en el caso contrario, esto es, siendo inconscientes, nos plantearían el problema de explicar la existencia de procesos inconscientes en un sistema cuyo funcionamiento va en todo lo demás acompañado del fenómeno de la conciencia. No habríamos, pues, transformado la situación ni ganado nada con la hipótesis que sitúa el devenir consciente en un sistema especial. Aunque no como consecuencia obligada, podemos, pues, suponer que la conciencia y la impresión de una huella mnémica son incompatibles para el mismo sistema. Podríamos, por tanto, decir que en el sistema *Cc.* se hace consciente el proceso excitante, mas no deja huella duradera alguna. Todas las huellas de dicho proceso, en las cuales se apoya el recuerdo, se producirían en los vecinos sistemas internos al propagarse a ellos la excitación. En este sentido se halla inspirado el esquema incluido por mí en la parte especulativa de mi *Interpretación de los sueños*[2]. Si se piensa cuán poco hemos logrado averiguar, por otros caminos, sobre la génesis de la conciencia, tendremos que atribuir al principio de que la *conciencia se forma en lugar de la huella mnémica,* por lo menos, la significación de una afirmación determinada de un modo preciso.

El sistema *Cc.* se caracterizaría, pues, por la peculiaridad de que el proceso de la excitación no deja en él, como en todos los demás sistemas psíquicos, una transformación duradera de sus elementos, sino que se gasta, desde luego, en el fenómeno del devenir consciente. Tal desviación de la regla general tiene que ser motivada por un factor privativo de este sistema y que puede ser muy

[1] Conforme a lo expuesto por J. Breuer en la parte teórica de los *Estudios sobre la histeria,* 1895d (cf. Sigmund Freud, *La histeria,* Alianza Editorial, El Libro de Bolsillo, núm. 96).

[2] [Standard Edition, 5, 538.]

bien la situación ya expuesta del sistema *Cc.*, esto es, su inmediata proximidad al mundo exterior.

Representémonos, pues, el organismo viviente en su máxima simplificación posible, como una vesícula indiferenciada de sustancia excitable. Entonces su superficie, vuelta hacia el mundo exterior, quedará diferenciada por su situación misma y servirá de órgano receptor de las excitaciones. La embriología, como repetición de la historia evolutiva, muestra también que el sistema nervioso central surge del ectodermo, y como la corteza cerebral gris es una modificación de la superficie primitiva, podremos suponer que haya adquirido, por herencia, esenciales caracteres de la misma. Sería entonces fácilmente imaginable que por el incesante ataque de las excitaciones exteriores sobre la superficie de la vesícula quedase modificada su sustancia duraderamente hasta cierta profundidad, de manera que su proceso de excitación se verificaría en ella de distinto modo que en las capas más profundas. Formaríase así una corteza tan calcinada finalmente por el efecto de las excitaciones, que presentaría las condiciones más favorables para la recepción de las mismas y no sería ya susceptible de nuevas modificaciones. Aplicado esto al sistema *Cc.*, supondría que sus elementos no pueden experimentar cambio alguno duradero al ser atravesados por la excitación, pues se hallan modificados en tal sentido hasta el último límite. Mas, llegados a tal punto, se hallarían ya capacitados para dejar constituirse a la conciencia. Muy diversas concepciones podemos formarnos de qué es en lo que consiste esta modificación de la sustancia y del proceso de excitación que en ella se verifica; pero ninguna de nuestras hipótesis es por ahora demostrable. Puede aceptarse que la excitación tiene que vencer una resistencia en su paso de un elemento a otro, y este vencimiento de la resistencia dejaría precisamente la huella permanente de la excitación es decir, una facilitación. En el sistema *Cc.* no existiría ya tal resistencia al paso de un elemento a otro. Con esta concepción puede hacerse coincidir la diferenciación de Breuer de *carga psíquica (Besetzungsenergie)* en reposo (ligada) y carga psíquica libremente móvil en los elementos de los sistemas psíquicos[1]. Entonces los elementos del sistema *Cc.* poseerían tan sólo energía capaz de un libre curso y no energía ligada. Mas creo que, por lo tanto, es mejor dejar indeterminadas tales circunstancias. De todos modos, habremos establecido en estas especulaciones una cierta conexión entre la génesis de la conciencia y la situación del sistema *Cc.* y las peculiaridades del proceso de excitación a él atribuibles.

Aún nos queda algo por explicar en la vesícula viviente y su capa cortical receptora de estímulos. Este trocito de sustancia viva flota en medio de un mundo exterior cargado de las más fuertes energías, y sería destruido por los efectos excitantes del mismo si no estuviese provisto de un *dispositivo protector contra las excitaciones (Reizschutz).* Este dispositivo queda constituido por el hecho de que la superficie exterior de la vesícula pierde la estructura propia de lo viviente, se hace hasta cierto punto anorgánica y actúa entonces como una especial envoltura o membrana que detiene las excitaciones, esto es, hace que las energías del mundo exterior no puedan propagarse sino con sólo una mínima parte de su intensidad hasta las vecinas capas que han conservado su vitalidad. Sólo detrás de tal protección pueden dichas capas consagrarse a la recepción de las cantidades de energía restantes. La capa exterior ha protegido con su propia muerte a todas las demás, más profundas, de un análogo destino, por lo menos hasta tanto que aparezcan excitaciones de tal energía que destruyan la protección. Para el organismo vivo, *la defensa* contra las excitaciones es una labor casi más importante que la *recepción* de las mismas. El organismo posee una provisión de energía propia y tiene que tender, sobre todo, a preservar las formas especiales de la transformación de energía que en él tienen lugar contra el influjo nivelador y, por tanto, destructor de las energías excesivamente fuertes que laboran en el exterior. La recepción de excitaciones sirve, ante todo, a la intención de averi-

[1] [Ver sección 2 de la contribución teórica de Breuer en Breuer y Freud, *Estudios sobre la histeria*, en particular la nota al comienzo de esa sección.]

pues, nuestro camino. Aquellas excitaciones procedentes del exterior que poseen suficiente energía para atravesar la protección son las que denominamos *traumáticas*. Opino que el concepto de trauma exige tal relación a una defensa contra las excitaciones, eficaz en todo otro caso. Un suceso como el trauma exterior producirá seguramente una gran perturbación en el intercambio de energías del organismo y pondrá en movimiento todos los medios de defensa. Al mismo tiempo el principio del placer queda aquí fuera de juego. No siendo ya evitable la inundación del aparato anímico por grandes masas de excitación, habrá que emprender la labor de dominarlas, esto es, de ligar psíquicamente las cantidades de excitación invasoras y procurar su descarga.

Probablemente, el displacer específico del dolor físico es el resultado de haber sido rota la protección en proporción limitada. Desde el punto de la periferia en que la ruptura ha tenido efecto, afluyen entonces al aparato anímico central excitaciones continuas, tales como antes sólo podían llegar a él partiendo del interior del aparato[1]. ¿Y qué podemos esperar como reacción de la vida anímica ante esta invasión? Desde todas partes acude la energía de carga para crear, en los alrededores de la brecha producida, grandes acopios de energía. Fórmase así una «contracarga» *(Gegenbesetzung)*, en favor de la cual se empobrecen todos los demás sistemas psíquicos, resultando una extensa parálisis o minoración del resto de la función psíquica. De este proceso deducimos la conclusión de que un sistema intensamente cargado se halla en estado de acoger nueva energía que a él afluya y transformarla en carga de reposo, esto es, ligarla psíquicamente. Cuanto mayor es la propia carga en reposo, tanto más intensa sería la fuerza ligadora. A la inversa, cuanto menor es dicha carga, tanto menos capacitado estará el sistema para la recepción de energía afluyente[2] y tanto más violentas serán las

[1] [Cf., *Pulsiones y sus destinos* (1915c).]

[2] [Cf., el principio de insusceptibilidad a la excitación de los sistemas no catectizados en una nota cerca del final, en Freud, 1917d.]

consecuencias de tal ruptura de la protección contra las excitaciones. Contra esta hipótesis no está justificada la objeción de que la intensificación de la carga en derredor de la brecha de entrada queda explicada más sencillamente por la directa derivación de las masas de excitación afluyentes. Si así fuera, el aparato psíquico no experimentaría más que un aumento de sus cargas psíquicas, y el carácter paralizante del dolor, el empobrecimiento de todos los demás sistemas, quedaría inexplicado. Tampoco los violentos efectos de descarga del dolor contradicen nuestra explicación, pues se verifican reflejamente; esto es, sin participación alguna del aparato anímico. Lo impreciso de nuestra exposición, que denominamos metapsicología, proviene, naturalmente, de que nada sabemos de la naturaleza del proceso de excitación en los elementos de los sistemas psíquicos y no nos sentimos autorizados para arriesgar hipótesis ninguna sobre tal materia. De este modo operamos siempre con una *x*, que entra obligadamente en cada nueva fórmula. Parece admisible que este proceso se verifique con diversas energías cuantitativas, y es probable que posea también más de una cualidad (en la naturaleza de la amplitud por ejemplo). Como algo nuevo, hemos examinado la hipótesis de Breuer de que se trata de dos formas diversas de la carga de energía, debiendo diferenciarse en los sistemas psíquicos una carga libre, que tiende a hallar un exutorio, y una carga en reposo. Quizá concedamos también un puesto a la hipótesis de que la «ligadura» de la energía que afluye al aparato anímico consiste en un paso del estado de libre curso al estado de reposo.

A mi juicio, puede intentarse considerar la neurosis traumática común como el resultado de una extensa rotura de la protección contra las excitaciones. Con ello quedaría restaurada la antigua e ingenua teoría del *shock*, opuesta aparentemente a otra, más moderna y psicológica, que atribuye la significación etiológica no al efecto de violencia, sino al susto y al peligro de muerte. Mas estas antítesis no son en ningún modo inconciliables, y la concepción psicoanalítica de la neurosis traumática no es idéntica a la forma más simplista de la teoría del *shock*. Esta considera como esencia del mismo el daño directo de la estructura molecular o hasta de la estructura histológica de los elementos nerviosos, y nosotros, en cambio, intentamos explicar su efecto por la ruptura de la protección, que defiende al órgano anímico contra las excitaciones. También para nosotros conserva el susto su importancia. Su condición es la falta de la disposición a la angustia *(Angsbereitschaft)*[1], disposición que hubiera traído consigo una «sobrecarga» del sistema, que recibe en primer lugar la excitación. A causa de tal insuficiencia de la carga no se hallan luego los sistemas en buena disposición para ligar las masas de excitación afluyentes, y las consecuencias de la rotura de la protección se hacen sentir con mayor facilidad. Hallamos de este modo que la disposición a la angustia representa, con la sobrecarga de los sistemas receptores, la última línea de defensa de la protección contra las excitaciones. En una gran cantidad de traumas puede ser el factor decisivo para el resultado final la diferencia entre el sistema no preparado y el preparado por sobrecarga. Mas esta diferencia carecerá de toda eficacia cuando el trauma supere cierto límite de energía. Si los sueños de los enfermos de neurosis traumática reintegran tan regularmente a los pacientes a la situación del accidente, no sirven con ello a la realización de deseos, cuya aportación alucinatoria ha llegado a constituir, bajo el dominio del principio del placer, su función peculiar. Pero nos es dado suponer que actuando así se ponen a disposición de otra labor, que tiene que ser llevada a cabo antes que el principio del placer pueda comenzar su reinado. Estos sueños intentan conseguir desarrollando la angustia el dominio de la excitación, cuya negligencia ha llegado a ser la causa de la neurosis traumática. Nos dan de este modo una visión de una de las funciones del aparato anímico, que, sin contradecir al principio del placer es, sin embargo, independiente de él, y parece más primitiva

[1] [Cf., *Más allá del principio del placer,* sección II.]

que la intención de conseguir placer y evitar displacer.

Sería ésta la ocasión de conceder por vez primera la existencia de una excepción a la regla de que los sueños son realizaciones de deseos. Los sueños de angustia no son tal excepción, como ya he demostrado repetidamente y con todo detenimiento, ni tampoco los de «castigo», pues lo que hacen estos últimos es sustituir a la realización de deseos, prohibida, el castigo correspondiente, siendo, por tanto, la realización del deseo de la conciencia de culpa, que es la reacción a la pulsión rechazada. Mas los sueños antes mencionados de los enfermos de neurosis traumática no pueden incluirse en el punto de vista de la realización de deseos, y mucho menos los que aparecen en el psicoanálisis, que nos vuelven a traer el recuerdo de los traumas psíquicos de la niñez. Obedecen más bien a la compulsión de repetición, que en el análisis es apoyada por el deseo —no inconsciente— de hacer surgir lo olvidado y reprimido. Así, pues, tampoco la función del sueño de suprimir por medio de la realización de deseos los motivos de interrupción del reposo sería su función primitiva, no pudiendo apoderarse de ella hasta después de que la total vida anímica ha reconocido el dominio del principio del placer. Si existe un «más allá del principio del placer», será lógico admitir también una prehistoria para la tendencia realizadora de deseos del sueño, cosa que no contradice en nada su posterior función. Una vez surgida esta tendencia, aparece un nuevo problema: aquellos sueños que, en interés de la ligadura psíquica de la impresión traumática, obedecen a la compulsión de repetición, ¿son o no posibles fuera del análisis? La respuesta es, desde luego, afirmativa.

Sobre la «neurosis de guerra»[1], en cuanto esta calificación va más allá de marcar la relación con las circunstancias del desencadenamiento de la enfermedad, he expuesto en otro lado que podían ser muy bien neurosis

[1] [Cf., la introducción de Freud a *El Psicoanálisis y las neurosis de guerra* (1919d).]

traumáticas, facilitadas por un conflicto del *yo*. El hecho, mencionado en páginas anteriores, de que una grave herida simultánea, producida por el trauma, disminuye las probabilidades de la génesis de una neurosis, no es ya incomprensible, teniendo en cuenta dos de las circunstancias que la investigación psicoanalítica hace resaltar. La primera es que la conmoción mecánica tiene que ser reconocida como una de las fuentes de la excitación sexual (compárense las observaciones sobre el efecto del columpiarse y del viaje en ferrocarril: «Teoría sexual»). La segunda es que al estado de dolor y fiebre de la enfermedad corresponde mientras ésta dura un poderoso influjo en la distribución de la libido. De este modo, la violencia mecánica del trauma libertaría el *quantum* de excitación sexual, el cual, a consecuencia de la diferencia de preparación a la angustia, actuaría traumáticamente; la herida simultánea ligaría por la intervención de una sobrecarga narcisista del órgano herido el exceso de excitación. Es también conocido, pero no ha sido suficientemente empleado para la teoría de la libido, que perturbaciones tan graves de la distribución de la libido como la de una melancolía son interrumpidas temporalmente por una enfermedad orgánica intercurrente, y que hasta una *dementia praecox* en su total desarrollo puede experimentar en tales casos una pasajera mejoría[1].

5

La carencia de un dispositivo protector contra las excitaciones procedentes del interior de la capa cortical receptora de las mismas tiene por consecuencia que tales excitaciones entrañen máxima importancia económica y den frecuente ocasión a perturbaciones económicas, equivalentes a las neurosis traumáticas. Las más ricas fuentes de tal excitación interior son las llamadas pulsiones del or-

[1] *Zur Psychoanalyse der Kriegsneurosen Einleitung*, en *Internationale Psychoanalytische Bibliothek*, núm. 1, 1919. Cf. mi introdución.

ganismo, que son las representantes de todas las actuaciones de energía procedentes del interior del cuerpo y transferidas al aparato psíquico, y constituyen el elemento más importante y oscuro de la investigación psicológica.

Quizá no sea excesivamente osada la hipótesis de que los impulsos emanados de las pulsiones pertenecen al tipo de proceso nervioso libremente móvil, y que tiende a hallar un exutorio. Nuestro mejor conocimiento de estos procesos lo adquirimos en el estudio de la elaboración de los sueños. Hallamos entonces que los procesos que se desarrollan en los sistemas inconscientes son distintos por completo de los que tienen lugar en los (pre)-conscientes, y que en lo inconsciente pueden ser fácil y totalmente transferidas, desplazadas y condensadas las cargas, cosa que, teniendo lugar en material preconsciente, no puede dar sino defectuosos resultados. Ejemplo de ello son las conocidas singularidades del sueño manifiesto, que surgen al ser sometidos los restos diurnos preconscientes a una elaboración conforme a las leyes de lo inconsciente. Estos procesos fueron denominados por mí «procesos psíquicos primarios» para diferenciarlos de los procesos secundarios, que tienen lugar en nuestra normal vida despierta. Dado que todas las pulsiones parten del sistema inconsciente, apenas si constituye una innovación decir que siguen el proceso primario, y por otro lado, no es necesario esfuerzo alguno para identificar el proceso psíquico primario con la carga, libremente móvil, y el secundario con las modificaciones de la carga, fija o tónica, de Breuer[1]. Correspondería entonces a las capas superiores del aparato anímico la labor de ligar la excitación de las pulsiones, característica del proceso primario. El fracaso de esta ligadura haría surgir una perturbación análoga a las neurosis traumáticas. Sólo después de efectuada con éxito la ligadura podría imponerse sin obstáculos el reinado del principio del placer o de su modificación; el prin-

[1] Véase: «Psicología de los procesos oníricos», de *La interpretación de los sueños*, Alianza Editorial, El Libro de Bolsillo, núms. 34, 35 y 36. Cf. Breuer y Freud (1895) secc. II de la contrib. teórica de Breuer.

cipio de la realidad. Mas hasta tal punto sería obligada como labor preliminar del aparato psíquico la de dominar o ligar la excitación, no en oposición al principio del placer, mas sí independientemente de él, y en parte sin tenerlo en cuenta para nada.

Aquellas manifestaciones de una compulsión de repetición que hemos hallado en las tempranas actividades de la vida anímica infantil y en los incidentes de la cura psicoanalítica muestran en alto grado un carácter pulsional, y cuando se hallan en oposición al principio del placer proporcionan la apariencia de un carácter demoníaco. En los juegos infantiles creemos comprender que el niño repite también el suceso desagradable, porque con ello consigue dominar la violenta impresión experimentada mucho más completamente de lo que le fue posible al recibirla. Cada nueva repetición parece perfeccionar el deseado dominio. También en los sucesos placenteros muestra el niño su ansia de repetición, y permanecerá inflexible en lo que respecta a la identidad de la impresión. Este rasgo del carácter está destinado, más tarde a desaparecer. Un chiste oído por segunda vez no producirá apenas efecto. Una obra teatral no alcanzará jamás por segunda vez la impresión que en el espectador dejó la vez primera. Rara vez comenzará el adulto la relectura de un libro que le ha gustado mucho inmediatamente después de concluido. La novedad será siempre la condición del goce. En cambio, el niño no se cansa nunca de demandar la repetición de un juego al adulto que se lo ha enseñado o que en él ha tomado parte, y cuando se le cuenta una historia, quiere oír siempre la misma, se muestra implacable en lo que respecta a la identidad de la repetición y corrige toda variante introducida por el cuentista, aunque éste crea con ella mejorar su cuento. Nada de esto se opone al principio del placer; es indudable que la repetición, el reencuentro de la identidad constituye una fuente de placer. En cambio, en el analizado se ve claramente que la compulsión de repetir, en la transferencia, los sucesos de su infancia, se sobrepone en absoluto al principio del placer. El enfermo se conduce en estos casos por completo infantilmente, y nos muestra de este modo que las reprimidas huellas mnémicas de sus experiencias primeras no se hallan en él en estado de ligadura, ni son hasta cierto punto capaces del proceso secundario. A esta libertad deben también su capacidad de formar por adherencia a los restos diurnos una fantasía onírica optativa. La misma compulsión de repetición nos aparece con gran frecuencia como un obstáculo terapéutico cuando al final de la cura queremos llevar a efecto la total separación del médico, y hay que aceptar que el oscuro temor que siente el sujeto poco familiarizado con el análisis de despertar algo que, a su juicio, sería mejor dejar en reposo, revela que en el fondo presiente la aparición de esta compulsión demoníaca.

¿De qué modo se halla en conexión lo pulsional con la compulsión de repetición? Se nos impone la idea de que hemos descubierto la pista de un carácter general no reconocido claramente hasta ahora —o que por lo menos no se ha hecho resaltar expresamente— de las pulsiones y quizá de toda vida orgánica. *Una pulsión sería, pues, una tendencia propia de lo orgánico vivo a la reconstrucción de un estado anterior,* que lo animado tuvo que abandonar bajo el influjo de fuerzas exteriores, perturbadoras; una especie de elasticidad orgánica, o, si se quiere, la manifestación de la inercia en la vida orgánica[1].

Esta concepción de la pulsión nos parece extraña por habernos acostumbrado a ver en ella el factor que impulsa a la modificación y evolución, y tener ahora que reconocer en él todo lo contrario: la manifestación de la Naturaleza, conservadora de lo animado. Por otro lado, recordamos en seguida aquellos ejemplos de la vida animal que parecen confirmar la condicionalidad histórica de las pulsiones. Las penosas emigraciones que ciertos peces emprenden en la época del desove con objeto de dejar la freza en determinadas aguas, muy lejanas de los sitios en que de costumbre viven, débense tan sólo, según la opinión de muchos biólogos, a que buscan los lugares en que su

[1] No dudo de que han sido ya expuestas, repetidas veces, análogas hipótesis sobre la naturaleza de las pulsiones.

especie residió primitivamente. Igual explicación puede aplicarse a las migraciones de las aves de paso; pero la rebusca de nuevos ejemplos nos hace pronto observar que en los fenómenos de la herencia y en los hechos de la Embriología tenemos las más magníficas pruebas de la compulsión orgánica de repetición. Vemos que el germen de un animal vivo se halla forzado a repetir en su evolución —aunque muy abreviadamente— todas las formas de las que el animal desciende, en lugar de marchar rápidamente y por el camino más corto a su definitiva estructura. No pudiendo explicarnos mecánicamente más que una mínima parte de esta conducta, no debemos desechar la explicación histórica. De la misma manera se extiende por la serie animal una capacidad de reproducción que sustituye un órgano perdido por la nueva formación de otro idéntico a él.

La objeción de que además de las pulsiones conservadoras, que fuerzan a la repetición, existen otras, que impulsan a la nueva formación y al progreso, merece ciertamente ser tenida en cuenta, y más adelante trataremos de ella. Pero, por lo pronto, nos atrae la idea de perseguir hasta sus últimas consecuencias la hipótesis de que todas las pulsiones quieren reconstruir algo anterior. Si lo que de ello resulta parece demasiado «ingenioso» o muestra apariencia de místico, sabemos que no se nos podrá reprochar el haber tendido a ello. Buscamos modestos resultados de la investigación o de la reflexión en ella fundada, y nuestro deseo sería que no presentaran dichos resultados otro carácter que el de una total certeza[1].

Si, por tanto, todas las pulsiones orgánicas son conservadoras e históricamente adquiridas, y tienden a una regresión o a una reconstitución de lo pasado, deberemos atribuir todos los éxitos de la evolución orgánica a influencias exteriores, perturbadoras y desviantes. El ser

[1] [Nota añadida en 1925.] El lector no debe olvidar el hecho de que lo que sigue es el desarrollo de una línea de pensamiento extremada. Luego cuando se tome en mente las pulsiones sexuales se encontrará que se aplican las limitaciones y correcciones necesarias.

animado elemental no habría querido transformarse desde su principio y habría repetido siempre, bajo condiciones idénticas, un solo y mismo camino vital. Pero en último término estaría siempre la historia evolutiva de nuestra Tierra y su relación al Sol, que nos ha dejado su huella en la evolución de los organismos. Las pulsiones orgánicas conservadoras han recibido cada una de estas forzadas transformaciones del curso vital, conservándolas para la repetición, y tienen que producir de este modo la engañadora impresión de fuerzas que tienden hacia la transformación y el progreso, siendo así que no se proponen más que alcanzar un antiguo fin por caminos tanto antiguos como nuevos. Este último fin de toda la tendencia orgánica podría también ser indicado. El que el fin de la vida fuera un estado no alcanzado nunca anteriormente, estaría en contradicción con la Naturaleza, conservadora de las pulsiones. Dicho fin tiene más bien que ser un estado *antiguo,* un estado de partida, que lo animado abandonó alguna vez y hacia lo que tiende por todos los rodeos de la evolución. Si como experiencia, sin excepción alguna, tenemos que aceptar que todo lo viviente muere por fundamentos *internos,* volviendo a lo anorgánico, podremos decir: *La meta de toda vida es la muerte.* Y con igual fundamento: *Lo inanimado era antes que lo animado.*

En una época indeterminada fueron despertados en la materia inanimada, por la actuación de fuerzas inimaginables, las cualidades de lo viviente. Quizá fue éste el proceso que sirvió de modelo a aquel otro que después hizo surgir la conciencia en determinado estado de la materia animada. La tensión, entonces generada en la antes inanimada materia, intentó nivelarse, apareciendo así la primera pulsión, volver a lo inanimado. Para la sustancia entonces viviente era aún fácil morir; no tenía que recorrer más que un corto curso vital, cuya dirección se hallaba determinada por la composición química de la joven vida. Durante largo tiempo sucumbió fácilmente la sustancia viva, y fue creada incesantemente de nuevo hasta que las influencias reguladoras exteriores se transformaron de tal manera, que obligaron a la sustancia aún superviviente a desviaciones cada vez más considerables del primitivo curso vital y a *rodeos* cada vez más complicados hasta alcanzar el fin de la muerte. Estos rodeos hacia la muerte, fielmente conservados por las pulsiones conservadoras, constituirían hoy el cuadro de los fenómenos vitales. Si se quiere seguir afirmando la naturaleza, exclusivamente conservadora, de las pulsiones, no se puede llegar a otras hipótesis sobre el origen y el fin de la vida.

Igual extrañeza que estas consecuencias nos produce todo lo relativo a los grandes grupos de pulsiones, que estatuimos tras los fenómenos vitales de los organismos. Las pulsiones de autoconservación, que reconocemos en todo ser viviente, se hallan en curiosa contradicción con la hipótesis de que la total vida pulsional sirve para llevar al ser viviente hacia la muerte. La importancia teórica de las pulsiones de conservación y poder se hace más pequeña vista a esta luz; son pulsiones parciales, destinadas a asegurar al organismo su peculiar camino hacia la muerte y a mantener alejadas todas las posibilidades no inmanentes del retorno a lo anorgánico. Pero la misteriosa e inexplicable tendencia del organismo a afirmarse en contra del mundo entero desaparece, y sólo queda el hecho de que el organismo no quiere morir sino a su manera. También estos guardianes de la vida fueron primitivamente escolta de la muerte. De este modo surge la paradoja de que el organismo viviente se rebela enérgicamente contra actuaciones (peligros) que podían ayudarle a alcanzar por un corto camino (por corto circuito, pudiéramos decir) su fin vital; pero esta conducta es lo que caracteriza precisamente a las tendencias puramente pulsionales, diferenciándolas de las tendencias inteligentes[1].

Mas hemos de reflexionar que esto no puede ser así. A otra luz muy distinta nos aparecen las pulsiones sexuales, para las cuales admite la teoría de las neurosis una posición particular. No *todos* los organismos han sucumbi-

---

[1] Véase más adelante nuestra rectificación de este concepto extremo de la pulsión de conservación.

do a la imposición exterior, que les impulsó a una ininterrumpida evolución. Muchos consiguieron mantenerse hasta la época actual en un grado elevado. Aún viven hoy en día muchos seres animados análogos a los grados primitivos de los animales superiores y de las plantas. Asimismo, tampoco todos los organismos elementales que componen el complicado cuerpo de un ser animado superior recorren con él todo el camino evolutivo hasta la muerte natural. Algunos de ellos —las células germinativas— conservan probablemente la estructura primitiva de la sustancia viva, y al cabo de algún tiempo se separan del organismo total, cargados con todos los dispositivos pulsionales heredados y adquiridos. Quizá son precisamente estas dos cualidades las que hacen posible su existencia independiente. Puestas en condiciones favorables, comienzan estas células a desarrollarse; esto es, a repetir el mecanismo al que deben su existencia, proceso que termina llegando de nuevo hasta el final del desarrollo una parte de su sustancia, mientras que otra parte retorna, en calidad de nuevo gesto germinativo, al comienzo de la evolución. De este modo se oponen estas células germinativas a la muerte de la sustancia viva y saben conseguir para ella aquello que nos tiene que aparecer como inmortalidad potencial, aunque quizá no signifique más que una prolongación del camino hacia la muerte. De extraordinaria importancia para nosotros es el hecho de que la célula germinativa es fortificada o hasta capacitada para esta función por su fusión con otra análoga a ella y, sin embargo, diferente.

Las pulsiones que cuidan de los destinos de estos organismos elementales supervivientes al ser unitario, procurándoles un refugio durante todo el tiempo que permanecen indefensos contra las excitaciones del mundo exterior y facilitando su encuentro con las otras células germinativas, constituyen el grupo de las pulsiones sexuales. Son conservadoras en el mismo sentido que las otras, dado que reproducen anteriores estados de la sustancia animada; pero lo son en mayor grado, pues se muestran más resistentes contra las actuaciones exteriores y, además, en su más amplio sentido, pues conservan la vida misma para más largo tiempo[1]. Son las verdaderas pulsiones de vida. Por el hecho de actuar en contra de la tendencia de las otras pulsiones, que por medio de la función llevan a la muerte, aparece una contradicción entre ellas y las demás, oposición que la teoría de las neurosis ha reconocido como importantísima. Esto es como un *ritardando* en la vida de los organismos; uno de los grupos de pulsiones se precipita hacia adelante para alcanzar, lo antes posible, el fin último de la vida, y el otro retrocede, al llegar a un determinado lugar de dicho camino, para volverlo a emprender de nuevo desde un punto anterior y prolongar así su duración. Más aun cuando la sexualidad y la diferencia de sexos no existían seguramente al comienzo de la vida, no deja de ser posible que las pulsiones que posteriormente han de ser calificadas de sexuales aparecieran y entraran en actividad desde un principio y emprendieran entonces, y no en épocas posteriores, su labor contra las pulsiones del *yo*[2].

Volvamos ahora sobre nuestros pasos para preguntarnos si toda esta especulación no carece, quizá, de fundamento. ¿No existen realmente, aparte de las sexuales, más pulsiones que aquellas que quieren reconstruir un estado anterior? ¿No habrá otros que aspiren a un estado no alcanzado aún? Sea como quiera, la cuestión es que hasta ahora no se ha descubierto en el mundo orgánico nada que contradiga nuestras hipótesis. Nadie ha podido demostrar aún la existencia de una pulsión general de superevolución en el mundo animal y vegetal, a pesar de que tal dirección evolutiva parece indiscutible. Mas, por un lado, es quizá tan sólo un juicio personal el declarar que un grado evolutivo es superior a otro, y, además, la Biología nos muestra que la superevolución en un punto se

[1] [Nota añadida en 1923.] Incluso sólo a ellos podemos ¡atribuirles un impulso interno hacia el «progreso» y hacia un desarrollo más elevado!

[2] [Nota agregada en 1925.] Debería entenderse del contexto que el término «pulsiones del *yo*» es utilizado como una descripción provisional y deriva de la terminología psicoanalítica más temprana.

consigue con frecuencia por regresión en otro. Existen también muchas formas animales cuyos estados juveniles nos dejan reconocer que su desarrollo ha tomado más bien un carácter regresivo. Superevolución y regresión podían ser ambas consecuencias de fuerzas exteriores que impulsan a la adaptación, y el papel de las pulsiones quedaría entonces limitado a mantener fija la obligada transformación como fuente de placer interior[1]. Para muchos de nosotros es difícil prescindir de la creencia de que en el hombre mismo reside una pulsión de perfeccionamiento que le ha llevado hasta su actual grado elevado de función espiritual y sublimación ética y del que debe esperarse que cuidará de su desarrollo hasta el superhombre. Mas, por mi parte, no creo en tal pulsión interior y no veo medio de mantener viva esta benéfica ilusión. El desarrollo humano hasta el presente me parece no necesitar explicación distinta del de los animales, y lo que de impulso incansable a una mayor perfección se observa en una minoría de individuos humanos puede comprenderse sin dificultad como consecuencia de la represión de las pulsiones, proceso al que se debe lo más valioso de la civilización humana. La pulsión reprimida no cesa nunca de aspirar a su total satisfacción, que consistirá en la repetición de un satisfactorio suceso primario. Todas las formaciones sustitutivas o reactivas, y las sublimaciones, son insuficientes para hacer cesar su permanente tensión. De la diferencia entre el placer de satisfacción hallado y el exigido surge el factor impulsor, que no permite la detención en ninguna de las situaciones presentes, sino que, como dijo el poeta, «tiende, indomado, siempre hacia adelante» *(Fausto,* I). El camino hacia atrás, hacia la total satisfacción, es siempre desplazado por las resistencias que mantienen la re-

[1] Por otro camino ha llegado Ferenczi a la misma concepción *(Entwicklungsstufen der Wirklichkeitssinnes,* en *Internationale Zeitschrift für Psychoanalyse,* I, 1913): «Siguiendo consecuentemente esta ruta mental, se acostumbra uno a la idea de una tendencia a la regresión en la vida orgánica, mientras que la tendencia a la evolución, adaptación, etc., no surgiría más que como resultado de estímulo de excitaciones exteriores» (pág. 137).

presión, y de este modo no queda otro remedio sino avanzar en la dirección evolutiva que permanece libre, aunque sin esperanza de dar fin al proceso y poder alcanzar la meta. Los procesos que tienen lugar en el desarrollo de una fobia neurótica, perturbación que no es más que un intento de fuga ante una satisfacción pulsional, nos dan el modelo de la génesis de esta aparente «pulsión de perfeccionamiento»; pulsión que, sin embargo, no podemos atribuir a todos los individuos humanos. Las condiciones dinámicas para su existencia se dan ciertamente en general; pero las circunstancias económicas parecen no favorecer el fenómeno más que en muy raros casos.

Agregaré unas palabras para sugerir que los esfuerzos de Eros para combinar sustancias orgánicas en unidades siempre más amplias probablemente provee un sustituto a esta pulsión hacia la perfección, cuya existencia no podemos admitir. Los fenómenos que se le atribuyen pueden explicarse por estos esfuerzos de Eros tomados en conjunción con los resultados de la represión[1].

6

Los resultados hasta ahora obtenidos, que establecen una franca oposición entre las «pulsiones del *yo*» y las pulsiones sexuales, haciendo que las primeras tiendan a la muerte y las segundas a la prolongación de la vida, no llegan a satisfacernos en muchos puntos. A ello se agrega que no pudimos atribuir el carácter conservador, mejor dicho, regresivo, de la pulsión, correspondiente a una compulsión de repetición, más que a las primeras, pues según nuestra hipótesis, las pulsiones del *yo* proceden de la vivificación de la materia inanimada y quieren establecer de nuevo el estado inanimado. En cambio, es innegable que las pulsiones sexuales reproducen estados primitivos del ser animado; pero su fin —al que tienden con todos sus medios— es la fusión de dos células germinativas de-

[1] [Este parágrafo fue agregado en 1923.]

terminadamente diferenciadas. Cuando esta unión no se verifica, muere la célula germinativa, como todos los demás elementos del organismo multicelular. Sólo bajo esta condición puede la función sexual prolongar la vida y prestarle la apariencia de inmortalidad. Mas ¿qué importante suceso de la evolución de la sustancia viva es repetido por la procreación sexual o por su antecedente, la copulación de dos protozoarios? Siéndonos imposible responder a esta interrogación, veríamos con gusto que toda nuestra construcción especulativa demostrase ser equivocada, pues de este modo cesaría la oposición entre pulsiones del *yo* o de muerte y pulsiones sexuales o de vida, y con ello perdería la compulsión de repetición la importancia que le hemos atribuido.

Volvamos, por tanto, a una de las hipótesis antes establecidas por nosotros y tratemos de rebatirla. Hemos fundado amplias conclusiones sobre la suposición de que todo lo animado tiene que morir por causas internas. Esta hipótesis ha sido, naturalmente, aceptada por nosotros, porque más bien se nos aparece como una certeza. Estamos acostumbrados a pensar así, y nuestros poetas refuerzan nuestras creencias. Además, quizá nos haya decidido a aceptarla el hecho de que no teniendo más remedio que morir y sufrir que antes nos arrebate la muerte a las personas que más amamos, preferimos ser vencidos por una implacable ley natural, por la soberana Αναγχη, que por una casualidad que quizá hubiera sido evitable. Mas quizá esta creencia en la interior regularidad del morir no sea tampoco más que una de las ilusiones que nos hemos creado «para soportar la pesadumbre del vivir»[1]. Lo que sí podemos asegurar es que no se trata de una creencia primitiva: la idea de «muerte natural» es extraña a los pueblos primitivos, los cuales atribuyen cada fallecimiento de uno de los suyos a la influencia de un enemigo o de un mal espíritu. No debemos, por tanto, dejar de examinar esta creencia a la luz de la ciencia biológica.

Al hacerlo así quedaremos maravillados de la falta de

[1] [Schiller, Die Braut von Messina, I, 8.]

acuerdo que reina entre los biólogos sobre la cuestión de la muerte natural, y veremos que hasta se les escapa de entre las manos el concepto mismo de la muerte. El hecho de que la vida tenga una determinada duración media, por lo menos entre los animales superiores, habla en favor de la muerte motivada por causas internas; mas la circunstancia de que algunos grandes animales y varios árboles gigantescos alcancen una avanzadísima edad, hasta ahora no determinada, contradice de nuevo esta impresión. Según la magna concepción de W. Fliess (1906) todos los fenómenos vitales de los organismos —y con seguridad también la muerte— se hallan ligados al cumplimiento de determinados plazos, en los cuales se manifiesta la dependencia de dos sustancias vivas, una masculina y otra femenina, del año solar. Pero la facilidad con la que fuerzas externas logran modificar ampliamente la aparición temporal de las manifestaciones de la vida, sobre todo en el mundo vegetal, adelantándolas o retrasándolas, contradice la rigidez de la fórmula de Fliess y hace dudar, por lo menos, de la exclusiva vigencia de las leyes por él establecidas.

La forma en la que A. Weismann ha tratado el tema de la duración de la vida de los organismos y de su muerte es para nosotros del mayor interés[1]. De este investigador procede la diferenciación de la sustancia viva en una mitad mortal y otra inmortal; la mitad mortal es el cuerpo en su más estrecho sentido, el *soma;* sólo ella está sujeta a la muerte natural. En cambio, las células germinativas son potencia inmortal, en cuanto se hallan capacitadas, bajo determinadas condiciones favorables, para formar un nuevo individuo, o, dicho de otro modo, para rodearse de un nuevo soma[2].

Lo que de esta concepción nos sugestiona es su inesperada analogía con la nuestra, conseguida por tan diversos caminos. Weismann, que considera morfológicamen-

---

[1] *Über die Dauer des Lebens,* 1882; *Über Leben und Tod,* 1892; *Das Keimplasma,* 1892, y otros.

[2] *Über Leben und Tod,* 2 Aufl., 1892, S. 20.

te la sustancia viva, reconoce en ella un componente destinado a la muerte, el soma, o sea el cuerpo despojado de la materia sexual y hereditaria, y otro componente inmortal, constituido precisamente por aquel plasma germinativo que sirve a la conservación de la especie, a la procreación. Nosotros no hemos partido de la materia animada, sino de las fuerzas que en ella actúan, y hemos llegado a distinguir dos especies de pulsiones: aquellas que quieren llevar la vida hacia la muerte, y otras, las pulsiones sexuales, que aspiran de continuo a la renovación de la vida y la imponen siempre de nuevo. Este nuestro resultado semeja un corolario dinámico a la teoría morfológica de Weismann.

Mas la esperanza de tan importante coincidencia desaparece rápidamente al observar la solución que da Weismann al problema de la muerte, pues no considera válida la diferenciación de soma mortal y plasma germinativo imperecedero más que para los organismos multicelulares, y admite que en los animales unicelulares son todavía el individuo y la célula procreativa una y la misma cosa[1]. De este modo, declara Weismann potencialmente inmortales a los unicelulares. La muerte no aparecería hasta los metazoarios, ya multicelulares. Esta muerte de los seres animales superiores es, ciertamente, natural, muerte por causas interiores; pero no se debe a una cualidad primitiva de la sustancia viva[2], ni puede ser concebida como una necesidad absoluta, fundada en la esencia de la vida[3]. La muerte es más bien un dispositivo de acomodación, un fenómeno de adaptación a las condiciones vitales exteriores, pues, desde la separación de las células del cuerpo en soma y plasma germinativo, la duración ilimitada de la vida hubiera sido un lujo totalmente inútil. Con la aparición de esta diferenciación en los multicelulares se hizo posible y adecuada la muerte. Desde entonces muere por causas internas, y al cabo de un tiempo determinado, el

---

[1] *Leben und Tod,* 2 Aufl., S. 67.
[2] *Dauer des Lebens,* S. 33.
[3] *Über Leben und Tod,* Schluss.

soma de los seres animados superiores; en cambio, los protozoarios continúan gozando de inmortalidad.

En oposición a lo anteriormente expuesto, la procreación no ha sido introducida con la muerte, sino que, como el crecimiento, del cual surgió, es una cualidad primitiva de la materia animada. Así, pues, la vida ha sido siempre, desde su aparición en la Tierra, susceptible de ser continuada[1].

Fácilmente se ve que la aceptación de una muerte natural para las organizaciones superiores ayuda muy poco a nuestra causa. Si la muerte es una tardía adquisición del ser viviente, no tendrá objeto ninguno suponer la existencia de pulsiones de muerte aparecidas desde el comienzo de la vida sobre la Tierra. Los multicelulares pueden seguir muriendo por causas internas, por defectos de su diferenciación o imperfecciones de su metabolismo. Sea como sea, ello carece de interés para la cuestión que nos ocupa. Tal concepción y derivación de la muerte se halla seguramente más cercana al acostumbrado pensamiento de los hombres que la hipótesis de las pulsiones de muerte.

La discusión motivada por las teorías de Weismann no ha producido, a mi juicio, nada decisivo[2]. Algunos autores han vuelto a la posición de Goethe (1883), que veía en la muerte una consecuencia directa de la procreación. Hartmann no caracteriza a la muerte por la aparición de un «cadáver», de una parte muerta de la sustancia animada, sino que la define como «término de la evolución individual». En este sentido, también los protozoarios son mortales; la muerte coincide en ellos con la procreación; pero es encubierta por ésta en cierto modo, puesto que toda la sustancia del animal padre puede ser traspasada directamente a los jóvenes individuos filiales (*l. c.*, pág. 29).

El interés de la investigación se ha dirigido en seguida a comprobar experimentalmente en los unicelulares la

---

[1] Comp. Max Hartmann. *Tod und Fortpflanzung*, 1906; Alex Lipschütz, *Warum wir sterben*, en *Kosmosbücher*, 1914; Franz Dôflein, *Das Problem des Todes und der Unsterblichkeit bie den Pflanzen und Tieren*, 1919.

[2] Véase Lipschütz, *loc. cit.*, págs. 26, 52 y sigs.

afirmada inmortalidad de la sustancia viva. Un americano, Woodruff, puso en observación a un infusorio, de los que se reproducen por escisiparidad, y lo estudió, aislando cada vez uno de los productos de la división y sumergiéndolo en agua nueva, hasta la generación 3.029. El último descendiente del primer infusorio poseía igual vitalidad que éste y no mostraba señal alguna de vejez o degeneración. De este modo pareció experimentalmente demostrable —si es que tales cifras poseen fuerza demostrativa— la inmortalidad de los protozoarios[1].

Mas otros investigadores han llegado a resultados diferentes. Maupas y Calkins, entre ellos, han hallado, en contraposición a Woodruff, que también estos infusorios se debilitan tras cierto número de divisiones, disminuyendo de tamaño, perdiendo una parte de su organización y muriendo al fin, cuando no experimentan determinadas influencias reanimadoras. Según esto, los protozoarios morirían después de una fase de decadencia senil, exactamente como los animales superiores, y sería errónea la teoría de Weismann, que considera la muerte como una tardía adquisición de los organismos animados.

Del conjunto de estas investigaciones haremos resaltar dos hechos que nos parecen ofrecer un firme punto de apoyo. Primero: cuando los pequeños seres animales pueden aparearse fundiéndose, o sea «copular», antes de haber sufrido modificación alguna debida a la edad, quedan al separarse después de la cópula rejuvenecidos y preservados de la vejez. Esta cópula es con seguridad, un antecedente de la procreación sexual de los seres superiores; pero no tiene aún nada que ver con la multiplicación y se limita a la mezcla de las sustancias de ambos individuos (la *amphimixis*, de Weismann). El influjo rejuvenecedor de la cópula puede también ser sustituido por determinados excitables, modificación de la composición del líquido alimenticio, elevación de la temperatura o agitación. Recuérdese el famoso experimento de J. Loeb (1909) que

[1] *Über die anscheinende Absichtlichkeit im Schicksale des Einzelnen*, Grossherzog Wilhelm Ernst Ausgabe, IV Bd.

provocó en los huevos de los equínidos, por medio de ciertas excitaciones químicas, procesos de división que no aparecen normalmente sino después de la fecundación.

Segundo: es muy probable que los infusorios sean conducidos por su proceso vital a una muerte natural, pues la contradicción entre los resultados de Woodruff y los de otros investigadores obedece a que el primero ponía a cada nueva generación un nuevo líquido alimenticio. Al dejar de efectuar esta operación observó, en las generaciones sucesivas, aquellas mismas modificaciones que otros hombres de ciencia habían señalado, y su conclusión fue, por tanto, que los pequeños animales son dañados por los productos del metabolismo, que devuelven al líquido que los rodea. Prosiguiendo sus trabajos, logró demostrar convincentemente que sólo los productos del *propio* metabolismo poseen este efecto conducente a la muerte de una particular clase de animalito, pues en una solución saturada con los detritos de una especie análoga lejana vivieron perfectamente aquellos mismos pequeños seres que, hacinados en su propio líquido alimenticio, sucumbían sin salvación posible. Así, pues, el infusorio, abandonado a sí mismo, sucumbe de muerte natural producida por insuficiente alejamiento de los productos de su propio metabolismo. Aunque quizá también todos los animales superiores mueren, en el fondo, a causa de la misma impotencia.

Puede asaltarnos ahora la duda de si sería realmente útil para nuestro fin buscar en el estudio de los protozoarios la solución del problema de la muerte natural. La primitiva organización de estos seres animados nos puede muy bien encubrir importantísimos procesos que también se desarrollan en ellos, pero que sólo aparecen *visibles* en los animales superiores, en los cuales se han procurado una expresión morfológica. Si abandonamos el punto de vista morfológico para adoptar el dinámico, nos será indiferente que pueda o no demostrarse la muerte natural de los protozoarios. En ellos no se ha separado aún la sustancia posteriormente reconocida como inmortal de la mortal. Las fuerzas pulsionales que quieren llevar la vida a la muerte podían actuar también en ellos desde un principio, aunque su efecto quede encubierto de tal manera por las fuerzas conservadoras de la vida, que sea muy difícil su descubrimiento directo. Creemos, sin embargo, que las observaciones de los biólogos nos permiten aceptar también en los protozoarios la existencia de tales procesos internos conductores a la muerte. Mas aun en el caso de que los protozoarios demuestren ser inmortales, en el sentido de Weismann, la afirmación de que la muerte es una adquisición posterior no es valedera más que para las exteriorizaciones manifiestas de la muerte, y no hace imposible ninguna hipótesis sobre los procesos que hacia ella tienden. No se ha realizado, por tanto, nuestra esperanza de que la Biología rechazase de plano el reconocimiento de las pulsiones de muerte, y si continuamos teniendo motivos para ello podemos, desde luego, seguir suponiendo su existencia. La singular analogía de la diferencia de Weismann entre soma y plasma germinativo, con nuestra separación de pulsiones de muerte y pulsiones de vida, permanece intacta y vuelve a adquirir todo su valor.

Detengámonos un momento en esta concepción exquisitamente dualista de la vida pulsional. Según la teoría de E. Hering (1878) se verifican de continuo en la sustancia viva dos clases de procesos de dirección opuesta: los unos constructivos (asimilatorios), y destructores (desimilatorios) los otros. ¿Deberemos atrevernos a reconocer en estas dos direcciones de los procesos vitales la actuación de nuestros dos impulsos pulsionales, las pulsiones de vida y las pulsiones de muerte? Lo que desde luego no podemos ocultarnos es que hemos arribado inesperadamente al puerto de la filosofía de Schopenhauer, pensador para el cual la muerte es el «verdadero resultado» y, por tanto, el objeto de la vida[1] y, en cambio, la pulsión sexual la encarnación de la voluntad de vivir.

Intentemos avanzar ahora un paso más. Según la opinión general de la reunión de numerosas células para for-

---

[1] Schopenhauer (1851; Sämtliche Werke, ed. Hübscher, 1938, 5, 236).

mar una unión vital, la multicelularidad de los organismos ha devenido un medio de prolongar la duración de la vida de los mismos. Una célula ayuda a conservar la vida de las demás, y el estado celular puede seguir viviendo, aunque algunas células tengan que sucumbir. Ya hemos visto que también la cópula, la fusión temporal de dos unicelulares, actúa conservando la vida de ambos y rejuveneciéndolos. Podemos, pues, intentar aplicar la teoría de la libido, fruto de nuestra labor psicoanalítica, a la relación recíproca de las células y suponer que son las pulsiones vitales o sexuales actuantes en cada célula las que toman a las otras células como objeto, neutralizando parcialmente sus pulsiones de muerte; esto es, los procesos por ellas incitados, conservándolas vivas de este modo, mientras que otras células actúan análogamente en beneficio de las primeras, y otras por último, se sacrifican en el ejercicio de esta función libidinosa. Las células germinativas mismas se conducirían de un modo «narcisista», calificación que usamos en nuestra teoría de la neurosis para designar el hecho de que un individuo conserve su libido en el *yo* y no destine ninguna parte de ella al revestimiento de objetos. Las células germinativas precisan para sí mismas su libido, o sea la actividad de sus pulsiones vitales, como provisión para su posterior magna actividad constructiva. Quizá se deba también considerar como narcisistas en el mismo sentido, a las células de los neoplasmas malignos que destruyen el organismo. La Patología se inclina a aceptar el innatismo de las células germinativas de tales formaciones y a conceder a las mismas cualidades embrionales. De este modo la libido de nuestras pulsiones sexuales coincidiría con el «eros» de los poetas y filósofos, que mantienen unido todo lo animado.

En este punto hallamos ocasión de revisar la lenta evolución de nuestra teoría de la libido. El análisis de las neurosis de transferencia nos obligó primero a aceptar la oposición entre «pulsiones sexuales» dirigidas sobre el objeto y otras pulsiones que no descubríamos sino muy insuficientemente y que denominamos, por lo pronto, «pulsiones del *yo*». Entre estas últimas aparecían, en primer término, aquellas que se hallan dedicadas a la conservación del individuo. Mas no pudimos averiguar qué otras diferenciaciones era preciso hacer. Ningún otro conocimiento hubiera sido tan importante para la fundación de una psicología verdadera como una aproximada visión de la naturaleza común y las eventuales peculiaridades de las pulsiones. Mas en ningún sector de la Psicología se andaba tan a tientas. Cada investigador establecía tantas pulsiones o «pulsiones fundamentales» *(Grundtriebe)* como le venía en gana y los manejaba como manejaban los antiguos filósofos griegos sus cuatro elementos: aire, agua, tierra y fuego. El psicoanálisis, que no podía prescindir de establecer alguna hipótesis sobre las pulsiones; se atuvo al principio a la diferenciación popular de los mismos, expresada con los términos «hambre» y «amor». Esta división, que por lo menos no constituía una nueva arbitrariedad, nos bastó para avanzar considerablemente en el análisis de las psiconeurosis. El concepto de la sexualidad, y con él el de un pulsión sexual, tuvo, naturalmente, que ser ampliado hasta encerrar en sí mucho más de lo relativo a la función procreadora, y esto originó grave escándalo en el mundo grave y distinguido, o simplemente hipócrita.

Nuestros conocimientos progresaron considerablemente cuando el psicoanálisis pudo observar más de cerca el *yo* psicológico, que al principio no le era conocido más que como una instancia represora, censora y capacitada para la constitución de dispositivos protectores y formaciones reaccionales. Espíritus críticos y de penetrante mirada habían indicado ya hace tiempo el error en que se incurría limitando el concepto de la libido a la energía de la pulsión sexual dirigida hacia el objeto. Mas olvidaron comunicar de dónde procedía su mejor conocimiento y no supieron derivar de él nada útil para el análisis. Un prudente y reflexivo progreso demostró a la observación psicoanalítica cuán regularmente es retirada la libido del objeto y vuelta hacia el *yo* (introversión). Estudiando el desarrollo de la libido del niño en su fase más temprana, llegamos al conocimiento de que el *yo* es el verdadero y primitivo depósito de la libido[1], la cual parte luego de él para llegar hasta el objeto. El *yo* pasó, por tanto, a ocupar un puesto entre los objetos sexuales y fue reconocido en el acto como el más significado de ellos. Cuando la libido permanecía así en el *yo*, se la denominó narcisista[2]. Esta libido narcisista era también, naturalmente, la exteriorización de la energía de las pulsiones sexuales en el sentido analítico; pulsiones que hubimos de identificar con las «pulsiones de conservación», reconocidas desde el primer momento. Estos descubrimientos demostraron la insuficiencia de la dualidad primitiva de pulsiones del *yo* y pulsiones sexuales. Una parte de las pulsiones del *yo* quedaba reconocida como libidinosa. En el *yo* actuaban —al mismo tiempo que otras— las pulsiones sexuales; pero tal nuevo descubrimiento no invalidaba en absoluto nuestra antigua fórmula de que la psiconeurosis reposa en el conflicto entre las pulsiones del *yo* y las pulsiones sexuales. Mas la diferencia entre ambas especies de pulsiones, que primitivamente se creía indeterminadamente *cualitativa*, debía considerarse ahora de otra manera; esto es, como *tópica*. Especialmente la neurosis de transferencia, que constituye el verdadero objeto de estudio del psicoanálisis, continúa siendo el resultado de un conflicto entre el *yo* y el revestimiento libidinoso del objeto. Debemos acentuar tanto más el carácter libidinoso de las pulsiones de conservación cuanto que osamos ahora dar un paso más, reconociendo en la pulsión sexual el «eros», que todo lo conserva, y derivando la libido narcisista del *yo* de las aportaciones de libido con las que se mantienen unidas las células del soma. Pero aquí nos hallamos de repente ante una nueva interrogación: si también las pulsiones de autoconservación son de naturaleza libidinosa, no existirán entonces sino pulsiones libidinosas. Por lo menos, no se descubren otras. Mas entonces habrá de darse la razón a los críticos que desde un principio sospecharon que el psicoanálisis lo explicaba todo por la sexualidad, o a los in-

[1] [Cf., Freud (1914c) y una corrección en *El yo y el ello*, sección 3.]
[2] Cf. mi trabajo *sobre el narcisismo* (1914c) [secc. I].

novadores como Jung, que decidieron, sin más ni más, emplear el término «libido» en el sentido de fuerza pulsional en general. ¿Es esto así?

No era, ciertamente, este resultado el que nos habíamos propuesto alcanzar. Partimos más bien de una decidida separación entre pulsiones del *yo* o pulsiones de muerte, y pulsiones sexuales o pulsiones de vida. Nos hallábamos dispuestos a contar entre las pulsiones de muerte a las supuestas pulsiones de autoconservación, cosa que después rectificamos. Nuestra concepción era *dualista* desde un principio y lo es ahora aún más desde que denominamos las antítesis, no ya pulsiones del *yo* y pulsiones sexuales, sino pulsiones de vida y pulsiones de muerte. La teoría de la libido de Jung es, en cambio, monista. El hecho de haber denominado en ella libido a su única fuerza pulsional tuvo necesariamente que producir confusiones, pero no puede ya influir para nada en nuestra reflexión. Sospechamos que en el *yo* actúan pulsiones diferentes de las pulsiones libidinosas de conservación, mas no podemos aportar prueba ninguna que apoye nuestra hipótesis. Es de lamentar que el análisis del *yo* se halle tan poco avanzado que tal demostración nos sea difícil en extremo. Las pulsiones libidinosas del *yo* pueden, sin embargo, hallarse enlazadas de un modo especial con las otras pulsiones del *yo,* aún desconocidas para nosotros. Antes de haber reconocido claramente el narcisismo existía ya en el psicoanálisis la sospecha de que las pulsiones del *yo* habían atraído a sí componentes libidinosos. Mas son éstas posibilidades muy inseguras, que ni siquiera se dignarán tomar en cuenta nuestros adversarios. De todos modos, como se nos podría objetar que si el análisis no había logrado hasta ahora hallar otras pulsiones que las libidinosas, ello era debido únicamente a insuficiencia de su fuerza de penetración, no queremos por el momento arriesgar una conclusión exclusivista.

Dada la oscuridad en que se halla sumido todavía todo lo referente a las pulsiones, no debemos rechazar desde luego ninguna idea que nos parezca prometer algún esclarecimiento. Hemos partido de la antítesis de pulsiones de vida y pulsiones de muerte. El amor objetivo mismo nos muestra una segunda polarización de este género: la de amor (ternura) y odio (agresión). Sería muy conveniente poder relacionar entre sí estas dos polarizaciones, reduciéndolas a una sola. Desde un principio hemos admitido en la pulsión sexual un componente sádico[1], que, como ya sabemos, puede lograr una total independencia y dominar, en calidad de perversión, el total impulso sexual de la persona. Este componente sádico aparece asimismo como pulsión parcial, dominante en las por mí denominadas «organizaciones pregenitales». Mas ¿cómo derivar la pulsión sádica dirigida al daño del objeto, del «eros», conservador de la vida? La hipótesis más admisible es la de que este sadismo es realmente una pulsión de muerte, que fue expulsada del *yo* por influjo de la libido naciente; de modo que no aparece sino en el objeto. Esta pulsión sádica entraría, pues, al servicio de la fusión sexual, pasando su actuación por diversos grados. En el estadio oral de la organización de la libido coincide aún el apoderamiento erótico con la destrucción del objeto; pasado tal estadio es cuando tiene lugar la expulsión de la pulsión sádica, la cual toma por último al sobrevenir la primacía genital, y en interés de la procreación, la función de dominar al objeto sexual; pero tan sólo hasta el punto necesario para la ejecución del acto sexual. Pudiera decirse que al sadismo, expulsado del *yo*, le ha sido marcado el camino por los componentes libidinosos de la pulsión sexual, los cuales tienden luego hacia el objeto. Donde el sadismo primitivo no experimenta una mitigación y una fusión, queda establecida la conocida ambivalencia amor-odio de la vida erótica[2].

Si tal hipótesis es admisible, habremos conseguido señalar, como se nos exigía, la existencia de una pulsión de muerte, siquiera sea desplazada. Mas nuestra construcción especulativa está muy lejos de toda evidencia, y produce

[1] [En la primera edición de los *Tres ensayos* en 1905.]

[2] [Anticipa la discusión de Freud de la fusión pulsional, en *El yo el ello*, (1923b).]

una impresión mística, haciéndonos sospechosos de haber intentado salir a toda costa de una embarazosa situación. Sin embargo, podemos oponer que tal hipótesis no es nueva, y que ya la expusimos antes cuando nuestra posición era totalmente libre. Observaciones clínicas nos forzaron a admitir que el masoquismo, o sea la pulsión complementaria del sadismo, debía considerarse como un retorno del sadismo contra el propio *yo*[1]. Un retorno de la pulsión desde el objeto al *yo* no es en principio otra cosa que la vuelta del *yo* hacia el objeto, que ahora discutimos. El masoquismo, la vuelta de la pulsión contra el propio *yo*, sería realmente un retorno a una fase anterior de la misma, una regresión. En un punto necesita ser rectificada la exposición demasiado exclusiva que entonces hicimos del masoquismo; éste pudiera muy bien ser primario, cosa que antes discutimos[2].

Mas retornemos a las pulsiones sexuales, conservadoras de la vida. En la investigación de los protozoarios hemos visto ya que la cópula es decir, la difusión de dos individuos que se separan poco después sin división subsiguiente, actúa sobre ambos fortificándolos y rejuveneciéndolos (Lispchütz). En las siguientes generaciones no muestran fenómenos degenerativos ninguno, y parecen capacitados para resistir por más tiempo los daños de su propio metabolismo. A mi juicio, puede esta observación ser tomada como modelo para el efecto de la cópula sexual. Mas ¿de qué modo logra la fusión de dos células poco diferenciadas tal renovación de la vida? El experimento que sustituye la cópula de los protozoarios por la

---

[1] Véase la *Teoría sexual* y el ensayo *Pulsiones y sus destinos.*

[2] En un trabajo muy rico en ideas, aunque para mí no del todo transparente, emprende Sabina Spielrein una parte de esta investigación y califica de «destructores» a los componentes sádicos de la pulsión sexual. *(Die Destruktion als Ursache des Werdens,* en *Jahrbuch für Psychoanalyse,* IV, 1912). De un modo distinto intentó A. Stärcke *(Inleidig by de vertálig, von S. Freud. De sexuele beschavingsmoral,* etc., 1914) identificar el concepto de la libido con el que teóricamente hay que suponer de un impulso hacia la muerte. (Comp. Rank: *Der Künstler.)* Todos estos esfuerzos muestran el impulso hacia un esclarecimiento aún no alcanzado de la teoría de las pulsiones.

actuación de excitaciones químicas, y hasta mecánicas, permite una segura respuesta: ello sucede por la afluencia de nuevas magnitudes de excitación. Esto es favorable a la hipótesis de que el proceso de la vida del individuo conduce, obedeciendo a causas internas, a la nivelación de las tensiones químicas; esto es, a la muerte, mientras que la unión con una sustancia animada, individualmente diferente, eleva dichas tensiones y aporta, por así decirlo, nuevas *diferencias vitales,* que tienen luego que ser *agotadas viviéndolas.* El haber reconocido como la tendencia dominante de la vida psíquica, y quizá también de la vida nerviosa, la aspiración a aminorar, mantener constante o hacer cesar la tensión de las excitaciones internas (el principio del nirvana, según expresión de Bárbara Low), tal y como dicha aspiración se manifiesta en el principio del placer[1], es uno de los más importantes motivos para creer en la existencia de pulsiones de muerte.

Constituye un obstáculo en nuestra ruta mental el no haber podido demostrar en la pulsión sexual aquel carácter de compulsión de repetición que nos condujo primeramente al hallazgo de las pulsiones de muerte. El campo de los procesos evolutivos embrionarios es ciertamente muy rico en tales fenómenos de repetición; las dos células germinativas de la procreación sexual, y toda la historia de su vida, no son sino repeticiones de los comienzos de la vida orgánica; mas lo esencial de los procesos provocados por la pulsión sexual continúa siendo la fusión de los cuerpos de dos células. Por esta fusión es por la que queda asegurada en los seres animales la inmortalidad de la sustancia viva.

Dicho de otro modo: tenemos que dar luz sobre la génesis de la procreación sexual, y, en general, sobre la procedencia de las pulsiones sexuales; labor que asustará a un profano, y que no ha sido llevada aún a cabo por los investigadores especializados. Daremos aquí una rápida síntesis de aquello que, entre las numerosas hipótesis y opi-

---

[1] [La cuestión es considerada en su totalidad en *El problema económico del masoquismo* (1924).]

niones contradictorias, puede ayudarnos en nuestra labor.

Una de las teorías despoja de su misterioso atractivo al problema de la procreación, presentando dicha función como un fenómeno parcial del crecimiento (multiplicación por escisiparidad y gemación). La génesis de la reproducción por células germinativas sexualmente diferenciadas podríamos representárnosla conforme al tímido modo de pensar darwiniano, suponiendo que la ventaja de la *amphimixis*, resultante de la cópula casual de dos protozoarios, fue conservada y utilizada en la evolución subsiguiente[1]. El «sexo» no sería, pues, muy antiguo y los instintos, extraordinariamente violentos, que impulsan a la unión sexual repitieron al hacerlo algo que había sucedido una vez casualmente, y que desde entonces quedó fijado como ventajoso.

Surge de nuevo aquí, como antes, al tratar de la muerte, la cuestión de si en los protozoarios no ha de suponerse existente nada más que lo que muestran a nuestros ojos, o si puede sospecharse que fuerzas y procesos que no se hacen visibles sino en los animales superiores han surgido por vez primera en los primeros. Para nuestras intenciones la mencionada concepción de la sexualidad rinde escasísimo fruto. Se podrá objetar contra ella que presupone la existencia de pulsiones vitales, que actúan ya en los más simples seres animados, pues, si no, habría sido evitada, y no conservada y desarrollada, la cópula, que actúa en contra de la cesación de la vida y dificulta la muerte. Si no se quiere abandonar la hipótesis de las pulsiones de muerte, no hay más remedio que unir a ellas desde un principio las pulsiones de vida. Pero tenemos que confesar que operamos aquí con una ecuación de dos incógnitas. Es tan poco lo que la ciencia nos dice sobre la génesis de la sexualidad, que puede compararse este problema con

---

[1] Weismann *(Das Keimplasma,* 1892) niega también esta ventaja: «La fecundación —dice— no significa en modo alguno un rejuvenecimiento o renovación de la vida; no sería necesaria para la perduración de la vida y no es más que *un dispositivo* para hacer posible la *mezcla de dos diferentes tendencias de herencia.»* Weismann opina, además, que el efecto de tal mezcla es una elevación de la variabilidad de los seres animados.

unas profundísimas tinieblas, en las que no ha penetrado aún el rayo de luz de una hipótesis. En otro sector, totalmente distinto, hallamos una de tales hipótesis; pero tan fantástica —más bien un mito que una explicación científica—, que no me atrevería a reproducirla aquí si no llenase precisamente una condición, a cuyo cumplimiento aspiramos. Esta hipótesis deriva una pulsación *de la necesidad de reconstituir un estado anterior.*

Me refiero, naturalmente, a la teoría que Platón hace desarrollar a Aristófanes en el *Symposium*, y que no trata sólo de la *génesis* de la pulsión sexual, sino también de su más importante variación con respecto al objeto.

«La naturaleza humana era al principio muy diferente. Primitivamente hubo tres sexos; tres y no dos, como hoy en día; junto al masculino y al femenino vivía un tercer sexo, que participaba en igual medida de los otros dos...» Todo en estos seres humanos era doble; tenían cuatro pies, cuatro manos, dos rostros, genitales dobles, etc. Mas Júpiter se decidió un día a dividir a cada uno de ellos en dos partes, «como suelen partirse las peras para cocerlas». «Cuando de este modo quedó dividida en dos toda la Naturaleza, apareció en cada hombre el deseo de reunirse a su otra mitad propia, y ambas mitades se abrazaron, entretejieron sus cuerpos y quisieron formar un solo ser...»[1].

---

[1] Al profesor Heinrich Gomperz (Viena) debo las indicaciones que siguen sobre la procedencia del mito platónico, y que transcribo en parte textualmente. Quisiera llamar la atención sobre el hecho de que la misma teoría se encuentra ya, en esencia, en los Upanishadas. En el *Brihad-Aranyaka-Upanishad*, I. C.A. *(Deussen 60 Upanishaden des Veda*, pág. 303), en el que se describe el nacimiento del mundo surgiendo del Atman (el *mimo*, o el *yo)*, se lee: «Pero él (el Atman) no tenía tampoco alegría; por esto no se tiene alegría cuando se está solo. Entonces deseó un compañero. Pues él era del tamaño de un hombre y una mujer juntos cuando se tienen abrazados. Este su *mismo* lo dividió él en dos partes y de ellas surgieron el esposo y la esposa. Por esta razón es este cuerpo una mitad del *mismo*. Así lo ha declarado Tajnavalka. Y este espacio vacío es llenado aquí por la mujer.»

El *Brihad-Aranyaka-Upanishad* es el más antiguo de todos los Upanishadas, y todo investigador digno de crédito le atribuye una fecha anterior al año 800 antes de J. C. La cuestión de si es o no posible que la teoría de Platón dependa —de todos modos, muy mediatamente— de estos pensamientos

¿Debemos acaso, siguiendo a los filósofos poetas, arriesgar la hipótesis de que la sustancia viva sufrió al ser animada una fragmentación en pequeñas partículas, que desde entonces aspiran a reunirse de nuevo por medio de las pulsiones sexuales? ¿Y que estas pulsiones, en las cuales se continúa la afinidad química de la materia inanimada, van venciendo poco a poco, pasando primero por el reino de los protozoarios, aquellas dificultades que a esta tendencia opone lo circundante, cargado de excitaciones que ponen en peligro la vida y los obligan a la formación de una capa cortical protectora? ¿Y que —por último— tales fragmentos de sustancia viva alcanzan de este modo la multicelularidad y transfieren, en fin, en gran concentración la pulsión de reunión a las células germinativas? Creo que debemos poner aquí término a esta cuestión.

Mas no lo haremos sin antes añadir algunas palabras de reflexión crítica. Se me pudiera preguntar si yo mismo estoy —y hasta qué punto— convencido de la viabilidad de estas hipótesis. Mi respuesta sería que ni abrigo una entera convicción de su certeza ni trato de inspirarla a nadie. O mejor dicho: no sé hasta qué punto creo en ellas. Me parece que el factor afectivo de la convicción no debe ser aquí tenido en cuenta. Podemos muy bien entregarnos a una reflexión y seguirla para ver hasta dónde nos conduce exclusivamente por una curiosidad científica, o, si se quiere, en calidad de *advocatus diavoli*, aunque sin que el aceptar tal cargo signifique parcialidad ni pacto tenebroso alguno. No niego que el tercer paso que aquí doy en la teoría de las pulsiones no puede aspirar a la misma seguridad que los dos que le precedieron: la extensión del

---

indios, no es cosa que, en contra de la opinión general, quisiera yo negar decididamente, dado que tal posibilidad no puede ser tampoco rechazada para la teoría de la transmigración de las almas. Tal dependencia, facilitada en primer lugar por los pitagóricos, no restaría importancia alguna a la coincidencia de pensamientos, dado que Platón no se hubiera apropiado, ni mucho menos reproducido en un lugar tan importante, tal historia, llegada a él por la tradición india, si no hubiera considerado que encerraba una verdad.

En un trabajo de K. Ziegler (*Menschen und Weltenwerden*, en *Neue Jahrbücher für das Klassische Altertum*, Bd 31, Sonderabdruck, 1913) se relaciona esta idea de Platón con anteriores concepciones babilónicas.

concepto de la sexualidad y el establecimiento del narcisismo. Estas innovaciones constituían una traducción directa de la observación a la teoría, traducción en la que no existían más fuentes de errores que las puramente inevitables en estos casos. La afirmación del carácter *regresivo* de las pulsiones reposa ciertamente en material observado: en los hechos de la compulsión de repetición. Lo único que puede haber sucedido es que hayamos concedido excesiva importancia a tales hechos. Mas para proseguir esta idea no hay más remedio que cambiar varias veces sucesivas lo efectivo con lo simplemente especulado y alejarse de este modo de la observación. Sabemos que el resultado final se hace tanto más inseguro cuanto mayor sea la frecuencia con que se lleve a cabo esta operación durante la construcción de una teoría, pero no es posible fijar el grado a que llega tal inseguridad. Puede haberse llegado a la verdad y puede haberse errado lamentablemente. La llamada intuición me merece escasa confianza en esta clase de trabajos: lo que de ella he visto me ha parecido más bien el resultado de cierta imparcialidad del intelecto. Pero sucede que, desgraciadamente, pocas veces se es imparcial cuando se trata de las últimas causas, de los grandes problemas de la ciencia y la vida. A mi juicio, todo individuo es dominado en estas cuestiones por preferencias íntimas, profundamente arraigadas, que influyen, sin que el sujeto se dé cuenta, en la marcha de su reflexión. Dadas tan buenas razones de desconfiar, no queda sino atreverse a mirar con fría benevolencia los resultados de los propios esfuerzos intelectuales. Sólo me apresuraré a añadir que esta autocrítica no me obliga a una especial tolerancia con las opiniones distintas de la propia. Débense rechazar implacablemente aquellas teorías que el análisis de los hechos observados contradice desde un principio, aunque se sepa también que la justeza de la propia teoría no es más que interina. En el juicio de nuestra especulación sobre las pulsiones de muerte y las de vida nos estorbaría muy poco que aparecieran tantos procesos extraños y nada evidentes, tales como el de que una pulsión expulse a otra o se vuelva del *yo* hacia el objeto, etc. Esto procede de que nos hallamos obligados a trabajar con los términos científicos; esto es, con el idioma figurado de la Psicología (o más precisamente de la psicología profunda). Si no, no podríamos descubrir los procesos correspondientes; ni siquiera los habríamos percibido. Los defectos de nuestra descripción desaparecerían con seguridad si en lugar de los términos psicológicos pudiéramos emplear los fisiológicos o los químicos. Estos pertenecen también ciertamente a un lenguaje figurado, pero que nos es conocido desde hace mucho más tiempo, y es quizá más sencillo.

Querremos dejar, en cambio, claramente fijado el hecho de que la inseguridad de nuestra especulación fue elevada en alto grado por la precisión de tomar datos de la ciencia biológica, la cual es realmente un dominio de infinitas posibilidades. Debemos esperar de ella los más sorprendentes esclarecimientos y no podemos adivinar qué respuestas dará, dentro de algunos decenios, a los problemas por nosotros planteados. Quizá sean dichas respuestas tales, que echen por tierra nuestro artificial edificio de hipótesis. Si ha de ser así, pudiérasenos preguntar para qué se emprenden trabajos como el expuesto en este capítulo y por qué se hacen públicos. A esto contestaré que no puedo negar que algunas de las analogías, conexiones y enlaces que contiene me han parecido dignas de consideración[1].

[1] Agregamos aquí algunas palabras como aclaración a nuestra terminología, que en el curso de estas discusiones ha experimentado un determinado desarrollo. Lo que son las «pulsiones sexuales» lo sabíamos ya por su relación con los sexos y la función reproductora. Conservamos después este nombre cuando los resultados del psicoanálisis nos obligaron a hacer menos estrecha su relación con la procreación. Con el establecimiento de la libido narcisista y la extensión del concepto de la libido a la célula aislada se convirtió nuestra pulsión sexual en el «eros», que intenta aproximar y mantener reunidas las partes de la sustancia animada, y las llamadas generalmente pulsiones sexuales aparecieron como la parte de este «eros» dirigida hacia el objeto. La especulación sugiere que «eros» actúa desde el principio mismo de la vida como «pulsión de vida», opuesta a la «pulsión de muerte» surgida por la animación de lo anorgánico e intenta resolver el misterio de la vida por la hipótesis de estas dos pulsiones que desde el principio luchan entre sí. Más visible es aún la transformación sufrida por el concepto de «pulsión

7

Si realmente es un carácter general de las pulsiones el querer reconstituir un estado anterior, no tenemos por qué maravillarnos de que en la vida anímica tengan lugar tantos procesos independientemente del principio del placer. Este carácter se comunicaría a cada una de las pulsiones parciales y tendería a la nueva consecución de una estación determinada de la ruta evolutiva. Pero todo esto que escapa aún al dominio del principio del placer no tendrá que ser necesariamente contrario a él. Lo que sucede es que todavía no se ha resuelto el problema de determinar la relación de los procesos de repetición pulsionales con el dominio de dicho principio.

Hemos reconocido como una de las más tempranas e importantes funciones del aparato anímico la de «ligar» los impulsos pulsionales afluyentes, sustituir el proceso primario que los rige por el proceso secundario y transformar su carga psíquica móvil en carga en reposo (tónica). Durante esta transformación no puede tenerse en cuenta el desarrollo del displacer, pero el principio de placer no queda por ello derrocado. La transformación sucede más bien *en su favor*, pues la ligadura es un acto preparatorio que introduce y asegura su dominio.

Separemos función y tendencia, una de otra, más decisivamente que hasta ahora. El principio del placer será entonces una tendencia que estará al servicio de una función encargada de despojar de excitaciones al aparato aní-

---

del *yo*». Al principio, denominábamos así todas aquellas direcciones pulsionales, poco conocidas por nosotros, que se dejaban separar de las pulsiones sexuales dirigidas hacia el objeto, y oponíamos las pulsiones del *yo* a las pulsiones sexuales cuya manifestación es la libido. Más tarde, nos acercamos más al análisis del *yo* y vimos que también una parte de las pulsiones del *yo* es de naturaleza libidinosa y ha tomado como objeto el propio *yo*. Estas pulsiones narcisitas de conservación tenían, pues, que ser agregadas a las pulsiones sexuales libidinosas. La antítesis entre pulsiones del *yo* y pulsiones del objeto, ambas de naturaleza libidinosa. En su lugar apareció otra entre pulsiones libidinosas (pulsiones del *yo* y del objeto) y las demás que pueden estatuirse en el *yo* y constituir quizá las pulsiones de destrucción. La especulación transforma esta antítesis en las pulsiones de la vida (eros) y pulsiones de muerte.

mico, mantener en él constante el montante de la excitación o conservarlo lo más bajo posible. No podemos decidirnos seguramente por ninguna de estas tres opiniones, pero observamos que la función así determinada tomaría parte en la aspiración más general de todo lo animado, la de retornar a la quietud del mundo inorgánico. Todos hemos experimentado que el máximo placer que nos es concedido, el del acto sexual, está ligado a la instantánea extinción de una elevadísima excitación. La ligadura del impulso pulsional sería una función preparatoria que dispondría a la excitación para su excitación final en el placer de descarga.

Surge aquí mismo el problema de si las sensaciones de placer y displacer pueden ser producidas en igual forma por los procesos excitantes ligados que por los desligados. Es evidente que los procesos desligados o primarios producen sensaciones mucho más intensas que los ligados o secundarios. Los procesos primarios son temporalmente más tempranos; al principio de la vida anímica sólo ellos existen, y si el principio del placer no se hallase ya en actividad en *ellos,* no podría tampoco establecerse para los posteriores. Llegamos así al resultado, harto complejo en el fondo, de que la aspiración al placer se manifiesta más intensamente al principio de la vida que después, aunque no tan ilimitadamente, pues tiene que tolerar frecuentes rupturas. En épocas de mayor madurez está más asegurada la vigencia del principio del placer, pero él mismo no ha escapado a la doma, como no escapa ninguna de las demás pulsiones. De todos modos, aquello que hace surgir en el proceso excitante las sensaciones de placer y displacer tiene que existir tanto en el proceso secundario como en el primario.

Sería éste el momento de emprender estudios más amplios. Nuestra conciencia nos facilita desde el interior no sólo las sensaciones de placer y displacer, sino también la de una peculiar tensión que puede ser agradable o desagradable. ¿Son los procesos de energía ligados y desligados los que debemos diferenciar por medio de estas sensaciones, o debe referirse la sensación de tensión a la magnitud absoluta o eventualmente al nivel de la carga, mientras que la serie placer-displacer indica la variación de la magnitud de la misma *en la unidad de tiempo?* Es también harto extraño que las pulsiones de vida sean las que con mayor intensidad registra nuestra percepción interna, dado que aparecen como perturbadoras y traen incesantemente consigo tensiones cuya descarga es sentida como placer, mientras que las pulsiones de muerte parecen efectuar silenciosamente su labor. El principio del placer parece hallarse al servicio de las pulsiones de muerte, aunque también vigile a las excitaciones exteriores, que son consideradas como un peligro por las dos especies de pulsiones, pero especialmente está en guardia contra las elevaciones de excitación procedentes del interior, que tienden a dificultar la labor vital. Con este punto se enlazan otros numerosos problemas cuya solución no es por ahora posible. Debemos ser pacientes y esperar la aparición de nuevos medios y motivos de investigación, pero permaneciendo siempre dispuestos a abandonar, en el momento en que veamos que no conduce a nada útil, el camino seguido durante algún tiempo. Tan sólo aquellos crédulos que piden a la ciencia un sustitutivo del abandonado catecismo podrán reprochar al investigador el desarrollo o modificación de sus opiniones. Por lo demás, dejemos que un poeta nos consuele de los lentos progresos de nuestro conocimiento científico:

Si no se puede avanzar volando, bueno es
progresar cojeando,
pues está escrito que no es pecado el cojear[1].

[1] Rückert, *Die Mekamen des Hariri.*

5. SEXUALIDAD HUMANA

INTRODUCCION

Los lectores científicos de la época de Freud pueden haberse disgustado ante la hipótesis de una vida psíquica inconsciente, y la suposición de una teoría dualista de los instintos. No obstante, estas reacciones fueron incomparables con las hostilidades que decidieron el destino del psicoanálisis a partir de su investigación sobre la sexualidad humana.

Incluso las primeras conjeturas de que los impulsos sexuales podrían ser la base de los síntomas histéricos, le costaron a Freud la colaboración y amistad de Josef Breuer, quien en su tratamiento inaugural de la paciente Anna O. desveló la relación anteriormente ignorada entre los recuerdos suprimidos y las manifestaciones patógenas. El hecho de que Freud interrogara a sus pacientes neuróticos acerca de los detalles de su vida sexual, ofendía el convencionalismo del mundo burgués en el que Freud vivía y trabajaba, sin compartir la hipocresía de sus rechazos. Lo que él consideraba una resuelta exploración fue interpretado por otros como una morbosidad perversa. La situación empeoró con la publicación de los Tres ensayos para una teoría sexual *(1905d). Este trabajo contribuyó de manera considerable al aislamiento social y científico que Freud vivió respecto de su entorno.*

Hoy en día los lectores pueden apenas imaginarse las explosiones de indignación que este libro produjo. Lo que actualmente se considera un conocimiento corriente sobre el aspecto instintivo de la naturaleza humana, era entonces un ataque sorpresivo y prohibido a la dignidad del hombre. Poco importaba que los datos presentados en este libro no proviniesen de las fantasías del autor, sino de hechos clínicos conquistados laboriosamente y reunidos con esmero. El tema de la sexualidad era un tabú en sí mismo, y los sufrimientos causados por las dificultades sexuales y la abstinencia eran ignorados por los médicos.

Era de suponer que la situación podría haber cambiado gradualmente, en vista del alivio que Freud les procuraba a sus pacientes al solicitarles que hablasen abiertamente de su sexualidad. Pero los detalles descritos en los Tres Ensayos provocaron un efecto contrario en sus adversarios. Aparentemente, el factor más ofensivo era la extensión del concepto de sexualidad, caro a Freud, y que él describía en los siguientes términos: «Dicha extensión es doble. En primer lugar, la sexualidad se separa de su conexión inmediata con lo genital y se considera una función corporal más amplia, cuya meta es el placer, y que sólo secundariamente se aviene a servir a los fines de la reproducción. En segundo lugar, los impulsos sexuales incluyen todos aquellos impulsos meramente afectivos y cariñosos a los que se les aplica el término excesivamente ambiguo de «amor» (1925d). Desde entonces, adherentes bien intencionados, así como personas extrañas, le rogaron repetidamente a Freud que renunciase a esta «extensión», o que al menos sustituyese el término «sexual» por otro inocuo. Pero él se mantuvo firme. Para él, la restricción de la sexualidad a la función genital constituía «unas improcedentes limitaciones del concepto», que encubren el hecho de que los sentimientos y las relaciones mencionadas más arriba, tienen sus raíces en los mismos impulsos sexuales que se manifiestan en formas y grados diversos. Estaba convencido de que grandes áreas de la vida humana se volvían inteligibles sólo si se reconocía esta base instintiva común, algo que debía iluminarse y no oscurecerse con la terminología.

Sin embargo, otra tesis tuvo aún más trascendencia. La separación de la sexualidad de lo genital le permitió a Freud rastrear el desarrollo de la función sexual desde sus manifestaciones en el adulto hasta sus primeros comienzos en la temprana infancia. Lo que hasta el momento se había considerado un vicio o un mal comportamiento infantil (succión del pulgar, interés por los excrementos, masturbación) se mostraba bajo esta nueva luz como una búsqueda de placer desconectada de lo genital, pero supeditada a zonas corporales específicas que en el trascurso del desarrollo infantil cobraban significación en virtud de su excitabilidad; son estas, en primer lugar, la boca, luego el ano y por último el pene. Las tendencias oral, anal y fálica, que componen en su conjunto la sexualidad infantil, fueron caracterizadas como complementos físicos del lazo afectivo que une al niño con sus padres; ello permitió incluir el concepto de excitación sexual en la temprana relación con la madre, posteriormente en la relación triangular con la madre y el padre.

El mundo tal como era entonces, no pudo aceptar la afirmación de que el amor del niño por cada uno de sus padres se asemeja en muchos aspectos al amor del adulto por su partenaire sexual. Esta tesis contradecía la extendida opinión vulgar sobre la «inocencia infantil», una fase previa, ajena a todo conocimiento y sentimiento sexual y que sólo culmina con las transformaciones de la pubertad; todas las actividades sexuales que podían ser observadas en la fase precedente, en especial la masturbación, eran consideradas signos de depravación moral. La noción de sexualidad infantil encontró sus oponentes más pertinaces entre los psiquiatras alemanes, quienes rivalizaban entre sí en *sus acusaciones contra Freud. En especial, el llamado complejo de Edipo (el amor por la madre y los celos y hostilidad al padre, en el caso del varón) representaba para ellos «el envenenamiento de una de las escasas relaciones humanas que el mundo todavía considera sagrada». Rechazaban las teorías psicoanalíticas por ser una forma degenerada del «nihilismo europeo, una disolución de todos los valores aceptados», y exigían su boicot y su denuncia, lo que implicaba tomar las armas para una lucha amarga y feroz contra el psicoanálisis (Editorial, 1931)*[1].

Incluso la publicación del Análisis de la fobia de un niño de cinco años *(1909b), que apareció cuatro años después de los* Tres Ensayos, *contribuyó escasamente a convencer a los oponentes de Freud de que depusieran su enemistad. Esta descripción de la enfermedad y el tratamiento de Juanito abre por primera vez un camino hacia el mundo —de otro modo inaccesible— de los sentimientos y pensamientos de un niño, a sus fantasías, sus angustias, sus pasiones y deseos de muerte, con toda su extraña mezcla, sus desplazamientos y formaciones de compromiso. Cualquiera que tenga la mínima disposición a observar algo enteramente inédito, hallará aquí el retrato de una neurosis infantil, ya no como una construcción teórica deducida retroactivamente de una neurosis adulta, sino como un suceso individual e inmediato, que transcurre en el momento. El mundo ideacional de Juanito, aunque acentuado drásticamente en el clima de su enfermedad, no es en esencia diferente del de otros niños de su edad, por no decir del de todos. A partir de la publicación de este historial, los padres informados en psicoanálisis han aprendido a observar a sus propios hijos cuidadosamente, a comprender que las manifestaciones de sexualidad pregenital son índices de un desarrollo preestablecido, y a conectar las frecuentes angustias, inhibiciones y trastornos evolutivos con los conflictos que revela. Dentro del movimiento psicoanalítico el análisis de Juanito se convirtió en el punto de partida de dos ramas importantes de esa disciplina: por un lado, el análisis de niños, que fue cobrando cada vez más importancia; por el otro la observación directa de niños desde una orientación psicoanalítica. Pero para el mundo psiquiátrico, hostil antes y después, incluso este avance en la comprensión y tratamiento de los trastornos de la infancia fue una vez más motivo de difamación.*

La oposición a incluir a la infancia en el estudio de la sexualidad fue tan violenta, que sólo pudo compararse al rechazo de otra de las tesis de los Tres Ensayos. *La separación del concepto de sexualidad de la zona genital y el estudio de sus fases infantiles precoces le permitió a Freud obtener una mayor comprensión de las actividades sexuales perversas. Desde el punto de vista de la genitalidad adulta convencional, cualquier placer sexual pregenital era en última instancia perverso. Tal es el caso de la sexualidad infantil, perversopolimorfa. Desde esta perspectiva, el perverso adulto no era más que una persona sexualmente trastornada, que había fracasado en la conquista de la meta sexual, y que estaba condenada a buscar su satisfacción orgásmica en la esfera*

[1] *Süddeutsche Monatshefte*, Heft, 2, vol. 28, 1931.

pregenital. A pesar de la convicción que esta comprensión tenía para el analista clínico, y la frecuencia con que se confirmaba en el tratamiento psicoanalítico, no obstante el mundo psiquiátrico persistía en su repudio moral de las perversiones tanto como del psicoanálisis. Freud, quien solía prestar poca atención a la polémica y que incluso aceptaba con ecuanimidad cierto rechazo, caracterizó una vez esta actitud diciendo: «La ciencia alemana no tendrá motivos para sentirse orgullosa de sus representantes.» A pesar de que comprendía el porqué rechazaban el psicoanálisis, no había excusa «para el grado de arrogancia del que hacían gala, para el inconsciente menosprecio de la lógica, y para la grosería y mal gusto de sus ataques» (1925d).

Es característico de las resistencias y los ataques al psicoanálisis, que con el curso del tiempo cambien sus racionalizaciones y su lugar de origen, mientras persisten su intensidad y el apasionamiento del antagonismo. En el mundo académico de hoy en día, la actitud combativa hacia el psicoanálisis ha cedido paso a la coexistencia pacífica, a la colaboración ocasional, o a cierto grado de indiferencia. El hecho de la sexualidad infantil y sus consecuencias para la normalidad o anormalidad de la sexualidad adulta ha sido ampliamente reconocido por el mundo médico, psiquiátrico y profano. Los homosexuales luchan con mayor o menor éxito por una tolerancia pública y legal. Perversiones tales como el fetichismo, el travestismo, el exhibicionismo y el voyeurismo compulsivos se consideran síntomas de una enfermedad y no los signos de una depravación moral. Ya no pueden imaginarse la literatura, el teatro y los medios de comunicación, sin descripciones de una sexualidad atrevida e incluso grosera. El descrédito y la indignación provienen ahora de un nuevo sector, y se dirigen a otros objetivos: el moderno movimiento de liberación femenina, que discute la teoría de Freud sobre la sexualidad femenina y su desarrollo. Representantes de este movimiento experimentan esta teoría como una afrenta y un desprecio, de un modo similar a como anteriormente habían reaccionado los representantes de la «infancia inocente» ante la teoría de la sexualidad infantil.

En verdad, el psicoanálisis y el movimiento femenino difieren en sus supuestos básicos. Por un lado, Freud acentuó la disposición bisexual de todo ser humano; por el otro, estaba convencido de que la anatomía determinaba el desarrollo de las cualidades predominantemente masculinas o femeninas que prepararían a los individuos para sus respectivas y futuras labores vitales. En tanto las manifestaciones sexuales del niño y la niña difieren muy poco durante las fases oral y anal, en cambio es sensible la disimilitud en la fase fálica, en la que la dotación anatómica de la niña la sitúa en desventaja en relación al poseedor del falo, en lo que hace al placer masturbatorio y exhibicionista. Mientras el varón, que tan altamente valora su órgano sexual, está expuesto a la angustia de castración, la niña por su parte desarrolla una envidia de pene y el deseo de sustituir aquello de lo que se siente despojada, deseo que en última instancia culmina en el deseo de tener un niño.

Los estadios precoces de la sexualidad femenina, que Freud reconstruyó pieza por pieza sobre la base de datos obtenidos del análisis de pacientes mujeres, son desechados por las mujeres liberadas, que los consideran el resulta-

do de un prejuicio machista. Rechazan cualquier diferencia heredada entre el hombre y la mujer y explican la aparición de una temprana disimilitud como el resultado exclusivo de las influencias sociales sobre la crianza, que incita a las niñas a jugar con muñecas y estimulan el interés del varón hacia los coches, los soldados y los juguetes bélicos. La diferencia anatómica entre el pene y la vagina, entre el embarazo y el dar a luz, y su impacto decisivo sobre el desarrollo psíquico, son rechazados en sus esfuerzos apasionados por liberar a las mujeres del yugo al que de hecho estuvieron sometidas durante siglos, y por resituarlas en una posición que las equipare en todo sentido a los hombres.

Algunas de las observaciones de Freud relativas a la actitud femenina hacia las labores culturales, son una consecuencia de la exclusión de la mujer de la vida profesional que caracterizaba a su época, y ya no son válidas en nuestros tiempos, en los que todas las actividades profesionales, en los negocios, la medicina, la ley o la jefatura de estado, están abiertas a las mujeres.

La batalla feminista, como antaño los ataques al psicoanálisis, se lleva a cabo por medio de la condena rigurosa y total. En ese sentido, no hay en los argumentos del movimiento femenino la más mínima apreciación del hecho de que la igualdad de sexos a la que aspiran existía desde un comienzo en el movimiento psicoanalítico, que los institutos de formación analítica no discriminan entre los candidatos femeninos y masculinos, y que en todo momento las mujeres tuvieron un importante papel como autores que contribuyeron a la literatura psicoanalítica y como colaboradores respetados por Freud. Los datos que el psicoanálisis conquistó laboriosamente para arrojar alguna luz sobre las dificultades y los frecuentes trastornos de la función sexual femenina, son extraídos de su estricto contexto sexual por sus enemigos y aplicados ciegamente al significado general de la mujer como ser social y trabajador profesional.

Hoy en día la moderna investigación del sexo ha dado lugar a una nueva oposición. El esfuerzo y el mérito de Freud consistieron en crear el concepto de libido, en el que los procesos físicos y psíquicos se aunaban en una unidad indisociable. Por el contrario, Masters & Johnson (1970), por ejemplo, intentan demostrar que las intervenciones terapéuticas pueden aplicarse a los procesos físicos aislados. De este modo, aislan una vez más la vida sexual de la amorosa, estampando sobre la primera el sello de un proceso puramente físico.

En ese sentido, deshacen lo que Freud consiguió con sus Tres Ensayos, *que sigue siendo el trabajo central en este área. Luego de estudiarlo, el alumno puede leer algunos de los escritos más breves (1908c, 1923e, 1924d, 1925j, 1933a), que son variaciones sobre el mismo tema, así como la evidencia de que Freud continuó hasta el final de su vida elaborando los elementos específicos de su teoría sobre la sexualidad.*

TRES ENSAYOS PARA UNA TEORIA SEXUAL
(1905) *

PRÓLOGO A LA SEGUNDA EDICIÓN (1909)

Lejos está el autor de esta pequeña obra de ilusionarse por ella dadas las deficiencias y oscuridades que contiene. Pese a todo ha resistido la tentación de introducir en ella resultados de investigaciones de los últimos cinco años, con el propósito de no destruir su unidad y su carácter documentario. Por consiguiente, ha reimpreso el texto

* *Drei Abhandulungen zur Sexualtheorie,* en alemán el original, editado por primera vez por la casa Frank Deuticke (Leipzig-Viena) en 1905. La misma editorial sacó seis nuevas ediciones los años 1910, 1915, 1922 y 1925, respectivamente. En la sexta el texto fue revisado conteniendo su redacción definitiva. En 1924 se incluyó en el tomo V de *Gesammelte Schriften.* La primera traducción española de Luis López Ballesteros de 1922 tuvo como base la cuarta edición alemana. La actual, de 1972, cuidadosamente revisada, contiene todas las modificaciones y nuevas notas introducidas por Freud en las ediciones alemanas posteriores, además de varias observaciones al pie de página recopiladas por el Editor. La presente edición ha querido mantener el título original y no el anterior abreviado de *Una teoría sexual.* Además, se han incluido algunas de las notas que James Strachey compuso en la ed. inglesa (nota de J. N.).

original con pequeñas modificaciones, contentándose con añadir una pocas notas al pie de página. Su más ferviente deseo es que el libro crezca rápidamente y que lo que un tiempo fue novedad sea algo aceptado por todos y que lo que era imperfecto sea reemplazado por algo mejor.

Viena, diciembre 1909.

PRÓLOGO DE LA TERCERA EDICIÓN (1914) [1915]

Habiendo observado durante un decenio la recepción y la influencia que tuvo este libro, quisiera dotar su tercera edición con algunas advertencias destinadas a evitar malentendidos y pretensiones desmesuradas que pudieran planteársele. Por tanto, señalaré ante todo que la presente exposición parte siempre de la experiencia médica cotidiana, procurando profundizarla y conferirle significación científica merced a los resultados de la investigación psicoanalítica. Estos *Tres ensayos para una teoría sexual* no pueden contener sino lo que el psicoanálisis obliga a aceptar o permite confirmar. De ahí que sea imposible ampliarlos jamás hasta integrar una completa «teoría sexual», y comprensible que ni siquiera adopten posición frente a muchos problemas importantes de la vida sexual. Pero no se crea por eso que dichos capítulos omitidos del magno tema quedaron ignorados por el autor o fueron relegados por considerarlos accesorios.

Mas la subordinación de este trabajo a las experiencias psicoanalíticas que estimularon su redacción no se expresa únicamente en la selección del material, sino también en su disposición. En todas sus partes se mantiene determinada jerarquía: los factores accidentales ocupan el primer plano, mientras que los disposicionales quedan en el fondo; la evolución ontogenética se considera con preferencia a la filogenética. Sucede que lo accidental desempeña en el análisis el principal papel y puede ser elaborado casi íntegramente por éste; lo disposicional, en cambio, sólo surge tras lo accidental, como algo evocado por lo vivenciado, pero cuya consideración excedería ampliamente el campo de acción del psicoanálisis.

Análogas condiciones dominan la relación entre ontogenia y filogenia. La ontogenia puede ser considerada como repetición de la filogenia, en la medida en que ésta no sea modificada por vivencias más recientes. La disposición filogenética se manifiesta tras el proceso ontogenético. En el fondo, empero, la disposición no es sino el sedimento de las vivencias pretéritas de la especie, a las cuales se agregan las vivencias más recientes del individuo como suma de los factores accidentales.

Junto a la constante subordinación a la investigación psicoanalítica, debo destacar, como característica de este trabajo mío, la deliberada independencia de la investigación biológica. He procurado evitar la introducción de expectaciones científicas basadas en la biología sexual general o en la de especies determinadas en este estudio, al cual la técnica del psicoanálisis nos permite someter la función sexual del ser humano. Cierto es que mi objetivo consistía en explorar las nociones que la investigación psicológica puede aportar a la biología de la vida sexual humana. De tal manera logré señalar conexiones y analogías que resultan de esta exploración; mas no por ello hubo de confundirme la circunstancia de que el método psicoanalítico condujera en muchos puntos importantes a concepciones y resultados que discrepaban de los fundados únicamente en la biología.

En esta tercera edición he introducido numerosas adiciones, pero renuncié a individualizarlas en el texto, como en ediciones anteriores. La labor científica en nuestro campo de estudio ha moderado actualmente el ritmo de sus progresos. Pero ciertos complementos a este trabajo eran imprescindibles para que mantuviera su congruencia con la literatura psicoanalítica más reciente.

Viena, octubre de 1914.

Prólogo de la Cuarta Edición (1920)

Concluido el reflujo de la marea bélica, podemos comprobar satisfechos que el interés por la investigación psicoanalítica se ha mantenido incólume en toda la amplitud del mundo. Sin embargo, no todas las partes de nuestra doctrina han tenido idéntico destino. Las nociones y los postulados puramente psicológicos del psicoanálisis acerca del inconsciente, la represión, el conflicto patógeno, el beneficio derivado de la enfermedad, los mecanismos de la formación de síntomas, entre otros, gozan de creciente aceptación y son reconocidos hasta por quienes son, en principio, nuestros adversarios. Mas el lector de nuestra doctrina que linda con la biología, y cuyos fundamentos expone este pequeño trabajo, sigue suscitando permanente antagonismo y aun ha sido motivo de que personas que durante largo tiempo se dedicaron intensamente al psicoanálisis se apartaran del mismo y adoptaran nuevas concepciones tendientes a reducir el papel del factor sexual, tanto en la vida psíquica del ser normal como en la del enfermo.

Sin embargo, no puedo resolverme a creer que esta parte de la ciencia psicoanalítica discrepe de la realidad en medida mucho mayor que sus demás sectores. Tanto el recuerdo como las comprobaciones incesantemente renovadas me demuestran que es el producto de una observación no menos minuciosa y libre de preconceptos. Por otro lado, no es difícil explicar aquella disociación del reconocimiento público. En primer lugar, sólo aquellos investigadores dotados de la paciencia y la habilidad técnica necesarias para llevar el análisis hasta los primeros años infantiles del paciente, podrán confirmar los comienzos de la vida sexual humana que aquí se describen. Con frecuencia se carece aun de la posibilidad de realizar dicha exploración, pues la acción médica exige una resolución más rápida del caso clínico. En cuanto a las personas no médicas que ejercen el psicoanálisis, ni siquiera tienen acceso a este sector y carecen de toda posibilidad de formarse un juicio sustraído a la influencia de sus propias repulsiones y de sus prejuicios. En efecto, si el hombre supiera cómo aprender algo de la observación directa del niño, estos tres ensayos bien podrían haber quedado sin ser escritos.

Luego, es menester recordar que gran parte del contenido de este trabajo —la acentuación de la importancia de la vida sexual para todas las actividades humanas y la ampliación del concepto de sexualidad, aquí intentada— ha suscitado siempre las más enconadas resistencias contra el psicoanálisis. Dejándose llevar por la inclinación hacia las frases grandilocuentes, se ha llegado a hablar del «pansexualismo» en el psicoanálisis, lanzándole el reproche absurdo de que pretendería explicarlo «todo» a partir de la sexualidad. Podría asombrarnos semejante actitud si olvidáramos hasta qué punto los propios factores afectivos inducen a la confusión y al olvido. En efecto, ya hace tiempo el filósofo Arturo Schopenhauer enfrentó al hombre con toda la extensión de las influencias que los impulsos sexuales —en el sentido cotidiano del término— ejercen sobre sus actos y sus aspiraciones: ¡y un mundo entero de lectores habría sido incapaz de olvidar tan completamente una advertencia tan perentoria! En lo que se refiere a la «ampliación» del concepto de la sexualidad, impuesta por el análisis de los niños y de los denominados perversos, recordaré a cuantos contemplan desdeñosamente el psicoanálisis desde su encumbrado punto de vista cuán estrechamente coincide la sexualidad ampliada del psicoanálisis con el Eros del divino Platón[1].

Viena, mayo de 1920.

[1] Véase el estudio de Nachmansohn: *La teoría de la libido de Freud comparada con la doctrina de Eros de Platón*, Internat. Zeitschr. f. Psychoanalyse, vol. III, 1915.

1. Las aberraciones sexuales (1905)[1]

Para explicar las necesidades sexuales del hombre y del animal supone la Biología la existencia de una «pulsión sexual», del mismo modo que supone para explicar el hambre una pulsión de nutrición. Pero el lenguaje popular carece de un término que corresponda al de «hambre» en lo relativo a lo sexual. La ciencia usa en este sentido la palabra *libido*[2].

La opinión popular posee una bien definida idea de la naturaleza y caracteres de esta pulsión sexual. Se cree fir-

[1] Los datos contenidos en este primer capítulo han sido tomados de las conocidas publicaciones de Krafft-Ebing, Moll, Moebius, Havelock Ellis, Schrenk-Notzing, Löwenfeld, Eulenburg, J. Bloch y M. Hirschfeld, y de los trabajos aparecidos en el *Jahrbuch für sexuelle Zwischenstufen*, dirigido por el último de los autores citados. Dado que es posible encontrar bibliografía completa sobre el tema en los trabajos de estos escritores me he ahorrado la necesidad de dar referencias completas.

Los conocimientos adquiridos por medio de la investigación psicoanalítica de sujetos invertidos provienen de estudios realizados por J. Sadger y por mí mismo.

[2] [Nota agregada en 1910] La única palabra apropiada en el lenguaje alemán, 'Lust' es desgraciadamente ambigua y es utilizada para demostrar la experiencia de una necesidad y de una gratificación.

memente que falta en absoluto en la infancia; que se constituye en el proceso de maduración de la pubertad, y en relación con él, que se exterioriza en los fenómenos de irresistible atracción que un sexo ejerce sobre el otro, y que su fin está constituido por la cópula sexual o a lo menos por aquellos actos que a ella conducen.

Existen, sin embargo, poderosas razones para no ver en estos juicios más que un reflejo harto infiel de la realidad. Analizándolos detenidamente, descubrimos en ellos multitud de errores, inexactitudes e inadvertencias.

Antes de entrar en su discución fijaremos el sentido de los términos que en la misma hemos de emplear. La persona de la cual parte la atracción sexual la denominaremos *objeto sexual*, y el acto hacia el cual impulsa la pulsión, *fin sexual.* La experiencia científica nos muestra que tanto respecto al objeto como al fin existen múltiples desviaciones, y que es necesaria una penetrante investigación para establecer las relaciones que dichas anormalidades guardan con lo considerado como normal.

1. Desviaciones respecto al objeto sexual

A la teoría popular de la pulsión sexual corresponde la poética fábula de la división del ser humano en dos mitades —hombre y mujer—, que tienden a reunirse en el amor[1]. Causa, pues, una gran extrañeza oír que existen hombres y mujeres cuyo objeto sexual no es una persona de sexo contrario, sino otra de su mismo sexo. A estas personas se las denomina homosexuales; o mejor, invertidas, y al hecho mismo, *inversión.* Su número es muy elevado, aunque sea difícil establecerlo con alguna exactitud[2].

---

[1] [Es sin duda una alusión a la teoría expuesta por Aristófanes en el Symposium de Platón. Freud recurre a ella más tarde al final de la sección IV de *Más allá del principio del placer* (1920).]

[2] Véase sobre estas enormes dificultades, así como sobre las tentativas de fijar el tanto por ciento de invertidos, el estudio de J. Hirschfeld en el *Jahrbuch für sexuelle Zwischenstufen*, 1904.

A) La inversión

Conducta de los invertidos

Los invertidos se conducen muy diferentemente unos de otros:

a) Son invertidos *absolutos;* esto es, su objeto sexual tiene necesariamente que ser de su mismo sexo, no siendo nunca el sexo opuesto objeto de su deseo sexual, sino que los deja fríos o despierta en ellos manifiesta repulsión sexual.

Los invertidos absolutos masculinos son, en general, incapaces de realizar el acto sexual normal o no experimentan placer alguno al realizarlo.

b) Son invertidos *anfígenos* (hermafroditas psicosexuales); esto es, su objeto sexual puede pertenecer indistintamente a uno u otro sexo. La inversión carece, pues, aquí de exclusividad.

c) Son invertidos *ocasionales,* o sea que bajo determinadas condiciones exteriores —de las cuales ocupan el primer lugar la carencia de objeto sexual normal y la imitación— pueden adoptar como objeto sexual a una persona de su mismo sexo y hallar satisfacción en el acto sexual con ella realizado.

Los invertidos muestran asimismo múltiples diferencias en lo que respecta a su manera de juzgar el peculiar carácter de su pulsión sexual. Para unos, la inversión es algo tan natural como para el hombre normal la orientación heterosexual de su libido, y defienden calurosamente su licitud. Otros, en cambio, se rebelan contra ella y la consideran como una compulsión morbosa[1].

Otras variantes se refieren a las circunstancias temporales. La inversión puede datar de la primera época a que alcanzan los recuerdos del individuo o no haber aparecico hasta un determinado momento, anterior o posterior

[1] Tal resistencia contra la compulsión homosexual pudiera constituir la condición necesaria para ejercer una influencia curativa sobre el sujeto por medio del tratamiento de sugestión o del psicoanálisis.

a su pubertad[1]. Asimismo puede conservarse durante toda la vida, desaparecer temporalmente, no representar sino un episodio en el curso del desarrollo normal, y hasta manifestarse en un estado avanzado de la existencia del sujeto, después de un largo período de actividad sexual normal. Se ha observado también una oscilación periódica entre el objeto sexual normal y el invertido. De particular interés son aquellos casos en los que la libido cambia de rumbo, orientándose hacia la inversión después de una penosa experiencia con el objeto sexual normal.

Estas diversas variantes se manifiestan, en general, independientemente unas de otras. En los casos extremos de inversión puede suponerse casi siempre que dicha tendencia ha existido desde muy temprana edad en el sujeto y que él mismo se siente de perfecto acuerdo con ella.

Muchos autores rehúsan formar una unidad con los diversos casos antes indicados y prefieren acentuar las diferencias existentes entre estos grupos en lugar de sus caracteres comunes; conducta inspirada en su concepto favorito de la inversión. Mas por muy justificadas que estén tales diferenciaciones no puede dejar de reconocerse la existencia de numerosos grados intermedios, pareciendo así imponerse la idea de una serie gradual.

Concepto de la inversión

El primer juicio sobre la inversión consistió en considerarla como un signo congénito de degeneración nerviosa; juicio fundado en que los observadores científicos la hallaron primeramente en individuos enfermos de los ner-

[1] Se ha indicado con acierto por varios autores que los datos autobiográficos suministrados por los invertidos no deben ser considerados fidedignos, dado que el sujeto puede haber expulsado de su memoria, por represión, las pruebas de sus anteriores sentimientos heterosexuales.

El psicoanálisis ha confirmado esta sospecha en los casos de inversión que le ha sido posible investigar y ha transformado decisivamente las anamnesis de esta aberración, cegando las lagunas producidas por la amnesia infantil. [Nota agregada en 1910.]

vios o que producían la impresión de estarlo. Esta teoría entraña dos asertos, que deben ser juzgados independientemente: el innatismo y la degeneración.

Degeneración

El empleo arbitrario del término «degeneración» suscita en este caso, como en todos, múltiples objeciones. Ha llegado a ser costumbre atribuir a degeneración todos aquellos síntomas patológicos que no son de origen traumático o infeccioso. La clasificación de Magnan de los degenerados ha hecho compatible un diagnóstico de degeneración con el más perfecto funcionamiento del sistema nervioso. En tales circunstancias puede preguntarse qué utilidad y qué nuevo contenido posee aún tal diagnóstico. Parece más apropiado, por tanto, no hablar de degeneración: primero, en aquellos casos en que no aparecen juntas varias graves anormalidades, y segundo, cuando no aparece gravemente dañada, en general, la capacidad de existencia y funcionamiento[1].

Varios hechos nos demuestran que los invertidos no pueden considerarse en este sentido como degenerados:

1.° Porque se halla la inversión en personas que no muestran otras graves anormalidades.

2.° Porque aparece asimismo en personas cuya capacidad funcional no se halla perturbada, y hasta en algunas que se distinguen por un gran desarrollo intelectual y elevada cultura ética[2].

3.° Porque cuando se prescinde ante estos pacientes

---

[1] Cuánta prudencia es necesaria para establecer el diagnóstico de degeneración y qué escasa importancia práctica posee, puede verse en las explicaciones de Moebius *(Sobre le degeneración,* en *Grenzfragen des Nerven und Seelenlebens,* núm. III, 1900): «Examinando el vasto dominio de la degeneración, sobre la cual no hemos conseguido arrojar sino muy pocas luces, podrá verse qué escaso valor tiene actualmente su diagnóstico».

[2] Hay que conceder a los defensores del «uranismo» que algunos de los hombres más eminentes de que tenemos noticia fueron invertidos y hasta invertidos absolutos.

de la propia experiencia médica y se tiende a abarcar un horizonte más amplio se tropieza, en dos direcciones distintas, con hechos que impiden considerar la inversión como signo degenerativo:

a) Debe tenerse muy en cuenta que la inversión fue una manifestación frecuentísima, y casi una institución, encargada de importantes funciones, en los pueblos antiguos en el cenit de su civilización. b) Se la encuentra extraordinariamente difundida en muchos pueblos salvajes y primitivos, mientras que el concepto de degeneración suele limitarse a civilizaciones elevadas (J. Bloch). Hasta en los pueblos civilizados europeos ejercen máxima influencia sobre la difusión y el concepto de inversión las condiciones climatológicas y raciales[1].

Innatismo

El innatismo sólo se ha aceptado, como puede suponerse, para la primera y más extensa categoría de los invertidos, y precisamente por la afirmación de tales personas de no haberse manifestado en ellas en ninguna época de su vida otra distinta dirección de la pulsión sexual. La existencia de las otras clases, en especial de la tercera, es difícil ya de conciliar con la tesis de un carácter congénito. De aquí la tendencia de todos los representantes de esa opinión a separar de los demás el grupo de los invertidos absolutos, lo cual implica la renuncia a establecer un juicio de valor general sobre la inversión. Esta sería, pues, en unos casos de carácter innato, y en otros habría aparecido de modo distinto.

La opinión contraria a ésta sostiene que la inversión es un carácter *adquirido* de la pulsión sexual. En defensa

[1] En el concepto de inversión se han separado los puntos de vista patológicos de los antropológicos. Esta diferenciación se debe a J. Bloch *(Beiträge zur Aetiologie der Psychopathia sexualis,* 1902-1903). El mismo autor ha sido el que ha hecho fijar la atención en el hecho de la inversión en los antiguos pueblos civilizados.

de esta hipótesis se alegan los hechos siguientes: 1) En muchos invertidos (aun en los absolutos) puede señalarse una impresión sexual que actuó intensamente sobre ellos en las primeras épocas de su vida, y de la cual constituye una perdurable consecuencia la inclinación homosexual. 2) En otros muchos puede revelarse la actuación de determinadas influencias exteriores de la vida, que en época más o menos temprana han conducido a la fijación de la inversión (trato exclusivo con individuos del mismo sexo, vida común en la guerra o prisión, peligros del comercio heterosexual, celibato, debilidad sexual, etc.). 3) La inversión puede ser suprimida por sugestión hipnótica, cosa que constituiría un milagro si se tratase de un carácter congénito.

Desde este punto de vista, puede negarse, en general, la existencia de una inversión congénita. Puede objetarse (Havelock Ellis) [1897] que un penetrante examen de los casos considerados como de inversión innata revelaría siempre la existencia de un suceso infantil, determinante de la dirección de la libido, no conservado en la memoria del individuo, pero susceptible de ser atraído a ella por un tratamiento psíquico apropiado. Siguiendo a estos autores, podría definirse la inversión como una frecuente variante de la pulsión sexual, determinada por cierto número de circunstancias exteriores de la vida.

Esta afirmación, aparentemente plausible, queda, sin embargo, contradicha por la observación de que muchas personas caen en la adolescencia bajo iguales influencias sexuales —seducción, onanismo mutuo—, sin hacerse por ello invertidos o seguir siéndolo perdurablemente. Así, pues, se llega obligadamente a suponer que la alternativa —innatismo o adquisición— o es incompleta o no entraña todas las circunstancias de la inversión.

Explicación de la inversión

Ni con la hipótesis de la inversión congénita ni con la contraria de la inversión adquirida queda explicada la esencia de la inversión. En el primer caso habrá que especificar qué es lo que se considera innato en ella si no se quiere aceptar la burda explicación de que una persona trae ya establecida al nacer la conexión de su pulsión sexual con un objeto sexual predeterminado. En la segunda hipótesis se plantea la cuestión de si las diversas influencias accidentales bastan por sí solas para explicar la adquisición sin la existencia de algo favorable a la misma en el individuo, cosa inadmisible, según ya hemos visto.

Bisexualidad

Para explicar la posibilidad de una inversión sexual se ha seguido, desde Frank Lydstone [1889], Kiernan [1888] y Chevalier [1893], una ruta intelectual que entraña una nueva contradicción de las opiniones corrientes. Según éstas, el individuo humano no puede ser más que hombre o mujer. Pero la ciencia conoce casos en los que los caracteres sexuales aparecen borrosos, dificultando la determinación del sexo ya en el terreno anatómico. Los genitales de estos sujetos de sexo indeterminado reúnen caracteres masculinos y femeninos (hermafroditismo). En algunos casos excepcionales coexisten en el mismo individuo los órganos genitales de los dos sexos (hermafroditismo propiamente dicho), aunque por lo general aparezcan ambos más o menos atrofiados[1].

Lo más importante de estas anormalidades es que facilitan de un modo inesperado la comprensión de la constitución normal, a la cual corresponde cierto grado de hermafroditismo anatómico. En ningún individuo masculino o femenino, normalmente desarrollado, dejan de encontrarse huellas del aparato genital del sexo contrario que o perduran sin función alguna como órganos rudimentarios

---

[1] Cf. las últimas minuciosas descripciones de hermafroditismo somático: Taruffi: *Hermafroditismo y esterilidad* (edición alemana de R. Teuscher, 1903), y los trabajos de Neugebauer en varios tomos del *Jahrbuch für sexuelle Zwischenstufen*.

o han sufrido una transformación, dirigida a la adopción de funciones distintas.

La hipótesis deducible de estos hechos anatómicos, ha largo tiempo conocidos, es la de una disposición bisexual originaria, que en el curso de la evolución se ha ido orientando hacia la monosexualidad, pero conservando algunos restos atrofiados del sexo contrario.

De aquí no había más que un paso para transportar esta hipótesis al dominio psíquico y explicar la inversión como manifestación de un hermafroditismo psíquico. Para dejar resuelto el problema sólo faltaba comprobar una coincidencia regular de la inversión con los signos anímicos y somáticos del hermafroditismo.

Mas esta esperada coincidencia no se presentó. No se pueden imaginar tan estrechas las relaciones entre el supuesto hermafroditismo psíquico y el comprobado hermafroditismo anatómico. Lo que sí se encuentra con frecuencia en los invertidos es una disminución de la pulsión sexual (Havelock Ellis) y ligeras atrofias anatómicas de los órganos. Con frecuencia, pero no regularmente, ni siquiera en la mayoría de los casos. Esto obliga a reconocer que la inversión y el hermafroditismo somático son totalmente independientes una de otro.

Se ha atribuido asimismo un gran valor a los llamados caracteres sexuales secundarios y terciarios, y se ha hecho resaltar su conjunta aparición en los invertidos (H. Ellis) [1897]. También en esto hay algo verdadero; mas no debe olvidarse que los caracteres sexuales secundarios y terciarios surgen con frecuencia en el sexo contrario, constituyendo indicios de hermafroditismo, pero sin que al mismo tiempo se muestre modificado el objeto sexual en el sentido de una inversión.

El hermafroditismo psíquico ganaría en verosimilitud si paralelamente a la inversión del objeto sexual apareciera una modificación de los demás caracteres, tendencias y cualidades anímicas.

Mas tal inversión del carácter sólo puede encontrarse con alguna regularidad en las mujeres invertidas; en los hombres puede coincidir con la inversión la más completa virilidad psíquica. Si se quiere mantener la hipótesis del hermafroditismo psíquico, habrá de añadirse, por lo menos, que sus diversas manifestaciones no muestran sino muy escasa condicionalidad recíproca. Igualmente sucede en el hermafroditismo somático. Según J.Halban [1], también las atrofias orgánicas aisladas y los caracteres sexuales secundarios aparecen relativamente independientes entre sí

La teoría de la bisexualidad ha sido expuesta en su forma más simple por uno de los defensores de los invertidos masculinos: «Cerebro femenino en cuerpo masculino.» Mas no conocemos los caracteres de un «cerebro femenino».

La sustitución del problema psicológico por el anatómico es tan ociosa como injustificada. La tentativa de explicación de Krafft-Ebing parece más exactamente planteada que la de Ulrich, pero en esencia es similar a ella. Krafft-Ebing (1895s) ponía que la disposición bisexual da al individuo centros cerebrales masculinos y femeninos, al mismo tiempo que órganos sexuales somáticos de ambos sexos. Dichos centros no se desarrollan hasta la época de la pubertad, y principalmente bajo la influencia de la glándula sexual, independiente de ellos en la disposición. Pero hablar de «centros» masculinos y femeninos es lo mismo que hablar de cerebros de uno u otro sexo, y ni siquiera sabemos si podemos aceptar para las funciones sexuales localizaciones cerebrales (centros) como las aceptamos para la palabra.

Habremos de retener, sin embargo, dos ideas: que también en cuanto a la inversión debe tenerse en cuenta la disposición bisexual, aunque no sepamos en qué puede consistir tal disposición fuera de lo puramente anatómico, y que se trata de perturbaciones que atacan el instinto sexual durante su desarrollo[2].

---

[1] Halban: *Die Entstehung der Geschlechtscharaktere*, en *Archiv für Gynäkologie*, t. LXX, 1903.

[2] El primero que aplicó la idea de la bisexualidad a la explicación de la inversión hubo de ser (según una bibliografía aparecida en el tomo IV del *Jahrbuch für sexuelle Zwischenstufen)* E. Gley, en un artículo titulado «Les

La teoría del hermafroditismo psíquico supone que el objeto sexual del invertido es el contrario al del normal. El hombre sucumbiría, como la mujer, al encanto emanado de las cualidades físicas y espirituales masculinas, y, sintiéndose mujer, buscaría al hombre.

Mas aun cuando esto sea exacto para toda una serie de invertidos, está, sin embargo, muy lejos de revelar un carácter general de la inversión. Es innegable que muchos invertidos masculinos conservan los caracteres psíquicos de su sexo; no poseen sino muy pocos caracteres secundarios del otro sexo y buscan, en su objeto sexual, rasgos psíquicos propiamente femeninos. Si esto no fuera así, no se explicaría por qué la prostitución masculina que se ofre-

---

abérrations de l'instinct sexuel» *(Revue Philosophique,* enero 1884). Es también interesante comprobar que la mayoría de los autores que refieren la inversión de la bisexualidad tienen en cuenta este factor, no tan sólo en los invertidos, sino asimismo en aquellos individuos que han llegado a un desarrollo sexual normal, considerando, por tanto, la inversión como una perturbación de dicho desarrollo. Así lo hace ya Chevalier *(Inversión sexuelle,* 1893). Krafft-Ebing («Zur Erklärung der konträren Sexuelempfindung», *Jahrbüch für Psychiatrie und Neurologie,* tomo XIII) habla de un cúmulo de observaciones «de las cuales resulta, por lo menos, la perduración virtual de este segundo centro (el del sexo dominado)». El doctor Arduin («Die Frauenfrage und die sexuellen Zwischenstufen») sienta en el *Jahrbuch für sexuelle Zwischenstufen,* tomo II, 1900, la afirmación de que en todo ser humano existen elementos masculinos y femeninos, desarrollados en razón inversa del sexo del sujeto, cuando se trata de individuos heterosexuales. (Compárese el trabajo del doctor M. Hirschfeld titulado «Die objetive Diagnosis der Homosexualität», *Jahrbuch* citado, tomo I, 1899.)

G. Hermann («Genesis des Gesetz der Zeugung», tomo IX, *Libido und Mania,* 1903) afirma que «toda mujer entraña gérmenes y caracteres masculinos, y todo hombre, femeninos». En 1906 ha reivindicado W. Fliess la paternidad de la idea de bisexualidad («Der Ablaut des Lebens»). En algunos círculos ajenos a la especialidad se considera como iniciador de la teoría de la bisexualidad al malogrado filósofo O. Weininger, que tomó esta idea como base de una obra poco meditada *(Geschlecht und Charakter,* 1903). Las citas antes consignadas bastan para probar lo infundado de tal atribución. [El punto de vista de Freud en cuanto a la importancia de la bisexualidad debe mucho a Fliess y su olvido de este hecho en una ocasión le proporcionó un ejemplo de su *Psicopatología de la vida cotidiana,* 1910, capítulo VII. De todos modos, no aceptó la concepción de Fliess quien consideraba que la bisexualidad explicaba la represión. Cf. la discusión de Freud sobre este tema en *Pegan a un niño* (1919), Standard Ed., 17, 200-02.]

ce a los invertidos trata —hoy como en la antigüedad— de copiar a las mujeres en los vestidos, aspecto exterior y modales, sin que esta imitación parezca ofender el ideal de los homosexuales masculinos. En la Grecia antigua, donde hombres de una máxima virilidad aparecen entre los invertidos, se ve claramente que no era el carácter masculino de los efebos, sino su proximidad física a la mujer, así como sus cualidades psíquicas femeninas —timidez, recato y necesidad de alguien que les sirva de maestro y apoyo—, lo que encendía el amor de los hombres. En cuanto el efebo se hacía hombre dejaba de ser objeto sexual para los individuos del mismo sexo y se convertía quizá, a su vez, en pederasta. El objeto sexual es, por tanto, en este caso, como en otros muchos, no el sexo igual, sino la reunión de los dos caracteres sexuales, la transacción entre dos deseos orientados hacia cada uno de los dos sexos, transacción en la que se conserva como condición la masculinidad del cuerpo (de los genitales) y que constituye, por decirlo así, el reflejo de la propia naturaleza bisexual[1].

[1] El psicoanálisis no ha conseguido aún un total esclarecimiento del origen de la inversión, pero ha descubierto el mecanismo psíquico de su génesis, planteando nuevas e interesantísimas cuestiones. En todos los casos investigados hemos descubierto que los invertidos pasan en los primeros años de su infancia por una breve fase de intensa fijación a la mujer (a su madre, en la mayoría de los casos), y que después de esta fase heterosexual se identifican con la mujer y se toman a sí mismos como objeto sexual; esto es, buscan, partiendo del narcisismo, hombres jóvenes y semejantes a su propia persona, a los que quieren amar como la madre los amó *a ellos*. Hemos comprobado, además, con mucha frecuencia, que supuestos invertidos no eran nada insensibles a los encantos femeninos, sino que transportaban directamente a un objeto masculino la excitación producida por la mujer. De este modo repetían durante toda su vida el mecanismo por el cual había nacido su inversión. Su compulsiva inclinación hacia el hombre se demostraba así condicionada por su incesante fuga de la mujer. [Nota agregada en 1910.]

La investigación psicoanalítica rechaza terminantemente la tentativa de separar a los homosexuales de los demás humanos como un grupo diferentemente constituido. Extendiendo su investigación a excitaciones sexuales distintas de las manifestaciones exteriorizadas, ha comprobado que todo individuo es capaz de una elección homosexual de objeto y la ha llevado, efectivamente, a cabo en su inconsciente. Puede incluso afirmarse que la ligazón al mismo sexo desempeña en la vida psíquica normal un papel tan importante como la que recae sobre personas de sexo contrario, presentando aún una

Más inequívocas son las manifestaciones homosexuales en la mujer. Las invertidas activas presentan con gran frecuencia caracteres somáticos y psíquicos masculinos, y los exigen femeninos en su objeto sexual. De todos modos, también la homosexualidad femenina presenta formas muy diversas y múltiples variantes.

---

mayor significación en lo que se refiere a la génesis de estados patológicos. Para el psicoanálisis, la falta de toda relación de dependencia entre el sexo del individuo y su elección del objeto, y la posibilidad de orientar indiferentemente esta última hacia objetos masculinos o femeninos —hechos comprobables tanto en la infancia individual como en la de los pueblos—, parecen constituir la actitud primaria y original, a partir de la cual se desarrolla luego el tipo sexual normal o el invertido, por la acción de determinadas restricciones y según el sentido de las mismas.

Así, pues, en un sentido psicoanalítico, el interés sexual exclusivo del hombre por la mujer constituye también un problema, y no algo natural, basado últimamente en una atracción química.

La decisión de la actitud sexual definitiva tiene efecto después de la pubertad y como resultado de una serie de factores, tanto constitucionales como accidentales, imperfectamente determinados aún. Algunos de estos factores pueden poseer, desde luego, poder suficiente para decidir el resultado final. Pero, en general, la multiplicidad de los factores determinantes se refleja en la diversidad de las actitudes sexuales. En los casos de inversión se revela siempre el predominio de factores constitucionales arcaicos y mecanismos psíquicos primitivos, apareciendo en ellos, como caracteres esenciales, la *elección narcisista del objeto* y la *persistencia de la significación sexual de la zona anal*. Carece, sin embargo, de objeto, separar de los demás, fundándose en semejantes peculiaridades constitucionales, los tipos extremos de inversión, pues aquellos mismos caracteres que en tales tipos nos parecen constituir fundamento suficiente son también apreciables, aunque con menor intensidad, en los tipos de transición y hasta en individuos manifiestamente normales. Los resultados pueden, pues, presentar diferencias cualitativas, pero el análisis nos demuestra que entre los factores que determinan tales resultados sólo existen diferencias cuantitativas. Entre las influencias accidentales de la elección del objeto resalta la frustración (la temprana intimidación sexual). Asimismo hemos observado que la presencia de ambos progenitores desempeña también a este respecto un papel principal, pues la falta de un padre enérgico durante la infancia favorece muchas veces a la inversión. Por último, ha de hacerse constar que no debe establecerse relación alguna entre la inversión con respecto al objeto sexual y la presencia de caracteres andróginos en el sujeto, pues tales fenómenos son constantemente independientes. [Nota agregada en 1915.]

En un ensayo titulado *Zur Nosologie der männlichen Homosexualität (Homoerotik)*, en *Int. Zeitschrift für Psychoanalyse*, II, 1914, expone Ferenczi toda una interesantísima serie de puntos de vista sobre el problema de la inversión y reprueba muy justamente el hecho de que bajo el nombre de «homosexualismo», que él propone sustituir por el de «homoerotismo», se acumule una gran cantidad de estados muy diversos y de diferente valor, tanto

Hemos de retener como un hecho importante el de que el fin sexual de los invertidos no es, en modo alguno unitario. Entre los hombres, la inversión no supone necesariamente el coito *per anum*. La masturbación aparece muchas veces como fin exclusivo, y las limitaciones del

---

orgánica como psíquicamente, sólo por serles común el síntoma de la inversión. Ferenczi demanda, por lo menos, una absoluta diferenciación entre el tipo del *homoerótico subjetivo,* que se considera mujer y se conduce como tal, y el del *homoerótico objetivo,* que es por completo viril y sólo ha cambiado el objeto femenino por otro de su mismo sexo. El primero puede reconocerse como un verdadero *grado sexual intermedio* en el sentido que a este término da Magnus Hirschfeld; el segundo es considerado por Ferenczi —con menos acierto—, como un enfermo de neurosis obsesiva. La rebelión contra la tendencia a la inversión, así como la posibilidad de una influencia psíquica, no se dan más que en el *homoerótico objetivo.* Aun después de reconocer la existencia de estos dos tipos, debe añadirse que en muchas personas se encuentra cierta medida de homoerotismo subjetivo mezclada con otra de homoerotismo objetivo.

En los últimos años han arrojado una gran claridad sobre las condiciones orgánicas del homoerotismo y de los caracteres sexuales los trabajos de los biólogos y, en particular, los de Eugen Steinach.

Por el procedimiento experimental de la castración y el injerto subsiguiente de glándulas genitales del sexo contrario se consiguió, en diversas especies de mamíferos, transformar machos en hembras, y viceversa. La transformación se operaba, más o menos completamente, en los caracteres sexuales somáticos y en la conducta psicosexual (por tanto, en el erotismo subjetivo y en el objetivo). El centro de donde emana esta fuerza determinante del sexo no es la parte de la glándula genital que forma las células sexuales, sino el llamado tejido intersticial de dicho órgano (la «glándula de la pubertad»).

En un caso se consiguió también en un hombre la transformación sexual. Se trataba de un sujeto que había perdido los testículos a causa de una tuberculosis. En la vida sexual se había comportado como homosexual pasivo y mostraba visibles caracteres sexuales femeninos de naturaleza secundaria (larga cabellera, barba escasa, acumulación de grasas en las manos y caderas). Tras el injerto de un testículo humano comenzó el sujeto a comportarse masculinamente y a dirigir de un modo normal su libido hacia la mujer. Al mismo tiempo desaparecieron los caracteres somáticos femeninos (A. Lipschütz: *Die Pubertätsdrüsse und ihre Wirkungen,* Berna, 1919).

Sería injustificado esperar de estas interesantísimas tentativas un nuevo fundamento de la teoría de la inversión y un método «terapéutico» general de la homosexualidad. W. Fliess ha hecho resaltar acertadamente el hecho de que estos conocimientos experimentales no destruyen el valor de la teoría de la general disposición bisexual de los animales superiores. Más bien me parece verosímil que de subsiguientes investigaciones de este género resulte confirmación directa de la bisexualidad supuesta. [Nota agregada en 1920.]

fin sexual —hasta la mera efusión sentimental— son aquí más frecuentes aún que en el amor heterosexual. En las mujeres son también muy diversos los fines sexuales de las invertidas, y entre ellos parece ser preferido el contacto con las mucosas bucales.

Conclusión

No nos es posible deducir de lo hasta aquí expuesto una explicación satisfactoria de la génesis de la inversión, pero sí podemos observar que nuestras investigaciones nos han conducido a un resultado que puede ser de mayor importancia que la solución del problema en un principio planteado. Resulta que nos habíamos representado como excesivamente íntima la conexión de la pulsión sexual con el objeto sexual. La experiencia adquirida en la observación de aquellos casos que consideramos anormales nos enseña que entre la pulsión sexual y el objeto sexual existe una soldadura cuya percepción se nos puede escapar en la vida sexual normal, en la cual la pulsión parece traer consigo su objeto. Se nos indica así la necesidad de disociar hasta cierto punto en nuestras reflexiones la pulsión y el objeto. Probablemente, la pulsión sexual es un principio independiente de su objeto y no debe su origen a las excitaciones emanadas de los atractivos del mismo.

B) Impúberes y animales como objetos sexuales

Mientras que las personas cuyo objeto sexual no pertenece al sexo normalmente apropiado para serlo —esto es, los invertidos— se presentan a los ojos del observador como un conjunto de individuos sin más tara quizá que su desviación sexual, aquellas otras que eligen como objeto sexual sujetos impúberes (niños) nos parecen constituir casos aislados de aberración. Sólo excepcionalmente son los impúberes objeto sexual exclusivo; en la mayoría de los casos llegan tan sólo a serlo cuando un individuo cobarde e impotente acepta tal subrogado, o cuando una pulsión inaplazable no puede apoderarse en el momento de un objeto más apropiado. De todos modos, no deja de arrojar cierta luz sobre la naturaleza de la pulsión sexual el hecho de permitir tanta variación y tal degradación de su objeto, cosa que el hambre, mucho más extrictamente ligada al suyo, sólo admitiría en los casos extremos. Lo mismo puede decirse con respecto al comercio sexual con animales, nada raro entre los campesinos, y en el que la atracción sexual rebasa los límites de la especie.

Por razones estéticas limitaríamos gustosamente a los enfermos mentales estas y otras graves aberraciones de la pulsión sexual, pero ello no es posible. La experiencia enseña que en tales enfermos no se observan aberraciones sexuales distintas de las que aparecen en individuos sanos y en razas y clases sociales enteras. Así, encontramos con desoladora frecuencia atentados sexuales cometidos en niños por sus maestros y guardadores, tan sólo porque a éstos se les presentan más ocasiones para ello que a otras personas. Los enfermos mentales muestran únicamente tales aberraciones en un grado más elevado o —cosa especialmente significativa— llevadas a la exclusividad y sustituyendo a la satisfacción sexual normal.

Esta singular relación de las variantes sexuales con la escala gradual que va desde la salud a la perturbación mental da mucho que pensar. Me inclino a opinar que los problemas que aquí se nos plantean constituyen una indicación de que los impulsos de la vida sexual pertenecen a aquellos que aun normalmente son los peor dominados por las actividades anímicas más elevadas. Aquellos individuos que son mentalmente anormales en un aspecto cualquiera, ético o social, son asimismo —conforme me ha mostrado mi experiencia— anormales en su vida sexual.

En cambio, son anormales sexuales muchas personas que en todas las demás cuestiones se hallan dentro del tipo general y han seguido el desarrollo cultural humano, cuyo punto débil continúa siendo la sexualidad.

Como resultado general de estas elucidaciones deduciríamos que bajo una gran cantidad de condiciones, y sorprendentemente, en muchos individuos, la naturaleza y el valor del objeto sexual pasan a un lugar secundario, siendo algo diferente de esto lo esencial y constante en la pulsión sexual[1].

2. Desviaciones relativas al fin sexual

Como fin sexual normal se considera la conjunción de los genitales en el acto denominado *coito,* que conduce a la solución de la tensión sexual y a la extinción temporal de la pulsión sexual (satisfacción análoga a la saciedad en el hambre). Pero aun el acto sexual más normal integra visiblemente aquellos elementos cuyo desarrollo conduce a las aberraciones que hemos descrito como *perversiones.* En calidad de fines sexuales preliminares se admiten ciertas relaciones intermedias (existentes en el camino que conduce al coito) con el objeto sexual, tales como la contemplación y tocamiento del mismo. Estos actos están, de una parte, ligados con una sensación de placer por sí mismos, y de otra, elevan la excitación, que debe durar hasta la realización del fin sexual definitivo. Uno de estos contactos, el de ambas mucosas labiales, ha obtenido después —constituyendo el beso— un alto valor sexual en muchos pueblos (entre ellos los más civilizados), a pesar de que las partes del cuerpo que en él entran en juego no pertenecen al aparato genital, sino que forman la entrada del digestivo. Existen, pues, factores que permiten ligar las perversiones a la vida sexual normal y son aprovechables para la clasificación de las mismas. Las perversiones son alternativamente: o a) transgresiones anatómicas de los

[1] La máxima diferencia entre la vida erótica del mundo antiguo y la nuestra está, quizá, en que para los antiguos lo importante era la pulsión misma y no, como para nosotros, el objeto. Glorificaban la pulsión y creían que ennoblecían al objeto, por deleznable que fuese. En cambio, nosotros despreciamos la actividad sexual en sí y la disculpamos por los méritos del objeto. [Agregada en 1910.]

dominios corporales destinados a la unión sexual; o b) detenciones en aquellas relaciones intermedias con el objeto sexual que normalmente deben ser rápidamente recorridas en el camino hacia el fin sexual definitivo.

A) Transgresiones anatómicas

Supervaloración del objeto sexual

La valoración psíquica que recae sobre el objeto sexual como fin de la pulsión sexual no se limita más que en rarísimos casos a los genitales del mismo, sino que se extiende a todo su cuerpo y posee la tendencia de incluir todas las sensaciones emanadas del objeto. Igual sobrestimación aparece en el campo psíquico, mostrándose como una ofuscación lógica (debilidad del juicio) respecto a las funciones anímicas y perfecciones del objeto sexual y como una docilidad crédula para con los juicios exteriorizados por el mismo. La credulidad del amor constituye así una fuente importante, si no la primitiva, de la *autoridad*[1].

Esta supervaloración sexual es lo que tan mal tolera la limitación del fin sexual a la conjunción de los genitales y lo que ayuda a elevar a la categoría del fin sexual actos en que entran en juego otras partes del cuerpo [2].

---

[1] No puedo menos de recordar aquí la crédula docilidad del hipnotizado para con el hipnotizador, fenómeno que me hace sospechar que la esencia de la hipnosis debe suponerse en la fijación inconsciente de la libido del sujeto a la persona del hipnotizador (mediante los componentes masoquistas de la pulsión sexual).

S. Ferenczi ha ligado este carácter de la sugestibilidad con el «complejo parental» (*Jahrbuch für Psychoanalytische und Psychopathologische Forschungen*, I, 1909).

[2] Hay que observar, sin embargo, que la supervaloración sexual no se desarrolla en todos los mecanismos de la elección de objeto y que más adelante conoceremos una más directa explicación del papel sexual desempeñado por las otras partes del cuerpo.

El factor del «hambre de excitaciones», aplicado por Hoche y J. Bloch a la explicación de la extensión del interés sexual a partes del cuerpo distintas de las genitales, no nos parece merecer esta significación. Los distintos ca-

La importancia de la supervaloración sexual puede estudiarse fácilmente en el hombre, cuya vida erótica ha llegado a ser asequible a la investigación, mientras que la de la mujer, en parte por las limitaciones impuestas por la cultura y en parte por la convencional silenciación e insinceridad de las mujeres, permanece aun envuelta en impenetrable oscuridad [1].

Empleo sexual de las mucosas bucales y labiales

El empleo de la boca como órgano sexual se considera una perversión cuando los labios o la lengua de una persona entran en contacto con los genitales de la otra, y no, en cambio, cuando ambas mucosas labiales tocan una con otra. En esta excepción yace la conexión con lo normal. El que abomina de las otras prácticas, usadas quizá desde los más primitivos tiempos de la Humanidad, considerándolas como perversiones, obedece a una bien definida sensación de *repugnancia* que le protege de la aceptación de tal fin sexual. Los límites de esta repugnancia son, sin embargo, puramente convencionales: individuos que besan con pasión los labios de una bella muchacha no podrán emplear sin repugnancia su cepillo de dientes, aun no teniendo razón ninguna para suponer que su propia cavidad bucal, que no les produce asco, está más limpia que la de la muchacha. La repugnancia se nos muestra aquí como un factor susceptible de cerrar el camino a la sobreestimación sexual, pero también de ser vencido por la libido. Habremos, pues, de considerarla como uno de los poderes que contribuyen a limitar el fin sexual. Estos poderes se detienen ante los genitales mismos; pero no cabe duda de que también los genitales del sexo contrario pue-

---

minos que la libido sigue se comportan entre sí como vasos comunicantes, y hay que tener en cuenta el fenómeno de la corriente colateral. [Agregada en 1920.]

[1] La mujer que no lleva a cabo una sobreestimación sexual del hombre hace, en cambio, objeto de ella a sus hijos.

den ser por sí mismos objeto de repugnancia y que esta conducta corresponde a las características de todos los histéricos (especialmente de los del sexo femenino). La fuerza de la pulsión sexual se complace en dedicarse al vencimiento de esta repugnancia.

Empleo sexual del orificio anal

En el empleo sexual del ano se ve más claramente que en el caso anterior el hecho de ser la repugnancia lo que imprima a este fin sexual el carácter de perversión. A mi sentir —y espero que no se vea en esta observación un decidido prejuicio teórico— la razón en que se funda esta repugnancia, o sea la de que dicha parte del cuerpo sirve para la excreción y entra en contacto con lo repugnante en sí —los excrementos—, no es mucho más sólida que la que dan las muchachas histéricas para explicar su repugnancia ante los genitales masculinos; esto es, que sirven para la expulsión de la orina.

El papel sexual de la mucosa anal no se halla en ningún modo limitado al comercio sexual entre individuos masculinos. Su preferencia no constituye nada característico de la inversión. Parece, al contrario, que la *poedicatio* del hombre debe su papel a la analogía con el acto realizado con la mujer, al paso que la masturbación recíproca es el fin sexual más frecuente en los invertidos.

Importancia de otras partes del cuerpo

La extensión sexual a otras partes del cuerpo no ofrece en ninguna de sus variantes nada esencialmente nuevo, ni añade nada para el conocimiento de la pulsión sexual, que sólo en esto exterioriza su intención de apoderarse del objeto sexual en su totalidad. Mas, al lado de la supervaloración sexual, aparece en las extralimitaciones anatómicas un segundo factor extraño al conocimiento vulgar de estas cuestiones. Determinadas partes del cuerpo como las mucosas bucales y anales, que aparecen siempre en estas prácticas, reclaman un derecho a ser consideradas y tratadas como genitales. Ya veremos cómo esta pretensión queda justificada por el desarrollo de la pulsión sexual y satisfecha en la sintomatología de ciertos estados patológicos.

Sustitución inapropiada del objeto sexual. Fetichismo

Una particularísima impresión nos es producida por aquellos casos en que el objeto sexual normal es sustituido por otro relacionado con él, pero al mismo tiempo totalmente inapropiado para servir al fin sexual normal. Quizá hubiésemos hecho mejor, desde el punto de vista del orden expositivo, en citar este interesantísimo grupo de aberraciones de la pulsión sexual al tratar de las desviaciones con respecto al objeto, pero lo aplazamos hasta haber expuesto el factor de la supervaloración sexual, del cual dependen estos fenómenos, a los cuales se enlaza una renuncia al fin sexual.

El sustitutivo del objeto sexual es, en general, una parte del cuerpo muy poco apropiada para fines sexuales (los pies o el cabello) o un objeto inanimado que está en visible relación con la persona sexual; y especialmente con la sexualidad de la misma (prendas de vestir, ropa blanca). Este sustitutivo se compara, no sin razón, con el fetiche en el que el salvaje encarna a su dios.

El tipo de transición a las formas de fetichismo, con renuncia a un fin sexual normal o perverso, lo constituyen aquellos casos en los cuales, para que el fin sexual haya de ser realizado, es preciso que el objeto sexual posea una condición fetichista (un determinado color de cabello, un traje especial o hasta un defecto físico). Ninguna otra de las variantes de la pulsión sexual limítrofes ya con lo patológico merece tanto nuestra atención como ésta por la singularidad de los fenómenos cuya aparición motiva. Para todos estos casos parece constituir una condición previa la disminución del impulso hacia el fin sexual normal (debilidad funcional del aparato sexual)[1]. La conexión con lo normal se nos ofrece en la necesaria supervaloración sexual psicológica del objeto sexual, que se extiende inevitablemente a todo lo que con él se halla en conexión asociativa. Así, pues, es regularmente propio del amor normal cierto grado de tal fetichismo, sobre todo en aquellos estadios del enamoramiento en los que el fin sexual normal es inasequible o en los que su realización aparece aplazada.

> ¡Procúrame un pañuelo que haya ceñido su seno,
> algo con que alimentar mi amor!
>
> *(Fausto)*

El caso patológico surge cuando el deseo hacia el fetiche se fija pasando el punto de ser sólo una condición y se coloca *en lugar* del fin normal o cuando el fetiche se separa de la persona determinada y deviene por sí mismo único objeto sexual. Estas son las condiciones generales para el paso de simples variantes de la pulsión sexual a aberración patológica.

En la elección del fetiche se demuestra —como Binet (1888) fue el primero en afirmar y ha sido confirmado después por numerosas pruebas— la influencia continuada de una intimidación sexual experimentada, la mayor parte de las veces, en la primera infancia, fenómeno comparable a la proverbial capacidad de perdurar del primer amor en los normales. *(On revient toujours à ses premiers amours.)* Tal motivación es especialmente clara en los casos de simple condicionalidad fetichista del objeto sexual. Más adelante volveremos a encontrar en otras cuestiones la importancia de las tempranas impresiones sexuales[2].

---

[1] Esta debilidad correspondería a la hipótesis constitucional. El psicoanálisis ha demostrado, como condición secundaria, la temprana intimidación sexual, que aparta del fin sexual normal e incita a la sustitución.

[2] La investigación psicoanalítica, profundizando más en el estudio de la cuestión, permite, sin embargo, oponer algunas objeciones a los asertos de Binet. Todas las observaciones realizadas en este sector coinciden en que cuando el fetiche hace su primera aparición se muestra ya dueño del interés sexual, sin que las circunstancias concomitantes nos expliquen cómo ha lle-

En otros casos es una asociación de ideas simbólicas, casi siempre inconsciente en el sujeto, lo que le ha conducido a la sustitución del objeto por el fetiche. Los caminos seguidos para establecer estas asociaciones no siempre pueden indicarse con seguridad (el pie es, por ejemplo, un antiquísimo símbolo sexual que aparece ya en el mito[1], y las pieles deben quizá su papel de fetiche a la asociación con el cabello que recubre el *mons veneris).* Mas tampoco este simbolismo parece ser siempre independiente de sucesos sexuales infantiles[2].

---

gado a ello. Además, las «tempranas» impresiones sexuales de que aquí se habla son todas posteriores a los cuatro o cinco años del sujeto, y para el psicoanálisis es muy dudoso que er tales épocas puedan constituirse ya nuevas fijaciones patológicas. Lo exacto es que detrás de los primeros recuerdos relativos a la aparición del fetiche yace una fase separada y olvidada, de la evolución sexual, que ha sido sustituida, como por un «recuerdo encubridor», por el fetiche, el cual no es sino un residuo o un precipitado suyo. La evolución de esta fase, coincidente con los primeros años del fetiche, son determinadas por la constitución del sujeto. [Agregada en 1920.]

[1] El zapato o la zapatilla son, correlativamente, símbolos de los genitales femeninos. [Agregada en 1910.]

[2] El psicoanálisis ha llenado una de las lagunas aún existentes en la inteligencia del fetichismo, señalando la importancia de un «deseo olfativo» coprófilo, perdido por represión para la elección del fetiche. El pie y el cabello son objetos de penetrante olor que, tras la renuncia a la sensación olfativa devenida ya desagradable, son elevados a la categoría de fetiches. En la perversión correspondiente al fetichismo, en que el pie constituye el fetiche, el objeto sexual es, en efecto, sólo el pie sucio y maloliente. Otro dato para la explicación de la preferencia fetichista del pie resulta de las teorías sexuales infantiles, que más adelante expondremos. El pie sustituye al pene, que el niño echa extrañamente de menos en la mujer. [Agregada en 1910.]

En algunos casos de esta clase de fetichismo pudo demostrarse que la curiosidad sexual, orientada primariamente hacia los genitales y que tendía a acercarse a ellos, siguiendo una línea ascendente, fue detenida en su camino por prohibición o represión y quedó fijada, de este modo, en el pie o en el calzado, eligiéndolo como fetiche. En este caso, los genitales femeninos fueron representados, conforme a la hipótesis infantil, como masculinos. [Agregada en 1915.]

[La importancia de la represión del placer olfativo fue indicado por Freud en dos cartas a Fliess (Freud 1950a, cartas 55 y 75). Volvió al tema al final del análisis del *Hombre de las Ratas* (Freud, 1909d) y fue discutido ampliamente en el capítulo IV de *El malestar de la cultura* (1930a).]

B) *Fijación de los fines sexuales preliminares*

Aparición de nuevos fines sexuales

Todas las circunstancias externas e internas que dificultan o alejan la consecución del fin sexual normal (impotencia, coste elevado del objeto sexual, peligros del acto sexual) favorecen, como es comprensible, la tendencia a permanecer en los actos preparativos, convirtiéndolos en nuevos fines sexuales que pueden sustituirse al normal. Un penetrante examen muestra siempre que estos nuevos fines se hallan todos —hasta los de más extraña apariencia— indicados en el acto sexual normal.

Tocamiento y contemplación

Para la consecución del fin sexual normal es indispensable —por lo menos al hombre— una cierta medida de tocamiento. Son, además, universalmente conocidos el aumento de excitación y la nueva fuente de placer que aportan las sensaciones del contacto con la epidermis del objeto sexual. Así, pues, la detención en el tocar no puede apenas contarse entre las perversiones cuando el acto sexual continúa luego hasta su fin.

Igual sucede con la contemplación derivada del tocamiento en último término. La impresión visual es el camino por el que más frecuentemente es despertada la excitación libidinosa, y con ella —si es permisible esta manera teleológica de considerar la cuestión— cuenta la selección dejando desarrollarse hasta la belleza al objeto sexual. La ocultación del cuerpo, exigida por la civilización, mantiene despierta la curiosidad sexual, que tiende a contemplar el objeto por descubrimiento de las partes ocultas, pero que puede derivarse hacia el arte (sublimación) cuando es posible arrancar su interés de los genitales y dirigirlo a la forma física y total[1]. Una detención de este fin

[1] Me parece indudable que el concepto de «lo bello» arraiga en la exci-

sexual intermediario de la contemplación sexualmente acentuado es, en cierto grado, patrimonio de todos los normales y hasta es lo que les da la posibilidad de dirigir cierta cantidad de su libido hacia fines artísticos más elevados. Por el contrario, la contemplación constituye una perversión: a) cuando se limita exclusivamente a los genitales; b) cuando aparece ligada con el vencimiento de una repugnancia (*voyeurs*, espectadores del acto de excreción); c) cuando, en vez de preparar el fin sexual normal, lo reprime. Esto último es lo que constituye el carácter típico de los exhibicionistas, los cuales, si se me permite concluir un resultado general del único caso de esta perversión que me ha sido posible someter al análisis, muestran sus genitales para que, en reciprocidad, les sean enseñados los de la parte contraria[1].

En los *voyeurs* y los exhibicionistas resulta un curioso carácter que nos ocupará aún más intensamente en las aberraciones que a continuación examinaremos. El fin sexual se encuentra aquí en un doble desarrollo en forma *activa* y *pasiva*.

El poder que se opone al deseo de contemplar o ser contemplado y que es vencido a veces por éste, es el pudor (como antes la repugnancia).

Sadismo y masoquismo

La tendencia a causar dolor al objeto sexual o ser maltratado por él es la más frecuente e importante de las per-

---

tación sexual y significa originariamente lo que excita sexualmente («los encantos»). Con ello está relacionado el hecho de que no podemos encontrar nunca «bellos» los genitales, cuya contemplación hace surgir la máxima excitación sexual.

[La palabra alemana *Reiz* tiene la doble significación de «encanto» y «estímulo». *(N. del T.)*]

[1] El análisis revela en esta perversión, como en la mayoría de las demás, una inesperada diversidad de motivos y significaciones. La compulsión exhibicionista, por ejemplo, depende íntimamente del complejo de castración, acentuando de continuo la integridad de los propios genitales (masculinos) y renovando la satisfacción infantil experimentada por la falta de miembro en los genitales femeninos. [Agregada en 1920.]

versiones, y sus dos formas, activa y pasiva, han sido denominadas, respectivamente, por Krafft-Ebing, sadismo y masoquismo. Otros autores prefieren denominarla *algolagnia*, nombre que hace resaltar el placer de causar dolor, crueldad, mientras que el nombre escogido por Krafft-Ebing acentúa, o pone en primer término, el placer de sufrir toda clase de humillaciones y sometimientos. Las raíces de la algolagnia activa o sadismo pueden hallarse fácilmente en el sujeto normal. La sexualidad de la mayor parte de los hombres muestra una mezcla de *agresión*, de tendencia a dominar, cuya significación biológica estará quizá en la necesidad de vencer la resistencia del objeto sexual de un modo distinto a por los actos de cortejo. El sadismo corresponderá entonces a un componente agresivo del instinto sexual exagerado, devenido independiente y colocado en primer término por medio de un desplazamiento[1]. El concepto del sadismo comprende desde una posición activa y dominadora con respecto al objeto sexual hasta la exclusiva conexión de la satisfacción con el sometimiento y mal trato del mismo. En sentido estricto, solamente el último caso extremo puede denominarse perversión.

De un modo análogo, el concepto de masoquismo reúne todas las actitudes pasivas con respecto a la vida erótica y al objeto sexual, siendo la posición extrema la conexión de la satisfacción con el voluntario padecimiento de dolor físico o anímico producido por el objeto sexual. El masoquismo, como perversión, parece alejarse más del fin sexual normal que la perversión contraria; es dudoso si aparece originariamente o si más bien se desarrolla siempre partiendo del sadismo y por una transformación de éste[2]. Con frecuencia puede verse que el masoquismo no

[1] [En las ediciones de 1905 y 1910 aparecen las siguientes frases en este punto: «Al menos una de las raíces del masoquismo puede inferirse con certeza. Surge de la sobrevaloración sexual como una consecuencia psíquica necesaria de la elección de un objeto sexual». Desde 1915 fueron omitidas dichas frases y los dos parágrafos siguientes se incluyeron en su lugar.]

[2] Ulteriores reflexiones, apoyadas en ciertas hipótesis sobre la estructura del aparato anímico y sobre las diversas clases de pulsiones que en él actúan,

es otra cosa que una continuación del sadismo, dirigida contra el propio *yo*, que se coloca ahora en el puesto del anterior objeto sexual. El análisis clínico de los casos extremos de perversión masoquista lleva siempre a revelar la acción conjunta de una amplia serie de factores que exageran la predisposición original pasiva y le hacen experimentar una fijación (complejo de castración, conciencia de la culpa). El dolor que en esta perversión ha de ser superado constituye, como antes la repugnancia y el pudor, la resistencia que se coloca enfrente de la libido.

El sadismo y el masoquismo ocupan entre las perversiones un lugar particular, pues la antítesis de actividad y pasividad que constituye su fundamento pertenece a los caracteres generales de la vida sexual.

La historia de la civilización humana nos enseña, sin dejar lugar a dudas, que la crueldad y la pulsión sexual están íntimamente ligadas; pero en las tentativas de explicar esta conexión no se ha ido más allá de hacer resaltar los elementos agresivos de la libido.

Según algunos autores, este elemento agresivo, mezclado a la pulsión sexual, constituye un resto de los placeres caníbales; esto es, una participación del aparato de aprehensión puesto al servicio de la satisfacción de la otra gran necesidad, más antigua ontogénicamente[2]. Se ha afirmado también que cada dolor lleva en sí y por sí mismo la posibilidad de una sensación de placer. Por lo pronto, nos contentaremos con hacer constar nuestra creencia de que la explicación dada hasta ahora a esta perversión no es, ni con mucho, satisfactoria y que es probable que en

---

han modificado considerablemente mi concepto del masoquismo. Me he visto obligado a reconocer un masoquismo *primario, erógeno*, del cual se desarrollan después dos formas posteriores: el masoquismo *femenino* y el masoquismo *moral*. La reversión del sadismo, no utilizado en la vida contra la propia persona, engendra un masoquismo *secundario*, que se agrega al primario. (Cf. el ensayo titulado *El problema económico del masoquismo, Obras completas*, capítulo IX.) [Nota agregada en 1924.]

[2] Compárense nuestras posteriores observaciones sobre la fase pregenital del desarrollo sexual, en las que queda confirmada esta opinión. [Nota agregada en 1915.]

ella se reúnan varias tendencias psíquicas para producir un solo efecto[1].

La particularidad más singular de esta perversión está, sin embargo, constituida por el hecho de que sus dos formas, activa y pasiva, aparecen siempre conjuntamente en la misma persona. Aquel que halla placer en producir dolor a otros en la relación sexual está también capacitado para gozar del dolor que puede serle ocasionado en dicha relación como de un placer. Un sádico es siempre, al mismo tiempo, un masoquista, y al contrario. Lo que sucede es que una de las formas de perversión, la activa o la pasiva, puede hallarse más desarrollada en el individuo y constituir el carácter dominante de su actividad sexual[2].

Vemos así aparecer, regularmente, determinadas tendencias perversas como *pares contradictorios*, hecho cuya alta importancia teórica comprobaremos más adelante[3]. Es indudable que la existencia del par contradictorio sadismo-masoquismo no se puede derivar directamente de la existencia de una mezcla agresiva. En cambio, nos sentimos inclinados a relacionar tales antítesis con la de masculino y femenino, que se presenta en la bisexualidad; contradicción que en el psicoanálisis queda reducida a la de actividad y pasividad[4].

---

[1] De la investigación últimamente citada se deriva, para el par antitético sadismo-masoquismo, una situación especial, fundada en el origen de las pulsiones que lo hace resaltar entre las restantes perversiones.

[2] Como prueba de esta afirmación, citaré tan sólo un párrafo de Havelock Ellis (*Das Geschlechtsgefühl*, 1903): «Todos los casos conocidos de sadismo y masoquismo, incluso los citados por Krafft-Ebing, revelan —como ya han demostrado Colin, Scott y Féré— huellas de ambos grupos de fenómenos en el mismo individuo».

[3] Véase lo que más adelante decimos sobre la 'ambivalencia', 2.° Ensayo, Sec. VI.

[4] Esta frase no aparecía en las versiones de 1905 y 1910. En 1915 fue agragada la siguiente: «un contrato cuya significación es reducida en psicoanálisis a la de actividad y pasividad». En 1924 fue reemplazada por las palabras que aparecen ahora en el texto.]

3. GENERALIDADES SOBRE LAS PERVERSIONES EN CONJUNTO

Variación y enfermedad

Los médicos que primero estudiaron las perversiones en casos típicos y bajo condiciones especiales se inclinaron, naturalmente, a atribuirles el carácter de un estigma patológico o degenerativo, como ya vimos al tratar de la inversión. Sin embargo, es más fácil demostrar aquí, en los casos de inversión, el error de estas opiniones. La experiencia cotidiana muestra que la mayoría de estas extralimitaciones, o por lo menos las menos importantes entre ellas, constituyen parte integrante de la vida sexual del hombre normal y son juzgadas por éste del mismo modo que otras de sus intimidades. En circunstancias favorables, también el hombre normal puede sustituir durante largo tiempo el fin sexual normal por una de estas perversiones o practicarla simultáneamente. En ningún hombre normal falta una agregación de carácter perverso al fin sexual normal, y esta generalidad es suficiente para hacer notar la impropiedad de emplear el término «perversión» en un sentido peyorativo. Precisamente en los dominios de la vida sexual se tropieza con especiales dificultades, a veces insolubles, cuando se quiere establecer una frontera definitiva entre las simples variantes dentro de la amplitud fisiológica y los síntomas patológicos.

En algunas de estas perversiones es, sin embargo, de tal naturaleza el nuevo fin sexual, que necesitan ser estudiadas separadamente. Ciertas perversiones se alejan tanto de lo normal, que no podemos por menos de declararlas patológicas, particularmente aquéllas —coprofagia, violación de cadáveres— en las cuales el fin sexual produce asombrosos rendimientos en lo que respecta al vencimiento de las resistencias (pudor, repugnancia, espanto o dolor). Pero tampoco en estos casos puede esperarse con seguridad hallar regularmente en el sujeto otras anormalidades de carácter grave o una perturbación mental.

Tampoco aquí puede negarse el hecho de que personas de conducta normal en todas las actividades pueden, sin embargo, presentar caracteres patológicos en lo relativo a la vida sexual y bajo el dominio de la más desenfrenada de todas las pulsiones. En cambio, una manifiesta anormalidad en otras relaciones vitales se halla siempre en conexión con una conducta sexual anormal.

En la mayoría de los casos, el carácter patológico de la perversión no se manifiesta en el contenido del nuevo fin sexual, sino en su relación con el normal. Cuando la perversión no aparece al lado de lo normal (fin sexual y objeto), sino que, alentada por circunstancias que la favorecen y que se oponen en cambio a las tendencias normales, logra reprimir y sustituir por completo a estas últimas; esto es, cuando presenta los caracteres de exclusividad y fijación, es cuando podremos considerarla justificadamente como un síntoma patológico.

Participación psíquica en las perversiones

Quizá, precisamente, en las más horribles perversiones es donde puede reconocerse la máxima participación psíquica en la transformación de la pulsión sexual. Prodúcese aquí una labor anímica a la que, no obstante sus espantosos resultados, no se puede negar la calidad de una idealización de la pulsión. La omnipotencia del amor no se muestra quizá en ningún otro lado tan enérgica como en estas aberraciones. Lo más alto y lo más bajo se hallan reunidos más íntimamente que en ningún otro lado en la esfera de la sexualidad. («Desde el cielo, a través del mundo, hasta el infierno»)[1].

Dos resultados

En el estudio de las perversiones hemos llegado al conocimiento de que la pulsión sexual tiene que luchar con-

[1] [Goethe, *Fausto*, Preludio en el teatro.]

tra determinados poderes psíquicos que se le oponen en calidad de resistencias, siendo entre ellos los que más claramente se muestran el pudor y la repugnancia. Aparece, pues, justificada la sospecha de que estos poderes participan en la labor de mantener la pulsión dentro de los límites de lo considerado como normal, y cuando se desarrollan tempranamente, antes que la pulsión sexual alcance su plena fuerza, son los que marcan la dirección del desarrollo de la misma[1].

Hemos observado también que algunas de las perversiones investigadas sólo llegan a ser comprensibles por la conjunción de varios motivos. Cuando pueden someterse al análisis, esto es, a una descomposición, es señal de que son de naturaleza compuesta. De aquí podemos deducir que la pulsión sexual no es, quizá, algo simple, sino compuesto, y cuyos componentes vuelven a separarse unos de otros en las perversiones. De este modo, la clínica habría atraído nuestra atención sobre *fusiones* que en la uniforme conducta normal habrían perdido su expresión[2].

---

[1] Estos poderes (repugnancia, pudor, moralidad), que limitan el desarrollo de la sexualidad, pueden considerarse también como residuos históricos de restricciones exteriores experimentadas por la pulsión sexual en la psicogénesis de la Humanidad. Se observa que aparecen en el desarrollo del individuo en una época determinada y como obedeciendo espontáneamente a la llamada de la educación y de otras influencias ejercidas, desde el exterior, sobre el sujeto. [Nota agregada en 1915.]

[2] Anticipando un dato correspondiente al estudio de la génesis de las perversiones, haremos constar la existencia de múltiples razones para suponer que su fijación es precedida, como en el caso del fetichismo, de un período inicial de desarrollo sexual normal. La investigación psicoanalítica ha podido demostrar hasta ahora, en casos individuales, que también la perversión es el residuo de una evolución hacia el complejo de Edipo, una vez reprimido el cual surge de nuevo aquel de los componentes de la pulsión sexual que posee mayor intensidad en la constitución del sujeto.

4. LA PULSIÓN SEXUAL EN LOS NEURÓTICOS

El psicoanálisis

Una importantísima aportación para el conocimiento de la pulsión sexual, en personas que se hallan próximas a lo normal, nos es dada por una fuente a la que sólo podemos llegar por un determinado camino. No hay más que un medio de obtener resultados fundamentales y acertados sobre la vida sexual de los denominados psiconeuróticos (histeria, neurosis obsesiva, la falsamente denominada «neurastenia» y sin duda también los que sufren *dementia praecox* y paranoia). Este medio es someterlos a la investigación psicoanalítica, de la que se sirve el procedimiento curativo que J. Breuer y yo comenzamos a emplear en 1893 y que denominamos, por entonces, «catártico».

Debo anticipar aquí, y repetir con respecto a otras publicaciones mías, que estas psiconeurosis reposan, por lo que de mi experiencia clínica he podido concluir, sobre fuerzas pulsionales de carácter sexual. No quiero decir con esto que la energía de la pulsión sexual proporcione una ayuda a las fuerzas que mantienen los fenómenos patológicos (síntomas). Mi afirmación se refiere a que esta participación es la única constante y constituye la fuente energica más importante de la neurosis, de manera que la vida sexual de dichas personas se exterioriza exclusiva, predominante o parcialmente en estos síntomas, los cuales, como ya lo hemos indicado en otro lugar, no son sino la expresión de la vida sexual de los enfermos. La prueba de esta afirmación ha sido dada por una cantidad cada día mayor de psicoanálisis verificados durante veinticinco años en personas histéricas o atacadas de otras neurosis diferentes. De los resultados de estos análisis he dado cuenta en otros libros y seguiré dándola en mis publicaciones sucesivas[1].

---

[1] Añadiré aquí una afirmación que, aunque modifica en algo lo expresa-

El psicoanálisis llega a suprimir los síntomas histéricos, partiendo de la hipótesis de que son la sustitución o transcripción de una serie de procesos, tendencias y deseos anímicos afectivos, a los que un particular proceso psíquico (la *represión*) ha impedido llegar a su normal exutorio por medio de la actividad anímica consciente. Estos complejos psíquicos retenidos en estado inconsciente tienden a una exteriorización correspondiente a su valor efectivo, a una descarga, y la encuentran en la histeria por el proceso de la conversión en fenómenos somáticos; esto es, en síntomas histéricos. Por medio de una técnica especial, que permite reducir de nuevo tales síntomas a representaciones afectivas ya conscientes, se puede hallar la naturaleza y el origen de estos productos psíquicos anteriormente inconscientes.

Resultados del psicoanálisis

De este modo se ha llegado al conocimiento de que los síntomas representan un sustitutivo de tendencias que toman su fuerza de las fuentes de la pulsión sexual. De completo acuerdo con esto se halla lo que sabemos sobre los histéricos, tomados aquí como ejemplo de los psiconeuróticos en general, sobre su carácter antes de contraer la enfermedad y sobre las causas que la originaron. El carácter histérico deja revelarse una *represión sexual* que sobrepasa la medida normal y un desarrollo exagerado de aquellas resistencias contra la pulsión sexual que se nos han dado a conocer como pudor, repugnancia y moralidad manifestándose en estos enfermos una aversión pulsional a ocupar su pensamiento en la reflexión sobre las cuestiones sexuales, aversión que en los casos típicos

do en el texto, no lo contradice, sino que lo completa. Es esta afirmación la de que los síntomas nerviosos se fundan, por un lado, en las exigencias de las pulsiones libidinosas, y, por otro, en la reacción del *yo* contra las mismas. [Nota agregada en 1920.]

da el resultado de conservarlos en una total ignorancia sexual hasta los años de la madurez sexual[1].

Este rasgo característico, esencial de la histeria, queda encubierto con frecuencia a la vista del observador superficial por el segundo factor constitucional de la enfermedad; esto es, por el poderoso desarrollo de la pulsión sexual; pero el análisis psicológico logra descubrirlo siempre, y resuelve el misterio lleno de contradicción de la histeria por el establecimiento del par contradictorio formado por una necesidad sexual superior a la normal y una exagerada repulsa de todo lo sexual.

La ocasión favorable a la aparición de la enfermedad surge en las personas predispuestas a la histeria cuando, como resultado del propio proceso de maduración o de circunstancias exteriores, se presenta en ellas la exigencia sexual de un modo imperativo. Entre el apremio de la pulsión y la resistencia de la repulsa sexual surge entonces, como recurso, la enfermedad, que no resuelve el conflicto, sino que intenta eludirlo por la transformación de las ideas libidinosas en síntomas[2]. Constituye tan sólo una excepción aparente el que una persona histérica —por ejemplo, un hombre— haya contraído su enfermedad a causa de una emoción trivial o de un conflicto en cuyo punto medio no se halle el interés sexual. El psicoanálisis puede entonces demostrar regularmente que el componente sexual del conflicto es el que ha hecho posible la aparición de la enfermedad, privando a los procesos psíquicos de su normal exutorio.

Neurosis y perversión

Gran parte de las contradicciones surgidas contra estas opiniones mías se explica por el hecho de que se con-

[1] En *Estudios sobre la histeria*, año 1895, J. Breuer dice de una de sus pacientes, a quien aplicó el método catártico, lo siguiente: «La sexualidad de la sujeto había permanecido en un estado extraordinariamente rudimentario».

[2] [Este tema fue elaborado por Freud en su trabajo sobre *Los diferentes tipos de adquisición de la neurosis* (1912c).]

sidera coincidente la sexualidad, de la que yo derivo los síntomas psiconeuróticos, con la pulsión sexual normal. Pero el psicoanálisis nos aclara aún más esta cuestión, mostrándonos que los síntomas no se originan nunca (o por lo menos exclusiva y predominantemente) a costa de la pulsión sexual denominada normal, sino que representan una exteriorización de aquellas pulsiones que se considerarían como *perversas*, en el más amplio sentido de la palabra, y se exteriorizan directa y conscientemente en propósitos fantaseados o en actos. Los síntomas se originan, por tanto, en parte, a costa de la sexualidad anormal. *La neurosis es, por decirlo así, el negativo de la perversión*[1].

La pulsión sexual de los psiconeuróticos muestra todas las aberraciones que hemos estudiado como desviaciones de la vida sexual normal y manifestaciones de una vida sexual patológica.

a) En la vida anímica inconsciente de todos los neuróticos puede comprobarse una tendencia a la inversión y a la fijación de la libido sobre personas del mismo sexo. Sería necesario un profundo y detenido estudio para recoger toda la importancia de este factor de la constitución del cuadro de la enfermedad. Mas por ahora nos limitaremos a asegurar que la tendencia inconsciente a la inversión no falta nunca en la histeria masculina y presta los mayores servicios para su explicación[2].

b) En el psiquismo inconsciente de los psiconeuró-

---

[1] Las fantasías de los perversos, claramente conscientes, y que, en circunstancias favorables, pueden transformarse en actos; los temores delirantes de los paranoicos, proyectados en sentido hostil sobre otras personas, y las fantasías inconscientes de los histéricos, descubiertas detrás de sus síntomas por el psicoanálisis, coinciden en su contenido hasta en los detalles aislados. [*El Caso Dora* (1905e).]

[2] La psiconeurosis aparece asociada, muy a menudo, a la inversión manifiesta, y en estos casos, la corriente heterosexual ha sufrido una total supresión. El doctor W. Fliess, de Berlín, ha sido el primero en llamarme la atención sobre la generalidad de esta tendencia a la inversión en los psiconeuróticos, tendencia que yo había descubierto ya en casos individuales. Este hecho, al que no se ha concedido hasta ahora toda la importancia que posee, debiera influir decisivamente en todas las teorías sobre la homosexualidad.

ticos existen y actúan como agentes de la producción de síntomas todas aquellas tendencias a las extralimitaciones anatómicas que hemos estudiado antes, y entre ellas, con particular frecuencia a intensidad aquellas que hacen elevarse a la categoría de genitales las mucosas bucales y anales.

c) Entre las causas de la formación de síntomas psiconeuróticos desempeñan un papel muy importante las pulsiones parciales, que aparecen casi siempre formando pares antitéticos y que hemos estudiado como aportadores de nuevos fines sexuales; esto es, las pulsiones de contemplación y de exhibición y las pulsiones pasiva y activa de crueldad. La presencia de esta última pulsión es indispensable para la comprensión de la naturaleza sufriente de los síntomas y rige casi siempre una parte de la conducta social del enfermo. Por miedo de esta conexión de la libido con la crueldad tiene lugar la transformación del amor en odio y de los sentimientos cariñosos en hostiles, que es característica en una gran serie de neurosis, especialmente en la paranoia.

El interés de estos resultados queda acrecentado por determinadas peculiaridades de los hechos objeto de este estudio[1].

a) Cuando se descubre en lo inconsciente una de estas pulsiones, apta para formar con su contraria uno de los pares de que hemos hablado, aparece siempre actuando simultáneamente la otra pulsión antitética. Toda perversión «activa» queda así acompañada siempre, en estos casos, del factor antagónico correspondiente. El sujeto que es exhibicionista inconsciente es al mismo tiempo *voyeur*, y aquel que sufre de las consecuencias de una represión de tendencias sádicas sufre también de síntomas producidos por fuentes de inclinación masoquista. La

[1] [En ediciones anteriores a 1920 fueron enumerados tres «hechos especiales». El primero, fue luego omitido y se formuló así: Entre las cadenas de pensamientos inconscientes no hay nada que corresponda al fetichismo —una circunstancia que arroja luz en la peculiaridad psicológica de esta bien comprendida perversión.]

coincidencia absoluta con la conducta de la perversión «positiva» correspondiente es un dato que debe tenerse muy en cuenta. Mas en el cuadro de la enfermedad desempeñan indistintamente una u otra de las tendencias antitéticas el papel dominante.

b) En los casos definidos de psiconeurosis, sólo raras veces se encuentra desarrollada una sola de estas pulsiones perversas. En general, se halla una gran cantidad de las mismas totalmente desarrolladas y aparecen huellas de todas las restantes, pero la intensidad de cada una es independiente del desarrollo de las demás. También para esto nos proporciona el estudio de las perversiones positivas la exacta contrapartida.

5. PULSIONES PARCIALES Y ZONAS ERÓGENAS

Si revisamos los resultados de nuestra investigación de las perversiones positivas y negativas, nos inclinaremos a referirlas a una serie de «pulsiones parciales», que no constituyen nada primario, sino que permiten un subsiguiente análisis[1]. Bajo el concepto de «pulsión» no comprendemos primero más que la representación psíquica de una fuente de excitación, continuamente corriente o intrasomática, a diferencia del «estímulo» producido por excitaciones aisladas procedentes del exterior. Pulsión es, pues, uno de los conceptos límites entre lo psíquico y lo somático. La hipótesis más sencilla y próxima sobre la naturaleza de las pulsiones sería la de que no poseen por sí cualidad alguna, debiendo considerarse tan sólo como

[1] [El pasaje desde este punto hasta el fin del parágrafo data de 1915. En las dos primeras ediciones (1905 y 1910) aparecían las siguientes proposiciones: «Podemos distinguir en ellas (las pulsiones parciales) (agregada a una pulsión que no es sexual en sí misma y que tiene su fuente en impulsos motrices) una contribución de un órgano capaz de recibir estímulos (por ejemplo, la piel, la membrana mucosa o un órgano de los sentidos). Un órgano de esta clase será descrito como una «zona erógena» —como siendo el órgano cuya excitación proporciona a la pulsión un carácter sexual». La versión revisada data del período en el cual Freud escribió *Las pulsiones y sus destinos* (1915c) texto en el que examinó todo el tema con amplitud, cf., cap. 4.]

cantidades de exigencia de trabajo para la vida psíquica. Lo que diferencia a las pulsiones unas de otras y les da sus cualidades específicas es su relación con sus *fuentes* somáticas y sus fines.

La fuente de la pulsión es un proceso excitante en un órgano, y su fin más próximo está en hacer cesar la excitación de dicho órgano[1].

Otra hipótesis interina de la teoría de la pulsión, a la cual no nos podemos sustraer, es la de que de los órganos del cuerpo emanan excitaciones de dos clases, fundadas en diferencias de naturaleza química. Una de estas clases de excitación la designamos como la específicamente sexual, y el órgano correspondiente como «zona erógena» de la pulsión parcial de ella emanada[2].

En las tendencias perversas que dan a la cavidad bucal y al orificio anal una significación sexual, el papel de la zona erógena se descubre sin dificultad ninguna, pues puede observarse con toda precisión que dicha zona se conduce como una parte del aparato genital. En la histeria, estas partes del cuerpo y las mucosas que a ellas corresponden llegan a ser, bajo la excitación de los procesos sexuales normales, la residencia de nuevas sensaciones y transformaciones de la inervación —y hasta de procesos que pueden compararse a la erección—, al igual de los genitales propiamente dichos.

La importancia de las zonas erógenas como aparatos accesorios y subrogados de los genitales aparece en la histeria más claramente que en ninguna otra de las psiconeurosis, con lo cual no quiero afirmar que en otras formas de la enfermedad deba concedérsele una menor atención. Lo que pasa es que en estas otras formas aparece menos

---

[1] La teoría de las pulsiones es la parte más importante de la teoría psicoanalítica, pero también la más incompleta. Cf. los trabajos titulados *Más allá del principio del placer,* 1921, y *El «yo» y el «ello»*, 1923, en *Psicología de las masas,* El Libro de Bolsillo, número 193. [Nota agregada en 1924.]

[2] No es fácil justificar aquí estas hipótesis, procedentes del estudio de una determinada clase de enfermedades neuróticas. Mas, por otro lado, es imposible decir nada definitivo sobre las pulsiones sin tenerlas en cuenta. [Nota agregada en 1915.]

claramente su actuación, porque en ellas (neurosis obsesiva, paranoia) la formación de síntomas tiene lugar en las regiones del aparato psíquico más alejadas de los centros que rigen las funciones. En la neurosis obsesiva lo más singular es la importancia de los impulsos, los cuales crean nuevos fines de las zonas erógenas. Sin embargo, en el placer de contemplación y exhibición, el ojo constituye una zona erógena, y en los componentes de dolor y de crueldad del instinto sexual lo que adopta esta misión es la piel, que en determinadas partes del cuerpo se ha diferenciado para constituir los órganos de los sentidos y ha sufrido modificaciones hasta formar las mucosas, siendo, por tanto, la zona erógena ατ' εξογην[1].

6. EXPLICACIÓN DEL APARENTE PREDOMINIO DE LA SEXUALIDAD PERVERSA EN LOS PSICONEURÓTICOS

Las explicaciones anteriores han falseado, quizá, el concepto de la sexualidad de los psiconeuróticos. Parece resultar de ellas que la disposición constitucional de los mismos los aproxima a la perversión, alejándolos, en cambio, otro tanto de lo normal. Es muy posible, en efecto, que la disposición constitucional de estos enfermos, además de una exagerada cantidad de represión sexual y una exagerada energía de la pulsión sexual, contenga una extraordinaria inclinación perversa en su más amplio sentido. Pero la investigación de los casos menos graves enseña que esta última hipótesis no es absolutamente necesaria, o por lo menos no debe contarse con ella obligadamente en el juicio de los efectos morbosos. En la mayoría de los psiconeuróticos la enfermedad aparece después de

[1] Debe recordarse aquí la teoría de Moll, que descompone la pulsión sexual en pulsión de contrectación y pulsión de detumescencia; contrectación significa una necesidad de contacto epidérmico. [Al final de esta nota en 1905 y 1910 aparece la siguiente afirmación: 'Strohmayer ha inferido correctamente de un caso bajo su observación que los auto-reproches obsesivos se originan en impulsos sádicos reprimidos'.]

la pubertad y bajo las exigencias de la vida sexual normal. Contra ésta, se alza ante todo la represión o surge la enfermedad a causa de que la libido ve llegada su satisfacción por medios normales. En ambos casos la libido se conduce como una corriente cuyo lecho principal fuera desplazado y llenase los caminos colaterales, que hasta el momento habían permanecido, quizá, vacíos. De este modo, la tendencia de los psiconeuróticos a las perversiones —tan intensa aparentemente y siempre negativa— está, quizá, colateralmente condicionada o, por lo menos, colateralmente reforzada. El hecho es que la represión sexual debe colocarse como factor interior al lado de aquellos otros exteriores, constituidos por la limitación de libertad, inasequibilidad del objeto normal sexual, peligros del acto sexual normal, etc., factores que hacen aparecer todo género de perversiones en individuos que de otro modo hubieran permanecido normales.

En los casos individuales de neurosis pueden aparecer grandes diferencias, siendo una veces el factor regulador el grado innato de inclinación a la perversión, y otras, la elevación colateral del mismo por el apartamiento de la libido del objeto y del fin sexual normal. Sería injusto construir una antítesis donde lo que hay es una relación de cooperación. La neurosis producirá sus más altos rendimientos cuando la constitución y los sucesos exteriores actúen conjuntamente en el mismo sentido. Una constitución francamente orientada hacia la neurosis podrá prescindir del apoyo de las experiencias vividas, y un suceso traumático podrá producir la neurosis en un individuo de constitución media. Este punto de vista es también válido en otros distintos sectores en cuanto se trata de la importancia etiológica del elemento congénito y del elemento adquirido. Si se prefiere suponer que la tendencia a las perversiones es una de las características de la constitución psiconeurótica, cabrá diferenciar muy diversas constituciones de este género, según la zona erógena o la pulsión parcial que predominen. Lo que aún no se ha averiguado es si existe una relación particular entre cierta disposición perversa y una determinada forma patológica.

Este punto, como mucho otros de ese sector, no ha sido todavía estudiado.

7. INDICACIÓN DEL INFANTILISMO DE LA SEXUALIDAD

El descubrimiento de los impulsos perversos como agentes de la producción de síntomas en las psiconeurosis ha elevado considerablemente el número de hombres que pueden contarse entre los perversos. No es sólo que los neuróticos constituyan una numerosa clase humana; es también que la neurosis, con todas sus formas, constituye una serie que conduce hasta el tipo normal, circunstancia que ha permitido a Moebius afirmar muy justificadamente que todos somos algo histéricos. En consecuencia, la extraordinaria difusión de las perversiones nos impone la hipótesis de que tampoco la disposición a las mismas es una excepción, sino que forma parte de la constitución considerada como normal.

Como ya hemos visto, se ha discutido mucho sobre si las perversiones dependen de condiciones congénitas o tienen su origen en impresiones casuales, según lo admite Binet con respecto al fetichismo. Por nuestra parte, creemos posible decidir la cuestión con la hipótesis de que en las perversiones existe, desde luego, algo congénito, pero algo *que es congénito en todos los hombres*, constituyendo una disposición general de intensidad variable, que puede ser acentuada por las influencias exteriores. Se trata de raíces innatas de la pulsión sexual, que, en una serie de casos, se desarrollan hasta constituirse en verdaderos substratos de la actividad sexual (perversión), y otras veces experimentan una represión insuficiente y, dando un rodeo, se apoderan, como síntomas patológicos, de una gran parte de la energía sexual, mientras que en los casos más favorables, entre ambos extremos hacen surgir, por una limitación afectiva y una elaboración determinada, la vida sexual normal.

Diremos, además, que la constitución supuesta que

muestra las semillas de todas las perversiones no puede ser revelada más que en los niños, aunque en ellos no aparezcan todas estas pulsiones más que en una modesta intensidad. De esta manera llegamos a la fórmula de que los neuróticos conservan su sexualidad en estado infantil o han retrocedido hasta él. Por tanto, nuestro interés se dirigirá hacia la vida sexual de los niños, y perseguiremos en ellos el funcionamiento de las influencias que rigen el proceso evolutivo de la sexualidad infantil hasta su desembocadura en la perversión, en la neurosis o en la vida sexual normal.

2. LA SEXUALIDAD INFANTIL

De la concepción popular de la pulsión sexual forma parte la creencia de que falta durante la niñez, no apareciendo hasta el período de la pubertad. Constituye esta creencia un error de consecuencias graves, pues a ella se debe principalmente nuestro actual desconocimiento de las circunstancias fundamentales de la vida sexual. Un penetrante estudio de las manifestaciones sexuales infantiles nos revelaría probablemente los rasgos esenciales de la pulsión sexual, descubriéndonos su desarrollo y su composición de elementos procedentes de diversas fuentes.

Negligencia de lo infantil

No deja de ser singular el hecho de que todos los autores que se han ocupado de la investigación y explicación de las cualidades y reacciones del individuo adulto hayan dedicado mucha más atención a aquellos tiempos que caen fuera de la vida del mismo; esto es, a la vida de sus antepasados que a la época infantil del sujeto, reconociendo, por tanto, mucha más influencia a la herencia que a la niñez. Y, sin embargo, la influencia de este período de la vida sería más fácil de comprender que la de la herencia y debería ser estudiada preferentemente[1].

En la literatura existente sobre esta materia hallamos, desde luego, algunas observaciones referentes a prematuras actividades sexuales infantiles, erecciones, masturbación o incluso actos análogos al coito, pero siempre como sucesos excepcionales y curiosos o como ejemplos de una temprana corrupción. No sé de ningún autor que haya reconocido claramente la existencia de una pulsión sexual en la infancia, y en los numerosos trabajos sobre el desarrollo del niño falta siempre el capítulo relativo al desarrollo sexual[2].

---

[1] No es posible, además, determinar acertadamente la parte correspondiente a la herencia, sin haber estudiado antes la correspondiente a la niñez.

[2] Esta afirmación me pareció luego tan atrevida, que me propuse comprobarla mediante una revisión de los trabajos publicados sobre el tema, la cual no hizo sino confirmar plenamente mi primera opinión. El estudio de las manifestaciones somáticas y psíquicas de la sexualidad en el niño se encuentra aún en sus comienzos. En un ensayo titulado «A preliminary study of the emotion of love between the sexes», en *American Journal of Psychology*, XII, 1920, dice S. Bell: *I know of not scientist who has given a carefull analysis of the emotion as it is seen in the adolescent.* Las manifestaciones sexuales somáticas anteriores a la pubertad han sido estudiadas, hasta ahora, exclusivamente desde el punto de vista de la degeneración; esto es, como signos de la degeneración o en su relación con fenómenos de este orden. En todos los tratados sobre la psicología infantil falta un capítulo referente a la vida erótica del niño. Por lo menos en aquellos de los que yo tengo noticia, tales como los de Preyer, Baldwin *(Die Entwicklung des Geistes beim Kinde und bei der Rasse,* 1898), Pérez *(L'enfant de trois à sept ans,* 1894), Strümpell *(Die pädagogische Pathologie,* 1899), Karl Groos *(Das Seelenleben des Kindes,* 1904), Sully *(Untersuchungen über die Kindheit,* 1897), etcétera. La revista *Die Kinderfehler* (a partir de 1896) refleja mejor que ninguna otra publicación el estado actual de la cuestión. De todos modos, es evidente que la existencia del amor en la vida del niño no precisa ya ser demostrada. Pérez *(loc. cit)* mantiene esta teoría, y K. Groos *(Die Spiele der Menschen,* 1899) recuerda como cosa generalmente conocida «que algunos niños se muestran precozmente accesibles a las emociones sexuales y experimentan un impulso al contacto con individuos del sexo opuesto». El caso más precoz del amor sexual hallado por J. Bell se refiere a una niña de tres años. Véase también la obra de Havelock Ellis titulada *Das Geschlechtsgefühl,* 1903, apéndice II.

Los juicios antes expuestos sobre la literatura de la sexualidad infantil no pueden ser ya enteramente mantenidos después de la publicación de la gran obra de Stanley Hall *(Adolescence, its psychology and its relations to physio-*

La razón de esta singular negligencia me parece hallarse, en parte, en consideraciones convencionales de los autores, consecuencia de su propia educación, y, por otro lado, en un fenómeno psíquico que hasta ahora ha eludido toda explicación. Me refiero a la peculiar *amnesia* que oculta a los ojos de la mayoría de los hombres, aunque no de todos, los primeros años de su infancia hasta el séptimo o el octavo. No se nos habría ocurrido hasta ahora maravillarnos de esta amnesia, aunque había gran razón para ello, pues los que durante la infancia nos han rodeado nos comunican posteriormente que en estos años, de los que nada hemos retenido en nuestra memoria, fuera de algunos incomprensibles recuerdos fragmentarios, hubimos de reaccionar vivamente ante determinadas impresiones, sabiendo ya exteriorizar en forma humana dolores y alegrías, mostrando abrigar amor, celos y otras pasiones que nos conmovían violentamente, y ejecutando actos que fueron tomados por los adultos como prueba de una naciente capacidad de juicio. Mas de esto no recordamos nada al llegar a la edad adulta. ¿Por qué razón permanece tan retrasada nuestra memoria con respecto a nuestras demás actividades anímicas, cuando tenemos fundados motivos para suponer que en ninguna otra época es esta facultad tan apta como en los años de la infancia para recoger las impresiones y reproducirlas luego?[1].

De otro lado hemos de suponer, o podemos conven-

logy, antropology, sociology, sex, crime, religion and education, New York, 1908). Por el contrario, el reciente libro de A. Moll, *Das Sexualleben der Kindes,* Berlín, 1909, no contiene nada que invalide nuestras primeras opiniones. Véase, en cambio, Bleuler: «Sexuelle Abnormitäten der Kinden» (en *Jahrbuch der Schweizerischen Gesellschaft für Schulgesundheitspflege,* IX, 1908). La doctora H. von Hug-Hellmuth ha dedicado también a la sexualidad infantil toda la atención que merece y que hasta ahora se le negara *(Aus den Seelenleben des Kindes,* 1913). [Agregada en 1915.]

[1] En un artículo titulado «Los recuerdos encubridores» (en *Monastschrift für Psychiatrie und Neurologie,* VI, 1899) he tratado de resolver uno de los problemas relativos a nuestros primeros recuerdos infantiles. (Cf. *Psicopatología de la vida cotidiana.* El Libro de Bolsillo, núm. 19. [Agregada en 1924 Cf. también cap. IV de *Psicopatología de la vida cotidiana* (1910b).]

cernos de ello por la investigación psicológica, que las impresiones olvidadas, no por haberlo sido, han desaparecido de nuestra memoria sin dejar hondísima huella en nuestra vida psíquica y haber constituido una enérgica determinante de todo nuestro ulterior desarrollo. No puede existir, por tanto, una real desaparición de las impresiones infantiles; debe más bien tratarse de una amnesia análoga a aquélla que comprobamos en los neuróticos con respecto a los sucesos sobrevenidos en épocas más avanzadas de la vida y que consiste en una mera exclusión de la conciencia (represión). Mas ¿cuáles son las fuerzas que llevan a cabo esta represión de las impresiones infantiles? El que resolviera este problema habría aclarado definitivamente la esencia de la amnesia histérica.

De todos modos, hemos de señalar que la existencia de la amnesia infantil nos proporciona un nuevo punto de comparación entre el estado anímico del niño y el del psiconeurótico, entre los cuales descubrimos ya una analogía al inferir que la sexualidad de los psiconeuróticos conserva la esencia infantil o ha retrocedido hasta ella. ¿Por qué, pues, no ha de poder referirse también la amnesia infantil a las emociones sexuales de la niñez?

Esta posible conexión de la amnesia infantil con la histérica entraña máxima importancia. La amnesia histérica, puesta al servicio de la represión, es tan sólo explicable por la circunstancia de que ya el individuo posee un acervo de huellas mnémicas que han sido sustraídas a la disposición consciente y que atraen, por conexión asociativa, aquellos elementos sobre los cuales actúan, desde la conciencia, las fuerzas repelentes de la represión[1]. Sin la amnesia infantil puede decirse que no existiría la amnesia histérica.

Opino, pues, que la amnesia infantil, que convierte

---

[1] Es imposible llegar a comprender exactamente el mecanismo de la represión teniendo en cuenta uno solo de estos factores y no la acción conexa de ambos. Como comparación, puede recordarse la forma en que es izado el turista sobre la gran pirámide de Gizeh, tirando de él por un lado y empujándole por el otro. [Cf. *La represión*, cap. 8.]

para cada individuo la propia niñez en algo análogo a una época *prehistórica* y oculta a sus ojos los comienzos de su vida sexual, es la culpable de que, en general, no se conceda al período infantil un valor en cuanto al desarrollo de la vida sexual. Un único observador no puede llenar las lagunas que esto ha producido en nuestro conocimiento. Ya en 1896 hice yo resaltar la importancia de los años infantiles en la génesis de determinados fenómenos esenciales, dependientes de la vida sexual, y desde entonces no he cesado de llamar la atención sobre el factor infantil en todo lo referente a las cuestiones sexuales.

El período de latencia sexual de la infancia y sus interrupciones

Los hallazgos extraordinariamente frecuentes de impulsos sexuales, supuestamente excepcionales en la infancia, así como el descubrimiento de los recuerdos infantiles inconscientes de los neuróticos, permiten bosquejar el siguiente cuadro de la conducta sexual durante la época infantil[1].

Parece cierto que el recién nacido trae consigo al mundo impulsos sexuales en germen, que, después de un período de desarrollo, van sucumbiendo a una represión progresiva, la cual puede ser interrumpida a su vez por avances regulares del desarrollo sexual o detenida por particularidades individuales. Sobre las leyes y períodos de este proceso evolutivo oscilante no se conoce nada con seguridad. Parece, sin embargo, que la vida sexual de los niños se manifiesta ya en una forma observable hacia los años tercero y cuarto[2].

---

[1] Este material de observación resulta utilizable por cuanto los años infantiles de los futuros neurópatas no difieren *esencialmente,* como era de esperar, de los años infantiles de los individuos que luego han permanecido sanos, presentando tan sólo algunas diferencias en cuanto a la intensidad y a la precisión de las impresiones.

[2] Las observaciones de Bayer *(Deutsches Archiv für Klinische Medizin,* vol. 73), según las cuales el órgano sexual interno *(uterus)* del recién nacido

Durante este período de latencia total o simplemente parcial, se constituyen los poderes anímicos que luego se oponen a la pulsión sexual y la canalizan, marcándole su curso a manera de dique. Ante los niños nacidos en una sociedad civilizada experimentamos la sensación de que estos diques son una obra de la educación, lo cual no deja de ser, en gran parte, cierto. Pero, en realidad, esta evolución se halla orgánicamente condicionada y fijada por la herencia y puede producirse sin auxilio ninguno por

---

es, en general, más voluminoso que el de los niños mayores, nos ofrecerían un paralelo anatómico de nuestras teorías sobre la sexualidad infantil. Sin embargo, esta involución después del nacimiento, observada también por Halban en otros distintos elementos del aparato genital, no ha sido aún objeto de una explicación definitiva. Según Halban (*Zeitschrift für Geburtshilfe und Gynäkologie*, LIII, 1904), dicha involución termina pocas semanas después del comienzo de la vida extrauterina.

La investigación anatómica ha llevado a aquellos autores que consideran la parte intersticial de las glándulas genitales como el órgano determinante del sexo a hablar también de una sexualidad infantil y de un período de latencia sexual. Citaremos, por ejemplo, el siguiente párrafo de la obra de Lipschütz, antes citada, sobre la glándula de la pubertad: «Reflejaremos más exactamente los hechos diciendo que la maduración de los atributos sexuales, tal y como tiene efecto en la pubertad, no responde sino a un considerable aceleramiento que experimenta en este período el curso de procesos iniciados en épocas muy anteriores, a nuestro juicio, ya durante la vida fetal.» *«Lo que hasta ahora hemos llamado impropiamente pubertad no es, probablemente, sino una segunda fase de la pubertad que comienza a desarrollarse hacia la mitad del segundo decenio de la vida del individuo...* La infancia, contada desde el nacimiento hasta el comienzo de esta segunda gran fase, podría ser denominada *fase intermedia* de la pubertad».

Esta coincidencia —señalada por Ferenzci en uno de sus trabajos (*Int. Zeitsch. für Psychoanalyse*, VI, 1920)— entre los descubrimientos anatómicos y la observación psicológica deja de cumplirse en un punto concreto; esto es, en cuanto el *primer punto culminante* del desarrollo de los órganos sexuales aparece situado al comienzo del período embrionario, mientras que el primer florecimiento de la vida sexual infantil no surge hasta los años tercero o cuarto. Pero tampoco es necesario que el desarrollo anatómico y el psíquico sean totalmente sincrónicos. La investigación anatómica ha actuado tan sólo sobre las glándulas genitales del hombre, y como, por otra parte, no parece posible atribuir a los animales un período de latencia en el sentido psicológico, sería muy importante averiguar si los descubrimientos anatómicos en que los autores fundan su hipótesis de la existencia de dos puntos culminantes en el desarrollo sexual pueden comprobarse también en otros animales superiores.

parte de la educación. Esta última se mantendrá dentro de sus límites, constriñéndose a seguir las huellas de lo orgánicamente preformado, imprimirlo más profundamente y depurarlo.

Reacciones y sublimación

¿Con qué elementos se constituyen estos diques tan importantes para la cultura y la normalidad ulteriores del individuo? Probablemente a costa de los mismos impulsos sexuales infantiles, que no han dejado de afluir durante este período de latencia, pero cuya energía es desviada en todo o en parte de la utilización sexual y orientada hacia otros fines. Los historiadores de la civilización coinciden en aceptar que este proceso, en el que las fuerzas pulsionales sexuales son desviadas de sus fines sexuales y orientadas hacia otros distintos —proceso al que se da el nombre de sublimación—, proporciona poderosos elementos para todas las funciones culturales. Por nuestra parte añadiremos que tal proceso interviene igualmente en el desarrollo individual y que sus orígenes se remontan al período de latencia sexual infantil[1].

También sobre el mecanismo de esta sublimación puede formularse una hipótesis. Los impulsos sexuales de estos años infantiles serían inaprovechables, puesto que la función reproductora no ha aparecido todavía, circunstancia que constituye el carácter esencial del período de latencia. Pero, además, tales impulsos habrían de ser perversos de por sí, partiendo de zonas erógenas e implicando tendencias que, dada la orientación del desarrollo del individuo, sólo podrían provocar sensaciones displacientes. Harán, pues, surgir fuerzas psíquicas contrarias que erigirán para la supresión de tales sensaciones displacientes los diques psíquicos ya citados (repugnancia, pudor, moralidad)[2].

---

[1] La expresión «período de latencia sexual» la he tomado de W. Fliess.
[2] La sublimación de las pulsiones sexuales se produce en este caso por

Sin hacernos ilusiones sobre la naturaleza hipotética y la deficiente claridad de nuestro conocimiento de los procesos del período de latencia infantil, queremos volver a la realidad para observar que esta utilización de la sexualidad infantil representa un ideal educativo, del cual se desvía casi siempre el desarrollo del individuo en algún punto y con frecuencia en muchos. En la mayoría de los casos logra abrirse camino un fragmento de la vida sexual a través de todo el período de latencia hasta el impetuoso florecimiento de la pulsión sexual en la pubertad. Los educadores se conducen —cuando conceden alguna atención a la sexualidad infantil— como si compartieran nuestras opiniones sobra la formación de los poderes morales de defensa a costa de la sexualidad, y como si supieran que la actividad sexual hace a los niños ineducados, pues persiguen todas las manifestaciones sexuales del niño como «vicios», aunque sin conseguir grandes victorias sobre ellos. Debemos, por tanto, dedicar todo nuestro interés a estos fenómenos tan temidos por la educación, pues esperamos que ellos nos permitan llegar al conocimiento de la constitución originaria de la pulsión sexual.

Manifestaciones de la sexualidad infantil

Por motivos que veremos más adelante, tomaremos como tipo de las manifestaciones sexuales infantiles el «chupeteo» (succión productora del placer), a la cual ha dedicado un excelente estudio el pediatra húngaro Lindner[1].

---

formación de reacciones. Pero, en general, la sublimación y la formación de reacciones deben ser consideradas como dos procesos distintos. La sublimación puede ser alcanzada por medio de otros procesos diferentes y más sencillos. [Una discusión más amplia de la sublimación se encontrará en la Secc. III del trabajo de Freud sobre el narcisismo (1914c) y en varios puntos en *El yo y el ello*.]

[1] En el *Jahrbuch für Kinderheilkunde*, N. F., XIV, 1879.

La succión o el «chupeteo», que aparece ya en los niños de pecho y puede subsistir hasta la edad adulta e incluso conservarse en ocasiones a través de toda la vida, consiste en un contacto succionador rítmicamente repetido y verificado con los labios, acto al que falta todo fin de absorción de alimento. Una parte de los mismos labios, la lengua o cualquier otro punto asequible de la piel del mismo individuo (a veces hasta el dedo gordo de un pie), son tomados como objeto de la succión. Al mismo tiempo aparece a veces un instinto de aprehensión, que se manifiesta por un simultáneo pellizcar rítmico del lóbulo de la oreja, y puede también apoderarse de esta misma u otra cualquier parte del cuerpo de otra persona con el mismo fin. La succión productora de placer está ligada con un total embargo de la atención y conduce a conciliar el sueño o a una reacción motora de la naturaleza del orgasmo[1].

Con frecuencia se combina con la succión productora de placer el frotamiento de determinadas partes del cuerpo de gran sensibilidad: el pecho o los genitales exteriores. Muchos niños pasan así de la succión a la masturbación.

Lindner[2] ha reconocido claramente y ha hecho resal-

---

[1] Encontramos ya aquí un hecho que se producirá luego a través de toda la vida del adulto; a saber: que la satisfacción sexual es el mejor remedio contra el insomnio. La mayoría de los casos de insomnio nervioso puede atribuirse a insatisfacción sexual. Sabido es que ciertas niñeras sin conciencia acallan y duermen a los niños que les están confiados acariciándoles los genitales.

[2] [Este parágrafo fue agregado en 1915. En su lugar en las ediciones de 1905 y 1910 aparecía lo siguiente: «ningún observador ha tenido ninguna duda en cuanto a la naturaleza sexual de esta actividad. De todas maneras las mejores teorías de los adultos en relación con este ejemplo de la conducta sexual de los niños nos deja en la estacada. Consideremos el análisis de Moll (1898) de la pulsión sexual en una pulsión de detumescencia y una de contrectación. El primero de estos factores no puede estar presente en nuestra actual circunstancia y el segundo sólo puede reconocerse con dificultad, ya que de acuerdo con Moll emerge después que la pulsión de detumescencia y es dirigido hacia otra gente». En 1910 la siguiente nota acompañaba la primera oración de este parágrafo omitido: «Con la excepción de Moll» (1909).]

tar con toda audacia la naturaleza sexual de este acto. Frecuentemente se considera el «chupeteo» como una de las «mañas» sexuales del niño. Numerosos pediatras y neurólogos niegan en absoluto esta hipótesis; mas su contraria opinión, fundada en una confusión entre lo sexual y lo genital, plantea el difícil e inevitable problema de establecer qué carácter general debe atribuirse a las manifestaciones sexuales de los niños. Por mi parte, opino que el conjunto de aquellas manifestaciones en cuya esencia hemos penetrado por medio de la investigación psicoanalítica nos da derecho a considerar el «chupeteo» como una manifestación sexual y a estudiar en ella precisamente los caracteres esenciales de la actividad sexual infantil[1].

Autoerotismo

Debemos dedicar toda nuestra atención a este ejemplo. Hagamos resaltar, como el carácter más notable de esta actividad sexual, el hecho de que la pulsión no se orienta en ella hacia otras personas. Encuentra su satisfacción en el propio cuerpo; esto es, en una pulsión autoerótica para calificarla con el feliz neologismo puesto en circulación por Havelock Ellis[2].

[1] El doctor Galant publicó en 1919, en *Neurol. Zentralblatt*, núm. 20, bajo el título *Das Lutscherli* («El chupete»), las confesiones de una muchacha que no había abandonado esta actividad sexual infantil y que describe la satisfacción por ella producida como totalmente análoga a una satisfacción sexual y, en particular, a la que emana de los besos de la persona amada. «No todos los besos dan el placer que da el chupete. Es imposible describir el placer que se siente en todo el cuerpo mientras se chupa. Parece que se sale de este mundo, se siente una totalmente feliz y satisfecha y no se desea nada más. Es una sensación maravillosa. Es algo inefable. No se siente ningún dolor, ninguna pena, y le parece a una transportarse a otro mundo». [Nota agregada en 1920.]

[2] H. Ellis (1898) emplea este término en un sentido algo diferente, sirviéndose de él para designar una excitación que no tiene su origen en el mundo exterior, sino internamente. Mas para el psicoanálisis lo esencial no es el origen, sino la relación con un objeto. [En las ediciones anteriores a 1920 la nota decía: «H. Ellis, de todos modos, arruinó el significado del término que inventó incluyendo la totalidad de la histeria y todas las manifestaciones de la masturbación entre los fenómenos de auto-erotismo.»]

Se ve claramente que el acto de la succión es determinado en la niñez por la busca de un placer ya experimentado y recordado. Con la succión rítmica de una parte de su piel o de sus mucosas encuentra el niño, por el medio más sencillo, la satisfacción buscada.

Es también fácil adivinar en qué ocasión halla por primera vez el niño este placer, hacia el cual, una vez hallado, tiende siempre de nuevo. La primera actividad del niño y la de más importancia vital para él, la succión del pecho de la madre (o de sus subrogados), le ha hecho conocer, apenas nacido, este placer. Diríase que los labios del niño se han conducido como una zona erógena, siendo, sin duda, la excitación producida por la cálida corriente de la leche la causa de la primera sensación de placer. En un principio la satisfacción de la zona erógena aparece asociada con la del hambre. La actividad sexual se apoya primeramente en una de las funciones puestas al servicio de la conservación de la vida pero luego se hace independiente de ella[1]. Viendo a un niño que ha saciado su apetito y que se retira del pecho de la madre con las mejillas enrojecidas y una bienaventurada sonrisa, para caer en seguida en un profundo sueño, hemos de reconocer en este cuadro el modelo y la expresión de la satisfacción sexual que el sujeto conocerá más tarde. Posteriormente la necesidad de volver a hallar la satisfacción sexual se separa de la necesidad de satisfacer el apetito, separación inevitable cuando aparecen los dientes y la alimentación no es ya exclusivamente succionada, sino mascada.

El niño no se sirve, para la succión, de un objeto exterior a él, sino preferentemente de una parte de su propio cuerpo, tanto porque ello le es más cómodo porque de este modo se hace independiente del mundo exterior, que no le es posible dominar aún, como porque crea, además, una segunda zona erógena, aunque de menos valor. El menor valor de esta segunda zona le hará buscar posteriormente las zonas correspondientes de otras personas;

---

[1] [Esta frase fue agregada en 1915. Cf. Secc. II del Trabajo de Freud «Sobre el narcisismo» (1914c).]

esto es, los labios. (Pudiera atribuirse al niño la frase siguiente: «Lástima que no pueda besar mis propios labios.»)

No todos los niños realizan este acto de la succión. Debe suponerse que llegan a él aquellos en los cuales la importancia erógena de la zona labial se halla constitucionalmente reforzada.

Si esta importancia se conserva, tales niños llegan a ser, en su edad adulta, inclinados a besos perversos, a la bebida y al exceso en el fumar; mas si aparece la represión, padecerán de repugnancia ante la comida y de vómitos histéricos. Por la duplicidad de funciones de la zona labial, la represión se extenderá a la pulsión de alimentación. Muchos de mis pacientes con perturbaciones anoréxicas, globo histérico, opresión en la garganta y vómitos, habían sido en sus años infantiles grandes «chupeteadores».

En el acto de la succión productora de placer hemos podido observar los tres caracteres esenciales de una manifestación sexual infantil. Esta se origina apoyada en alguna de las funciones fisiológicas[1] de más importancia vital, no conoce ningún objeto sexual, es *autoerótica*, y su fin sexual se halla bajo el dominio de una *zona erógena*. Anticiparemos ya que estos caracteres son aplicables asimismo a la mayoría de las demás actividades de la pulsión sexual infantil.

El fin sexual de la sexualidad infantil

Caracteres de las zonas erógeneas

Del ejemplo de la succión pueden deducirse aún muchos datos para el conocimiento de las zonas erógenas. Son éstas partes de la epidermis o de las mucosas en las cuales ciertos estímulos hacen surgir una sensación de placer de una determinada cualidad. No cabe duda que los

[1] [Esta frase fue agregada en 1915; y en las ediciones anteriores la palabra tres en la última oración es reemplazada por dos.]

estímulos productores de placer están ligados a condiciones especiales que no conocemos. El carácter rítmico debe jugar entre ellas un importante papel. Menos decidida aún está la cuestión de si se puede considerar como «específico» el carácter de la sensación de placer que la excitación hace surgir. En esta «especificidad» estaría contenido el factor sexual. En las cuestiones del placer y del dolor anda aún la Psicología tan a tientas, que la hipótesis más prudente es la que debe preferirse. Más tarde llegaremos quizá a bases sólidas sobre las cuales podamos apoyar la «especificidad» de la sensación de placer.

La cualidad erógena puede hallarse señaladamente adscrita a determinadas partes del cuerpo. Existen zonas erógenas predestinadas, como nos enseña el ejemplo del «chupeteo»; pero el mismo ejemplo nos demuestra también que cualquier otra región de la epidermis o de la mucosa puede servir de zona erógena; esto es, que posee *a priori* una determinada capacidad para serlo. Así, pues, la cualidad del estímulo influye más en la producción de placer que el carácter de la parte del cuerpo correspondiente. El niño que ejecuta la succión busca por todo su cuerpo y escoge una parte cualquiera de él, que después, por la costumbre, será la preferida. Cuando en esta busca tropieza con una de las partes predestinadas (pezón, genitales), conservará ésta siempre tal preferencia. Una capacidad de desplazamiento análoga reaparece después en la sintomatología de la histeria. En esta neurosis, la represión recae principalmente sobre las zonas genitales propiamente dichas y éstas transmiten su excitabilidad a las restantes zonas erógenas, que en la vida adulta han pasado a un segundo término y que en estos casos vuelven a comportarse nuevamente como genitales. Pero, además, como sucede en la succión, toda otra parte del cuerpo puede llegar a adquirir igual excitabilidad que los genitales y ser elevada a la categoría de zona erógena. Las zonas erógenas y las histerógenas muestran los mismos caracteres[1].

---

[1] Nuestras investigaciones y deducciones nos llevan a atribuir a todas las partes del cuerpo, así como a los órganos internos, el carácter de erogenei-

El fin sexual de la pulsión infantil consiste en hacer surgir la satisfacción por el estímulo apropiado de una zona erógena elegida de una u otra manera. Esta satisfacción tiene que haber sido experimentada anteriormente para dejar una necesidad de repetirla, y no debe sorprendernos hallar que la naturaleza ha encontrado medio seguro de no dejar entregado al azar el hallazgo de tal satisfacción[1]. Con respecto a la zona bucal, hemos visto ya que el dispositivo que llena esta función es la simultánea conexión de esta parte del cuerpo con la ingestión de los alimentos. Ya iremos encontrando otros dispositivos análogos como fuentes de la sexualidad. El estado de necesidad que exige el retorno de la satisfacción se revela en dos formas distintas: por una peculiar sensación de tensión, que tiene más bien un carácter displaciente, y por un estímulo o prurito, *centralmente condicionado* y proyectado en la zona erógena periférica. Puede, por tanto, formularse también el fin sexual diciendo que está constituido por el acto de sustituir el estímulo proyectado en la zona erógena por aquella otra excitación exterior que hace cesar la sensación de prurito, haciendo surgir la de satisfacción. Esta excitación exterior consistirá, en la mayoría de los casos, en una manipulación análoga a la succión.

El hecho de que la necesidad pueda ser también despertada periféricamente, por una verdadera transformación de la zona erógena, concuerda perfectamente con nuestros conocimientos psicológicos. Unicamente puede extrañarnos que una excitación necesite para cesar una segunda y nueva excitación producida en el mismo sitio.

---

dad. Véase respecto a esta cuestión lo que más adelante expondremos sobre el narcisismo.

[1] Es difícil evitar en las explicaciones biológicas toda orientación teleológica, aunque se sepa que en los casos particulares no exista garantía contra el error.

Las manifestaciones sexuales masturbatorias[1]

Comprobamos con satisfacción que ya no nos queda mucho que averiguar acerca de la actividad sexual infantil, una vez que el examen de una única zona erógena nos ha revelado los caracteres esenciales de la pulsión. Las diferencias principales se refieren tan sólo al procedimiento empleado para alcanzar la satisfacción. Este procedimiento, que para la zona buco-labial consistía, según ya hemos visto, en la succión, quedaría constituido por otras distintas actividades musculares, según la situación y las propiedades de la zona erógena de que se trate.

Actividad de la zona anal

También la zona anal es, como la zona buco-labial, muy apropiada por su situación para permitir el *apoyo* de la sexualidad en otras funciones fisiológicas. La importancia originaria de esta zona ha de suponerse muy considerable. Por medio del psicoanálisis llegamos a conocer, no sin asombro, qué transformación experimentan las excitaciones sexuales emanadas de la zona anal y con cuánta frecuencia conserva esta última, a través de toda la vida, cierto grado de excitabilidad genital[2]. Los trastornos intestinales, tan frecuentes en los años infantiles, hacen que no falten nunca a esta zona intensas excitaciones. Los catarros intestinales padecidos en la infancia convierten al sujeto —empleando la expresión corriente— en un individuo «nervioso», y ejercen, en posteriores enfermedades de carácter neurótico, una influencia determinante sobre las manifestaciones sintomáticas de la neurosis, a cuya dis-

[1] Véase la literatura existente sobre el onanismo, muy copiosa, pero en general harto desorientada: Rohleder: *Die Masturbation*, 1899, y *Die Onanie*, en *Wiener Diskussionen*, II, Heft, Wiesbaden, 1912. [Y especialmente la contribución de Freud (1912f).]

[2] [Nota agregada en 1910] Cf. mi trabajo *Carácter y erotismo anal* (1908) y [agregada en 1920] *Sobre las transmutaciones de la pulsión y especialmente del erotismo anal* (1917).]

posición ponen una gran cantidad de trastornos digestivos. Teniendo en cuenta el carácter erógeno de la zona anal, el cual es conservado permanentemente por la misma, cuando menos en una forma modificada, no podremos ya burlarnos de la antigua opinión médica que atribuía a las hemorroides una gran importancia para la génesis de ciertos estados neuróticos.

Aquellos niños que utilizan la excitabilidad erógena de la zona anal, lo revelan por el hecho de retardar el acto de la excreción, hasta que la acumulación de las materias fecales produce violentas contracciones musculares, y su paso por el esfínter, una viva excitación de las mucosas. En este acto, y al lado de la sensación dolorosa, debe de aparecer una sensación de voluptuosidad. Uno de los mejores signos de futura anormalidad o nerviosismo es, en el niño de pecho, la negativa a verificar el acto de la excreción cuando se le sienta sobre el orinal; esto es, cuando le parece oportuno a la persona que está a su cuidado, reservándose el niño tal función para cuando a él le parece oportuno verificarla. Naturalmente, el niño no da importancia a ensuciar su cuna o sus vestidos, y sólo tiene cuidado de que al defecar no se le escape la sensación de placer accesoria. Las personas que rodean a los niños sospechan también aquí la verdadera significación de este acto, considerando como un «vicio» del niño la resistencia a defecar en el orinal.

El contenido intestinal se conduce, pues, al desempeñar la función del cuerpo excitante de una mucosa sexualmente sensible, como precursor de otro órgano que no entrará en acción sino después de la infancia. Pero, además, entraña para el infantil sujeto otras varias e importantes significaciones. El niño considera los excrementos como una parte de su cuerpo y les da la significación de un «primer regalo», con el cual puede mostrar su docilidad a las personas que le rodean o su negativa a complacerlas. Desde esta significación de «regalo» pasan los excrementos a la significación de «niño»; esto es, que según una de las teorías sexuales infantiles representan un niño concebido por el acto de la alimentación y parido por el recto.

La retención de las masas fecales intencionadas, por tanto, al principio, para utilizarlas en calidad de excitación masturbadora de la zona anal o como un medio de relación del niño, constituye además una de las raíces del estreñimiento tan corriente en los neurópatas. La importancia de la zona anal se refleja, luego, en el hecho de que se encuentran pocos neuróticos que no posean sus usos y ceremonias especiales, escatológicos, mantenidos por ellos en el más profundo secreto[1].

En los niños de más edad no es nada raro hallar una excitación masturbatoria de la zona anal con ayuda de los dedos y provocada por un prurito condicionado centralmente o mantenido periféricamente.

Actividad de las zonas genitales

Entre las zonas erógenas del cuerpo infantil hállase una que, si ciertamente no desempeña el papel principal ni puede ser tampoco el substrato de las primeras excitaciones sexuales, está, sin embargo, destinada a adquirir una gran importancia en el porvenir. Tanto en el sexo masculino como en el femenino se halla esta zona relacionada con la micción (pene, clítoris), y en los varones, encerrada en un saco mucoso, de manera que no pueden faltarle

---

[1] En un trabajo que ha contribuido extraordinariamente a determinar la importancia del erotismo anal *(Anal und Sexual,* en *Imago,* IV, 1916) sostiene Lou Andreas-Salomé que la primera prohibición que se alza ante el niño, la de procurarse un placer por medio de la actividad anal y de sus productos, ejerce una influencia determinante sobre todo su desarrollo ulterior. La criatura comienza a darse cuenta en esta ocasión de la existencia de un mundo exterior hostil a sus impulsos pulsionales, y aprende a diferenciar su propia persona de aquellas otras que le rodean y a desarrollar la primera «represión» de sus posibilidades de placer. Lo «anal» pasa a constituir, desde este punto, el símbolo de todo lo prohibido, de todo aquello que nos es preciso rechazar y apartar de nuestro camino. La absoluta separación exigida más tarde entre los procesos anales y los genitales está en contradicción con las próximas analogías y relaciones anatómicas y funcionales existentes entre ambos sectores. El aparato genital permanece próximo a la cloaca e incluso no es, en la mujer, sino una «dependencia» de la misma.

estímulos, producidos por las secreciones, que aviven tempranamente la excitación sexual.

Las actividades sexuales de esta zona erógena, que pertenecen al verdadero aparato sexual, constituyen el comienzo de la ulterior vida sexual «normal».

La situación anatómica, el contacto con las secreciones, los lavados y frotamientos de la higiene corporal y determinadas excitaciones accidentales (como la emigración de los oxiuros en las niñas), hacen inevitable que la sensación de placer que puede emanar de esta parte del cuerpo se haga notar en los niños ya en su más temprana infancia y despierte en ellos un deseo de repetición. Si consideramos el conjunto de circunstancias antes apuntadas y pensamos que la aplicación de las reglas de higiene corporal produce resultados excitantes iguales a los que la suciedad produciría, habremos de concluir que el onanismo del niño de pecho, al cual no escapa ningún individuo[1], prepara la futura primacía de esta zona erógena con respecto a la actividad sexual. El acto que hace cesar el estímulo y determina la satisfacción consiste en un frotamiento con la mano o en una presión de los muslos, uno contra otro. Este último acto es el más frecuente en las muchachas. La preferencia de los niños por el frotamiento con la manos nos indica qué importantes aportaciones proporcionará en lo futuro la pulsión de aprehensión a la actividad sexual masculina[2].

Para mayor claridad, distinguiremos tres fases de la masturbación infantil: la primera de ellas pertenece a la

---

[1] [En las ediciones de 1905 y 1910 la última parte de esta frase era: «es difícil desatender el propósito de la naturaleza de establecer la futura primacía ejercida sobre la actividad sexual por esta zona erógena, mediante la temprana masturbación infantil, a la cual no escapa ningún individuo». La naturaleza teleológica de esta argumentación fue criticada agudamente por Rudolf Reitler en el curso de la discusión sobre el tema en la Sociedad Psicoanalítica de Viena, en 1912. En su propia contribución a la discusión (Freud, 1912f) Freud estuvo de acuerdo en que la frase utilizada era desafortunada y se comprometió a modificarla en las siguientes ediciones. Fue sustituida en 1915.]

[2] Otras técnicas particulares de la masturbación practicadas en edades ulteriores, no responden sino a una tentativa de burlar la prohibición que en la infancia recayó sobre el onanismo.

edad de la lactancia; la segunda, a la corta época de florecimiento de la actividad sexual, aproximadamente hacia el cuarto año, y solamente la tercera corresponde a la masturbación de la pubertad, que es casi la única a que hasta hoy se ha dado importancia.

Segunda fase de la masturbación infantil

La masturbación del niño de pecho desaparece aparentemente después de corto tiempo, pero puede conservarse sin solución de continuidad hasta la pubertad, constituyendo entonces la primera gran desviación del desarrollo deseable en todo hombre civilizado. En los años infantiles posteriores a la lactancia, generalmente antes del cuarto año, suele despertar nuevamente la pulsión sexual de esta zona genital y conservarse hasta una nueva represión o continuar sin interrupción ninguna. Se presentan aquí casos muy diferentes, para cuya explicación habríamos de analizar cada uno de ellos en particular, pero todas las peculiaridades de esta *segunda* actividad sexual infantil dejan en la memoria del individuo las más profundas huellas (insconscientes) y determinan el desarrollo de su carácter cuando siguen poseyendo salud, o la sintomatología de su neurosis cuando enferma después de la pubertad[1]. En este último caso se olvida este período sexual y se desplazan los recuerdos conscientes con él ligados. Ya he formulado mi opinión de que la amnesia infantil normal está ligada a esta actividad sexual infantil. La investigación psicoanalítica consigue volver a traer a la conciencia lo olvidado y hacer desaparecer de esta manera

[1] La investigación psicoanalítica no ha conseguido explicar aún totalmente por qué el «sentimiento de culpabilidad» de los neuróticos aparece siempre enlazado al recuerdo de una actividad onanista, correspondiente, por lo general, a la época de la pubertad. El factor más visible e importante de esta condicionalidad sería quizá el hecho de que el onanismo representa por sí solo lo que pudiéramos llamar el «poder ejecutivo» de toda la sexualidad infantil, resultando así muy apropiado para asumir el sentimiento de culpabilidad a ella inherente.

una compulsión emanada de este material psíquico inconsciente.

Retorno de la masturbación del niño de pecho

La excitación sexual de la época de lactancia retorna en los años infantiles antes indicados, como un prurito centralmente condicionado, que impulsa a la satisfacción onanista o como un proceso que, al igual que la polución que aparece en la época de la pubertad, alcanza la satisfacción sin ayuda de acto ninguno. Este último caso es el más frecuente en las muchachas durante la segunda mitad de la infancia. No se ha llegado a comprender totalmente su condicionalidad, y parece ser consecuencia, muchas veces, de un período anterior de onanismo *activo.* La sintomatología de estas manifestaciones sexuales es muy escasa. El aparato urinario aparece aquí en lugar del aparato genital, aún no desarrollado. La mayoría de las cistopatías que sufren los niños en esta época son perturbaciones sexuales. La *enuresis* nocturna corresponde, cuando no representa un ataque epiléptico, a una polución.

La reaparición de la actividad sexual depende de causas internas y motivos externos. La sintomatología de la neurosis y la investigación psicoanalítica nos ayudan a descubrir estas causas y a determinarlas con la mayor fijeza.

Más tarde hablaremos de las causas internas. Los motivos externos casuales presentan en esta época una importancia extraordinaria y duradera. Ante todo, hallamos la influencia de la seducción o corrupción, que trata a los niños tempranamente como objetos sexuales y les enseña, bajo circunstancias impresionantes, cómo lograr la satisfacción de las zonas genitales, satisfacción que luego permanecen, en la mayoría de los casos, obligados a renovar una y otra vez por medio del onanismo. Dicha influencia puede ser efectuada por personas adultas o por otros niños. No tengo que arrepentirme de la importancia dada por mí, en mi artículo sobre la etiología de la histeria, publicado en 1896, a estos casos de corrupción, aunque entonces no sabía aún cuántos individuos que no han salido, en años posteriores, de la normalidad sexual, pueden también haber pasado por las mismas experiencias, y atribuí, por tanto, mayor importancia a la corrupción que a los factores dados en la constitución y en el desarrollo[1]. Es indudable que en los niños no es necesaria la corrupción o seducción para que en ellos se despierte la vida sexual, pues ésta puede surgir espontáneamente por causas interiores.

Disposición perversa polimórfica

Es muy interesante comprobar que bajo la influencia de la seducción puede el niño hacerse polimórficamente perverso; es decir, ser inducido a toda clase de extralimitaciones sexuales. Nos enseña esto que en su disposición peculiar trae ya consigo una capacidad para ello. La adquisición de las perversiones y su práctica encuentran, por tanto, en él muy pequeñas resistencias, porque los diques anímicos contra las extralimitaciones sexuales, o sea, el pudor, la repugnancia y la moralidad no están aún constituidos en esta época de la vida infantil o su desarrollo es muy pequeño. El niño se conduce en estos casos igual que el tipo corriente de mujer poco educada, en la cual perdura, a través de toda la vida, dicha disposición polimórfica perversa, pudiendo conservarse normalmente sexual, pero también aceptar la dirección de un hábil seductor y hallar gusto en toda clase de perversiones, adoptán-

[1] En un apéndice [B] a su estudio sobre *Psicología sexual*, 1903, inserta Havelock Ellis toda una serie de testimonios autobiográficos de sujetos normales sobre sus primeros impulsos sexuales infantiles y las ocasiones en que se manifiestan. Éstos testimonios adolecen, naturalmente, de la falta de todo dato sobre el período prehistórico de la vida sexual, encubierto por la amnesia infantil, y al que sólo nos es posible llegar por medio del psicoanálisis de sujetos luego neuróticos. Tales aportaciones son, sin embargo, valiosísimas en diversos aspectos. Informaciones análogas han sido las que hubieron de conducirme a la modificación arriba expuesta de mis hipótesis etiológicas.

dolas en su actividad sexual. Esta disposición polimórfica y, por tanto, infantil, es utilizada por la prostituta para sus actividades profesionales, y dado el inmenso número de mujeres prostituidas y de aquellas a las cuales hay que reconocer capacidad para la prostitución, aunque hayan escapado a su ejercicio profesional, es imposible no ver en esta disposición a todas las perversiones, algo generalmente humano y originario.

Pulsiones parciales

Por lo demás, la influencia de la seducción no nos ayuda a descubrir los primeros misterios de la pulsión sexual, sino que nubla nuestra capacidad de penetración hasta los mismos, presentando a los niños tempranamente un objeto sexual del que en un principio no siente necesidad alguna la pulsión sexual infantil. Sin embargo, debemos reconocer que la vida sexual infantil entraña también, por grande que sea el predominio de las zonas erógenas, tendencias orientadas hacia un objeto sexual exterior. A este orden pertenecen las pulsiones de contemplación, exhibición y crueldad, que más tarde se enlazarán estrechamente a la vida genital, pero que existen ya en la infancia, aunque con plena independencia de la actividad sexual erógena. El niño carece en absoluto de pudor y encuentra en determinados años de su vida un inequívoco placer en desnudar su cuerpo, haciendo resaltar especialmente sus órganos genitales. La contrapartida de esta tendencia, considerada perversa, es la curiosidad por ver los genitales a otras personas, y aparece en años infantiles algo posteriores, cuando el obstáculo que supone el pudor ha alcanzado ya un determinado desarrollo[1]. Bajo la influencia de la seducción, la curiosidad perversa puede alcanzar una

[1] [En 1905 la frase decía 'La contrapartida... no se une a la primera hasta más tarde, cuando...' En 1910 se insertó la palabra 'probablemente', y en 1915 se reemplazó 'se une a la primera' por 'aparece'; en 1920 'algo' fue agregado delante de 'posteriores'.]

gran importancia en la vida sexual del niño. Mas de mis investigaciones de los años infantiles, tanto de personas sanas como neuróticas, debo concluir que la pulsión de contemplación puede surgir en el niño como una manifestación sexual espontánea. Aquellos niños de corta edad, cuya atención ha sido dirigida alguna vez —y en la mayoría de los casos por medio de la masturbación— sobre sus propios genitales, suelen encontrar la gradación siguiente sin auxilio exterior ninguno, desarrollando así un vivo interés por los genitales de sus compañeros de juego. Dado que la ocasión de satisfacer tal curiosidad no se presenta generalmente más que en el acto de la satisfacción de las dos necesidades excrementales, conviértense estos niños en *voyeurs;* esto es, en interesados espectadores de la expulsión de la orina o de los excrementos, verificada por otra persona. Tras de la represión de estas tendencias, consérvase la curiosidad de ver los genitales de otras personas (del sexo propio o del contrario) como una compulsión martirizadora que en algunos casos de neurosis constituye la más enérgica fuerza pulsional de formación de síntomas. Con una independencia aún mayor del resto de la actividad sexual, ligada a las zonas erógenas, se desarrollan en el niño los componentes crueles de la pulsión sexual. La crueldad es algo que forma parte del carácter infantil, dado que aún no se ha formado en él el obstáculo que detiene la pulsión de aprehensión ante el dolor de los demás; esto es, la capacidad de compadecer. Aún no se ha logrado realizar satisfactoriamente el análisis psicológico de esta pulsión, pero debemos aceptar que la impulsión cruel proviene de la pulsión de aprehensión y aparece en la vida sexual en una época en la cual los genitales no se han atribuido todavía su posterior papel. Por tanto, la crueldad predomina durante toda una fase de la vida sexual que más tarde describiremos como organización pregenital[1]. Aquellos niños que se distinguen por una

[1] [Las últimas dos frases tomaron la presente forma en 1915. En 1905 y 1910 decía: «Debe suponerse que los impulsos de crueldad surgen de fuentes que son de hecho independientes de la sexualidad, pero que se unirán a ella

especial crueldad contra los animales y contra sus compañeros de juego despiertan, generalmente con razón, la sospecha de una intensa y temprana actividad sexual de las zonas erógenas. En igual temprana madurez de todas las pulsiones sexuales, la actividad sexual erógena parece ser la primaria. La falta de la resistencia constituida por la compasión trae consigo el peligro de que esta conexión infantil de las pulsiones crueles con los erógenos se conserve inmutable durante toda la vida.

Todos los educadores saben, desde las *Confesiones*, de J. J. Rousseau, que la dolorosa excitación de la piel de las nalgas constituye una raíz erógena de la pulsión pasiva de crueldad; esto es, del masoquismo y, por tanto, ha deducido, con razón, que es necesario prescindir de aquellos castigos corporales que producen la excitación de esta parte del cuerpo de los niños, cuya libido puede ser empujada hacia caminos colaterales por las posteriores exigencias de la educación[1].

---

en su estadio temprano debido a una anastomosis cerca de sus puntos de origen. La observación enseña, de todas maneras que el desarrollo sexual y el desarrollo de la pulsión de escoptofilia y crueldad están sujetas a influencias mutuas que limitan esta supuesta independencia de los dos conjuntos de pulsiones.]

[1] Los resultados obtenidos en investigaciones psicoanalíticas de sujetos adultos me autorizaban en 1905 a sentar las afirmaciones que anteceden sobre la sexualidad infantil. En esta época no se había podido aún utilizar la observación directa del niño más que fragmentariamente, y sólo indicaciones aisladas o valiosas confirmaciones habían logrado obtenerse. Desde entonces se ha conseguido llegar a una visión directa de la psicosexualidad infantil por medio del análisis de casos individuales de enfermedades nerviosas en niños de corta edad. (*Jahrbuch für Psychoanalytische und Psychopathologische Forschungen*, t. I, 1909 y sigs.)

El «Análisis de la fobia de un niño de cinco años» (1909b) (en *Sexualidad infantil y neurosis*, El Libro de Bolsillo, núm. 404) ha revelado datos que ni el mismo psicoanálisis sospechaba, entre ellos, la existencia de un simbolismo sexual —representación de lo sexual por objetos y relaciones no sexuales— hasta en estos años infantiles en que apenas se comienza a dominar el idioma. Este *Análisis* me descubrió también un error de la exposición arriba desarrollada.

Al fijar en ella la diferenciación entre *autoerotismo y amor objetivo*, se establece entre ambas fases una separación temporal que, en realidad, no existe, pues el *Análisis* citado y las comunicaciones de Bell *(loc. cit)* han demostrado que niños de tres a cinco años pueden muy bien verificar una definida *elección del objeto*, acompañada de intensos afectos. [Nota agregada en 1910.]

La investigación sexual infantil

La pulsión de saber

Hacia la misma época en que la vida sexual del niño alcanza su primer florecimiento, esto es, del tercero al quinto año, aparecen en él los primeros indicios de esta actividad, denominada pulsión de saber *(Wisstrieb)* o pulsión de investigación. La pulsión de saber no puede contarse entre los componentes pulsionales elementales ni colocarse exclusivamente bajo el dominio de la sexualidad. Su actividad corresponde, por un lado, a una aprehensión sublimada y, por tanto, actúa con la energía del placer de contemplación. Sus relaciones con la vida sexual son, sin embargo, especialmente importantes, pues el psicoanálisis nos ha enseñado que la pulsión de saber infantil es atraída —y hasta quizá despertada— por los problemas sexuales en edad sorprendentemente temprana y con insospechada intensidad.

El enigma de la esfinge

Intereses prácticos, y no sólo teóricos, son los que ponen en marcha en el niño la obra de la actividad investigadora. La amenaza de sus condiciones de existencia por la aparición, real o simplemente sospechada, de un nuevo niño, y el temor de la pérdida que este suceso ha de acarrear para él con respecto a los cuidados y al amor de los que le rodean, le hacen meditar y tratar de averiguar el problema de esta aparición del hermanito. El primer problema de que el niño se ocupa no es, por tanto, el de la diferencia de los sexos, sino el enigma de la procedencia de los niños[1]. Bajo un disfraz fácilmente penetrable, es también éste el problema cuya solución propone la esfin-

[1] [En un trabajo posterior (1925j) corrigió esta afirmación, diciendo que no es verdad en el caso de las niñas y no es siempre verdad de los niños. Cf., nota en *Algunas consecuencias psíquicas de la diferencia sexual anatómica.]*

ge tebana. El hecho de la existencia de dos sexos lo acepta el niño al principio sin resistencia ni sospecha alguna.

Para el niño es natural la suposición de que todas las personas que conoce poseen un órgano genital exacto al suyo y no puede sospechar en nadie la falta de este órgano. Esta convicción es enérgicamente conservada por el sujeto infantil, que la defiende frente a las contradicciones que la observación le muestra en seguida, y no la pierde hasta después de graves luchas interiores (complejo de castración). Las formaciones sustitutivas de este pene, que el niño supone perdido en la mujer, juegan en la morfología de numerosas y diversas perversiones un importantísimo papel[1].

Complejo de castración y envidia por la posesión del pene

La hipótesis de que ambos sexos poseen el mismo aparato genital (el masculino) es la primera de estas teorías sexuales infantiles, tan singulares y que tan graves consecuencias pueden acarrear. De poco sirve al niño que la ciencia biológica dé la razón a sus prejuicios y reconozca el clítoris femenino como un verdadero equivalente del pene. La niña no crea una teoría parecida al ver los órganos genitales del niño diferentes de los suyos. Lo que hace es sucumbir a la envidia del pene, que culmina en el deseo, muy importante por sus consecuencias, de ser también un muchacho.

Teorías sobre el nacimiento

Muchos hombres recuerdan claramente la intensidad con que se interesaron, en la época anterior a la pubertad,

[1] Está justificado hablar del complejo de castración también con respecto a la mujer. Las niñas, al igual que los niños, construyen la teoría de que también la mujer tenía originariamente un pene, que ha perdido por castración. La convicción a que luego llegan, de que la mujer no posee pene alguno, deja en el individuo masculino, con extraordinaria frecuencia, un duradero menosprecio por el sexo contrario.

por el problema de la procedencia de los niños. Las infantiles soluciones anatómicas dadas al enigma son muy diversas: los niños salen del pecho, son sacados cortando el cuerpo de la mujer o surgen abriéndose paso por el ombligo[1]. Estas investigaciones de los tempranos años infantiles se recuerdan raramente fuera del análisis, pues han sucumbido a la represión; pero sus resultados, cuando se logra atraerlos a la memoria, muestran todos una íntima analogía. Otra de las teorías infantiles es la de que los niños se conciben al comer alguna cosa determinada (como en las fábulas) y nacen saliendo del intestino como en el acto excrementicio. Estas teorías del niño recuerdan la forma del parto en el reino animal, y especialmente la cloaca de aquellos tipos zoológicos de especies inferiores a los mamíferos.

Concepción sádica del comercio sexual

Cuando los niños son espectadores, en esta edad temprana, del comercio sexual entre adultos, a lo cual da facilidades la convicción corriente de que el niño no llega a comprender aún nada de carácter sexual, no pueden por menos de considerar el acto sexual como una especie de maltrato o de abuso de poder; esto es, en un sentido sádico. El psicoanálisis nos demuestra que tal impresión, recibida en temprana edad infantil, tiene gran importancia para originar una predisposición a un posterior desplazamiento sádico del fin sexual. Los niños que han contemplado una vez la realización del acto sexual, se preocupan del problema de en qué consiste dicho acto o, como ellos dicen, en qué consiste el estar casado, y buscan la solución del misterio en una comunidad facilitada por la función de expulsar la orina o los excrementos.

---

[1] El número de teorías sexuales es, en estos años ya avanzados de la infancia, muy considerable. Los ejemplos citados en el texto constituyen tan sólo una pequeña parte.

En general puede decirse que las teorías sexuales infantiles son imágenes de la propia constitución sexual del niño, y que, a pesar de sus grotescos errores, indican más comprensión de los procesos sexuales de la que se sospecharía en sus creadores.

Los niños advierten la transformación producida por el embarazo en su madre y saben interpretarla muy justamente.

La fábula de la cigüeña es escuchada a veces por ellos con una profunda desconfianza, generalmente muda; pero, dado que la investigación sexual infantil desconoce siempre dos elementos: el papel fecundante del semen y la existencia del orificio vaginal, puntos en los cuales la organización infantil aún no está completada, los trabajos de la investigación infantil permanecen infructuosos y terminan en una renuncia que produce muchas veces una interrupción duradera de la pulsión de saber. La investigación sexual de estos años infantiles es llevada siempre a cabo solitariamente y constituye un primer paso del niño hacia su orientación independiente en el mundo, alejándose de las personas que le rodean y que antes habían gozado de su completa confianza.

Fases evolutivas de la organización sexual[1]

Hasta ahora hemos hecho resaltar como caracteres de la vida sexual infantil su esencia autoerótica; esto es, el encontrar su objeto en el propio cuerpo y el hecho de permanecer aislados y sin conexión todas sus pulsiones parciales, tendiendo independientemente cada uno hacia la

[1] [La totalidad de esta sección apareció por primera vez en 1915. El concepto de 'organización pregenital' de la vida sexual parece haber sido introducido por primera vez en su trabajo «La predisposición a la neurosis obsesiva» (1913i) la cual, de todos modos se ocupa sólo de la organización sádico-anal. La organización oral fue reconocida como tal por primera vez en el presente pasaje.]

obtención de placer. El final del desarrollo está constituido por la llamada vida sexual normal del adulto, en la cual la consecución de placer entra al servicio de la función reproductora, habiendo formado las pulsiones parciales, bajo la primacía de una única zona erógena, una firme organización para la consecución del fin sexual en un objeto sexual exterior.

Organización pregenital

El estudio psicoanalítico de los obstáculos y perturbaciones que aparecen en este proceso evolutivo nos permite descubrir nuevos agregados y grados preliminares de tal organización de las pulsiones parciales, que nos dejan deducir una especie de régimen sexual. Estas fases de la organización sexual transcurren normalmente sin dejar advertir su paso más que por muy breves indicios. Sólo en los casos patológicos se activan y aparecen reconocibles a la investigación exterior.

Denominaremos pregenitales a aquellas organizaciones de la vida sexual en las cuales las zonas genitales no han llegado todavía a su papel predominante. Hasta ahora hemos conocido dos de estas organizaciones, que pueden considerarse como regresiones a primitivos estados zoomórficos.

La primera de estas organizaciones sexuales pregenitales es la *oral* o, si se quiere, *caníbal.* En ella, la actividad sexual no está separada de la absorción de alimentos. El objeto de una de estas actividades es también objeto de la otra, y el fin sexual consiste en la *asimilación* del objeto, modelo de aquello que después desempeñará un importantísimo papel psíquico como *identificación.*

Como resto de esta fase de organización ficticia y que sólo la patología nos fuerza a admitir, puede considerarse el chupeteo, en el cual la actividad alimenticia ha sustituido el objeto exterior por uno del propio cuerpo[1].

---

[1] Sobre los restos de esta fase en los neuróticos adultos, véase el estudio

Una segunda fase pregenital es la de la organización *sádico-anal.* En ella, la antítesis que se extiende a través de toda la vida sexual está ya desarrollada; pero no puede ser aún denominada *masculina* y *femenina,* sino simplemente *activa* y *pasiva.* La actividad está representada por la pulsión de aprehensión, y como órgano con fin sexual pasivo aparece principalmente la mucosa intestinal erógena. Para ambas tendencias existen objetos, pero no coincidentes. Al mismo tiempo actúan autoeróticamente otras pulsiones parciales. En esta fase aparece ya, por tanto, la polaridad sexual y el objeto exterior. La organización y la subordinación a la función reproductora faltan todavía[1].

Ambivalencia

Esta forma de organización sexual puede conservarse a través de toda la vida y apropiarse gran parte de la actividad sexual. El predominio del sadismo y el papel de cloaca en la zona anal le prestan un marcado sello arcaico. Otro de sus caracteres es el de que las tendencias antagónicas son de igual fuerza, circunstancia para la cual ha creado Bleuler [1910] el término «ambivalencia».

La hipótesis de la existencia de organizaciones pregenitales en la vida sexual está fundada en el análisis de las neurosis, y solamente en relación con estos análisis puede estudiársela. Debemos esperar que continuadas investigaciones analíticas nos proporcionen más datos sobre la construcción y el desarrollo de la función sexual normal.

Para completar el cuadro de la vida sexual infantil debe añadirse que con frecuencia o regularmente tiene ya lugar

---

de Abraham «Untersuchungen über die früheste prägenitale Entwicklungsstufe der Libido», en *Intern. Zeitsch. für Psychoanalyse*, IV, 1916. [Nota agregada en 1920.] En otro trabajo posterior (1924) el mismo autor dividió la fase oral y la posterior sádica en dos sub-divisiones, caracterizadas por actitudes diferentes hacia el objeto. [Nota agregada en 1924.]

[1] [Nota agregada en 1924.] Abraham en el trabajo indicado más arriba (1924) señala que el ano se desarrolla a partir del blastoporo embrionario, un hecho que parece un prototipo biológico de la evolución psicosexual.

en los años infantiles una elección de objeto tal y como vimos era característica de la fase de la pubertad; elección que se verifica orientándose todas las pulsiones sexuales hacia una única persona, en la cual desean conseguir sus fines. Esta es la mayor aproximación posible en los años infantiles a la constitución definitiva de la vida sexual posterior a la pubertad. La diferencia está tan sólo en que la síntesis de las pulsiones parciales y su subordinación a la primacía de los genitales no se verifica en la niñez, o sólo se verifica muy imperfectamente. La formación de esta primacía en aras de la reproducción es, por tanto, la última fase de la organización sexual[1].

Los dos tiempos de la elección de objeto

Puede considerarse como un fenómeno típico el que la elección de objeto se verifique en dos fases: la primera comienza en los años que van del segundo al quinto, es detenida o forzada a una regresión por la época de latencia y se caracteriza por la naturaleza infantil de sus fines sexuales. La segunda comienza con la pubertad y determina la constitución definitiva de la vida sexual.

El hecho de que la elección de objeto se realice en dos períodos, separados por el de latencia, es de gran importancia en cuanto a la génesis de ulteriores trastornos del estado definitivo. Los resultados de la elección infantil de objeto alcanzan hasta épocas muy posteriores, pues conservan intacto su peculiar carácter o experimentan en la

[1] Posteriormente (1923) he modificado esta descripción, interpolando en la evolución infantil, y después de los dos estadios de organización pregenital, una tercera fase, que puede ya denominarse genital y muestra ya un objeto sexual y una cierta convergencia de las tendencias sexuales hacia dicho objeto, pero que se diferencia aún de la organización definitiva de la madurez sexual en un punto esencial. No conoce, en efecto, sino un aparato genital, el masculino, razón por la cual hemos dado a esta fase el nombre de organización *fálica*. (Cf. el ensayo titulado «La organización genital infantil», en *Sexualidad infantil y neurosis,* El Libro de Bolsillo, núm. 404). Abraham señala su prototipo biológico en la disposición genital del embrión, indiferenciada para los dos sexos. [Nota agregada en 1924.]

pubertad una renovación. Mas llegado este período, y a consecuencia de la represión que tiene lugar entre ambas fases, se demuestran, sin embargo, como inutilizables. Sus fines sexuales han experimentado una atenuación y representan entonces aquello que pudiéramos denominar *corriente de ternura de la vida* sexual.

Sólo la investigación psicoanalítica puede demostrar que detrás de esta ternura, respeto y consideración se esconden las antiguas corrientes sexuales de las pulsiones parciales infantiles, ahora inutilizables.

La elección de objeto en la época de la pubertad tiene que renunciar a los objetos infantiles y comenzar de nuevo como corriente *sensual.* La no coincidencia de ambas corrientes da con frecuencia el resultado de que uno de los ideales de la vida sexual, la reunión de todos los deseos en un solo objeto, no puede ser alcanzado.

Fuentes de la sexualidad infantil

En la labor de perseguir los orígenes de la pulsión sexual hemos encontrado hasta ahora que la excitación sexual se origina:

a) Como formación consecutiva a una satisfacción experimentada en conexión con otros procesos orgánicos.

b) Por un apropiado estímulo periférico de las zonas erógenas.

c) Como manifestación de ciertas pulsiones cuyo origen no nos es totalmente conocido, tales como la pulsión de contemplación y de crueldad.

La investigación psicoanalítica regresiva, que descubre la niñez del adulto analizado, y la investigación directa de la vida infantil, nos han revelado otras fuentes regulares de la excitación sexual. La observación directa de la infancia tiene el inconveniente de trabajar con objetos en los que fácilmente se incurre en error, y el psicoanálisis queda dificultado por el hecho de no poder llegar a sus objetos ni a sus resultados más que por medio de grandes rodeos. Mas con la acción conjunta de ambos métodos investigativos se consigue un grado satisfactorio de seguridad de conocimiento.

En la investigación de las zonas eróticas hemos encontrado que estas partes de la epidermis no muestran más que una especial elevación de un género de excitabilidad que, en cierto grado, es poseído por toda la superficie del cuerpo. Por tanto, no nos maravillemos de ver que determinadas excitaciones generales de la epidermis poseen efectos erógenos muy definidos. Entre ellas debemos hacer resaltar las producidas por la temperatura, hecho que nos ayuda a comprender los efectos terapéuticos de los baños calientes.

Excitaciones mecánicas

Debemos añadir aquí la producción de la excitación sexual por conmociones mecánicas rítmicas del cuerpo, las cuales producen tres clases de efectos estimulantes, a saber: sobre el aparato sensorial de los nervios vestibulares, sobre la piel y sobre partes más profundas; esto es, los músculos y las articulaciones.

Antes de analizar las sensaciones de placer producidas por las excitaciones mecánicas haremos observar que en lo que sigue emplearemos indistintamente los términos «excitación» y «satisfacción», reservándonos para más adelante precisar el sentido de cada uno. El que el niño guste tanto de juegos en los que se produce un movimiento pasivo, como el de mecerse, y demande continuamente su repetición, constituye una prueba del placer producido por ciertos movimientos mecánicos[1]. Sabido es lo mucho que se usa el mecer a los niños de carácter inquieto para lograr hacerles conciliar el sueño. El movimiento producido por los viajes en coche y más tarde en ferrocarril ejerce un efecto tan fascinador sobre el niño ya de alguna edad, que todos los muchachos tienen alguna vez

[1] Algunas personas recuerdan haber experimentado directamente como placer sexual el empuje del aire sobre los genitales al columpiarse.

en su vida el deseo de llegar a ser conductores o cocheros. Abrigan un misterioso interés de extraordinaria intensidad por todo lo referente a los viajes en ferrocarril y los convierten, en la época de la actividad fantástica (poco antes de la pubertad), en nódulo central de un simbolismo exquisitamente sexual. La compulsiva conexión del viaje en ferrocarril con la sexualidad procede sin duda del carácter de placer de las sensaciones de movimiento. Si aparece una represión a este respecto, represión que transforma gran parte de las preferencias infantiles en objetos de desagrado, estos niños, cuando llegan a ser adultos, reaccionan con malestar y náuseas a todos los movimientos de carácter de columpio o vaivén, quedan agotados extraordinariamente por un viaje en ferrocarril o tienen ataques de angustia durante el viaje y se defienden contra la repetición de la experiencia penosa por medio de aquella neurosis cuyo síntoma es el miedo al ferrocarril.

Aquí se agrega (sin que aún haya podido llegarse a su comprensión) el hecho de que por la coincidencia del miedo al movimiento mecánico, con una conmoción mecánica, quede producida la grave neurosis traumática histeriforme. Debe suponerse, por lo menos, que estas influencias, que cuando son de pequeña intensidad devienen fuentes de excitación sexual, hacen surgir, cuando actúan en grado elevado, una profunda perturbación del mecanismo sexual.

Actividad muscular

La actividad muscular es para los niños una necesidad de cuya satisfacción extraen un placer extraordinario. Que este placer tenga algo que ver con la sexualidad, ya entrañando una satisfacción sexual, ya originando una excitación de tal carácter, es una hipótesis que podrá sucumbir a las objeciones críticas que se alcen contra ella y que no dejarán de oponerse asimismo a la afirmación antes expuesta de que el placer producido por sensaciones de carácter pasivo es de naturaleza sexual o actúa como excitante sexual. Pero el hecho es que muchos individuos nos han comunicado que los primeros signos de excitabilidad de sus genitales aparecieron durante un cuerpo a cuerpo con sus compañeros de juego, situación en la cual, además del esfuerzo muscular general, actúa el contacto de la piel del niño con la de su contrincante. La tendencia a la lucha muscular con determinada persona, así como, en años posteriores, la tendencia a la lucha verbal, pertenecen a los signos claros de la elección de objeto orientada hacia dicha persona. En la producción de la excitación sexual por la actividad muscular se hallará quizá una de las raíces de la pulsión sádica. Para muchos individuos la conexión entre la lucha y la excitación sexual codetermina la posterior orientación preferida de su pulsión sexual[1].

Procesos afectivos

Menos dudas aparecen en la observación de las restantes fuentes de excitación sexual de los niños. Es fácil fijar, por observaciones directas o por investigaciones posteriores, que todos los procesos afectivos intensos, hasta las mismas excitaciones aterrorizantes, se extienden hasta el dominio de la sexualidad, hecho que puede constituir asimismo una aportación a la inteligencia del efecto patógeno de tales emociones. En los colegiales, el miedo al examen o la tensión ante un deber de difícil solución pueden tener gran importancia, tanto para la aparición de manifestaciones sexuales como para su conducta en la escuela, pues en tales circunstancias aparece con frecuencia una sensación de excitación que lleva al tocamiento de los genitales o a un proceso análogo a la polución, con todas sus conscuencias perturbadoras. La conducta del niño en

[1] El análisis de casos de agorafobia y de perturbaciones neuróticas de la deambulación desvanece toda posible duda sobre la naturaleza sexual del placer de movimiento. La moderna educación cultural se sirve de los deportes para desviar a la juventud de la actividad sexual, o, mejor dicho, para sustituir el placer sexual por el placer del movimiento, haciendo así retroceder la actividad sexual a uno de sus componentes autoeróticos.

la escuela, que tantos problemas plantea a los profesores, debe relacionarse, en general, con su naciente sexualidad. El efecto sexualmente excitante de algunos afectos desagradables en sí: el temor, el miedo o el horror, se conserva en gran cantidad de hombres a través de toda la vida adulta y constituye la explicación de que tantas personas busquen la ocasión de experimentar tales sensaciones cuando determinadas circunstancias accesorias, esto es, la pertenencia de tales sensaciones a un mundo aparente, como el de la lectura o el del teatro, mitigan la gravedad de las mismas.

Si pudiera suponerse que también las sensaciones intensamente dolorosas poseen igual efecto erógeno, sobre todo cuando el dolor es mitigado o alejado por una circunstancia accesoria, podría hallarse en esta situación una de las raíces principales de la pulsión sádico-masoquista, en cuya heterogénea composición vamos penetrando poco a poco[1].

Trabajo intelectual

Es, por último, innegable que la concentración de la atención en un trabajo intelectual, y en general toda tensión anímica tienen por consecuencia una coexcitación sexual en muchos hombres, tanto adolescentes como adultos, excitación que es probablemente el único fundamento justificado para la de otra manera tan dudosa atribución de las perturbaciones nerviosas al «surmenage» psíquico[2].

Volviendo a considerar, después de estas indicaciones y pruebas, no expuestas aquí en su totalidad ni de un modo completo, las fuentes de la excitación sexual infantil, pueden sospecharse o reconocerse las siguientes gene-

[1] El llamado masoquismo «erógeno». [Nota agregada en 1924.]

[2] [Algunas observaciones anteriores de Freud sobre el tema se encuentran en su trabajo, *La sexualidad en la etiología de las neurosis* (1898a), y algunas posteriores en la Secc. III de, *Análisis terminable e interminable* (1937c).]

ralidades: parece existir un especial cuidado en que el proceso de la excitación sexual, cuya esencia nos es cada vez más misteriosa, sea puesto en marcha, cuidando de ella ante todo, de un modo más o menos directo, las excitaciones de las superficies sensibles —tegumentos y órganos sensoriales— y de un modo inmediato los efectos excitantes ejercidos sobre determinadas partes consideradas como zonas erógenas. En estas fuentes de la excitación sexual, el elemento regulador es la calidad de la excitación, aunque el elemento intensidad (en el dolor) no sea por completo indiferente. Pero, además, existen disposiciones orgánicas cuya consecuencia es la de hacer surgir la excitación sexual como efecto accesorio de una numerosa serie de procesos interiores en cuanto la intensidad de estos procesos ha traspasado determinadas fronteras cuantitativas. Las que hemos denominado pulsiones parciales de la sexualidad se derivan directamente de estas fuentes internas de la excitación sexual o se componen de aportaciones de tales fuentes y de las zonas erógenas. Es posible que nada importante suceda en el organismo que no contribuya con sus componentes a la excitación de la pulsión sexual.

No me parece posible, por ahora, lograr mayor claridad y seguridad en estas deducciones generales, y de esta imposibilidad hago responsable a dos factores. Es el primero la novedad de este modo de considerar la cuestión, y el segundo, el hecho de que la esencia de la excitación sexual nos es aún totalmente desconocida. Sin embargo, no quiero renunciar a hacer constar dos observaciones que permiten ampliar nuestro horizonte:

a) *Diversas constituciones sexuales.* —Así como antes vimos la posibilidad de fundamentar una diversidad de las constituciones sexuales innatas en la diversa formación y desarrollo de las zonas erógenas, podemos también intentar algo análogo con relación a las fuentes indirectas de la excitación sexual. Podemos aceptar que estas fuentes producen aportaciones en todos los individuos, pero no en todos de igual intensidad, y que en el mayor desarrollo de determinadas fuentes de la excitación sexual se halla un nuevo dato para la diferenciación de las diversas constituciones sexuales[1].

b) *Caminos de influjo recíproco.*—Dejando aparte la expresión figurada en la que durante tanto tiempo hablamos de «fuente» de excitación sexual, podemos llegar a la hipótesis de que todos los caminos de enlace que nos conducen a la sexualidad, partiendo de otras funciones, pueden ser recorridos también en sentido inverso. Si, por ejemplo, la dualidad de funciones de la zona labial es el fundamento de que en la alimentación surja simultáneamente una satisfacción sexual, el mismo factor nos permitiría también llegar a la comprensión de las perturbaciones de las funciones alimenticias cuando las funciones erógenas de la zona común estén perturbadas. Sabiendo que la concentración de la atención puede hacer surgir una excitación sexual, podemos llegar a la hipótesis de que por una actuación en el mismo camino, pero en dirección opuesta, el estado de excitación sexual puede influir en nuestra disponibilidad sobre la atención susceptible de ser dirigida. Gran parte de la sintomatología de aquellas neurosis que yo derivo de las perturbaciones de los procesos sexuales, se manifiesta en la perturbación de otras funciones físicas no sexuales, y esta influencia, hasta ahora incomprensible, se hace menos misteriosa cuando no representa más que la parte correspondiente en sentido opuesto a las influencias, entre las cuales se halla la producción de la excitación sexual.

Los mismos caminos por los que las perturbaciones sexuales se extienden a las restantes funciones físicas tienen también que servir a otras funciones importantes en estados normales. Por estos mismos caminos tienen que te-

[1] Resulta, pues, que ha de atribuirse a todo individuo un erotismo oral, anal, uretral, etc., y que el descubrimiento de los complejos psíquicos correspondientes a estas formas de erotismo no autoriza a deducir una anormalidad o una neurosis. Las diferencias que separan lo normal de lo anormal no pueden responder más que a la intensidad relativa de los distintos elementos de la pulsión sexual y al papel por ellos desempeñado en el curso del desarrollo. [Nota de 1920.]

ner lugar la orientación de la pulsión sexual; esto es, la sublimación de la sexualidad.

Debemos cerrar este capítulo con la confesión de que sobre estos caminos, que existen ciertamente y que probablemente pueden recorrerse en ambos sentidos, existe muy poco seguramente conocido.

3. LA METAMORFOSIS DE LA PUBERTAD

Con el advenimiento de la pubertad comienzan las transformaciones que han de llevar la vida sexual infantil hacia su definitiva constitución normal. La pulsión sexual, hasta entonces predominantemente autoerótica, encuentra por fin el objeto sexual. Hasta este momento actuaba partiendo de pulsiones aisladas y de zonas erógenas que, independientemente unas de otras, buscaban como único fin sexual determinado placer. Ahora aparece un nuevo fin sexual, a cuya consecución tienden de consuno todas las pulsiones parciales, al paso que las zonas erógenas se subordinan a la primacía de la zona genital[1]. Dado que el nuevo fin sexual determina funciones diferentes para cada uno de los dos sexos, las evoluciones sexuales respectivas divergirán considerablemente. La del hombre es la más consecuente y la más asequible a nuestro conocimiento,

[1] Con esta exposición esquemática nos proponemos tan sólo hacer resaltar las diferencias. La máxima aproximación posible de la sexualidad infantil a la organización sexual definitiva, en cuanto a la elección de objeto y al desarrollo de la fase fálica, quedó ya señalada al tratar de la ambivalencia. [Nota de 1915.]

mientras que en la de la mujer aparece una especie de regresión. La normalidad de la vida sexual se produce por la confluencia de las dos corrientes dirigidas sobre el objeto sexual y el fin sexual, la de ternura y la de sensualidad[1], la primera de las cuales acoge en sí lo que resta del florecimiento infantil de la sexualidad, constituyendo este proceso algo como la perforación de un túnel comenzada por ambos extremos simultáneamente.

El nuevo fin sexual, consistente en el hombre, en la descarga de los productos sexuales, no es totalmente distinto del antiguo fin que se proponía tan sólo la consecución del placer, pues precisamente a este acto final del proceso sexual se enlaza un máximo placer. La pulsión sexual se pone ahora al servicio de la función reproductora; puede decirse que se hace altruista. Para que esta transformación quede perfectamente conseguida tiene que ser facilitada por la disposición original y por todas las peculiaridades de la pulsión.

Como siempre que en el organismo han de establecerse nuevas síntesis y conexiones para formar un complicado mecanismo, aparece también aquí el peligro de perturbaciones morbosas por defectuosa constitución de estos nuevos órdenes. Todas las perturbaciones morbosas de la vida sexual pueden considerarse justificadamente como inhibición del desarrollo.

Primacía de las zonas genitales y placer preliminar

Ante nuestros ojos aparecen claramente el punto inicial y el final del proceso evolutivo descrito; pero las transiciones merced a las cuales va constituyéndose este desarrollo permanecen todavía en la oscuridad y tendremos que dejar sin resolver más de un problema con ellas ligado.

Se ha escogido como lo esencial en los procesos de la pubertad lo más singular de los mismos; esto es, el manifiesto crecimiento de los genitales exteriores, que du-

[1] [Las siete últimas palabras fueron añadidas en 1915.]

rante el período de latencia de la niñez había quedado interrumpido hasta cierto punto. Simultáneamente, el desarrollo de los genitales internos ha avanzado tanto que pueden ya ser capaces de proporcionar productos sexuales, o en el sexo femenino, acogerlos para la formación de un nuevo ser. De esta manera queda constituido un complicado aparato que espera su utilización.

Este aparato debe ser puesto en actividad por estímulos apropiados, los cuales pueden llegar a él por tres caminos diferentes: partiendo del mundo exterior, por excitación de las zonas erógenas que ya conocemos; del interior orgánico, por caminos que aún han de ser investigados, y de la vida anímica, que constituye un almacén de impresiones exteriores y una estación receptora de estímulos internos. Por todos estos tres caminos puede surgir la misma cosa: un estado que se denomina «excitación sexual» y se manifiesta por signos de dos géneros: anímicos y somáticos. Los signos anímicos consisten en una peculiar sensación de tensión, de un carácter altamente apremiante. Entre los diversos signos físicos aparece, en primer término, una serie de transformaciones de los genitales que tienen un sentido indudable, el de hallarse éstos *dispuestos* al acto sexual, o sea preparados para su ejecución (erección del miembro viril y lubricación de la vagina).

La tensión sexual

El carácter de tensión de la excitación sexual plantea un problema, cuya solución se muestra tan difícil como importante sería para la inteligencia de los procesos sexuales. A pesar de la diversidad de opiniones reinante sobre esta cuestión en la Psicología moderna, he de mantener mi aserto de que una sensación de tensión tiene que ser de carácter displaciente. Prueba de ello es que tal sensación trae consigo un impulso a modificar la situación psicológica, cosa totalmente opuesta a la naturaleza del placer. Pero si se cuenta la tensión de la excitación sexual entre las sensaciones displacientes, se tropieza en seguida con que dicha tensión es sentida como un placer. La tensión provocada por los procesos sexuales aparece siempre acompañada de placer, e incluso las modificaciones preparatorias del aparato genital traen consigo una especie de satisfacción. ¿Cómo conciliar, entonces la tensión displaciente con la sensación de placer?

Todo lo que se enlaza al problema del placer y el dolor toca en uno de los puntos más sensibles de la Psicología moderna. Procuraremos extraer del examen del caso particular aquí planteado la mayor suma de datos posibles, sin abarcar el problema en su totalidad[1]. Consideremos primero la forma en que las formas erógenas se someten al nuevo orden. Como ya sabemos, desempeñan en la iniciación de la excitación sexual un papel muy importante. Los ojos, que forman la zona erógena más alejada del objeto sexual, son también la más frecuentemente estimulada en el proceso de la elección por aquella excitación especial que emana de la belleza del objeto, a cuyas excelencias damos, así, el nombre de «estímulos» o «encantos». Esta excitación origina, al mismo tiempo que un determinado placer, un incremento de la excitación sexual o un llamamiento a la misma. Si a esto se añade la excitación de otra zona erógena, por ejemplo, de la mano que toca, el efecto es el mismo: una sensación de placer, incrementada en seguida por el placer producido por las transformaciones preparatorias y, simultáneamente, una nueva elevación de la tensión sexual, que se convierte pronto en un displacer claramente perceptible cuando no le es permitido producir nuevo placer. Más transparente es aún otro caso: cuando, por ejemplo, en una persona no excitada sexualmente se estimula una zona erógena por medio de un tocamiento. Este tocamiento hace surgir una

[1] En las observaciones iniciales de mi ensayo sobre *El problema económico del masoquismo*, 1924, se intenta la solución de este problema. (Véase *Obras Completas*, I, apartado IX.)

[En alemán, la palabra *Reiz* tiene la doble significación de «estímulo» y «encanto». *(N. del T.)*]

sensación de placer: pero al mismo tiempo es más apto que ningún otro proceso para despertar la excitación sexual que demanda una mayoración de placer. El problema está en cómo el placer experimentado hace surgir la necesidad de un placer mayor.

Mecanismo del placer preliminar

Claramente aparece el papel desempeñado en esta cuestión por las zonas erógenas. Lo que era aplicable a una puede aplicarse a las demás. Todas ellas son utilizadas para producir, bajo un estímulo apropiado, determinada aportación de placer, de la cual surge la elevación de la tensión, que por su parte debe hacer surgir la energía motora necesaria para llevar a término el acto sexual. La penúltima fase del mismo es, nuevamente, la apropiada excitación de una zona erógena, de la zona genital misma en el *glans penis*, por el objeto más apropiado para ello; esto es, la mucosa vaginal; bajo el placer que esta excitación produce se gana ahora, por caminos reflejos, la energía motora necesaria para hacer brotar la materia seminal. Este último placer es el de mayor intensidad y se diferencia de los demás en su mecanismo, siendo producido totalmente por una exoneración y constituyendo un placer de satisfacción, con el cual se extingue temporalmente la tensión de la libido.

No me parece injustificado fijar por medio de un término especial esta diferencia esencial entre el placer producido por la excitación de las zonas erógenas y el producido por la descarga de la materia sexual. El primero puede ser denominado apropiadamente *placer preliminar*, en oposición al *placer final* o placer satisfactorio de la actividad sexual. El placer preliminar es el mismo que ya hubieron de provocar, aunque en menor escala, las pulsiones sexuales infantiles. El placer final es nuevo y, por tanto, se halla ligado probablemente a condiciones que no han aparecido hasta la pubertad. La fórmula para la nueva función de las zonas erógenas sería la siguiente: son utilizadas para hacer posible la aparición de mayor placer de satisfacción por medio del placer preliminar que producen y que se iguala al que producían en la vida infantil.

Hace poco tiempo he podido explicar otro ejemplo, perteneciente a un sector psíquico totalmente distinto, y en el cual un mayor efecto de placer era conseguido por medio de una sensación menor, que actuaba como cebo. También allí teníamos ocasión de aproximarnos a la esencia del placer[1].

Peligros del placer preliminar

La conexión del placer preliminar con la vida sexual infantil queda corroborada por la función patógena que el primero puede ejercer. El mecanismo en que está incluido el placer preliminar entraña un peligro para la consecución del fin sexual normal; peligro que aparece cuando en un momento cualquiera de los procesos sexuales preparatorios resulta el placer preliminar demasiado grande, y su parte de tensión, demasiado pequeña. En este caso desaparece la energía pulsional necesaria para llevar a cabo o continuar el proceso sexual; el camino se acorta, y la acción preparatoria correspondiente se sustituye al fin sexual normal. La práctica psicoanalítica nos ha revelado que esta sustitución indeseable tiene como premisa un excesivo aprovechamiento anterior de la zona erógena o la pulsión parcial correspondiente, para la consecución de placer, durante la infancia. Si a esta premisa infantil se agregan luego otros factores que tiendan a crear una fijación, surgirá fácilmente una coerción de carácter obsesivo, que se opondrá a la inclusión del placer preliminar de que se trate de un nuevo mecanismo. Muchas perversiones no son, en efecto, sino tal detención en los actos preparatorios del proceso sexual.

---

[1] Véase mi estudio titulado *El chiste y su relación con lo inconsciente* (El Libro de Bolsillo, núm. 162). El placer preliminar producido por la técnica del chiste es utilizado para hacer surgir un placer mayor por la supresión de inhibiciones internas.

La mejor garantía contra este fallo del mecanismo sexual por la acción del placer preliminar estaría en una preformación infantil de la primacía de la zona genital. Esta primacía puede comenzar a indicarse en la segunda infancia (entre los ocho años y la pubertad). Las zonas genitales se conducen ya en esta época casi del mismo modo que en la madurez, apareciendo como substrato de excitaciones y de modificaciones preparatorias al ser experimentado un placer procedente de la satisfacción de otras zonas erógenas, aunque tales efectos carezcan aún de todo fin: eso es, no aporten nada conducente a la continuación del proceso sexual. Así, pues, ya en los años infantiles surge con el placer de satisfacción una cierta tensión sexual, si bien menos constante y más limitada. Se nos hace ahora comprensible cómo al tratar de las fuentes de la sexualidad pudimos afirmar justificadamente que el proceso de que venimos tratando actuaba produciendo una satisfacción sexual y, al mismo tiempo, como excitante sexual. Por último, observamos también que en un principio exageramos las diferencias entre la vida sexual infantil y la del adulto, debiendo ahora rectificar tales exageraciones. Las manifiestaciones infantiles de la sexualidad no determinan tan sólo las desviaciones, sino también la estructura normal de la vida sexual del adulto.

El problema de la excitación sexual

Hemos dejado sin aclarar el origen y la esencia de la tensión sexual, que surge simultáneamente con el placer en la satisfacción de las zonas erógenas[1]. La hipótesis más próxima, o sea la de que esta tensión surja del mismo pla-

[1] Es un hecho muy instructivo que la lengua alemana en su uso de la palabra 'lust', tome en consideración la parte de excitación sexual preparatoria, la cual como se ha explicado más arriba produce simultáneamente un elemento de satisfacción y una contribución a la tensión sexual. 'Lust' tiene dos significados y es utilizado para describir la sensación de tensión sexual ('Ich habe Lust' = 'me gustaría', 'siento impulso') como el sentimiento de satisfacción.

cer, no sólo es por sí misma inverosímil, sino que sucumbe a la observación de que en el máximo placer, o sea el ligado a la descarga de los productos sexuales, no se produce tensión ninguna, sino que, por el contrario, cesa ésta en absoluto. El placer y la tensión sexuales no pueden, por tanto, estar ligados más que de un modo indirecto.

Función de las materias sexuales

Además de que normalmente sólo la descarga de las materias sexuales pone fin a la excitación sexual, existen otros puntos de apoyo para relacionar la tensión sexual con los productos sexuales. En una vida continente acostumbra el aparato sexual descargarse de la materia sexual en períodos variables, pero no totalmente irregulares; exoneración que va acompañada de una sensación de placer y tiene lugar durante una alucinación onírica nocturna, cuyo contenido es el acto sexual. En este proceso —la polución nocturna— es difícil negarse a reconocer que la tensión sexual, que sabe hallar como sustitutivo del acto sexual el corto circuito alucinatorio, es una función de la acumulación de semen en el continente de los productos sexuales. En el mismo sentido testimonian las experiencias hechas sobre el agotamiento del mecanismo sexual. Cuando el acopio de semen se agota, no sólo es imposible la ejecución del acto sexual, sino que también falla la susceptibilidad de las zonas erógenas, cuyo apropiado estímulo es incapaz entonces de producir placer. De este modo vemos que hasta para la excitabilidad de las zonas erógenas es imprescindible un determinado grado de tensión sexual.

Nos vemos, pues, impulsados a aceptar la hipótesis —que si no me equivoco está muy generalmente difundida— de que la acumulación de las materias sexuales crea y mantiene la tensión sexual quizá por el hecho de que la presión de estos productos sobre las paredes de los continentes actúa como estímulo sobre un centro medular, el cual transmite su excitación a centros superiores, surgiendo entonces en la conciencia la sensación de tensión. Si la excitación de las zonas erógenas eleva la tensión, ello tiene que suceder en razón de que dichas zonas están en una previa conexión anatómica con estos centros, en los que elevan el grado de la excitación, poniendo en marcha el acto sexual cuando la excitación es suficiente, o estimulando cuando no lo es la producción de las materias sexuales[1].

El punto débil de esta teoría, aceptada por Krafft-Ebing en su descripción de los procesos sexuales, está en que, habiendo sido construida para explicar la actividad sexual del hombre adulto, dedica escasa atención a tres circunstancias, cuya explicación debería igualmente proporcionar. Son estas circunstancias las que se dan en la mujer, en el niño y en el castrado masculino. En estos tres casos no existe, en el mismo sentido que en el hombre, una acumulación de productos sexuales, lo cual quita validez general a la teoría. Quizá puedan encontrarse, sin embargo, datos que permitan incluir en ella estos casos. De todos modos queda indicado que no se debe atribuir al efecto de la acumulación de productos sexuales funciones para las que parece incapaz.

Valoración de los genitales internos

De observaciones verificadas en algunos castrados masculinos, en los que excepcionalmente la libido no había experimentado modificación ninguna tras de la castración, parece poder deducirse que la excitación sexual puede ser, en un grado importante, independiente de la producción de materias sexuales. Además, es ya muy conocido que enfermedades que han destruido la producción de células sexuales masculinas han dejado intactas la libido y la potencia del individuo, no produciendo en el mismo más efecto que la esterilidad. No es tan sorprendente,

[1] [Esta hipótesis fue discutida anteriormente por Freud en la Secc. III de su trabajo sobre la neurosis de angustia (1895b).]

como supone C. Rieger, el que la pérdida de las glándulas seminales masculinas en la edad madura pueda tener lugar sin producir influencia ninguna sobre la conducta psíquica del individuo. la castración efectuada en épocas anteriores a la pubertad se acerca, en cambio, en sus resultados, a una desaparición de los caracteres sexuales; mas también en esto pudiera influir, además de la pérdida de las glándulas sexuales, una detención en el desarrollo de otros factores, ligado con la desaparición de aquéllas.

Teoría química

Los experimentos verificados en animales vertebrados, efectuando la ablación de las glándulas seminales (testículos y ovarios), y el correspondiente injerto de nuevos órganos de este género (Lipschütz, *op. cit.*, pág. 13) han aclarado, por fin, parcialmente el origen de la excitación sexual, rechazando aún más la importancia de una supuesta acumulación de los productos sexuales celulares. Ha sido posible realizar así el experimento (E. Steinach) de transformar un macho en hembra, y viceversa; experimento en el cual la conducta psicosexual del animal se transforma al mismo tiempo y en igual sentido que sus caracteres sexuales somáticos. Esta influencia determinante sexual no es, sin embargo, atribuible a la glándula seminal, que produce las células específicas sexuales (espermatozoo-óvulo), sino al tejido intersticial de la misma, el cual ha sido denominado «glándula de la pubertad». Es muy posible que investigaciones subsiguientes descubran que la glándula de la pubertad posee normalmente una disposición hermafrodita, con lo cual quedaría fundamentada automáticamente la teoría de la bisexualidad de los animales superiores, y ya es, por el momento, muy verosímil que no sea esta glándula el único órgano relacionado con la producción de la excitación sexual y los caracteres sexuales. De todos modos, este nuevo descubrimiento biológico se relaciona con el anteriormente verificado sobre la significación de la glándula tiroides para la sexualidad. Debemos, pues, creer que en la parte intersticial de las glándulas seminales se producen materias químicas especiales, que son acogidas por la corriente sanguínea, produciendo la carga de tensión sexual de determinadas partes del sistema nervioso central. Nos son ya conocidos varios ejemplos de tal transformación de una excitación tóxica, producida por sustancias tóxicas, introducidas en el organismo, en una excitación especial de un órgano. Cómo se origina la excitación sexual por estimulación de las zonas erógenas, dada una previa carga de los aparatos centrales, y qué mezcla de efectos excitantes, puramente tóxicos o fisiológicos, aparecen en estos procesos sexuales, es cosa de la que no podemos tratar ni siquiera hipotéticamente, pues no constituye una labor que pueda emprenderse por ahora. Como esencial para esta concepción de los procesos sexuales bastará por el momento la hipótesis de la existencia de materias especiales derivadas del metabolismo sexual. Esta concepción, aparentemente caprichosa, está apoyada por un conocimiento poco tenido en cuenta, pero muy digno de que se le dé mayor importancia: aquellas neurosis que sólo pueden ser referidas a perturbaciones de la vida sexual muestran la mayor analogía clínica con los fenómenos de intoxicación y abstinencia, consecutivos a la ingestión habitual de materias tóxicas productoras de placer (alcaloides).

La teoría de la libido

Estas hipótesis sobre el fundamento químico de la excitación sexual se hallan de perfecto acuerdo con las representaciones auxiliares que hubimos de crear para llegar a la comprensión de las manifestaciones psíquicas de la vida sexual. Hemos fijado el concepto de la libido como una fuerza cuantitativamente variable, que nos permite medir los procesos y las transformaciones de la excitación sexual. Separamos esta libido, por su origen particular, de la energía en que deben basarse los procesos anímicos, y, por tanto, le atribuimos también un carácter cualitativo.

En la distinción entre energías psíquicas libidinosas y otras de carácter distinto expresamos la suposición de que los procesos sexuales del organismo se diferencian, por un quimismo particular, de los procesos de la nutrición. El análisis de las perversiones y psiconeurosis nos ha llevado al conocimiento de que esta excitación sexual no es producida únicamente por los órganos llamados sexuales, sino por todos los del cuerpo. Construimos, por tanto, la idea de una *libidoquantum*, cuya representación psíquica denominamos «libido del *yo*» *(ichlibido)*, y cuya producción, aumento, disminución, distribución y desplazamiento deben ofrecernos las posibilidades de explicación de los fenómenos psicosexuales observados.

Esta libido del *yo* no aparece cómodamente asequible al estudio analítico más que cuando ha encontrado su empleo psíquico en el revestimiento de objetos sexuales; esto es, cuando se ha convertido en «libido del objeto». La vemos entonces concentrarse en objetos, fijarse en ellos, o en ocasiones abandonándolos, trasladándose de unos a otros, y dirigiendo desde estas posiciones la actividad sexual del individuo, que conduce a la satisfacción; esto es, a la extensión parcial y temporal de la libido. El psicoanálisis de las llamadas neurosis de transferencia (histeria y neurosis obsesiva) nos permite hallar aquí un fijo y seguro conocimiento.

De los destinos de la libido del objeto podemos aún averiguar que es retirada de los objetos, quedando flotante en determinados estados de tensión, hasta recaer de nuevo en el *yo*, de manera que vuelve a convertirse en libido del *yo*. Esta libido del *yo* la denominamos, en oposición a la del objeto, libido «narcisista». Desde el psicoanálisis miramos como desde una frontera, cuya transgresión no nos está permitida, la actuación de la libido narcisista y nos formamos una idea de su relación con la del objeto[1]. La libido del *yo* o libido narcisista aparece como

[1] Esta limitación ha desaparecido desde el momento en que el psicoanálisis ha extendido su radio de acción a neurosis distintas de las de «transferencia». [Nota de 1924.]

una gran presa, de la cual parten las corrientes de revestimiento del objeto y a la cual retornan. El revestimiento del *yo* por la libido narcisista se nos muestra como el estado original, que aparece en la primera infancia y es encubierto por las posteriores emanaciones de la libido, pero que en realidad permanece siempre latente detrás de las mismas.

La misión de una teoría de las perturbaciones neuróticas y psicóticas, fundada en el concepto de la libido, debe ser expresar todos los fenómenos y procesos observados en los términos de la economía de la misma. Es fácil adivinar que los destinos de la libido del *yo* alcanzarán en tal teoría la máxima importancia, especialmente en aquellos casos en que se trate de la explicación de las más profundas perturbaciones psicóticas. La dificultad aparece en el hecho de que el instrumento de nuestras investigaciones —el psicoanálisis— no nos proporciona, por lo pronto, datos seguros más que sobre las transformaciones de la libido del objeto, pero no es capaz de separar la libido del *yo* de las otras energías actuantes en el mismo[1]. Una continuación de la teoría de la libido es en consecuencia sólo posible, por lo pronto, en un camino especulativo; pero sería renunciar a todo lo ganado por medio de la observación psicoanalítica si, conforme a lo expuesto por C. G. Jung, se huyese del concepto mismo de la libido, haciéndola coincidir con la fuerza pulsionar psíquica en general.

La separación de las emociones pulsionales sexuales de las demás y, por tanto, la limitación del concepto de la libido a las primeras encuentra fuerte apoyo en la hipótesis antes discutida de un quimismo especial de la función sexual.

---

[1] Véase «Zur Einfuehrung des Narzissmus», en *Jahrbuch der Psychoanalyse*, VI, 1913. El término *narcisismo* no fue creado, como erróneamente se indica en este trabajo, por Näcke, sino por H. Ellis.

Sabido es que hasta la pubertad no aparece una definida diferenciación entre el carácter masculino y el femenino, antítesis que influye más decisivamente que ninguna otra sobre el curso de la vida humana. Sin embargo, las disposiciones masculina y femenina resultan ya claramente reconocibles en la infancia. El desarrollo de los diques sexuales (pudor, repugnancia, compasión, etc.) aparece en las niñas más tempranamente y encontrando una resistencia menor que en los niños. Asimismo es en las niñas mucho mayor la inclinación a la represión sexual, y cuando surgen en ellas pulsiones parciales de la sexualidad escogen con preferencia la forma pasiva. La actividad autoerótica de las zonas erógenas es en ambos sexos la misma, y por esta coincidencia falta en los años infantiles una diferenciación sexual tal y como aparece después de la pubertad. Con referencia a las manifestaciones sexuales autoeróticas y masturbaciones pudiera decirse que la sexualidad de las niñas tiene un absoluto carácter masculino, y si fuera posible atribuir un contenido más preciso a los conceptos «masculino» y «femenino», se podría también sentar la afirmación de que la *libido es regularmente de naturaleza masculina, aparezca en el hombre o en la mujer e independientemente de su objeto, sea éste el hombre o la mujer*[1].

[1] Ha de tenerse en cuenta que los conceptos «masculino» y «femenino», cuyo contenido parece tan inequívoco a la opinión vulgar, son, desde el punto de vista científico, extraordinariamente complejos, pudiendo emplearse, por lo menos, en tres sentidos diferentes. Se usan, en efecto, unas veces como equivalentes a las ideas de *actividad* y *pasividad;* otras, en un sentido *biológico,* y otras, en fin, en un sentido *sociológico.* La primera de estas significaciones es la esencial y la única utilizable en el psicoanálisis. A ella nos referimos cuando hablamos, de una libido «masculina», pues la pulsión es siempre activa, aun en aquellos casos en que se propone un fin pasivo. Desde el punto de vista biológico resulta más fácil establecer una clara y precisa definición de los conceptos «masculino» y «femenino», que indicarán entonces, respectivamente, la presencia de glándulas espermáticas u ovulares y de funciones a ellas correspondientes. La actividad y sus manifestaciones secundarias, tales como el mayor desarrollo muscular, la agresividad y la mayor intensidad de la libido, aparecen, por lo general, enlazadas a masculinidad bio-

Desde que llegamos al conocimiento de la teoría de la bisexualidad consideramos este factor como el que aquí ha de darnos la pauta, y opinamos que sin tener en cuenta la bisexualidad no podrá llegarse a la inteligencia de las manifestaciones sexuales observables en el hombre y en la mujer[1].

Zonas directivas en el hombre y en la mujer

Sentado esto, sólo añadiremos las siguientes observaciones: en la niña, la zona erógena directiva es el clítoris, localización homóloga a la de la zona erógena directiva masculina en el glande. Todo lo que he podido investigar sobre la masturbación en las niñas se refería exclusivamente al clítoris y no a las otras partes de los genitales exteriores, importante para las funciones sexuales posteriores. Dudo que la niña, bajo la influencia de la seducción o de la corrupción, llege a otra cosa que a la masturbación clitoridiana, y si esto sucede alguna vez, ello constituye una rara excepción. Las descargas espontáneas de la excitación sexual, tan frecuentes en las niñas, se manifiestan en contracciones del clítoris, y las frecuentes erecciones del mismo hacen posible a la niña el juzgar acertadamente y sin indicación alguna exterior las manifestacio-

---

lógica, pero no como atributos obligados de la misma, pues existen algunas especies animales en las que tales caracteres son privativos de la hembra. El tercer sentido, sociológico, que atribuimos a los términos de referencia, se basa en la observación de los individuos masculinos y femeninos existentes en la realidad. Tal observación nos demuestra que ni desde el punto de vista psicológico, ni desde el biológico, es posible hallar entre los hombres la pura masculinidad o la pura femineidad. Todo ser humano presenta, en efecto, una mezcla de sus caracteres sexuales biológicos con caracteres biológicos del sexo contrario, así como de actividad y pasividad, y lo mismo en cuanto estos carácteres psíquicos dependen de los biológicos, en cuanto que son independientes de ellos.

[1] [El curso evolutivo de la sexualidad en la mujer fue examinado más ampliamente por Freud en cuatro ocasiones posteriores: en un caso de homosexualidad femenina (1920a), en su discusión de las consecuencias de la diferencia sexual anatómica (1925j), en su trabajo sobre la sexualidad femenina (1931b) y en su Lección 33 de sus *Nuevas Lecciones de Introducción al Psicoanálisis* (1933a).]

nes sexuales del sexo contrario, transfiriendo simplemente al sexo masculino las sensaciones de sus propios procesos sexuales.

Si se quiere comprender la evolución que convierte a la niña en mujer tiene que seguirse el camino recorrido por esta excitabilidad del clítoris. La pubertad, que produce en el niño aquel grave avance de la libido de que ya tratamos, se caracteriza en la niña por una nueva ola de represión que recae precisamente sobre la sexualidad clitoridiana. Lo que sucumbe a la represión es un trozo de vida sexual masculina. La fortificación de los obstáculos sexuales creada por esta represión de la pubertad en la mujer constituye después un estímulo más para la libido del hombre y obliga a la misma a elevar sus rendimientos. Con el grado de la libido se eleva entonces también la supervaloración sexual, que recae con toda su fuerza en la mujer que se niega al hombre y rechaza su propia sexualidad. El clítoris conserva entonces el papel de cuando es excitado en el por fin consentido acto sexual: transmitir esta excitación a los órganos femeninos vecinos, así como una astilla de pino es utilizada para transmitir el fuego a la demás leña, más difícil de prender. Con frecuencia es necesario determinado tiempo para que llegue a verificarse por completo esta transferencia, y durante esta época la joven permanece totalmente anestésica. Esta anestesia puede ser duradera cuando la zona clitoridiana se niega a transmitir su excitabilidad, cosa que sucede cuando durante los años infantiles ha sido excesiva su actividad erógena. Conocido es que la anestesia en la mujer es, con frecuencia, sólo aparente y local. Son anestésicas en la entrada de la vagina, pero en ningún modo inexcitables en el clítoris y hasta en otras zonas. A estas causas erógenas de la anestesia se juntan después las psíquicas, igualmente determinadas por represión.

Cuando la transferencia de la excitabilidad erógena desde el clítoris a la entrada de la vagina queda establecida, ha cambiado la mujer la zona directiva de su posterior actividad sexual, mientras que el hombre conserva la suya sin cambio alguno desde la niñez. En este cambio de las zonas erógenas directivas, así como en el avance represivo de la pubertad, que echa a un lado la virilidad infantil, yacen las condiciones principales para la facilidad de adquisición de la neurosis por la mujer, especialmente de la histeria. Estas condiciones están ligadas, por tanto, íntimamente, con la esencia de la femineidad.

El hallazgo de objeto

Mientras que por los procesos de la pubertad queda fijada la primacía de las zonas erógenas, y la erección del miembro viril indica apremiantemente al sujeto el nuevo fin sexual, esto es, la penetración en una cavidad excitadora de la zona genital, tiene lugar en los dominios psíquicos el hallazgo de objeto, momento que se ha venido preparando desde la más temprana niñez. Cuando la primitiva satisfacción sexual estaba aún ligada con la absorción de alimentos, la pulsión sexual tenía en el pecho materno un objeto sexual exterior al cuerpo del niño. Este objeto sexual desaparece después, y quizá precisamente en la época en que fue posible para el niño construir la representación total de la persona a la cual pertenecía el órgano productor de satisfacción. La pulsión sexual se hace en este momento autoerótica, hasta que, terminado el período de latencia, se restaura la relación primitiva. No sin gran fundamento ha llegado a ser la succión del niño del pecho de la madre el modelo de toda relación erótica. El hallazgo de objeto no es realmente más que un rencuentro del mismo[1].

[1] El psicoanálisis nos enseña que la elección del objeto puede seguir dos normas diferentes. Puede inspirarse, como ya hemos visto, en el modelo primitivo infantil, y puede ser de carácter *narcisista*, buscando y encontrando entonces en otras personas el propio *yo*. Esta última modalidad presenta gran importancia en cuanto a la producción de resultados patológicos, pero su estudio no entra en el cuadro del presente trabajo.

De estas primeras y más importantes relaciones sexuales queda gran parte como resto, después de separada la actividad sexual, de la alimentación. Este resto prepara la elección del objeto; esto es, ayuda a volver a constituir la felicidad perdida. Durante todo el período de lactancia aprende el niño a amar a las personas que satisfacen sus necesidades y le auxilian en su carencia de adaptación a la vida. Y aprende a amarlas conforme al modelo y como una continuación de sus relaciones de lactancia con la madre o la nodriza. Quizá no se quiera aceptar el hecho de que el tierno sentimiento y la estimación del niño hacia las personas que le cuidan haya de identificarse con el amor sexual; pero, en mi opinión, una investigación psicológica cuidadosa fijará siempre y sin dejar lugar a dudas esta identidad. La relación del niño con dichas personas es para él una inagotable fuente de excitación sexual y de satisfacción de las zonas erógenas. La madre, sobre todo, atiende al niño con sentimiento procedente de su propia vida sexual, y le acaricia, besa y mece tomándole claramente como sustitutivo de un completo objeto sexual[1].

La madre se horrorizaría probablemente al conocer esta explicación y ver que con su ternura despierta las pulsiones sexuales de su hijo y prepara su posterior intensidad. Considera sus actos como manifestaciones asexuales de «puro» amor, puesto que evita con todo cuidado excitar los genitales del niño más de lo imprescindiblemente necesario al proceder a la higiene de su cuerpo. Pero la pulsión sexual no es tan sólo despertada por excitaciones de la zona genital. Lo que llamamos ternura exteriorizará notablemente un día su efecto sobre la zona genital. Si la madre comprendiera mejor la alta significación de la pulsión para la total vida psíquica y para todas las funciones

[1] Aquellos lectores que encuentren «sacrílegas» estas afirmaciones mías, deberán leer el libro titulado *Das Geschlechtsgefühl*, en el que Havelock Ellis sostiene una tesis análoga sobre las relaciones entre la madre y el niño.

éticas y anímicas, no se haría ningún reproche aun cuando admitiera totalmente nuestra concepción. Enseñando a amar a su hijo, no hace más que cumplir uno de sus deberes. El niño tiene que llegar a ser un hombre completo, con necesidades sexuales enérgicas y llevar a cabo durante su vida todo aquello a lo que la pulsión impulsa al hombre. Un exceso de ternura materna quizá sea perjudicial para el niño por acelerar su madurez sexual, acostumbrarle mal y hacerle incapaz, en posteriores épocas de su vida, de renunciar temporalmente al amor o contentarse con una pequeña parte de él. Los niños que demuestran ser insaciables en su demanda de ternura materna presentan con ello uno de los más claros síntomas de futura nerviosidad. Por otra parte, los padres neurópatas son, en general, los más inclinados a una ternura sin medida, despertando así en sus hijos, antes que nadie y por sus caricias, la disposición a posteriores enfermedades neuróticas. Vemos, pues, que los padres neuróticos disponen de un camino distinto de la herencia para legar a sus hijos su enfermedad.

Angustia infantil

Los mismos niños se conducen desde sus años más tempranos como si su cariño hacia las personas que los cuidan fuera de la naturaleza del amor sexual. La angustia de los niños no es, en un principio, más que una manifestación de que echan de menos la presencia de la persona querida. Así, experimentan angustia ante personas desconocidas y se asustan de la oscuridad porque en ella no ven a la persona amada, tranquilizándose cuando ésta les coge de la mano. Se exagera el efecto de los relatos terroríficos de las niñeras cuando se culpa a éstas de originar el miedo en los niños que tienen a su cuidado. Aquellos niños inclinados a terrores infantiles son precisamente los que pueden ser influidos por tales relatos, que no ejercen, en cambio, acción alguna sobre aquellos otros no predispuestos. Y precisamente a la angustia no se inclinan más que los niños que poseen una pulsión sexual exagerada, desarrollada prematuramente o devenida exigente por un exceso de mimo. El niño se conduce aquí como el adulto, transformando en angustia su libido cuando no logra satisfacerla, así como el adulto se conducirá completamente igual que el niño cuando por insatisfacción de su libido haya llegado a contraer la neurosis, pues comenzará a asustarse en cuanto esté solo; esto es, sin una persona de cuyo amor se crea seguro, e intentará hacer desaparecer esta angustia por los expedientes más infantiles[1].

La barrera contra el incesto

Cuando la ternura de los padres hacia el niño ha evitado felizmente desarrollar de una manera prematura la pulsión sexual del mismo; esto es, despertarlo antes de alcanzadas las condiciones físicas de la pubertad, y despertando de tal manera, que la excitación anímica se abra paso hasta el sistema genital, puede acabar de cumplir su misión, dirigiendo a este niño en la edad de la maduración en la elección del objeto sexual. Lo más fácil para el niño será elegir, como objeto sexual, a aquellas mismas personas a las que ha amado y ama desde su niñez con una libido que podríamos calificar de mitigada[1]. Mas por la

---

[1] La explicación del origen de la angustia infantil me fue dada por un niño de tres años, al cual oí demandar un día, hallándose en el cuarto oscuro: «Tía, háblame; tengo miendo de estar en un cuarto tan oscuro.» La tía contestó: «¿Y qué te importa que te hable? De todas maneras, no me ves.» «No le hace —respondió el niño—; cuando alguien me habla, parece que hay luz.» Así, pues, no se asustaba de la oscuridad, sino porque echaba de menos a una persona amada, y podía prometer tranquilizarse en cuanto recibiera una prueba de la presencia de la misma. Uno de los descubrimientos más importantes de la investigación psicoanalítica es el de que la angustia neurótica es originada por la libido y representan un producto de la transformación de la misma, como el vinagre lo es del vino. En mi *Introducción al psicoanálisis* (El Libro de Bolsillo, núm. 82) encontrará el lector más amplia discusión de este problema; discusión que de todos modos tampoco ha llegado a la total explicación del mismo. [Una discusión posterior de este problema Cf. *Inhibición, síntoma y angustia* (1926d) y sus *Nuevas Lecciones de Introducción al psicoanálisis* (1933a), cap. 32.]

avanzada época en que tiene lugar la maduración sexual se ha llegado al momento en que es necesario alzar, al lado de otros diques sexuales, los que han de oponerse a la tendencia al incesto; esto es, inculcar al niño aquellos preceptos morales que excluyen de la elección de objeto a las personas queridas durante la niñez y a los parientes consanguíneos. El respeto de estos límites es, ante todo, una exigencia civilizadora de la sociedad, que tiene que defenderse de la concentración, en la familia, de intereses que le son necesarios para la constitución de unidades sociales más elevadas, y actúa, por tanto, en todos, y especialmente en el adolescente, para desatar o aflojar los lazos contraídos en la niñez con la familia[2].

La elección de objeto es llevada a cabo al principio tan sólo imaginativamente, pues la vida sexual de la juventud en maduración tiene apenas otro campo de acción que el de las fantasías; esto es, de las representaciones no destinadas a convertirse en actos[3].

---

[1] Compárese lo expuesto anteriormente sobre la elección infantil de objeto y sobre la «corriente de ternura». [Nota de 1915.]

[2] La inhibición del incesto cuenta entre las adquisiciones éticas realizadas por la Humanidad en el curso de su evolución, y probablemente aparece ya establecida en muchos individuos por la fuerza de la herencia orgánica, como tantos otros tabús morales (Cf. Freud, *Tótem y tabú*, El Libro de Bolsillo, núm. 41). Sin embargo, el psicoanálisis nos revela cuán intensamente tiene que luchar aún el individuo, en los períodos de su desarrollo, contra la tentación incestuosa, y con cuánta frecuencia sucumbe a ella en sus fantasías o incluso en la realidad. [Nota de 1915.]

[3] Las fantasías de la época de la pubertad tienen su punto de partida en la investigación sexual infantil, a la que el niño hubo de renunciar ya en épocas anteriores, o incluso se remontan aún más atrás, hasta el período de latencia. Pueden conservarse inconscientes en su totalidad o en su mayor parte, siendo, por tanto, imposible fijar la fecha de su aparición. Son de gran importancia para la génesis de síntomas diversos, pues vienen a ser sus estadios preparatorios, esto es, las formas en que los componentes reprimidos de la libido encuentran su satisfacción, y constituyen también la fase de las fantasías nocturnas, que se hacen conscientes como sueños. Estos últimos no son, muchas veces, sino la resurrección de tales fantasías bajo la influencia de una excitación experimentada durante el día. Entre las fantasías sexuales de la pubertad resaltan algunas por su aparición general y su amplia independencia de las experiencias individuales. A este grupo de fantasías pertenecen aquellas cuyo contenido es la asistencia al comercio sexual de los padres, la prematura iniciación sexual del sujeto por alguna persona amada, la amenaza

En estas fantasías resurgen en todos los hombres las tendencias infantiles, fortificadas ahora por la energía somática, y entre ellas, con frecuencia, y en primer lugar, la impulsión sexual del niño hacia sus padres, diferenciada, en la mayoría de los casos, por la atracción de los sexos; esto es, del hijo por la madre y de la hija por el padre. Simultáneamente al vencimiento y repulsa de estas fantasías claramente incestuosas tiene lugar una de las reacciones psíquicas más importantes y también más dolorosas de la pubertad: la liberación del individuo de la autoridad de sus padres, por medio de la cual queda creada la contradicción de la nueva generación con respecto a la antigua, tan importante para el progreso de la civilización. En todas las estaciones del proceso evolutivo por las que el sujeto debe pasar quedan fijos algunos individuos, y así hay personas que no han vencido nunca la autoridad de los padres y no han conseguido retirar de ellos por completo o en absoluto su ternura. Estos casos están constituidos en su mayoría por muchachas que para alegría de sus padres conservan después de la pubertad todo su amor infantil hacia ellos. Y es muy instructivo comprobar que tales muchachas repugnan en su ulterior vida matrimonial

---

de la castración y la vida prenatal en el seno materno. Por último, ha de contarse también entre estas fantasías de orden general aquella a la que damos el nombre de «novela familiar», creación imaginativa con la que el adolescente reacciona a la diferencia entre su actitud actual ante sus padres y su pretérita actitud filial infantil. En un trabajo titulado *Der Mythus von der Geburt des Helden* (1909) ha señalado O. Rank las relaciones de las fantasías de este género con la Mitología.

Puede afirmarse que el complejo de Edipo es el complejo nodular de las neurosis y constituye el elemento esencial del contenido de estas enfermedades. Llega en él a su punto culminante la sexualidad infantil, que tan decisiva influencia habrá de ejercer sobre la sexualidad del adulto. Todo ser humano halla ante sí la labor de dominar el complejo de Edipo, y si no lo logra, sucumbirá a la neurosis. El psicoanálisis va fijando cada día más decisivamente esta importancia del complejo de Edipo, y su aceptación o repulsa es lo que más precisamente define a sus partidarios o adversarios.

En otro trabajo, titulado *Das Trauma der Geburt* (1924), ha referido Rank la adherencia libidinosa a la madre, a la prehistoria embrional, señalando así el fundamento biológico del complejo de Edipo. Apartándose de las opiniones antes expuestas por nosotros, deriva la inhibición del incesto de la impresión traumática del nacimiento. [Agregado en 1924.]

conceder a sus maridos lo que les es debido. Llegan a ser esposas frías y permanecen sexualmente anestésicas. Esto nos muestra que el amor hacia los padres, aparentemente asexual, y el amor sexual proceden de las mismas fuentes; esto es, que el primero no corresponde más que a una fijación infantil de la libido.

Cuando más se acerca uno a las hondas perturbaciones del desarrollo psicosexual, más innegable aparece la importancia de la elección de objeto incestuoso. En los psiconeuróticos queda relegada a lo inconsciente, a consecuencia de la repulsa sexual, una gran parte o la totalidad de las actividades psicosexuales de la elección de objeto. Para las muchachas de una exagerada necesidad de ternura y un horror igualmente exagerado ante las exigencias reales de la vida sexual, llega a ser una tentación irresistible asegurarse, por una parte, la idea del amor sexual en su vida y esconder, por otra, su libido detrás de una ternura que puedan exteriorizar sin autorreproches, conservando así, durante toda la vida, su inclinación infantil hacia los padres o hermanos, que volvió a surgir en ellas al llegar a la pubertad. El psicoanálisis puede demostrar sin trabajo alguno a estas personas que están enamorados, en el sentido corriente de la palabra, de sus parientes consanguíneos, investigando sus pensamientos inconscientes y atrayéndolos a su conciencia con la ayuda de los síntomas y de otras manifestaciones de la enfermedad. También en los casos en que una persona, primitivamente sana, ha enfermado después de una desgraciada experiencia erótica, puede verse claramente que el mecanismo de tal aparición de la enfermedad es el retorno de su libido a las personas que prefirió durante su infancia.

Influencia duradera de la elección infantil de objeto

Tampoco aquellos que han evitado la fijación incestuosa de su libido puede decirse que han escapado por completo a la influencia de la misma. Un claro eco de esta fase evolutiva está constituido por el hecho de que, como suele ser muy frecuente, el primer amor del adolescente recaiga en una mujer ya madura, así como el de la muchacha en un hombre entrado en años y revestido de autoridad, o sea en uno y otro sexo, personas que para el sujeto presentan analogía con la madre o el padre, respectivamente[1]. La elección de objeto se verifica siempre más o menos libremente conforme a este patrón. Ante todo, busca el hombre, en su objeto sexual, la semejanza con aquella imagen de su madre que, en su más temprana edad, quedó impresa en su memoria. Aquellos casos en los que la madre, viva aún, ve con hostilidad la elección de objeto realizada por su hijo, constituyen una afirmación de nuestra hipótesis. Dada esta importancia de las relaciones infantiles con los padres para la posterior elección del objeto sexual, es fácil comprender que cada perturbación de estas relaciones infantiles origine después los más graves resultados para la vida sexual posterior a la pubertad. Los celos del amante no carecen tampoco nunca de una raíz infantil o, por lo menos, de algo infantil que eleva su intensidad. Las diferencias entre los mismos padres, los matrimonios desgraciados, producen en los hijos la más grave predisposición a un desarrollo sexual perturbado o a la adquisición de enfermedades neuróticas.

La inclinación infantil hacia los padres es quizá el más importante, pero no el único de los sentimientos, que, renovados en la pubertad, marcan después el camino a la elección de objeto. Otros factores del mismo origen permiten al hombre, siempre en relación con su infancia, desarrollar más de una única serie sexual y exigir muy diferentes condiciones para la elección de objeto[2].

---

[1] [Nota agregada en 1920.] Cf. mi trabajo *Un tipo especial de elección de objeto en el hombre* (1910h).

[2] Muchas de las peculiaridades de la vida erótica, así como el carácter compulsivo del enamoramiento mismo, sólo resultan comprensibles refiriéndolas a la infancia y considerándolas como repercusiones de fenómenos desarrollados durante ella.

Uno de los requisitos de la elección normal de objeto es el de recaer precisamente en el sexo contrario. Como hemos visto, no llega a efectuarse así sin alguna vacilación. Los primeros sentimientos subsiguientes a la pubertad aparecen —sin que ello constituya una falta duradera— como totalmente erróneos. Dessoir (1894) ha llamado muy justificadamente la atención sobre la exagerada inclinación que aparece regularmente entre los adolescentes por sus compañeros del mismo sexo. El poder más importante entre los que se oponen a una inversión duradera del objeto sexual es, ciertamente, la atracción que manifiestan los caracteres sexuales opuestos, unos por otros. La explicación de este fenómeno no encuentra lugar apropiado dentro de nuestro estudio[1]; pero sí haremos constar que tal atracción no alcanza por sí sola a excluir totalmente la inversión, siendo necesario que aparezcan otros factores auxiliares. Ante todo, la prohibición autoritaria de la sociedad. En aquellos países en que la inversión no es considerada como un delito, puede verse que corresponde por completo a la inclinación sexual de un considerable número de individuos. Además, debe aceptarse, con respecto al hombre, el hecho de que los recuerdos infantiles de las ternuras de la madre y de otras personas femeninas ayudan enérgicamente a dirigir su elección hacia la mujer[2], mientras que la intimidación sexual tempranamente experimentada por parte del padre y la posición de concurrencia con respecto a él desvían al sujeto de las personas de su mismo sexo.

Ambos factores son valederos también con respecto a la muchacha, cuya actividad sexual se halla bajo la guarda

---

[1] Citaremos aquí la ingeniosa especulación en que Ferenczi intenta derivar la vida sexual de los animales superiores de la evolución biológica de los mismos *(Versuch einer Genitaltheorie,* 1924).

[2] [El resto de esta frase y las dos siguientes corresponden a 1915. En las ediciones de 1905 y 1910 el siguiente pasaje recupera su lugar; mientras en el caso de los niños quienes de todos modos, entran en un período de represión en la pubertad los impulsos de rivalidad juegan su papel para desanimar su amor por miembros de su propio sexo.]

especial de la madre. De esta manera se constituye una relación hostil con respecto al propio sexo, que influye decisivamente en la elección de objeto, orientándola hacia lo normal. La educación del niño por personas masculinas (en la antigüedad los esclavos) parece favorecer la homosexualidad. En la aristocracia contemporánea, la frecuencia de la inversión se hace comprensible por el empleo de servidumbre masculina y por la escasez de cuidados personales de que la madre hace objeto a sus hijos. En algunos histéricos ha podido demostrarse que la temprana desaparición de uno de los padres, por muerte o divorcio, motivando la acumulación de todo el amor del niño en la persona restante, fue la condición para el sexo de la persona elegida después como objeto sexual, haciendo posible así la inversión duradera.

SÍNTESIS

Es tiempo ya de llegar a sintetizar nuestras conclusiones. Hemos partido de las aberraciones de la pulsión sexual con respecto a su objeto y su fin. Hemos hablado el problema de si dichas aberraciones nacen de una disposición innata o son adquiridas a resultas de influencias de la vida. La solución de este problema nos fue dada por el conocimiento de las características de la pulsión sexual de los psiconeuróticos; esto es, de un numeroso grupo de hombres no muy apartados de los sanos. Este conocimiento lo adquirimos por medio del psicoanálisis, y hallamos que en tales personas pueden revelarse las tendencias a todas las perversiones como poderes inconscientes, que actúan en calidad de generadores de síntomas. Pudimos, pues, decir que la neurosis era el negativo de la perversión. Ante la gran difusión de las tendencias perversas se nos impuso la hipótesis de que la disposición a las perversiones era la primitiva y general de la pulsión sexual humana, partiendo de la cual se desarrollaba la conducta normal sexual a consecuencia de transformaciones orgánicas y de inhibiciones psíquicas, aparecidas en el curso de la maduración. La disposición primitiva esperábamos poder hallarla en la infancia y entre los poderes limitadores de la dirección de la pulsión sexual hicimos resaltar el pudor, la repugnancia, la compasión y las construcciones sociales de la moral y de la autoridad. De este modo, tuvimos que considerar en cada una de las aberraciones de la vida sexual normal algo de obstrucción del desarrollo y algo de infantilismo. Hicimos resaltar la importancia de las variantes de la disposición primitiva y aceptamos, entre ellas y las influencias de la vida, una relación cooperativa y no antitética. Por otro lado, nos aparecía la pulsión sexual misma, dado que la disposición primitiva tenía que ser compleja, como algo compuesto de muchos factores, que en las perversiones se separaban unos de otros. Las perversiones se demostraron así, por un lado, como inhibiciones, y por otro, como disociaciones del desarrollo normal, uniéndose ambas concepciones en la hipótesis de que la pulsión sexual del adulto quedaba originada por la reunión de muy diversos impulsos de la vida infantil, en una unidad, en una tendencia, orientada hacia un solo y único fin.

Añadimos todavía una explicación del predominio de las inclinaciones perversas en los psiconeuróticos, reconociéndolo como un henchimiento colateral de caminos accesorios por un desplazamiento del lecho de la corriente principal, originado por represión, y nos volvimos entonces hacia el examen de la vida sexual en la infancia[1]. Encontramos muy de lamentar que se negara a la infancia la pulsión sexual, considerándose las manifestaciones se-

[1] Esto es valedero no sólo para las tendencias perversas que actúan «negativamente» en la neurosis, sino también para las positivas o perversiones propiamente dichas. Estas últimas no deben, por tanto, referirse solamente a la fijación de las tendencias infantiles, sino también a la regresión a ellas como resulta del desplazamiento de otros caminos de la corriente sexual. Por esta razón, también las perversiones positivas son accesibles a la terapia psicoanalítica. [Nota de 1915.]

No es raro comprobar que también en los casos de perversión existió, al iniciarse la pubertad, una corriente sexual normal, pero tan débil, que sucumbió ante los primeros obstáculos externos, siendo sustituida, regresivamente por una fijación perversa. [Nota de 1915.]

xuales infantiles, tan frecuentemente observables, como fenómenos excepcionales. Nos parecía más bien que el niño trae consigo al mundo gérmenes de actividad sexual, y que ya en la absorción de alimentos goza accesoriamente de una satisfacción sexual, la cual intenta luego renovar de continuo con la conocidísima actividad de la succión. La actividad sexual del niño no se desarrolla paralelamente a sus otras funciones, sino que después de un corto período de florecimiento, que se extiende desde el segundo al quinto año[1], entra en el llamado período de latencia. En el mismo no cesa de ningún modo la producción de la excitación sexual, sino que ésta sufre únicamente una detención, produciendo un acopio de energía, utilizado, en su mayor parte, para fines distintos de los sexuales; esto es, por un lado, para la cesión de componentes sexuales destinados a formar sentimientos sociales y, por otro, mediante la represión y la formación de reacciones, para la construcción de los posteriores diques sexuales. Así, pues, los poderes destinados a conservar en un determinado camino la pulsión sexual son construidos en la infancia a costa de impulsos, en su mayor parte perversos, y con el auxilio de la educación. Otra parte de las emociones sexuales infantiles escapa a esta utilización, y puede exteriorizarse como una actividad sexual. Vimos después que la excitación sexual del niño proviene de muy diversas fuentes. Ante todo, se produciría una satisfacción por la excitación apropiada de las llamadas zonas erógenas, pudiendo funcionar como tales cada una de las partes de la piel y cada órgano de los sentidos —en realidad, todos y cada uno de los órganos—, mientras que existen determinadas zonas erógenas especiales, cuya excitación queda asegurada desde un principio por ciertos mecanismos orgánicos. Origínase, además, una excitación sexual, como producto accesorio, en una amplia serie de procesos orgánicos, en cuanto éstos alcanzan una determinada intensidad, y especialmente en todas las emociones inten-

[1] [Las últimas nueve palabras fueron insertadas en 1915. En la edición de ese año, las edades eran 'tres a cinco'. El 'dos' aparece en 1920.]

sas, aunque presenten un carácter penoso. Las excitaciones surgidas de todas estas fuentes no actuarían todavía conjuntamente, sino que cada una perseguiría su fin especial, limitado exclusivamente a la consecución de un determinado placer. En la infancia, la pulsión no estaría, por tanto, *unificada* y sería, al principio, autoerótica, careciendo de objeto.

Aun durante los años infantiles comenzaría a hacerse notar la zona erógena genital, produciendo, como toda otra zona erógena, una satisfacción ante una estimulación sensible apropiada u originándose de una manera no del todo comprensible, y simultáneamente a la satisfacción procedente de otras fuentes, una excitación sexual, relacionada especialmente con la zona genital. Hemos tenido que lamentar no poder alcanzar una explicación suficiente de las relaciones entre la satisfacción sexual y la excitación sexual, así como entre la actividad de la zona genital y la de las restantes fuentes de la sexualidad.

Por el estudio de las perturbaciones neuróticas hemos observado que la vida sexual infantil presenta desde un principio indicios de una organización de los componentes pulsionales sexuales. En una primera fase, muy temprana, se halla en primer término el erotismo oral. Una segunda de estas organizaciones «pregenitales» está caracterizada por el predominio del *sadismo* y del *erotismo anal*, y únicamente en una tercera fase es codeterminada la vida sexual por la participación de las zonas genitales propiamente dichas, esta última fase se desarrolla en los niños sólo hasta la primacía del falo.

Hemos fijado después como uno de los resultados más sorprendentes de nuestra investigación el de que este primer florecimiento de la vida sexual infantil, entre los dos y los cinco años, muestra también una elección de objeto, con todas sus reacciones anímicas; de manera que la fase correspondiente, a pesar de la defectuosa síntesis de los componentes sexuales y de la inseguridad del fin sexual, debe estimarse como antecedente muy importante de la posterior organización sexual definitiva.

La división en dos períodos del desarrollo sexual del

hombre, esto es, la interrupción de este desarrollo por la época de la latencia, nos parece digna de una especial atención, pues creemos que contiene una de las condiciones de la evolución del hombre hacia una civilización, pero también de su predisposición a la neurosis. En los animales más próximos al hombre no ha podido demostrarse, que yo sepa, nada análogo. La derivación del origen de esta cualidad humana habrá de buscarse en la historia primitiva del género humano.

No podemos decir qué cantidad de manifestaciones sexuales de la infancia debe considerarse como normal y no perjudicial a un posterior desarrollo. El carácter de las manifestaciones sexuales se manifiesta como predominantemente masturbatorio, y por experiencia admitimos, además, que las influencias exteriores, la seducción o corrupción, pueden hacer surgir interrupciones temporales del período de latencia y hasta traer consigo la total cesación del mismo, produciéndose el resultado de conservar en el niño una pulsión sexual polimórficamente perversa. Vemos asimismo que esta prematura actividad sexual del niño influye sobre su educabilidad.

A pesar de lo fragmentario de nuestros conocimientos de la vida sexual infantil, tuvimos que intentar estudiar las transformaciones motivadas en ella por la aparición de la pubertad. Como las más importantes, escogimos dos: la subordinación de todos los orígenes de excitación sexual bajo la primacía de las zonas genitales y el proceso del hallazgo del objeto. Ambas han quedado ya predeterminadas en la infancia. La subordinación de las excitaciones sexuales se realiza por medio de un mecanismo, que utiliza el placer preliminar; de modo que los actos sexuales productores de placer y excitación, independientes hasta entonces unos de otros, se convierten en actos preparatorios del nuevo fin sexual —la descarga de los productos genitales—, cuya consecución, acompañada de intenso placer, pone fin a la excitación sexual. Hubimos de tener en cuenta, al ocuparnos de esta cuestión, la diferenciación del ser sexual en hombre y mujer, y encontramos que para la maduración femenina es necesaria una nueva represión, que hace desaparecer una parte de virilidad infantil y prepara a la mujer para el cambio de la zona genital directiva. Por último, encontramos dirigida la elección de objeto por la inclinación infantil del sujeto, renovada en la pubertad, hacia sus padres o guardadores, y orientada por la barrera, puesta durante esta época, al incesto, hacia otras personas análogas a éstas, pero distintas de ellas. Añadamos, por último, que durante el período de transición de la pubertad marchan inconexos, pero unos junto a otros, los procesos evolutivos somáticos y psíquicos, hasta que con la aparición de una intensa emoción erótica psíquica, que produce la inervación de los genitales, queda constituida la unidad de la función erótica normalmente necesaria.

Factores perturbadores del desarrollo

Cada etapa de este largo período evolutivo puede convertirse en un punto de fijación, y cada junta de esta síntesis tan complicada, en motivo de disociación en la pulsión sexual, como ya hemos visto en el examen de diferentes ejemplos. Quédanos sólo llevar a cabo un ligero examen de los diversos factores, internos y externos, perturbadores del desarrollo, y ver qué punto del mecanismo es atacado por la perturbación de ellos emanada. Estos factores, que expondremos seguidamente, no son, ni mucho menos, de un igual valor, y debemos estar preparados a las dificultades que surgirán al tratar de dar a cada uno de ellos la valoración correspondiente.

Constitución y herencia

En primer lugar debemos citar aquí la innata *diversidad de la constitución sexual*, factor el más importante; pero que, como puede comprenderse, sólo es deducible de sus manifestaciones posteriores, y no siempre con seguridad. Bajo el concepto de diversidad innata de la constitución sexual nos representamos un predominio de esta o aquella fuente de excitación sexual, y creemos que tal diversidad de las disposiciones tiene que exteriorizarse en el último resultado, aunque éste consiga mantenerse dentro de los límites de lo normal. Cierto es que pueden sospecharse variaciones tales de la disposición original, que necesariamente y sin ayuda ninguna conduzcan al desarrollo de una vida sexual anormal. Estas variaciones pueden denominarse *degenerativas,* y considerarse como manifestaciones de una degeneración heredada. Con respecto a esto debo hacer constar un hecho singular. En más de la mitad de los casos graves de histeria, neurosis obsesiva, etc., sometidos por mí a la psicoterapia, he logrado hallar la prueba de que uno de los progenitores del sujeto había padecido antes del matrimonio una infección sifilítica; dato que me ha sido proporcionado ya por confesarme el sujeto que uno de sus ascendientes había padecido o padecía una tabes o una parálisis progresiva, ya de otro modo cualquiera en el curso de la anamnesis. Hago constar especialmente que los niños enfermos de neurosis por mí tratados no presentaban signo físico alguno de sífilis hereditaria; de manera que la constitución sexual anormal podía considerarse en ellos como la última ramificación de la herencia luética. De este modo, hallándome lejos de considerar como condición etiológica regular o indispensable para la constitución neuropática la sífilis de los progenitores, tengo de todas maneras que reconocer como muy importantes, y no sólo debidas a la casualidad, las coincidencias por mí observadas.

Las circunstancias hereditarias de los perversos positivos son menos conocidas, pues estos sujetos saben eludir la investigación. Está, sin embargo, justificado el aceptar que a las perversiones puede aplicarse algo análogo a lo que aplicamos a la neurosis. Con frecuencia encontramos la perversión y la psiconeurosis en la misma familia, y distribuidas de tal manera con respecto a los sexos, que los miembros masculinos o uno de ellos son perversos positivos y, en cambio, los femeninos, correlativamente a la tendencia de su sexo a la represión, son perversos negativos o histéricos, cosa que constituye una buena prueba de las relaciones esenciales halladas por nosotros ante ambas perturbaciones.

Elaboración ulterior

No puede, sin embargo, afirmarse que con la agregación de los diversos componentes de la constitución sexual quede inequívocamente determinado el carácter de la vida sexual. La condicionalidad continúa y aparecen otras posibilidades, según el destino que corresponda a las diversas agregaciones de sexualidad, procedentes de cada una de las fuentes. Esta elaboración posterior es claramente el factor decisivo, mientras que una misma constitución puede conducir a tres resultados distintos. Cuando todos los factores se conservan en la interrelación aceptada como anormal y se fortifican con la maduración, el resultado final no puede ser más que una vida sexual perversa. El análisis de tales disposiciones constitucionales anormales no ha sido llevado a cabo seriamente todavía, pero conocemos ya casos que encuentran fácilmente su explicación en esta hipótesis. Ciertos autores opinan, por ejemplo, que toda una serie de perversiones por fijación tiene como condición necesaria una debilidad innata de la pulsión sexual. En esta forma me parece inaceptable tal condición, que se convierte, en cambio, en una hipótesis muy significativa cuando se refiere no a una debilidad innata de la pulsión sexual, sino a una debilidad constitucional de uno de los factores de la misma; esto es, de la zona genital, a la cual ha de corresponder más tarde la función de coordinar todas estas actividades sexuales aisladas a los fines de la procreación. Esta síntesis exigida en la pubertad tiene que fracasar en estos casos, y los más fuertes entre los demás componentes de la sexualidad conseguirán exteriorizarse como perversiones.

Otro resultado final aparece cuando en el curso del desarrollo experimentan el proceso de represión algunos de los componentes de excesiva energía, debiendo tenerse en cuenta que este proceso de represión no corresponde por completo a una desaparición total de los elementos reprimidos. Los impulsos que sucumben a este proceso siguen originándose; pero un obstáculo psíquico les impide llegar hasta su fin, rechazándolos hacia otros caminos, hasta que logran manifestarse en calidad de síntomas. El resultado puede ser una vida sexual aproximadamente normal —en general muy limitada—, pero que se completa por la enfermedad psiconeurótica. Precisamente estos casos han llegado a ser muy conocidos por la investigación psicoanalítica de los neuróticos. La vida sexual de tales personas ha empezado como la de los perversos, y una gran parte de su infancia está llena de actividades sexuales perversas que en ocasiones se extienden hasta llenar un gran período de la época de madurez. Posteriormente, y por causas internas (en la mayoría de los casos antes de la pubertad, pero en algunos, bastante tiempo después), tiene lugar una transformación represiva, y desde este momento en el lugar de la perversión aparece la neurosis, sin que por esto desaparezcan los antiguos sentimientos. Esto nos recuerda el refrán «Joven prostituta, vieja beata». Pero lo que sucede es que la juventud ha sido aquí excesivamente corta. Tal solución de la perversión por la neurosis, en la vida de la misma persona, así como la distribución antes indicada de perversión y neurosis en diversas personas de la misma familia, debe considerarse relacionada con nuestro conocimiento de que la neurosis es el negativo de la perversión.

Sublimación

El tercer desenlace a que puede llegar una disposición normal se hace posible por el proceso de la *sublimación*, en el cual es proporcionada una derivación y una utilización, en campos distintos, a las excitaciones de energía excesiva, procedentes de las diversas fuentes de la sexualidad; de manera que de la peligrosa disposición surge una elevación de la capacidad de rendimiento psíquico.

Hállase aquí, por supuesto, una de las fuentes de la actividad artística, y según que tal sublimación sea completa o incompleta, el análisis del carácter de personas de alta intelectualidad, y en especial de las que poseen aptitudes artísticas, revelará con mayor o menor precisión esta relación mixta entre la capacidad de rendimiento, la perversión y la neurosis. Una especie de sublimación es también el dominio de los impulsos sexuales por medio de la *formación de reacciones,* que tiene lugar al comienzo del período de latencia infantil y continúa durante toda la vida en los casos favorables. Lo que llamamos el «carácter» de un hombre está construido en gran parte con un material de impulsos sexuales, y se compone de las pulsiones fijadas desde la niñez, de las adquiridas por sublimación y de aquellas construcciones destinadas al sometimiento efectivo de los impulsos perversos y reconocidos como inutilizables[1].

Así, pues, la disposición sexual general perversa de la infancia puede considerarse como la fuente de toda una serie de nuestras virtudes, en cuanto da motivo a la creación de las mismas por la formación de reacciones[2].

---

[1] El psicoanálisis ha conseguido fijar una relación entre ciertos rasgos del carácter y determinados elementos erógenos. Así, la obstinación, la economía y el orden se derivarían del erotismo anal. En cambio, la ambición sería determinada por una intensa disposición al erotismo uretral. [Cf. Freud 1908b.]

[2] E. Zola, profundo conocedor de la naturaleza humana, nos presenta en *La joie de vivre,* una muchacha que sacrifica gozosamente, y sin esperanza de recompensa, su fortuna y sus aspiraciones a las personas amadas. Durante su infancia la había dominado una insaciable necesidad de cariño, que incluso la condujo a mostrarse cruel en una ocasión en la que se vio postergada a otra niña.

Enfrente de los procesos de represión y sublimación, cuyas condiciones internas nos son totalmente desconocidas, muestran menos significado e importancia todas las demás influencias. Aquel que considere la represión y la sublimación como partes integrantes de la disposición constitucional y exteriorizaciones de la misma, podrá afirmar, desde luego, que la constitución definitiva de la vida sexual es, ante todo, el resultado de la constitución innata. Pero no se puede negar que en tal acción conjunta de factores puede también haber lugar para la influencia modificante de los sucesos vividos accidentalmente en la infancia y en las épocas posteriores de ella. No es fácil valorar la acción de los factores constitucionales y accidentales en su recíproca relación. En teoría existe una inclinación a exagerar la valoración de los primeros. La práctica terapéutica hace resaltar, en cambio, la importancia de los últimos. No deberá nunca olvidarse que entre unos y otros existe siempre una relación de cooperación y no de exclusión. El factor constitucional debe esperar sucesos que le hagan entrar en acción, y el factor accidental necesita apoyarse en el constitucional para comenzar a actuar. En la mayoría de los casos debemos representarnos una «serie complementaria», en la cual la intensidad que se debilita en uno de los factores es equilibrada por la del otro, que aumenta en grado proporcional. Pero no tiene objeto ninguno negar la existencia de casos extremos en los puntos finales de la serie.

Conforme a la investigación psicoanalítica, debe atribuirse a los sucesos de la primera infancia un puesto principal entre los factores accidentales. Una de las series etiológicas se divide entonces en dos, que pueden denominarse, respectivamente, *serie disposicional* y *serie definitiva.* En la primera actúan la constitución y los sucesos accidentales de la infancia, de la misma manera conjunta que en la segunda la disposición y los posteriores sucesos traumáticos. Todos los factores perjudiciales para el desarrollo sexual exteriorizan su acción haciendo surgir una *re-*

gresión; esto es, un retorno a una fase evolutiva anterior.

Continuaremos aquí nuestra labor de exponer los factores que hemos llegado a conocer como más influyentes en el desarrollo sexual, sea que representen poderes efectivos o simplemente manifestaciones de los mismos.

Madurez precoz

Uno de tales factores es la precocidad sexual espontánea, que se revela invariablemente en la etiología de las neurosis, aunque, como todos los demás factores, no alcance tampoco por sí solo a constituir causa suficiente del proceso patológico. Se manifiesta en una interrupción, una abreviación o una supresión del período de latencia infantil, y ocasiona perturbaciones, provocando manifestaciones sexuales que, dado el débil desarrollo de las inhibiciones sexuales y el escaso desarrollo del sistema genital, no pueden presentar otro carácter que el de perversiones. Estas tendencias a la perversión pueden conservarse como tales, o devenir, tras de la aparición de represiones, fuerzas originantes de síntomas neuróticos. En todo caso, la temprana madurez sexual dificulta el dominio posterior de la pulsión sexual por las instancias psíquicas superiores y eleva el carácter impulsivo inherente ya a las representaciones psíquicas de la pulsión.

La madurez sexual temprana aparece con frecuencia paralelamente a un desarrollo intelectual prematuro; circunstancias ambas que se encuentran unidas en la historia infantil de los individuos más eminentes, pareciendo, por tanto, no actuar tan patógenamente cuando aparecen juntas como cuando sólo tiene lugar la precoz maduración sexual[1].

[1] [Cf. algunas observaciones sobre esta cuestión en el historial de 'Juanito' (1909b), Standard Ed., 10, 142. El parágrafo que sigue fue agregado en 1915.]

También el factor tiempo reclama particular atención. La filogénesis parece haber fijado el orden en que han de ser activadas las diferentes tendencias y la duración de sus actividades hasta ser sustituidas por otras nuevas o sucumbir a una represión. Sin embargo, tanto en la sucesión como en la duración de estas tendencias existen variantes susceptibles de ejercer una influencia decisiva sobre el resultado final. No puede ser indiferente que una determinada corriente surja antes o después de la corriente antagónica correspondiente, pues los efectos de una represión no pueden ya anularse. La alteración del orden temporal en la síntesis de los componentes de la pulsión sexual se reflejará en una modificación de resultado. Por otra parte, el curso de aquellas tendencias que surjen con cierta intensidad puede ser de una rapidez sorprendente. Así sucede, por ejemplo, con la tendencia heterosexual de los futuros homosexuales manifiestos. Las tendencias infantiles, por muy violentas que parezcan, no justifican el temor de que puedan dominar duraderamente el carácter del adulto, y debe esperarse su desaparición y sustitución por sus contrarias («los tiranos suelen reinar poco tiempo»).

No podemos ni siquiera indicar de qué pueden depender tales perturbaciones temporales de los procesos evolutivos. Se abre aquí una visión sobre una falange de problemas biológicos y quizá históricos, a los que no nos hemos acercado aún lo suficiente para comenzar un combate.

Adherencia

La importancia de todas las manifestaciones sexuales precoces es acrecentada por la existencia de un factor psíquico de origen desconocido en el que no podemos ver por ahora más que un concepto psicológico provisional. Se trata de la *adherencia* o *fijación* prolongada de estas tempranas impresiones sexuales en los futuros neuróticos o perversos, pues en los demás individuos no llegan a ejercer una influencia suficiente para forzarlos compulsivamente a buscar su repetición y determinar para toda la vida la dirección de su pulsión sexual. La explicación de esta adherencia estaría quizá en otro hecho psicológico, del que no es posible prescindir en la etiología de la neurosis. Nos referimos al predominio de las huellas mnémicas sobre las impresiones recientes. Este hecho psicológico depende, desde luego, del grado de desarrollo intelectual, y su importancia aumenta en razón directa de la cultura personal del sujeto. Inversamente, se dice que los salvajes son los «desdichados hijos del momento»[1]. A causa de la relación antagónica existente entre la civilización y el libre desarrollo de la sexualidad, relación cuyas consecuencias podemos perseguir hasta estratos muy profundos de la conformación de nuestra vida, la forma en que se haya desarrollado la vida sexual del niño entrañará máxima importancia para su existencia ulterior en las civilizaciones y capas sociales superiores, y será indiferente en las más bajas.

Fijación

Los citados factores psíquicos influyen tan sólo sobre las excitaciones accidentales experimentadas por la sexualidad infantil. Tales excitaciones, y en primer lugar la seducción por otros niños o por adultos, aportan el material, que con ayuda de dichos factores puede quedar fijado en una perturbación duradera. Una buena parte de las desviaciones posteriores observables de la vida sexual nor-

[1] No parece aventurado suponer que una especial intensidad de esta capacidad de fijación sea también otra de las consecuencias de una actividad sexual somática particularmente intensa en años más tempranos. [En otros puntos habla de esta susceptibilidad a la fijación en términos de «la libido» Cf. por ejemplo Lecciones 22 y 23 de *Introducción al psicoanálisis* (1916-17), *El malestar de la cultura* (1930a), cap. 5, donde Freud habla de los casos de «inercia de la libido».]

mal ha sido fijada desde el principio en los perversos y en los neuróticos por impresiones del período infantil, aparentemente libre de toda sexualidad.

En la causación intervienen la constitución, la madurez temprana, la intensidad de la adherencia y la casual excitación de la pulsión sexual por influencias exteriores.

El resultado, poco satisfactorio, de estas investigaciones sobre las perturbaciones de la vida sexual se debe a nuestra ignorancia de los procesos biológicos, que constituyen la esencia de la sexualidad, no siéndonos posible construir con los escasos datos que poseemos una teoría capaz de explicar suficientemente los caracteres, tanto normales como patológicos, de la actividad sexual.

Teorías sexuales de los niños *

Los materiales del presente estudio proceden de diversas fuentes. En primer lugar, de la observación inmediata de las manifestaciones y actividades infantiles; en segundo, de los recuerdos infantiles conscientes, comunicados por individuos neuróticos adultos, durante el tratamiento psicoanalítico, y, por último, de la traducción a lo consciente de los recuerdos inconscientes de tales individuos neuróticos y de las deducciones y construcciones resultantes de sus análisis.

El hecho de que la primera de tales fuentes no haya proporcionado ya, por sí sola, todo el material interesante depende de la conducta generalmente observada por los adultos con respecto a la vida sexual infantil. Pretendiendo que el niño no desarrolla actividad sexual alguna, se omite realizar una labor de observación en este sentido y, por otro lado, se coartan apresuradamente todas aquellas manifestaciones infantiles que pudieran ser signos de tal

* 1908. El original alemán fue publicado por primera vez en el volumen 4 de Sexual-Probleme. Ind. en Standard Edition, 9, 209.

actividad y, como tales, merecedoras de atención y estudio. Así, pues, las ocasiones de utilizar esta fuente, la más pura y generosa, de todas, son limitadísimas. Con respecto al material procedente de las manifestaciones espontáneas de individuos adultos sobre sus recuerdos infantiles conscientes, podrá objetarse, a lo más, la posibilidad de una alteración de tales recuerdos al ser evocados en el análisis; pero, aparte de esto, habrá de tenerse en cuenta, al valorarlo, que los sujetos correspondientes han enfermado, ulteriormente, de neurosis. Por último, el material extraído de la tercera de las fuentes citadas será objeto de todos aquellos ataques que se acostumbra dirigir contra las garantías de la investigación psicoanalítica y la seguridad de las conclusiones de ella deducidas. Por nuestra parte, sólo aduciremos aquí que el conocimiento y la práctica de la técnica psicoanalítica procuran en plazo brevísimo una amplia confianza con sus resultados. Con referencia a los que integran este trabajo, puedo garantizar haber procedido en su deducción con máximo cuidado.

Otra cuestión harto difícil de decidir es la de hasta qué punto debe presuponerse en todo sujeto infantil, sin excepción alguna, lo que aquí nos proponemos exponer sobre los niños en general. El influjo de la educación y la distinta intensidad de la pulsión sexual han de dar, seguramente, origen a grandes oscilaciones individuales en la conducta sexual infantil, determinando, especialmente, la emergencia más o menos temprana del interés sexual. Por esta causa no he articulado mi exposición conforme a épocas infantiles sucesivas, prefiriendo presentar reunido todo aquello que la vida infantil nos ofrece en épocas más o menos tempranas, según el sujeto. Desde luego, tengo la convicción de que ningún niño —o, por lo menos, ningún niño de inteligencia completa o superior— llega a la pubertad sin que los problemas sexuales hayan ocupado ya su pensamiento en los años *anteriores* a la misma.

No me parece en absoluto importante la alegación de que los neuróticos constituyen una clase especial de individuos, caracterizados por una disposición degenerativa, de cuya vida infantil no es lícito deducir conclusiones sobre la infancia en general. Los neuróticos son hombres como los demás, sin que sea posible diferenciarlos con precisión de los normales, ni distinguirlos en su infancia de los que luego se conservan sanos. Uno de los más valiosos resultados de nuestras investigaciones psicoanalíticas ha sido el de comprobar que las neurosis no poseen un contenido psíquico peculiar y exclusivo suyo, pudiéndose afirmar así, según expresión de C. G. Jung, que los neuróticos enferman a consecuencia de aquellos mismos complejos con los cuales luchan los sanos. La diferencia está en que los sanos saben dominar tales complejos sin sufrir graves daños, prácticamente comprobables, mientras que el neurótico no consigue dominarlos sino al precio de costosos productos sustitutivos, cuya emergencia equivale prácticamente al fracaso de la labor desarrollada para alcanzar tal dominio. Las diferencias entre neuróticos y normales son mucho menores en la infancia, por lo cual no podemos considerar como un error de método el aprovechamiento de los recuerdos infantiles de los neuróticos, para deducir de ellos, por analogía, conclusiones sobre la infancia normal. Además, como los individuos ulteriormente neuróticos suelen traer consigo al mundo, en su constitución, una pulsión sexual muy intensa, que tiende a madurar y manifestarse prematuramente, sus recuerdos de la niñez nos permitirán aprehender gran parte de la actividad sexual infantil con una claridad y una precisión mucho mayores de las que nos es posible obtener aplicando directamente a otros niños nuestras facultades de observación, nada penetrantes de por sí. De todos modos, el valor verdadero de este material procedente de las manifestaciones de individuos neuróticos adultos no podrá ser fijado hasta que se recojan también los recuerdos infantiles de los adultos *normales*, labor que ya hubo de iniciar Havelock Ellis[1].

A causa de las desfavorables circunstancias que presiden este género de investigaciones, nuestro presente tra-

[1] [Cf. Havelock Ellis, 1903, apéndice B. Freud se ocupó de los mismos en una nota al segundo de los *Tres ensayos* (1905).]

bajo se refiere casi exclusivamente al desarrollo sexual en los individuos masculinos. Pero el valor de una colección como la que aquí intentamos presentar puede no ser meramente descriptivo. El conocimiento de las teorías sexuales infantiles, tal y como el pensamiento infantil las conforma, puede ser interesante en más de un sentido, y así resulta serlo también, sorprendentemente, para la interpretación de los mitos y cuentos de hadas. Mas para lo que se demuestra indispensable es para la concepción de las neurosis mismas, en las cuales conservan aún todo su valor tales teorías infantiles y ejercen una influencia determinante sobre la estructura de los síntomas.

Si nos fuera posible renunciar a nuestra envoltura corporal, y una vez convertidos así en seres sólo pensamiento, procedentes, por ejemplo, de otro planeta; observar con mirada nueva y exenta de todo prejuicio las cosas terrenas, lo que más extrañaríamos sería, quizá, la existencia de dos sexos que, siendo tan *semejantes*, evidencian, no obstante, su diversidad con signos manifiestos. Mas no parece que los niños tomen también este hecho fundamental como punto de partida de sus investigaciones sobre los problemas sexuales. Conociendo desde el principio de su vida un padre y una madre, aceptan su existencia como una realidad que no precisa de investigación alguna. Idéntica conducta sigue el niño con respecto a una hermanita de la que no le separan sino uno o dos años. La curiosidad sexual de los niños no se despierta espontáneamente a consecuencia de una necesidad congénita de causalidad, sino bajo el aguijón de las pulsiones egoístas en ellos dominantes, cuando al cumplir, por ejemplo, los dos años se ven sorprendidos por la aparición de un nuevo niño. Aquellos niños que permanecen únicos en su casa se transfieren también a tal situación por sus observaciones en otras familias. La disminución —experimentada y temida— de los mimos familiares y la previsión de que en adelante deberán compartirlo todo con el recién llegado despiertan la sensibilidad del sujeto y aguzan su pensamiento. El niño mayor manifiesta una franca hostilidad a su competidor, exteriorizándola en juicios nada amables sobre el mismo, en el deseo de que «se lo vuelva a llevar la cigüeña», y a veces incluso en pequeños atentados contra la criatura que yace inerme en su cuna. Una mayor diferencia de edad debilita, por lo general, la expresión de esta hostilidad primaria. Asimismo, en el niño que permanece único puede llegar a dominar, más adelante, el deseo de tener un hermanito que le secunde en sus juegos como ha observado en otras casas.

Bajo el estímulo de estos sentimientos y preocupaciones comienza el niño a reflexionar sobre el primero y magno problema de la vida y se pregunta *de dónde vienen los niños* o, mejor dicho, en un principio, tan sólo de dónde ha venido aquel niño particular, el intruso que ha puesto fin a su privilegiada situación. En muchos de los enigmas que nos plantean los mitos y leyendas creemos percibir el eco de esta primera interrogación, que por su parte es, como toda investigación, un producto de la lucha del hombre con la vida, como si el pensamiento se viese planteada la labor de prevenir la repetición de un suceso tan temido. Supongamos, sin embargo, que el pensamiento del niño se libera pronto de la instigación en él provocada por el suceso indeseado y continúa laborando como pulsión espontánea de investigación. Si el niño no ha sido ya muy intimidado, tomará, antes o después, el camino más próximo y acudirá en demanda de respuesta a sus padres y guardadores, que representan para él la fuente de todo conocimiento. Pero este camino falla en absoluto. Las personas interrogadas eluden la respuesta, reprochan al niño su curiosidad o salen del paso recurriendo a una fábula cualquiera —en los países germanos, a la de la cigüeña, muy importante desde el punto de vista mitológico, y según la cual es esta ave la que trae a los niños, cogiéndolos del agua—. Tengo mis razones para suponer que el número de los niños que no se satisfacen con esta explicación y la acogen con intensa incredulidad es mucho mayor de lo que los padres suponen. Sé de un niño de tres años que pocos momentos después de obtener tal explicación fue echado de menos en su casa y hallado a la orilla de un estanque próximo, adonde había acudido para ver a los niños que la cigüeña iba a buscar en él. Otro dio tímida expresión a su incredulidad, asegurando en el acto que quien traía a los niños no era la cigüeña, sino... la garza real. Las múltiples observaciones que he realizado o me han sido comunicadas me han llevado a creer que los niños rehúsan toda fe a la teoría de la cigüeña, y que a partir de este primer engaño alimentan en sí una gran desconfianza hacia los «mayores» y mantienen ya secreta la prosecución de sus investigaciones. Pero en tales sucesos viven ya la primera ocasión de un «conflicto psíquico», puesto que ciertas opiniones suyas, por las que sienten una predilección de carácter pulsional, pero que no «parecen bien» a los mayores, chocan con las mantenidas por la autoridad de los mismos y que a ellos no les parecen aceptables. Este conflicto psíquico puede dar rápido origen a una «disociación psíquica». La opinión «oficial», cuya aceptación dará al niño nota de «juicioso», al mismo tiempo que coartará su actividad reflexiva, llegará a dominar en su psiquismo consciente; la otra, en cuyo favor ha aportado, entre tanto, la labor investigadora nuevas pruebas, que, sin embargo, habrán de ser rechazadas, será sojuzgada y pervivirá en estado inconsciente, quedando así constituido el complejo nodular de la neurosis[1].

Con el análisis de un niño de cinco años, llevado a cabo por su propio padre, que luego me autorizó a publicarlo[2], he aportado no hace mucho la prueba irrefutable de un descubrimiento hacia el cual me habían orientado ya mucho antes mis psicoanálisis de adultos. Sé ahora con certeza que las transformaciones provocadas en el aspecto de la madre por el embarazo no escapan a los ojos del niño, el cual no tarda luego en establecer la relación exacta entre un aumento de volumen de la madre y la aparición del nuevo infante. En el caso antes citado el niño

---

[1] [Pronto, después de este ejemplo en el Hombre de las Ratas (1909d) Freud utiliza este término como equivalente de lo que un poco más tarde llamaría el complejo de Edipo (1910f). En el presente pasaje, en el que aparece por primera vez tiene una aplicación menos precisa.]

[2] [El historial de Juanito (1909b) fue publicado poco después de este trabajo.]

tenía tres años y medio cuando nació su hermanita, y cuatro años y nueve meses cuando dejó ver, con transparentes alusiones, su exacto conocimiento de lo sucedido. Pero este temprano conocimiento es siempre mantenido secreto, y sucumbe más tarde a la represión y al olvido con todos los demás resultados de la investigación sexual infantil.

Así, pues, la fábula de la cigüeña no pertenece al número de las teorías sexuales infantiles. Por el contrario, la observación de los animales, que no disimulan su vida sexual y a los que tan afín se siente el niño, es lo que más coadyuva a robustecer su incredulidad. Con el descubrimiento de que la criatura se forma dentro del cuerpo de la madre, descubrimiento que el niño realiza aún por sí mismo y sin auxilio ninguno ajeno, se encontraría ya el infantil investigador en camino de resolver el problema en que primeramente pone a prueba sus energías intelectuales. Pero, llegado a este punto, ve impedido el progreso ulterior de su labor investigadora por el desconocimiento de un dato insustituible y por teorías erróneas que le son inspiradas por el estado de su propia sexualidad.

Estas falsas teorías sexuales, que ahora examinaremos, muestran un singularísimo carácter común. Aunque todas yerran de un modo grotesco, cada una de ellas contiene alguna parte de verdad, asemejándose en esto a aquellas teorías que calificamos de «geniales», edificadas por los adultos como tentativas de resolver los problemas universales que desafían el pensamiento humano. La parte de verdad integrada en estas teorías sexuales infantiles se explica por su derivación de los componentes de la pulsión sexual, activos ya en el niño, pues tales hipótesis no son el fruto de un capricho psíquico ni de impresiones casuales, sino de una necesidad de la constitución psicosexual, siendo ésta la razón de que podamos hablar de teorías sexuales infantiles típicas y hallemos en todos aquellos niños en cuya vida sexual nos es posible penetrar las mismas opiniones erróneas.

La primera de tales teorías se enlaza con el desconocimiento de las diferencias sexuales, indicado ya antes como característica infantil, que consiste en *atribuir a toda persona, incluso a las de sexo femenino, órganos genitales masculinos,* como los que el niño conoce por su propio cuerpo. Precisamente en aquella constitución sexual que reconocemos como «normal» es ya en la infancia el pene la zona erógena directiva y el principal objeto sexual autoerótico, y el valor que el sujeto le concede se refleja lógicamente en una imposibilidad de representarse a una personalidad análoga al *yo* sin un elemento tan esencial. Cuando el niño ve desnuda a una hermanita suya o a otra niña, sus manifestaciones demuestran que su prejuicio ha llegado a ser lo bastante enérgico para falsear la percepción de lo real[1]. Así, no comprueba la falta del miembro, sino que dice *regularmente,* como con intención consoladora y conciliante: «El... es aún pequeñito, pero ya le crecerá cuando vaya siendo mayor.» La imagen de la mujer provista de un miembro viril retorna aún en los sueños de los adultos. El durmiente, presa de intensa excitación sexual, se dispone a realizar el coito con una mujer; pero al desnudarla descubre, en lugar de los genitales femeninos, un cumplido miembro viril, y esta visión pone fin al sueño y a la excitación sexual. Las numerosas figuras hermafroditas que la antigüedad clásica nos ha legado reproducen fielmente esta representación infantil, generalmente extendida un día, siendo de observar que tal imagen no hiere la sensibilidad de la mayoría de los hombres normales, mientras que los casos reales de hermafroditismo genital despiertan casi siempre máxima repugnancia.

Cuando esta representación de la mujer provista de un miembro viril llega a quedar «fijada» en el niño, resistiendo a todas las influencias de la vida ulterior y creando la incapacidad de renunciar al pene en el objeto sexual, el sujeto —cuya vida sexual puede permanecer normal en todo otro aspecto— se hace necesariamente homosexual y bus-

---

[1] [Esta «falsa percepción» o como la nombra Freud después esta renegación devendrá más tarde la base de importantes discusiones teóricas cf. en particular el artículo sobre *El Fetichismo* (1927e) y el capítulo VIII del *Esquema del Psicoanálisis,* (1938), (1940a).]

ca sus objetos sexuales entre hombres que por algunos caracteres somáticos o anímicos recuerden a la mujer[1]. La mujer real, tal y como luego la descubre, no puede constituir nunca para él un objeto sexual, pues carece a sus ojos del atractivo sexual esencial, e incluso puede llegar a inspirarle horror, por su relación con otra impresión de su vida infantil. El niño en el que domina principalmente la excitación del pene contrae, por lo general, el hábito de procurarse placer por medio de estímulos manuales, y al ser sorprendido alguna vez por sus padres o guardadores en tales manejos es atemorizado con la amenaza de cortarle el miembro. El efecto de esta «amenaza de castración» es, como corresponde a la alta valoración del órgano amenazado, extraordinariamente profundo y duradero. Las leyendas y los mitos testimonian de la excitación y el espanto que en la sensibilidad infantil se enlazan a este complejo de la castración, el cual sólo muy a disgusto es recordado luego por la conciencia. La visión ulterior de los genitales femeninos, cuya forma interpreta como el resultado de una mutilación, recuerda al sujeto la amenaza anterior, despertando así aquéllos, en el homosexual, espanto en lugar de placer. Esta reacción no es ya susceptible de modificación alguna cuando el homosexual llega al conocimiento científico de que la hipótesis infantil que atribuye a la mujer la posesión de un pene no es, en realidad, tan errónea. La anatomía ha reconocido en el clítoris femenino el órgano homólogo al pene, y la fisiología de los procesos sexuales ha añadido que este pene incipiente y no susceptible de mayor desarrollo se conduce en la infancia de la mujer como un verdadero pene y constituye la sede de estímulos que incitan al sujeto a maniobras de carácter onanista, prestando su excitabilidad un marcado carácter masculino a la actividad sexual de la niña y haciéndose necesario, en los años de la pubertad, un avance de la represión destinado a desvanecer esta sexualidad masculina y dar nacimiento a la mu-

[1] [Freud vuelve sobre la cuestión en *Juanito* (1909b), Standard Edition, 10, 109.]

jer. La persistencia de la excitabilidad clitoridiana disminuye la función sexual de la mujer, haciéndola anestésica para el coito. Inversamente, la represión antes indicada puede también resultar excesiva y quedar entonces parcialmente anulados sus efectos por la emergencia de productos sustitutivos histéricos. Todos estos hechos muestran que existe cierta verdad en la teoría sexual infantil de que la mujer posee, como el hombre, un pene[1].

No es difícil observar que la niña comparte la elevada valoración que su hermano concede a los genitales masculinos. Muestra por esta parte del cuerpo de los niños un vivo interés, en el que no tarda en transparentarse la envidia. Se siente desaventajada, intenta orinar en la misma postura que los niños y afirma que hubiese preferido ser un chico. No creemos necesario puntualizar qué falta habría de compensar la realización de tal deseo.

Si el niño pudiera aprovechar para sus deducciones la indicación que supone la excitación experimentada en sus órganos genitales, se aproximaría considerablemente a la solución de su problema. El que el niño se forme dentro del cuerpo de la madre no es, desde luego, una explicación suficiente. ¿Cómo penetra en él? ¿Quién provoca su desarrollo? Es muy probable que el padre tenga algo que ver en ello, puesto que declara que el niño es «suyo»[2]. Por otro lado, la excitación que el niño siente en sus órganos genitales siempre que maneja en su pensamiento estas cuestiones, le hace sospechar que el pene ha de tener alguna intervención en tales enigmáticos procesos. A esta excitación se enlazan, además, impulsos que el niño no acierta a explicarse, oscuros impulsos a un acto violento, a una penetración, romper algo o abrir un agujero en alguna parte. Pero cuando el niño parece hallarse así en el mejor camino para postular la existencia de la vagina y descubrir, en la penetración del pene paterno en el cuerpo de la madre, el acto por medio del cual nace la cria-

---

[1] [Cf., *Tres ensayos* (1905d), 2.º ensayo, sección VI.]

[2] [Cf., el *Análisis de un niño de cinco años* (1909b), Standard Edition, 10, 133, 4.]

tura en el seno materno, queda bruscamente interrumpida la investigación al tropezar con la teoría de que la madre posee también, como el padre, un pene. La existencia de la cavidad que acoge al pene permanece, pues, ignorada por el niño, y el fracaso de sus meditaciones le hace cesar en ellas y olvidarlas más tarde. Pero tales cavilaciones y dudas se constituyen en prototipo de todo proceso mental ulterior encaminado a la solución de problemas, y el primer fracaso ejerce ya, para siempre, una influencia paralizante.

El desconocimiento de la vagina afirma también al niño en la segunda de sus teorías sexuales. Si el niño se forma dentro del cuerpo de la madre, desprendiéndose luego de él, tal separación no puede tener efecto sino por un solo camino; esto es, por el conducto intestinal. *El niño es expulsado como un excremento, en una deposición.* Cuando en años infantiles ulteriores vuelve esta cuestión al pensamiento del niño o llega a ser objeto de una conversación con alguno de sus compañeros, surge, como nueva explicación, la de que los niños nacen a través del ombligo o de una abertura practicada en el vientre de la madre, para extraerlos, como a Caperucita Roja de la barriga del lobo. Estas teorías son expuestas en voz alta y recordadas luego conscientemente, pues no contienen ya nada repulsivo. En cambio, los mismos niños han olvidado por completo que en años anteriores creían en otra distinta teoría del nacimiento, a la que se opone ahora la represión de los componentes sexuales anales, sobrevenida en el intervalo. En aquellos primeros tiempos, la defecación era algo de lo que se podía hablar sin asco en la *nursery.* El niño no se hallaba aún tan lejos de sus tendencias constitucionales coprófilas y no era para él nada degradante haber venido al mundo como una masa fecal, no condenada aún por la repugnancia. La teoría de la cloaca, exacta en tantos animales, era la más natural y la única que el niño podía encontrar verosímil.

Pensando consecuentemente, niega el niño a la mujer el doloroso privilegio de parir hijos. Si los niños son paridos por el ano, también el hombre puede parirlos. Así, pues, el niño puede fantasear que da a luz un hijo, sin que por ello hayamos de imputarle tendencias femeninas[1]. Tales fantasías no son sino un resto de actividad de su erotismo anal.

Cuando la teoría de la cloaca perdura en la conciencia del niño en ulteriores años infantiles, cosa que sucede algunas veces, trae también consigo una solución del problema de la génesis de los niños, aunque ya no de carácter primitivo. Sucede entonces como en los cuentos. Se tiene un niño por haber comido una determinada cosa. Las enfermas mentales suelen luego reanimar esta teoría infantil. Así, una maníaca, al recibir la visita del médico, le conducirá ante un montón de excrementos que ha depositado en un rincón de su celda y se lo mostrará diciendo: «Mire usted el niño que he tenido hoy.»

La tercera de las teorías sexuales infantiles típicas surge cuando los niños llegan a ser testigos casuales del comercio sexual de sus padres, aunque, naturalmente, no hayan conseguido más que una percepción muy incompleta del mismo. Pero cualquiera que haya sido el objeto de su percepción —la situación recíproca de los dos protagonistas, los ruidos o ciertos detalles accesorios—, *su interpretación del coito es siempre de carácter sádico,* viendo en él algo que la parte más fuerte impone violentamente a la más débil y comparándolo, sobre todo los observadores masculinos, a una lucha cuerpo a cuerpo, como las que ellos sostienen con sus camaradas de juego, y que no dejan de integrar una cierta mezcla de excitación sexual. No he podido comprobar que los niños descubran en tales escenas por ellos sorprendidas el dato que les faltaba para la solución de su problema. En muchos casos parecía que si tal relación permanecía oculta a los ojos de los niños, era precisamente por haber interpretado el acto erótico como un acto de violencia. Pero esta interpretación parece, a su vez, un retorno de aquel oscuro impul-

[1] [Freud llamó la atención más tarde acerca de la estrecha conexión existente entre el erotismo anal y una actitud femenina cf., por ejemplo, Standard Edition, 17, 81.]

so a una acción cruel que se enlazaba con la excitación del pene en las primeras meditaciones del infantil sujeto sobre el problema del origen de los niños. No puede negarse tampoco la posibilidad de que aquel temprano impulso sádico, que casi habría dejado adivinar el coito, surgiera por su parte bajo el influjo de oscurísimas reminiscencias del comercio sexual de los padres; reminiscencias cuyo material habría reunido el niño, sin utilizarlo aún, durante los primeros años de su vida, en los que compartió la alcoba de sus progenitores[1].

La teoría sádica del coito, que, al no ser relacionada con otras impresiones, induce al sujeto en error en lugar de aportarle una confirmación de sus hipótesis, es, a su vez, expresión de uno de los componentes sexuales congénitos, más o menos intenso en cada niño, y en consecuencia resulta parcialmente exacta, adivinando en parte la esencia del acto sexual y la «lucha de los sexos» que a él precede. No es tampoco raro que el niño encuentre confirmada esta teoría suya por observaciones casuales que aprehende en parte exacta y en parte erróneamente, o incluso de un modo antitético. En muchos matrimonios se resiste realmente la mujer al abrazo conyugal, que no le proporciona placer alguno, y trae, en cambio, consigo el peligro de un nuevo embarazo. La madre ofrece así al niño, que supone dormido (o que finge estarlo), una impresión que no puede ser interpretada sino como una defensa contra un acto de violencia. Otras veces es toda la vida conyugal la que ofrece al niño el espectáculo de una continua disputa expresada en palabras y gestos hostiles, no pudiendo así extrañar al infantil observador que tal disputa prosiga por la noche y tenga el mismo desenlace violento que sus diferencias con sus hermanos o compañeros de juegos.

Las huellas de sangre en las sábanas o en la ropa interior de la madre confirman también las hipótesis sádi-

[1] En una obra autobiográfica —*Monsieur Nicolas ou le cœur humain dévoilé*— publicada en 1794 confirma Restif de la Bretonne esta errónea interpretación sádica del coito al relatar una impresión de sus cuatro años.

cas del niño, que ve en ellas una prueba de que el padre ha repetido durante la noche sus violencias, cuando la interpretación real sería más bien la de una pausa en el comercio sexual. El «horror a la sangre» de ciertos neuróticos sólo resulta explicable relacionándolo con estas impresiones infantiles. El error infantil integra aquí de nuevo alguna parte de verdad, puesto que la efusión de sangre constituye, en determinadas circunstancias, una prueba de la iniciación sexual.

En una relación menos estrecha con el insoluble problema del origen de los niños se pregunta también el sujeto infantil en qué consiste el «estar casado», y da a esta interrogación respuestas distintas, según las coincidencias de sus observaciones ocasionales de las relaciones de sus padres con sus propias pulsiones parciales, aún revestidos de placer. Tales respuestas no parecen integrar más que un solo elemento común: el de prometerse en el matrimonio una consecución de placer y una superación del pudor. La teoría más frecuentemente hallada por mí ha sido la de que los casados *orinan uno delante del otro, o que el marido orina en el orinal de la mujer*, variante que parece querer indicar simbólicamente un más exacto conocimiento.

Otras veces se transfiere el sentido del matrimonio al hecho de *enseñarse mutuamente el trasero* (sin avergonzarse).

En un caso en el que la educación había conseguido retrasar más de lo corriente el conocimiento de lo sexual, la sujeto, una muchacha de catorce años, en la que ya se había iniciado la menstruación, concibió, bajo la sugerencia de sus lecturas, la idea de que el matrimonio consistía en que los cónyuges *mezclaban su sangre*, y como su hermana menor no menstruaba aún, intentó una agresión sexual contra una amiga que le comunicó hallarse menstruando a la sazón, queriendo obligarla a una tal «mezcla de sangre».

Las opiniones infantiles sobre la esencia del matrimonio suelen perdurar en la memoria consciente del sujeto y entrañan gran importancia para la sintomática de las eventuales neurosis ulteriores. En un principio, se crean expresiones en aquellos juegos infantiles en los cuales realizan los niños unos con otros aquellos actos que suponen constituir el matrimonio, y posteriormente el deseo de estar casado puede elegir la expresión infantil y emerger en una fobia inexplicable a primera vista, o en el síntoma correspondiente[1].

Tales serían las principales teorías sexuales típicas del niño, estructuradas por él espontáneamente, en temprana edad infantil, bajo la sola influencia de los componentes pulsionales sexuales. Sé muy bien que no he conseguido aún reunir todo el material existente ni relacionar sin solución de continuidad alguna estos productos mentales con el resto de la vida infantil. Por lo menos, añadiré todavía algunas observaciones que toda persona conocedora de la cuestión habrá de echar de menos. Así, la importante teoría de que los niños son engendrados en un beso, teoría que delata claramente el predominio de la zona erógena bucal. Que yo sepa, esta teoría es exclusivamente femenina y la hallamos a veces con carácter patógeno en muchachas cuya investigación sexual infantil ha sido rigurosamente coartada por sus padres o guardadores. Una de mis pacientes llegó por sí sola, merced a una observación casual, a la teoría de la *couvade*, que, como es sabido, constituye en algunos pueblos una costumbre general, encaminada muy probablemente a desvanecer las dudas sobre la paternidad, nunca libre de ellas. Habiendo advertido que un tío suyo, individuo un tanto original, permanecía varios días sin salir de casa después de tener su mujer un niño y recibía a las visitas en bata, dedujo que ambos cónyuges participaban en el parto y tenían que guardar cama.

Hacia los diez o los once años suelen llegar a los niños las primeras revelaciones sexuales. Un niño, criado en un ambiente social más libre o que ha tenido mejores ocasiones de observar hechos sexuales, comunica a los demás

[1] Los juegos infantiles más importantes en este aspecto son los de la «visita del médico» y «papá y mamá».

sus descubrimientos, porque le hacen aparecer «más hombre» ante sus camaradas. Lo que así descubren los niños es casi siempre la verdad; esto es, la existencia de la vagina y su destino; más, aparte de esto, las revelaciones que así se hacen unos niños a otros suelen contener también errores y residuos de las anteriores teorías sexuales infantiles. Casi nunca son completas ni suficientes para la solución del problema primitivo. El desconocimiento de la sustancia seminal impide ahora, como antes el de la vagina, la solución definitiva, pues el niño no puede adivinar que el miembro viril destila una sustancia distinta de la orina. A estas revelaciones de los años próximos a la pubertad se enlaza un nuevo impulso de la investigación sexual infantil. Pero las teorías que desarrollan los niños ahora carecen ya de aquel sello típico y primitivo que caracteriza a las tempranas teorías sexuales infantiles primarias, edificadas durante una época en la que los componentes sexuales podían emerger en ellas sin obstáculos ni modificación algunos. No me ha parecido que los esfuerzos mentales ulteriores merezcan ser recogidos, no pudiendo tampoco serles atribuida una importancia patógena. Su diversidad depende, naturalmente, en primer término, de la naturaleza de las explicaciones comunicadas al niño, y su importancia está en que vuelven a despertar las huellas, ya inconscientes, de aquel primer período de interés sexual, no siendo raro ver enlazarse a ellos una actividad sexual onanista y un principio de extrañamiento sentimental de los padres. De aquí el juicio condenatorio de los educadores, que pretenden que tales revelaciones sexuales en estos años «pervierten» a los niños.

Unos cuantos ejemplos nos mostrarán qué elementos integran estas ulteriores cavilaciones sexuales de los niños. Una niña confiesa haber oído decir a sus condiscípulas que el marido da a la mujer un huevo que ella empolla dentro de su cuerpo. Un niño, a quien también ha sido comunicada esta teoría, identifica el «huevo» con los testículos los cuales se llaman vulgarmente de igual modo, y se rompe los cascos pensando cómo puede renovarse en cada caso el contenido del escroto. Las revelaciones infantiles son casi siempre insuficientes para prevenir dudas esenciales sobre el proceso de la vida sexual. Así, una niña supone que el acto sexual es realizado una sola vez y dura largo tiempo, hasta veinticuatro horas, procediendo luego de esta única vez, sucesivamente, todos los hijos. Podría sospecharse que esta teoría había sido sugerida a la niña por un previo conocimiento de la reproducción de ciertos insectos. Pero esta hipótesis no se confirma jamás. Otras niñas no advierten la duración del embarazo y suponen que el niño nace inmediatamente después de la primera noche conyugal. Marcel Prévost ha utilizado este error de las adolescentes en una divertida narración, que forma parte de sus *Cartas de mujeres*[1]. El tema de esta ulterior investigación sexual de los niños o de los adolescentes que han permanecido en una fase infantil es difícil de agotar y no carece, en general, de interés; mas por ahora habré de limitarme a indicar que en tal investigación llegan también los niños a conclusiones erróneas, destinadas a contradecir otros conocimientos anteriores, más exactos, pero reprimidos ya e inconscientes.

También tiene su importancia la forma en que los niños reaccionan a las explicaciones que les son dadas. En algunos de ellos ha alcanzado ya la represión sexual tan alto grado, que se niegan a dar oídos a toda explicación y logran permanecer ignorantes hasta una época avanzada, o por lo menos *aparentemente* ignorantes, pues en los análisis de individuos neuróticos surgen a la luz los conocimientos sexuales que el sujeto poseyó en su temprana infancia y sucumbieron luego a la represión, quedando relegados a lo inconsciente. Sé también de dos niños, entre los diez y los trece años, que después de escuchar serenamente una explicación sexual, respondieron a su iniciador: «Es posible que *tu* padre y otras personas hagan eso, pero de *nuestro* padre estamos seguros que no lo haría jamás.» Mas por distinta que pueda ser esta conducta ulterior de los niños ante la satisfacción de su curiosidad

---

1 [Cf., Prévost, La noche de Raymonde, *Nuevas cartas de mujeres.*]

sexual, hemos de aceptar, para sus primeros años infantiles, un proceder totalmente uniforme y creer que, por entonces, se afanaban por averiguar lo que los padres hacían entre sí para tener niños.

LA ORGANIZACION GENITAL INFANTIL (1923)*

(ADICION A LA TEORIA SEXUAL)

La investigación psicoanalítica ofrece tales dificultades que no es imposible desatender consecuentemente, durante decenios enteros de continua observación, rasgos generales y hechos característicos hasta un momento en que nos salen al paso y se imponen a nuestra atención. El presente trabajo tiende a rectificar tal omisión en el estudio de la evolución sexual infantil.

Los lectores de mis *Tres ensayos para una teoría sexual* (1905)[1] no ignorarán que ninguna de las posteriores ediciones de dicha obra constituye una refundición total de la primera, habiéndome limitado a integrar en ellas, por medio de interpolaciones y modificaciones, los progresos de nuestro conocimiento, pero sin alterar la ordenación primitiva. Resulta, por tanto, muy posible que el texto primitivo y las adiciones y modificaciones ulteriores no aparezcan algunas veces plenamente fundidos en

* Publicado por primera vez en *Int. Z. Psychoanal, Incl.* en Standard Ed., 19, 141.

[1] El libro de Bolsillo, núm. 386.

una unidad libre de contradicciones. Al principio, el acento recaía sobre la diferencia fundamental entre la vida sexual de los niños y la de los adultos. Más tarde pasaron al primer término las *organizaciones pregenitales* de la libido y el *desdoblamiento* de la evolución sexual en *dos fases*, hecho éste tan singular como rico en consecuencias. Por último, atrajo nuestro interés la *investigación sexual infantil*, y partiendo de ella, llegamos a descubrir la *gran afinidad de la forma final de la sexualidad infantil* (hacia los cinco años) con la estructura definitiva sexual del adulto. Hasta aquí, la última edición (1922) de mi teoría sexual.

En las páginas de esta edición[1] afirmo que

> con frecuencia, o regularmente, tiene ya efecto en los años infantiles una elección de objeto semejante a la que caracteriza la fase evolutiva de la pubertad; elección que se verifica orientándose todas las pulsiones sexuales hacia una única persona, en la cual desean conseguir sus fines. Es ésta la máxima aproximación posible en los años infantiles a la estructura definitiva de la vida sexual posterior a la pubertad. La diferencia está tan sólo en que la síntesis de las pulsiones parciales y su subordinación a la primacía de los genitales no aparecen aún establecidas en la infancia, o sólo muy imperfectamente. La constitución de tal primacía en favor de la reproducción es, por tanto, la última fase de la organización sexual.

La afirmación de que la primacía de los genitales no aparece aún establecida, o sólo muy imperfectamente, en el temprano período infantil, no nos satisface ya por completo. La afinidad de la vida sexual infantil con la del adulto va mucho más allá y no se limita a la emergencia de una elección de objeto. Si bien no llega a establecerse una perfecta síntesis de las pulsiones parciales bajo la primacía de los genitales, el interés dedicado a los genitales y la actividad genital adquieren de todos modos, al alcanzar el curso evolutivo de la sexualidad infantil su punto más alto, una importancia predominante poco inferior a la que logran en la madurez. En el carácter principal de esta *organización genital infantil* hallamos, además, su más impor-

[1] [Una nota agregada en 1924 resume los hallazgos del presente artículo.]

tante *diferencia* de la organización genital definitiva del adulto. Este carácter diferencial consiste en que el sujeto infantil no admite sino un solo órgano genital, el masculino, para ambos sexos. No existe, pues, una primacía genital, sino una primacía del *falo*.

Desgraciadamente no podemos referirnos en la exposición de este tema más que al sujeto infantil masculino, pues nos faltan datos sobre el desarrollo de los procesos correlativos en las niñas. El niño percibe, desde luego, las diferencias externas entre hombres y mujeres, pero al principio no tiene ocasión de enlazar tales diferencias a una diversidad de sus órganos genitales. Así, pues, atribuye a todos los demás seres animados, hombres y animales, órganos genitales análogos a los suyos y llega hasta buscar en los objetos inanimados un miembro igual al que él posee[1]. Este órgano, tal fácilmente excitable, capaz de variar de estructura y dotado de extrema sensibilidad, ocupa en alto grado el interés del niño y plantea continuamente nuevos problemas a su instinto de investigación. Quisiera observarlo en otras personas, para compararlo con el suyo, y se conduce como si sospechara que aquel miembro podría y debería ser mayor. La fuerza impulsora que este signo viril desarrollará luego en la pubertad se exterioriza en este período infantil bajo la forma de curiosidad sexual. Muchas de las exhibiciones y agresiones sexuales que el niño realiza y que de verificarse en una edad posterior serían juzgadas como manifestaciones de salacidad, se revelan en el análisis como experimentos puestos al servicio de la investigación sexual.

En el curso de estas investigaciones llega el niño a descubrir que el pene no es un atributo común a todos los seres a él semejantes. La visión casual de los genitales de una hermanita o de una compañera de juegos le inicia en este descubrimiento. Los niños de inteligencia despierta

---

[1] Es, además, singular la escasa atención que despiertan en el niño los demás elementos del órgano genital masculino (los testículos). Por los análisis sería imposible adivinar que el órgano genital se compone de algo más que el pene.

han concebido ya anteriormente, al observar que las niñas adoptan al orinar otra postura y producen ruido distinto, la sospecha de alguna diversidad genital, e intentan repetir tales observaciones para lograr un pleno esclarecimiento. Ya es conocido cómo reaccionan a la primera percepción de la falta del pene en las niñas. Niegan tal falta[1], creen ver el miembro y salvan la contradicción entre la observación y el prejuicio pretendiendo que el órgano es todavía muy pequeño y crecerá cuando la niña vaya siendo mayor. Poco a poco llegan luego a la conclusión, efectivamente muy importante, de que la niña poseía al principio un miembro análogo al suyo del cual fue luego despojada. La carencia de pene es interpretada como el resultado de una castración, surgiendo entonces en el niño el temor a la posibilidad de una mutilación análoga. Los desarrollos ulteriores son de sobra conocidos para tener que repetirlos aquí. Me limitaré, pues, a indicar que para *estimar exactamente la importancia del complejo de la castración es necesario atender al hecho de su emergencia en la fase de la primacía del falo*[2].

También es sabido cuánto desprecio, o hasta horror, a la mujer y cuánta disposición a la homosexualidad se derivan del convencimiento definitivo de su carencia de pene. Ferenzci ha referido, muy acertadamente, el símbo-

---

[1] [A partir de este momento el concepto de *renegación* ocupa un mayor espacio en los escritos freudianos. *Leugnen* es el término aquí utilizado, luego será reemplazado invariablemente por *verleugnen.* Aparece en un contexto diferente en *La pérdida de realidad en la neurosis y psicosis,* pero habitualmente como en este caso, se refiere al complejo de castración. En su trabajo sobre el fetichismo (1927e) Freud diferencia entre el término *Verdrängung* (represión) y *Verleugnung* (renegación). En el Esquema (1940a) el término sirve como base para una adición a la teoría metapsicológica.]

[2] Se ha indicado, acertadamente, que el niño adquiere ya la representación de un daño narcisista por pérdida corporal con la pérdida del seno materno después de mamar, por la expulsión diaria de las heces, e incluso ya por su separación del cuerpo de la madre en el momento de su nacimiento. Pero de un complejo de castración no debe hablarse sino cuando tal representación de una pérdida va unida a la de los genitales masculinos. [Punto tratado con mayor extensión en una nota agregada en 1923 a *Juanito,* el análisis de una fobia infantil. Standard Ed., 10, 8. También es mencionado en *El final del complejo de Edipo* (1924d).]

lo mitológico del horror, la cabeza de Medusa, a la impresión producida por la visión de los genitales femeninos faltos de pene[1].

Pero no debe creerse que el niño generalice rápida y gustosamente su observación de que algunas personas femeninas carecen de pene. Se lo estorba ya su hipótesis primera de que la carencia de pene es consecuencia de una castración punitiva. Por el contrario, cree que sólo algunas personas femeninas indignas, culpables probablemente de impulsos ilícitos, análogos a los suyos, han sido despojadas de los genitales. Las mujeres respetables, como la madre, conservan el pene. La femineidad no coincide aún para el niño con la falta de miembro viril[2]. Sólo más tarde, cuando el niño aborda los problemas de la génesis y el nacimiento de los niños y descubre que únicamente las mujeres pueden parirlos, es cuando deja de atribuir a la madre un miembro viril construyendo entonces complicadas teorías encaminadas a explicar el trueque del pene por un niño. El genital femenino no parece ser descubierto en todo esto. Como ya sabemos, el infantil sujeto imagina que los niños se desarrollan en el seno materno (en el intestino) y son paridos por el ano. Pero con estas últimas teorías traspasamos la duración del período sexual infantil.

No es indiferente tener en cuenta las transformaciones que experimenta la polaridad sexual, para nosotros corriente durante la evolución sexual infantil. La elección de objeto, que presupone ya un sujeto y un objeto, introduce una primera antítesis. En el estadio de la organización pregenital sádico-anal no puede hablarse aún de masculino y femenino; predomina la antítesis de activo y pasi-

---

[1] *Internationale Zeitschrift Psychoanalyse*, IV, 1923, 1. Por mi parte, agregaré que el mito se refiere a los genitales *maternos*. Palas Atenea, que lleva en su armadura la cabeza de Medusa, es por ello la mujer imposible, cuya visión ahoga toda idea de aproximación sexual.

[2] El análisis de una señora joven me descubrió que la sujeto, huérfana de padre, había creído, hasta muy entrado el período de latencia, que tanto su madre como sus tías, a excepción de una, poseían un pene. En cambio, creía castrada, como ella misma, a una de sus tías, idiota.

vo[3]. En el estadio siguiente al de la organización genital infantil hay ya un masculino, pero no un femenino; la antítesis es aquí: genital masculino o castrado. Sólo con el término de la evolución en la pubertad llega a coincidir la polaridad sexual con masculino y femenino. Lo masculino comprende el sujeto, la actividad y la posesión del pene. Lo femenino integra el objeto y la pasividad. La vagina es reconocida ya entonces como albergue del pene y viene a heredar al seno materno.

3 [Cf. un pasaje agregado en 1915a *Tres ensayos* (1905d).]

EL FINAL DEL COMPLEJO DE EDIPO (1924)*

El complejo de Edipo va designándose cada vez más claramente como el fenómeno central del temprano período sexual infantil. Luego sucumbe a la represión y es seguido del período de latencia. Pero no hemos visto aún claramente cuáles son las causas que provocan su fin. El análisis parece atribuirlo a las decepciones dolorosas sufridas por el sujeto. La niña que se cree objeto preferente del amor de su padre, recibe un día una dura corrección por parte de éste y se ve expulsada de su feliz paraíso. El niño que considera a su madre como propiedad exclusiva suya, la ve orientar de repente su cariño y sus cuidados hacia un nuevo hermanito. Debemos profundizar nuestra reflexión acerca de la importancia de estas influencias, ya que es necesario enfatizar que experiencias perturbadoras de este tipo que actuan en oposición al contenido del conplejo, son inevitables. Pero también en aquellos casos en los que no acaecen sucesos especiales como los citados en

* Publicada por primera vez en el *Int. Z. Psychoanal, Incl.* en Standard Ed., 19, 173.

calidad de ejemplos, la ausencia de la satisfacción deseada acaba por apartar al infantil enamorado de su inclinación sin esperanza. El complejo de Edipo sucumbiría así a su propio fracaso, resultado de su imposibilidad interna.

Otra hipótesis sería la de que el complejo de Edipo tiene que desaparecer porque llega el momento de su disolución, como los dientes de leche se caen cuando comienzan a formarse los definitivos. Aunque el complejo de Edipo es vivido por la mayoría de los seres humanos, como una experiencia individual, es, sin embargo, un fenómeno determinado por la herencia, y habrá de desaparecer, conforme a una trayectoria predeterminada, al iniciarse la fase siguiente del desarrollo. Resultará, pues, indiferente cuáles sean los motivos ocasionales de su desaparición e incluso que no podamos hallarlos.

Ambas hipótesis parecen justificadas. Pero además resultan fácilmente conciliables. Al lado de la hipótesis filogénica más amplia queda espacio suficiente para la ontogénica. También el individuo entero está destinado, desde su nacimiento mismo, a morir, y también lleva ya indicado, quizá en la disposición de sus órganos, la causa de su muerte. Pero siempre será interesante perseguir cómo se desarrolla el programa predeterminado y en qué forma es aprovechada la disposición por acciones nocivas casuales.

Nuestra penetración ha sido aguzada recientemente[1] por la observación de que el desarrollo sexual del niño avanza hasta una fase en la que los genitales se han adjudicado ya el papel directivo. Pero este genital es tan sólo el masculino, o más exactamente aún el pene; el genital femenino permanece aún desconocido. Esta fase fálica que es al mismo tiempo la del complejo de Edipo, no continúa desarrollándose hasta constituir una organización genital definitiva, sino que desaparece y es sustituida por el período de latencia. Pero su desaparición se desarrolla de un modo típico y apoyándose en sucesos regularmente emergentes.

---

[1] [V. *La organización genital infantil* (1923).]

Cuando el sujeto infantil de sexo masculino ha concentrado su interés sobre sus genitales lo revela con manejos manuales y no tarda en advertir que los mayores no están conformes con aquella conducta. Más o menos precisa, más o menos brutal, surge la amenaza de privarle de aquella parte tan estimada de su cuerpo. Esta amenaza de castración parte casi siempre de alguna de las mujeres que rodean habitualmente al niño, las cuales intentan muchas veces robustecer su autoridad asegurando que el castigo será llevado a cabo por el médico o por el padre. En algunos casos llevan a cabo por sí mismas una atenuación simbólica de su amenaza anunciando no ya la mutilación del órgano genital, pasivo en realidad, sino la de la mano, activamente pecadora. Con gran frecuencia sucede que el infantil sujeto no es amenazado con la castración por juguetear con el pene, sino por mojar todas las noches la cama. Sus guardadores se conducen entonces como si esta incontinencia nocturna fuese consecuencia y testimonio de los tocamientos del órgano genital, y probablemente tienen razón[1]. En todo caso, tal incontinencia duradera puede equipararse a la polución del adulto, siendo una manifestación de la misma excitación genital que por esta época ha impulsado al niño a masturbarse.

Habremos de afirmar ahora que la organización genital fálica del niño sucumbe a esta amenaza de castración, aunque no inmediatamente, y sin que a ella se agreguen otras influencias, pues el niño no presta al principio a la amenaza fe ni obediencia alguna. El psicoanálisis ha concedido recientemente un gran valor a dos clases de experiencias que no son ahorradas a ningún niño y por las cuales, se sugiere, habría de estar preparado a la pérdida de partes de su cuerpo altamente estimadas: la pérdida, temporal primero y luego definitiva, del pecho materno y la expulsión diariamente necesaria del contenido intestinal. Pero no se advierte que estas experiencias entren en juego con motivo de la amenaza de castración[2]. Sólo después de

[1] [Cf. el segundo de los *Tres ensayos* (1905 d).]
[2] [Cf. una nota agregada, en el momento en que fue escrito el presente trabajo, al historial de *Juanito* (1909 b), Standard Ed., 10, 8.]

haber hecho otra *nueva* comienza el niño a contar con la posibilidad de una castración, y aun entonces muy vacilantemente, contra su voluntad y procurando aminorar el alcance de su propia observación.

Esta observación, que rompe por fin la incredulidad del niño, es su descubrimiento de los genitales femeninos. Siempre se le presenta alguna ocasión de contemplar la región genital de una niña y convencerse de la falta de aquel órgano, del que tan orgulloso está, en un ser tan semejante a él. De este modo se hace ya posible representarse la pérdida de su propio pene, y la amenaza de la castración comienza entonces a surtir sus efectos.

Por nuestra parte no debemos ser tan cortos de vista como los familiares y guardadores del niño, que le amenazan con la castración, y desconocer como ellos que la vida sexual del niño no se reduce por esta época exclusivamente a la masturbación. Aparece también visiblemente en su actitud con respecto a sus padres, determinada por el complejo de Edipo. La masturbación no es más que la descarga genital de la excitación sexual correspondiente al complejo y deberá a esta relación su significación para todas las épocas ulteriores. El complejo de Edipo ofrecía al niño dos posibilidades de satisfacción, una activa y otra pasiva. Podía situarse en actitud masculina en el lugar del padre y tratar como él a su madre, actitud que hacía ver pronto en el padre un estorbo, o querer sustituir a la madre y dejarse amar por el padre, resultando entonces superflua la madre. El niño no tiene sino una idea muy vaga de aquello en lo que puede consistir la satisfacción amorosa, pero sus sensaciones orgánicas le imponen la convicción de que el pene desempeña en ella algún papel. No ha tenido ocasión tampoco para dudar de que la mujer posea también un pene. La aceptación de la posibilidad de la castración y el descubrimiento de que la mujer aparece castrada, puso, pues, un fin a las dos posibilidades de satisfacción relacionadas con el complejo de Edipo. Ambas traían consigo la pérdida del pene: la una, masculina, como castigo; la otra, femenina, como premisa. Si la satisfacción amorosa basada en el complejo de Edipo ha de costar la pérdida del pene, surgirá un conflicto entre el interés narcisista por esta parte del cuerpo y la carga libidinosa de los objetos parentales. En este conflicto vence normalmente el primer poder y el Yo del niño se aparta del complejo de Edipo.

Ya he indicado en otro lugar de qué forma se desarrolla este proceso[1]. Las cargas de objeto quedan abandonadas y sustituidas por identificaciones. La autoridad del padre o de los padres introyectada en el Yo constituye en él el nódulo del Super-Yo, que toma del padre su rigor, perpetúa su prohibición del incesto y garantiza así al Yo contra el retorno de las cargas de objeto libidinosas. Las tendencias libidinosas correspondientes al complejo de Edipo quedan en parte desexualizadas y sublimadas, cosa que sucede probablemente en toda transformación en identificación y en parte inhibidas en cuanto a su fin y transformadas en tendencias sentimentales. Este proceso ha salvado, por una parte, los genitales, apartando de ellos la amenaza de castración; pero, por otra, los ha paralizado, despojándolos de su función. Con él empieza el período de latencia que interrumpe la evolución sexual del niño.

No veo motivo alguno para no considerar el apartamiento del yo del complejo de Edipo como una represión, aunque la mayoría de las represiones ulteriores se produzcan bajo la intervención del Super-Yo, cuya formación se inicia precisamente aquí. Pero el proceso descrito es más que una represión y equivale, cuando se desarrolla perfectamente, a una destrucción y una desaparición del complejo. Nos inclinaríamos a suponer que hemos tropezado aquí con el límite, nunca precisamente determinable, entre lo normal y lo patológico. Si el Yo no ha alcanzado realmente más que una *represión* del complejo, éste continuará subsistiendo, inconsciente, en el Ello y manifestará más tarde su acción patógena.

La observación analítica permite reconocer o adivinar estas relaciones entre la organización fálica, el complejo

[1] [Cf. *El yo y el ello.* Cap. 6 en este volumem.]

de Edipo, la amenaza de castración, la formación del Super-Yo y el período de latencia. Ellas justifican la afirmación de que el complejo de Edipo sucumbe a la amenaza de castración. Pero con ello no queda terminado el problema: queda aún espacio para una especulación teórica que puede destruir el resultado obtenido o arrojar nueva luz sobre él. Ahora bien: antes de emprender este camino habremos de examinar una interrogación que surgió durante la discusión que antecede y hemos dejado aparte hasta ahora. El proceso descrito se refiere, como hemos dicho expresamente, al sujeto infantil masculino. ¿Qué trayectoria seguirá el desarrollo correspondiente en la niña?

Nuestro material se hace aquí —incomprensiblemente[1]— mucho más oscuro e insuficiente. También el sexo femenino desarrolla un complejo de Edipo, un Super-Yo y un período de latencia. ¿Pueden serle atribuidos asimismo un complejo de castracción y una organización fálica? Desde luego, sí; pero no los mismos que en el niño. La reivindicación feminista de iguales derechos no nos llevará lejos porque la diferencia morfológica ha de manifestarse en variantes del desarrollo psíquico[2].

La anatomía es el destino, podríamos decir glosando una frase de Napoleón. El clítoris de la niña se comporta al principio exactamente como un pene, pero cuando la sujeto tiene ocasión de compararlo con el pene verdadero de un niño encuentra pequeño el suyo y siente este hecho como una desventaja y un motivo de inferioridad. Durante algún tiempo se consuela con la esperanza de que crecerá con ella, iniciándose en este punto el complejo de masculinidad de la mujer[3]. La niña no considera su falta de pene como un carácter sexual, sino que la explica su-

---

[1] [Freud sugiere alguna explicación en la Secc. I de su artículo «Sexualidad femenina» (1931b).]

[2] [V. el sig. trabajo *Algunas consecuencias psíquicas de la diferencia sexual anatómica* (1925). Mucho de lo que sigue esta allí elaborado.]

[3] [Cf. *Algunas consecuencias psíquicas de la diferencia sexual anatómica*, nota acerca de la introducción de este término.]

poniendo que en un principio poseía un pene igual al que ha visto en el niño, pero que lo perdió luego por castración. No parece extender esta conclusión a las demás mujeres, a las mayores, sino que las atribuye, de completo acuerdo con la fase fálica, un genital masculino completo. Resulta, pues, la diferencia importante de que la niña acepta la castración como un hecho consumado, mientras que el niño teme la posibilidad de su cumplimiento.

Con la exclusión del miedo a la castración desaparece también un poderoso motivo de la formación del Super-Yo y de la interrupción de la organización genital infantil. Estas formaciones parecen ser más que en el niño, consecuencias de la educación, de la intimidación exterior que amenaza con la pérdida del cariño de los educadores. El complejo de Edipo de la niña es mucho más unívoco que el del niño y según mi experiencia, va muy pocas veces más allá de la sustitución de la madre y la actitud femenina con respecto al padre. La renuncia al pene no es soportada sin la tentativa de una compensación. La niña pasa —podríamos decir que siguiendo una ecuación simbólica— de la idea del pene a la idea del niño. Su complejo de Edipo culmina en el deseo, retenido durante mucho tiempo, de recibir del padre, como regalo, un niño, tener de él un hijo[4]. Experimentamos la impresión de que el complejo de Edipo es abandonado luego lentamente porque este deseo no llega jamás a cumplirse. Los dos deseos, el de poseer un pene y el de tener un hijo, perduran en lo inconsciente intensamente cargados y ayudan a preparar a la criatura femenina para su ulterior papel sexual. La menor fuerza comparativa del componente sádico a su pulsión sexual, el cual podemos conectar, sin duda, con el crecimiento de su pene, hace más fácil en su caso que las tendencias sexuales directas se transformen en tendencias inhibidas en su fin del tipo cariñoso. Pero, en general, hemos de confesar que nuestro conocimiento de es-

[1] [Cf. el artículo «Transformaciones de las pulsiones» (1917) Standard Ed., 17, 128 y sig.]

tos procesos evolutivos de la niña es harto insatisfactorio e incompleto[1].

Es indudable que las relaciones temporales y causales aquí descritas entre el complejo de Edipo, la intimidación sexual (amenaza la castración), la forma del Super-Yo y la entrada en el período de latencia son de naturaleza típica, pero no quiero afirmar que este tipo sea el único. Las variantes en la sucesión temporal y en el encadenamiento de estos procesos han de ser muy importantes para el desarrollo del individuo.

Desde la publicación del interesante estudio de O. Rank *El trauma del nacimiento* no se puede tampoco aceptar sin discusión alguna el resultado de esta pequeña investigación, o sea la conclusión de que el complejo de Edipo del niño sucumbe al miedo a la castración. Pero me parece aún prematuro entrar por ahora en esta discusión y quizá también poco adecuado comenzar en este punto la crítica o la aceptación de la teoría de Rank[2].

---

[1] [Freud discute más ampliamente este tema en sus trabajos sobre *La diferencia sexual anatómica* (1925) y sobre *La sexualidad femenina* (1931) en los cuales ofrece una conclusión muy diferente sobre el complejo de Edipo de la niña.]

[2] Cuestión considerada poco después por Freud en *Inhibición, síntoma y angustia* (1926d). Cf. secc. e) de la introducción del editor de la Standard Ed., 20, 83 y sig.]

ALGUNAS CONSECUENCIAS PSIQUICAS DE LA DIFERENCIA SEXUAL ANATOMICA (1925)*

En mis propios escritos y en los de mis discípulos destácase cada vez más la necesidad de impulsar los análisis de los neuróticos hasta penetrar en el más remoto período de su infancia, en la época del primer florecimiento de la vida sexual. Unicamente la exploración de las primeras manifestaciones de la constitución pulsional innata en el individuo, así como de los efectos que despiertan sus primeras vivencias, permite apreciar correctamente los dinamismos que han motivado su neurosis ulterior, salvaguardándonos al mismo tiempo contra los errores en que podrán inducirnos los remodelamientos y las superposiciones de la madurez. La importancia de esta condición no es sólo teórica, sino también práctica, pues distingue nuestros esfuerzos de la labor de aquellos médicos que, guiados por una orientación exclusivamente terapéutica, aplican también los métodos analíticos, pero sólo hasta cierto punto. Tal análisis de la más temprana edad es arduo y

* Publicado por primera vez en Int. Z. Psychoanal, Incl. en Standard Ed., 19, 248.

laborioso, planteando demandas, tanto al médico como al paciente, cuyo cumplimiento no es siempre facilitado por la práctica. Además nos conduce hacia regiones tenebrosas en las que carecemos todavía de jalones señaladores, al punto que, según creo, los analistas pueden contar con la certeza de que, por lo menos durante las próximas décadas, su labor científica no correrá peligro de mecanizarse ni de perder así parte de su interés.

Me propongo exponer en las páginas siguientes ciertos resultados de la investigación psicoanalítica que tendrían suma importancia si se pudiese demostrar su vigencial general. Siendo así, ¿por qué no pospongo su publicación hasta que una experiencia más copiosa me haya suministrado esa prueba necesaria, si es que ella es alcanzable? Simplemente, porque las condiciones en las cuales se desenvuelve mi labor han experimentado una modificación cuyas implicaciones no puedo seguir ocultando. Tiempo atrás, yo no era de aquellos que se sienten incapaces de retener para sí un supuesto descubrimiento hasta haber llegado a confirmarlo o a corregirlo. Así, mi *Interpretación de los sueños* (1900a) y mi *Análisis fragmentario de una histeria* (el caso de Dora) (1905o), fueron mantenidos por mí en secreto, si bien no durante los nueve años aconsejados por Horacio, por lo menos durante cuatro o cinco, hasta que por fin los entregué al público. En aquellos días, empero, el tiempo se extendía sin límites ante mí —*oceans of time*[1], como ha dicho un amable poeta—, y el material de observación acudía a mí con riqueza tal, que me era difícil rehuir el impacto de las nuevas experiencias. Además, yo era entonces el único laborador en un terreno virgen, de modo que mi reticencia no significaba ningún riesgo para mí ni perjuicio alguno para los demás.

Todo eso ha cambiado ahora. El tiempo que me queda es limitado y ya no se halla totalmente ocupado por el trabajo, de modo que las oportunidades de efectuar nue-

[1] [En inglés en el original. No es claro a qué autor se refería Freud. La referencia a Horacio es a su *Ars Poetica.*]

vas observaciones no son ya tan numerosas. Cuando creo advertir algo nuevo no tengo la certeza de poder aguardar su confirmación. Por otra parte, cuanto flotaba en la superficie ya ha sido decantado, y lo que resta ha de ser laboriosamente recogido buceando en las profundidades. Por fin, ya no estoy solo: una pléyade de afanosos colaboradores está dispuesta a aprovechar aun lo inconcluso y lo dudoso, de modo que bien puedo cederles una parte de la labor que en otras circunstancias habría concluido yo mismo. Así, me siento justificado en esta ocasión al comunicar algo que requiere urgente verificación, antes de que sea posible decidir respecto de su valor o su insignificancia.

Cuando estudiamos las primeras conformaciones psíquicas que la vida sexual adopta en el niño, siempre hemos tomado al del sexo masculino, al pequeño varón, como objeto de nuestras investigaciones. Suponíamos que en la niña las cosas debían ser análogas, aunque admitíamos que de una u otra manera debían ser también un tanto distintas. No alcanzábamos a establecer en qué punto del desarrollo radicaría dicha diferencia.

La situación del complejo de Edipo es en el varón la primera etapa que se puede reconocer con seguridad. Es fácil comprenderla, porque el niño retiene en dicha fase el mismo objeto que ya catectizó con su libido aún pregenital en el curso del período precedente de la lactancia y la crianza. También el hecho de que en dicha situación perciba al padre como un molesto rival a quien quisiera eliminar y sustituir es una consecuencia directa de las circunstancias reales. En otra ocasión[1] ya he señalado que la actitud edípica del varón forma parte de la fase fálica y sucumbe ante la angustia de castración, es decir, ante el interés narcisístico por los propios genitales. La comprensión de estas condiciones es dificultada por la complicación de que, aun en el niño varón, el complejo de Edipo está dispuesto en doble sentido, activo y pasivo, de acuerdo con la disposición bisexual: el varón quiere sustituir

[1] *El final del complejo de Edipo* (1924d). [Véase el artículo anterior.]

también *a la madre* como objeto amoroso del padre, hecho que calificamos de *actitud femenina.*

En cuanto a la prehistoria del complejo de Edipo en el varón, estamos todavía muy lejos de haber alcanzado una total claridad. Sabemos que dicho período incluye una identificación de índole cariñosa con el padre, identificación que aún se halla libre de todo matiz de rivalidad con respecto a la madre. Otro elemento de esa fase prehistórica es —según creo, invariablemente— la estimulación masturbatoria de los genitales, o sea la masturbación de la primera infancia, cuya supresión más o menos violenta por parte de las personas que intervienen en la crianza pone en actividad el complejo de castración. Suponemos que dicha masturbación está vinculada con el complejo de Edipo y que equivale a la descarga de sus excitaciones sexuales. No es seguro, sin embargo, si la masturbación tiene tal carácter desde un comienzo o si, por el contrario, aparece por primera vez espontáneamente, como activación de un órgano corporal, conectándose sólo ulteriormente con el complejo de Edipo; esta última posibilidad es, con mucho, la más probable. Otra cuestión dudosa es el papel desempeñado por la enuresis y por la supresión de ese hábito mediante intervenciones educativas. Nos inclinamos a adoptar la simple formulación sintética de que la enuresis persistente sería una consecuencia de la masturbación y de que su supresión sería considerada por el niño como una inhibición de su actividad genital, es decir, que tendría el significado de una amenaza de castración; pero queda todavía por demostrar si estamos siempre acertados con estas presunciones. Finalmente, el análisis nos ha permitido reconocer, de una manera más o menos vaga e incierta, cómo los atisbos del coito parental establecen en muy precoz edad la primera excitación sexual, y cómo, merced a sus efectos ulteriores, pueden convertirse en punto de partida de todo el desarrollo sexual del niño. La masturbación, así como las dos actitudes del complejo de Edipo, se vincularán posteriormente a esa precoz experiencia, que en el ínterin habrá sido interpretada por el niño. Sin embargo, es imposible admitir que tales observaciones del coito se produzcan invariablemente, de modo que nos topamos aquí con el problema de las «protofantasías»[1]. Así, aun la prehistoria del complejo de Edipo en el varón plantea todas estas cuestiones inexplicadas, que todavía aguardan su examen y que están subordinadas a la decisión de si cabe admitir siempre un mismo proceso invariable, o si no se trata más bien de una gran variedad de distintas fases previas que convergerían en una misma situación terminal.

El complejo de Edipo de la niña implica un problema más que el del varón. En ambos casos la madre fue el objeto original, y no ha de extrañarnos que el varón la retenga para su complejo de Edipo. En cambio, ¿cómo llega la niña a abandonarla y a adoptar en su lugar al padre como objeto? Al perseguir este problema he podido efectuar algunas comprobaciones susceptibles de aclarar precisamente la prehistoria de la relación edípica en la niña.

Todo analista se habrá encontrado alguna vez con ciertas mujeres que se aferran con particular intensidad y tenacidad a su vinculación paterna y al deseo de tener un hijo con el padre, en el cual aquélla culmina. Tenemos buenos motivos para aceptar que esta fantasía desiderativa fue también la fuerza impulsora de la masturbación infantil, siendo fácil formarse la impresión de que nos hallamos aquí ante un hecho elemental e irreducible de la vida sexual infantil. Sin embargo, precisamente el análisis municioso de estos casos revela algo muy distinto, demostrando que el complejo de Edipo tiene aquí una larga prehistoria y es en cierta manera una formación secundaria.

De acuerdo con una formulación del viejo pediatra Lindner [1879], el niño descubre la zona genital —el pene o el clítoris— como fuente de placer en el curso de su succión sensual (chupeteo)[1]. Dejo planteada la cuestión de si el niño toma realmente esta fuente de placer recién des-

---

[1] [Cf. el *Hombre de los lobos* (1918b), Standard Ed., 17, 48-60 y la Lección 23 de la *Introducción al Psicoanálisis* (1916-17).]

[2] Véase *Tres ensayos para la teoría sexual* (1905d).

cubierta en reemplazo del pezón materno que acaba de perder, posibilidad que parecería ser señalada por fantasías ulteriores (felatio). Como quiera que sea, en algún momento llega a descubrirse la zona genital, y parece muy injustificado atribuir a sus primeras estimulaciones contenido psíquico alguno. Pero el primer paso en la fase fálica así iniciada no consiste en la vinculación de esta masturbación con las catexias objetales del complejo de Edipo, sino en cierto descubrimiento preñado de consecuencia que toda niña está destinada a hacer. En efecto, advierte el pene de un hermano o de un compañero de juegos, llamativamente visible y de grandes proporciones; lo reconoce al punto como símil superior de su propio órgano pequeño e inconspicuo, y desde ese momento cae víctima de la envidia fálica.

He aquí un interesante contraste en la conducta de ambos sexos: cuando el varón, en análoga situación, descubre por primera vez la región genital de la niña, comienza por mostrarse indeciso y poco interesado; no ve nada o repudia[1] su percepción, la atenúa o busca excusas para hacerla concordar con lo que esperaba ver. Sólo más tarde, cuando una amenaza de castración ha llegado a influir sobre él, dicha observación se le torna importante y significativa: su recuerdo o su repetición le despierta entonces una terrible convulsión emocional y le impone la creencia en la realidad de una amenaza que hasta ese momento había considerado risible. De tal coincidencia de circunstancias surgirán dos reacciones que pueden llegar a fijarse y que en tal caso, ya separadamente, cada una de por sí, ya ambas combinadas, ya en conjunto con otros factores, determinarán permanentemente sus relaciones con la mujer: el horror ante esa criatura mutilada, o bien el triunfante desprecio de la misma. Todos estos desarrollos, sin embargo, pertenecen al futuro, aunque no a un futuro muy remoto.

Distinta es la reacción de la pequeña niña. Al instante

[1] [Véase la nota del editor en «La organización genital infantil».]

adopta su juicio y hace su decisión. Lo ha visto, sabe que no lo tiene y quiere tenerlo[1].

A partir de este punto arranca el denominado complejo de masculinidad[2] de la mujer, que puede llegar a dificultar considerablemente su desarrollo regular hacia la feminidad si no logra superarlo precozmente. La esperanza de que, a pesar de todo, obtendrá alguna vez un pene y será entonces igual al hombre, es susceptible de persistir hasta una edad insospechadamente madura y puede convertirse en motivo de la conducta más extraña e inexplicable de otro modo. O bien puede ponerse en juego cierto proceso que quisiera designar como *repudiación* [renegación][3], un proceso que no parece ser raro ni muy peligroso en la infancia, pero que en el adulto significaría el comienzo de una psicosis. Así, la niña rehúsa aceptar el hecho de su castración, empecinándose en la convicción de que *sí* posee un pene, de modo que, en su consecuencia, se ve obligada a conducirse como si fuese un hombre.

Las consecuencias psíquicas de la envidia fálica, en la medida en que ésta no llegue a ser absorbida por la formación reactiva del complejo de masculinidad, son muy diversas y trascendentes. Una vez que la mujer ha aceptado su herida narcisística, desarróllase en ella —en cierto modo como una cicatriz— un sentimiento de inferioridad. Después de haber superado su primer intento de explicar su falta de pene como un castigo personal, comprendiendo que se trata de una característica sexual uni-

---

[1] Es ésta la oportunidad de corregir una afirmación que formulé hace unos años. Creía entonces que el interés sexual de los niños no sería despertado por la diferencia entre los sexos —como lo es en los púberes—, sino por el problema del origen de los niños. Advertimos ahora que no es ciertamente así, por lo menos en lo que a la niña se refiere. En cuanto al varón, no cabe duda de que una u otra cosa puede ocurrir en los distintos individuos; también es posible que la alternativa sea decidida en ambos sexos por las circunstancias casuales de la existencia.

[2] [Este término parece haber sido introducido por Van Ophuijsen (1917).]

[3] [Para el proceso paralelo en el varón, véase «La organización genital infantil» (1923e), en este libro.]

versal, comienza a compartir el desprecio del hombre por un sexo que es defectuoso en un punto tan decisivo, e insiste en su equiparación con el hombre, por lo menos en lo que se refiere a la defensa de tal opinión[1].

Aun después que la envidia fálica ha abandonado su verdadero objeto, no deja por ello de existir: merced a un leve desplazamiento, persiste en el rasgo característico de los *celos*. Por cierto que los celos no son privativos de uno de los sexos ni se fundan sólo en esta única base; pero creo, sin embargo, que desempeñan en la vida psíquica de la mujer un papel mucho más considerable, precisamente por recibir un enorme reforzamiento desde la fuente de la envidia fálica desviada. Todavía antes de que llegase a percatarme de este origen de los celos, al ocuparme de la fantasía masturbatoria «pegan a un niño», tan común en las niñas, inferí una primera fase de esa fantasía en la cual tendría el significado de que se habría de pegar a otro niño que ha despertado celos en calidad de rival[2]. Esta fantasía parece ser una reliquia del período fálico en la niña; la peculiar rigidez que tanto llamó mi atención en la monótona fórmula «pegan a un niño» probablemente acepte aún otra interpretación particular. El niño que allí es pegado-acariciado, en el fondo quizá no sea otra cosa sino el pro-

---

[1] Ya en mi primera exposición crítica de la *Historia del movimiento psicoanalítico* (1913) [1914d] (volumen II, pág. 981) reconocí que este hecho representa el núcleo de verdad contenida en la doctrina de Adler. Esta, sin embargo, no vacila en explicar el mundo entero a partir de este único punto (inferioridad orgánica-protesta masculina-apartamiento de la línea femenina), alabándose además de haber restado de esta manera su importancia a la sexualidad, en favor de la voluntad de poderío. Así, el único órgano que sin ambigüedad cabría designar como «inferior» sería el clítoris. Por otra parte, sabemos de analistas que se jactan de no haber hallado nunca signo alguno de un complejo de castración, a pesar de haberse esforzado durante decenios por revelar su existencia. Debemos inclinarnos respetuosamente ante la magnitud de esta hazaña, aunque sólo sea una hazaña negativa, una verdadera obra de virtuosismo en el supremo arte de no ver nada y de confundirlo todo. Las dos doctrinas forman un interesante par de antagonismos: en la una no hay trazas siquiera de un complejo de castración; en la otra no hay nada más que consecuencias del mismo.

[2] *Pegan a un niño* (1919e). [Standard Ed., 17, 184 y sig.]

pio clítoris, de modo que, en su nivel más profundo, dicho enunciado contendría una confesión de la masturbación, que desde su comienzo en la fase fálica, hasta la edad más madura, se mantiene vinculada al contenido de esta fórmula.

Una tercera consecuencia de la envidia fálica parece radicar en el relajamiento de los lazos cariñosos con el objeto materno. En su totalidad, la situación no es todavía muy clara; pero es posible convencerse de que, en última instancia, la falta de pene es casi siempre achacada a la madre de la niña, que la echó al mundo tan insuficientemente dotada. El desenvolvimiento histórico de este proceso suele consistir en que, poco después de haber descubierto el defecto de sus genitales, la niña desarrolla celos contra otro niño, con el pretexto de que la madre lo querría más que a ella, con lo cual halla un motivo para el desprendimiento de la vinculación afectuosa con la madre. Todo esto viene a ser corroborado entonces si dicho niño preferido por la madre se convierte luego en el primer objeto de la fantasía de flagelación que desemboca en la masturbación.

Existe todavía otro efecto sorprendente de la envidia fálica —o del descubrimiento de la inferioridad del clítoris—, que es, sin duda, el más importante de todos. En el pasado tuve a menudo la impresión de que en general la mujer tolera la masturbación peor que el hombre, de que lucha más frecuentemente contra ella y de que es incapaz de aprovecharla en circunstancias en las cuales un hombre recurriría sin vacilar a este expediente. Es evidente que la experiencia nos enfrentaría con múltiples excepciones de esta regla si pretendiésemos sustentarla como tal, pues las reacciones de los individuos humanos de ambos sexos están integradas por rasgos masculinos tanto como femeninos. No obstante, subsiste la impresión de que la masturbación sería más ajena a la naturaleza de la mujer que a la del hombre; para resolver el problema así planteado cabría la reflexión de que la masturbación, por lo menos la del clítoris, es una actividad masculina, y que la eliminación de la sexualidad clitoridiana es un prerrequisito ineludible para el desarrollo de la feminidad[1]. Los análisis extendidos hasta el remoto período fálico me han demostrado ahora que en la niña, poco después de los primeros signos de la envidia fálica, aparece una intensa corriente afectiva contraria a la masturbación, que no puede ser atribuida exclusivamente a la influencia de las personas que intervienen en su educación. Este impulso es, a todas luces, un prolegómeno de esa ola de represión que en la pubertad habrá de eliminar gran parte de la sexualidad masculina de la niña, a fin de abrir espacio al desarrollo de su feminidad. Puede suceder que esta primera oposición a la actividad autoerótica no alcance su objetivo; así fue en los casos que yo analicé. El conflicto persistía entonces, y la niña, tanto en esa época como ulteriormente, siguió haciendo todo lo posible para librarse de la compulsión a masturbarse. Muchas de las manifestaciones ulteriores que la vida sexual adopta en la mujer permanecen ininteligibles, a menos que se reconozca esta poderosa motivación.

No puedo explicarme esta rebelión de la niña pequeña contra la masturbación fálica sino aceptando que algún factor concurrente interfiere en esta actividad tan placentera, malogrando sensiblemente su goce. No es necesario ir muy lejos para hallar dicho factor: trátase de la ofensa narcisística ligada a la envidia fálica, o sea de la advertencia que la niña se hace de que al respecto no puede competir con el varón, y que, por tanto, sería mejor renunciar a toda equiparación con éste. De tal manera, el reconocimiento de la diferencia sexual anatómica fuerza a la niña pequeña a apartarse de la masculinidad y de la masturbación masculina, dirigiéndola hacia nuevos caminos que desembocan en el desarrollo de la feminidad.

Hasta ahora no hemos mencionado en absoluto el complejo de Edipo, que no ha tenido tampoco intervención alguna hasta este punto. Ahora, empero, la libido de la niña se desliza hacia una nueva posición, siguiendo el camino preestablecido —no es posible expresarlo en otra

[1] [Cf. *Tres Ensayos* (1905d).]

forma— por la ecuación pene = niño. Renuncia a su deseo del pene, poniendo en su lugar el deseo de un niño, y con este propósito toma al padre como objeto amoroso[1]. La madre se convierte en objeto de sus celos: la niña se ha convertido en una pequeña mujer. Si puedo dar crédito a una observación analítica aislada, es posible que esta nueva situación dé origen a sensaciones físicas que cabría interpretar como un despertar prematuro del aparato genital femenino. Si tal vinculación con el padre llega a fracasar más tarde y si debe ser abandonada, puede ceder la plaza a una identificación con el mismo, retornando así la niña a su complejo de masculinidad, para quedar quizá fijada con él.

He expresado hasta aquí lo esencial de cuanto tenía que decir, y me detengo para echar una mirada panorámica sobre nuestros resultados. Hemos llegado a reconocer la prehistoria del complejo de Edipo en la niña, mientras que el período correspondiente del varón es todavía más o menos desconocido. En la niña el complejo de Edipo es una formación secundaria: lo preceden y lo preparan las repercusiones del complejo de castración. En lo que se refiere a la relación entre los complejos de Edipo y de castración, surge un contraste fundamental entre ambos sexos. *Mientras el complejo de Edipo del varón se aniquila en el complejo de castración, el de la niña es posibilitado e iniciado por el complejo de castración.* Esta contradicción se explica considerando que el complejo de castración actúa siempre en el sentido dictado por su propio contenido: inhibe y restringe la masculinidad, estimula la feminidad. La divergencia que en esta fase existe entre el desarrollo sexual masculino y el femenino es una comprensible consecuencia de la diferencia anatómica entre los genitales y de la situación psíquica en ella implícita; equivale a la diferencia entre una castración realizada y una mera amenaza de castración. Por tanto, nuestra comprobación es tan obvia en lo esencial, que bien podríamos haberla previsto.

[1] [Cf. «El final del complejo de Edipo», en este libro.]

El complejo de Edipo, sin embargo, es algo tan importante, que no puede dejar de tener repercusión la forma en que en él se entra y se logra abandonarlo. Como lo expuse en el último trabajo mencionado [1924d] —del cual arrancan todas estas consideraciones—, el complejo no es simplemente reprimido en el varón, sino que se desintegra literalmente bajo el impacto de la amenaza de castración. Sus catexias libidinales son abandonadas, desexualizadas y, en parte, sublimadas; sus objetos son incorporados al *yo,* donde constituyen el núcleo del *super-yo,* impartiendo sus cualidades características a esta nueva estructura. En el caso normal —más bien dicho, en el caso ideal— ya no subsiste entonces complejo de Edipo alguno, ni aun en el inconsciente: el *super-yo* se ha convertido en su heredero. Dado que el pene —siguiendo aquí a Ferenczi [1924]— debe su catexia narcisista extraordinariamente elevada a su importancia orgánica para la conservación de la especie, cabe interpretar la catástrofe del complejo de Edipo —el abandono del incesto, la institución de la conciencia y de la moral— como una victoria de la generación, de la raza sobre el individuo. He aquí un interesante punto de vista, si se considera que la neurosis se funda sobre la oposición del *yo* contra las demandas de la función sexual. Con todo, el abandono del punto de vista de la psicología individual no promete contribuir, por el momento, a la aclaración de estas complicadas relaciones.

En la niña falta todo motivo para el aniquilamiento del complejo de Edipo. La castración ya ha ejercido antes su efecto, que consistió precisamente en precipitar a la niña en la situación del complejo de Edipo. Así, éste escapa al destino que le es deparado en el varón; puede ser abandonado lentamente, o liquidado por medio de la represión, o sus efectos pueden persistir muy lejos en la vida psíquica normal de la mujer. Aunque vacilo en expresarla, se me impone la noción de que el nivel de lo ético normal es distinto en la mujer que en el hombre. El *super-yo* nunca llega a ser en ella tan inexorable, tan impersonal, tan independiente de sus orígenes afectivos como exigimos que lo sea en el hombre. Ciertos rasgos caracterológicos que los críticos de todos los tiempos han echado en cara a la mujer —que tiene menor sentido de la justicia que el hombre, que es más reacia a someterse a las grandes necesidades de la vida, que es más propensa a dejarse guiar en sus juicios por los sentimientos de afecto y hostilidad—, todos ellos podrían ser fácilmente explicados por la distinta formación del *super-yo* que acabamos de inferir. No nos dejemos apartar de estas conclusiones por las réplicas de los feministas de ambos sexos, afanosos de imponernos la equiparación y la equivalencia absoluta de los dos sexos; pero estamos muy dispuestos a concederles que también la mayoría de los hombres quedan muy atrás del ideal masculino y que todos los individuos humanos, en virtud de su disposición bisexual y de la herencia en mosaico, combinan en sí características tanto femeninas como masculinas, de modo que la masculinidad y la feminidad puras no pasan de ser construcciones teóricas de contenido incierto.

Me inclino a dar cierto valor a los conceptos precedentes sobre las consecuencias psíquicas de la distinción anatómica entre los sexos; pero tengo bien presente que esta opinión únicamente podrá ser mantenida siempre que mis comprobaciones, basadas hasta ahora sólo en un puñado de casos, demuestren poseer validez general y carácter típico. De lo contrario, aquéllas no pasarían de ser meras contribuciones a nuestro conocimiento de los múltiples caminos que en su desarrollo puede recorrer la vida sexual.

Los valiosos y exhaustivos trabajos sobre los complejos de masculinidad y de castración en la mujer, realizados por Abraham, Horney y Helene Deutsch[1], contienen

---

[1] Karl Abraham. *Ausserungsformen des weiblichen Kastrationskomplexes*, «Internat. Zeitschrift für Psychoanalyse», volumen VII, 1921. Karen Horney: *Zur Genese des weiblichen Kastrationskomplexes*, ibídem, volumen IX, 1923. Helene Deutsch: *Psychoanalyse der weiblichen Sexualfunktionen*, «Neue Arbeiten zur ärztlichen Psychoanalyse», Viena, 1925.

múltiples formulaciones estrechamente afines a las mías, aunque ninguna coincida con ellas por completo, de modo que una vez más me siento justificado al publicar este trabajo.

LA FEMINIDAD (1933)*

En la preparación de estas conferencias vengo luchando constantemente con una dificultad interior. No acabo de encontrar, a plena satisfacción mía, su justificación. Es cierto que el psicoanálisis se ha modificado y enriquecido en el transcurso de quince años de trabajo; pero también lo es que nuestra primera introducción al psicoanálisis podría subsistir, sin modificación ni complemento. No puedo alejar de mí la idea de que estas conferencias carecen de toda razón de ser. Dicen muy poco, y nada nuevo, a los analíticos, y a quienes no lo son, demasiado, y, sobre todo, cosas para cuya comprensión no están en modo alguno preparados.

En consecuencia, he buscado constantemente excusas y disculpas, y he tratado de justificar cada una de estas conferencias con un motivo distinto. La primera, dedicada a la teoría de los sueños, había de situaros en la atmósfera analítica y mostraros la firmeza que habían demos-

* Publicado por primera vez en *Internationale Psychoanalytischer Verlag* (Viena) *Incl.* en Standard Ed., 22, 112.

trado nuestras tesis. La segunda, en la que escudriñamos los caminos que van desde el sueño al ocultismo, me ofrecía ocasión de hablaros libremente sobre un sector de investigación en el cual esperanzas exentas de prejuicios luchan hoy con apasionadas resistencias, suponiendo yo que vuestro juicio, educado en la tolerancia por el ejemplo del psicoanálisis, no me rehusaría vuestra compañía en tan aventurada excursión. La tercera conferencia, consagrada a la división de la personalidad, sometió vuestra buena voluntad a dura prueba con la singularidad de su contenido; pero no me era posible silenciaros tal primer esbozo de una psicología del *yo;* y si hace quince años hubiera existido ya, no habría tenido más remedio que exponéroslo por entonces. Mi última conferencia, en fin, que sólo con un magno esfuerzo de atención habréis podido seguir, aportaba rectificaciones imprescindibles y nuevas tentativas de solución de los más importantes problemas, y mi introducción habría sido una inducción en error si os la hubiera silenciado. Veis así que en cuanto intenta uno disculparse resulta al cabo que todo era inevitable; una rigurosa fatalidad, ante la cual sólo cabe someterse. Así lo hago yo, y os ruego que sigáis mi ejemplo.

Tampoco la conferencia de hoy debía hallar acogida en una introducción; pero puede procuraros la muestra de una labor analítica de detalle, y he de decir en su abono dos cosas: entraña sólo hechos observados, sin agregación especulativa casi, y trata de un tema que merece vuestro interés como ningún otro.

Sobre el problema de la feminidad han meditado los hombres en todos los tiempos.

«Cabezas tocadas con tiaras ornadas de jeroglíficos,
cabezas con turbantes y cabezas con gorros negros,
cabezas con pelucas, y mil otras
pobres, sudorosas cabezas masculinas.»

(Heine: *El mar del Norte.)*

Tampoco vosotros, los que me oís, os habréis excluido de tales cavilaciones. Los hombres, pues las mujeres sois vosotras mismas tal enigma. Masculino o femenino es la primera diferenciación que hacéis al enfrentaros con otro ser humano, y estáis acostumbrados a llevar a cabo tal diferenciación con seguridad indubitable. La ciencia anatómica comparte vuestra seguridad hasta cierto punto, pero no más allá. Masculinos son el producto sexual masculino y su substrato; femeninos, el óvulo y el organismo que los hospeda. En ambos sexos se han formado órganos exclusivamente adscritos a la función sexual, y que probablemente se han desarrollado, partiendo de la misma disposición, en dos estructuras distintas. En ambos muestran además los órganos restantes las formas del cuerpo, y los tejidos, una influencia del sexo; pero esta influencia es inconstante y de magnitud variable, constituyendo los llamados caracteres sexuales secundarios. Y luego la ciencia os dice algo contrario a lo que esperabais y muy apropiado para desconcertaros. Os advierte que ciertos elementos del aparato sexual masculino son también, aunque atrofiados, parte integrante del cuerpo femenino, e inversamente. La ciencia ve en esta circunstancia el signo de una *bisexualidad*[1] como si el individuo no fuera hombre o mujer, sino siempre ambas cosas, sólo que alternativamente una más que otra. Se os invita luego a familiarizaros con la idea de que las porciones de la mezcla de lo masculino y lo femenino en el individuo están sujetas a grandes oscilaciones. Mas como de todos modos, salvo en rarísimos casos, una persona no integra sino una sola clase de productos sexuales —óvulos o espermatozoos—, dudaréis ya de la significación decisiva de tales elementos y concluiréis que lo que hace la masculinidad o la feminidad es un carácter desconocido que la Anatomía no puede aprehender.

¿Podrá, acaso, hacerlo la Psicología?

Estamos acostumbrados a emplear los conceptos de «masculino» y «femenino» también como cualidades anímicas, y hemos transferido a la vida psíquica la tesis de

[1] [Freud discutió el concepto de *bisexualidad* en la primera edición de sus *Tres Ensayos* (1905d).]

la bisexualidad. Decimos, pues, que un ser humano, sea macho o hembra, se conduce masculinamente en tal punto y femeninamente en tal otro. Pero no tardaréis en daros cuenta de que esto es mera docilidad para con la Anatomía y la convención. No podéis dar a los conceptos de lo masculino y lo femenino contenido *ninguno* nuevo. La diferenciación no es de orden psicológico. Cuando decís «masculino», queréis decir regularmente «activo», y cuando decís «femenino», «pasivo». Y es exacto que existe tal relación. La célula sexual masculina es activamente móvil; busca a la femenina, y ésta, el óvulo, es inmóvil, pasivamente expectante. Esta conducta de los organismos elementales sexuales es, incluso, el prototipo de la conducta de los individuos sexuales en el comercio sexual. El macho persigue a la hembra para realizar la cópula sexual, la ataca y penetra en ella. Pero con esto dejáis reducido, para la Psicología, al factor de la agresión el carácter de lo masculino. Y dudaréis de haber hallado con ello algo decisivo en cuanto reflexionéis que en algunas especies animales son las hembras más fuertes y agresivas que los machos, y éstos, sólo activos en el acto único de la cópula sexual. Así, sucede, por ejemplo, con las arañas. Tampoco las funciones de cuidar de la prole y adiestrarla, que tan exclusivamente femeninas nos parecen, están vinculadas entre los animales al sexo femenino. En especies nada inferiores se observa que los dos sexos comparten tales funciones, e incluso es el macho el que a ellas se consagra. Hasta en los dominios de la vida sexual humana observamos en seguida cuán insuficiente es hacer coincidir la conducta masculina con la actividad, y la femenina, con la pasividad. La madre es activa en todos sentidos en cuanto al niño. El acto mismo de la lactancia puede ser visto como que la madre amamanta al niño o que éste mama de su pecho. Y cuanto más os apartéis del estrecho sector sexual, más claramente veréis el error de tal coincidencia[1]. Las mujeres pueden desplegar grandes actividades en muy

[1] [Freud utiliza sobreimposición, sobreimpresión y la explica en su *Introducc. al Psicoanálisis*, Standard Ed., 16, 304.]

varias direcciones, y los hombres no pueden convivir con sus semejantes si no es desplegando una cantidad considerable de docilidad pasiva. Si ahora decís que tales hechos entrañan precisamente la prueba de que tanto los hombres como las mujeres son bisexuales, en sentido psicológico, deduciré que habéis decidido en vuestro fuero interno mantener la coincidencia de lo activo con lo masculino y lo pasivo con lo femenino. Pero no os lo aconsejo; me parece inadecuado, y no nos procura ningún nuevo conocimiento.

Pudiéramos pensar en caracterizar psicológicamente la feminidad por la preferencia de fines pasivos; preferencia que, naturalmente, no equivale a la pasividad, puesto que puede ser necesaria una gran actividad para conseguir un fin pasivo. Lo que acaso sucede es que en la mujer, y emanada de su papel en la función sexual, una cierta preferencia por la actitud pasiva y los fines pasivos se extiende al resto de su vida, más o menos penetrantemente, según que tal prototipicidad de la vida sexual se restrinja o se amplifique. Pero a este respecto debemos guardarnos de estimar insuficientemente la influencia del orden social, que fuerza a las mujeres a situaciones pasivas. Todo esto permanece aún muy oscuro. No queremos desatender una relación particularmente constante sobre la feminidad y la vida pulsional.

El sojuzgamiento de su agresión, constitucionalmente prescrito y socialmente impuesto a la mujer, favorece el desarrollo de intensos impulsos masoquistas, los cuales logran vincular eróticamente las tendencias destructoras orientadas hacia el interior. El masoquismo es, pues, así, auténticamente femenino. Pero cuando, como sucede con frecuencia, encontramos el masoquismo en sujetos masculinos, ¿qué podemos decir si no es que tales hombres integran precisos rasgos femeninos?

Con todo esto supondréis ya que tampoco la Psicología habrá de resolver el enigma de la feminidad. Tal solución habrá de venir de otro lado, y no podrá venir antes que hayamos averiguado cómo nació, en general, la diferenciación de los seres animados en dos sexos. Nada sabemos de ello, no obstante ser tal división en dos sexos un carácter tan evidente de la vida orgánica, y el que la diferencia con toda precisión de la naturaleza inanimada. Entre tanto, aquellos individuos humanos manifiesta o predominantemente caracterizados por la posesión de genitales femeninos nos ofrecen materia suficiente de estudio. A la peculiaridad del psicoanálisis corresponde entonces no tratar de describir lo que es la mujer —cosa que sería para nuestra ciencia una labor casi impracticable—, sino investigar cómo de la disposición bisexual infantil surge la mujer. En esta última época hemos logrado averiguar algo sobre ello gracias a varias de nuestras excelentes colegas en análisis, que han comenzado a ocuparse de este problema. La diferencia de sexos ha prestado a la discusión del mismo un atractivo particular, pues cada vez que una comparación resultaba desfavorable a su sexo, nuestras analíticas se apresuraban a expresar sus sospechas de que nosotros, sus colegas masculinos, no habíamos superado prejuicios profundamente arraigados contra la feminidad, prejuicios que por parciales invalidaban nuestras investigaciones. En cambio, a nosotros, la tesis de la bisexualidad nos hacía facilísimo evitar toda descortesía, pues llegado el caso, salíamos del apuro diciendo a nuestras antagonistas: «Eso no va con usted; usted es una excepción, pues en este punto concreto es usted más masculina que femenina.»

Al llegar a la investigación de la evolución sexual femenina, lo hacemos con dos esperanzas: la primera es que tampoco en este sector se adapte sin resistencia la constitución a la función, y la segunda, que los virajes decisivos se hayan cumplido o iniciado ya antes de la pubertad. Ambas quedan bien pronto confirmadas. Por otro lado, la comparación con lo que sucede en el niño nos muestra que la evolución que transforma a la niña en mujer normal es mucho más ardua y complicada, pues abarca dos tareas más, sin pareja en la evolución del hombre. Seguiremos desde el principio el paralelo. Desde luego, ya el material es diferente en el niño y en la niña; para fijarlo así no es menester el psicoanálisis. La diferencia en la formación de los genitales va acompañada de otras diferencias somáticas, demasiado conocidas para que precisemos citarlas. También en la disposición de las pulsiones aparecen diferencias, que dejan sospechar lo que luego ha de ser la mujer. La niña es regularmente menos agresiva y obstinada, y se basta menos a sí misma; parece tener más necesidad de ternura, y ser, por tanto, más dependiente y dócil. La mayor facilidad y rapidez con las que logra el dominio de sus excreciones es muy probablemente tan sólo una consecuencia de tal docilidad: la orina y las heces son, como sabemos, los primeros regalos que el sujeto infantil hace a sus guardadores, y su retención es la primera concesión que la vida pulsional infantil se deja arrancar. Experimentamos también la impresión de que la niña es más inteligente y viva que el niño de igual edad; se abre más el mundo exterior, y lleva a cabo cargas de objeto más intensas. Ignoro si este adelanto en la evolución ha sido o no comprobado por observaciones precisas; lo indudable es que no puede decirse que la niña aparezca intelectualmente retrasada. Pero estas diferencias sexuales no pesan gran cosa; pueden ser compensadas por variantes individuales. Para nuestros primeros propósitos podemos muy bien prescindir de ellas.

Las fases más tempranas de la evolución de la libido parecen ser comunes a ambos sexos. Habría podido esperarse que la niña mostrara ya en la fase sádico-anal un retraimiento de la agresión, pero no es así. El análisis de los juegos infantiles ha mostrado a nuestras colegas analíticas que los impulsos agresivos de las niñas no dejan nada que desear en cuanto a riqueza y violencia. Con la entrada en la fase fálica, las diferencias entre los sexos quedan muy por debajo de sus coincidencias. Hemos de reconocer que la mujercita es un hombrecito. Esta fase se caracteriza en el niño, como es sabido, por el hecho de que el infantil sujeto sabe ya extraer de su pequeño pene sensaciones placientes y relacionar los estados de excitación de dicho órgano con sus representaciones del comercio sexual. Lo mismo hace la niña con su clítoris, más pequeño aún. Parece que en ella todos los actos onanistas tienen por sede tal equivalente del pene, y que la vagina, propiamente femenina, es aún ignorada por los dos sexos. Algunos investigadores hablan también de precoces sensaciones vaginales, pero no creemos nada fácil distinguirlas de las anales o de las liminares. Como quiera que sea, no pueden desempeñar papel importante ninguno. Podemos, pues, mantener que en la fase fálica de la niña es el clítoris la zona erógena directiva. Pero no con carácter de permanencia, pues con el viraje hacia la feminidad, el clítoris debe ceder, total o parcialmente, su sensibilidad y con ella su significación a la vagina, y ésta sería una de las dos tareas propuestas a la evolución de la mujer, mientras que el hombre, más afortunado, no tiene que hacer más que continuar en el período de la madurez sexual lo que en el de la temprana floración sexual había ya previamente ejercitado.

Más adelante habremos de tornar a ocuparnos de la significación del clítoris. Ahora vamos a dedicar nuestra atención a la segunda tarea planteada a la evolución de la niña. El primer objeto amoroso del niño es la madre; sigue siéndolo en la formación del complejo de Edipo y, en el fondo, durante toda la vida. También para la niña tiene que ser la madre —y las figuras de la nodriza o de la niñera, fundidas con la materna— el primer objeto. Las primeras cargas de objeto se desarrollan, en efecto, sobre la base de la satisfacción de las grandes y simples necesidades vitales[1], y los cuidados prodigados al sujeto infantil son los mismos para ambos sexos. Pero en la situación de Edipo, el objeto amoroso de la niña es ya el padre, y esperamos que, dado el curso normal de la evolución, acabará por hallar el camino que conduce desde el objeto paterno a la elección definitiva de objeto. Así, pues, en el curso del tiempo, la muchacha debe cambiar de zona erógena y de objeto, mientras que el niño conserva los suyos. Surge entonces la interrogación de cómo se desarro-

[1] [Cf. *Lecciones de introducción al psicoanálisis*, lección 21, *Standard Ed.*, 16.]

llan tales cambios y particularmente la de cómo pasa la niña de la vinculación a la madre a la vinculación al padre, o, dicho de otro modo, cómo pasa de su fase masculina a la fase femenina que biológicamente le está determinada.

La solución sería idealmente sencilla si pudiéramos suponer que, a partir de cierta edad, se imponía la influencia elemental de la atracción recíproca de los sexos e impulsaba a la mujercita hacia el hombre, mientras que la misma ley permitía al niño permanecer vinculado a la madre. Podríamos, incluso, añadir que los niños seguían con ello las indicaciones que les procuraban las preferencias sexuales de los padres. Pero las cosas no son tan fáciles; ni siquiera sabemos si podemos creer seriamente en aquel poder enigmático, resistente al análisis, que tanto apasiona a los poetas. Laboriosas investigaciones, en las que lo único fácil ha sido la disposición del material necesario, nos han suministrado datos enteramente distintos. Habéis de saber que son muchas las mujeres que permanecen eróticamente vinculadas al objeto paterno, e incluso al padre real hasta épocas muy tardías. Tales mujeres, de vinculación paterna intensa y prolongada, nos han procurado descubrimientos sorprendentes. Sabíamos, desde luego, que había habido en ellas un estadio previo de vinculación a la madre; pero no que el mismo podía ser tan abundante en contenido ni tan prolongado, ni que pudiera dejar tras de sí tantas ocasiones de fijaciones y disposiciones. Durante esta época, el padre no es más que un rival importuno; en algunos casos, la vinculación a la madre va más allá de los cuatro años. Casi todo lo que luego hallamos en la relación con el padre estaba ya contenido en ella y ha sido luego transferido al padre. En concreto: llegamos a la convicción de que no es posible comprender a la mujer si no se tiene en cuenta esta fase de la vinculación a la madre, anterior al complejo de Edipo.

Nos preguntamos ahora cuáles son las relaciones libidinosas de la niña con la madre, y hallamos que son muy varias. Como se extienden a través de las tres fases de la sexualidad infantil, toman también los caracteres de cada una de ellas y se manifiestan con deseos orales, sádico-anales y fálicos. Estos deseos representan impulsos tanto activos como pasivos, si los referimos a la diferenciación de los sexos que habrá de aparecer posteriormente —referencia que debemos, en lo posible, evitar—, podemos calificarnos de masculinos y femeninos. Son, además, plenamente ambivalentes; esto es, tanto de naturaleza cariñosa como hostil y agresiva. Estos últimos deseos suelen hacerse aparentes después de transformarse en representaciones angustiosas. No siempre es fácil señalar la formación de estos precoces deseos sexuales; el que más claramente se manifiesta es el de hacerle un niño a la madre —o tenerlo de ella—, pertenecientes ambos a la fase fálica y harto singulares, pero indudablemente comprobados por la observación analítica. El atractivo de estas investigaciones está en los sorprendentes descubrimientos que nos procuran. Así, descubrimos que el miedo a ser asesinado o envenenado, que puede luego constituir el nódulo de una dolencia paranoica, se da ya en este período anterior al complejo de Edipo, siendo la madre la persona temida. Otro caso. Recordaréis, sin duda, aquel interesantísimo episodio de la historia de la investigación analítica que hubo de traerme consigo largas horas de penosa perplejidad. En la época en que nuestro interés principal recaía sobre el descubrimiento de traumas sexuales infantiles, casi todas mis pacientes pretendían haber sido seducidas por su padre. Al cabo, se me impuso la conclusión de que tales informes eran falsos, y aprendí así a comprender que los síntomas histéricos se derivan de fantasías y no de sucesos reales. Más tarde pude reconocer, en esta fantasía de la seducción por el padre, la manifestación del complejo de Edipo típico femenino. Y ahora volvemos a encontrar la fantasía de seducción en la prehistoria, anterior al complejo de Edipo de la niña, con la variante de que la iniciación sexual ha sido efectuada, regularmente, por la madre. Pero aquí la fantasía se basa ya en la realidad, que es, en efecto, la madre la que al someter a sus hijas a los cuidados de la higiene corporal, despierta en los genitales de las mismas las primeras sensaciones placientes[1].

Sospecho que esta descripción de la riqueza y la intensidad de las relaciones sexuales de la niña con su madre ha de pareceros exagerada. Conocéis a muchas niñas, y nunca habéis advertido en ellas nada semejante. Tal objeción no es válida. Sabiendo observar la vida infantil, descubrimos muchas cosas; pero, además, hay que tener en cuenta que la infancia sólo puede dar expresión preconsciente —no digamos ya comunicar— a una mínima parte de sus deseos sexuales. No hacemos, pues, sino servirnos de un perfecto derecho al estudiar *a posteriori* los residuos y consecuencias de ese mundo afectivo en personas en las que tales procesos de la evolución alcanzaron un desarrollo especialmente visible o incluso exagerado. La Patología nos ha prestado siempre el servicio de revelarnos, aislándolas y complicándolas, circunstancias que, dentro de la normalidad, habrían permanecido ocultas. Y como nuestras investigaciones no han sido realizadas en sujetos gravemente anormales, creo que podemos dar crédito a sus resultados.

Orientaremos ahora nuestro interés hacia la disolución de esta poderosa vinculación de la niña a su madre. Sabemos de antemano que su destino es perecer, dejando el puesto a la vinculación al padre. Y tropezamos con un hecho que nos muestra el camino que debemos seguir. En este avance de la evolución no se trata de un mero cam-

[1] [En las primeras discusiones sobre la etiología de la histeria, Freud mencionó con frecuencia a la seducción de los adultos como una de las causas más comunes. Pero en ninguna de estas primeras publicaciones inculpó de modo directo al padre de la misma. En algunas notas adicionales escritas en 1924 para la reimpresión en los *Gesammelte Schriften* de los *Estudios sobre la histeria,* admitió haber suprimido en dos ocasiones el hecho de la responsabilidad del padre. Sin embargo, lo dejó muy claro en la carta a Fliess del 21 de septiembre de 1897 (Freud, 1950a; carta 69) en la que por primera vez le expresaba su escepticismo acerca de estas historias relatadas por los pacientes. La primera admisión escrita de su error apareció varios meses después, en una indicación en el segundo de los *Tres ensayos* (1905d). Una exposición más detallada de este tema se encuentra en su contribución a la etiología de las neurosis para un libro de Löwenfeld (Freud, 1906a).]

bio de objeto. El apartamiento de la madre se desarrolla bajo el signo de la hostilidad; la vinculación a la madre se resuelve en odio. El cual puede hacerse muy evidente y perdurar a través de toda la vida, o puede ser luego cuidadosamente supercompensado, siendo lo más corriente que una parte de él sea dominada, perdurando otra. Estas variantes dependen en gran medida de lo que sucede en años posteriores. Pero aquí nos limitaremos a estudiarlo en el período de viraje hacia el padre, investigando sus motivaciones. Oímos entonces toda una serie de quejas y acusaciones contra la madre, tendentes a justificar los sentimientos hostiles de la niña, y cuyo valor, que analizaremos cuidadosamente, varía mucho. Algunas son francas racionalizaciones. Habremos, pues, de investigar las fuentes verdaderas de la hostilidad. Espero que os interesará seguirme esta vez a través de todos los detalles de una investigación psicoanalítica.

De los reproches que la sujeto dirige a su madre, el que más se remonta es el de haberla criado poco tiempo a sus pechos, lo cual reputa la sujeto como una falta de cariño. Ahora bien: este reproche no deja de entrañar, en las circunstancias actuales, cierta justificación. Muchas madres de hoy no tienen leche suficiente para criar a sus hijos y se contentan con amamantarlos unos cuantos meses, seis o nueve a lo más. Entre los pueblos primitivos, los niños son amamantados por espacio de dos y tres años. La figura de la nodriza, sustitución de la madre, es fundida con la de ésta. Cuando la sustitución ha tenido efecto desde un principio, el reproche mencionado se torna en el de haber despedido demasiado pronto a la nodriza, que tan complacientemente alimentaba a la niña. Pero cuales quiera que hayan sido las circunstancias reales, es imposible que el reproche de la niña sea justificado tan frecuentemente como lo hallamos. Parece más bien que el ansia de la niña por su primer alimento es, en general, inagotable, y que el dolor que le causa la pérdida del seno materno no se apacigua jamás. No me sorprendería que el análisis de un primitivo, amamantado hasta una época en la que ya sabía hablar y corretear, extrajera a la luz el mismo reproche. Con el destete se relaciona también, probablemente, el miedo a ser envenenado. El veneno es un alimento que hace enfermar. Quizá el sujeto infantil refiere a la privación del seno materno sus primeras enfermedades. Hace ya falta buena parte de preparación intelectual para creer en la casualidad; el primitivo, el hombre sin ilustración, y, seguramente, también el niño, saben dar una razón a todo lo que sucede. Tal vez originariamente fue una causa de las creencias animistas. Aún actualmente, en algunos estratos populares, cualquier muerte es achacada a alguien, generalmente al médico. Y la reacción neurótica regular a la muerte de un ser querido es también la autoacusación de haber sido la causa de la muerte.

Otra acusación contra la madre surge al hacer su aparición en la *nursery* un nuevo bebé. Cuando las circunstancias lo hacen posible, la niña relaciona tal suceso con la privación del seno materno. La madre no quiso o no pudo seguir dándole el pecho porque necesitaba amamantar al nuevo infante. Cuando los dos partos son tan seguidos que la lactancia queda cortada por el segundo embarazo, este reproche adquiere un fundamento real, dándose el caso singular de que, aun cuando entre ambos retoños haya tan sólo una diferencia de once meses, el primero se da cuenta de lo sucedido, no obstante su temprana edad. Pero no es sólo la privación del seno materno lo que dispone a la niña contra el nuevo intruso y rival suyo, sino todos los demás cuidados que la madre le prodiga. Se siente destronada, despojada, perjudicada en su derecho; desarrolla odio y celos contra el nuevo infante y rencor contra la madre infiel, todo lo cual se manifiesta frecuentemente en una desagradable transformación de su conducta. Se torna «mala», excitable, desobediente y abandona los progresos realizados en el dominio sobre sus excretas. Todo esto es conocido tiempo ha y aceptado como cosa natural; pero rara vez nos hacemos una idea exacta de la fuerza de tales impulsos hostiles, de la tenacidad de su adherencia y de la magnitud de su influjo sobre la evolución posterior. Sobre todo, cuando estos celos son alimentados de nuevo, una y otra vez durante los siguientes años infantiles, renovándose la conmoción con cada nuevo parto de la madre. El hecho de que el primogénito continúe siendo el favorito de la madre no cambia gran cosa la situación; la exigencia de cariño del sujeto infantil es desmesurada; demanda exclusividad y no tolera partijas.

Los deseos sexuales infantiles, distintos en cada fase de la libido, y que, en su mayor parte, no pueden ser satisfechos, constituyen una copiosa fuente de hostilidad contra la madre. La más intensa de estas privaciones aparece en la época fálica, cuando la madre prohíbe a su retoño —a veces con graves amenazas y manifestando intenso disgusto— el placentero jugueteo con sus órganos genitales, al cual ella mismo hubo de inducirle antes, al descubrirle, en sus cuidados de higiene corporal, la cualidad erógena de dichos órganos. Podríamos suponer que éstos eran ya motivos suficientes para fundamentar el apartamiento que siente la niña hacia su madre. Juzgaríamos entonces que tal apartamiento era secuela inevitable de la naturaleza de la sexualidad infantil, de la inmoderación de las exigencias de cariño y de la imposibilidad de satisfacer los deseos sexuales. Pensaríamos, incluso, que esta primera relación amorosa de la niña está destinada al fracaso, precisamente por ser la primera, pues estas precoces cargas de objeto son siempre ambivalentes en muy alto grado; junto al amor intenso existe siempre una intensa tendencia a la agresión, y cuando más apasionadamente ama el niño a su objeto, más sensible se hace a las decepciones y privaciones que el mismo le inflige. Al cabo el amor sucumbe forzosamente a la agresión acumulada. O también podemos rechazar tal ambivalencia original de las cargas eróticas e indicar que lo que conduce, con igual fatalidad inevitable, a la perturbación del amor infantil es la naturaleza especial de las relaciones entre madres e hijos, pues toda educación por benigna que sea, tiene que ejercer coerción e imponer limitaciones, y todo ataque de este orden a su libertad tiene que despertar en el sujeto infantil, como reacción, la tendencia a la agresión y a la rebeldía. La discusión de estas posibilidades podía resultar muy interesante, pero una objeción que de repente surge a nuestro paso orienta nuestra atención en un sentido distinto. Todos estos factores —la preterición, las decepciones amorosas, los celos y la seducción seguida de prohibición— se dan también en las relaciones del niño con la madre y no son, sin embargo, suficientes para apartarle de ella. Si no encontramos algo que sea específico de la niña, algo que no aparezca en el niño o aparezca en él distintamente, no habremos aclarado el desenlace de la vinculación de la niña a la madre.

Por mi parte, creo que hemos hallado tal factor específico, y precisamente en el lugar en que esperábamos hallarlo, si bien en forma sorprendente. En el lugar esperado, digo, porque tal lugar es el complejo de la castración. La diferencia anatómica tenía que manifestarse en consecuencias psíquicas. En cambio, nos sorprendió descubrir por medio del análisis, que la niña hace responsable a la madre de su carencia de pene y no le perdona tal desventaja.

Como veis, adscribimos también a la mujer un complejo de castración. Fundadamente, desde luego; pero tal complejo no puede entrañar el mismo contenido que el del niño. En este último, el complejo de castración se forma después que la visión de unos genitales femeninos le han revelado que el miembro que tanto estima él no es, como suponía, inseparable de todo cuerpo humano. Recuerda entonces las amenazas que le valieron sus jugueteos con el miembro, empieza a darles crédito, y queda, desde aquel instante, bajo el influjo del *miedo a la castración,* que pasa a ser el motor más importante de su desarrollo ulterior. También el complejo de castración de la niña es iniciado por la visión del genital de otro sexo. La niña advierte en seguida la diferencia y —preciso es confesarlo— también su significación. Se siente en grave situación de inferioridad manifiesta con gran frecuencia, que también ella «quisiera tener una cosita así», y sucumbe a la «envidia del pene», que dejará huellas perdurables en su evolución y en la formación de su carácter, y que ni siquiera en los casos más favorables será dominada sin grave esfuerzo psíquico. El que la niña reconozca su carencia de pene no quiere decir que la acepte de buen grado. Por el contrario, mantiene mucho tiempo el deseo de «tener una cosita así», cree en la posibilidad de conseguirlo hasta una edad en la que ya resulta inverosímil tal creencia, y aun en tiempos en los que el conocimiento de la realidad la ha hecho ya abandonar semejante deseo por irrealizable, el análisis puede demostrar que el mismo perdura en lo inconsciente y ha conservado una considerable carga de energía. El deseo de conseguir, al fin, el ansiado pene puede aún provocar su aportación a los motivos que impulsan a la mujer adulta a someterse al análisis y aquello que razonablemente puede esperar del análisis —por ejemplo, la capacidad para ejercer una profesión intelectual— demuestra muchas veces ser una variante sublimada de dicho deseo reprimido.

De la importancia de la envidia del pene no puede caber duda. Generalmente se considera como un ejemplo de la justicia masculina la afirmación de que la envidia y los celos desempeñan en la vida anímica de la mujer mayor papel que en la del hombre. Y no es que estas cualidades falten a los hombres o no tengan en las mujeres otra raiz que la envidia del pene, pero nos inclinamos a adscribir el excedente femenino a esta última influencia. Ahora bien: algunos analíticos se han inclinado a disminuir la importancia de aquel primer despertar de la envidia del pene en la fase fálica. Opinan que esta actitud femenina es, principalmente, una formación secundaria nacida, con ocasión de conflictos posteriores, por regresión a aquel impulso infantil. Es éste un problema general que entra de lleno en la psicología abisal. En muchas actitudes pulsionales patológicas (o simplemente inhabituales); por ejemplo, en las perversiones sexuales, hemos de preguntarnos qué parte de su energía corresponde a las fijaciones infantiles y cuál otra a la influencia de vivencias y evoluciones posteriores. Trátase casi siempre de series complementarias, como las que hemos supuesto en el estudio de la etiología de las neurosis [1]. Ambos factores participan en magnitudes distintas en la causación, complementándose uno a otro. Lo infantil da, en todos los casos, la pauta y es con frecuencia, aunque no siempre, decisivo. Precisamente en el caso de la envidia del pene predomina, a mi juicio, el factor infantil.

El descubrimiento de su castración constituye un punto crucial en la evolución de la niña. Parten de él tres caminos de la evolución: uno conduce a la inhibición sexual o a la neurosis; otro, a la transformación del carácter en el sentido de un complejo de masculinidad, y el otro, al fin, a la feminidad normal. Sobre los tres hemos averiguado muchas cosas, aunque no todas. El contenido esencial del primero es que la niña —que hasta entonces había vivido masculinamente, sabía procurarse placer excitándose el clítoris y relacionaba tal actividad con sus deseos sexuales, frecuentemente activos, orientados hacia su madre— deja que la influencia de la envidia del pene le eche a perder el goce de la sexualidad fálica. Ofendida en su amor propio por la comparación con el niño, mejor dotado, renuncia a la satisfacción masturbatoria por excitación del clítoris, rechaza su amor a la madre y reprime con ello, en muchos casos, buena parte de sus impulsos sexuales. El apartamiento de la madre no tiene efecto de una vez, pues la niña considera al principio su castración como un infortunio individual, y sólo paulatinamente la va extendiendo a otras criaturas femeninas y, por último, también a la madre. El objeto de su amor era la madre fálica; con el descubrimiento de que la madre está castrada se le hace posible abandonarla como objeto amoroso, y entonces los motivos de hostilidad, durante tanto tiempo acumulados, vencen en toda la línea. Así, pues, con el descubrimiento de la falta de pene, la mujer queda desvalorizada para la niña, lo mismo que para el niño y quizá para el hombre.

Todos sabéis qué suprema importancia etiológica con-

---

[1] [Véase *Lecciones introductorias*, núms. 22 y 23. Standard Ed., 16, 347, 362 y 364.]

ceden nuestros neuróticos a su onanismo. Lo hacen responsable de todas sus dolencias, y nos cuesta mucho trabajo hacerles admitir su error. En realidad, debíamos darles la razón, pues el onanismo es la actividad especial de la sexualidad infantil, de cuya evolución fallida dependen verdaderamente sus padecimientos. Pero es que los neuróticos inculpan al onanismo del período de pubertad, habiendo olvidado, en cambio, por lo general el de la temprana infancia, que es el que en realidad importa. Quisiera tener algún día la ocasión de explicaros detalladamente cuán importantes son todos los detalles efectivos del onanismo precoz para la neurosis posterior o para el carácter de cada individuo, si fue o no descubierto, si los padres lo combatieron o lo consintieron y si el individuo mismo logró sojuzgarlo. Todo esto ha dejado huellas perdurables en su evolución. Pero, pensándolo bien, me alegro de no tener que desarrollar tal explicación; sería una labor tan ardua como prolongada, y a su final me pondríais seguramente en un aprieto pidiéndome consejos de orden práctico sobre la conducta que los padres y educadores deben adoptar frente al onanismo infantil. En la evolución de la niña, tal como la voy exponiendo, tenéis un ejemplo de cómo el infantil sujeto se esfuerza espontáneamente en libertarse del onanismo. Pero no siempre lo consigue. En los casos en que la envidia del pene ha despertado un fuerte impulso contra el onanismo clitoridiano y éste se resiste a desaparecer, se desarrolla una violenta lucha de liberación, en la que la niña toma a su cargo el papel de la madre, destronada ya, y manifiesta su disgusto por la inferioridad fálica de su clítoris con su resistencia contra la satisfacción asequible por medio de su excitación. Todavía muchos años después, cuando la satisfacción onanista ha sido vencida mucho tiempo ha, perdura como defensa contra una tentación aún temida. Tal interés se manifiesta en el nacimiento de simpatía hacia personas a las que se supone en idéntico conflicto y puede decidir la elección de esposo o de amante. No es ciertamente cosa fácil ni indiferente la solución de las secuelas de la masturbación infantil.

Con el abandono de la masturbación clitoridiana, la sujeto renuncia a un montante de actividad. La pasividad se hace dominante, y el viraje hacia el padre queda cumplido con ayuda, sobre todo, de fines pulsionales pasivos. Habréis de reconocer que tal avance de la evolución, que acaba con la actividad fálica, allana el camino a la feminidad. Si las pérdidas que en ello origina la represión no son demasiado considerables, tal feminidad puede resultar normal. El deseo con el que la niña se orienta hacia el padre es quizá, originalmente, el de conseguir de él el pene que la madre le ha negado. Pero la situación femenina se constituye luego, cuando el deseo de tener un pene es relevado por el de tener un niño, sustituyéndose así el niño al pene, conforme a la antigua equivalencia simbólica. No olvidamos que ya anteriormente, en la época fálica imperturbada, la niña deseó también tener un niño: tal era el sentido de sus juegos con las muñecas. Pero este juego no era, en realidad, la manifestación de su feminidad; favorecía la identificación con la madre con la intención de sustituir la pasividad por actividad. La niña jugaba a ser la madre, y la muñeca era ella misma; de este modo podía hacer con la muñeca lo que la madre solía hacer con ella. Sólo al despertar el deseo de tener un pene es cuando la muñeca se convierte en un hijo habido del padre y pasa a ser, en adelante, el fin optativo femenino más intenso. La felicidad es grande cuando el deseo infantil de tener un hijo encuentra más tarde su satisfacción real, sobre todo cuando el hijo es un niño que trae consigo el anhelado pene. En el deseo de tener un hijo del padre, el acento recae, con frecuencia, totalmente sobre el primero de sus elementos, quedando sin relieve alguno el segundo. El viejo deseo masculino de la posesión de un pene se transparenta así todavía a través de la más acabada feminidad. Pero quizá debiéramos reconocer tal deseo del pene como exclusivamente femenino.

Con la transferencia del deseo de un niño-pene al padre, entra la niña en la situación del complejo de Edipo. La hostilidad contra la madre, preexistente ya, se intensifica ahora, pues la madre pasa a ser la rival que recibe del padre todo lo que la niña anhela de él. El complejo de Edipo de la niña nos ha ocultado mucho tiempo su vinculación anterior a la madre, tan importante, sin embargo, y que tan perdurables fijaciones deja tras de sí. Para la niña la situación de Edipo es el desenlace de una larga y difícil evolución, una especie de solución provisional, una postura de descanso, que la sujeto tarda en abandonar, tanto más cuanto que al principio del período de latencia no está ya lejos. Y ahora advertimos, en cuanto a la relación del complejo de Edipo con el complejo de castración, una diferencia importantísima entre ambos sexos. El complejo de Edipo del niño, en el cual desea a su madre y quisiera apartar al padre, viendo en él un rival, se desarrolla naturalmente a partir de la fase de su sexualidad fálica. Pero la amenaza de castración le fuerza a abandonar tal actitud. Bajo la impresión del peligro de perder el pene, el complejo de Edipo es abandonado, reprimido y, en el caso más normal, fundamentalmente destruido, siendo instaurado, como heredero del mismo, un riguroso *super-yo.* En la niña sucede casi lo contrario. El complejo de castración prepara el complejo de Edipo en lugar de destruirlo; la influencia de la envidia del pene aparta a la niña de la vinculación a la madre y la hace entrar en la situación del complejo de Edipo como en un puerto de salvación. Con la desaparición del miedo a la castración se desvanece el motivo principal que había impulsado al niño a superar el complejo de Edipo. La niña permanece en él indefinidamente, y sólo más tarde e incompletamente lo supera. En estas circunstancias, la formación del *super-yo* tiene forzosamente que padecer; no puede alcanzar la robustez y la independencia que le confieren su valor cultural. Los feministas nos oyen con disgusto cuando les señalamos los resultados de este factor para el carácter femenino medio.

Indicamos antes, como otra de las reacciones posibles al descubrimiento de la castración femenina, el desarrollo de un fuerte complejo de masculinidad. Queremos decir con ello que la niña se niega a admitir la ingrata realidad; exagera, con obstinada rebeldía, su masculinidad de hasta entonces, mantiene su actividad clitoridiana y busca un refugio en una identificación con la madre fálica o con el padre. ¿Qué es lo que decide este desenlace? No puede ser sino un factor constitucional, una mayor magnitud de actividad, característica del macho. Lo principal del proceso es que en este lugar de la evolución es evitado el incremento de pasividad que inicia el viraje hacia la feminidad. El rendimiento máximo de este complejo de masculinidad nos parece ser su influjo en la elección de objeto en el sentido de una homosexualidad manifiesta. La experiencia analítica nos enseña que la homosexualidad femenina no continúa nunca —o sólo raras veces— en línea directa la masculinidad infantil. Así parece confirmarlo el hecho de que también tales niñas toman por algún tiempo al padre como objeto y entran en la situación de Edipo. Pero luego las decepciones inevitables que el padre les inflige las impulsan a una regresión a su anterior complejo de masculinidad. Sin embargo, no debemos exagerar la importancia de tales decepciones, pues también las niñas destinadas a una feminidad normal pasan por ellas, sin que el resultado les sea fatal. La prepotencia del factor constitucional parece indiscutible; pero los dos factores de la evolución de la homosexualidad femenina se reflejan acabadamente en las prácticas de las homosexuales, que lo mismo juegan a ser madre e hija que marido y mujer.

Lo que antecede constituye, por decirlo así, la prehistoria de la mujer. Es el resultado de nuestras investigaciones más recientes y puede haberos interesado como una muestra de la labor analítica de detalle. Como el tema de tal labor es exclusivamente la mujer, me permitiré citar nominalmente a aquellas de nuestras colegas a las que esta investigación debe aportaciones de importancia. La doctora Ruth Mack Brunswick [1928] ha sido la primera en describir un caso de neurosis imputable a una fijación en el estado anterior al complejo de Edipo y en el que la sujeto no llegó siquiera a la situación de tal complejo. La neurosis tomó la forma de una paranoia de celos y se demostró asequible a la terapia. La doctora Jeanne Lampl-de-Groot [1927] ha comprobado con seguras observaciones la actividad fálica de la niña con respecto a la madre, tan increíble a primera vista. Por último, la doctora Helene Deutsch [1932] ha mostrado que los actos eróticos de las mujeres homosexuales reproducen las relaciones entre la madre y la niña.

No entra en mis propósitos perseguir la conducta posterior de la feminidad, a través de la pubertad, hasta la madurez. Nuestros conocimientos son aún insuficientes para ello. Me limitaré, pues, a daros algunas indicaciones. Tomando como punto de partida la prehistoria, señalaremos que el desarrollo de la feminidad queda expuesto a perturbaciones por parte de los fenómenos residuales del período prehistórico de masculinidad. Las regresiones a las fijaciones de aquellas fases anteriores al complejo de Edipo son cosa frecuente; en algunos historiales hallamos una alteración repetida de períodos en los que predominan la masculinidad o la feminidad. Parte de aquello que los hombres llamamos «el enigma de la mujer» se deriva, quizá, de esa manifestación de la bisexualidad en la vida femenina. Pero en el curso de estas investigaciones se nos ha hecho más transparente otro problema. Hemos dado el nombre de libido a la fuerza motriz de la vida sexual. Esta vida sexual es regida por la polarización de lo masculino y lo femenino; habremos, pues, de examinar la relación de la libido con tal antítesis. No nos sorprenderá hallar que a cada sexualidad correspondía su libido particular, de manera que una clase de libido perseguiría los fines de la sexualidad masculina y otra los de la femenina. Pero nada de esto sucede. No hay más que una libido que es puesta al servicio tanto de la función masculina como de la femenina. Y no podemos atribuirle un sexo; si, abandonándonos a la equiparación convencional de actividad y masculinidad, la queremos llamar masculina, no deberemos olvidar que representa también tendencias de fines pasivos. Y lo que nunca estará justificado será hablar de una «libido femenina». Experimentamos la impresión de que la libido ha sido objeto de una mayor coerción cuando aparece puesta al servicio de la función femenina, y también la de que en este caso —teleológicamente hablando— la naturaleza tiene menos cuidadosamente en cuenta sus exigencias que en el caso de la masculinidad. Y esto —teleológicamente pensando— puede tener su razón en que la consecución del fin biológico ha sido confiada a la agresión del hombre y hecha independiente, en cierto modo, del consentimiento de la mujer.

La frigidez sexual de la mujer, cuya frecuencia parece confirmar la anterior hipótesis, es un fenómeno insuficientemente comprendido aún. Psicógeno, a veces y accesible entonces a la influencia analítica, impone, en otros casos, la hipótesis de una condicionalidad constitucional e incluso la de intervención de un factor anatómico.

He prometido indicaros aún algunas peculiaridades psíquicas de la feminidad madura, tal y como se nos muestran en la observación analítica. No adscribimos a estas afirmaciones una validez absoluta, y tampoco es siempre fácil distinguir lo que corresponde a la influencia de la función sexual y lo que ha de atribuirse a la disciplina social. Adscribimos, pues, a la feminidad un elevado montante de narcisismo, el cual influye aún sobre su elección de objeto, de manera que, para la mujer es más imperiosa necesidad ser amada que amar. En la vanidad que a la mujer inspira su físico participa aún la acción de la envidia del pene, pues la mujer estima tanto más sus atractivos cuanto que los considera como una compensación posterior de su inferioridad sexual original[1]. Al pudor, en el que se ve una cualidad exclusivamente femenina, pero que es algo mucho más convencional de lo que se cree, le adscribimos la intención primaria de encubrir la defectuosidad de los genitales. Aunque nos olvidamos que después ha tomado a su cargo otras funciones. Se cree que las mujeres no han contribuido sino muy poco a los descubrimientos e inventos de la historia de la civilización; pero quizá sí han descubierto, por lo menos, una técnica: la de tejer e hilar. Si así ha sido, en efecto, podríamos indicar

[1] [Cf. «Introducción al narcisismo» (1914c), cap. III. Standard Ed., 14, 88-9.]

el motivo inconsciente de tal rendimiento. La Naturaleza misma habría suministrado a la mujer el modelo para tal imitación, haciendo que al alcanzar la sujeto la madurez sexual crezca la vegetación pilosa que oculta sus genitales. El paso inmediato habría consistido en adherir unas a otras aquellas hebras que salían aisladas de la piel. Claro está que si juzgáis fantástica esta idea y suponéis una idea fija mía la influencia de la falta de pene en la conformación de la feminidad, nada podré aducir en mi defensa.

Las condiciones de la elección de objeto de la mujer quedan frecuentemente encubiertas por las circunstancias sociales. Cuando tal elección puede ser libre, se desarrolla, muchas veces, conforme al ideal narcisista del hombre que la niña habría deseado llegar a ser. Si la niña ha permanecido en la vinculación al padre, o sea en el complejo de Edipo, elegirá conforme al tipo del padre. Dado que en el viaje desde la madre al padre la hostilidad de la relación afectiva queda enlazada a la madre, tal elección debería garantizar un matrimonio feliz. Pero muy frecuentemente se presenta un desenlace que pone en peligro tan favorable solución del conflicto de la ambivalencia. La hostilidad que ha quedado rezagada persigue a la vinculación positiva y ataca al nuevo objeto. El marido, que había heredado primero al padre, hereda ahora a la madre. De este modo, sucede fácilmente que la segunda mitad de la vida de una mujer aparezca consagrada a la lucha contra su marido, como la primera, más breve, a la rebelión contra su madre. Una vez exhaustivamente vivida esta relación, un segundo matrimonio puede resultar mucho más satisfactorio. Otra transformación de la mujer, inesperada para el marido, puede iniciarse con el nacimiento del hijo primogénito. Bajo la impresión de la propia maternidad, puede quedar reanimada una identificación con la madre, contra la cual se había defendido la mujer hasta su matrimonio, y atraer a sí toda la libido disponible, de manera que la obsesión de repetición reproduzca un matrimonio infeliz de los padres. La distinta reacción de la madre ante el nacimiento de un hijo o una hija muestra que el antiguo factor de la falta de pene no ha perdido aún su fuerza. Sólo la relación con el hijo procura a la madre satisfacción ilimitada; es, en general, la más acabada y libre de ambivalencia de todas las relaciones humanas[1]. La madre puede transferir sobre el hijo la ambición que ella tuvo que reprimir y esperar de él la satisfacción de todo aquello que de su complejo de masculinidad queda aún en ella. El matrimonio mismo no queda garantizado hasta que la mujer ha conseguido hacer de su marido su hijo y actuar con él como madre.

La identificación de la mujer con su madre muestra dos estratos: uno, anterior al complejo de Edipo, que reposa sobre la vinculación amorosa a la madre y la toma por modelo, y otro, posterior, basado en el complejo de Edipo, que quiere apartar a la madre y sustituirla al lado del padre. De ambos queda mucho para el futuro, pudiéndose decir que ninguno queda suficientemente superado en el curso de la evolución. Pero la fase de la vinculación amorosa, anterior al complejo de Edipo, es la decisiva para el futuro de la mujer; en ella se prepara la adquisición de aquellas cualidades con las que luego atenderá a su papel en la función sexual y cumplirá sus inestimables funciones sociales. En esta identificación adquirirá también el atractivo para el hombre que convierte la vinculación del mismo a su madre en enamoramiento. Sólo que, muchas veces, es el hijo el que recibe aquello a que el enamorado aspiraba. Experimentamos la impresión de que el amor del hombre y el de la mujer se separan en una diferencia de fases psicológicas.

El hecho de que hayamos de atribuir a la mujer un escaso sentido de la justicia depende, quizá, del predominio de la envidia en su vida anímica, pues la exigencia de justicia es una elaboración de la envidia y procura la condición bajo la cual es posible darle libre campo. Decimos también de las mujeres que sus intereses sociales son más débiles y su capacidad de sublimación de las pulsiones menor que las de los hombres. Lo primero se deriva, quizá,

[1] [Esto fue señalado en las *Lecciones introductorias*, núm. 13. En la lección 31 (en este volumen) puede leerse una excepción a este hecho.]

del carácter disocial propio, indudablemente, de todas las relaciones sexuales. Los amantes se bastan el uno al otro, y hasta la familia se resiste a ser integrada en uniones más amplias. La capacidad de sublimación está sujeta a máximas oscilaciones individuales. En cambio, no puedo menos de mencionar una impresión que experimentamos de continuo en la actividad analítica. Un hombre alrededor de los treinta años nos parece un individuo joven, inacabado aún, del que esperamos aprovechará enérgicamente las posibilidades de desarrollo que el análisis le ofrezca. En cambio, una mujer de igual edad nos asusta frecuentemente por su inflexible inmutabilidad psíquica. Su libido ha ocupado posiciones definitivas y parece incapaz de cambiarlas por otras. No encontramos caminos conducentes a un desarrollo posterior; es como si el proceso se hubiera ya cumplido por completo y quedara sustraído ya a toda influencia; como si la ardua evolución hacia la feminidad hubiera agotado las posibilidades de la persona. Como terapeutas, lamentamos este estado de cosas aun en aquellas ocasiones en las que conseguimos poner fin al padecimiento con la solución del conflicto neurótico.

Esto es todo lo que tenía que deciros sobre la feminidad. Es, desde luego, incompleto y fragmentario, y no siempre grato. Ahora bien: no debéis olvidar que sólo hemos descrito a la mujer en cuanto su ser es determinado por su función sexual. Esta influencia llega, desde luego, muy lejos, pero es preciso tener en cuenta que la mujer integra también lo generalmente humano. Si queréis saber más sobre la feminidad, podéis consultar a vuestra propia experiencia de la vida, o preguntar a los poetas, o esperar a que la ciencia pueda procuraros informes más profundos y más coherentes.

6. LA ESTRUCTURA DE LA PERSONALIDAD PSIQUICA

INTRODUCCION

La buena disposición de Freud para modificar sus teorías cuando éstas ya no satisfacían sus exigencias, supuso en algunas ocasiones un problema para sus discípulos y alumnos. Aquellos que habían conseguido familiarizarse con la teoría del inconsciente y evaluar todos los procesos psíquicos en términos de su relación con la percepción consciente, deben haber experimentado una dificultad para renunciar a este punto de vista y cambiarlo por uno nuevo. Aquellos de los colaboradores de Freud plenamente entregados a la psicología profunda, no estaban muy dispuestos a desviar al menos una parte de su interés una vez más hacia la superficie de la conciencia y las influencias del mundo exterior.

Sin embargo, Freud no tenía tales recelos. En la década de los veinte se hallaba dedicado a integrar en su teoría dos nuevas ideas obtenidas de sus análisis. El yo, que hasta el momento coincidía enteramente con el sistema consciente, resultaba tener distintas partes inconscientes; por otra parte, el sistema inconsciente parecía contener más que lo reprimido que Freud le había asignado. Ambas observaciones contradecían la división de la vida psíquica previamente adoptada, en sistemas separados especialmente (inconsciente, preconsciente, consciente), con fronteras nítidas entre uno y otro. No obstante, esta clasificación no hacía justicia a los nuevos hechos observados, y debía reemplazarse por otra.

En su nueva formulación presentada en detalle por primera vez en El yo y el ello *(1923b), Freud restringió el concepto de inconsciente a una cualidad de los procesos psíquicos, esto es, a una característica de la actividad mental que puede hallarse en cualquier parte del aparato psíquico. El propio aparato psíquico se concebía ahora como una estructura compuesta de varias instancias. En suma, el anterior modelo topográfico de la vida psíquica fue suplantado por el modelo estructural.*

Los oponentes de Freud le reprocharon con frecuencia el haber procedido de un modo no científico, por cuanto daba nombres propios a estas instancias recientemente postuladas (yo, ello y super-yo); comparaban despectivamente esta caracterización terminológica con una descripción de figuras mitológicas. Sin embargo, fue precisamente esta personificación de las construcciones teóricas lo que puso de relieve, tanto para el analista como para el lector profano, las contradicciones de su propia persona, haciéndolas quizá más visibles por primera vez. El hecho de que ningún ser humano constituye una unidad, que las disarmonías internas son inevitables, sólo se vuelve inteligible cuando podemos discernir con claridad sus distintos orígenes, sus distintos contenidos, los distintos mecanismos y fines de cada instancia por separado. Freud se dedicó a esta labor de clarificación en El yo y el ello, *resumiendo más tarde sus resultados en la conferencia sobre «La disección de la personalidad psíquica» (1933a).*

De acuerdo con el nuevo concepto, los choques y conflictos interiores ya no se suceden simplemente entre elementos conscientes e inconscientes; son más bien otros los contrastes, no menos serios y decisivos. La búsqueda ciega de satisfacción por parte de los impulsos, que vienen dados desde el nacimiento y determinan la naturaleza del ello, no es comparable con la naturaleza del ego, cuya labor es la de registrar las condiciones, las demandas y los peligros del mundo exterior, y tomarlos en consideración. A su vez las instancias del yo se dividen de acuerdo con su doble origen. El yo no es otra cosa que una parte remodelada, separada del ello y adaptada al mundo exterior; por su parte, el super-yo es el sedimento de la prolongada dependencia del niño respecto a los padres y sus exigencias respecto al control de los impulsos y la socialización[1]. De este modo la búsqueda de placer, de adaptación y de contraste moral con los otros, nos confronta a cada uno con la tarea de reconciliar lo irreconciliable y, pese a todas las contradicciones, de procurarnos una armonía interior. Cuando estos esfuerzos tienen éxito, la salud psíquica queda asegurada, si fracasan, vemos aparecer manifestaciones patológicas: inhibiciones, síntomas, aumento mórbido de la angustia.

Estas palabras introductorias acentúan los importantes avances en la elaboración de las teorías de Freud. Pero al mismo tiempo los alumnos deben advertir que el nuevo modelo estructural del aparato psíquico no descuida la vieja clasificación consciente-inconsciente. Los autores analíticos modernos olvidan con facilidad que la propia estimación de Freud sobre la importancia de la vida mental inconsciente no se vio decisivamente alterada con la introduc-

---

[1] La significación y la génesis del superyo, en especial el papel que juegan las identificaciones en su desarrollo, son también discutidas por Freud en *Psicología de las masas y análisis del yo* (1921c) y en *El malestar en la cultura* (1930a), ambos de lectura obligada en la sección de psicoanálisis aplicado.

ción del modelo estructural. Estaba y siguió estando convencido, según sus propias palabras, de que «la división de lo psíquico entre lo consciente y lo inconsciente sigue siendo la premisa fundamental del psicoanálisis» (1923b), «nuestro único faro en la oscuridad de la psicología profunda» (ibid). El analista practicante se ve frecuentemente tentado a comprender los esfuerzos de Freud en términos de la vieja teoría topográfica. Una y otra vez debe percatarse que los contenidos psíquicos que irradian la luz de la superficie, deben sonsacarse laboriosamente del cuarto oscuro del inconsciente, y revestirse de representaciones de palabras, como es el caso del preconsciente, antes de que puedan tomar lugar en la conciencia. En descripciones de esta clase, y pese a todos los avances teóricos, los conceptos de inconsciente y ello, y consciente y yo, vuelven a coincidir.

EL YO Y EL ELLO (1923) *

Las consideraciones que van a continuación prosiguen desarrollando las ideas iniciadas por mí en mi trabajo titulado *Más allá del principio del placer* (1920), ideas que, como ya lo indiqué entonces, me inspiran una benévola curiosidad. El presente estudio las recoge, las enlaza con diversos hechos de la observación analítica e intenta deducir de esta unión nuevas conclusiones, pero no toma ya nada de la biología, y se halla, por tanto, más cerca del psicoanálisis que el *Más allá del principio del placer*. Constituye más bien una síntesis que una especulación y parece tender hacia un elevado fin. Sé perfectamente que hace alto en seguida, apenas emprendido el camino hacia dicho fin, y estoy conforme con esta limitación.

Con todo ello entra en cuestiones que hasta ahora no han sido objeto de la elaboración psicoanalítica y no puede evitar rozar algunas teorías establecidas por investigadores no analíticos o por psicoanalistas que han dejado

---

* Primera edición: Internationaler Psychoanalytischer Verlag (Leipzig, Vienna, Zurich). Incluido en S.E., 19, 12.

de serlo. Siempre he estado dispuesto a reconocer lo que debo a otros investigadores, pero en este caso no me encuentro obligado por ninguna tal deuda de gratitud. Si el psicoanálisis no ha estudiado hasta ahora determinados objetos, ello no ha sido por inadvertencia ni porque los considere faltos de importancia, sino porque sigue un camino determinado, que aún no le había conducido hasta ellos. Pero, además, cuando llega a ellos se le muestran en forma distinta que a las otras teorías.

1. La conciencia y lo inconsciente

Nada nuevo habremos de decir en este capítulo de introducción; tampoco evitaremos repetir lo ya expuesto en otros lugares.

La diferenciación de la psíquico en consciente e inconsciente es la premisa fundamental del psicoanálisis. Le permite, en efecto, llegar a la inteligencia de los procesos patológicos de la vida anímica, tan frecuentes como importantes, y subordinarlos a la investigación científica. O dicho de otro modo: el psicoanálisis no ve en la conciencia la esencia de lo psíquico, sino tan sólo una cualidad de lo psíquico, que puede sumarse a otras o faltar en absoluto.

Si supiera que el presente estudio iba a ser leído por todos aquellos a quienes interesan las cuestiones psicológicas, no me extrañaría ver cómo una parte de mis lectores se detenía al llegar aquí y se negaba a seguir leyendo. En efecto, para la mayoría de las personas de cultura filosófica, la idea de un psiquismo no consciente resulta inconcebible y la rechazan, tachándola de absurda e ilógica. Procede esto, a mi juicio, de que tales personas no han estudiado nunca aquellos fenómenos de la hipnosis y del sueño que, aparte de otros muchos de naturaleza patológica, nos impone tal concepción. En cambio, la psicología de nuestros contradictores es absolutamente incapaz de solucionar los problemas que tales fenómenos nos plantean.

Ser consciente[1] es, en primer lugar, un término puramente descriptivo que se basa en la percepción más inmediata y segura. La experiencia nos muestra luego que un elemento psíquico (por ejemplo, una percepción) no es, por lo general, duraderamente consciente. Por el contrario, la conciencia es un estado eminentemente transitorio. Una representación consciente en un momento dado no lo es ya en el inmediatamente ulterior, aunque pueda volver a serlo bajo condiciones fácilmente dadas. Pero en el intervalo hubo de ser algo que ignoramos. Podemos decir que era *latente*, significando con ello que era en todo momento de tal intervalo *capaz de conciencia*. Mas también cuando decimos que era inconsciente damos una descripción correcta. Los términos «inconsciente» y «latente», «capaz de conciencia», son, en este caso, coincidentes. Los filósofos nos objetarían que el término «inconsciente» carece aquí de aplicación, pues mientras que la representación permanece latente no es nada psíquico. Si comenzásemos ya aquí a oponer nuestros argumentos a esta objección, entraríamos en una discusión meramente verbal e infructuosa por completo.

Mas, por nuestra parte, hemos llegado al concepto de lo inconsciente por un camino muy distinto; esto es, por la elaboración de cierta experiencia en la que interviene la *dinámica* psíquica. Nos hemos visto obligados a aceptar que existen procesos o representaciones anímicas de gran energía (un factor cuantitativo o *económico* entra en consideración por primera vez) que, sin llegar a ser conscientes, pueden provocar en la vida anímica las más diveras consecuencias, algunas de las cuales llegan a hacerse conscientes como nuevas representaciones[2]. No creemos necesario repetir aquí detalladamente lo que ya tantas veces hemos expuesto. Bastaría recordar que en este punto comienza la teoría psicoanalítica, afirmando que tales representaciones no pueden llegar a ser conscientes por opo-

---

[1] [Cf. nota del editor en pág. 18 del original inglés.]

[2] [Ver por ejemplo *Algunas observaciones sobre el concepto de inconsciente en psicoanálisis,* 1912g.]

nerse a ello cierta energía, sin la cual adquirirían completa conciencia, y se vería entonces cuán poco se diferenciaban de otros elementos reconocidos como psíquicos. Esta teoría queda irrebatiblemente demostrada por la técnica psicoanalítica, con cuyo auxilio resulta posible suprimir tal energía y hacer conscientes dichas representaciones. El estado en el que estas representaciones se hallaban antes de hacerse conscientes es el que conocemos con el nombre de *represión*, y afirmamos advertir como *resistencia* durante la labor psicoanalítica la energía que ha llevado a cabo la represión y la ha mantenido luego.

Así, pues, nuestro concepto de lo inconsciente tiene como punto de partida la teoría de la represión. Lo reprimido es para nosotros el prototipo de lo inconsciente. Pero vemos que se nos presentan dos clases de inconsciente: lo inconsciente latente, capaz de conciencia, y lo reprimido, incapaz de conciencia. Nuestro mayor conocimiento de la dinámica psíquica ha de influir tanto en nuestra nomenclatura como en nuestra exposición. A lo latente, que sólo es inconsciente en un sentido descriptivo y no en un sentido dinámico, lo denominamos *preconsciente*, y reservamos el nombre de *inconsciente* para lo reprimido, dinámicamente inconsciente. Tenemos, pues, tres términos: consciente *(Cc.)*, preconsciente *(Prec.)* e inconsciente *(Inc.)*, cuyo sentido no es ya puramente descriptivo. Suponemos que lo *Prec.* se halla más cerca de lo *Inc.* que de lo *Cc.*, y como hemos calificado de psíquico a lo *Inc.*, podemos extender sin inconveniente alguno este calificativo a lo *Prec.* latente. Se nos preguntará por qué no preferimos permanecer de acuerdo con los filósofos y separar tanto lo *Prec.* como lo *Inc.* de lo psíquico consciente. Los filósofos nos propondrían después de describir lo *Prec.* y lo *Inc.* como dos formas o fases de lo *psicoide*, y de este modo quedaría restablecida la unidad. Pero si tal hiciéramos surgirían infinitas dificultades para la descripción, y el único hecho importante, o sea el de que lo psicoide coincide en casi todo lo demás con lo reconocido como psíquico, quedaría relegado a un último término, en provecho de un prejuicio surgido cuando aún se desconocía lo psicoide.

Podemos, pues, comenzar a manejar nuestros tres términos —*Cc.*, *Prec.* e *Inc.*—, aunque sin olvidar nunca que en sentido descriptivo hay dos clases de inconsciente y sólo una en sentido dinámico[1]. Para algunos de nuestros fines descriptivos podemos prescindir de esta diferenciación. En cambio, para otros resulta indispensable. Por nuestra parte nos hemos acostumbrado ya a este doble sentido y no nos ha suscitado nunca grandes dificultades. De todos modos resulta imposible prescindir de él, pues la diferenciación de lo consciente y lo inconsciente es, en último término, una cuestión de percepción que puede resolverse con un sí o un no, y el acto de la percepción no da por sí mismo explicación alguna de por qué razón es percibido o no percibido algo. Nada puede oponerse al hecho de que lo dinámico sólo encuentre en el fenómeno una expresión equívoca[2].

---

[1] [Se encontrarán algunos comentarios sobre esta distinción en el Apéndice A.]

[2] Véase *Algunas observaciones sobre el concepto de lo inconsciente en psicoanálisis* (1912) incluido en el presente volumen. Cf. también las secciones I y II del estudio metapsicológico sobre *Lo inconsciente* (1915). Habremos de examinar aquí una nueva modalidad de la crítica de lo inconsciente. Algunos investigadores, que no rehúsan aceptar los descubrimientos psicoanalíticos, pero que se niegan a reconocer la existencia de lo inconsciente, alegan el hecho de que también la conciencia —considerada como fenómeno— presenta múltiples grados de intensidad o precisión. Existen procesos clara e intensamente conscientes, y otros que no lo son de un modo casi imperceptible. A los más débiles entre estos últimos sería a los que el psicoanálisis denominaría inconscientes, calificativo inadecuado, pues tales procesos son también conscientes. Se hallan en la conciencia y pueden ser hechos intensa y completamente conscientes, dedicándoles un poco de atención. Aunque en la decisión de estas cuestiones dependientes de una pura convención o de factores emocionales, no puede influir ninguna clase de argumentos, alegaremos que la referencia a una escala de la precisión de la conciencia carece de todo valor probatorio. Es como si, fundándonos en la escala de intensidad de la luz —desde la más deslumbradora a la más tenue—, afirmásemos que la oscuridad no existía, o concluyésemos, de la amplia escala de vitalidad de los seres animados, la inexistencia de la muerte. Estos principios pueden encerrar, desde cierto punto de vista, un alto sentido, pero son inaceptables en la práctica, como se demuestra cuando se quieren deducir de ellos determinadas consecuencias, tales como las de que no es necesaria la luz artificial o de que todos los organismos son inmortales. Además, incluyendo lo imperceptible en-

En el curso subsiguiente de la labor psicoanalítica resultà que también estas diferenciaciones son prácticamente insuficientes. Esta insuficiencia resalta sobre todo en el siguiente caso; suponemos en todo individuo una organización coherente de sus procesos psíquicos, a la que consideramos como su *yo*. Este *yo* integra la conciencia, la cual domina el acceso a la motilidad, esto es, la descarga de las excitaciones en el mundo exterior, siendo aquélla la instancia psíquica que fiscaliza todos sus procesos parciales, y, aun adormecida durante la noche, ejerce a través de toda ella la censura onírica. Del *yo* parten también las represiones por medio de las cuales han de quedar excluidas, no sólo de la conciencia, sino también de las formas de eficiencia y actividad determinadas tendencias anímicas. El conjunto de estos elementos, excluidos por la represión, se sitúa frente al *yo* en el análisis, labor a la cual se plantea el problema de suprimir las resistencias que el *yo* opone a todo contacto con lo reprimido. Pero durante el análisis observamos que el enfermo tropieza con dificultades cuando le invitamos a realizar determinadas labores y que sus asociaciones cesan en absoluto en cuanto han de aproximarse a lo reprimido. Le decimos entonces que se halla bajo el dominio de una resistencia, pero él no sabe nada de ella, y aunque por sus sensaciones displacientes llegase a adivinar que en aquellos momentos actúa en él una resistencia, no sabría darle nombre ni describirla. Ahora bien: como tal resistencia parte seguramente de su *yo* y pertenece al mismo, nos encontramos ante una si-

---

tre lo consciente, no conseguimos sino destruir la única seguridad inmediata dada en lo psíquico. Una conciencia de la que nada sabemos es, a mi ver, algo más absurdo que la existencia de un psiquismo inconsciente. Por último, tal equiparación de lo imperceptible con lo inconsciente ha debido de ser intentada sin atender a las circunstancias dinámicas, las cuales determinaron, en cambio, la teoría psicoanalítica, pues observamos que en tal tentativa no se han tenido en cuenta dos hechos importantes. En primer lugar, que es dificilísimo y exige intensos esfuerzos dedicar atención suficiente a tales elementos imperceptibles, y en segundo que, cuando así lo conseguimos, lo anteriormente imperceptible no es reconocido por la conciencia, sino rechazado por ella. Así, pues, la equiparación de lo inconsciente a lo poco perceptible o imperceptible en absoluto no es sino una ramificación del prejuicio que mantiene la identidad de lo psíquico con lo consciente.

tuación imprevista. Comprobamos, en efecto, que en el *yo* hay también algo inconsciente, algo que se conduce idénticamente a lo reprimido, o sea exteriorizando intensos efectos sin hacerse consciente por sí mismo, y cuya percatación consciente precisa de una especial labor. La consecuencia de este descubrimiento para la práctica analítica es la de que tropezamos con infinitas dificultades e imprecisiones si queremos mantener nuestra habitual forma de expresión y reducir, por ejemplo, la neurosis a un conflicto entre lo consciente y lo inconsciente. Fundándonos en nuestro conocimiento de la estructura de la vida anímica, habremos, pues, de sustituir esta antítesis por otra; esto es, por la existente entre el *yo* coherente y lo reprimido disociado de él[1].

Pero aún son más importantes las consecuencias que dicho descubrimiento trae consigo para nuestra concepción de lo inconsciente. El punto de vista dinámico nos obligó a una primera rectificación; ahora, el conocimiento de la estructura anímica nos impone otra nueva. Reconoceremos, pues, que lo *Inc.* no coincide con lo reprimido. Todo lo reprimido es inconsciente, pero no todo lo inconsciente es reprimido. También una parte del *yo*, cuya amplitud nos es imposible fijar, puede ser inconsciente, y lo es seguramente. Y este *Inc.* del *yo* no es latente en el sentido de lo *Prec.*, pues si lo fuera no podría ser activado sin hacerse consciente, y su atracción a la conciencia no opondría tan grandes dificultades. Viéndonos así obligados a admitir un tercer *Inc.* no reprimido, hemos de confesar que la inconsciencia pierde importancia a nuestros ojos, convirtiéndose en una cualidad de múltiples sentidos que no permite deducir las amplias y exclusivas conclusiones que esperábamos. Sin embargo, no deberemos desatenderla, pues en último término, la cualidad de consciente o no consciente es la única luz que nos guía en las tinieblas de la psicología de las profundidades.

---

[1] [Cf. *Más allá del principio del placer* (1920g), cap. 4.]

2. EL YO Y EL ELLO

La investigación patológica ha orientado demasiado exclusivamente nuestro interés hacia lo reprimido. Quisiéramos averiguar más del *yo* desde que sabemos que también puede ser inconsciente, en el verdadero sentido de este término. El único punto de apoyo de nuestras investigaciones ha sido hasta ahora el carácter de consciencia o inconsciencia. Pero hemos acabado por ver cuán múltiples sentidos puede presentar este carácter.

Todo nuestro conocimiento se halla ligado a la conciencia. Tampoco lo inconsciente puede sernos conocido si antes no lo hacemos consciente. Pero, deteniéndonos aquí, nos preguntaremos cómo es esto posible y qué quiere decir hacer consciente algo.

Sabemos ya dónde hemos de buscar aquí un enlace. Hemos dicho que la conciencia es la superficie del aparato anímico; esto es, la hemos adscrito como función a un sistema que, especialmente considerado, y no sólo en el sentido de la función, sino en el de la organización anatómica[1], es el primero a partir del mundo exterior. También nuestra investigación tiene que tomar, como punto de partida, esta superficie perceptora.

Todas las percepciones procedentes del exterior (percepciones sensoriales) y aquellas otras procedentes del interior, a las que damos el nombre de sensaciones y sentimientos, son conscientes. Pero ¿y aquellos procesos internos que podemos reunir, aunque sin gran exactitud, bajo el concepto de procesos mentales, y que se desarrollan en el interior del aparato como desplazamiento de energía psíquica a lo largo del camino que conduce a la acción? ¿Llegan acaso a la superficie en la que nace la conciencia? ¿O es la conciencia la que llega hasta ellos? Es ésta una de las dificultades que surgen cuando nos decidimos a utilizar la representación espacial, *tópica,* de la vida anímica. Ambas posibilidades son igualmente incon-

[1] [*Más allá del principio del placer,* cap. 4.]

cebibles y habrán, por tanto, de dejar paso a una tercera[1].

En otro lugar[2] hemos expuesto ya la hipótesis de que la verdadera diferencia entre una representación inconsciente y una representación preconsciente (un pensamiento) consiste en que el material de la primera permanece oculto, mientras que la segunda se muestra enlazada con *representaciones verbales*. Emprenderemos aquí, por vez primera, la tentativa de indicar caracteres de los sistemas *Prec.* e *Inc.* distintos de su relación con la conciencia. Así, pues, la pregunta de cómo se hace algo consciente deberá ser sustituida por la de cómo se hace algo preconsciente, y la respuesta sería que por su enlace con las representaciones verbales correspondientes.

Estas representaciones verbales son restos mnémicos. Fueron en un momento dado percepciones, y pueden volver a ser conscientes, como todos los restos mnémicos. Antes de seguir tratando de su naturaleza, dejaremos consignado que sólo puede hacerse consciente lo que ya fue alguna vez una percepción consciente, aquello que desde el interior no siendo un sentimiento quiere devenir consciente, tiene que intentar transformarse en percepciones exteriores, transformación que consigue por medio de las huellas mnémicas.

Suponemos contenidos los restos mnémicos en sistemas inmediatos al sistema *P.-Cc.*[3], de manera que sus cargas pueden extenderse fácilmente a los elementos del mismo[4]. Pensamos aquí inmediatamente en la alucinación y en el hecho de que todo recuerdo, aun el más vivo, puede ser distinguido siempre, tanto de la alucinación como de la percepción exterior[5], pero también recordamos que, al ser reavivado un recuerdo, permanece conservada la car-

---

[1] [Ha sido discutido con mayor extensión en la 2.ª sección de *Lo inconsciente*, cap. 3.]

[2] [*Lo inconsciente*, cap. 3.]

[3] *P.-Cc.:* Percepción-conciencia *[N. de R.]*.

[4] [Cf. cap. VII (B) de *La Interpretación de los sueños* (1900), Standard Ed., S. 538.]

[5] [Punto de vista expresado por Breuer en su contribución teórica a los *Estudios sobre la histeria* (1895d), Standard Ed., 2, 188.]

ga en el sistema mnémico, mientras que la alucinación, no diferenciable de la percepción, sólo surge cuando la carga no se limita a extenderse desde la huella mnémica al elemento del sistema *P.*, sino que pasa *por completo* a él.

Los restos verbales proceden esencialmente de percepciones acústicas[1], circunstancia que adscribe al sistema *Prec.* un origen sensorial especial. Al principio podemos dejar a un lado, como secundarios, los componentes visuales de la representación verbal adquiridos en la lectura, e igualmente, sus componentes de movimiento, los cuales desempeñan tan sólo —salvo para el sordomudo— el papel de signos auxiliares. La palabra es, pues, esencialmente el resto mnémico de la palabra oída.

No debemos, sin embargo, olvidar o negar, llevados por una tendencia a la simplificación, la importancia de los restos mnémicos ópticos —de *cosas*—, ni tampoco la posibilidad de un acceso a la conciencia de los procesos mentales por retorno a los restos visuales, posibilidad que parece predominar en muchas personas. El estudio de los sueños y el de las fantasías preconscientes observadas por J. Varendonck puede darnos una idea de la peculiaridad de este pensamiento visual. En él sólo se hace consciente el material concreto de los pensamientos, y, en cambio, no puede darse expresión alguna visual a las relaciones que los caracterizan especialmente. No constituye, pues, sino un acceso muy imperfecto a la conciencia, se halla más cerca de los procesos inconscientes que el pensamiento verbal, y es, sin duda, más antiguo que éste, tanto ontogénica como filogénicamente.

Así, pues, para volver a nuestro argumento, si es éste el camino por el que lo inconsciente se hace preconsciente, la interrogación que antes nos dirigimos sobre la forma en que hacemos (pre)consciente algo reprimido, recibirá la respuesta siguiente: Hacemos (pre)consciente lo reprimido, interpolando, por medio de la labor analítica,

---

[1] [Freud llegó a esta conclusión en su monografía sobre la afasia (1891), sobre la base de hallazgos patológicos. Cuestión representada en el diagrama reproducido en el Apéndice C al estudio sobre *Lo inconsciente,* cap. 3.]

miembros intermedios preconscientes. Por tanto, ni la conciencia abandona su lugar ni tampoco lo *Inc.* se eleva hasta lo *Cc.*

La relación de la percepción *exterior* con el *yo* es evidente. No así la de la percepción *interior.* Sigue, pues, la duda de si es o no acertado situar exclusivamente la conciencia en el sistema superficial *P.-Cc.*

La percepción interna rinde sensaciones de procesos que se desarrollan en los diversos estratos del aparato anímico, incluso en los más profundos. La serie «placer-displacer» nos ofrece el mejor ejemplo de estas sensaciones, aún poco conocidas, más primitivas y elementales que las procedentes del exterior y susceptibles de emerger aun en estados de disminución de la conciencia. Sobre su gran importancia y su base metapsicológica hemos hablado ya en otro contexto[1]. Pueden proceder de distintos lugares y poseer así cualidades diversas y hasta contrarias.

Las sensaciones de carácter placiente no presentan de por sí ningún carácter perentorio. No así las displacientes, que aspiran a una modificación y a una descarga, razón por la cual interpretamos el displacer como una elevación y el placer como una disminución de la carga de energía.

Si en el curso de los procesos anímicos consideramos aquello que se hace consciente en calidad de placer y displacer como un «algo» cualitativa y cuantitativamente especial, surge la cuestión de si este «algo» puede hacerse consciente permaneciendo en su propio lugar, o, por el contrario, tiene que ser llevado antes al sistema *P.*

La experiencia clínica testimonia en favor de esto último y nos muestra que dicho «algo» se comporta como un impulso reprimido. Puede desarrollar energías sin que el *yo* advierta la coerción, y sólo una resistencia contra tal coerción o una interrupción de la reacción de descarga lo hacen consciente en el acto como displacer. Lo mismo que las tensiones provocadas por la necesidad, puede también permanecer inconsciente el dolor, término medio en-

---

[1] [*Más allá del principio del placer* (1920), Secc. IV, cap. 4.]

tre la percepción externa y la interna, que se conduce como una percepción interna aun en aquellos casos en los que tiene su fuente en el mundo exterior. Resulta, pues, que también las sensaciones y los sentimientos tienen que llegar al sistema *P.* para hacerse conscientes, y cuando encuentran cerrado el camino de dicho sistema, no logran emerger como tales sensaciones o sentimientos. Sintéticamente y en forma no del todo correcta, hablamos entonces de *sensaciones inconscientes*, equiparándolas, sin una completa justificación, a las *representaciones inconscientes.* Existe, en efecto, la diferencia de que para llevar a la conciencia una representación inconsciente es preciso crear antes miembros de enlace, cosa innecesaria en los sentimientos, los cuales progresan directamente hacia ella. O dicho de otro modo: la diferenciación de *Cc.* y *Prec.* carece de sentido por lo que respecta a los sentimientos, que no pueden ser sino conscientes o inconscientes. Incluso cuando se hallan enlazados a representaciones verbales no deben a éstas su acceso a la conciencia, sino que llegan a ella directamente[1].

Vemos ahora claramente el papel que desempeñan las representaciones verbales. Por medio de ellas quedan convertidos los procesos de pensamiento interiores en percepciones. Es como si hubiera que demostrar el principio de que todo conocimiento procede de la percepción externa. Dada una sobrecarga del pensamiento, son *realmente* percibidos los pensamientos —como desde fuera— y tenidos así por verdaderos.

Después de esta aclaración de las relaciones entre la percepción externa e interna y el sistema superficial *P.-Cc.*, podemos pasar a formarnos una idea del *yo.* Lo vemos emanar, como de su nódulo, del sistema *P.* y comprender primeramente lo *Prec.*, inmediato a los restos mnémicos. Pero el *yo* es también, como ya sabemos, inconsciente.

Ha de sernos muy provechoso, a mi juicio, seguir la invitación de un autor, que por motivos personales decla-

[1] [Cf. Secc. III de *Lo inconsciente* (1915) en el cap. 3.]

ra en vano no tener nada que ver con la ciencia, rigurosa y elevada. Me refiero a G. Groddeck, el cual afirma siempre que aquello que llamamos nuestro *yo* se conduce en la vida pasivamente y que, en vez de vivir, somos «vividos» por poderes ignotos e invencibles[1]. Todos hemos experimentado alguna vez esta sensación, aunque no nos haya dominado hasta el punto de hacernos excluir todas las demás, y no vacilamos en asignar a la opinión de Groddeck un lugar en los dominios de la ciencia. Por mi parte, propongo tenerla en cuenta, dando el nombre de *yo* al ente que emana del sistema *P.*, y es primero preconsciente, y el de *ello*, según lo hace Groddeck, a lo psíquico restante —inconsciente—, en lo que dicho *yo* se continúa[2].

Pronto hemos de ver si esta nueva concepción ha de sernos útil para nuestros fines descriptivos. Un individuo es ahora, para nosotros, un *ello* psíquico desconocido e inconsciente, en cuya superficie aparece el *yo*, que se ha desarrollado partiendo del sistema *P.*, su nódulo. El *yo* no envuelve por completo al *ello*, sino que se limita a ocupar una parte de su superficie, esto es, la constituida por el sistema *P.*, y tampoco se halla precisamente separado de él, pues confluye con él en su parte inferior.

Pero también lo reprimido confluye con el *ello* hasta el punto de no constituir sino una parte de él. En cambio, se halla separado del *yo* por las resistencias de la represión, y sólo comunica con él a través del *ello*. Reconocemos en el acto que todas las diferenciaciones que la Patología nos ha inducido a establecer se refieren tan sólo a los estratos superficiales del aparato anímico, únicos que conocemos.

Todas estas circunstancias quedan gráficamente representadas en el dibujo de la página siguiente, cuya significación es puramente descriptiva[3]. Como puede verse en

[1] G. Groddeck: *Das Buch vom Es.*, en *Int. Psychoan.* Verlag, 1923.

[2] Groddeck sigue el ejemplo de Nietzsche, el cual usa frecuentemente este término como expresión de lo que en nuestro ser hay de impersonal y sujeto a la ley natural.

[3] [Comparar el diagrama ligeramente diferente en la conferencia 31, *Nuevas lecciones de introducción al psicoanálisis* (1933).]

él, y según el testimonio de la anatomía del cerebro, lleva el *yo*, en uno solo de sus lados, un «receptor acústico».

Fácilmente se ve que el *yo* es una parte del *ello* modificada por la influencia del mundo exterior, transmitido por el *P.-Cc.*, o sea, en cierto modo, una continuación de la diferenciación de las superficies. El *yo* se esfuerza en transmitir a su vez al *ello* dicha influencia del mundo exterior, y aspira a sustituir el principio del placer, que reina sin restricciones en el *ello*, por el principio de la realidad. La percepción es para el *yo* lo que para el *ello* el instinto. El *yo* representa lo que pudiéramos llamar la razón o la reflexión, opuestamente al *ello*, que contiene las pasiones.

La importancia funcional del *yo* reside en el hecho de regir normalmente los accesos a la motilidad. Podemos, pues, compararlo, en su relación con el *ello*, al jinete que rige y refrena la fuerza de su cabalgadura, superior a la suya, con la diferencia de que el jinete lleva esto a cabo con sus propias energías, y el *yo*, con energías prestadas. Pero así como el jinete se ve obligado alguna vez a dejarse conducir a donde su cabalgadura quiere, también el *yo* se nos muestra forzado en ocasiones a transformar en acción la voluntad del *ello*, como si fuera la suya propia.

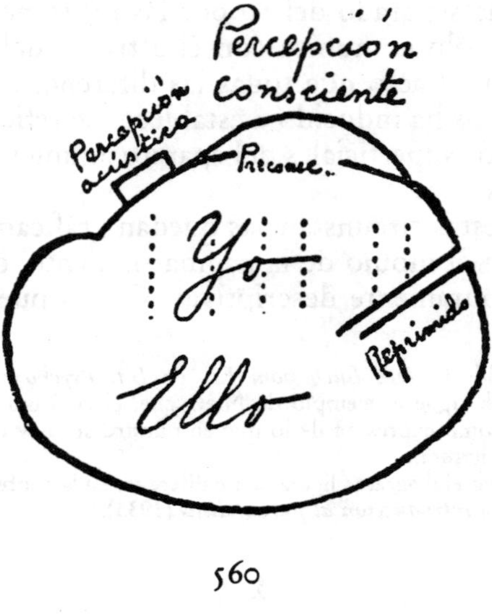

En la génesis del *yo*, y en su diferenciación del *ello*, parece haber actuado aún otro factor distinto de la influencia del sistema *P*. El propio cuerpo, y, sobre todo, la superficie del mismo, es un lugar del cual pueden partir simultáneamente percepciones, externas e internas. Es objeto de la visión, como otro cuerpo cualquiera; pero produce al tacto dos sensaciones, una de las cuales puede equipararse a una percepción interna. La Psicofisiología ha aclarado ya suficientemente la forma en la que el propio cuerpo alcanza su especial posición entre los otros objetivos del mundo de las percepciones. También el dolor parece desempeñar en esta cuestión un importante papel, y la forma en que adquirimos un nuevo conocimiento de nuestros órganos cuando padecemos una dolorosa enfermedad constituye quizá el prototipo de aquella en la que llegamos a la representación de nuestro propio cuerpo.

El *yo* es, ante todo, un ser corpóreo, y no sólo un ser superficial, sino incluso la proyección de una superficie[1]. Si queremos encontrarle una analogía anatómica, habremos de identificarlo con el «homúnculo cerebral» de los anatómicos, que se halla cabeza abajo sobre la corteza cerebral, tiene los pies hacia arriba, mira hacia atrás y ostenta, a la izquierda, la zona de la palabra.

La relación del *yo* con la conciencia ha sido ya estudiada por nosotros repetidas veces, pero aún hemos de describir aquí algunos hechos importantes. Acostumbrados a no abandonar nunca el punto de vista de una valoración ética y social, no nos sorprende oír que la actividad de las pasiones más bajas se desarrolla en lo inconsciente, y esperamos que las funciones anímicas encuentren tanto más seguramente acceso a la conciencia cuanto más elevado sea el lugar que ocupen en dicha escala de valores. Pero la experiencia psicoanalítica nos demuestra que la esperanza es infundada. Por un lado tenemos pruebas

[1] El yo deriva de sensaciones corporales principalmente de aquellas que provienen de la superficie del cuerpo. Puede pues ser considerado una proyección mental de la superficie del cuerpo, además, como hemos visto más arriba, de representar la superficie del aparato mental.

de que incluso una labor intelectual, sutil y complicada, que exige, en general, intensa reflexión, puede ser también realizada preconscientemente sin llegar a la conciencia. Este fenómeno se da, por ejemplo, durante el estado de reposo y se manifiesta en que el sujeto despierta sabiendo la solución de un problema matemático o de otro género cualquiera vanamente buscado durante el día anterior[1].

Pero hallamos aún otro caso más singular. En nuestro análisis averiguamos que hay personas en las cuales la autocrítica y la conciencia moral —o sea funciones anímicas—, a las que se concede un elevado valor, son inconscientes y producen, como tales, importantísimos efectos. Así, pues, la inconsciencia de la resistencia en el análisis no es en ningún modo la única situación de este género. Pero el nuevo descubrimiento, que nos obliga, a pesar de nuestro mejor conocimiento crítico, a hablar de un *sentimiento inconsciente de culpabilidad*[2], nos desorienta mucho más, planteándonos nuevos enigmas, sobre todo cuando observamos que en un gran número de neuróticos desempeña dicho sentimiento un papel económicamente decisivo y opone considerables obstáculos a la curación. Si queremos ahora volver a nuestra escala de valores, habremos de decir que no sólo lo más bajo, sino también lo más elevado, puede permanecer inconsciente. De este modo parece demostrársenos lo que antes dijimos del *yo*, o sea que es ante todo un yo consciente o sea que es ante todo un *yo* corpóreo.

3. EL YO Y EL SUPER-YO (IDEAL DEL YO)

Si el *yo* no fuera sino una parte del *ello* modificada por la influencia del sistema de las percepciones, o sea, el representante del mundo exterior, real en lo anímico, nos

---

[1] Recientemente me contaron un ejemplo de este fenómeno, relatado como una objeción contra mi descripción del «trabajo del sueño».

[2] [Cf. nota 15.]

encontraríamos ante un estado de cosas harto sencillo. Pero hay aún algo más.

Los motivos que nos han llevado a suponer la existencia de una fase especial del *yo,* o sea una diferenciación dentro del mismo *yo,* a la que damos el nombre de *super-yo* o ideal del *yo,* han quedado ya expuestos en otros lugares[1]. Estos motivos continúan en pie[2]. La novedad que precisa una aclaración es la de que esta parte del *yo* presenta una conexión menos firme con la conciencia.

Para llegar a tal aclaración hemos de volver antes sobre nuestros pasos. Explicamos el doloroso sufrimiento de la melancolía estableciendo la hipótesis de una reconstrucción en el *yo* del objeto perdido; esto es, la sustitución de una carga de objeto por una identificación[3]. Pero no llegamos a darnos cuenta de toda la importancia de este proceso ni de lo frecuente y típico que era. Ulteriormente hemos comprendido que tal sustitución participa considerablemente en la estructuración del *yo* y contribuye, sobre todo, a la formación de aquello que denominamos su *carácter.*

Originariamente, en la fase primitiva oral del individuo, no es posible diferenciar la carga de objeto de la identificación[4]. Más tarde sólo podemos suponer que las cargas de objeto parten del *ello,* el cual siente como necesidades las aspiraciones eróticas. El *yo,* débil aún al principio, recibe noticia de las cargas de objeto, y las aprueba o intenta rechazarlas por medio del proceso de la represión[5].

---

[1] Cf. *Introducción al narcisismo* (1914). *Psicología de las masas* (1921).

[2] Unicamente habremos de rectificar la afirmación de que el examen de la realidad era una función del *super-yo.* Las relaciones del *yo* con el mundo de la percepción parecen más bien indicar que dicho examen es ejercido por el *yo.* También ciertas manifestaciones indeterminadas, que en otros lugares hemos consignado, sobre la existencia de un *nódulo* del *yo,* deben ser concretadas ahora en el sentido de que dicho nódulo es únicamente el sistema *P.-Cc.* [En *Más allá del principio del placer,* Freud habló de la parte inconsciente del *yo* como su núcleo y en su trabajo posterior sobre *El Humor* (1927) se refirió al *super-yo* como núcleo del *yo.*

[3] Cf. «Aflicción y melancolía» (1917).

[4] [Cf. cap. VII de *Psicología de las masas* (1921).]

[5] La creencia de los primitivos de que las cualidades del animal ingerido

Cuando tal objeto sexual ha de ser abandonado, surge frecuentemente en su lugar aquella modificación del *yo* que hemos hallado en la melancolía y descrito como una reconstrucción del objeto en el *yo*. Ignoramos aún las circunstancias detalladas de esta sustitución. Es muy posible que el *yo* facilite o haga posible, por medio de esta introyección —que es una especie de regresión al mecanismo de la fase oral—, el abandono del objeto. O quizá constituya esta identificación la condición precisa para que el *ello* abandone sus objetos. De todos modos, es éste un proceso muy frecuente en las primeras fases del desarrollo, y puede llevarnos a la concepción de que el carácter del *yo* es un residuo de las cargas de objeto abandonadas y contiene la historia de tales elecciones de objeto. Desde luego, habremos de reconocer que la capacidad de resistencia a las influencias emanadas de la historia de las elecciones eróticas de objeto varía mucho de unos individuos a otros, constituyendo una escala, dentro de la cual el carácter del sujeto admitirá o rechazará más o menos tales influencias. En las mujeres que han tenido muchas experiencias eróticas creemos poder indicar fácilmente los residuos que sus cargas de objeto han dejado en su carácter. También puede existir una simultaneidad de la carga de objeto y la identificación, o sea, una modificación del carácter antes del abandono del objeto. En este caso, la modificación del carácter puede sobrevivir a la relación con el objeto y conservarla en cierto sentido.

Desde otro punto de vista, observamos también que esta transmutación de una elección erótica de objeto en una modificación del *yo* es para el *yo* un medio de dominar al *ello* y hacer más profundas sus relaciones con él, si bien a costa de una mayor docilidad por su parte. Cuan-

---

como alimento se transmiten al individuo y las prohibiciones basadas en esta creencia constituyen un interesantísimo paralelo de la sustitución de la elección del objeto por la identificación. Esta creencia se halla también integrada, seguramente, entre los fundamentos del canibalismo, y actúa en toda la serie de costumbres que va desde la comida totémica a la comunión. Las consecuencias que aquí se atribuyen al apoderamiento oral del objeto surgen luego, realmente, en la ulterior elección sexual del objeto. [Cf. *Totem y Tabú* (1912-13).]

do el *yo* toma los rasgos del objeto, se ofrece, por decirlo así, como tal al *ello* e intenta compensarle la pérdida experimentada, diciéndole: «Puedes amarme, pues soy parecido al objeto perdido.»

La transformación de la libido de objeto en libido narcisista, que aquí tiene efecto, trae consigo un abandono de los fines sexuales, una desexualización, o sea, una especie de sublimación, e incluso nos plantea la cuestión, digna de un penetrante estudio, de si no será acaso éste el camino general conducente a la sublimación, realizándose siempre todo proceso de este género por la mediación del *yo*, que transforma primero la libido objetiva sexual en libido narcisista, para proponerle luego un nuevo fin[1]. Más adelante nos preguntaremos asimismo si esta modificación no puede también tener por consecuencia otros diversos destinos de los instintos; por ejemplo, una disociación de los diferentes instintos, fundidos unos con otros[2].

No podemos eludir una disgresión, consistente en fijar nuestra atención por algunos momentos en las identificaciones de objeto del *yo*. Cuando tales identificaciones llegan a ser muy numerosas, intensas e incompatibles entre sí, se produce fácilmente un resultado patológico. Puede surgir, en efecto, una disociación del *yo*, excluyéndose las identificaciones unas a otras por medio de resistencias. El secreto de los casos llamados de *personalidad múltiple* reside, quizá, en que cada una de tales identificaciones atrae a sí alternativamente la conciencia. Pero aun sin llegar a este extremo surgen entre las diversas identificaciones, en las que el *yo* queda disociado, conflictos que no pueden ser siempre calificados de patológicos.

Cualquiera que sea la estructura de la ulterior resistencia del carácter contra las influencias de las cargas de

---

[1] Una vez establecida la diferenciación del *yo* y el *ello*, hemos de reconocer a este último como el gran depósito de la libido. La libido que fluye al *yo* por medio de las identificaciones descritas representa su *narcisismo secundario*.

[2] [Freud vuelve sobre el tema de este parágrafo en las secciones IV y V.]

objeto abandonadas, los efectos de las primeras identificaciones, realizadas en la más temprana edad, son siempre generales y duraderos. Esto nos lleva a la génesis del ideal del *yo*, pues detrás de él se oculta la primera y más importante identificación del individuo, o sea, la identificación con el padre[1]. Esta identificación no parece constituir el resultado o desenlace de una carga de objeto, pues es directa e inmediata y anterior a toda carga de objeto[2]. Pero las elecciones de objeto pertenecientes al primer período sexual, y que recaen sobre el padre y la madre, parecen tener como desenlace normal tal identificación e intensificar así la identificación primaria.

De todos modos, son tan complicadas estas relaciones, que se nos hace preciso describirlas más detalladamente. Esta complicación depende de dos factores: de la disposición triangular de la relación de Edipo y de la bisexualidad constitucional del individuo.

El caso más sencillo toma en el niño la siguiente forma: el niño lleva a cabo muy tempranamente una carga de objeto, que recae sobre la madre y tiene su punto de partida en el seno materno y es el prototipo de una elección de objeto de acuerdo con el modelo analítico o de apoyo[3]. Del padre se apodera el niño por identificación. Ambas relaciones marchan paralelamente durante algún tiempo, hasta que, por la intensificación de los deseos sexuales orientados hacia la madre y por la percepción de que el padre es un obstáculo opuesto a la realización de tales deseos, surge el complejo de Edipo[4]. La identificación con el padre toma entonces un matiz hostil y se trans-

[1] Quizá fuera más prudente decir con los padres, pues el padre y la madre no son objeto de una valoración distinta antes del descubrimiento de la diferencia de los sexos, o sea, de la falta del pene en el femenino. Una joven a la que tuve hace poco en tratamiento me comunicó que, al descubrir tal diferencia, no extendió la carencia de dicho órgano a todas las mujeres, sino tan sólo a aquellas «que nada valían», y siguió creyendo que su madre poseía uno. Para simplificar nuestra exposición trataremos exclusivamente aquí de la identificación con el padre.

[2] [Cf. el comienzo del cap. VII de *Psicología de las masas* (1921).]

[3] [Cf. *Introducción al narcisismo* (1914).]

[4] [Cf. *Psicología de las masas* (1921).]

forma en el deseo de suprimir al padre para sustituirle cerca de la madre. A partir de aquí se hace ambivalente la relación del niño con su padre, como si la ambivalencia, existente desde un principio en la identificación, se exteriorizara en este momento. La conducta ambivalente con respecto al padre y la tierna aspiración hacia la madre considerada como objeto integran para el niño el contenido del complejo de Edipo simple, positivo.

Al llegar a la destrucción del complejo de Edipo tiene que ser abandonada la carga de objeto de la madre, y en su lugar surge una identificación con la madre o queda intensificada la identificación con el padre. Este último resultado es el que consideramos como normal, y permite la conservación de la relación cariñosa con la madre. El naufragio del complejo de Edipo[1] afirmaría así la masculinidad en el carácter del niño. En forma totalmente análoga[2] puede terminar el complejo de Edipo en la niña por una intensificación de su identificación con la madre (o por el establecimiento de tal identificación), que afirma el carácter femenino del sujeto.

Estas identificaciones no corresponden a nuestras esperanzas, pues no introducen en el *yo* al objeto abandonado; pero también este último desenlace es frecuente, y puede observarse con mayor facilidad en la niña que en el niño. El análisis nos muestra muchas veces que la niña, después de haberse visto obligada a renunciar al padre como objeto erótico, exterioriza los componentes masculinos de su bisexualidad constitucional y se identifica no ya con la madre, sino con el padre, o sea con el objeto perdido. Esta identificación depende, naturalmente, de la necesidad de sus disposiciones masculinas, cualquiera que sea la naturaleza de éstas.

El desenlace del complejo de Edipo en una identificación con el padre o con la madre parece, pues, depender

---

[1] [Cf. *La disolución del complejo de Edipo* (1924), en el cap. 5.]

[2] [La idea de que la resolución del complejo de Edipo era totalmente análoga en los varones y las niñas, fue abandonada por Freud poco tiempo después. Véase *Algunas consecuencias psíquicas de la diferencia sexual anatómica* (1905j), en el cap. V del presente volumen.]

en ambos sexos de la energía relativa de las dos disposiciones sexuales. Esta es una de las formas en las que la bisexualidad interviene en los destinos del complejo de Edipo. La otra forma es aún más importante. Experimentamos la impresión de que el complejo de Edipo simple no es, ni con mucho, el más frecuente, y, en efecto, una investigación más penetrante nos descubre casi siempre el complejo de Edipo *completo,* que es un complejo doble, positivo y negativo, dependiente de la bisexualidad originaria del sujeto infantil. Quiere esto decir que el niño no presenta tan sólo una actitud ambivalente con respecto al padre y una elección tierna de objeto con respecto a la madre, sino que se conduce al mismo tiempo como una niña, presentando la actitud cariñosa femenina para con su padre y la actitud correlativa, hostil y celosa para con su madre. Esta intervención de la bisexualidad es la que hace tan difícil llegar al conocimiento de las elecciones de objeto e identificaciones primitivas y tan complicada su descripción. Pudiera suceder también que la ambivalencia, comprobada en la relación del sujeto infantil con los padres, dependiera exclusivamente de la bisexualidad, no siendo desarrollada de la identificación, como antes expusimos, por la rivalidad[1].

A mi juicio, obraremos acertadamente aceptando, en general, y sobre todo en los neuróticos, la existencia del complejo de Edipo completo. La investigación psicoanalítica nos muestra que en un gran número de casos desaparece uno de los componentes de dicho complejo, quedando sólo huellas apenas visibles. Queda así establecida una serie, en uno de cuyos extremos se halla el complejo de Edipo normal, positivo, y en el otro, el invertido, negativo, mientras que los miembros intermedios nos reve-

[1] [Freud sostenía la importancia de la bisexualidad desde mucho antes. Cf. *Tres ensayos* (1905). Aun antes encontramos un pasaje de una carta a Fliess (quien influyó mucho sobre Freud en lo relativo a este tema) en el que aparece el presente parágrafo (Freud, Carta 113, del 1 de agosto de 1899). «¡Bisexualidad! Estoy seguro de que tienes razón en esta cuestión. Me estoy acostumbrando a mirar cualquier acto sexual como ocurriendo entre cuatro individuos».]

lan la forma completa de dicho complejo, con distinta participación de sus dos componentes. En el naufragio del complejo de Edipo se combinan de tal modo sus cuatro tendencias integrantes que dan nacimiento a una identificación con el padre y a una identificación con la madre. La identificación con el padre conservará el objeto materno del complejo positivo y sustituirá simultáneamente al objeto paterno del complejo invertido. Lo mismo sucederá, *mutatis mutandis*, con la identificación con la madre. En la distinta intensidad de tales identificaciones se reflejará la desigualdad de las dos disposiciones sexuales.

De este modo podemos admitir como resultado general de la fase sexual dominada por el complejo de Edipo la presencia en el yo *de un residuo consistente en el establecimiento de estas dos identificaciones enlazadas entre sí. Esta modificación del* yo *conserva su significación especial y se opone al contenido restante del* yo *en calidad de ideal del* yo *o* super-yo.

Pero el *super-yo* no es simplemente un residuo de las primeras elecciones de objeto del *ello*, sino también una enérgica formación reactiva contra las mismas. Su relación con el *yo* no se limita a la advertencia: «Así —como el padre— debes ser», sino que comprende también la prohibición: «Así —como el padre— no debes ser: no debes hacer todo lo que él hace, pues hay algo que le está exclusivamente reservado.» Esta doble faz del ideal del *yo* depende de su anterior participación en la represión del complejo de Edipo, e incluso debe su génesis a tal represión. Este proceso represivo no fue nada sencillo. Habiendo reconocido en los padres, especialmente en el padre, el obstáculo opuesto a la realización de los deseos integrados en dicho complejo, tuvo que robustecerse el *yo* para llevar a cabo su represión, creando en sí mismo tal obstáculo. La energía necesaria para ello hubo de tomarla prestada del padre, préstamo que trae consigo importantísimas consecuencias. El *super-yo* conservará el carácter del padre, y cuantos mayores fueron la intensidad del complejo de Edipo y la rapidez de su represión (bajo las influencias de la autoridad, la religión, la enseñanza y las lecturas), más severamente reinará después sobre el *yo* como conciencia moral, o quizá como sentimiento inconsciente de culpabilidad. En páginas ulteriores expondremos de dónde sospechamos que extrae el *super-yo* la fuerza necesaria para ejercer tal dominio, o sea, el carácter coercitivo que se manifiesta como imperativo categórico.

Esta génesis del *super-yo* constituye el resultado de dos importantísimos factores, uno biológico y el otro de naturaleza histórica: de la larga indefensión y dependencia infantil del hombre y de su complejo de Edipo, al que hemos relacionado ya con la interrupción del desarrollo de la libido por el *período de latencia,* o sea, con la división en dos fases de la vida sexual humana. Esta última particularidad, que creemos específicamente humana, ha sido definida por una hipótesis psicoanalítica[1] como una herencia correspondiente a la evolución hacia la cultura impuesta por la época glacial. La génesis del *super-yo,* por su diferenciación del *yo,* no es, ciertamente, nada casual, pues representa los rasgos más importantes del desarrollo individual y de la especie. Creando una expresión duradera de la influencia de los padres eterniza la existencia de aquellos momentos a los que la misma debe su origen.

Se ha acusado infinitas veces al psicoanálisis de desatender la parte moral, elevada y suprapersonal del hombre. Pero este reproche es injusto, tanto desde el punto de vista histórico como desde el punto de vista metodológico. Lo primero, porque se olvida que nuestra disciplina adscribió desde el primer momento a las tendencias morales y estéticas del *yo* el impulso a la represión. Lo segundo, porque no se quiere reconocer que la investigación psicoanalítica no podía aparecer, desde el primer momento, como un sistema filosófico provisto de una completa y acabada construcción teórica, sino que tenía que abrirse camino paso a paso por medio de la descomposición analítica de los fenómenos, tanto normales como anormales, hacia la inteligencia de las complicaciones aní-

[1] [Propuesta por Ferenzci (1913). Freud parece aceptarla, de modo más definitivo al final del cap. X de *Inhibición, síntoma y angustia* (1926).]

micas. Mientras nos hallábamos entregados al estudio de lo reprimido en la vida psíquica, no necesitábamos compartir la preocupación de conservar intacta la parte más elevada del hombre. Ahora que osamos aproximarnos al análisis del *yo*, podemos volvernos a aquellos que, sintiéndose heridos en su conciencia moral, han propugnado la existencia de algo más elevado en el hombre y responderles: «Ciertamente, y este elevado ser es el ideal del *yo* o *super-yo*, representación de la relación del sujeto con sus progenitores.» Cuando niños, hemos conocido, admirado y temido a tales seres elevados y, luego, los hemos acogido en nosotros mismos.

El ideal del *yo* es, por tanto, el heredero del complejo de Edipo, y con ello, la expresión de los impulsos más poderosos del *ello* y de los más importantes destinos de su libido. Por medio de su creación se ha apoderado el *yo* del complejo de Edipo y se ha sometido simultáneamente al *ello*. El *super-yo*, abogado del mundo interior, o sea, del *ello*, se opone al *yo*, verdadero representante del mundo exterior o de la realidad. Los conflictos entre el *yo* y el ideal reflejan, pues, en último término, la antítesis de lo real y lo psíquico, del mundo exterior y el interior.

Todo lo que la Biología y los destinos de la especie humana han creado y dejado en el *ello* es tomado por el *yo* en la formación de su ideal y vivido de nuevo en relación a sí mismo como individuo. El ideal del *yo* presenta, a consecuencia de la historia de su formación, una amplia relación con las adquisiciones filogénicas del individuo, o sea, con su herencia arcaica. Aquello que en la vida psíquica individual ha pertenecido a lo más bajo es convertido por la formación del ideal en lo más elevado del alma humana, conforme siempre a nuestra escala de valores. Pero sería un esfuerzo inútil querer localizar el ideal del *yo*, aunque sólo fuera de un modo análogo a como hemos localizado el *yo*, o adaptarlo a una de las comparaciones por medio de las cuales hemos intentado reproducir la relación entre el *yo* y el *ello*.

No es difícil mostrar que el ideal del *yo* satisface todas aquellas exigencias que se plantean a la parte más elevada del hombre. Contiene, en calidad de sustitución de la aspiración hacia el padre, el nódulo del que han partido todas las religiones. La comparación del *yo* que no alcanza a su ideal da origen a la religiosa humildad de los creyentes. En el curso sucesivo del desarrollo queda transferido a los maestros y a aquellas otras personas que ejercen autoridad sobre el sujeto el papel de padre, cuyos mandatos y prohibiciones conservan su eficiencia en el *yo* ideal y ejercen ahora, en calidad de conciencia, la censura moral.

La tensión entre las aspiraciones de la conciencia y los rendimientos del *yo* es percibida como sentimiento de culpabilidad. Los sentimientos sociales reposan en identificaciones con otros individuos basados en el mismo ideal del *yo*.

La religión, la moral y el sentimiento social —contenidos principales de la parte más elevada del hombre—[1] constituyeron primitivamente una sola cosa. Según la hipótesis que expusimos en *Totem y tabú* (1912-13), fueron desarrollados filogénicamente del complejo paterno; la religión y la moral, por el sojuzgamiento del complejo de Edipo propiamente dicho, y los sentimientos sociales, por el obligado vencimiento de la rivalidad ulterior entre los miembros de la joven generación. En todas estas adquisiciones morales parece haberse adelantado el sexo masculino, siendo transmitidas después, por herencia cruzada, al femenino. Todavía actualmente nacen en el individuo los sentimientos sociales por superposición a los sentimientos de rivalidad del sujeto con sus hermanos. La imposibilidad de satisfacer estos sentimientos hostiles hace surgir una identificación con los rivales. Observaciones realizadas en sujetos homosexuales justifican la sospecha de que también esta identificación es un sustitutivo de la elección cariñosa de objeto, que reemplaza a la disposición agresiva hostil.

Al hacer intervenir la filogénesis se nos plantean nuevos problemas, cuya solución quisiéramos eludir; pero he-

---

[1] Prescindimos aquí del arte y de la ciencia.

mos de intentarla, aunque tememos que tal tentativa ha de revelar la insuficiencia de nuestros esfuerzos. ¿Fue el *yo* o el *ello* de los primitivos lo que adquirió la moral y la religión, derivándolas del complejo paterno? Si fue el *yo*, ¿por qué no hablamos sencillamente de una herencia dentro de él? Y si fue el *ello*, ¿cómo conciliar tal hecho con su carácter? ¿Será, quizá, equivocado extender la diferenciación antes realizada en *yo*, *ello* y *super-yo* a épocas tan tempranas? Por último, ¿no sería acaso mejor confesar honradamente que toda nuestra concepción de los procesos del *yo* no aclara en nada la inteligencia de la filogénesis ni puede ser aplicada a este fin?

Daremos primero respuesta a lo más fácil. No sólo en los hombres primitivos, sino en organismos aún más sencillos nos es preciso reconocer la existencia de un *yo* y un *ello*, pues esta diferenciación es la obligada manifestación de la influencia del mundo exterior. Hemos derivado precisamente el *super-yo* de aquellos sucesos que dieron origen al totemismo. La interrogación de si fue el *yo* o el *ello* lo que llegó a hacer las adquisiciones citadas queda, pues, resuelta en cuanto reflexionamos que ningún suceso exterior puede llegar al *ello* sino por mediación del *yo*, que representa en él al mundo exterior. Pero no podemos hablar de una herencia directa dentro del *yo*. Se abre aquí el abismo entre el individuo real y el concepto de la especie. Tampoco debemos suponer demasiado rígida la diferencia entre el *yo* y el *ello*, olvidando que el *yo* no es sino una parte del *ello* especialmente diferenciada. Los sucesos del *yo* parecen, al principio, no ser susceptibles de constituir una herencia; pero cuando se repiten con frecuencia e intensidad suficientes en individuos de generaciones sucesivas, se transforman, por decirlo así, en sucesos del *ello*, cuyas impresiones quedan conservadas hereditariamente. De este modo abriga el *ello* en sí innumerables existencias del *yo*, y cuando el *yo* extrae del *ello* su *super-yo*, no hace, quizá, sino resucitar antiguas formas del *yo*.

La historia de la génesis del *super-yo* nos muestra que los conflictos antiguos del *yo*, con las cargas de objeto del *ello*, pueden continuar transformados en conflictos con el *super-yo*, heredero del *ello*. Cuando el *yo* no ha conseguido por completo el sojuzgamiento del complejo de Edipo, entra de nuevo en actividad su energía de carga, procedente del *ello*, actividad que se manifiesta en la formación reactiva del ideal del *yo*. La amplia comunicación del ideal del *yo* con los sentimientos pulsionales inconscientes nos explica el enigma de que el ideal pueda permanecer en gran parte inconsciente e inaccesible al *yo*. El combate que hubo de desarrollarse en los estratos más profundos del aparato anímico —y al que la rápida sublimación e identificación impidieron llegar a su desenlace— se continúa ahora en una región más elevada, como la Batalla de los Hunos en la pintura de Kaulbach.

4. Las dos clases de pulsiones

Dijimos ya que, si nuestra división del ser anímico en un *ello*, un *yo* y un *super-yo* significaba un progreso de nuestro conocimiento, habría de llevarnos a más profunda inteligencia y a más exacta descripción de las relaciones dinámicas de la vida anímica. Hemos visto ya que el *yo* se halla bajo la influencia especial de la percepción y que puede decirse, en general, que las percepciones tienen para el *yo* la misma significación que las pulsiones para el *ello*. Pero el *yo* también queda sometido, como el *ello*, a la influencia de las pulsiones, pues sabemos que no es más que una parte especialmente modificada del *ello*.

En nuestro estudio *Más allá del principio del placer* desarrollamos una teoría, que sostendremos y continuaremos en el presente trabajo. Era esta teoría la de que es necesario distinguir dos clases de pulsiones, una de las cuales, las pulsiones sexuales, o el Eros, era la más visible y accesible al conocimiento e integraba no sólo la pulsión sexual propiamente dicha, no coartada, sino también las emociones pulsionales coartadas, en su fin y sublimadas derivadas de él y de la pulsión de autoconservación, que hemos de adscribir al *yo*, y el que opusimos justificadamente, al principio de la labor psicoanalítica, a las pulsiones objetivas sexuales. La determinación de la segunda clase de pulsiones nos opuso grandes dificultades, pero acabamos por hallar en el sadismo su representante. Basándonos en reflexiones teóricas, apoyadas en la Biología, supusimos la existencia de una pulsión de muerte, cuya misión es hacer retornar todo lo orgánico animado al estado inanimado, en contraposición al Eros, cuyo fin es complicar la vida y conservarla así, por medio de una síntesis cada vez más amplia de la sustancia viva, dividida en partículas. Ambas pulsiones se conducen en una forma estrictamente conservadora, tendiendo a la reconstitución de un estado perturbado por la génesis de la vida, génesis que sería la causa tanto de la continuación de la vida como de la tendencia a la muerte. A su vez, la vida sería un combate y una transacción entre ambas tendencias. La cuestión del origen de la vida sería, pues, de naturaleza cosmológica, y la referente al propósito y fin de la vida recibirá una respuesta *dualista*.

A cada una de estas dos clases de pulsiones se hallaría subordinado un proceso fisiológico especial (creación y destrucción), y en cada fragmento de sustancia viva actuarían pulsiones de las dos clases, si bien en proporción distinta, debiendo así existir una sustancia que constituiría la representación principal del Eros.

No nos es posible determinar todavía de qué manera se enlazan, fusionan y alían entre sí tales pulsiones; pero es indudable que su combinación es un hecho regular. A consecuencia del enlace de los organismos unicelulares con seres vivos policelulares se habría conseguido neutralizar la pulsión de muerte de la célula aislada y derivar los impulsos destructores hacia el exterior por mediación de un órgano especial. Este órgano sería el sistema muscular, y la pulsión de muerte se manifestaría entonces, aunque sólo fragmentariamente, como pulsión de destrucción orientada hacia el mundo exterior y hacia otros seres animados.

Una vez admitida la idea de una fusión de pulsiones de ambas clases, surge la posibilidad de una disociación más o menor completa de los mismos. En el componente sádico del instinto sexual tendríamos un ejemplo clásico de una mezcla adecuada de pulsiones, y en el sadismo devenido independiente como perversión, el prototipo de una disociación, aunque no llevada a su último extremo. Se ofrecen después a nuestra observación numerosos hechos no examinados aún a esta luz. Reconocemos que la pulsión de destrucción entra regularmente al servicio del Eros para los fines de descarga, y nos damos cuenta de que entre los resultados de algunas neurosis de carácter grave, por ejemplo, las neurosis obsesivas, merecen un estudio especial la disociación de las pulsiones y la aparición de la pulsión de muerte. Sospechamos, por último, que el ataque epiléptico es un producto y un signo de una disociación de las pulsiones. Generalizando rápidamente, supondremos que la esencia de una regresión de la libido (por ejemplo, desde la fase genital a la sádico-anal) está integrada por una disociación de las pulsiones. Inversamente, el progreso desde una fase primitiva hasta la fase genital definitiva tendría por condición una agregación de componentes eróticos. Surge aquí la cuestión de si la ambivalencia regular, que con tanta frecuencia hallamos intensificada en la predisposición constitucional a la neurosis, puede o no ser considerada como el resultado de una disociación; pero, en caso afirmativo, se trataría de una disociación tan primitiva, que habríamos de considerarla más bien como una fusión de pulsiones que no se ha completado.

Nuestro interés se orientará ahora hacia la cuestión de si existen o no relaciones importantes entre el *yo*, el *super-yo* y el *ello*, por un lado, y las dos clases de pulsiones por otro, y si habrá de sernos posible adscribir al principio del placer, que rige los procesos psíquicos, una situación fija con respecto a ambas clases de pulsiones y a las citadas diferenciaciones anímicas. Pero antes de entrar en esta discusión hemos de resolver una duda que se alza contra su planteamiento mismo. En lo que respecta al principio del placer, no abrigamos duda alguna, y la división del *yo* reposa en pruebas clínicas; pero la existencia de dos clases de pulsiones no parece todavía suficientemente demostrada, y es muy posible que determinados hechos del análisis clínico resulten contrarios a ella.

Parece existir, por lo menos, uno de tales hechos. La antítesis de las dos clases de pulsiones puede ser sustituida por la polarización del amor y el odio[1]. No nos es difícil hallar representantes del Eros. En cambio, como representante de la pulsión de muerte, difícilmente concebible, sólo podemos indicar la pulsión de destrucción, a la cual muestra el odio su camino. Ahora bien: la observación clínica nos muestra no sólo que el odio es el compañero inesperado y constante del amor (ambivalencia) y muchas veces su precursor en las relaciones humanas, sino también que, bajo muy diversas condiciones, puede transformarse en amor, y éste, en odio. Si esta transformación es algo más que una simple sucesión temporal, faltará toda base para establecer una diferenciación tan fundamental como la de pulsiones eróticas y pulsiones de muerte, diferenciación que supone la existencia de procesos fisiológicos de curso opuesto.

El caso de que una persona ame a otra y la odie después, o viceversa, habiéndole dado esta última motivos para ello, cae fuera de los límites de nuestro problema. Igualmente, aquel en el que un enamoramiento aún no manifiesto se exterioriza en un principio por hostilidad y tendencia a la agresión, pues lo que en él sucede es que los componentes destructivos se han adelantado a los eróticos en la carga del objeto. Pero la psicología de las neurosis nos descubre otros casos en los que sí puede hablarse de transformación. En la paranoia persecutoria se defiende el enfermo contra un ligamen homosexual intensísimo a una persona determinada, y el resultado es que esta persona amadísima se convierte, para el enfermo, en su perseguidor, contra el cual orientará su agresión, tan pe-

[1] [Respecto de lo que sigue, Cf. la discusión anterior de la relación entre amor y odio en *Las pulsiones y sus destinos* (cap. 4) y la posterior en los caps. V y VI de *El malestar en la cultura* (1930).]

ligrosa a veces. Hemos de suponer que en una fase anterior quedó transformado el amor en odio. Tanto en la génesis de la homosexualidad como en la del sentido social desexualizado nos ha descubierto la investigación psicoanalítica la existencia de intensos sentimientos de rivalidad, que conduce a la tendencia a la agresión, y cuyo vencimiento es condición indispensable para que el objeto antes odiado pase a ser amado o quede integrado en una identificación. Surge aquí el problema de si podemos o no admitir en estos casos una transformación directa del odio en amor, pues se trata en ellos de modificaciones puramente interiores, en las que no interviene para nada un cambio de conducta del objeto.

La investigación analítica del proceso de la transformación paranoica nos revela la posibilidad de otro distinto mecanismo. Aparece dada desde un principio una conducta ambivalente, y la transformación queda llevada a efecto por medio de un desplazamiento reactivo de la carga psíquica, siendo sustraída energía al impulso erótico y acumulada a la energía hostil.

En el vencimiento de la rivalidad hostil que conduce a la homosexualidad sucede algo análogo. La actitud hostil no tiene probabilidad ninguna de conseguir una satisfacción y, en consecuencia, es decir, por motivos económicos, es sustituida por la actitud erótica, que ofrece más posibilidades de satisfacción, o sea, de descarga. Así, pues, no necesitamos suponer en ninguno de estos dos casos una transformación directa del odio en amor, inconciliable con la diferencia cualitativa de las dos clases de pulsiones.

Pero observamos que al disminuir este otro mecanismo de la transformación del amor en odio hemos introducido calladamente una nueva hipótesis, que merece ser expresamente acentuada. Hemos obrado como si en la vida anímica existiese una energía desplazable, indiferente en sí, pero susceptible de agregarse a un impulso erótico o destructor, cualitativamente diferenciado, e intensificar su carga general. Sin esta hipótesis nos sería imposible seguir adelante. Habremos, pues, de preguntarnos de dónde procede tal energía, a qué pertenece y cuál es su significación.

El problema de la cualidad de las mociones pulsionales y de su conservación en los diversos destinos de las pulsiones permanece muy oscuro, no habiendo sido aún intentada seriamente su solución. En las pulsiones sexuales parciales, expecialmente accesibles a la observación, se nos muestran algunos procesos del mismo género. Vemos, en efecto, que las pulsiones parciales se comunican entre sí, que una pulsión procedente de una fuente erógena especial puede ceder su intensidad para incrementar la de otra pulsión parcial procedente de una fuente distinta, que la satisfacción de una pulsión puede ser sustituida por la de otra, etc. El descubrimiento de estos procesos nos anima a construir varias hipótesis de un género particular.

Pero lo que aquí me propongo ofrecer no es una prueba, sino simplemente una hipótesis. Declararé, pues, que dicha energía, desplazable e indiferente, que actúa probablemente tanto en el *yo* como en el *ello*, procede, a mi juicio, de la provisión de libido narcisista, siendo, por tanto, Eros desexualizado. Las pulsiones eróticas nos parecen, en general, más plásticas, desviables y desplazables que las de destrucción. Podemos, pues, concluir sin dificultad que esta libido desplazable labora al servicio del principio del placer para evitar los estancamientos y facilitar las descargas. Reconocemos, además, que en esta labor es el hecho mismo de la descarga lo principal, siendo indiferente el camino por el cual es llevada a cabo.

Ahora bien: esta circunstancia es característica, como ya sabemos, de los procesos de carga que tienen efecto en el *ello*, y la encontramos tanto en las cargas eróticas, en las cuales resulta indiferente el objeto, como en las transferencias que surgen durante el análisis, transferencias que han de ser establecidas obligadamente, siendo indiferente la persona sobre la que recaigan. Rank (1913) ha expuesto hace poco acabados ejemplos de actos neuróticos de venganza dirigidos contra personas inocentes. Ante esta conducta de lo inconsciente no podemos por menos de pensar en la conocida anécdota de aquel juez aldeano que propuso ahorcar a uno de los tres sastres del pueblo en sustitución del único herrero en él establecido y verdadero culpable del delito que de castigar se trataba. El caso es ejecutar el castigo, aunque éste no recaiga sobre el culpable. Igual laxitud observamos ya en los desplazamientos del proceso primario de la elaboración onírica. En este caso son los objetos, y en el nuestro actual los caminos de la acción de descarga, lo que resulta relegado a un segundo término. Es característico del *yo* ser más particular en la elección de un objeto y en la de un camino de descarga.

Si esta energía desplazable es libido desexualizada, podremos calificarla también de sublimada, pues mantendrá siempre la intención principal del Eros. Si en un sentido más alto incluimos en estos desplazamientos los procesos mentales, quedará excluida la labor intelectual por sublimación de energía pulsional erótica.

Nos hallamos aquí nuevamente ante la posibilidad, ya indicada, de que la sublimación tenga efecto siempre por mediación del *yo* y recordamos que este *yo* pone fin a las primeras cargas del objeto del *ello* —y seguramente también a muchas de las ulteriores—, acogiendo en sí la libido de las mismas y ligándola a la modificación del *yo* producida por identificación. Con esta transformación en libido del *yo* se enlaza naturalmente un abandono de los fines sexuales, o sea, una desexualización. De todos modos se nos descubre aquí una importante función del *yo* en su relación con el Eros. Apoderándose en la forma descrita de la libido de las cargas de objeto, ofreciéndose como único objeto erótico y desexualizando o sublimando la libido del *ello,* labora en contra de los propósitos del Eros y se sitúa al servicio de los sentimientos pulsionales contrarios. En cambio, tiene que permitir otra parte de las cargas de objeto del *ello* e incluso contribuir a ellas. Más tarde trataremos de otra posible consecuencia de esta actividad del *yo*.

Se nos impone aquí una importante modificación de la teoría del narcisismo. Al principio, toda la libido se halla acumulada en el *ello,* mientras el *yo* es aún débil y está en período de formación. El *ello* emplea una parte de esta libido en cargas eróticas de objeto, después de lo cual el *yo*, robustecido ya, intenta apoderarse de esta libido del objeto e imponerse al *ello* como objeto erótico.

El narcisismo del *yo* es de este modo un narcisismo secundario sustraído a los objetos[1].

Comprobamos nuevamente que todos aquellos impulsos pulsionales cuya investigación nos es posible llevar a cabo se nos revelan como ramificaciones del Eros. Sin las consideraciones desarrolladas en *Más allá del principio del placer* y el descubrimiento de los elementos sádicos del Eros nos sería difícil mantener nuestra concepción dualista fundamental[2]. Pero puesto que no podemos abandonar este punto de vista se nos impone la impresión de que las pulsiones de muerte son mudas y que todo el fragor de la vida parte principalmente del Eros[3].

Volvamos ahora a la lucha contra el Eros. Es indudable que el principio del placer sirve al *ello* de brújula en el combate contra la libido, que introduce perturbaciones en el curso de la vida. Si es cierto que el principio de la constancia[4] —en el sentido que le da Fechner— rige la vida, la cual sería entonces un resbalar hacia la muerte, serían las exigencias del Eros, o sea, las pulsiones sexuales, las que detendrían, a título de necesidades, la disminución del nivel introduciendo nuevas tensiones. El *ello* se defiende contra estas tensiones guiado por el principio del placer; esto es, por la percepción del displacer en muy diversas formas. Primeramente, por una rápida docilidad con respecto a las exigencias de la libido no desexualizada, o sea, procurando la satisfacción de las tendencias directamente sexuales, y luego, más ampliamente, desemba-

---

[1] [Ver Apéndice B, adelante.]

[2] [La firmeza de Freud en cuanto a la clasificación dualista de las pulsiones puede verse en su larga nota al final de la sección VI de *Más allá del principio del placer*, cap. IV.]

[3] Según nuestra teoría, las pulsiones de destrucción orientadas hacia el exterior han sido desviadas de la propia persona del sujeto por mediación del Eros.

[4] [Cf. *Más allá del principio del placer*.]

razándose en una de tales satisfacciones, en la cual se reúnen todas las exigencias parciales por la descarga de las sustancias sexuales que constituyen, vehículos saturados por decirlo así, de las tensiones eróticas[1]. La expulsión de la materias sexuales en el acto sexual corresponde en cierto modo a la separación del soma y el plasma germinativo. De aquí la analogía del estado siguiente a la completa satisfacción sexual con la muerte, y en los animales inferiores, la coincidencia de la muerte con el acto de la copulación. Podemos decir que la reproducción causa la muerte de estos seres, en cuanto, al ser separado el Eros, queda libre la pulsión de muerte para llevar a cabo sus intenciones. Por último, el *yo* facilita al *ello* la labor de dominación, sublimando parte de la libido para sus fines propios.

5. LAS SERVIDUMBRES DEL *YO*

La complicación de la materia hace que el contenido de estos capítulos no se limite al tema enunciado en su título, pues siempre que emprendemos el estudio de nuevas relaciones nos vemos obligados a retornar sobre lo ya expuesto.

Así, hemos dicho ya repetidamente que el *yo* se halla constituido en gran parte por identificaciones sustitutivas de cargas abandonadas del *ello,* y que las primeras de estas identificaciones se conducen en el *yo* como una instancia especial, oponiéndose a él en calidad de *super-yo.* Posteriormente fortificado, el *yo* se muestra más resistente a tales influencias de la identificación. El *super-yo* debe su especial situación en el *yo,* o con respecto al *yo,* a un factor que hemos de valorar desde los diversos puntos de vista, por ser, en primer lugar, la primera identificación que hubo de ser llevada a efecto, siendo aún débil

[1] [El punto de vista de Freud sobre el papel que juegan las «sustancias sexuales» se encontrará en la sección 2, del 3.º de los *Tres ensayos* (1905), cap. V.]

el *yo*, y en segundo, el heredero del complejo de Edipo, y haber introducido así en el *yo* los objetos más importantes. Con respecto a las modificaciones ulteriores del *yo* es en cierto modo el *super-yo* lo que la fase sexual primaria de la niñez con respecto a la vida sexual posterior a la pubertad. Siendo accesible a todas las influencias ulteriores, conserva, sin embargo, durante toda la vida el carácter que le imprimió su génesis del complejo paterno, o sea, la capacidad de oponerse al *yo* y dominarlo. Es el monumento conmemorativo de la primitiva debilidad y dependencia del *yo*, y continúa aún dominándolo en su época de madurez.

Del mismo modo que el niño se hallaba sometido a sus padres y obligado a obedecerlos, se somete el *yo* al imperativo categórico de su *super-yo*.

Pero su descendencia de las primeras cargas de objeto del *ello*, esto es, del complejo de Edipo, entraña aún para el *super-yo* una más amplia significación. Le hace entrar en relación, como ya hemos expuesto, con las adquisiciones filogénicas del *ello* y lo convierte en una reencarnación de formas anteriores del *yo*, que han dejado en el *ello* sus residuos.

De este modo permanece el *super-yo* duraderamente próximo al *ello*, y puede arrogarse para con el *yo* la representación del mismo. Penetra profundamente en el *ello*, y, en cambio, se halla más alejado que el *yo* de la conciencia[1].

Para el estudio de estas relaciones habremos de tener en cuenta determinados hechos clínicos que sin constituir ninguna novedad no han sido todavía objeto de una elaboración teórica.

Hay personas que se conducen muy singularmente en el tratamiento psicoanalítico. Cuando les damos esperanzas y nos mostramos satisfechos de la marcha del tratamiento, se muestran descontentas y empeoran marcada-

[1] Podemos decir que también el *yo* psicoanalítico o metapsicológico se halla colocado cabeza abajo, como el *yo* anatómico (el «homúnculo cerebral»).

mente. Al principio atribuimos este fenómeno a la rebeldía contra el médico y al deseo de testimoniarle su superioridad, pero luego llegamos a darle una interpretación más justa. Descubrimos, en efecto, que tales personas no pueden soportar ningún elogio o aprecio y reaccionan en un sentido inverso a los progresos de la cura. Cada una de las soluciones parciales que en otros sujetos habría de traer consigo un alivio o una desaparición temporal de los síntomas, provoca, por el contrario, en estos sujetos una intensificación momentánea de la enfermedad, y durante el tratamiento empeoran en lugar de mejorar. Muestran, pues, la llamada *reacción terapéutica negativa.*

Es indudable que en estos enfermos hay algo que se opone a la curación, la cual es considerada por ellos como un peligro. Decimos, pues, que predomina en ellos la necesidad de la enfermedad y no la voluntad de curación. Analizada esta resistencia en la forma de costumbre y sustraída de ella la rebeldía contra el médico y la fijación a las formas de beneficio de la enfermedad, conserva, sin embargo, la intensidad suficiente para constituir el mayor obstáculo contra la curación; obstáculo más fuerte aún que la inaccesibilidad narcisista, la conducta negativa para con el médico y la adherencia a los beneficios obtenidos de la enfermedad.

Acabamos por descubrir que se trata de un factor de orden moral, de un sentimiento de culpabilidad, que halla su satisfacción en la enfermedad y no quiere renunciar al castigo que la misma significa. Pero este sentimiento de culpabilidad permanece mudo para el enfermo. No le dice que sea culpable, y de este modo el sujeto no se siente culpable, sino enfermo. Este sentimiento de culpabilidad no se manifiesta sino como una resistencia difícilmente reducible contra la curación. Resulta asimismo muy difícil convencer al enfermo de este motivo de la continuación de su enfermedad, pues preferirá siempre atenerse a la explicación de que la cura analítica no es eficaz en su caso[1].

---

[1] La lucha contra el obstáculo que supone el sentimiento inconsciente de culpabilidad es harto espinosa para el analítico. Directamente, no puede ha-

Lo que antecede corresponde a los casos extremos; pero tiene efecto también probablemente, aunque en menor escala, en muchos casos graves de neurosis, quizá en todos. Es incluso posible que precisamente este factor, esto es, la conducta del ideal del *yo*, sea el que determine la mayor o menor gravedad de una enfermedad neurótica. Consignaremos, pues, algunas observaciones más sobre la manifestación del sentimiento de culpa en diversas circunstancias.

El sentimiento normal consciente de culpabilidad (conciencia moral) no opone a la interpretación dificultad ninguna. Reposa en la tensión entre el *yo* y el ideal del *yo* y es la expresión de una condena del *yo* por su instancia crítica. Los conocidos sentimientos de inferioridad de los neuróticos dependen también quizá de esta misma causa. En dos afecciones que nos son ya familiares es intensamente consciente el sentimiento de culpabilidad. El ideal del *yo* muestra entonces una particular severidad y hace al *yo* objeto de sus iras, a veces extraordinariamente crueles. Al lado de esta coincidencia surgen entre la neurosis

---

cerse nada contra ella, e indirectamente, sólo descubrir paulatinamente sus fundamentos reprimidos inconscientes, con lo cual va transformándose poco a poco en sentimiento *consciente*. La labor del analítico queda considerablemente facilitada cuando el sentimiento inconsciente de culpabilidad es el resultado de una identificación del sujeto con otra persona, que fue, en su día, objeto de una carga erótica. Esta génesis del sentimiento de culpabilidad es con frecuencia un único resto, difícilmente perceptible, de la relación erótica abandonada. Sucede aquí algo análogo a lo que descubrimos en el proceso de la melancolía. Si conseguimos revelar esta pesada carga de objeto detrás del sentimiento inconsciente de la culpabilidad, conseguiremos muchas veces un completo éxito terapéutico, que en el caso contrario resulta harto improbable, y depende, ante todo, de la intensidad del sentimiento de culpabilidad y quizá también de que la personalidad del analítico permita que el enfermo haga de él su ideal del *yo*, circunstancia que trae consigo, para el primero, la tentación de arrogarse, con respecto al sujeto, el papel de profeta o redentor. Pero, como las reglas del análisis prohíben tal aprovechamiento de la personalidad médica, hemos de confesar honradamente que tropezamos aquí con otra limitación de la eficacia del análisis, el cual no ha de hacer imposibles las reacciones patológicas, sino que ha de dar al *yo* del enfermo la libertad para decidirse en esta forma o en otra cualquiera. [Freud reconsidera este tema en *El problema económico del masoquismo* (1924) donde discute la distinción entre el sentimiento inconsciente de culpa y el masoquismo moral. Ver también caps. VII y VIII de *El malestar de la cultura* (1930).]

obsesiva y la melancolía diferencias no menos significativas por lo que respecta a la conducta ideal del *yo*.

En ciertas formas de la neurosis obsesiva es extraordinariamente intenso el sentimiento de culpabilidad, sin que por parte del *yo* exista nada que justifique tal sentimiento. El *yo* del enfermo se rebela entonces contra la supuesta culpabilidad y pide auxilio al médico para rechazar dicho sentimiento. Pero sería tan equivocado como ineficaz prestarle la ayuda que demanda, pues el análisis nos revela luego que el *super-yo* es influido por procesos que permanecen ocultos al *yo*. Descubrimos, en efecto, los impulsos reprimidos que constituyen la base del sentimiento de culpabilidad. El *super-yo* ha sabido aquí del *ello* inconsciente algo más que el *yo*.

En la melancolía experimentamos aún con más intensidad la impresión de que el *super-yo* ha obtenido un dominio de la conciencia. Pero aquí no se atreve el *yo* a iniciar protesta alguna. Se reconoce culpable y se somete al castigo. Esta diferencia resulta fácilmente comprensible. En la neurosis obsesiva se trataba de impulsos repulsivos que permanecían exteriores al *yo*. En cambio, la melancolía nos muestra que el objeto sobre el cual recaen las iras del *super-yo* ha sido acogido en el *yo* a través de la identificación.

Es, desde luego, singular que en estas dos afecciones neuróticas alcance el sentimiento de culpabilidad tan extraordinaria energía, pero el problema principal aquí planteado es otro distinto. Creemos conveniente aplazar su discusión hasta haber examinado otros casos en los que el sentimiento de culpa permanece inconsciente.

Así sucede, sobre todo, en la histeria y en los estados de tipo histérico. El mecanismo de la inconsciencia es aquí fácil de adivinar. El *yo* histérico se defiende contra la percepción penosa que le amenaza por parte de la crítica de su *super-yo*, en la misma forma que emplea acostumbradamente para defenderse contra una carga de objeto insoportable, o sea por medio de la represión. Depende, pues, del *yo* el que el sentimiento de culpabilidad permanezca inconsciente. Sabemos que, en general, lleva el *yo* a cabo las represiones en provecho y al servicio del *super-yo;* pero en el caso presente lo que hace es servirse de esta misma arma contra su riguroso señor. En la neurosis obsesiva predominan los fenómenos de la formación de reacciones. En la histeria no consigue el *yo* sino mantener a distancia el material al cual se refiere el sentimiento de culpabilidad.

Podemos ir aún más allá y arriesgar la presunción de que gran parte del sentimiento de culpabilidad tiene que ser, normalmente, inconsciente, por hallarse la génesis de la conciencia moral íntimamente ligada al complejo de Edipo, integrado en lo inconsciente. Si alguien sostuviera la paradoja de que el hombre normal no es tan sólo mucho más inmoral de lo que cree, sino también mucho más moral de lo que supone el psicoanálisis, en cuyos descubrimientos se basa la primera parte de tal afirmación, no tendría tampoco nada que objetar contra su segunda mitad[1].

Mucho nos ha sorprendido hallar que el incremento de este sentimiento inconsciente de culpabilidad puede hacer del individuo un criminal. Pero se trata de un hecho indudable. En muchos criminales, sobre todo en los jóvenes, hemos descubierto un intenso sentimiento de culpabilidad, que existía ya antes de la comisión del delito, y no era, por tanto, una consecuencia del mismo, sino su motivo; como si para el sujeto hubiera constituido un alivio poder enlazar dicho sentimiento inconsciente de culpabilidad con algo real y actual[2].

En todas estas circunstancias demuestra el *super-yo* su independencia del *yo* consciente y sus íntimas relaciones con el *ello* inconsciente. Por lo que respecta a la significación que hemos adscrito a los restos verbales preconscientes integrados en el *yo,* surge ahora la interrogación de si el *super-yo* no se hallará quizá constituido, cuando

---

[1] Este principio sólo aparentemente es paradójico. En realidad, se limita a afirmar que tanto en el bien como en el mal va la naturaleza humana mucho más allá de lo que el individuo supone; esto es, de que el *yo* conoce por la percepción de la conciencia.

[2] [Tema más ampliamente discutido en *Varios tipos de carácter descubiertos en la labor analítica* (1916).]

es inconsciente, por tales representaciones verbales, y en caso negativo, cuáles serán los elementos que lo integran. Nuestra respuesta tentativa será que tampoco el *super-yo* puede negar su origen de impresiones auditivas. Es una parte del *yo,* y dichas representaciones verbales (conceptos, abstracciones) llegan a él antes que a la conciencia; pero la energía de carga no es aportada a estos contenidos del *super-yo* por la percepción auditiva —la enseñanza o la lectura—, sino que afluye a ellos desde fuentes situadas en el *ello.*

Dejamos antes sin resolver la cuestión de cómo puede el *super-yo* manifestarse esencialmente en forma de sentimiento de culpabilidad (o, mejor dicho, de crítica, pues el sentimiento de culpabilidad es la percepción correspondiente a esta crítica en el *yo)* y desarrollar como tal tan extraordinario rigor contra el *yo.* Volviéndonos primeramente a la melancolía, encontramos que el *super-yo,* extremadamente enérgico, y que ha atraído a sí la conciencia, se encarniza implacablemente contra el *yo,* como si se hubiera apoderado de todo el sadismo disponible en el individuo. Según nuestra concepción del sadismo, diremos que el componente destructor se ha instalado en el *super-yo* y vuelto contra el *yo.* En el *super-yo* reina entonces la pulsión de muerte, que consigue, con frecuencia, llevar a la muerte al *yo,* cuando éste no se libra de su tirano refugiándose en la manía.

En determinadas formas de la neurosis obsesiva son igualmente penosos y atormentadores los reproches de la conciencia moral, pero la situación resulta mucho menos transparente. Inversamente al melancólico, el neurótico obsesivo no busca jamás la muerte, parece inmunizado contra el suicidio y mejor protegido que el histérico de este peligro. La conservación del objeto garantiza la seguridad del *yo.* En la neurosis obsesiva, la regresión a la organización pregenital permite que los impulsos eróticos se transformen en impulsos agresivos contra el objeto. La pulsión de destrucción se ha liberado nuevamente y quiere destruir el objeto o, por lo menos, aparenta abrigar tal intención. Estas tendencias no son acogidas por el *yo,* que se defiende contra ellas por medio de formaciones reactivas y medidas de precaución, forzándolas a permanecer en el *ello*. El *super-yo* se conduce, en cambio, como si el *yo* fuera responsable de ellas, y por la severidad con la que persigue tales propósitos destructores nos demuestra, al mismo tiempo, que no se trata de una apariencia provocada por la represión, sino de una verdadera sustitución del amor por el odio. Falto de todo medio de defensa en ambos sentidos, se rebela inútilmente el *yo* contra las exigencias del *ello* asesino y contra los reproches de la conciencia moral punitiva. Sólo consigue estorbar los actos extremos de su dos atacantes, y el resultado es, al principio, un infinito «auto-tormento», y más tarde, un sistemático martirio del objeto cuando éste es accesible.

Las peligrosas pulsiones de muerte son tratadas en el individuo de muy diversos modos. Parte de ellas queda neutralizada por su mezcla con componentes eróticos; otra parte es derivada hacia el exterior, como agresión, y una tercera, la más importante, continúa libremente su labor interior. ¿Cómo sucede, pues, que en la melancolía se convierta el *super-yo* en una especie de punto de reunión de las pulsiones de muerte?

Situándose en el punto de vista de la restricción de las pulsiones, o sea de la moralidad, podemos decir lo siguiente: el *ello* es totalmente amoral; el *yo* se esfuerza en ser moral, y el *super-yo* puede ser «hipermoral» y hacerse entonces tan cruel como el *ello*. Es singular que cuanto más limita el hombre su agresión hacia el exterior, más severo y agresivo se hace en su ideal del *yo*, como por un desplazamiento y un retorno de la agresión hacia el *yo*. La concepción vulgar considera la situación a la inversa: la norma establecida por el ideal del *yo* parece el motivo de la supresión de la agresividad. Sin embargo, la cuestión es tal como la establecimos: más un hombre controla su agresividad, más intensa deviene la inclinación de su ideal de agredir al *yo*[1]. La moral general y normal tiene

[1] [Freud reconsidera esta paradoja en el cap. VII de *El malestar en la cultura* (1930), St. Ed., 21.]

ya un carácter severamente restrictivo y cruelmente prohibitivo, del cual procede la concepción de un ser superior que castiga implacablemente.

No nos es posible continuar la explicación de estas circunstancias sin introducir una nueva hipótesis. El *super-yo* ha nacido de una identificación con el modelo paterno. Cada una de tales identificaciones tiene el carácter de una desexualización e incluso de una sublimación. Ahora bien: parece que tal transformación trae consigo siempre una disociación de pulsiones. El componente erótico queda despojado, una vez realizada la sublimación, de la energía necesaria para ligar toda la destrucción que estaba combinada con él, y ésta se libera en calidad de tendencia a la agresión y a la destrucción. De esta disociación extraería el ideal el *deber* imperativo, riguroso y cruel.

En la neurosis obsesiva se nos presenta una distinta situación. La disociación productora de la agresión no sería consecuencia de una función del *yo*, sino de una regresión desarrollada en el *ello*. Pero este proceso se habría extendido desde el *ello* al *super-yo*, que intensificaría entonces su severidad contra el *yo* inocente. En ambos casos, la neurosis obsesiva y la melancolía, sufriría el *yo*, que ha sojuzgado a la libido por medio de la identificación, el castigo que por tal acción le impone el *super-yo*, utilizando para ello la agresión que estaba mezclada a la libido.

Nuestra representación del *yo* comienza aquí a aclararse, precisándose sus diversas relaciones. Vemos ahora al *yo* con todas sus energías y debilidades. Se halla encargado de importantes funciones; por su relación con el sistema de la percepción establece el orden temporal de los procesos psíquicos y los somete al examen de la realidad[1]. Mediante la interpolación de los procesos mentales consigue un aplazamiento de las descargas motoras y domina los accesos a la motilidad[2]. Este dominio es, de todos modos, más formal que efectivo. Por lo que respecta a la acción, se halla el *yo* en una situación semejante a la de un

---

[1] [Cf. *Lo inconsciente*, secc. V., cap. III.]
[2] [Cf. *Los dos principios del suceder psíquico*, cap. VII.]

monarca constitucional, sin cuya sanción no puede legislarse nada, pero que reflexionará mucho antes de oponer su veto a una propuesta del Parlamento. El *yo* se enriquece con la experiencia del mundo exterior propiamente dicho y tiene en el *ello* otra especie de mundo exterior al que intenta dominar. Sustrae libido de él y transforma sus cargas de objeto en estructuras propias. Con ayuda del *super-yo* extrae el *yo*, en una forma que aún nos es desconocida, la experiencia histórica acumulada en el *ello*.

El contenido del *ello* puede pasar al *yo* por dos caminos distintos. Uno de ellos es directo, y el otro atraviesa el ideal del *yo*. La elección entre ambos resulta decisiva para muchas actividades anímicas. El *yo* progresa desde la percepción de las pulsiones hasta su dominio y desde la obediencia a las pulsiones hasta su coerción. En esta función participa ampliamente el ideal del *yo*, que es, en parte, una formación reactiva contra los procesos pulsionales del *ello*. El psicoanálisis es un instrumento que ha de facilitar al *yo* la progresiva conquista del *ello*.

Mas, por otra parte, se nos muestra el *yo* como una pobre cosa sometida a tres distintas servidumbres y amenazada por tres diversos peligros, emanados, respectivamente, del mundo exterior, de la libido del *yo* y del rigor del *super-yo*. Tres clases de angustia corresponden a estos tres peligros, pues la angustia es la manifestación de una retirada ante el peligro. En calidad de instancia fronteriza quiere el *yo* constituirse en mediador entre el mundo exterior y el *ello*, intentando adaptar el *ello* al mundo exterior y alcanzar en éste los deseos del *ello* por medio de su actividad muscular. Se conduce así como el médico a una cura analítica, ofreciéndose al *ello* como objeto de su libido, a la cual procura atraer sobre sí. Para el *ello* no es sólo un auxiliar, sino un sumiso servidor que aspira a lograr el amor de su dueño. Siempre que le es posible procura permanecer de acuerdo con el *ello;* superpone sus racionalizaciones preconscientes a los mandatos inconscientes del mismo; simula una obediencia del *ello* a las advertencias de la realidad, aun en aquellos casos en los que el *ello* permanece inflexible, y disimula los conflictos del *ello* con la realidad y con el *super-yo*. Pero su situación de mediador le hace sucumbir también, a veces, a la tentación de mostrarse oficioso, oportunista y falso, como el estadista que sacrifica la verdad al deseo de conquistar la opinión pública.

El *yo* no se conduce imparcialmente con respecto a las dos clases de pulsiones. Mediante su labor de identificación y sublimación auxilia a las pulsiones de muerte del *ello* en el sojuzgamiento de la libido, pero al obrar así se expone al peligro de ser tomado como objeto de tales pulsiones y sucumbir víctima de ellas. Ahora bien: para poder prestar tal auxilio ha tenido que colmarse de libido, constituyéndose así en representante del Eros, y aspira entonces a vivir y a ser amado.

Pero como su labor de sublimación tiene por consecuencia una disociación de las pulsiones y una liberación de la pulsión de agresión del *yo*, se expone en su combate contra la libido al peligro de ser maltratado e incluso a la muerte. Cuando el *yo* sufre la agresión del *super-yo* o sucumbe a ella, ofrece su destino grandes analogías con el de los protozoos que sucumben a los efectos de los productos de descomposición creados por ellos mismos. La moral que actúa en el *super-yo* se nos muestra, en sentido económico, como uno de los tales productos de una descomposición. Entre las servidumbres del *yo*, la que le liga al *super-yo* es la más interesante.

El *yo* es la verdadera residencia de la angustia[1]. Amenazado por tres distintos peligros, desarrolla el *yo* el reflejo de fuga, retirando su carga propia de la percepción amenazadora o del proceso desarrollado en el *ello* y considerado peligroso y emitiéndola en calidad de angustia. Esta reacción primitiva es sustituida luego por el establecimiento de cargas de protección (mecanismos de las fobias). Ignoramos qué es lo que el *yo* teme del mundo exterior y de la libido del *ello*. Sólo sabemos que es el sojuzgamiento o la destrucción, pero no podemos precisar-

[1] [Lo que sigue acerca del tema de la angustia debe leerse con relación a la concepción revisada en *Inhibición, síntoma y angustia* (1926).

lo analíticamente. El *yo* sigue, simplemente, las advertencias del principio del placer. En cambio, sí podemos determinar qué es lo que se oculta detrás de la angustia del *yo* ante el *super-yo*, o sea ante la conciencia moral. Aquel ser superior que luego llegó a ser el ideal del *yo* amenazó un día al sujeto con la castración, y este miedo a la castración es probablemente el nódulo en torno del cual cristaliza luego el miedo a la conciencia moral; es este temor el que subsiste como la voz de la conciencia.

El principio de que todo miedo o angustia es, en realidad, miedo a la muerte, no me parece encerrar sentido alguno[1]. A mi juicio, es mucho más acertado distinguir la angustia ante la muerte de la angustia real objetiva y de la angustia neurótica ante la libido. El miedo a la muerte plantea al psicoanalista un difícil problema, pues la muerte es un concepto abstracto de contenido negativo, para el cual no nos es posible encontrar nada correlativo en lo inconsciente. El mecanismo de la angustia ante la muerte no puede ser sino el de que el *yo* libere un amplio caudal de su carga de libido narcisista, esto es, se abandone a sí mismo, como a cualquier otro objeto, en caso de angustia. La angustia ante la muerte se desarrolla, pues, a mi juicio, entre el *yo* y el *super-yo*.

Conocemos la génesis de la angustia ante la muerte en dos circunstancias distintas, análogas, por lo demás, a las de todo desarrollo de angustia; esto es, como reacción a un peligro exterior y como proceso interior; por ejemplo, en la melancolía. El caso neurótico nos llevará de nuevo a la inteligencia del caso normal.

El miedo a la muerte que surge en la melancolía se explica únicamente suponiendo que el *yo* se abandona a sí mismo, porque, en lugar de ser amado por el *super-yo*, se siente perseguido y odiado por él. Vivir equivale para el *yo* a ser amado por el *super-yo*, que aparece aquí también como representante del *ello*. El *super-yo* ejerce la misma función protectora y salvadora que antes el padre y luego la Providencia o el Destino. Esta misma conclusión es de-

---

[1] [Cf. Stekel (1908, 5).]

ducida por el *yo* cuando se ve amenazado por un grave peligro, del que no cree poder salvarse con sus propios medios. Se ve abandonado por todos los poderes protectores y se deja morir. Trátase de la misma situación que constituyó la base del primer gran estado de angustia del nacimiento y de la angustia infantil; esto es, de aquella situación en la que el individuo queda separado de su madre y pierde su protección[1].

Basándonos en estas reflexiones podemos considerar la angustia ante la muerte y la angustia ante la conciencia moral como una elaboración de la angustia anta la castración. Dada la gran importancia del sentimiento de culpabilidad para las neurosis, hemos de suponer que la común angustia neurótica experimenta un incremento en los casos graves, por la génesis de angustia que tiene efecto entre el *yo* y el *super-yo* (angustia ante la castración, ante la conciencia moral y ante la muerte).

El *ello* carece de medios de testimoniar al *yo* amor u odio. No puede expresar lo que quiere ni constituir una voluntad unitaria. En él combaten el Eros y la pulsión de muerte. Ya hemos visto con qué medios se defienden unas de estas pulsiones contra las otras. Podemos así representarnos que el *ello* se encuentra bajo el dominio de la pulsión de muerte, muda, pero poderosa, y quiere obtener la paz acallando, conforme a las indicaciones del principio del placer, al Eros perturbador. Pero con esta hipótesis tememos estimar muy por bajo la misión del Eros.

Apéndice A

EL INCONSCIENTE DESCRIPTIVO Y EL DINAMICO

Dos frases que aparecen en las páginas anteriores han dado lugar a una curiosa cuestión. El editor se interesó en ella durante la comunicación privada con el Dr. Ernest Jones, quien la había descubierto cuando examinaba la correspondencia de Freud.

[1] [La angustia de separación es discutida en *Inhibición, síntoma y angustia* (1926), St. Ed., 20.]

El 28 de octubre de 1923, pocos meses después de la aparición de este trabajo, Ferenczi le escribió a Freud en estos términos: «... No obstante me atrevo a plantearle una cuestión... dado que hay un pasaje en *El yo y el ello* que no puedo comprender sin su ayuda... En la página 13[1] leo lo siguiente: "... que en el sentido descriptivo hay dos clases de inconsciente, pero sólo uno en el sentido dinámico". Sin embargo, dado que usted escribe en la página 12 que el inconsciente latente sólo es inconsciente desde el punto de vista descriptivo, no en el sentido dinámico, he pensado que era precisamente la línea de aproximación dinámica lo que exigía la hipótesis de dos clases de *Inc*, mientras que la descripción sólo conoce *Cc.* e *Inc.*»

Sin embargo, las dos afirmaciones no se contradicen: el hecho de que el inconsciente latente sea inconsciente sólo descriptivamente, no implica de ningún modo que sea lo único que es inconsciente desde el punto de vista descriptivo.

Existe un pasaje en la Lección 31 de las *Nuevas lecciones introductorias* de Freud (1933a)[1], escritas diez años después del presente trabajo, en el que la totalidad de este argumento se repite en términos muy similares. En ese pasaje se explica más de una vez que en sentido descriptivo tanto el preconsciente como lo reprimido son inconscientes, pero que en sentido dinámico el término está restringido a lo reprimido.

Es probable que Freud haya pensado que el descubrimiento de Ferenczi constituía un parto de los montes, puesto que el pasaje nunca se modificó en las ediciones posteriores del libro.

Apéndice B

EL GRAN RESERVORIO DE LA LIBIDO

Existe una gran dificultad en torno a este tema, mencionado en la nota de la página 273 nota y discutido más en detalle en la página 281.

La analogía parece haber surgido por primera vez en una nueva sección agregada en la tercera edición de los *Tres ensayos* (1905d), que fue publicada en 1915 pero que había sido preparada por Freud durante el otoño de 1914. El pasaje dice lo siguiente *(Standard Ed.*, 7, 218): «La libido del *yo* o libido narcisista aparece como un gran reservorio del cual parten las corrientes de revestimiento del objeto y al cual retornan. El revestimiento del *yo* por la libido narcisista se nos muestra como el estado original, que aparece en la primera infancia y es encubierto por las posteriores emanaciones de la libido, pero que en realidad permanece siempre latente detrás de las mismas.»

Sin embargo, la misma noción había sido formulada anteriormente en otra de las analogías favoritas de Freud, que algunas veces aparece como una

[1] De la edición alemana.

[1] [Véase el próximo artículo.]

alternativa y otras en paralelo al «gran reservorio». Este pasaje anterior figura en el artículo sobre el narcisismo (1914c) escrito por Freud al comienzo del mismo año, 1914 (*Standard Ed.*, 14, 75): «Nos formamos así la idea de una carga primitiva libidinosa del *yo*, de la cual parte se destina a cargar los objetos; pero que en el fondo continúa subsistente como tal viniendo a ser con respecto a las cargas de objeto lo que el cuerpo de un protozoo con relación a los seudópodos de él destacados.»

Las dos analogías aparecen juntas en un artículo de divulgación escrito a fines de 1916 para un periódico húngaro («Una dificultad del psicoanálisis», 1917a, *Standard Ed.*, 17, 139): «El *yo* es un gran reservorio, del que fluye la libido destinada a los objetos y al que afluye de nuevo desde los mismos... Nos lo representaremos más concretamente recordando las peculiaridades de los protozoos, cuya sustancia gelatinosa se prolonga en seudópodos...»

El protozoo aparece una vez más en la Lección 26 de las *Lecciones introductorias* (1916-17), fechada en 1917, y el reservorio en *Más allá del principio del placer* (1920g), *Standard Ed.*, 18,51: «El psicoanálisis ha llegado a la conclusión de que el *yo* es el verdadero y originario reservorio de la libido, y que sólo a partir de dicho reservorio la libido se extiende a los objetos.»

Freud incluyó un pasaje muy similar en un artículo de enciclopedia que escribió en el verano de 1922 (1923a, *Standard Ed.*, 18, 257), y casi inmediatamente después apareció la noción del *ello*, junto con lo que pareció ser una drástica corrección de las afirmaciones anteriores: «Ahora que hemos distinguido el *yo* y el *ello*, debemos reconocer al *ello* como el gran reservorio de la libido...» De nuevo: «Al comienzo, toda la libido se halla acumulada en el *ello*, mientras el *yo* está aún en proceso de formación o es todavía muy débil. El *ello* destina parte de su libido a las cargas eróticas de objeto, tras lo cual el *yo*, que entretanto se ha fortalecido, trata de retener esta libido de objeto y de convertirse para el *ello* en objeto de amor. El narcisismo del *yo* resulta ser un narcisismo secundario, extraído de los objetos.»

Esta nueva postura parece claramente inteligible, por lo que resulta un tanto incómodo llegar a las siguientes frases, escritas tan sólo un año después de *El yo y el ello*, en la *Autobiografía* (1925d) [1924], *Standard Ed.*, 20,56: «A través de toda la vida del sujeto sigue siendo el *yo* el gran reservorio de su libido, del que son destacadas las cargas de objeto, y al que la libido puede retornar»[1].

Es verdad que la frase surge en el curso de un esbozo histórico del desarrollo de la teoría psicoanalítica; pero no hay ninguna indicación del cambio introducido en *El yo y el ello*. Finalmente, hallamos este pasaje en uno de los últimos escritos de Freud, en el capítulo II del *Compendio de psicoanálisis* (1940a), escrito en 1938: «Sería difícil precisar las vicisitudes de la libido en el *ello* y en el *super-yo*. Cuanto sabemos al respecto se refiere al *yo*, en el que está originariamente acumulada toda la reserva disponible de libi-

[1] Una afirmación casi idéntica figura en la Lección 32 de las *Nuevas lecciones introductorias* (1933a), junto a la siguiente frase: «Las cargas de objeto manan de las demandas pulsionales del ello.»

do. A este estado lo denominamos *narcisismo absoluto* o *primario;* subsiste hasta que el *yo* comienza a catectizar las representaciones de los objetos con libido; es decir, a convertir libido narcisística en libido objetal. Durante toda la vida el *yo* sigue siendo el gran reservorio del cual emanan las catexias libidinales hacia los objetos y al que se retraen nuevamente, como una masa protoplástica maneja sus seudópodos.»

¿Acaso estos últimos pasajes implican que Freud se retractó de las opiniones vertidas en el presente trabajo? Resulta difícil pensarlo, y existen dos puntos que pueden ayudar a la reconciliación de estas consideraciones aparentemente contradictorias. El primero es mínimo. La analogía del «reservorio» es por su propia naturaleza muy ambigua: un reservorio puede considerarse como un tanque de almacenamiento de agua, o bien como una fuente de suministro de agua. No existe mayor dificultad en aplicar la imagen en ambos sentidos tanto al *yo* como al *ello*, y clarificaría los distintos pasajes citados si Freud hubiese mostrado con más precisión cuál era la imagen que tenía en mente.

El segundo punto tiene mayor importancia. En las *Nuevas lecciones introductorias*, en el curso de una discusión sobre el masoquismo, Freud escribe: «Si también, en cuanto a la pulsión destructiva, es cierto que el *yo* —o mejor dicho, el *ello*, la persona completa— encierra en sí originariamente todas las pulsiones...» Los paréntesis aluden a un estado primario en el que el *ello* y el *yo* aún no están diferenciados[1].

Hay una observación similar, aunque más definitiva, en el *Compendio*, esta vez dos párrafos antes del pasaje citado anteriormente: «Imaginamos el estado inicial... suponiendo que toda la energía disponible del Eros —que en adelante llamaremos libido— se encuentra en el *yo-ello* aún indiferenciado...» Si consideramos esto como la verdadera esencia de la teoría de Freud, la contradicción aparente en su modo de formularla disminuye. Este «*yo-ello*» es originariamente el «gran reservorio de la libido», en el sentido de ser un tanque de almacenamiento. Luego de que la diferenciación haya tenido lugar, el *ello* continúa siendo un tanque de almacenamiento, pero cuando comienza a verter sus cargas (ya sea en los objetos o en el *yo* ahora diferenciado), se convierte además en una fuente de suministro. Pero lo mismo puede decirse del *yo*, por cuanto es un tanque de almacenamiento de libido narcisista, como también una fuente de suministro de cargas de objeto.

Sin embargo, este último punto nos lleva a una nueva cuestión, de la que resulta inevitable suponer que Freud mantuvo diferentes concepciones en diferentes épocas. En *El yo y el ello*, «al comienzo, toda la libido se acumula en el *ello*»; luego, «el *ello* destaca parte de su libido a las cargas eróticas del objeto», que el *yo* intenta controlar haciéndose objeto de amor del *ello*: «el narcisismo del *yo* resulta ser un narcisismo secundario». Pero en el *Compendio*, «al principio toda la cantidad disponible de libido se almacena en el *yo*», «a este estado lo denominamos el narcisismo absoluto o primario» y «perdura hasta que el *yo* comienza a catectizar libidinalmente las representacio-

[1] Esta es, por cierto, una opinión común de Freud.

nes del objeto». En estas dos descripciones parecen dibujarse dos procesos distintos. En la primera, las cargas originarias de objeto son concebidas como proviniendo directamente del *ello*, y alcanzan al *yo* de manera indirecta; en la segunda, toda la libido parte del *ello* hacia el *yo*, y llega a los objetos indirectamente. Los dos procesos no parecen incompatibles, y es posible que ambos tengan lugar; pero sobre esta cuestión Freud no se pronunció.

Lección XXXI

LA DISECCION DE LA PERSONALIDAD PSIQUICA *

Todos sabéis seguramente la importancia que para vuestras relaciones particulares, tanto con las personas como con las cosas, entraña el punto de partida. Así ha sido también en psicoanálisis. Para su desarrollo y para la acogida que hubo de serle dispensada no fue indiferente que iniciara su labor en el síntoma, esto es, en lo más ajeno al *yo* que el alma integra. El síntoma proviene de lo reprimido y es como un representante de lo reprimido cerca del *yo;* pero lo reprimido es para el *yo* dominio extranjero; un dominio extranjero interior así como la realidad —si se me permite una expresión nada habitual— es un dominio extranjero exterior. Partiendo del síntoma, el camino analítico nos condujo a lo inconsciente, a la vida pulsional, a la sexualidad, siendo ésta la época en que el Psicoanálisis comenzó a oír las ingeniosas objeciones de que el hombre no era exclusivamente una criatura sexual, y conocía también impulsos más nobles y elevados. Habría podido añadirse que, exaltado por la conciencia de ta-

* Publicado por Internationaler Psychoanalytischer Verlag (Vienna) 1933. Incluido en Standard Ed., 22, 57.

les impulsos elevados, se tomaba con demasiada frecuencia el derecho de pensar disparates y el de desatender los hechos.

Pero vosotros sabéis muy bien cómo desde un principio el análisis afirmó que el hombre enfermaba a consecuencia del conflicto entre las exigencias de la vida pulsional y la resistencia que en él se alza contra ellas, y sabéis también que jamás hemos olvidado ni por un momento la existencia de esta instancia resistente/repelente y represora, la cual nos representábamos dotada de fuerzas particularísimas —las pulsiones del *yo*—, y que coincide precisamente con el *yo* de la psicología al uso. Sólo que, dado el lento y trabajoso progreso de la investigación científica, tampoco el Psicoanálisis ha podido estudiar simultáneamente todos los sectores ni pronunciarse al mismo tiempo sobre todos los problemas. Por fin avanzamos lo suficiente para poder distraer nuestra atención de lo reprimido y enfocarla sobre lo represor, y nos situamos ante tal *yo*, que tan evidente parecía, con la segura esperanza de encontrar también en sus dominios algo inesperado; pero no fue nada fácil lograr un primer acceso a él. Y de esto es de lo que hoy voy a hablaros.

Previamente quiero dar libre cauce a mi sospecha de que esta mi exposición de la psicología del *yo* ha de actuar sobre vosotros muy diferentemente que la anterior introducción en el mundo psíquico abisal. Por qué es así no lo sé a punto fijo. En un principio pensé que juzgaríais que si hasta aquí os había expuesto hechos concretos, pasaba ahora a una pura especulación. Pero bien meditado, he de afirmar que el montante de elaboración mental del material de hechos dado en nuestra psicología del *yo* no es mucho más elevado del que había en la psicología de las neurosis. Y lo mismo que éste, he tenido también que rechazar otros distintos fundamentos de mi juicio inicial. Ahora opino que aquella primera impresión depende en algún modo del carácter mismo de la materia y de nuestra falta de costumbre de tratarla. De todos modos, no me sorprenderá que os mostréis ahora en vuestro juicio más reservados y precavidos que hasta aquí.

La situación misma en la que nos encontramos al comienzo de nuestra investigación será la que nos indique el camino. El objeto de esta investigación queremos que sea el *yo*, nuestro propio *yo*. Pero ¿acaso es posible tal cosa? Si el *yo* es propiamente el sujeto, ¿cómo puede pasar a ser objeto? Y el caso es que, evidentemente, puede ser así. El *yo* puede tomarse a sí mismo como objeto, puede tratarse a sí mismo como a otros objetos, observarse, criticarse, etc. En todo ello, una parte del *yo* se enfrenta al resto. El *yo* es, pues, disociable; se disocia en ocasión de algunas de sus funciones, por lo menos transitoriamente, y los fragmentos pueden luego unirse de nuevo. Todo esto no es ninguna novedad, sino más bien una acentuación inhabitual de cosas generalmente conocidas. Por otro lado, sabemos ya que la Patología, con su poder de amplificación y concreción, puede evidenciarnos circunstancias normales, que de otro modo hubieran escapado a nuestra perspicacia. Allí donde se nos muestra una fractura o una grieta puede existir normalmente una articulación. Cuando arrojamos al suelo un cristal, se rompe, mas no caprichosamente; se rompe, con arreglo a sus líneas de fractura, en pedazos cuya delimitación, aunque invisible, estaba predeterminada por la estructura del cristal. También los enfermos mentales son como estructuras, agrietadas y rotas. No podemos negarles algo de aquel horror respetuoso que los pueblos antiguos testimonian a los locos. Se han apartado de la realidad exterior, pero precisamente por ello saben más de la realidad psíquica interior, y pueden descubrirnos cosas que de otro modo serían inaccesibles para nosotros. De un grupo de estos enfermos decimos que padecen de la manía de ser observados. Se lamentan de verse agobiados constantemente, hasta en sus más íntimas actividades, por la observación vigilante de poderes desconocidos, probablemente personales, y sufren alucinaciones en las que oyen cómo tales personas publican los resultados de su observación. Ahora dice tal cosa; ahora se está vistiendo para salir, etc. Esta observación no equivale todavía a una persecución; pero le falta muy poco; supone que se desconfía del sujeto, que se espera sorprenderle en la comisión de algo ilícito, por lo cual será castigado. ¿Qué pasaría si estos dementes tuvieran razón, si en todos nosotros existiera en el *yo* una tal instancia, vigilante y amenazadora, que en los enfermos mentales sólo se hubiera separado francamente del *yo* y hubiera sido erróneamente desplazada a la realidad exterior?

No sé si a vosotros os sucederá lo que a mí. Desde el momento en que, bajo la intensa impresión de este cuadro patológico, concebí la idea de que la separación de una instancia observadora del resto del *yo* podía ser un rasgo regular de la estructura del *yo*, no he podido alejarla de mí, y me ha impulsado a investigar los demás caracteres y relaciones de la instancia así disociada. El primer paso es fácil. Ya el contenido de la manía de ser observado nos hace ver que la observación es tan sólo una preparación del juicio y el castigo, y con ello adivinamos que otra de las funciones de tal instancia tiene que ser aquello que llamamos conciencia moral. No hay nada en nosotros que tan regularmente separemos de nuestro *yo* y enfrentemos a él como nuestra conciencia moral. Me siento inclinado a hacer algo de lo que me promete placer, pero dejo de hacerlo con el fundamento de que mi conciencia no me lo permite. O la magnitud de la expectación de placer me ha llevado a hacer algo contra lo cual se pronunciaba la voz de mi conciencia y después del acto mi conciencia me castiga con penosos reproches, haciéndome sentir remordimientos. Podría decir simplemente que la instancia especial que empiezo a distinguir en el *yo* es la conciencia moral, pero es más prudente dejar independiente esta instancia y suponer que la conciencia moral es una de sus funciones, y otra la autoobservación, indispensable como premisa de la actividad juzgadora de la conciencia moral. Y como el reconocimiento de una existencia independiente exige para lo que así existe un nombre propio, daremos en adelante a esta instancia, entrañada en el *yo*, el nombre de *super-yo*.

No me sorprenderá oíros preguntarme burlonamente si nuestra psicología del *yo* se reduce, en general, a tomar al pie de la letra abstracciones corrientes y a amplificarlas, convirtiéndolas de conceptos en cosas, con todo lo cual poco o nada se va ganando. A esto os responderé que ha de ser muy difícil eludir en la psicología del *yo* lo ya generalmente conocido, y que lo importante será llegar a nuevas ordenaciones y nuevas concepciones más que a nuevos descubrimientos. Conservad, pues, por ahora vuestra respectiva actitud crítica, en espera de nuevas explicaciones. Los hechos de la Patología procuran a nuestros esfuerzos un fondo, que inútilmente buscaréis en la psicología usual. Proseguiré mi exposición. Apenas lleguemos a familiarizarnos con la idea de tal *super-yo* dotado de ciertas independencias, que persigue intenciones propias y posee una energía independiente del *yo*, recordamos un cuadro patológico, que precisa claramente el rigor e incluso la crueldad de esta instancia y las variantes de su relación con el *yo*. Me refiero a la melancolía[1], o, más exactamente, al acceso melancólico, del cual habréis oído hablar suficientemente, aunque no seáis psiquiatras. El rasgo más singular de esta dolencia, de cuya causación y cuyo mecanismo sabemos muy poco, es la forma en que el *super-yo* —o si queréis, la conciencia moral— trata al *yo*. Mientras que en épocas de salud el melancólico puede ser, como cualquier otro individuo, más o menos riguroso consigo mismo, en el acceso melancólico el *super-yo* se hace riguroso en extremo: riñe, humilla y maltrata al pobre *yo;* le hace esperar los peores castigos, y le reprocha actos muy pretéritos, que a su hora fueron indulgentemente juzgados, como si en el intervalo hubiera acumulado las acusaciones, habiendo esperado tan sólo su robustecimiento actual para darles curso y fundar en ellas una sentencia. El *super-yo* aplica un rigurosísimo criterio moral al *yo*, inerme a merced suya; se convierte en un representante de la moralidad y nos revela que nuestro sentimiento de culpabilidad moral es expresión de la pugna entre el *yo* y el *super-yo*. Constituye una experiencia singular ver convertida en fenómeno periódico la moralidad,

[1] [La terminología moderna hablaría probablemente de «depresión».]

de la cual se supone que nos fue dada por Dios, arraigándola profundamente en nosotros. Pues, al cabo de cierto número de meses, el fantasma moral se desvanece, la crítica del *super-yo* se acalla, y el *yo* queda rehabilitado, y goza de nuevo de todos los derechos del hombre hasta el acceso siguiente. E incluso en ciertas formas de la enfermedad ocurre en los intervalos algo antitético: el *yo* se asume en una bienaventurada embriaguez; triunfa como si el *super-yo* hubiera perdido toda fuerza o se hubiese confundido con el *yo*, y este *yo*, libertado y maníaco, se permite realmente y sin el menor escrúpulo la satisfacción de todos sus caprichos. Procesos abundantes en enigmas no resueltos.

Esperaréis seguramente algo más que una mera ilustración al oírme anunciaros que hemos averiguado varias cosas sobre la formación del *super-yo*, esto es, sobre la génesis de la conciencia moral. El filósofo Kant dijo, como sabéis, que nada le probaba tan convincentemente la grandeza de Dios como el firmamento estrellado y nuestra conciencia moral. Los astros son ciertamente magníficos; pero en lo que hace a la conciencia moral, Dios ha llevado a cabo una labor desigual y negligente, pues una gran mayoría de los hombres no ha recibido sino muy poca; tan poca, que apenas puede decirse que posean alguna. No ignoramos la parte de verdad psicológica que entraña la afirmación de que la conciencia moral es de origen divino, pero es cierto que precisa de interpretación. Si la conciencia es algo dado en nosotros, no es, sin embargo, algo originalmente dado. Constituye así una antítesis de la vida sexual, dada realmente en nosotros desde el principio de la existencia y no ulteriormente agregada. Pero, como es sabido, el niño pequeño es amoral, no posee inhibición alguna interior de sus impulsos tendentes al placer. El papel que luego toma a su cargo el *super-yo* es desempeñado primero por un poder exterior, por la autoridad de los padres. La influencia de los padres gobierna al niño con el otorgamiento de pruebas de cariño y la amenaza de castigos que indican al niño una pérdida de amor y son, además, temibles de por sí. Esta angustia real es el antecedente de la angustia ulterior a la conciencia; mientras reina no hay por qué hablar de *super-yo* ni de conciencia moral. Sólo después se forma la situación secundaria que aceptamos, demasiado a la ligera, como normal; situación en la cual la inhibición exterior es interiorizada, siendo sustituida la instancia parental por el *super-yo*, el cual vigila, dirige y amenaza al *yo* exactamente como antes los padres al niño.

El *super-yo*, que de este modo se arroga el poder, la función y hasta los métodos de la instancia parental, no es tan sólo el sucesor legal, sino también el heredero legítimo de la misma. Surge directamente de ella, pronto veremos por qué proceso. Pero primero debemos detenernos en un desacuerdo surgido entre ambos. El *super-yo* parece haber llevado a cabo una selección unilateral, arrogándose tan sólo la dureza y el rigor de los padres, su función prohibitiva y punitiva, mientras que su amoroso cuidado no encuentra en él acogida ni continuación. Cuando los padres han sido rigurosos, nos parece fácilmente comprensible que en el niño se haya desarrollado también un riguroso *super-yo;* pero contra lo que esperábamos, la experiencia muestra que el *super-yo* puede adquirir la misma inflexible dureza aun cuando la educación haya sido benigna y bondadosa y haya evitado en lo posible amenazas y castigos. Sobre esta contradicción volveremos luego al tratar de las transformaciones de las pulsiones en la formación del *super-yo.*

De la transformación de la relación parental en el *super-yo* no puedo deciros tanto como me placería: en parte, porque se trata de un proceso tan complicado, que su exposición rebasa los límites de una iniciación como la que aquí me propongo facilitaros, y en parte, porque nosotros mismos no creemos haberla penetrado por entero. Habréis de contentaros, pues, con las indicaciones siguientes: La base de tal proceso es lo que llamamos una identificación, esto es, la equiparación de un *yo* a otro *yo* ajeno, equiparación a consecuencia de la cual el primer *yo* se comporta, en ciertos aspectos, como el otro, le imita y, en cierto modo, le acoge en sí. No sin razón se ha comparado la identificación a la incorporación oral, caníbal, de otra persona. La identificación es una forma muy importante de la vinculación a la otra persona; es probablemente la más primitiva y, desde luego, distinta de la elección de objeto. La diferencia puede expresarse en la forma siguiente: Cuando el niño se identifica con el padre, quiere *ser* como el padre; cuando lo hace objeto de su elección, quiere *tenerlo*, poseerlo; en el primer caso, su *yo* se modifica conforme al modelo constituido por el padre; en el segundo, ello no es necesario. La identificación y la elección de objeto son ampliamente independientes entre sí; pero también puede uno identificarse con aquella misma persona a la que, por ejemplo, ha elegido como objeto sexual y transformar el propio *yo* con arreglo al de ella. Dícese que esta gran influencia del *yo* por el objeto sexual es particularmente frecuente en las mujeres y característico de la feminidad. De la relación más instructiva entre la identificación y la elección de objeto hube de hablaros ya en mis conferencias anteriores. Es tal fácilmente observable en los niños como en los enfermos. Cuando hemos perdido un objeto o hemos tenido que renunciar a él, nos compensamos, a menudo, identificándonos con él, erigiéndolo de nuevo en nuestro *yo*, de manera que, en este caso, la elección de objeto retroceda a la identificación[1].

Tampoco a mí me satisfacen por completo estas observaciones sobre la identificación, pero me daré por contento si me concedéis que la instauración del *super-yo* puede ser descrita como un caso plenamente conseguido de identificación con la instancia parental. El hecho decisivo para esta concepción es que la nueva creación de una instancia superior en el *yo* se halla íntimamente enlazada a los destinos del complejo de Edipo, de manera que el *super-yo* se nos muestra como el heredero de esta vinculación afectiva, tan importante para la infancia. Compren-

[1] [La identificación es el tema del cap. VII de *Psicología de las Masas* (1912c). La formación del super-yo fue discutida ampliamente en la sección III de *El yo y el ello*.

demos que, al cesar el complejo de Edipo, el niño tuvo que renunciar a las intensas cargas de objeto que había concentrado en sus padres, y como compensación de esa pérdida de objeto, las identificaciones con los padres —identificaciones existentes probablemente desde mucho antes en su *yo*— quedan muy intensificadas. Tales identificaciones, como residuos de cargas de objeto abandonadas, se repetirán después muy a menudo en la vida del niño, pero al valor afectivo de este primer caso corresponde plenamente una transformación tal, que su resultado obtenga una posición especial en el *yo*. Una investigación más penetrante nos enseña también que el *super-yo* pierde en energía y desarrollo cuando la superación del complejo de Edipo sólo es conseguida imperfectamente. En el curso del desarrollo, el *super-yo* acoge también las influencias de aquellas personas que han ocupado el lugar de los padres, o sea los educadores, los maestros y los modelos ideales. Normalmente, se aleja cada vez más de los primitivos individuos parentales, haciéndose, por decirlo así, más impersonal. No debemos olvidar tampoco que en edades distintas el niño estima diferentemente a sus padres. En la época en que el complejo de Edipo deja el puesto al *super-yo*, los padres son aún algo excelso; más tarde pierden mucho. Se forman también entonces identificaciones que incluso procuran normalmente importantes aportaciones a la formación del carácter, pero entonces se refieren tan sólo al *yo*, no influyendo ya sobre el *super-yo*, determinado por las imagos más tempranas[1].

Espero que hayáis experimentado ya la impresión de que la institución del *super-yo* describe realmente una circunstancia estructural y no personifica simplemente una abstracción, como la de la conciencia moral. Hemos de citar aún una importantísima función que adscribimos a este *super-yo*. Es también al substrato del ideal del *yo*, con el cual se compara el *yo*, al cual aspira y cuya demanda de

[1] [Este punto fue discutido por Freud en *El problema económico del masoquismo* (1924c).]

perfección siempre creciente se esfuerza en satisfacer. No cabe duda de que este ideal del *yo* es el residuo de la antigua representación de los padres, la expresión de la admiración ante aquellas perfecciones que el niño le atribuía por entonces[1]. Sé que habéis oído mucho acerca de aquel sentimiento de inferioridad que caracterizaría precisamente a los neuróticos. Ha invadido, sobre todo, la literatura. Un escritor que emplea el «complejo de inferioridad» cree haber satisfecho con ello todas las exigencias del psicoanálisis y haber elevado su composición a un alto nivel psicológico. En realidad, el término «complejo de inferioridad» es apenas empleado en psicoanálisis. No es para nosotros nada simple, no digamos ya elemental. Referido a la autopercepción de insuficiencias orgánicas, como lo hace la escuela de los llamados psicológos individuales[2], me parece un error por miopía. El sentimiento de inferioridad tiene raíces intensamente eróticas. El niño se siente inferior cuando advierte que no es amado, y lo mismo el adulto. El único órgano que realmente es considerado inferior es el pene atrofiado de las niñas, o sea el clítoris. Pero la mayor parte del sentimiento de inferioridad proviene de la relación del *yo* con el *super-yo*, y es, como el sentimiento de culpabilidad, la expresión de una pugna entre ambos.

El sentimiento de inferioridad y el sentimiento de culpabilidad son, en general, difícilmente separables. Quizá sería acertado ver en el primero el complemento erótico del sentimiento de inferioridad moral. A esta cuestión de delimitación de conceptos no le hemos dedicado aún en psicoanálisis atención suficiente.

Precisamente por lo popular que ha llegado a ser el complejo de inferioridad, voy a permitirme, en este punto, una pequeña digresión. Una personalidad histórica contemporánea, que en vida aún ha pasado hoy muy a se-

---

[1] [Freud distingue aquí el *super-yo* y el ideal del *yo*. En la sección III de *El yo y el ello,* en cambio, los considera como sinónimos.]

[2] [Sus puntos de vista son discutidos en la Lección 34 de las *Nuevas aportaciones al psicoanálisis* (1933a).]

gundo término, padece, a causa de un accidente sufrido al nacer, la atrofia incompleta de uno de sus miembros. Un conocidísimo literato actual, que se dedica preferentemente a escribir biografías, ha compuesto también la de tal personalidad[1]. Ahora bien: cuando se escribe una biografía, debe ser muy difícil reprimir la necesidad de ahondar en la psicología del biografiado. Y así, nuestro autor ha arriesgado la tentativa de fundamentar la evolución entera del carácter de nuestro héroe sobre el sentimiento de inferioridad que su defecto físico habría de despertar en él. Pero al hacerlo así no tuvo en cuenta un hecho poco aparente, pero muy importante. Es habitual que la madre a la que el Destino ha dado un hijo enfermo o desventajado en algún modo procure compensarle de tan injusta disminución con un exceso de cariño. Pero en el caso de que tratamos, la madre, por demás orgullosa, se comportó muy diferentemente, pues negó a su hijo todo amor a causa de su defecto físico. Cuando el niño llegó a ser un hombre poderoso, demostró inequívocamente con sus actos que no perdonaba el desamor materno. Si recordáis la significación del amor maternal para la vida anímica infantil, no podréis menos de rectificar mentalmente la teoría de inferioridad sostenida por el biógrafo.

Tornemos ahora al *super-yo.* Le hemos atribuido las funciones de auto-observación, conciencia moral e ideal. De nuestras observaciones sobre su génesis resulta que tiene por premisas un hecho biológico importantísimo y un hecho psicológico decisivo para los destinos del individuo —la prolongada dependencia del sujeto bajo la autoridad de sus padres y el complejo de Edipo—, hechos que, a su vez, se hallan íntimamente enlazados entre sí. El *super-yo* es para nosotros la representación de todas las restricciones morales, el abogado de toda aspiración a un perfeccionamiento; en suma: aquello que de lo que llamamos más elevado en la vida del hombre se nos ha hecho psicológicamente aprehensible. Siendo en sí procedente de la

[1] [*Wilhelm II,* de Emil Ludwig (1926).]

influencia de los padres, los educadores, etc. el examen de estas fuentes nos ilustrará sobre su significación. Por lo regular, los padres y las autoridades análogas a ellos siguen en la educación del niño las prescripciones del propio *super-yo*. Cualquiera que en ellos haya sido la relación del *yo* con el *super-yo*, en la educación del niño se muestran severos y exigentes. Han olvidado las dificultades de su propia niñez y están satisfechos de poder identificarse ya plenamente con sus propios padres, que tan duras restricciones les impusieron en su tiempo. De este modo, el *super-yo* del niño no es construido, en realidad, conforme al modelo de los padres mismos, sino al del *super-yo* parental; recibe el mismo contenido, pasando a ser el substrato de la tradición y de todas las valoraciones permanentes que por tal camino se han transmitido a través de las generaciones. Adivinaréis fácilmente qué importantes auxilios para la comprensión de la conducta social de los hombres en relación con el problema de la delincuencia, por ejemplo, y acaso también qué indicaciones prácticas para la educación, resultan de la consideración del *super-yo*. La concepción materialista de la Historia peca probablemente en no estimar bastante este factor. Lo aparta a un lado con la observación de que las «ideologías» de los hombres no son más que el resultado y la superestructura de sus circunstancias económicas presentes. Lo cual es verdad, pero probablemente no toda la verdad. La Humanidad no vive jamás por entero en el presente; en las ideologías del *super-yo* perviven el pasado, la tradición racial y nacional, que sólo muy lentamente cede a las influencias del presente y desempeña en la vida de los hombres, mientras actúa por medio del *super-yo*, un importantísimo papel, independiente de las circunstancias económicas.

En el año 1921 intenté aplicar la diferenciación del *yo* y el *super-yo* al estudio de la psicología colectiva[1] y llegué a la fórmula siguiente: Una masa psicológica es una reunión de individuos que han introducido a una misma

---

[1] [*Psicología de las masas* (1921c) Standard Ed., 18, 116.]

persona en sus *super-yo*, y que, a causa de esta comunidad se han identificado sus *yo* unos con otros. Fórmula que, naturalmente, no sirve más que para aquellas masas que tienen un jefe. Si contásemos con más aplicaciones de este género, la hipótesis del *super-yo* perdería para nosotros lo que aún tiene de singular y nos sentiríamos libres ya por completo de aquella aprensión que, acostumbrados como estamos a la atmósfera abisal, nos asalta cuando nos movemos en los estratos más superficiales del aparato anímico. Naturalmente, con la diferenciación del *super-yo* no creemos haber dicho la última palabra en cuanto a la psicología del *yo*. Tal diferenciación es más bien sólo un principio; pero en este caso no sólo los principios son difíciles.

Ahora se nos plantea otra labor, y, por decirlo así, en el extremo opuesto del *yo*. Surge de una observación que hacemos en el curso del análisis, observación por cierto muy antigua. Sólo que, como a veces sucede, se ha tardado mucho en concederle la atención debida. Como sabéis, toda la teoría psicoanalítica se basa de hecho en la percepción de la resistencia que el paciente opone a nuestra tentativa de hacerle consciente su inconsciente. La señal objetiva de la resistencia es el agotamiento de sus asociaciones espontáneas o su alejamiento del tema tratado. El paciente mismo puede también reconocer *subjetivamente* la resistencia en la aparición en él de sensaciones penosas al aproximarse al tema. Pero este último signo puede faltar. Entonces comunicamos al paciente que su conducta nos revela que se encuentra en estado de resistencia, a lo cual replica que nada sabe de ella, advirtiendo tan sólo la dificultad de producir nuevas asociaciones. Y como nuestra afirmación demuestra luego ser exacta, resulta, pues, que su resistencia era también inconsciente, tan inconsciente como lo reprimido que intentábamos hacer surgir en la conciencia. Hubiéramos debido, pues, plantearnos tiempo ha la interrogación siguiente: ¿De qué parte de su vida anímica proviene tal resistencia inconsciente? El principiante en psicoanálisis os responderá en seguida: Es la resistencia misma de lo inconsciente. Pero esta solución es tan equívoca como inútil. Si quiere decir que la resistencia emana de lo reprimido, habremos de rebatirla decididamente. Lo reprimido entraña más bien un impulso intensísimo a surgir en la conciencia. La resistencia no puede ser más que una manifestación del *yo*, el cual llevó a cabo en su día la represión y quiere ahora mantenerla. Así lo hemos creído ya desde un principio. Y desde que admitimos la existencia en el *yo* de una instancia especial que representa las exigencias restrictivas y prohibitivas —el *super-yo*—, podemos decir que la represión es obra de este *super-yo*, el cual la lleva a cabo por sí mismo o por medio del *yo*, obediente a sus mandatos. Y si la resistencia no se hace consciente al sujeto en el análisis, quiere decir que el *super-yo* y el *yo* pueden obrar inconscientemente en situaciones importantísimas o, cosa mucho más significativa, que partes determinadas del *super-yo* y el *yo* mismo son inconscientes. En ambos casos hemos de reconocer, mal que nos pese, que el *(super-) yo* y lo consciente, por un lado, y lo reprimido y lo inconsciente, por otro, no coinciden en modo alguno.

Siento ahora la necesidad de hacer una pausa para tomar aliento, pausa que supongo ha de seros también benéfica, y que aprovecharé además para presentaros, antes de continuar, mis más rendidas excusas. Quiero daros aquí un complemento a una introducción al psicoanálisis iniciada por mí hace ya quince años, y tengo que conducirme como si en tal intervalo os hubiérais consagrado exclusivamente al psicoanálisis. Sé que tal suposición no es exacta, pero no puedo comportarme de otro modo. Y ello, principalmente, por lo difícil que, en general, es procurar una visión del psicoanálisis a personas ajenas por completo a él. Podéis creer que no nos es nada grato aparecer como una misteriosa secta consagrada a una ciencia esotérica. Y, sin embargo, hemos tenido que reconocer y proclamar que nadie tiene derecho a intervenir en las cosas del psicoanálisis si antes no ha pasado por determinadas experiencias que sólo puede lograr sometiéndose al análisis por sí mismo. Cuando hace quince años desarrollé ante vosotros mis conferencias iniciales, procuré ahorraros determinados fragmentos especulativos de nuestra teoría. Pero las nuevas conquistas de que hoy quiero hablaros se enlazan precisamente a ellos.

Volvamos al tema. En la duda de si el *yo* y el *super-yo* son por sí mismos inconscientes o pueden sólo desarrollar efectos inconscientes, nos hemos decidido, no sin buenas razones, por la primera posibilidad. Sí; partes considerables del *yo* y del *super-yo* pueden permanecer inconscientes y lo son normalmente. Esto quiere decir que el sujeto no sabe nada de sus contenidos, siendo precisa una ardua labor para hacérselos conscientes. Es exacto, en efecto, que el *yo* y lo consciente, lo reprimido y lo inconsciente no coinciden. Sentimos la necesidad de revisar fundamentalmente nuestra actitud ante el problema de lo consciente y lo inconsciente. Al principio nos inclinamos a rebajar el valor del criterio de la conciencia, ya que tan poco seguro se ha demostrado. Pero haríamos mal. Pasa con él lo que con nuestra vida: no vale mucho, pero es todo lo que tenemos. Sin las luces de la conciencia, estaríamos perdidos en las tinieblas de la psicología abisal; pero podemos intentar una nueva orientación.

No necesitamos discutir a qué hemos de llamar consciente, pues está fuera de toda duda. La significación más antigua y mejor de la palabra «inconsciente» es la descriptiva; llamamos inconsciente a un proceso psíquico cuya existencia nos es obligado suponer, por cuanto deducimos de sus efectos, pero del que nada sabemos. Estamos entonces con él en la misma relación que con un proceso psíquico de otra persona, con la sola diferencia de que es en nosotros donde se desarrolla. Y si aún queremos ser más exactos, diremos que llamamos inconsciente a un proceso cuando tenemos que suponerlo activo *de presente*, aunque *de presente* nada sepamos de él. Esta restricción nos hace pensar que la mayoría de los procesos conscientes sólo lo son así por breve tiempo; no tardarán en hacerse *latentes*, pero pueden volver a hacerse conscientes fácilmente. Podríamos también decir que se habrían hecho inconscientes si estuviéramos seguros de que en el estado de latencia fuera aún algo psíquico. Con esto no habremos averiguado nada nuevo, ni tampoco adquirido un derecho a introducir en la psicología el concepto de un inconsciente. Pero a ello viene a agregarse una observación que podemos hacer ya en los actos fallidos. En efecto, para la explicación de una equivocación oral nos vemos obligados a suponer que en el sujeto se había formado el propósito de decir algo determinado. Y adivinamos cuál era tal propósito por la perturbación que la expresión ha sufrido, pero el propósito no se ha cumplido y era, por tanto, inconsciente. Cuando *a posteriori* se lo comunicamos al sujeto, puede reconocerlo como suyo, y entonces era tan sólo temporalmente inconsciente, y puede negarlo como ajeno a él, y entonces era permanentemente inconsciente[1]. De esta experiencia extraemos regresivamente un derecho a declarar también inconsciente lo que antes decíamos latente. La consideración de estas circunstancias dinámicas nos permite ahora distinguir dos clases de inconsciente: un inconsciente que fácilmente y en condiciones frecuentemente dadas se transforma en consciente, y otro que sólo con gran esfuerzo, o posiblemente nunca, permite tal transformación. Para evitar la duda de si hablamos de uno u otro inconsciente y de si empleamos tal término en sentido descriptivo o en sentido dinámico, recurrimos a un expediente tan lícito como sencillo. A aquel inconsciente que sólo es latente y se torna con suma facilidad consciente lo denominamos preconsciente, y conservamos el nombre de «inconsciente» para el otro. Tenemos, pues, tres términos: consciente, preconsciente e inconsciente, con los cuales podemos valernos en la descripción de los fenómenos anímicos. De nuevo haremos constar que, en sentido puramente descriptivo, también lo preconsciente es inconsciente, pero no lo designamos así, salvo cuando no nos es necesaria mayor precisión o cuando tenemos que defender la existencia de procesos inconscientes en general en la vida psíquica.

Espero me concederéis que hasta ahora no os he plan-

---

[1] [Cf. *Introducción al psicoanálisis*, Lección 4, Standard Ed. 15, 64.]

teado graves dificultades y que todo lo expuesto es de fácil manejo. Sí; pero, desgraciadamente, la labor psicoanálitica se ha visto obligada a emplear la palabra inconsciente en un tercer sentido, y esto puede ya dar lugar a confusiones. Bajo la nueva e intensa impresión de que un amplio e importante sector de la vida psíquica se halla sustraido normalmente al conocimiento del *yo*, de manera que los procesos que en tal sector se desarrollan tienen que ser reconocidos como inconscientes en el sentido dinámico, hemos entendido también el término «inconsciente» en un sentido tópico o sistemático y hemos hablado de un sistema de lo preconsciente y de un sistema de lo inconsciente, de un conflicto del *yo* con el sistema de lo inconsciente, dando así a la palabra el carácter de designación de una providencia psíquica más que de una cualidad de lo anímico. El descubrimiento realmente incómodo de que también partes del *yo* y del *super-yo* son inconscientes en sentido dinámico nos procura en este caso un alivio, permitiéndonos vencer una complicación. Advertimos que no tenemos derecho a llamar sistema de lo inconsciente al sector anímico ajeno al *yo*, toda vez que la inconsciencia no es un carácter exclusivo. Por tanto, no emplearemos ya el término «inconsciente» en sentido sistemático y daremos a lo que hasta ahora designábamos así un nombre mejor y ya inequívoco. Apoyándonos en el léxico nietzscheano y siguiendo una propuesta de G. Groddeck[1], lo llamaremos en adelante el *«ello»*. Este pronombre impersonal parece particularmente adecuado para expresar el carácter capital de tal provincia del alma, o sea su calidad de ajena al *yo*. El *super-yo*, el *yo* y el *ello* son los tres reinos, regiones o provincias en que dividimos el aparato anímico de la persona y de cuyas relaciones recíprocas vamos a ocuparnos en lo que sigue.

Pero hagamos antes una pequeña digresión. Presumo que no os ha satisfecho comprobar que las tres cualidades de la conciencia y las tres provincias del aparato anímico

---

[1] [(1923) Un médico alemán cuyas ideas poco convencionales atrajeron mucho a Freud. [Cf. *El yo y el ello* secc. II.]

no formen tres pacíficas parejas, y que veis en ello algo como una perturbación de nuestros resultados. Mas por mi parte opino que no tenemos por qué lamentarlo, debiendo decirnos que no teníamos derecho alguno a esperar tan simple ordenación. Permitidme una comparación; ya sé que las comparaciones no resuelven nada; pero pueden hacer que nos sintamos menos desorientados. Imagino un territorio de configuración muy variada —montes, llanuras y lagos— y en el que habitan alemanes, magiares y eslovacos, dedicados a actividades diferentes. La distribución de tales elementos podría ser tal, que los alemanes habitaran los montes y se dedicaran a la ganadería; los magiares poblaran las llanuras y se consagrasen al cultivo del trigo y de la vid, y los eslovacos moraran en las márgenes de los lagos y vivieran de la pesca y de la construcción de objetos de mimbre. Si esta distribución fuera precisa y exacta, constituiría la alegría de un Woodrow Wilson, y sería comodísima para la enseñanza de la Geografía. Pero lo más probable es que el viajero que atravesara tal región hallara en ella menos orden y más mezcla. Los alemanes, los magiares y los eslovacos viven confundidos entre sí; en los montes hay también tierras de cultivo, y en la llanura, pastos. Sin embargo, algo es tal y como lo esperábais, pues en las montañas es imposible encontrar pesca, y en el agua de los lagos no crece la vid. Puede, incluso, suceder que vuestra imagen preconcebida del territorio sea en conjunto acertada, difiriendo tan sólo en algunos detalles, que aceptaréis sin descontento.

No esperaréis que del *ello* pueda comunicaros grandes cosas. Es la parte oscura e inaccesible de nuestra personalidad; lo poco que de él sabemos lo hemos averiguado mediante el estudio de la elaboración onírica y de la producción de síntomas neuróticos, y en su mayor parte tiene carácter negativo, no pudiendo ser descrito sino como antitético del *yo.* Nos aproximamos al *ello* por medio de comparaciones, designándolo como un caos o como una caldera, plena de hirvientes estímulos. Nos imaginamos que se halla abierto en el extremo, orientado hacia lo somático, y que acoge allí en sí las necesidades pulsionales, que encuentran en él su expresión psíquica[1], pero no podemos decir en qué substrato. Se carga de energía, emanada de las pulsiones; pero carece de organización, no genera una voluntad conjunta y sí sólo la aspiración a dar satisfacción a las necesidades pulsionales conforme a las normas del principio del placer. Para los procesos desarrollados en el *ello* no son válidas las leyes lógicas del pensamiento, y menos que ninguna, el principio de la contradicción. Impulsos contradictorios coexisten en él, sin anularse mutuamente o restarse unos de otros; lo más que hacen es fundirse, bajo la coerción económica dominante, en productos transaccionales para la derivación de la energía. No hay en el *ello* nada equivalente a la negación, y comprobamos también en él con gran sorpresa la excepción de aquel principio filosófico según el cual el espacio y el tiempo son formas necesarias de nuestros actos anímicos[2]. En el *ello* no hay nada que corresponda a la representación del tiempo; no hay reconocimiento de un decurso temporal, y —hecho harto singular, que espera ser acogido en el pensamiento filosófico— no hay modificación del proceso anímico por el decurso del tiempo. Los impulsos optativos, que jamás han rebasado el *ello,* y las impresiones, que la represión ha sumido en el *ello,* son virtualmente inmortales y se comportan, al cabo de decenios enteros, como si acabaran de nacer. Sólo llegan a ser reconocidos como pretéritos y despojados de su carga de energía, cuando la labor psicoanalítica los hace conscientes, en lo cual reposa principalmente el efecto terapéutico del tratamiento analítico.

Tengo la impresión de no haber sacado aún todo el partido posible, para nuestra teoría, de este hecho, exento de toda duda, de la inalterabilidad de lo reprimido por el tiempo. Parecen abrírsenos aquí profundos atisbos. Desgraciadamente, tampoco he avanzado por este camino.

Evidentemente, el *ello* no conoce valoración alguna;

---

[1] [Freud considera aquí a las pulsiones como algo físico de las cuales los procesos mentales son los representantes.]

[2] [Referencia a Kant.]

no conoce el bien ni el mal, ni moral ninguna. El factor económico o, si queréis, cuantitativo, íntimamente enlazado al principio del placer, rige todos los procesos. A nuestro juicio, todo lo que el *ello* contiene son cargas pulsionales que demandan derivación. Incluso parece que la energía de estos impulsos pulsionales se encuentra en estado distinto del que le es propio en los demás sectores anímicos, siendo más fácilmente móvil y capaz de descargar[1], pues de otro modo no ocurrirían aquellos desplazamientos y aquellas condensaciones que son características del *ello* y que tan absolutamente prescinden de la calidad de aquello a lo que afectan y a lo que en el *yo* llamaríamos una representación. ¡Qué no daríamos por conseguir una comprensión más profunda de estas cosas! Pero, de todos modos, ya veis que estamos en situación de señalar otras cualidades del *ello*, además de la de ser inconsciente, y reconoceréis la posibilidad de que partes del *yo* y del *super-yo* sean inconscientes sin poseer los mismos caracteres primitivos e irracionales[2]. Como primero llegamos a establecer una característica del *yo* propiamente dicho, en cuanto es posible diferenciarlo del *ello* y del *super-yo*, es considerando su relación con la parte más extensa y superficial del aparato anímico, a la que damos el nombre de sistema percepción-conciencia. Este sistema está vuelto hacia el mundo exterior, facilita las percepciones del mismo y en él nace, durante su función, el fenómeno de la conciencia. Es el órgano sensorial de todo el aparato, y su receptividad no se limita a los estímulos llegados del exterior, sino que se extiende también a aquellos procedentes del interior de la vida anímica. No es, pues, apenas necesario justificar la hipótesis de que el *yo* es aquella parte del *ello* que fue modificada por la proximidad y la

---

[1] [Freud se refiere a esta diferencia en diversos pasajes. Cf. en particular la Sección V del artículo metapsicológico *Lo inconsciente* (cap. 3) en el cual Freud atribuye la distinción a Breuer y subraya que dicha distinción representa el conocimiento más profundo alcanzado en la actualidad con respecto a la naturaleza de la energía psíquica.

[2] [Esta caracterización del *ello* se ha basado, en lo fundamental, en la secc. V de *Lo inconsciente* (cap. 3).]

influencia del mundo exterior y dispuesta para recibir los estímulos y servir de protección contra ellos, siendo así comparable a la capa cortical de la que se rodea un nódulo de sustancia viva. La relación con el mundo exterior ha sido decisiva para el *yo*, el cual ha tomado a su cargo la misión de representarla cerca del *ello*, para bien del mismo, que sin cuidarse de tal ingente poder exterior, y en su ciega aspiración a la satisfacción de las pulsiones, no escaparía al aniquilamiento. En el desempeño de esta función el *yo* tiene que observar el mundo exterior, imprimir una copia fidelísima del mismo en las huellas mnémicas de sus percepciones y mantener a distancia, por medio del examen de la realidad[1], aquello que en tal imagen del mundo exterior es añadidura procedente de fuentes de estímulo internas. Por encargo de *ello* rige el *yo* los accesos a la motilidad, pero ha interpolado entre la necesidad y el acto el aplazamiento de la labor mental[2], durante el cual utiliza los residuos mnémicos de la experiencia. De este modo ha destronado el principio del placer, que rige ilimitadamente el curso de los procesos en el *ello*, y lo ha sustituido por el principio de la realidad, que promete mayor seguridad y mejor éxito.

También la relación con el tiempo, tan difícil de describir, es facilitada al *yo* por el sistema de la percepción; apenas es dudoso que el modo de laborar de este sistema genera la representación del tiempo[3]. Pero lo que distingue especialmente al *yo* y lo diferencia del *ello* es una tendencia a la síntesis de sus contenidos, a la síntesis y la unificación de sus procesos anímicos, de la que el *ello* carece en absoluto. Cuando más adelante tratemos de las pulsiones en la vida anímica conseguiremos, según espero, referir a su fuente este carácter esencial del *yo*[4]. El solo cons-

---

[1] [Cf. Freud (1917d) Standard Ed., 14, 231-4.]

[2] [Cf. Standard Ed., 22, 89.]

[3] [Freud indicó lo que pensaba sobre la cuestión en *El block maravilloso* (1925a).]

[4] [Freud no parece haber retomado este tema en estas Secciones. Discutió esta característica del *yo*, con mayor amplitud, en el cap. III de *Inhibición, síntoma y angustia* (1926d).]

tituye aquel alto grado de organización que el *yo* precisa en sus mejores rendimientos. Se desarrolla desde la percepción de las pulsiones al dominio de las mismas, pero esto último sólo se consigue por cuanto la representación de la pulsión[1] es ordenada en un sistema más amplio. Sirviéndonos del léxico corriente, podemos decir que el *yo* representa en la vida anímica la razón y la reflexión, mientras que el *ello* representa las pasiones indómitas.

Hasta aquí nos hemos dejado impresionar por las ventajas y las facultades del *yo;* tiempo es ya de considerar su reverso. El *yo* no es, de todos modos, más que una parte del *ello* adecuadamente transformada por la proximidad del mundo exterior, preñada de peligros. En sentido dinámico es débil; todas sus energías le son prestadas por el *ello,* y no dejamos de tener un atisbo de la grieta por la cual sustrae el *ello* nuevos montantes de energía. Tal camino es, por ejemplo, la identificación con objetos conservados o abandonados. Las cargas de objeto emanan de las aspiraciones pulsionales del *ello.* El *yo* tiene, ante todo, que registrarlas. Pero al identificarse con el objeto se recomienda al *ello* en lugar del objeto, quiere dirigir hacia sí la libido del *ello.* Hemos visto ya que, en el curso de la vida, el *yo* acoge en sí una gran cantidad de tales residuos de antiguas cargas de objeto. En conjunto, el *yo* tiene que llevar a cabo las intenciones del *ello* y realiza su misión cuando descubre las circunstancias en las que mejor pueden ser conseguidas tales intenciones. La relación del *yo* con el *ello* podría compararse a la del jinete con su caballo. El caballo suministra la energía para la locomoción; el jinete tiene el privilegio de fijar la meta y dirigir los movimientos del robusto animal. Pero entre el *yo* y el *ello* ocurre frecuentemente el caso, nada ideal, de que el jinete tiene que guiar el caballo allí donde éste quiere ir.

El *yo* se ha separado de una parte del *ello* por resistencias de represión; pero la represión no continúa en el *ello.* Lo reprimido se funde con el *ello* restante.

---

[1] [Ver Nota 1 en pág. anterior.]

Un proverbio advierte la imposibilidad de servir a la vez a dos señores. El pobre *yo* se ve aún más apurado: sirve a tres severos amos y se esfuerza en conciliar sus exigencias y sus mandatos. Tales exigencias difieren siempre, y a veces parecen inconciliables; nada, pues, tiene de extraño que el *yo* fracase tan frecuentemente en su tarea. Sus tres amos son el mundo exterior, el *super-yo* y el *ello*. Si consideramos los esfuerzos del *yo* para complacerlos al mismo tiempo o, mejor dicho, para obedecerlos simultáneamente, no lamentaremos ya haberlo personificado y presentado como un ser aparte. Se siente asediado por tres lados y amenazado por tres peligros a los que, en caso de agobio, reacciona con el desarrollo de angustia. Por su procedencia de las experiencias del sistema de la percepción está destinado a representar las exigencias del mundo exterior, pero quiere también ser un fiel servidor del *ello*, permanecer en armonía con él, recomendarse a él como objeto y atraer a sí su libido. En su empeño de mediación entre el *ello* y la realidad se ve obligado muchas veces a revestir los mandatos inconscientes del *ello* —con sus racionalizaciones preconscientes—, a esfumar los conflictos del *ello* con la realidad, a fingir, con insinceridad diplomática, una atención a la realidad, aún en aquellos casos en los que el *ello* ha permanecido rígido e inflexible. Por otra parte, es minuciosamente vigilado por el rígido *super-yo*, que le impone determinadas normas de conducta, sin atender a las dificultades por parte del *ello* y del mundo exterior y le castiga, en caso de infracción, con los sentimientos de inferioridad y culpabilidad. De este modo, dirigido por el *ello*, observado por el *super-yo*, rechazado por la realidad, el *yo* lucha por llevar a cabo su misión económica, la de establecer una armonía entre las fuerzas y los influjos que actúan en él y sobre él, y comprendemos por qué, a veces, no podemos menos de exclamar: «¡Qué difícil es la vida!» Cuando el *yo* tiene que reconocer su debilidad, se anega en angustia, angustia real ante el mundo exterior, angustia de conciencia ante el *super-yo* y angustia neurótica ante la fuerza de las pasiones en el *ello*.

El siguiente esquema ilustra la estructura de la personalidad anímica, tal como acabamos de exponerla:

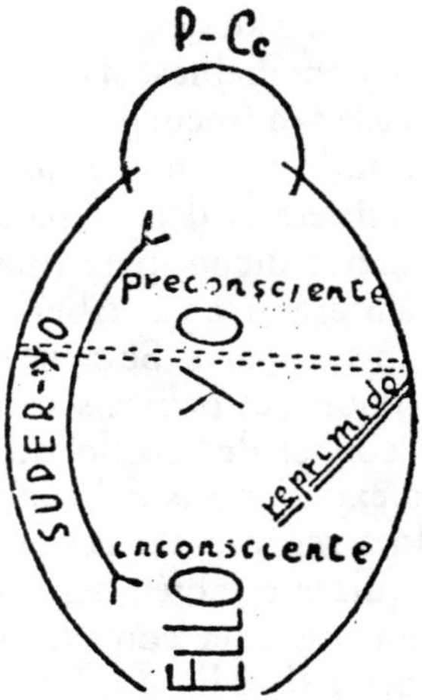

Como veis, el *super-yo* se sumerge en el *ello;* como heredero del complejo de Edipo, tiene íntimas relaciones con él; está más alejado que el *yo* del sistema de las percepciones[1]. El *ello* no trata con el mundo exterior más que a través del *yo,* por lo menos en el presente esquema. Es ciertamente harto difícil decidir hoy en qué medida es exacto nuestro dibujo; en un detalle no lo es, desde luego: el espacio que ocupa el *ello* inconsciente debería ser incomparablemente mayor que el del *yo* o el de lo preconsciente. Os ruego, pues, que hagáis mentalmente tal rectificación.

Y ahora, para terminar esta exposición, tan laboriosa como quizá oscura, una advertencia aún. En esta diferenciación de la personalidad en *yo, super-yo* y *ello,* no debéis imaginaros fronteras precisas como las que han sido artificialmente trazadas en la geografía política. A la pe-

[1] [Este diagrama difiere del proporcionado en *El yo y el ello,* secc. II por el hecho de que el *super-yo* no estaba indicado en el primer diagrama.]

culiar condición de lo psíquico no corresponden contornos lineales, como en el dibujo, o en la pintura de los primitivos, sino esfumaciones análogas a las de la pintura moderna. Después de haber efectuado la separación, tenemos que dejar confluir de nuevo lo separado. No juzguéis demasiado severamente esta primera tentativa de hacer visible lo psíquico, tan difícilmente aprehensible. Es muy probable que el desarrollo de estas diferenciaciones presente en distintas personas grandes variaciones, y también que en el curso de la función cambien e involucionen temporalmente. Así parece suceder especialmente en la diferenciación última y más ardua desde el punto de vista filogénico, esto es, la del *yo* y del *super-yo.* Es indudable que también la enfermedad provoca idéntico resultado. Podemos también imaginarnos que ciertas prácticas místicas logran subvertir las relaciones normales entre los distintos sectores anímicos, de manera que la percepción pueda aprehender en el *yo* profundo y en el *ello* circunstancias que de otro modo le serían inaprehensibles. Podemos, desde luego, dudar de que por este camino lleguemos a aprehender aquella última sabiduría de la que se espera toda salvación. Pero hemos de conceder que los esfuerzos terapéuticos del psicoanálisis han elegido un punto análogo de ataque. Su propósito es robustecer el *yo,* hacerlo más independiente del *super-yo,* ampliar su campo de percepción y desarrollar su organización, de manera que pueda apropiarse nuevas partes del *ello.* Donde era *ello,* yo debo llegar a ser.

Es una labor de cultivo como la desecación del Zuyderzee.

7. EL PRINCIPIO DEL PLACER Y EL PRINCIPIO DE LA REALIDAD

INTRODUCCION

Una de las premisas del psicoanálisis es que los procesos psíquicos están sujetos a leyes, y que tales leyes reguladoras que los gobiernan atraviesan un desarrollo. Freud describió un paso regulador progresivo de este tipo en «Los dos principios del suceder psíquico», un artículo breve pero fundamental, escrito en 1911, mucho tiempo antes de que introdujera el modelo estructural antes discutido. Redactado de modo sencillo, este artículo trata del avance de la humanidad desde la búsqueda ciega de placer y satisfacción instintiva hasta la capacidad para reconocer las condiciones del mundo exterior y tomar en cuenta los factores de la realidad, un avance que debe repetirse y conquistarse de nuevo en la infancia de cada individuo. Freud atribuye la búsqueda primaria de placer, característica de las etapas tempranas, al pensamiento alucinatorio del sistema inconsciente, y la fase posterior de observación y evaluación de la realidad, a una adaptación del aparato psíquico, esto es, al equipamiento del sistema consciente con funciones tales como la atención, la observación, la adquisición del juicio y la acción. El progreso del principio del placer al de realidad se describe como una transformación del yo*: del* yo*-placer al* yo*-realidad.*

Es importante que el estudiante perciba que esta obra de extrema condensación constituye un puente entre las primeras concepciones de Freud y sus formulaciones últimas. El postulado inicial de que el dominio de los estímulos es la labor del aparato psíquico, «cuya función es librarse de los estímulos que a él llegan, o de reducirlos al nivel más bajo posible» (1915c), pertenece a la fase temprana del pensamiento de Freud, como también lo es la noción de que las adquisiciones filogenéticas deben ser conquistadas de nuevo, bajo una forma abreviada, en la ontogénesis. Por otra parte, «Los dos principios del suceder psíquico» contiene ya los primeros índices de su posterior división de la personalidad psíquica en varias instancias.

El principio del placer, que de acuerdo con el punto de vista topográfico se origina en el sistema inconsciente, si bien extiende su influencia sobre el yo *consciente, corresponde en la teoría estructural posterior al principio regulador que domina el* ello *y al que están sometidos los contenidos instintivos. De este modo, el principio del placer no sólo está coordinado con el pensamiento alucinatorio, sino también con el tipo de pensamiento que impera en el* ello, *esto es, el llamado proceso primario, que opera con representaciones de cosa en lugar de representaciones de palabras; que ignora las condiciones del mundo exterior, y no tiene acceso a ellas; que no comprende las relaciones causales y que, en la medida en que dispone de libre acceso a la esfera motora, es puramente impulsivo en el terreno de la acción. Finalmente, el proceso primario es incapaz de evaluar las consecuencias de los actos y anticipar los peligros. En contraste, el principio de realidad reina en el* yo, *de acuerdo con el punto de vista estructural, y las funciones que le permiten operar son las del llamado proceso secundario: percepción, pensamiento con representaciones de palabra, memoria, prueba de realidad, control de la motilidad, etc.*

En «Los dos principios del suceder psíquico», al igual que en otras ocasiones, Freud enfatizó el hecho de que «la sustitución del principio del placer por el principio de realidad no implica un abandono del principio del placer, sino su salvaguarda. Se renuncia a un placer momentáneo, de resultados inciertos, pero sólo para obtener por el camino nuevo un placer ulterior garantizado» (1911b). Visto desde esta posición, la función inhibitoria de los fines, propia del yo-*realidad, no es contraria a los impulsos instintivos. Como todo analista practicante sabe, esta afirmación objetiva no siempre coincide con el juicio del individuo en cuya vida interior actúan estos procesos. En el caso particular de los derivados del instinto sexual, las restricciones exigidas por el principio de la realidad son experimentadas como contrarias a los impulsos. En ello residen las causas de los conflictos individuales entre la fijación del* ello *a los fines instintivos que le son apropiados, y el aplazamiento, la inhibición y la transformación de los impulsos instintivos que el* yo *considera necesario realizar.*

LOS DOS PRINCIPIOS DEL SUCEDER PSIQUICO (1911) *

Hemos advertido hace ya mucho tiempo que toda neurosis tiene la consecuencia, y probablemente como su propósito, apartar al enfermo de la vida real, extrañándole de la realidad[1]. Este hecho no hubo tampoco de escapar a la observación de P. Janet, el cual nos habla de una pérdida de la *fonction du réel*, como de un carácter especial de los neuróticos, aunque sin indicarnos el enlace de esta perturbación con las condiciones fundamentales de la neurosis[2].

La introducción del proceso de la represión en la génesis de la neurosis nos ha permitido llegar al conocimiento de tal enlace. El neurótico se aparta de la realidad —o de un fragmento de la misma— porque se le hace intole-

* Publicado por primera vez en *Jb. psychoanalyt. psychopathol. Forsch.* En Standard Ed., 12, 218.

[1] [La idea, con la frase «huida a la psicosis» está ya en la sección III del primer trabajo de Freud *Las neuropsicosis de defensa* (1894a). La frase «huida en la enfermedad» aparece en la sección B de su trabajo sobre los ataques histéricos (1909a).]

[2] P. Janet, *Les névroses*, 1909, en *Bibliothèque de Philosophie Scientifique.*

rable. Ciertos casos de psicosis alucinatoria, en los cuales ha de ser negado aquel suceso que provocó la demencia (Griesinger)[1], nos presentarán el tipo extremo de este apartamiento de la realidad. Pero todo neurótico se conduce idénticamente con un fragmento de la misma[2]. Se nos plantea, pues, la labor de investigar la trayectoria de la relación del neurótico, y en general de todos los hombres, con la realidad y acoger así, en el cuerpo de nuestras teorías, la significación psicológica del mundo exterior real.

En la psicología basada en el psicoanálisis nos hemos acostumbrado a tomar como punto de partida los procesos anímicos inconscientes, cuyas particularidades nos ha revelado el análisis, y en los que vemos procesos primarios, residuos de una fase evolutiva en la que eran únicos. No es difícil reconocer la tendencia a que estos procesos primarios obedecen, tendencia a la cual hemos dado el nombre de principio de placer. Tienden a la consecución de placer, y la actividad psíquica se retrae de aquellos actos susceptibles de engendrar displacer (represión). Nuestros sueños nocturnos y nuestra tendencia general a sustraernos a las impresiones penosas son residuos del régimen de este principio y pruebas de su poder.

En la *Interpretación de los sueños* expusimos ya nuestra hipótesis de que el estado de reposo psíquico era perturbado al principio por las exigencias imperiosas de las necesidades internas. En estos casos, lo pensado (lo deseado) quedaba simplemente representado en una alucinación, como hoy sucede con nuestras ideas oníricas[3]. La decepción ante la ausencia de la satisfacción esperada mo-

[1] [W. Griesinger (1817-1868) fue un conocido psiquiatra de Berlín de una generación anterior, muy admirado por el maestro de Freud, Meynert. En este pasaje Griesinger (1845, 89) llama la atención sobre el cumplimiento de deseo de las psicosis y los sueños.]

[2] Otto Rank (1910) ha llamado la atención sobre una notablemente clara previsión de esta causación en *En mundo como voluntad y representación*, del filósofo Schopenhauer.

[3] El estado de reposo puede reproducir exactamente el aspecto de la vida anímica antes del reconocimiento de la realidad, por tomar intencionadamente como premisa la negación de la misma (deseo de dormir).

tivó luego el abandono de esta tentativa de satisfacción por medio de alucinaciones, y para sustituirla tuvo que decidirse el aparato psíquico a representar las circunstancias reales del mundo exterior y tender a su modificación real. Con ello quedó introducido un nuevo principio de la actividad psíquica. No se representaba ya lo agradable, sino lo real, aunque fuese desagradable[1]. Esta introducción del *principio de la realidad* trajo consigo consecuencias importantísimas.

1. Ante todo, las nuevas exigencias impusieron una serie de adaptaciones del aparato psíquico, sobre las cuales no podemos dar sino ligeras indicaciones, pues nuestro conocimiento es aún, en este punto, muy incompleto e inseguro.

La mayor importancia adquirida por la realidad externa elevó también la de los órganos sensoriales vueltos hacia el mundo exterior y de la *conciencia*, instancia enlazada a ellos, que hubo de comenzar a aprehender ahora las

---

[1] Intentaremos completar con algunas observaciones esta exposición esquemática: Se objetará justificadamente que una organización que se abandona al principio del placer y desatiende el mundo exterior no podría conservarse el menor tiempo en vida y, por tanto, no habría podido constituirse. Pero el empleo de tal ficción queda justificado con la observación de que el niño de pecho realiza, si se tienen en cuenta los cuidados maternales, muy aproximadamente tal sistema. Alucina, probablemente, el cumplimiento de sus necesidades internas, delata su displacer ante el incremento del estímulo, con la descarga motora de llanto y el pataleo, y experimenta en ello la satisfacción alucinatoria. Más tarde aprende ya a usar intencionadamente, como medio de expresión, estas manifestaciones de descarga. Como la educación ulterior de los niños se constituye sobre la base del cuidado del bebé, el dominio del principio del placer no termina del todo hasta el momento en que el sujeto se desliga por completo, psíquicamente, de sus padres. El embrión de las aves, encerrado en el huevo con su provisión de alimento y para el cual los cuidados maternales se limitan al suministro de calor, nos ofrece un acabado ejemplo de un sistema psíquico totalmente aislado de los estímulos del mundo exterior y que pueda satisfacer de un modo autístico (según término de Bleuler) sus necesidades de alimento. No consideraremos como una rectificación, sino como una ampliación de nuestro esquema, el hecho de exigir, para el sistema subsistente conforme al principio del placer, dispositivos especiales por medio de los cuales pueda sustraerse a los estímulos de la realidad. Estos dispositivos no serían sino el factor correlativo a la «represión», que trata los estímulos displacientes internos como si fueran externos, agregándolos, por tanto, al mundo exterior.

cualidades sensoriales y no tan sólo las de placer y displacer, únicas interesantes hasta entonces. Se constituyó una función especial —la atención—, cuyo cometido consistía en tantear periódicamente el mundo exterior, para que los datos del mismo fueran previamente conocidos en el momento de surgir una necesidad interna inaplazable. Esta actividad sale al encuentro de las impresiones sensoriales en lugar de esperar su aparición. Probablemente se estableció también, al mismo tiempo, un sistema de notación encargado de retener los resultados de esta actividad periódica de la conciencia, una parte de lo que llamamos *memoria*.

En lugar de la represión que excluía de toda carga psíquica una parte de las representaciones emergentes, como susceptibles de engendrar displacer, surgió el *discernimiento*, instancia imparcial[1] propuesta a decidir si una representación determinada es verdadera o falsa, esto es, si se halla o no de acuerdo con la realidad, y que lo decide por medio de su comparación con las huellas mnémicas de la realidad.

La descarga motora, que durante el régimen del principio de la realidad había servido para descargar de los incrementos de estímulo el aparato psíquico, y había cumplido esta misión por medio de inervaciones transmitidas al interior del cuerpo (mímica, expresión de los afectos), quedó encargada ahora de una nueva función, siendo empleada para la modificación adecuada de la realidad y transformándose así en *acción*.

El aplazamiento, necesario ahora, de la descarga motora (de la acción) fue encomendado al proceso del *pensamiento*, surgido de la mera representación. Esta nueva instancia quedó adornada con cualidades que permitieron al aparato anímico soportar el incremento de la tensión de los estímulos mientras se aplazaba la descarga. Es, en esencia, una clase experimental de acción acompañada por

[1] [Esta noción repetida a menudo por Freud, aparece en su libro sobre el chiste (1905c) Standard Ed., 8, 175. Es examinada más profundamente en *La negación* (1925h) Standard Ed., 19, 236.]

el desplazamiento de cantidades de carga relativamente pequeñas unida a menor gasto (descarga) de ellas[1]. Mas para ello se hacía necesaria una transformación de las cargas libremente desplazables en cargas fijas, y esta transformación se consiguió mediante una elevación del nivel de todo el proceso de carga. El pensamiento era, probablemente, en un principio, inconsciente, en cuanto iba más allá de la mera representación, y sólo con su enlace a los restos verbales recibió otras cualidades perceptibles por la conciencia[2].

2. La tenaz adherencia a las fuentes de placer disponibles y la dificultad de renunciar a ellas parecen constituir una tendencia general de nuestro aparato anímico, tendencia que podríamos atribuir al principio económico del ahorro de energías. Con la instauración del principio de la realidad quedó disociada una cierta actividad mental que permanecía libre de toda confrontación con la realidad y sometida exclusivamente al principio del placer[3]. Esta actividad, el fantaseo, que ya comienza con el juego de los niños y continúa luego como fantasía diurna, abandona la dependencia de los objetos reales.

3. La sustitución del principio del placer por el principio de la realidad, con todas sus consecuencias psíquicas, expuesta aquí esquemáticamente en una única fórmula, no se desarrolla en realidad de una vez, ni tampoco simultáneamente en toda la línea, y mientras las pulsiones del *yo* van sufriendo esta evolución, se separan de ellas las pulsiones sexuales. Estas pulsiones observan al principio una conducta autoerótica, encuentran su satisfacción en el cuerpo mismo del sujeto, y de este modo no llegan nunca a sufrir la privación impuesta por la instauración del prin-

---

[1] [Este importante principio fue formulado por Freud en *La interpretación de los sueños* (Standard Ed., 5, 599 y sigs.) y más claramente en el libro sobre el chiste (1905c) Standard Ed., 8, 192.

[2] [Cf. *La interpretación de los sueños* (Standard Ed., 5, 574 y 617). Esta cuestión es desarrollada en la sección VII de *Lo inconsciente.*]

[3] Como una nación cuya riqueza se basa en la explotación del suelo, pero que reserva un terreno sin cultivar en estado natural. (Yellowstonepark). [Cf. la discusión de los fantasmas en *El poeta y la fantasía* (1908a) y *Fantasías histéricas y su relación con la bisexualidad* (1908a).]

cipio de la realidad. Cuando más tarde se inicia en ellos el proceso de la elección de objeto, no tarda en quedar interrumpido por el período de latencia, que retrasa hasta la pubertad el desarrollo sexual. Estos dos factores, autoerotismo y período de latencia, provocan un estacionamiento en el desarrollo psíquico de la pulsión sexual y la retienen aún por mucho tiempo bajo el dominio del principio del placer, al cual muchos individuos no logran sustraerse nunca.

A consecuencia de todo esto se establece una relación más estrecha entre la pulsión sexual y la fantasía, por un lado, y las pulsiones del *yo* y las actividades de la conciencia, por otro. Esta relación se hace muy íntima, tanto en los individuos sanos como en los neuróticos, no obstante ser de naturaleza *secundaria*, según resulta de estas deducciones de la psicología genética. La acción continuada del autoerotismo permite que la satisfacción en objetos sexuales imaginarios, más fácil y pronta, sea mantenida en sustitución de la satisfacción en objetos reales, más trabajosa y aplazada. La represión se mantiene omnipotente en el terreno de la fantasía y consigue inhibir las representaciones *in status nascendi*, antes que puedan ser advertidas por la conciencia, cuando su carga de energía psíquica pudiera provocar displacer. Este es el punto débil de nuestra organización psíquica y puede ser utilizado para someter de nuevo al principio del placer procesos mentales devenidos racionales ya. En consecuencia, uno de los elementos esenciales de la disposición psíquica a la neurosis es engendrado por el retraso en educar la pulsión sexual en el respeto a la realidad y por las condiciones que han permitido tal retraso.

4. Así como el *yo* sometido al principio del placer no puede hacer más que *desear*, laborar por la adquisición del placer y eludir al displacer, el *yo* regido por el principio de la realidad no necesita hacer más que tender a lo útil y asegurarse contra todo posible daño[1]. En rea-

[1] Bernard Shaw describe brillantemente las ventajas del principio de la realidad sobre el principio del placer en las siguientes palabras: «To be able to

lidad, la sustitución del principio del placer por el principio de la realidad no significa una exclusión del principio del placer, sino tan sólo un afianzamiento del mismo. Se renuncia a un placer momentáneo, de consecuencias inseguras, pero tan sólo para alcanzar por el nuevo camino un placer ulterior y seguro. Pero la impresión endopsíquica de esta sustitución ha sido tan poderosa, que se refleja en un mito religioso especial. La doctrina de que la renuncia —voluntaria o impuesta— a los placeres terrenales tendrá en el más allá su recompensa no es más que la proyección mística de esta transformación psíquica. Siguiendo consecuentemente este modelo, las *religiones* han podido imponer la renuncia absoluta al placer terrenal contra la promesa de una compensación en una vida futura. Pero no han conseguido derrocar el principio del placer. El mejor medio para ello habrá de ser la *ciencia*, que ofrece también placer intelectual durante el trabajo y una ventaja práctica final.

5. La *educación* puede ser descrita como un estímulo al vencimiento del principio del placer y a la sustitución del mismo por el principio de la realidad. Tiende, por tanto, a procurar una ayuda al desarrollo del *yo*, ofrece una prima de atracción para conseguir este fin, el cariño de los educadores, y fracasa ante la seguridad del sujeto infantil de poseer incondicionalmente tal cariño y no poder perderlo en ningún modo.

6. El *arte* consigue conciliar ambos principios por un camino peculiar. El artista es, originariamente, un hombre que se aparta de la realidad, porque no se resigna a aceptar la renuncia a la satisfacción de las pulsiones por ella exigida en primer término, y deja libres en su fantasía sus deseos eróticos y ambiciosos. Pero encuentra el camino de retorno desde este mundo imaginario a la realidad, constituyendo con sus fantasías, merced a dotes especia-

---

choose the line of greatest advantage instead of yielding in the direction of the least resistence.» *(Man and Superman.)* [Una discusión más elaborada de las relaciones entre el *yo-placer* y el *yo-realidad* es proporcionada en *Las pulsiones y sus destinos* (1915c).]

les, una nueva especie de realidades, admitidas por los demás hombres como valiosas imágenes de la realidad. Llega a ser así realmente, en cierto modo, el héroe, el rey, el creador o el amante que deseaba ser, sin tener que dar el enorme rodeo que supondría la modificación real del mundo exterior a ello conducente. Pero si lo consigue es tan sólo porque los demás hombres entrañan igual insatisfacción ante la renuncia impuesta por la realidad y porque esta satisfacción resultante de la sustitución del principio del placer por el principio de la realidad es por sí misma una parte de la realidad[1].

7. En tanto que el *yo* realiza su evolución desde el régimen del principio del placer al del principio de la realidad, las pulsiones sexuales experimentan aquellas modificaciones que las conducen desde el autoerotismo primitivo, y a través de diversas fases intermedias, al amor objetivado, al servicio de la función reproductora. Si es exacto que cada uno de los grados de estas dos trayectorias evolutivas pueden llegar a ser el sustrato de una disposición a ulteriores afecciones neuróticas, podremos suponer que la forma de esta neurosis ulterior (la elección de neurosis) dependerá de la fase de la evolución del *yo* y de la libido en la que haya tenido efecto la inhibición del desarrollo, causa de la disposición. Los caracteres temporales de los dos desarrollos, aún no estudiados, y sus posibles desplazamientos recíprocos, presentan insospechada importancia[2].

8. El carácter más singular de los procesos inconscientes (reprimidos), carácter al que sólo con gran esfuerzo se acostumbra el investigador, consiste en que la realidad mental queda equiparada en ellos a la realidad exterior, y el mero deseo, al suceso que lo cumple, conforme en un todo al dominio del principio del placer. Por esto resulta tan difícil distinguir las fantasías inconscientes de

---

[7] Cf. la posición similar de Otto Rank (1907). [Cf. también *El poeta y la fantasía* (1908e).]

[2] [Este tema fue desarrollado en *La disposición a la neurosis alusiva* (19-13i) Standard Ed., 12, 324 y sigs.]

los recuerdos devenidos inconscientes[1]. Pero habremos de guardarnos muy bien de aplicar a los productos psíquicos reprimidos la valoración de la realidad y no conceder la importancia debida a las fantasías, en cuanto a la producción de síntomas, por no tratarse de realidades, como igualmente de buscar un origen distinto al sentimiento de culpabilidad, por no encontrar ningún delito real que lo justifique. Estamos obligados a servirnos de los valores en curso en el país que exploramos, o sea, en nuestro caso, de la *moneda neurótica*. Inténtese, por ejemplo, hallar la solución del sueño siguiente: Un individuo, que había asistido a su padre durante la penosa enfermedad que le llevó a la muerte, relata que durante los meses siguientes al funesto desenlace soñó repetidas veces que su padre se hallaba de nuevo en vida y hablaba con él como de costumbre. Pero al mismo tiempo sentía con dolorosa intensidad que su padre había muerto ya, aunque él mismo no lo sabía. El único camino que puede conducirnos a la solución de este sueño es introducir algunas agregaciones a la última frase de su relato en la forma siguiente: ...sentía con dolorosa intensidad que su padre había muerto ya («como él deseaba»), aunque él mismo no lo sabía («no sabía que el hijo había tenido tal deseo»). Las ideas latentes del sueño serían entonces las siguientes: constituía para él un recuerdo doloroso haber tenido que desear que la muerte viniera a poner término a los sufrimientos de su padre y hubiera sido terrible que el enfermo se hubiese dado cuenta de ello. Se trata, pues, del conocido caso en que el sujeto se hace a sí mismo los más duros reproches después de la pérdida de una persona querida, y el reproche retrocede en este ejemplo a la significación infantil del deseo de la muerte del padre.

Para disculpar los defectos del presente trabajo, más preparatorio que expositivo, no bastará quizá declararlos inevitables. Al referirnos a las consecuencias psíquicas de la adaptación al principio de la realidad hemos tenido que

[1] [Esta dificultad es discutida ampliamente en la última parte de la Lección 23, en el capítulo 9 de este libro.]

indicar opiniones que hubiéramos preferido reservar aún por algún tiempo y cuya justificación ha de exigir considerable trabajo. Pero quiero esperar que los lectores benévolos advertirán sin dificultad cómo también en este ensayo el régimen del principio de la realidad está comenzando.

8. EL CONCEPTO DE REPRESION

INTRODUCCION

Para Freud, la represión era el problema fundamental del que «partió todo el estudio de los procesos neuróticos» (1925d). A lo largo de toda su obra, Freud perseveró en sus intentos de explicar el fenómeno de que existiesen procesos psíquicos capaces de excluir a otros procesos psíquicos fuera de la conciencia. Lo que describió en el «Proyecto de una psicología para neurólogos» de 1895 (1950a), más tarde abandonado, como una falla en la traducción de un modo primario de expresión psíquica a otro modo posteriormente impuesto, aparece en la teoría topográfica como obstaculizando el pasaje del sistema inconsciente a los sistemas preconsciente y consciente; más específicamente, como la retirada de la cantidad de carga que por sí misma haría posible la perfección consciente; finalmente, en el modelo estructural del aparato psíquico, como el resultado del interjuego dinámico entre las instancias psíquicas. El elemento que permanece constante en estos sucesivos intentos es el motivo de la represión, a saber, la protección contra la emergencia de angustia o displacer en el sistema consciente y en el yo *consciente, respectivamente.*

Si acaso estas exposiciones puramente teóricas pudieran dejar perplejo al alumno o al lector profano, las descripciones alegóricas de Freud vienen en su auxilio. En el modelo topográfico, Freud emplea la imagen del censor que vigila la frontera entre inconsciente y consciente, corta las conexiones entre los impulsos derivados prohibidos y los sentimientos que les acompañan, o los pensamientos e imágenes que los representan, y de este modo impide que emerjan en los sistemas superiores. En el modelo estructural, es la figura del yo*, duramente presionado por las demandas instintivas del* ello*, las condiciones del mundo exterior, y las exigencias morales del* super-yo*, y que se protege* *apelando al mecanismo defensivo de la represión. Estas vívidas descripciones reflejan algo de la experiencia real e inmediata del individuo: una oscura intuición del funcionamiento opresivo de los impulsos, la sensación de extrañeza consigo mismo, en suma, el malestar conectado con un estado interior conflictivo.*

Como es habitual en las investigaciones psicoanalíticas, el estudio de la represión no partió de la defensa exitosa, sino de la fracasada. Cuando la represión consigue el fin deseado, esto es, mantener los elementos psíquicos inaceptables, de un modo más o menos permanente fuera de la conciencia, no aparecen en ésta indicadores visibles de lo que ha sucedido; a lo sumo, rupturas en las conexiones psíquicas, y con frecuencia tales lagunas ni siquiera son tomadas en consideración. Por otra parte, cuando la represión no es exitosa, o lo es sólo en parte, se forman los síntomas, y el conflicto entre el impulso y la defensa, entre el retorno del material reprimido y las fuerzas represivas, persiste ante los ojos del observador; esto nos permite entender todos los estadíos, las formas y los mecanismos de la lucha defensiva, comenzando por la retirada de carga de las representaciones conscientes, hasta el retorno de lo reprimido en su forma original o distorsionada.

La represión no es la única forma de defensa posible; existen otros mecanismos de defensa que constituyen la base de la represión, y que la aumentan, e incluso la superan. En el artículo que estudiaremos a continuación, «La represión» (1915d), una obra relativamente inicial escrita antes de la introducción del modelo estructural, Freud tan sólo aludió a dicha cuestión, pero la elaboró en publicaciones posteriores. En 1926 define a la defensa como «una designación general para todas las técnicas que el yo emplea en los conflictos que pueden conducir a la neurosis, mientras que reservamos la palabra "represión" para un método especial de defensa con el que la vía de aproximación de nuestras investigaciones más nos ha familiarizado desde un comienzo» (1926d).

Para cualquier lector de los historiales de Freud resultará obvio entender a qué se refiere con «la vía de aproximación de nuestras investigaciones». En los tempranos Estudios sobre la histeria *(1893-1895), el mecanismo defensivo de la represión y la conversión de lo reprimido en inervación somática son demostrados de manera convincente. En su obra posterior* Un caso de neurosis obsesiva *(1909d), ocurre lo mismo con respecto a los mecanismos de defensa característicos de esta afección: pensamiento obsesivo, actos compulsivos, dudas, indecisión, anulación, aislamiento de ideas y afectos, transformación en lo contrario, formaciones reactivas. El* Análisis de una fobia de un niño de cinco años *(1909b), arroja luz sobre el desplazamiento psíquico y la reacción de fuga, mientras que* Observaciones psicoanalíticas sobre un caso de paranoia autobiográficamente descrito *(1911c), lo hace fundamentalmente sobre el mecanismo de la proyección.*

La evitación de la angustia y el displacer es el principio fundamental que domina la vida del individuo desde el inicio; por lo tanto, el desarrollo de una cronología fiable de los procesos defensivos es una tarea sumamente prioritaria de la teoría psicoanalítica, pero que hasta el presente no ha sido re-

suelta. Es obvio que no pueden haber represiones en el período de completa inmadurez, es decir, previo a la división del aparato psíquico en los sistemas consciente e inconsciente, yo *y* ello. *Los dispositivos de defensa habitualmente empleados en este período temprano son primitivos: fuga, rechazo, transformación en lo contrario, vuelta contra sí mismo. Tan pronto como tiene lugar la diferenciación entre el self y el mundo circundante, entre lo interior y lo exterior, los elementos displacenteros de la vida interior pueden ser desplazados hacia el mundo exterior. Cuando posteriormente se producen represiones todavía inseguras, son reforzadas en el terreno del* yo *consciente por las cargas de las representaciones contrarias a los elementos repudiados (v. g., compasión en lugar de crueldad, asco en vez del placer de ensuciar, etc.). Finalmente, bajo la influencia del* super-yo *los impulsos primitivos se transforman, inhibiéndose sus fines, y sus energías se derivan hacia fines morales, éticos, o socialmente más elevados.*

El hecho de que mecanismos de defensa tales como el rechazo, la transformación en lo contrario, la vuelta contra sí mismo, la proyección, la formación reactiva, y la sublimación se desarrollen y se empleen, no disminuye la posición privilegiada de la represión en la vida psíquica. La represión es y sigue siendo «algo muy particular, y mucho más diferenciado de los restantes mecanismos que éstos entre sí» (1937c). Pese a que estos otros mecanismos pueden producir desvíos, cambios de dirección y transformaciones de los impulsos derivados, sólo la represión consigue erradicar completamente su aparición en el material consciente. Por esta razón, la represión es la defensa más estable y más altamente desarrollada.

LA REPRESION (1915) *

Otro de los destinos de una pulsión puede ser el de tropezar con resistencias que aspiren a despojarlo de su eficacia. En circunstancias cuya investigación nos proponemos emprender a seguidas pasa la pulsión al estado de *represión*. Si se tratara del efecto de un estímulo exterior, el medio de defensa más adecuado contra él sería la fuga. Pero tratándose de la pulsión, la fuga resulta ineficaz, pues el *yo* no puede huir de sí mismo. Más tarde, el enjuiciamiento reflexivo de la pulsión y su condena constituyen para el individuo excelente medio de defensa contra él. La represión, concepto cuya fijación ha hecho posible el psicoanálisis, constituye una fase preliminar de la condena, una noción intermedia entre la condena y la fuga.

No es fácil deducir teóricamente la posibilidad de una represión. ¿Por qué ha de sucumbir a tal destino una pulsión? Para ello habría de ser condición indispensable que la consecución del fin de la pulsión produjese displacer

* Publicado por 1.ª vez en *Int. Z.ärztl. Psychoanal.* Incluido en la Standard Ed., 14, 146.

en lugar de placer, caso difícilmente imaginable, pues la satisfacción de una pulsión produce siempre placer. Habremos, pues, de suponer que existe cierto proceso por el cual el placer producto de la satisfacción queda transformado en displacer.

Para mejor delimitar el contorno de la represión examinaremos previamente algunas otras situaciones de las pulsiones. Puede suceder que un estímulo exterior llegue a hacerse interior —por ejemplo, corroyendo y destruyendo un órgano— y pase así a constituir una nueva fuente de perpetua excitación y aumento constante de la tensión. Tal estímulo adquirirá de este modo una amplia analogía con una pulsión. Sabemos ya que en este caso experimentamos *dolor.* Pero el fin de esta seudopulsión es tan sólo la supresión de la modificación orgánica y del displacer a ella enlazado. La supresión del dolor no puede proporcionar otro placer de carácter directo. El dolor es imperativo. Sólo sucumbe a los efectos de una supresión tóxica o de la influencia ejercida por una distracción psíquica.

El caso del dolor no es lo bastante transparente para auxiliarnos en nuestros propósitos[1] Tomaremos, pues, el de un estímulo pulsional —por ejemplo, el hambre— que permanece insatisfecho. Tal estímulo se hace entonces imperativo, no es atenuable sino por medio del acto de la satisfacción y mantiene una constante tensión de la necesidad. No parece existir aquí nada semejante a una represión.

Así, pues, tampoco hallamos el proceso de la represión en los casos de extrema tensión producida por la insatisfacción de una pulsión. Los medios de defensa de que el organismo dispone contra esta situación habrán de ser examinados en un distinto contexto.

Ateniéndonos ahora a la experiencia clínica que la práctica psicoanalítica nos ofrece, vemos que la satisfacción de la pulsión reprimida sería posible y placiente en

---

[1] [El dolor y el método del organismo para enfrentarlo son discutidos en la Sección IV de *Más allá del principio de placer.]*

sí, pero inconciliable con otros principios y aspiraciones. Despertaría, pues, placer en un lugar y displacer en otro. Por tanto, será condición indispensable de la represión el que el motivo de displacer adquiera un poder superior al del placer producido por la satisfacción. El estudio psicoanalítico de la neurosis de transferencia nos lleva a concluir que la represión no es un mecanismo de defensa originariamente dado, sino que, por el contrario, no puede surgir hasta después de haberse establecido una precisa separación entre la actividad anímica consciente y la inconsciente. *Su esencia consiste exclusivamente en rechazar y mantener alejados de lo consciente a determinados elementos*[1]. Este concepto de la represión tendrá su complemento en la hipótesis de que antes de esta fase de la organización anímica serían los restantes destinos de las pulsiones —la transformación en lo contrario y la orientación contra el propio sujeto— lo que regiría la defensa contra las pulsiones[2].

Suponemos también, entre la represión y lo inconsciente, tal relación que nos vemos obligados a aplazar el adentrarnos en la esencia de la primera hasta haber ampliado nuestro conocimiento del tren de instancias psíquico y de la diferenciación entre lo consciente y lo inconsciente[3]. Por ahora sólo podemos presentar en forma puramente descriptiva algunos caracteres clínicamente descubiertos de la represión, a riesgo de repetir, sin modificación alguna, mucho de lo ya expuesto en otros lugares.

Tenemos, pues, fundamentos para suponer una primera fase de la represión, una *represión primitiva,* consistente en que el representante de la representación de la pulsión se ve negado el acceso a la conciencia. Esta negativa produce una *fijación*, o sea que el representante de que se trate perdura inmutable a partir de este momento, quedando la pulsión ligada a ella. Todo ello depende de cua-

---

[1] [Ver *Lo inconsciente.]*
[2] [Ver *Las pulsiones y sus destinos.]*
[3] [Ver Secc. IV de *Lo inconsciente.]*

lidades, que más adelante examinaremos, de los procesos inconscientes[1].

La segunda fase de la represión, o sea la *represión propiamente dicha,* recae sobre ramificaciones psíquicas del representante reprimido o sobre aquellas series de pensamientos procedentes de fuentes distintas, pero que han entrado en conexión asociativa con dicho representante. A causa de esta conexión sufren tales representaciones el mismo destino que lo primitivamente reprimido. Así, pues, la represión propiamente dicha es una represión secundaria[2]. Sería equivocado limitarse a hacer resaltar la repulsa que, partiendo de lo consciente, actúa sobre el material que ha de ser reprimido. Es indispensable tener también en cuenta la atracción que lo primitivamente reprimido ejerce sobre todo aquello con lo que le es dado entrar en contacto. La tendencia a la represión no alcanzaría jamás sus propósitos si estas dos fuerzas no actuasen de consuno y no existiera algo primitivamente reprimido que se halla dispuesto a acoger lo rechazado por lo consciente[3].

Bajo la influencia del estudio de la psiconeurosis, que nos descubre los efectos más importantes de la represión, nos inclinaríamos a exagerar su contenido psicológico y a olvidar que no impide al representante de la pulsión perdurar en lo inconsciente, continuar organizándose, crear ramificaciones y establecer relaciones. La represión no estorba sino la relación con un sistema psíquico, con el de lo consciente.

El psicoanálisis nos revela todavía algo distinto y muy importante para la comprensión de los efectos de la represión en las psiconeurosis. Nos revela que el representante de la pulsión se desarrolla más libre y ampliamente

---

[1] [Ver *Lo inconsciente.]*

[2] [Nota de R.: «Nachdrängen» = represión posterior; el prefijo «nach» aparece también en el concepto de «Nachträglichkeit» («Retroactividad»), relacionados con el proceso de la represión secundaria.]

[3] [Las dos fases de la represión descriptas en los dos últimos parágrafos fueron, anticipadas por Freud en su análisis de Schreber (1911) St. Ed 12, 67.]

cuando ha sido sustraido, por la represión, a la influencia consciente. Crece entonces, por decirlo así, en la oscuridad y encuentra formas extremas de expresión, que cuando las traducimos y comunicamos a los neuróticos, tienen que parecerles completamente ajenas a ellos y los atemorizan, reflejando una extraordinaria y peligrosa energía de la pulsión. Esta engañosa energía de la pulsión es consecuencia de un ilimitado desarrollo en la fantasía y del estancamiento consecutivo a la negativa de la satisfacción. Este último resultado de la represión nos indica dónde hemos de buscar su verdadero sentido.

Retornando ahora al aspecto contrario de la represión afirmaremos que ni siquiera es cierto que la pulsión mantiene alejadas de la conciencia a *todas* las ramificaciones de lo primitivamente reprimido[1]. Cuando tales ramificaciones se han distanciado suficientemente del representante reprimido, bien por deformación, bien por el número de miembros interpolados, encuentran ya libre acceso a la conciencia. Sucede como si la resistencia de lo consciente contra dichas ramificaciones fuera una función de su distancia de lo primitivamente reprimido. En el ejercicio de la técnica psicoanalítica invitamos al paciente a producir aquellas ramificaciones de lo reprimido que por su distancia o deformación pueden eludir la censura de lo consciente. No otra cosa son las ocurrencias espontáneas que demandamos del paciente, con renuncia a todas las representaciones finales conscientes y a toda crítica, ocurrencias con las cuales reconstituimos una traducción consciente del representante reprimido. Al obrar así observamos que el paciente puede tener tal serie de ocurrencias, hasta que en su discurso tropieza con un pensamiento en el cual la relación con lo reprimido actúa ya tan intensamente, que el sujeto tiene que repetir su tentativa de represión. También los síntomas neuróticos tienen que haber cumplido la condición antes indicada, pues son ramificaciones de lo reprimido, que consiguen, por fin, con

[1] [Lo que sigue es discutido más ampliamente en la secc. IV de *Lo inconsciente*.]

tales productos, el prohibido acceso a la conciencia.

No es posible indicar, en general, la amplitud que han de alcanzar la deformación y el alejamiento de lo reprimido para lograr vencer la resistencia de lo consciente. Tiene aquí efecto una sutil valoración cuyo mecanismo se nos oculta; pero cuya forma de actuar nos deja adivinar que se trata de hacer alto ante determinada intensidad de la carga de lo inconsciente, traspasada la cual se llegaría a la satisfacción. La represión labora, pues, de un modo *altamente individual.* Cada una de las ramificaciones puede tener su destino particular, y un poco más o menos de deformación hace variar por completo el resultado. Observamos asimismo que los objetos preferidos de los hombres, sus ideales, proceden de las mismas percepciones y experiencias que los más abominables y no se diferencian originariamente de ellos sino por pequeñas modificaciones. Puede incluso suceder, como ya lo hemos observado al examinar la génesis del fetiche[1], que el primitivo representante de la pulsión quede dividido en dos partes, una de las cuales sucumbe a la represión, mientras que el restante, a causa precisamente de su íntima conexión con el primero, pasa a ser idealizado.

Una modificación de las condiciones de la producción de placer y displacer da origen, en el otro extremo del aparato, al mismo resultado que antes atribuimos a la mayor o menor deformación. Existen diversas técnicas que aspiran a introducir en el funcionamiento de las formas psíquicas determinadas modificaciones, a consecuencia de las cuales aquello mismo que en general produce displacer produzca también placer alguna vez, y siempre que entra en acción uno de tales medios técnicos queda suprimida la represión de un representante pulsional que hallaba negado el acceso a lo consciente. Estas técnicas no han sido detenidamente analizadas hasta ahora más que en el *chiste*[2]. *Por lo general, el levantamiento de la represión es sólo*

---

[1] [Cf. Sección 2 (A) del primero de los *Tres Ensayos* (1905).]
[2] [Ver el cap. II del libro de Freud sobre los chistes (1905).]

pasajero, volviendo a quedar establecida al poco tiempo.

De todos modos, estas observaciones bastan para llamarnos la atención sobre otros caracteres del proceso represivo. La represión no es tan sólo individual, sino también *móvil* en alto grado. No debemos representarnos su proceso como un acto único, de efecto duradero, semejante, por ejemplo, al de dar muerte a un ser vivo. Muy al contrario, la represión exige un esfuerzo continuado, cuya interrupción la llevaría al fracaso, haciendo preciso un nuevo acto represivo. Habremos, pues, de suponer que lo reprimido ejerce una presión continua en dirección de lo consciente, siendo, por tanto, necesaria, para que el equilibrio se conserve, una constante presión contraria[1]. El mantenimiento de una represión supone, pues, un continuo gasto de energía, y su levantamiento significa, económicamente, un ahorro. La movilidad de la represión encuentra, además, una expresión en los caracteres psíquicos del dormir (estado de reposo), único estado que permite la formación de sueños[2]. Con el despertar son emitidas nuevamente las cargas de represión antes retiradas.

Por último, no debemos olvidar que el hecho de comprobar que una pulsión se halla reprimida no arroja sino muy escasa luz sobre ella misma. Aparte de su represión, puede presentar otros muy diversos caracteres, ser inactiva, esto es, poseer muy escasa energía psíquica, o poseerla en diferentes grados, y hallarse así capacitada para la actividad. Su entrada en actividad no tendrá por consecuencia el levantamiento directo de la represión, pero estimulará todos aquellos procesos que terminan en el acceso a la conciencia por caminos indirectos. Tratándose de ramificaciones no reprimidas de lo inconsciente, la magnitud de la energía psíquica define el destino de cada representación. Sucede todos los días que tal ramificación permanece sin reprimir mientras integra alguna energía, aunque su contenido sea susceptible de originar un conflicto con lo conscientemente dominante. En cambio, el

[1] [Cf. Sección IV de *Lo inconsciente.*]
[2] [Cf. *La interpretación de los sueños*, Standard Ed., 5, 567.]

factor *cuantitativo* es decisivo para la aparición del conflicto. En cuanto la representación en el fondo repulsiva traspasa cierto grado de energía surge el conflicto, y la entrada en actividad de dicha representación trae consigo la represión. Así, pues, el incremento de la carga de energía produce, en todo lo que a la represión se refiere, los mismos efectos que la aproximación a lo inconsciente. Paralelamente, la disminución de dicha carga equivale al alejamiento de lo inconsciente o a la deformación. Es perfectamente comprensible que las tendencias represoras encuentren en la atenuación de lo desagradable un sustitutivo de su represión.

Hasta aquí hemos tratado de la represión de un representante de la pulsión, entendiendo como tal una representación o grupo de representaciones a las que la pulsión confiere cierto montante de energía (libido, interés). La observación clínica nos fuerza a descomponer lo que hasta ahora hemos concebido unitariamente, pues nos muestra que, a más de la representación, hay otro elemento, diferente de ella en absoluto, que también representa a la pulsión y sucumbe a la represión. A este otro elemento del representante psíquico le damos el nombre de *montante de afecto* y corresponde a la pulsión en tanto en cuanto se ha separado de la representación y encuentra una expresión adecuada a su cantidad en procesos que se hacen perceptibles a la sensación a título de afectos. De aquí en adelante, cuando describamos un caso de represión, tendremos que perseguir por separado lo que la represión ha hecho de la representación y lo que ha sido de la energía pulsional a ella ligada.

Pero antes quisiéramos decir algo, en general, sobre ambos destinos, labor que se nos hace posible en cuanto conseguimos orientarnos un poco. El destino general de la representación que representa a la pulsión no puede ser sino el de desaparecer de la conciencia, si era consciente, o verse negado el acceso a ella, si estaba en vías de llegar a serlo. La diferencia entre ambos casos carece de toda importancia. Es, en efecto, lo mismo que expulsemos de nuestro despacho o de nuestra antesana a un visitante indeseado, o que no lo dejemos traspasar el umbral de nuestra casa[1]. El destino del factor cuantitativo del representante pulsional puede ser triplemente vario. La pulsión puede quedar totalmente suprimida y no dejar vestigio alguno observable; puede aparecer bajo la forma de un afecto cualquiera, y puede ser transformada en angustia[2]. Estas dos últimas posibilidades nos fuerzan a considerar la *transmutación* de las energías psíquicas de las pulsiones en *afectos*, y especialmente en *angustia*, como un nuevo destino de las pulsiones.

Recordamos que el motivo y la intención de la represión eran evitar el displacer. De ello se deduce que el destino del montante de afecto del representante es mucho más importante que el de la representación, circunstancia decisiva para nuestra concepción del proceso represivo. Cuando una represión no consigue evitar el nacimiento de sensaciones de displacer o de angustia, podemos decir que ha fracasado, aunque haya alcanzado su fin en lo que respecta a la representación. Naturalmente, la represión fracasada ha de interesarnos más que la conseguida, la cual escapa casi siempre a nuestro estudio.

Intentaremos ahora penetrar en el conocimiento del mecanismo del proceso de la represión y, sobre todo, averiguar si es único o múltiple y si cada una de las psiconeurosis no se halla quizá caracterizada por un peculiar mecanismo de represión. Pero ya al principio de esta investigación tropezamos con espinosas complicaciones. El único medio de que disponemos para llegar al conocimiento del mecanismo de la represión es deducirlo de los resultados de la misma. Si limitamos la investigación a los resultados observables en la parte representacional del representante, descubrimos que la represión crea regular-

---

[1] Esta comparación, aplicable al proceso de la represión, puede hacerse extensiva a uno de sus caracteres, ya indicado anteriormente. Bastará añadir que hacemos vigilar de continuo, por un centinela, la puerta prohibida al visitante, el cual acabaría, si no, por forzarla.

[2] [Los cambios que Freud introdujo en este punto pueden consultarse en *Inhibición, síntoma y angustia* (1926), especialmente al final del cap. IV y en el cap. XI, secc. A.]

mente un *producto sustitutivo.* Habremos, pues, de preguntarnos cuál es el mecanismo de esta formación de sustitutivos y si no deberemos distinguir también aquí diversos mecanismos. Sabemos ya que la represión deja *síntomas* detrás de sí. Se nos plantea, pues, el problema de si podemos hacer coincidir la formación de sustitutivos con la de síntomas, y en caso afirmativo, el mecanismo de esta última con el de la represión.

Hasta ahora, todo nos lleva a suponer que ambos mecanismos difieren considerablemente y que no es la represión misma la que crea formaciones sustitutivas y síntomas. Estos últimos deberían su origen, como signos de un *retorno de lo reprimido,* a procesos totalmente distintos. Parece también conveniente someter a investigación los mecanismos de la formación de sustitutivos y de síntomas antes que los de la represión.

Es evidente que la especulación no tiene ya aquí aplicación ninguna y debe ser sustituida por el cuidadoso análisis de los resultados de la represión observables en las diversas neurosis. Sin embargo, me parece prudente aplazar también esta labor hasta habernos formado una idea satisfactoria de la relación de lo consciente con lo inconsciente[1]. Ahora bien: para no abandonar la discusión que antecede sin concretarla en deducción alguna, haremos constar: 1.° Que el mecanismo de la represión no coincide, en efecto, con los mecanismos de la formación de sustitutivos. 2.° Que existen muy diversos mecanismos de formación de sustitutivos. Y 3.° Que los mecanismos de la represión poseen, por lo menos, un carácter común: la *sustracción de la carga de energía* (o *libido*, cuando se trata de pulsiones sexuales).

Limitándonos a las tres psiconeurosis más conocidas, mostraremos en unos cuantos ejemplos cómo los conceptos por nosotros introducidos encuentran su aplicación al estudio de la represión. Comenzando por la *histeria de angustia,* elegiremos un ejemplo, excelentemente analiza-

[1] [Cf. Secc. IV de *Lo inconsciente.*]

do, de *zoofobia*[1]. La pulsión que en este caso sucumbió a la represión fue una actitud libidinosa del sujeto con respecto a su padre, acompañada de miedo al mismo. Después de la represión desapareció este sentimiento de la conciencia, y el padre cesó de hallarse integrado en ella como objeto de la libido. En calidad de sustitutivo surgió en su lugar un animal más o menos apropiado para constituirse en objeto de angustia. El producto sustitutivo de la parte representacional se constituyó por *desplazamiento* a lo largo de un conjunto determinado en cierta forma, y la parte cuantitativa no desapareció, sino que se transformó en angustia, resultando de todo esto un miedo al lobo como sustitución de la aspiración erótica relativa al padre. Naturalmente, las categorías aquí utilizadas no bastan para aclarar ningún caso de neurosis por sencillo que sea, pues siempre han de tenerse en cuenta otros distintos puntos de vista.

Una represión como la que tuvo efecto en este caso de zoofobia ha de considerarse totalmente fracasada. Su obra aparece limitada al alejamiento y sustitución de la representación, faltando todo ahorro de displacer. Por esta causa, la labor de la neurosis no quedó interrumpida, sino que continuó en un segundo tiempo hasta alcanzar su fin más próximo e importante, culminando en la formación de una tentativa de fuga —la *fobia* propiamente dicha— y en una serie de precauciones destinadas a excluir el desarrollo de angustia. Una investigación especial nos descubrirá luego por qué mecanismo alcanza la fobia su fin.

El cuadro de la verdadera *histeria de conversión* nos impone otra concepción distinta del proceso represivo. Su carácter más saliente es, en este caso, la posibilidad de hacer desaparecer por completo el montante de afecto. El enfermo observa entonces, con respecto a sus síntomas, aquella conducta que Charcot ha denominado *la belle indifférence des hystériques*. Otras veces no alcanza esta represión tan completo éxito, pues se enlazan al síntoma

[1] [Se refiere al caso conocido como el hombre de los lobos (1918).]

sensaciones penosas o resulta imposible evitar cierto desarrollo de angustia, el cual activa, por su parte, el mecanismo de la formación de la fobia. El contenido representacional del representante pulsional es sustraído por completo a la conciencia, y como formación sustitutiva —y al mismo tiempo como síntoma— hallamos una inervación de extraordinaria energía —somática en los casos típicos—; inervación de naturaleza sensorial unas veces y motora otras, que aparece como excitación o como inhibición. Un detenido examen nos demuestra que esta inervación tiene efecto en una parte del mismo representante reprimido pulsional, la cual ha atraído a sí, como por una *condensación,* toda la carga. Estas observaciones no entrañan, claro está, todo el mecanismo de una histeria de conversión. Principalmente habremos de tener, además, en cuenta el factor de la *regresión,* del cual trataremos en otro lugar.

La represión que tiene efecto en la histeria puede considerarse por completo fracasada si nos atenemos exclusivamente a la circunstancia de que sólo es alcanzada por medio de amplias formaciones de sustitutivos. Pero, en cambio, su verdadera labor, o sea la supresión del montante de afecto, queda casi siempre perfectamente conseguida. El proceso represivo de la histeria de conversión termina con la formación de síntomas y no necesita continuar en un segundo tiempo —o en realidad ilimitadamente—, como en la histeria de angustia.

Otro aspecto completamente distinto presenta la represión en la *neurosis obsesiva,* tercera de las afecciones que aquí comparamos. En esta psiconeurosis no sabemos al principio si el representante que sucumbe a la represión es una tendencia libidinosa o una tendencia hostil. Tal inseguridad proviene de que la neurosis obsesiva tiene como premisa una regresión que sustituye la tendencia erótica por una tendencia sádica. Este impulso hostil contra una persona amada es lo que sucumbe a la represión, cuyos efectos varían mucho de su primera fase a su desarrollo ulterior. Al principio logra la represión un éxito completo; el contenido representacional es rechazado, y el afecto, obligado a desaparecer. Como producto sustitutivo surge una modificación del *yo*, consistente en el incremento de la conciencia moral, modificación que no podemos considerar como un síntoma. La formación de sustitutivos y la de síntomas se muestran aquí separadas y se nos revela una parte del mecanismo de la represión. Esta ha realizado, como siempre, una sustracción de libido; pero se ha servido, para este fin, de la *formación de reacciones* por medio de la intensificación de una antítesis. La formación de sustitutivos tiene, pues, aquí el mismo mecanismo que la represión y coincide en el fondo con ella; pero se separa cronológicamente, como es comprensible, de la formación de síntomas.

Es muy probable que la relación de ambivalencia, en la que está incluido el impulso sádico que ha de ser reprimido, sea la que haga posible todo el proceso.

Pero esta represión, conseguida al principio, no logra mantenerse, y en su curso ulterior va aproximándose cada vez más al fracaso. La ambivalencia, que hubo de facilitar la represión por medio de la formación de reacciones, facilita también luego el retorno de lo reprimido. El afecto desaparecido retorna transformado en angustia social, escrúpulos y reproches sin fin, y la representación rechazada es sustituida por el *producto de un desplazamiento* que recae con frecuencia sobre elementos nimios e indiferentes[1].

La mayor parte de las veces no se descubre tendencia alguna a la reconstitución exacta de la representación reprimida. El fracaso de la represión del factor cuantitativo, afectivo, hace entrar en actividad aquel mecanismo de la fuga, por medio de precauciones y prohibiciones, que ya descubrimos en la formación de la fobia histérica. Pero la representación continúa viéndose negado el acceso a la conciencia, pues de este modo se consigue evitar la acción, paralizando el impulso. Por tanto, la labor de la represión en la neurosis obsesiva termina en una vana e inacabable lucha.

[1] [Cf. Secc. II del análisis del *Hombre de las ratas*, Standard Ed., 10, 241.]

De la serie de comparaciones que antecede extraemos la convicción de que para llegar al conocimiento de los procesos relacionados con la represión y la formación de síntomas neuróticos son precisas más amplias investigaciones. La extraordinaria trabazón de los múltiples factores a los que ha de atenerse impone a nuestra exposición determinada pauta. Habremos, pues, de hacer resaltar sucesivamente los diversos puntos de vista y perseguirlos por separado a través de todo el material mientras su aplicación sea fructuosa.

Cada una de estas etapas de nuestra labor resultará incompleta, aisladamente considerada, y presentará algunos lugares oscuros correspondientes a sus puntos de contacto con las cuestiones aún inexploradas; pero hemos de esperar que la síntesis final de todas ellas arroje clara luz sobre los complicados problemas investigados.

9. FORMACION DE SINTOMAS

INTRODUCCION

Aquellos que hayan estudiado el material precedente (en especial 1915e, 1905d) no hallarán dificultad en comprender los complicados caminos de la formación de síntomas y sus productos terminales. Los cambios drásticos en el curso de los procesos psíquicos, tales como los producidos por la represión y otros mecanismos de defensa, no pueden dejar de tener serias consecuencias. Lo que aparenta ser inofensivo y al servicio de la evitación del displacer, acaba de un modo más o menos inalterable en modificaciones del yo, *distorsiones del carácter y manifestaciones patológicas.*

El estudiante que nos ha seguido hasta aquí debe tener ya una noción clara del conflicto entre la satisfacción de los impulsos y la defensa contra los mismos. Es necesario ahora presentarle dos nuevos conceptos: la regresión y la fijación.

Un individuo que, por obstáculos internos o externos, encuentra bloqueado el camino hacia un fin instintivo de la vida adulta, puede responder a una frustración semejante volviendo a formas infantiles de satisfacción, es decir, mediante una regresión en su búsqueda de placer. La vieja forma de satisfacción que se revivirá en este camino, dependerá de los sucesos reales o fantaseados de su propia infancia reprimida, o sea, del quantum de energía libidinal destinada o fijada a las fases específicas del desarrollo. Cuanto mayor sea la cantidad, mayor la atracción ejercida por la fase implicada y por las formas de satisfacción en cuestión. Pero lo que en la infancia constituyó una parte legítima de la constitución instintiva del niño, es para el yo *adulto no-regresivo un fragmento de perversión, y como tal inadmisible y causante de displacer.*

Tiene lugar entonces una lucha defensiva que sólo toca a su fin cuando se ha encontrado un compromiso entre el impulso instintivo y la defensa. La solución de compromiso es un síntoma neurótico, que posee una doble faz. Por un lado, representa un triunfo parcial de las fuerzas defensivas que consiguieron impedir que los impulsos alcanzasen su fin; por otro, resulta ser un sustituto de la satisfacción instintiva, aunque en una forma «muy reducida, desplazada e inhibida» (1926d).

La vía hacia el síntoma neurótico procede, pues, siguiendo distintos pasos: desde las demandas de los impulsos instintivos hasta su frustración; de la frustración de la satisfacción hasta la regresión a un punto de fijación infantil; de la satisfacción infantil fantaseada hasta la angustia y el displacer; finalmente, de la lucha defensiva a la formación de compromiso. Es imposible pasar por alto el papel que la angustia juega en este contexto. Cuando el yo individual se aviene a las satisfacciones infantiles y no les pone objeción, es decir, no surge la angustia, no se produce la defensa ni la formación de síntomas. En su lugar, la conducta entera del individuo retorna a un nivel anterior.

He seleccionado la conferencia de Freud «Vías de formación de síntomas» (1916-1917) por ser el principal trabajo que ilustra estas formulaciones. Los procesos implicados fueron descritos más extensamente en los historiales de Freud (1905e, 1909b, 1909d, 1911c, 1918b), que de acuerdo con sus propias palabras «se leen como relatos breves» (1893-1895). Como se menciona en el artículo sobre la represión, operan distintas combinaciones de procesos defensivos en cada una de las neurosis descritas por Freud. Es la elección y la mezcla de mecanismos lo que determina el tipo de formación de síntomas en la histeria (represión, conversión), en la fobia (fuga, desplazamiento, evitación), en la neurosis obsesiva (represión, formación reactiva, aislamiento, anulación) y en la paranoia (proyección).

VIAS DE FORMACION DE SINTOMAS
(1916-1917) *

Para el profano son los síntomas lo que constituye la esencia de la enfermedad, y, por tanto, la considerará curada en el momento en que los mismos desaparecen. En cambio, el médico establece una precisa distinción entre ambos conceptos y pretende que la desaparición de los síntomas no significa, en modo alguno, la curación de la enfermedad. Mas como lo que de ésta queda, después de dicha desaparición, es tan sólo la facultad de formar nuevos síntomas, podremos adoptar provisionalmente el punto de vista del profano y admitir que analizar los síntomas equivale a comprender la enfermedad.

Los síntomas —y, naturalmente, no hablamos aquí sino de los síntomas psíquicos (psicógenos) y de la enfermedad psíquica— son actos nocivos o, por lo menos, inútiles, que el sujeto realiza muchas veces contra toda su voluntad y experimentando sensaciones displacientes o dolorosas. Su daño principal se deriva del esfuerzo psíquico, que primero exige su ejecución y luego la lucha con-

* Publicado por primera vez por Heller (Viena). Incl. en St. Ec., 16.

tra ellos; esfuerzo que en una amplia formación de síntomas agota la energía psíquica del enfermo y le incapacita para toda otra actividad. Resulta, pues, esta incapacidad dependiente de las magnitudes de energía dadas en cada caso, y de este modo reconocemos que el «estar enfermo» es un concepto esencialmente práctico. Mas si nos colocamos en un punto de vista teórico y hacemos abstracción de tales magnitudes, podremos decir que todos somos neuróticos, puesto que todos, hasta los más normales, llevamos en nosotros las condiciones de la formación de síntomas.

De los síntomas neuróticos sabemos ya que son efecto de un conflicto surgido en derredor de un nuevo modo de satisfacción de la libido. Las dos fuerzas opuestas se reúnen de nuevo en el síntoma, reconciliándose, por decirlo así, mediante la transacción constituida por la formación de síntomas, siendo esta doble sustentación de los mismos lo que nos explica su capacidad de resistencia. Sabemos también que una de las dos fuerzas en conflicto es la libido insatisfecha, alejada de la realidad y obligada a buscar nuevas vías de satisfacción. Cuando ni aun sacrificando su primer objeto y mostrándose dispuesta a sustituirlo por otro logra la libido vencer la oposición de la realidad, recurrirá, en último término, a la regresión y buscará su satisfacción en organizaciones anteriores y en objetos abandonados en el curso de su desarrollo. Lo que la atrae por el camino de la regresión son las fijaciones que fue dejando en sus diversos estadios evolutivos.

La ruta que conduce a la perversión se separa claramente de la que termina en la neurosis. Cuando las regresiones no despiertan ninguna oposición por parte del *yo*, no aparece la neurosis y la libido logra una satisfacción. Pero cuando el *yo*, que regula no solamente la conciencia, sino también los accesos a la inervación motriz, y, por consiguiente, la posibilidad de realización de las tendencias psíquicas; cuando el *yo*, repetimos, no acepta estas regresiones, surge el conflicto. La libido encuentra cerrado el camino y se ve obligada a buscar, conforme a las exigencias del principio del placer, un distinto exutorio para su reserva de energía. Deberá, pues, separarse del *yo* y lo conseguirá apoyándose en las fijaciones que fue dejando a lo largo del camino de su desarrollo y contra las que el *yo* hubo de protegerse por medio de represiones. Ocupando en su marcha regresiva estas posiciones reprimidas, se hace la libido independiente del *yo* y renuncia a toda la educación que bajo su influencia hubo de recibir. Con la esperanza de hallar la buscada satisfacción, pudo dejarse guiar durante algún tiempo; pero bajo la doble presión de la frustración interior y exterior se insubordina contra toda tutela y añora la felicidad de los tiempos pasados. Las representaciones a las que la libido aplica desde este momento su energía forman parte del sistema de lo inconsciente y se hallan sometidas a los procesos propios del mismo, o sea, en primer lugar, a la condensación y al desplazamiento. Nos hallamos aquí ante una situación idéntica a la de la formación de los sueños. Así como en esta última tropieza el sueño formado en lo inconsciente con un fragmento de actividad preconsciente que le impone su censura y le obliga a una transacción, cuyo resultado es el sueño manifiesto, así también la representación[1] libidinosa inconsciente se ve obligada a someterse en cierto grado al poder del *yo* preconsciente. La oposición que contra ella ha surgido en el *yo* constituye una contracarga[2] que la fuerza entonces a aceptar una forma expresiva transaccional, surgiendo así el síntoma como un producto considerablemente deformado de una realización de deseos libidinosos inconscientes, producto equívoco que presenta dos sentidos totalmente contradictorios. Mas en este último punto se nos muestra una precisa diferencia entre la formación de los sueños y la de los síntomas, pues en la primera la intención preconsciente no tiende sino a proteger el sueño y a impedir que llegue hasta la conciencia aquello que pudiera perturbarlo, pero no opone al deseo inconsciente una rotunda negativa. Esta

---

[1] [La representación psíquica de la libido somática.]

[2] [«Contracarga»: fuerza que opera en sentido contrario al de la energía pulsional primaria.]

tolerancia queda justificada por el menor peligro de la situación, dado que el estado de reposo basta por sí solo para impedir toda comunicación con la realidad.

Vemos, pues, que merced a la existencia de fijaciones puede la libido escapar a las circunstancias creadas por el conflicto. El revestimiento regresivo de tales fijaciones permite eludir la represión y conduce a una derivación —o satisfacción— de la libido dentro de las condiciones establecidas en la transacción. Por medio de este rodeo a través de lo inconsciente y de las antiguas fijaciones consigue llegar la libido a una satisfacción real, aunque extraordinariamente limitada y apenas reconocible. Permitidme haceros dos observaciones a propósito de este resultado. En primer lugar, quiero llamaros la atención sobre la íntima conexión existente entre la libido y lo inconsciente, por una parte, y entre el *yo*, la conciencia y la realidad por otra, aunque al principio no se hallen esos factores ligados entre sí por ningún lazo. En segundo lugar, he de advertiros que todas estas consideraciones y las que a continuación voy a exponeros se refieren únicamente a la formación de los síntomas en la neurosis histérica.

Mas ¿dónde encuentra la libido las fijaciones de que precisa para abrirse paso a través de las represiones? Indudablemente, en las actividades y los sucesos de la sexualidad infantil, en las tendencias parciales abandonadas y en los primitivos objetos infantiles. A todo esto es a lo que retorna la libido en su marcha regresiva. La época infantil nos muestra aquí una doble importancia. Durante ella manifiesta el niño por vez primera aquellas pulsiones y tendencias que aporta el mundo a título de disposiciones innatas, y experimenta, además, determinadas influencias exteriores que despiertan la actividad de otras de sus pulsiones, dualidad que creo perfectamente justificado establecer, dado que la manifestación de las disposiciones innatas es algo por completo evidente y que la hipótesis —fruto de la experiencia psicoanalítica— de que sucesos puramente accidentales, sobrevenidos durante la infancia, son susceptibles de motivar fijaciones de la libido, no tropieza tampoco con dificultad teórica ninguna. Las disposiciones constitucionales son incontestablemente efectos lejanos de sucesos vividos por nuestros ascendientes; esto es, caracteres adquiridos un día y transmitidos luego por herencia. Esta última no existiría si antes no hubiese habido adquisición, y no podemos admitir que la facultad de adquirir nuevos caracteres susceptibles de ser transmitidos por herencia termine precisamente en la generación de que nos ocupamos. A nuestro juicio, es equivocado aminorar la importancia de los sucesos acaecidos durante la infancia del sujeto y acentuar, en cambio, la de los correspondientes a la vida de sus antepasados o a su propia madurez. Por el contrario, habremos de conceder a los sucesos infantiles una particularísima significación, pues por el hecho de producirse en una época en la que el desarrollo del sujeto se halla todavía inacabado, traen consigo más graves consecuencias y son susceptibles de una acción traumática. Los trabajos de Roux[1] y otros hombres de ciencia sobre la mecánica del desarrollo nos han mostrado que la más mínima lesión —un simple pinchazo con una aguja— infligida al embrión durante la división celular puede producir gravísimas perturbaciones del desarrollo. La misma lesión, infligida a la larva o al animal perfecto, no produce ningún efecto perjudicial.

La fijación de la libido del adulto, introducida por nosotros en la ecuación etiológica de la neurosis, a título de representante del factor constitucional, puede descomponerse ahora en dos nuevos factores: la disposición here-

Causación de neurosis = Disposición + Sucesos accidentales, fijación de la libido (Traumáticos)

Constitución sexual (Sucesos prehistóricos) Sucesos infantiles

[1] [Wilhem Roux (1850-1924) fue uno de los fundadores de la embriología experimental.]

ditaria y la disposición adquirida en la primera infancia. Como sé que los esquemas son siempre bien acogidos por todos aquellos que tratan de aprender algo, resumiré estas relaciones en la forma siguiente[1]:

La constitución sexual hereditaria ofrece una gran variedad de disposiciones según la tendencia parcial que aisladamente o en unión de otras presenta máxima energía. En asociación con los sucesos de la vida infantil forma la constitución sexual una nueva «serie complementaria» totalmente análoga a aquella cuya existencia hemos comprobado como resultado de la asociación entre la disposición del adulto y los sucesos accidentales de su vida. En ambas series encontramos los mismos casos extremos y las mismas relaciones de sustitución, planteándosenos el problema de si la más singular de las regresiones de la libido, esto es, su regresión a una cualquiera de las tempranas fases de la organización sexual, no se halla quizá condicionada, principalmente, por el factor constitucional hereditario. Pero creo conveniente diferir la respuesta a esta interrogación hasta el momento en que podamos referirnos a una más amplia serie de formas de la enfermedad neurótica.

La investigación psicoanalítica nos ha mostrado que la libido de los neuróticos se halla íntimamente enlazada a los sucesos de su vida sexual infantil, y de este modo, parece prestar a tales sucesos una enorme importancia con respecto a la vida del hombre y a la adquisición por el mismo de enfermedades nerviosas. Esta importancia es, incontestablemente, muy grande mientras no tenemos en cuenta sino la labor terapéutica; pero haciendo abstrac-

---

[1] [A los lectores les resultará más sencillo seguir este diagrama bajo la forma de un árbol genealógico:

Constitución sexual (Sucesos prehistóricos) + Sucesos infantiles
↓
Disposición por fijación de la libido + Sucesos accidentales (Traumáticos)
↓
Neurosis.]

ción de ella, advertiremos sin esfuerzo que corremos el peligro de ser víctimas de un error y formarnos de la vida una concepción unilateral fundada demasiado exclusivamente en la situación neurótica. La importancia de los sucesos infantiles resulta disminuida por el hecho de que la libido no retorna a ellos, en su movimiento regresivo, sino después de haber sido expulsada de sus posiciones más avanzadas. Ante esta circunstancia, la conclusión que parece imponerse es la de que los sucesos infantiles no han tenido en la época en que se produjeron significación alguna y sólo regresivamente han llegado a adquirirla. Recordaréis que en la discusión del complejo de Edipo nos encontramos ya ante una análoga alternativa[1].

Pero tampoco esta vez nos ha de resultar difícil llegar a una definitiva conclusión. La observación según la cual el revestimiento libidinoso y, por tanto, la importancia patógena de los sucesos de la vida infantil queda considerablemente intensificado por la regresión de la libido, es desde luego justa, pero podría inducirnos en error si la aceptásemos por sí sola y sin tener en cuenta otros factores de los que no se puede prescindir. Hallamos, en primer lugar y de una manera indiscutible, que los sucesos de la vida infantil poseen su importancia propia y la manifiestan ya en la infancia. Existen neurosis infantiles en las que la regresión en el tiempo no desempeña sino un insignificante papel o no se produce en absoluto, apareciendo la enfermedad inmediatamente después de un suceso traumático. Análogamente a como el estudio de los sueños infantiles nos condujo a la inteligencia del fenómeno onírico en los adultos[2], puede también la investigación de las neurosis de la infancia ahorrarnos más de un error en la comprensión de las neurosis que atacan al sujeto en épocas más avanzadas de su vida. Tales neurosis infantiles son mucho más frecuentes de lo que se cree, pero suelen pasar inadvertidas, siendo consideradas como signos de perversidad o mala educación que los guardadores del niño

---

[1] [Véase Lección 21, *Lecciones Introductorias* (Standard Ed., 16, 336.]
[2] [Véase Lección 8, *ibid.* Freud se refiere aquí al *Hombre de los Lobos.*]

se esfuerzan en reprimir. De todos modos, no resulta difícil descubrirlas a *posteriori*, por medio de un examen retrospectivo, y su forma más corriente es la *histeria de angustia,* afección de la que ya trataremos en lecciones posteriores. Cuando en una de las fases más avanzadas de la vida surge la neurosis, nos revela siempre el análisis que se trata de la consecuencia directa de una dolencia infantil del mismo género, dolencia que no se manifestó por entonces sino velada y esquemáticamente. Pero, como ya hemos dicho, existen casos en que esta nerviosidad infantil perdura, sin solución alguna de continuidad, a través de toda la vida del sujeto. Directamente —esto es, en los propios sujetos infantiles— hemos podido realizar algunos análisis de este género de neurosis[1], pero la mayor parte de las veces hemos tenido que conformarnos con deducir su existencia del examen de una neurosis adulta.

No podemos menos de reconocer que sería inexplicable tan regular retorno de la libido a la época infantil si en este período no existiese algo que ejerciera atracción sobre ella. La fijación a ciertos puntos de la trayectoria evolutiva carecería de todo contenido si no la concibiésemos como cristalización de una determinada cantidad de energía libidinosa. Debo, por último, advertiros que entre la intensidad y el efecto patógeno de los sucesos de la vida infantil e iguales caracteres de los correspondientes a la vida adulta, existe una relación de complemento recíproco idéntica a la que comprobamos en las series precedentemente estudiadas. Hay casos en los que el principal factor etiológico se halla constituido por los sucesos sexuales de la infancia, cuyo efecto traumático no precisa para manifestarse de condición especial ninguna, aparte de los inherentes a la constitución sexual media y a la falta de madurez infantil. Pero, en cambio, existen otros en los que la etiología de la neurosis debe ser buscada únicamente en los conflictos posteriores, reduciéndose a un efecto de la regresión la importancia que en el análisis parecen presentar los sucesos infantiles. Son éstos los dos

[1] [Cf. el historial de «Juanito» (1909b).]

puntos extremos de la «detención del desarrollo» y de la «regresión», pudiendo existir entre ellos los grados de la combinación de ambos factores.

Estos hechos presentan considerable interés para la Pedagogía, una de cuyas misiones es la de prevenir las neurosis, interviniendo desde muy temprano en el desarrollo sexual del niño. Concentrando toda nuestra atención sobre los sucesos sexuales de la infancia, pudiéramos creer cumplida la misión de prevenir las enfermedades nerviosas con sólo retardar el desarrollo sexual y evitar al niño impresiones de este orden. Pero sabemos ya que las condiciones determinantes de la neurosis son mucho más complicadas y no dependen de un único factor. Una rigurosa vigilancia ejercida sobre el niño no resulta, ni mucho menos, suficiente para alcanzar el fin profiláctico deseado, pues aparte de carecer de toda influencia sobre el factor constitucional, tropieza con más dificultades de las que los educadores suponen y comporta dos graves peligros. Sobrepasa el fin propuesto, favoreciendo una exagerada represión sexual que puede ser de muy perjudiciales consecuencias, y lanza al niño a la vida sin medio alguno de defensa contra el embate de las tendencias sexuales que la pubertad habrá de traer consigo[1]. Las ventajas de la profilaxis sexual de la infancia son, por tanto, más que dudosas, y de este modo habremos de buscar en otra diferente actuación inmediata un curso más seguro de prevenir las neurosis.

Pero volvamos ahora a los síntomas, que, como hemos visto, crean una sustitución de la satisfacción denegada, por medio del retroceso de la libido a fases anteriores, circunstancia que trae consigo el retorno a los objetos u organizaciones característicos de dichas fases. Sabemos ya que el neurótico se halla ligado a un determinado período de su vida pretérita durante el cual no se hallaba su libido privada de satisfacción y se sentía, por tanto, feliz. Retrocederá, pues, en su pasado, hasta un período se-

[1] [Freud elaboró este problema en la Lección 34 de sus *Nuevas lecciones introductorias* Standard, Ed. 12.]

mejante, que puede remontarse hasta la lactancia, época que se representará conforme a sus recuerdos o a la idea que posteriormente se haya formado de ella, y el síntoma reproducirá entonces, en una forma cualquiera, la infantil satisfacción libidinosa, aunque deformada por la censura producto del conflicto acompañada generalmente por sensaciones de sufrimiento y asociada a factores correspondientes a la ocasión que ha provocado la enfermedad. Esta satisfacción que el síntoma procura es de una singularísima naturaleza. Desde luego, el sujeto no la siente como tal, sino, por el contrario, como algo sufriente y lamentable, transformación que no es sino un efecto natural del conflicto psíquico, bajo la presión del cual hubo de formarse el síntoma. Aquello que en épocas anteriores fue para el individuo una satisfacción despierta hoy su repugnancia. Conocemos un ejemplo muy instructivo de esta transformación de sensaciones. El mismo niño que antes lactaba con avidez el seno materno manifiesta algunos años más tarde una considerable aversión por la leche, aversión que llega a constituirse en invencible repugnancia cuando la leche o la bebida mezclada con leche aparecen cubiertas por una ligera membrana, no siendo quizá muy atrevido suponer que esta membrana despierta en el niño el recuerdo del seno materno, antes tan ardientemente deseado. De todos modos, habremos de tener en cuenta que, con anterioridad a esta transformación ha tenido efecto el destete, suceso que ejerce sobre el niño una intensa acción traumática.

Existen todavía otras razones por las que los síntomas nos resultan incomprensibles como medios de alcanzar la satisfacción libidinosa. No recuerdan en nada aquello de lo que normalmente solemos esperar una satisfacción, y haciendo abstracción del objeto, renuncian a toda relación con la realidad exterior. Estas particularidades las interpretamos como una consecuencia del renunciamiento al principio de la realidad y del retorno del principio del placer; pero hay aquí también el retorno a aquel amplio autoerotismo que procuró a la pulsión sexual sus primeras satisfacciones. Los síntomas sustituyen una modificación del mundo exterior por una acción interior, un acto por una adaptación, circunstancia que desde el punto de vista filogénico corresponde también a una importantísima regresión. No comprenderemos bien todo esto sino después de llegar al conocimiento de un nuevo dato que más adelante deduciremos de nuestras investigaciones analíticas sobre la formación de los síntomas. Habremos de recordar, además, que a esta formación cooperan los mismos procesos inconscientes que a la de los sueños; esto es, la condensación y el desplazamiento. Como el sueño, presenta el síntoma algo en estado de realización, procurando una satisfacción al modo infantil; pero mediante una condensación llevada al último extremo, puede esta satisfacción quedar limitada a una sola sensación o inervación, y mediante un desplazamiento igualmente extremado puede asimismo quedar restringida a un pequeñísimo fragmento de todo el complejo libidinoso. No es, por tanto, de extrañar que hallemos ciertas dificultades para reconocer en el síntoma la satisfacción libidinosa que suponemos constituye.

Os he anunciado un nuevo dato sobre esta cuestión. Trátase, en efecto, de algo no solamente nuevo, sino sorprendente y maravilloso. Sabéis ya que, partiendo del análisis de los síntomas, llegamos al conocimiento de sucesos de la vida infantil a los cuales se halla fijada la libido, y que constituyen el nódulo de las manifestaciones sintomáticas. Pero lo asombroso es que estas escenas infantiles no son siempre verdaderas. Podemos afirmar, en efecto, que en su mayor parte son falsas, y en algunos casos incluso directamente contrarias a la verdad histórica. Más que otro cualquier argumento, resulta apropiado este dato para hacer desconfiar de la labor analítica que ha llegado a un resultado semejante o de la buena fe del enfermo, sobre cuyas manifestaciones reposa todo el edificio del análisis y toda la comprensión de la neurosis. Trátase, además, de algo susceptible de sumirnos en la mayor confusión. Si los sucesos infantiles averiguados por medio del análisis fueran siempre reales, experimentaríamos la sensación de movernos sobre un terreno sólido. Si fueran siempre falsos y se revelaran en todo caso como invenciones o fantasías de los enfermos, no nos quedaría otro remedio que abandonar este terreno movedizo y buscar otro más consistente. Pero no nos hallamos en ninguna de estas dos circunstancias. Los sucesos infantiles evocados o reconstituidos por el análisis son tan pronto incontestablemente falsos como no menos incontestablemente reales, y en la mayoría de los análisis se presentan como una mezcla de verdad y mentira. Los síntomas pueden, por tanto, corresponder, ora a sucesos que han acaecido realmente, y a los cuales debemos reconocer una influencia sobre la fijación de la libido; ora a fantasías de los enfermos, carentes de toda actuación etiológica. Resulta en extremo difícil orientarse en esta complicada situación. El único punto de referencia lo hallamos quizá en un análogo estado de cosas que descubrimos en una fase anterior de nuestra investigación psicoanalítica. Vimos, en efecto, que determinados recuerdos infantiles que los hombres conservan siempre en su conciencia, sin que para atraerlos a ella haya habido precisión de análisis ninguno, podían también demostrarse como inexactos o, por lo menos, como una mezcla de mentira y realidad. De este modo, nos cabe el consuelo de que la desagradable sorpresa a la que nuestras investigaciones sobre los síntomas nos han conducido no es imputable a defectos del análisis, sino a peculiaridades del enfermo.

Baste reflexionar un poco para comprender que lo que en esta situación nos desorienta es el desprecio de la realidad y el hecho de no tener para nada en cuenta la diferencia que existe entre realidad e imaginación. Nos sentimos inclinados a reprochar al enfermo el habernos hecho prestar oído a sus invenciones y apreciamos la realidad como algo muy alejado de la imaginación y de muy distinto valor. Este último punto de vista es también el del pensamiento normal del enfermo.

Al oírle comunicarnos los materiales disimulados tras de sus síntomas, y que han de conducir a situaciones optativas modeladas sobre los sucesos de la vida infantil, comenzamos siempre por preguntarnos si se trata de hechos reales o imaginarios. Pero más adelante hallamos indicios que nos permiten resolver esta cuestión en uno u otro sentido, planteándosenos entonces la labor de poner al enfermo al corriente de la solución hallada, labor que no deja de traer consigo ciertas dificultades. Si desde un principio le decimos que se ha dedicado a relatarnos aquellos sucesos imaginarios con los que se encubre a sí propio la historia de su infancia, obrando así como todos y cada uno de los pueblos, los cuales sustituyen con leyendas la historia de su olvidado pretérito, comprobaremos que su interés en proseguir hablando sobre el tema de que se trate disminuye súbitamente, resultado que contraría nuestros deseos. Querrá también volver a la realidad y manifestará su desprecio por las cosas imaginarias. Mas si para lograr nuestras intenciones terapéuticas mantenemos al sujeto en la convicción de que sus relatos reproducen exactamente los sucesos reales de su infancia, nos exponemos a que nos reproche más tarde nuestro error y se burle de nuestra presunta credulidad. Por otro lado, le costará mucho trabajo comprender nuestra proposición de colocar en un mismo plano la realidad y la fantasía y prescindir de toda preocupación sobre si aquellos sucesos de su vida infantil que nos ha relatado y tratamos de elucidar pertenecen a la primera o a la segunda de estas categorías.

Y, sin embargo, es ésta la única actitud recomendable con respecto a las producciones psíquicas, pues tales producciones son, a su vez, reales en un determinado sentido. Siempre quedará, en efecto, el hecho real de que el enfermo ha creado dichos sucesos imaginarios, y desde el punto de vista de las neurosis posee este hecho la misma importancia que si el contenido de tales fantasías fuera totalmente real. Estas fantasías poseen, pues, una realidad *psíquica*, y poco a poco vamos llegando a comprender que *en el mundo de la neurosis la realidad que desempeña el papel predominante es la realidad psíquica.*

Entre los sucesos que figuran en todas o casi todas las historias infantiles de los neuróticos hay algunos cuya particularísima importancia los hace dignos de especial mención. Estos hechos son el haber sorprendido a los padres realizando el coito, la seducción por una persona adulta y la amenaza de la castración. Sería un error suponer que no se trata aquí sino de cosas imaginarias sin ninguna base real, pues, por lo contrario, resulta posible en un gran número de casos comprobar la efectividad de estos hechos interrogando a los parientes más ancianos del enfermo. Así, es muy frecuente averiguar que, siendo niño, comenzó a jugar, sin ocultarse, con su órgano genital, y fue amenazado por sus padres o guardadores con la amputación del pene o de la mano pecadora. La realidad de esta amenaza es muchas veces confirmada por los mismos que la profirieron pues creen haber obrado acertadamente intimidando así al niño.

Algunos enfermos conservan de ella un recuerdo consciente y correcto, sobre todo aquellos que al ser amenazados tenían ya alguna edad. Cuando la persona que la profiere es del sexo femenino, designa siempre como ejecutor al padre o al médico. En el célebre *Struwwelpeter*, del pediatra Hoffmann, obra cuyo encanto está en la profunda comprensión de los complejos de la infancia, tanto sexuales como de otro género, la castración se halla reemplazada por la amputación del pulgar, operación con la que se amenaza al niño para quitarle la costumbre del «chupeteo». No obstante, es inverosímil que la amenaza de castración sea tan frecuente como del análisis de los neuróticos pudiera deducirse, y, por tanto, habremos de suponer que el niño la imagina basándose primero en determinadas alusiones, sabiendo, en segundo lugar, que la satisfacción auto-erótica se halla prohibida, y, por último, bajo la impresión que le ha dejado el descubrimiento del órgano genital femenino. Tampoco es nada inverosímil que aun en las familias no proletarias haya podido el niño, al que se cree incapaz de comprender y recordar determinados actos, ser testigo del comercio sexual entre sus padres u otras personas adultas, y que habiendo comprendido más tarde lo que hubo de ver, haya entonces reaccionado a la impresión recibida. Pero cuando al describir las relaciones sexuales de las que ha podido ser testigo da detalles demasiado minuciosos para proceder a la observación real, o las describe, cosa que sucede con gran frecuencia, como relaciones *more ferarum*, no podemos dudar de que se trata de una fantasía basada en la observación de la cópula entre animales (los perros) y motivada por la insatisfacción de la tendencia visual del niño, exacerbada durante los años de la pubertad.

El caso más extremo de este género es aquella fantasía en la que el sujeto pretende haber observado el coito de sus padres hallándose todavía en el seno materno. La fantasía relativa a la seducción presenta un interés particular, pues muchas veces no se trata de un hecho imaginario, sino del recuerdo de un suceso real, aunque, por fortuna, no tan frecuente como por los resultados del análisis pudiera creerse. La seducción por niños de igual o mayor edad que el seducido es mucho más frecuente que la efectuada por personas adultas, y cuando una niña acusa en el análisis como seductor a su propio padre, cosa nada rara, no cabe duda alguna sobre el carácter imaginario de tal acusación, ni tampoco sobre los motivos que la determinan[1]. Inventando una falsa seducción, trata el niño de encubrir el período autoerótico de su actividad sexual, y al crear un imaginativo objeto de su deseo sexual durante este lejano período de su infancia, se ahorra la vergüenza de confesar haberse entregado a la masturbación. No creáis, sin embargo, que el abuso sexual cometido con niños por sus padres o parientes más próximos sea un hecho perteneciente por completo al dominio de la fantasía. La mayoría de los psicoanalistas han tenido, entre sus enfermos, casos en los que este abuso ha existido realmente y pudo ser confirmado de una manera indiscutible. Pero, en general, se comprobó también que fue realizado en una época mucho más tardía de la que el sujeto fijaba.

Experimentamos la impresión de que todos estos sucesos de la vida infantil constituyen un elemento necesario e indispensable de la neurosis, pues cuando no corres-

---

[1] [Freud agregó algo más a este tema en su Lección 33 de las *Nuevas Lecciones.]*

ponden a la realidad, son creados imaginativamente. De todas maneras, el resultado es el mismo, y no hemos podido observar todavía diferencia alguna entre los efectos de los sucesos reales de este género y los producidos por las creaciones imaginativas homólogas. Hallamos aquí nuevamente una relación de complemento, y, por cierto, la más singular de todas las que hasta ahora conocemos. La primera interrogación que se nos plantea es la referente al origen de la necesidad de estas invenciones y a la procedencia de los materiales que las constituyen. No podemos dudar de los móviles a que obedecen, pero sí habremos de intentar explicarnos por qué hallamos siempre invenciones de idéntico contenido. Sé muy bien que la respuesta que puedo daros a esta interrogación os parecerá harto atrevida. A mi juicio, tales fantasías, a las que, en unión de otras varias, creo poder calificar de «primitivas», constituyen un patrimonio filogénico. Por medio de ellas vuelve el individuo a la vida primitiva, cuando la suya propia ha llegado a ser excesivamente rudimentaria.

Es, además, posible que todo lo que el sujeto nos relata como fantasías durante el análisis, o sea la seducción infantil, la excitación sexual a la vista del comercio carnal de los padres y la amenaza de la castración, o más bien la castración, es posible, repito, que todas estas invenciones fueran en épocas lejanas, en las fases primitivas de la familia humana, realidades concretas, y que dando libre curso a su imaginación no haga el niño sino llenar, con ayuda de la verdad prehistórica, lagunas de la verdad individual. Se experimenta, pues, la impresión de que la psicología de las neurosis es susceptible de proporcionarnos, sobre las fases primitivas de la evolución humana, datos más numerosos y exactos que ninguna de las restantes fuentes de que disponemos[1].

Las cuestiones examinadas en los párrafos que anteceden nos obligan a detener nuestra atención en el proble-

---

[1] [Esta discusión sobre las «fantasías originarias» y la posibilidad de que sean heredadas, se basa en gran medida sobre los hallazgos de Freud en su historial del *Hombre de los Lobos* (1918b).]

ma del origen y carácter de aquella actividad espiritual que denominamos «fantasía»[1], actividad que, como sabéis, goza de alta estimación, aunque no hayamos podido todavía localizarla exactamente en la vida psíquica. He aquí lo que sobre ella puedo deciros: Bajo la influencia de la necesidad exterior, llega el hombre a adquirir poco a poco una exacta noción de lo real y adaptar su conducta a aquello que hemos convenido en denominar «principio de la realidad», adaptación que le fuerza a renunciar, provisional o permanentemente, a diversos objetos y fines de sus tendencias hedonistas, incluyendo entre ellas la tendencia sexual. Pero todo renunciamiento al placer ha sido siempre doloroso para el hombre, el cual no lo lleva a cabo sin asegurarse cierta compensación. Con este fin, se ha reservado una actividad psíquica merced a la cual todas las fuentes de placer y todos los medios de adquirir placer a los cuales ha renunciado continúan existiendo bajo la forma que les pone al abrigo de las exigencias de la realidad y de aquello que denominamos «prueba de la realidad»[2]. Toda tendencia reviste en seguida la forma que la representa como satisfecha, y no cabe duda de que complaciéndonos en las satisfacciones imaginarias de nuestros deseos, experimentamos un placer, aunque no lleguemos a perder la conciencia de su irrealidad. En la actividad de su fantasía continúa gozando el individuo de una libertad a la que la coerción exterior le ha hecho renunciar, en realidad, hace ya mucho tiempo. No bastándole la escasa satisfacción que puede arrancar a la vida real, se entrega a un proceso merced al cual puede comportarse alternativamente como un animal, sólo obediente a sus instintos, y como un ser razonable. «Es imposible prescindir de construcciones auxiliares», dice Th. Fontane, en una de sus obras. La creación del reino psíquico de la fantasía ha-

[1] [La primera discusión importante de Freud sobre la fantasía, figura en «El poeta y los sueños diurnos» (1908e), *Standard Ed*, 9, 143 ss. Cf. también «Fantasías histéricas y su relación con la bisexualidad», *Standard Ed.*, 9, 159 ss.]

[2] [Esto es, el juicio que decide sobre la realidad o no de las cosas.]

lla su completa analogía en la institución de «parques naturales», allí donde las exigencias de la agricultura, de las comunicaciones o de la industria amenazan con destruir un bello paisaje. En estos parques se perpetúan intactas las bellezas naturales que en el resto del territorio se ha visto el hombre obligado a sacrificar —muchas veces con disgusto— a fines utilitarios, y en ellos debe todo, tanto lo útil como lo perjudicial, crecer y expandirse sin coerción de ningún género. El reino psíquico de la fantasía constituye uno de estos parques naturales sustraído al principio de la realidad.

Los productos más conocidos de la fantasía son los «sueños diurnos», de los que ya hemos hablado: satisfacciones imaginarias de deseos ambiciosos o eróticos y tanto más completas y espléndidas cuanto más necesaria es en la realidad la modestia y la resignacion. En estos sueños diurnos se nos muestra claramente la esencia misma de la felicidad imaginaria, que consiste en hacer independiente la adquisición del placer del sentimiento de la realidad. Sabemos, además, que tales fantasías constituyen el nódulo y el prototipo de los sueños nocturnos, los cuales no son en el fondo otra cosa que un sueño diurno dotado de una mayor maleabilidad por la libertad nocturna de las tendencias y deformado por el aspecto nocturno de la actividad psíquica. Por último, he de recordaros que el sueño diurno no es necesariamente consciente, existiendo sueños diurnos inconscientes susceptibles de originar tantos sueños nocturnos como síntomas neuróticos.

Las consideraciones que siguen nos ayudarán a comprender el papel que la fantasía desempeña en la formación de síntomas. Dijimos antes que en los casos de frustración vuelve la libido a ocupar, por regresión, posiciones pretéritas que abandonó en su marcha progresiva, aunque dejando en ellas determinadas adherencias. Sin retirar nada de esta afirmación ni rectificarla en ningún modo, la completaremos ahora con un nuevo elemento. Si la libido halla sin dificultad el camino que ha de conducirla a tales puntos de fijación es porque no ha llegado a abandonar totalmente aquellos objetos y orientaciones que en su marcha progresiva fue dejando atrás. Estos objetos y orientaciones, o sus derivados, persisten todavía con cierta intensidad en las representaciones de la fantasía, y de este modo bastará con que la libido entre de nuevo en contacto con tales representaciones para que, desde luego, halle el camino que ha de conducirla a todas las fijaciones reprimidas. Las fantasías a que nos referimos han gozado siempre de cierta tolerancia, y por muy opuestas que hayan sido a las tendencias del *yo* no han llegado a entrar en el conflicto con él mientras ha ido cumpliéndose una determinada condición de naturaleza *cuantitativa.* Pero esa condición queda ahora perturbada por el reflujo de la libido a dichas fantasías, cuyo acervo de energía queda así aumentado hasta tal punto que comienza a manifestar una tendencia a la realización, surgiendo entonces, inevitablemente, el conflicto con el *yo.* Cualquiera que sea el sistema psíquico —preconsciente o consciente— al que pertenezcan, sucumben ahora a la represión por parte del *yo* y quedan sometidas a la atracción de lo inconsciente. Estas fantasías devenidas inconscientes son el punto de apoyo que utiliza la libido para remontarse hasta sus orígenes en lo inconsciente; esto es, hasta sus propios puntos de fijación.

La regresión de la libido a la fantasía constituye una etapa intermedia en el camino que conduce a la formación de síntomas, etapa que merece una especial denominación. Jung propuso a este efecto la de *introversión,* acertadísima a nuestro juicio, pero incurrió luego en error, dándole una segunda significación inapropiada[1]. Por nuestra parte, designamos exclusivamente con el nombre de introversión el alejamiento de la libido de las posibilidades de satisfacción real y su desplazamiento sobre fantasías consideradas hasta el momento como inofensivas. Un introvertido no es todavía un neurótico; pero se encuentra ya en una situación de equilibrio inestable y manifestará síntomas neuróticos con ocasión del primer des-

[1] [Jung, que introdujo el término en 1910, lo aplicaba al comienzo sólo a la demencia precoz.]

plazamiento de energías que en él se verifique, a menos que su libido reprimida halle un diferente exutorio. El carácter irreal de la satisfacción neurótica y la desaparición de la diferencia entre fantasía y realidad, quedan, en cambio, determinados por la permanencia en la fase de la introversión.

Habréis observado, sin duda, que en mis últimas explicaciones he introducido en el encadenamiento etiológico un nuevo factor: la cantidad, o sea la magnitud de las energías, factor cuya actuación habremos de examinar desde muy diversos puntos de vista.

El análisis puramente cualitativo en las condiciones etiológicas no llega a agotar la materia, cosa que equivale a afirmar que la concepción puramente *dinámica* de los procesos psíquicos que nos ocupan resulta insuficiente, siendo preciso considerarlos también desde el punto de vista *económico.* Debemos, pues, decirnos que el conflicto entre dos tendencias no surge sino a partir del momento en que los revestimientos alcanzan una cierta intensidad, aunque desde largo tiempo atrás existan las necesarias condiciones de contenido. La importancia patógena de los factores constitucionales dependen asimismo del predominio cuantitativo de una determinada tendencia parcial en la disposición constitucional y puede incluso afirmarse que todas las predisposiciones humanas son cualitativamente idénticas y no difieren entre sí más que por sus proporciones cuantitativas. No menos decisivo es este factor cuantitativo en lo que respecta a la capacidad de resistencia del sujeto contra la neurosis. Todo depende, en efecto, de la *cantidad* de libido inempleada que el sujeto pueda mantener en estado de suspensión y de la parte más o menos considerable de esta libido que el mismo sea capaz de desviar de la sexualidad y orientar hacia la sublimación. El último fin de la actividad psíquica, que desde el punto de vista cualitativo puede ser descrito como una tendencia a conseguir el placer y evitar el dolor, se nos muestra, considerado desde el punto de vista económico, como un esfuerzo encaminado a dominar las magnitudes de excitación actuantes sobre el aparato psíquico e impedir el dolor que pudiera resultar de su estancamiento[1].

Es todo esto lo que me proponía deciros sobre la formación de síntomas en las neurosis; pero quiero insistir una vez más, y en forma más explícita, sobre la circunstancia de que todo lo dicho no se refiere sino a la formación de síntomas en la histeria. Ya en la neurosis obsesiva nos hallamos ante un diferente estado de cosas, aunque los hechos fundamentales continúan siendo los mismos. Las resistencias a los impulsos derivados de las tendencias, resistencias de las cuales hemos hablado a propósito de la histeria, pasan en la neurosis obsesiva a ocupar el primer plano y a dominar el cuadro clínico por medio de las llamadas «formaciones reactivas».

Análogas diferencias y otras más profundas aparecen en las demás neurosis, en las que aún no hemos llevado a término nuestras investigaciones sobre sus correspondientes mecanismos de formación de síntomas.

Antes de terminar esta conferencia, quisiera llamaros todavía la atención sobre una de las facetas más interesantes de la vida imaginativa. Se trata de la existencia de un camino de retorno desde la fantasía a la realidad. Este camino no es otro que el del arte. El artista es, al mismo tiempo, un introvertido próximo a la neurosis. Animado de impulsos y tendencias extraordinariamente enérgicos, quisiera conquistar los medios para procurarse esta satisfacción y, por tanto, vuelve la espalda a la realidad, como todo hombre insatisfecho, y concentra todo su interés, y también su libido, en los deseos creados por su vida imaginativa, actitud que fácilmente puede conducirle a la neurosis. Son, en efecto, necesarias muchas circunstancias favorables para que su desarrollo no alcance ese resultado, y ya sabemos cuán numerosos son los artistas que sufren inhibiciones parciales de su actividad creadora a consecuencia de afecciones neuróticas. Su constitución individual entraña seguramente una gran aptitud de sublima-

---

[1] [Aquí Freud parece homologar el «principio del placer» con el «principio de constancia». Más tarde estableció una clara distinción entre ambos. Véase Freud, 1924c, *Standard Ed.*, 19, 159-161.]

ción y una cierta debilidad para efectuar las represiones susceptibles de decidir el conflicto. Pero el artista vuelve a encontrar el camino de la realidad en la siguiente forma: desde luego, no es el único que vive una vida imaginativa. El dominio intermedio de la fantasía goza del favor general de la Humanidad, y todos aquellos que sufren de cualquier privación acuden a buscar en ella una compensación y un consuelo. La diferencia está en que los profanos no extraen de las fuentes de la fantasía sino un limitadísimo placer, pues el carácter implacable de sus represiones los obliga a contentarse con escasos sueños diurnos que, además, no son siempre conscientes. En cambio, el verdadero artista consigue algo más. Sabe dar a sus sueños diurnos una forma que los despoja de aquel carácter personal que pudiera desagradar a los extraños y los hace susceptibles de constituir una fuente de goce para los demás. Sabe embellecerlos hasta encubrir su equívoco origen y posee el misterioso poder de modelar los materiales dados hasta formar con ellos una fidelísima imagen de la representación existente en su imaginación, enlazando de este modo a su fantasía inconsciente una suma de placer suficiente para disfrazar y suprimir, por lo menos de un modo interino las represiones. Cuando el artista consigue realizar todo esto, procura a los demás el medio de extraer nuevo consuelo y nuevas compensaciones de las fuentes de goce inconscientes, devenidas inaccesibles para ellos. De este modo logra atraerse el reconocimiento y la admiración de sus contemporáneos y acaba por conquistar, merced a su fantasía, aquello que antes no tenía sino una realidad imaginativa: honores, poder y el amor de las mujeres.

10. NEUROSIS Y PSICOSIS

INTRODUCCION

El campo de trabajo de Freud eran las neurosis, y el material de observación estaba limitado a las condiciones de su práctica médica. Por ese motivo, sus incursiones en el área de las psicosis fueron escasas, instigado por los ocasionales episodios psicóticos de sus pacientes o el estudio intensivo de publicaciones tales como Denkwürdigkeiten eines Nervenkranken *(1903), de Daniel Paul Schreber*[1]. *Freud explora por una parte los factores comunes, y por otra las diferencias considerables entre estas dos formas de enfermedad (1924b, 1924e). En su opinión, ambas parten de la frustración de un deseo instintivo vital. Su diferencia reside en la naturaleza de aquello con lo que se sustituye el deseo frustrado.*

Como se demostró en la sección anterior, la relación del neurótico con la realidad resulta importante para la teoría de Freud sobre las neurosis, a pesar de que enfatizó que «en el mundo de la neurosis lo que cuenta es la realidad psíquica» (1916-17). Dicho de otro modo, no le importaba si «las experiencias infantiles a las que se fija la libido y de las que se extraen los síntomas» habían sucedido de verdad o pertenecían a las fantasías del paciente; en ambos casos el efecto patógeno es el mismo. Por otra parte, en «La pérdida de realidad en la neurosis y la psicosis» (1924e) acentúa explícitamente que sería un error concluir de este hallazgo que su creencia de que los neuróticos eran incapaces de distinguir claramente entre la fantasía y la realidad, entre la rea-

[1] *Memorias de un neurópata*, Ed. Carlos Lohlé, Buenos Aires, 1979.

lidad interna y la externa. Por el contrario, es una característica definitoria de la neurosis el hecho de que la función yoica de la prueba de realidad permanece intacta a los fines prácticos, y que la equivalencia y la equiparación de la realidad interna y externa se reduce a los procesos de formación de síntomas. El neurótico, v. g. el obsesivo, se comporta como si de verdad creyese en la omnipotencia de sus deseos de muerte; o puede creer que ciertos utensilios inofensivos de la vida cotidiana poseen sustancias peligrosas que pueden contagiarse y de las que debe protegerse evitando el contacto con ellos. Al mismo tiempo sabe que estos temores son sólo producto de sus fantasías; es precisamente ese conocimiento adecuado a la realidad lo que le obliga a disfrazar sus formaciones sustitutivas sintomáticas de tal modo que tomen en cuenta a la vez la presión de los deseos instintivos, y las exigencias del mundo exterior, representadas por el super-yo *que las ha adoptado.*

Como lo demuestra su artículo «Neurosis y psicosis», Freud ve la diferencia significativa de la psicosis en la circunstancia de que la frustración del deseo instintivo es experimentado desde el comienzo como intolerable, y lleva en consecuencia a una ruptura de las relaciones con el mundo exterior, al que se toma por responsable del incumplimiento. Según la forma que adopte la enfermedad psicótica, las cargas se retiran de la percepción real, de las personas reales, e incluso de los recuerdos reales, a consecuencia de lo cual el mundo exterior deja de tener influencia sobre los procesos psíquicos. A diferencia del neurótico, el psicótico está libre entonces para desarrollar síntomas y formaciones sustitutivas adecuadas sólo a las demandas del ello y no a las de la realidad.

En su obra sobre el caso Schreber (1911c) Freud demostró que el psicoanálisis puede trascender el área de las neurosis e iluminar diversos mecanismos psíquicos y sus modos de operar, así como descifrar formas patológicas tales como la amencia, la esquizofrenia y la paranoia. Por otra parte, no reivindicó ninguna terapia sobre la base de esta comprensión. Estaba convencido de que los psicóticos carecen del requisito fundamental que hace a un paciente apto para la terapia psicoanalítica: un yo más o menos normal, que ha conservado la capacidad para la prueba de realidad, la auto-observación y la comprensión de la enfermedad; las cargas libidinales de las personas reales, lo que hace posible la transferencia emocional hacia el analista; la disposición a percibir el mundo interior, a reconocerlo, y a someterlo al menos en parte a las influencias externas. Dado que estas funciones no están a disposición del psicótico, Freud era de la opinión de que no era apto para el psicoanálisis; a lo sumo abordable en los períodos de remisión entre los episodios psicóticos.

Los alumnos y discípulos de Freud, que en general adhieren a sus puntos de vista, no comparten éste, al que consideran un nihilismo terapéutico. Hoy en día, las ambiciones terapéuticas de muchos analistas se extienden más allá del marco de las neurosis sintomáticas y los trastornos de carácter, y llegan hasta los llamados casos fronterizos, que limitan con la psicosis, e incluso hasta la psicosis misma. Es difícil decidir cuánto de ello debe atribuirse al interés humano por los fenómenos bizarros de la psicosis, cuánto al intenso entrenamiento psiquiátrico de los analistas médicos, y cuánto al mero deseo de avan-

zar más allá de las fronteras de lo que ya ha sido explorado. En cualquier caso, la preocupación por la psicosis constituye hoy un campo especial de interés en la literatura psicoanalítica que se ocupa de la teoría y de la técnica terapéuticas. En virtud de ciertas consideraciones técnicas, muchos creen que es posible hacer emerger en el psicótico la suficiente libido objetal que aún persiste, de modo que pueda establecerse la transferencia emocional del paciente al terapeuta; compensar temporariamente los defectos del yo *del paciente poniendo a su disposición el aparato psíquico intacto del analista; y en general, penetrar junto con el paciente en los procesos primarios de pensamiento, capacitándolo para reemplazar los procesos del* ello *por los del* yo, *en el sentido tradicional de la terapia psicoanalítica.*

Todavía sigue siendo el tema de debate si el tratamiento psicoanalítico de psicóticos puede ser exitoso. Es una labor para el futuro hallar una posición media entre el pesimismo y el optimismo terapéutico en este área.

El trabajo de Freud sobre las psicosis tuvo serias consecuencias para un aspecto central de la teoría psicoanalítica: la teoría de la libido, o sea, la teoría de las vicisitudes de la energía psíquica que emana de los impulsos sexuales. Lo que Freud había concebido en un comienzo como una antítesis entre los instintos sexuales y los instintos del yo *(1915c), en la nueva conceptualización (1914c) se convirtió en el distinto despliegue de la misma energía sexual, por una parte a través de las cargas de las personas reales o fantaseadas del mundo exterior (libido objetal), y por otra, a través de las cargas de la propia persona somática y psíquica (libido narcisista).*

La introducción de la teoría del narcisismo en 1914 permitió explicar muchos fenómenos que antes resultaban ininteligibles. En esta nueva concepción, la megalomanía paranoica, por ejemplo, es vista como causada por el retiro de cargas de los objetos y la sobrecarga de la propia persona y sus funciones; el mismo proceso es responsable de las angustias del «fin del mundo» que padecen estos pacientes, puesto que para ellos el mundo exterior está desprovisto de cargas libidinales. Por otra parte, se supone que la hipocondría se desarrolla cuando toda la libido se concentra en el cuerpo, o en una parte específica del cuerpo o en un órgano. La contrapartida absoluta es el empobrecimiento que sufre una persona en el estado de enamoramiento, en el que toda la libido se retira de los fines narcisísticos y se transfiere sobre el objeto de amor, de este modo sobrevalorado. En muchos aspectos, y en especial en la elección del partenaire, se considera que la vida sexual adulta está determinada por la diferencia entre los impulsos libidinales objetales y narcisísticos.

En su explicación de este fenómeno, Freud vuelve a la infancia, es decir, a «la idea de la existencia de una carga originaria de libido sobre el yo, *parte de la cual es cedida luego a los objetos, pero que fundamentalmente persiste, y se relaciona con las cargas objetales del mismo modo que el cuerpo de una ameba con los pseudópodos que emite» (1914c). La intensa carga del* yo *que el niño y el psicótico tienen en común (al igual que los pueblos primitivos) explica asímismo su propia «sobreestimación del poder de sus deseos y actos mentales», la llamada «omnipotencia del pensamiento» (1914c). La hipótesis de que una misma libido sea capaz de un despliegue objetal así como narcisísti-*

co, esto es, que sea móvil, es imprescindible en la teoría de Freud. Para la teoría y la práctica psicoanalíticas puede ser tan valiosa la afirmación de una libido narcisista autónoma, independiente de la libido objetal, pero irreconciliable con la conceptualización antes descrita como los más recientes estudios sobre el narcisismo.

NEUROSIS Y PSICOSIS (1924) *

En un trabajo recientemente publicado *(El Yo y el Ello)* hemos atribuido al aparato anímico una estructura que nos permite representar, en forma sencilla y clara, toda una serie de procesos y relaciones. En otros puntos, por ejemplo, en lo que se refiere al origen y a la función del *super-yo*, queda aún mucho que aclarar. Habremos de exigir ahora que tal hipótesis resulte también útil y provechosa en otros terrenos, aunque no sea más que para mostrarnos desde otro punto de vista lo ya conocido, agruparlo de otra manera y describirlo más convincentemente. A esta aplicación de la nueva hipótesis podría también enlazarse un provechoso retorno desde la gris teoría al perpetuo verdor de la experiencia[1].

En el trabajo indicado se describen las múltiples dependencias del *yo*, su situación intermedia entre el mundo exterior y el *ello* y su tendencia a servir al mismo tiempo a todos sus amos. Relacionando estas circunstancias

---

* Publicado por primera vez en *Int. Z. Psychoanal. Incl.* en Standard Ed., 19, 149.

[1] [Cita de *Fausto* de Goethe.]

con otra ruta mental iniciada en un punto distinto, llegamos a una fórmula sencilla, que integra quizá la diferencia genética más importante entre la neurosis y la psicosis: *la neurosis sería el resultado de un conflicto entre el yo* y el *ello*, y, en cambio, la psicosis, el desenlace análogo de tal perturbación de las relaciones entre el *yo* y el mundo exterior.

Nunca conviene confiar mucho en la solución de un problema cuando la misma se presenta tan fácil; pero, en este caso, recordamos inmediatamente una serie de descubrimientos que parecen confirmarla. Según todos los resultados de nuestros análisis, las neurosis de transferencia nacen a consecuencia de la negativa del *yo* a acoger una poderosa tendencia dominante en el *ello* y procurar su descarga motora, o a dar por bueno el objeto hacia el cual aparece orientada tal tendencia. El *yo* se defiende entonces de la misma por medio del mecanismo de la represión, pero lo reprimido se rebela contra este destino y se procura, por caminos sobre los cuales no ejerce el *yo* poder alguno, una satisfacción sustitutiva —el síntoma— que se impone al *yo* como una transacción; el *yo* encuentra alterada y amenazada su unidad por tal intrusión y continúa luchando contra el síntoma, como antes contra la tendencia pulsional reprimida, y de todo esto resulta el cuadro patológico de la neurosis. No puede objetarse que al proceder el *yo* a la represión obedece en el fondo los mandatos del *super-yo*, los cuales proceden a su vez de aquellas influencias del mundo exterior que se han creado una representación en el *super-yo*. Siempre resultará que el *yo* se ha puesto al lado de estos poderes, cuyas exigencias tienen más fuerza para él que las exigencias pulsionales del *ello*, siendo él mismo el poder que impone la represión en contra de aquellos elementos del *ello* y la afirma por medio de la contracarga de la resistencia. Así, pues, el *yo* ha entrado en conflicto con el *ello* en servicio del *super-yo* y de la realidad. Tal es la situación en todas las neurosis de transferencia.

De otra parte, nos es también muy fácil extraer del conocimiento adquirido hasta ahora sobre el mecanismo de la psicosis ejemplos que nos indican la perturbación de la relación entre el *yo* y el mundo exterior. En la amencia de Meynert, una confusión aguda alucinatoria que es quizá la más extrema e impresionante de las psicosis, la percepción del mundo exterior cesa por completo o permanece totalmente ineficaz[1]. Normalmente el mundo exterior domina al *yo* por dos caminos.

En primer lugar, mediante las percepciones actuales continuamente posibles, y en segundo, con el acervo mnémico de percepciones anteriores, que constituyen, como «mundo interior», un patrimonio y un elemento del *yo*. En la amencia no sólo queda excluida la acogida de nuevas percepciones, sino también sustraída del mundo interior su significación (carga). El *yo* se procura independientemente un nuevo mundo exterior e interior y surgen dos hechos indubitables: que este nuevo mundo es construido de acuerdo con las tendencias optativas de *ello* y que la causa de esta disociación del mundo exterior es una privación impuesta por la realidad y considerada intolerable. Esta psicosis muestra una gran afinidad interna con los sueños normales. Pero la condición del fenómeno onírico normal es, precisamente, el estado de reposo, entre cuyos caracteres hallamos el apartamiento del mundo real y de toda percepción[2].

De otras formas de psicosis, las esquizofrenias, sabemos que culminan en un embotamiento afectivo; esto es, en la pérdida de todo interés hacia el mundo exterior. Con respecto a la génesis de los delirios, algunos análisis nos han enseñado que el delirio surge precisamente como un parche en aquellos puntos en los que se ha producido un desgarramiento en la relación del *yo* con el mundo exterior. Si el conflicto con el mundo exterior, en el cual hemos visto la condición de la enfermedad, no se hace aún más patente, ello depende de que en el cuadro patológico de la psicosis quedan a veces encubiertos los fenómenos

[1] [Un pasaje en el capítulo VIII de *Compendio del Psicoanálisis* (1940a [1938]) profundiza esta afirmación.]
[2] [Cf. los trabajos metapsicológicos sobre los sueños (1917d).]

del proceso patógeno por los de una tentativa de curación o de reconstrucción[1].

La etiología común a la explosión de una psiconeurosis o una psicosis es siempre la frustración, el incumplimiento de uno de aquellos deseos infantiles, jamás dominados, que tan hondamente arraigan en nuestra organización, determinada por la filogenia. Esta privación tiene siempre en el fondo un origen exterior[2], aunque en el caso individual parezca partir de aquella instancia interior (en el *super-yo)* que se ha atribuido la representación de las exigencias de la realidad. El efecto patógeno depende de que el *yo* permanezca fiel en este conflicto a su dependencia del mundo exterior e intente amordazar al *ello,* o que, por el contrario, se deje dominar por el *ello* y arrancar así a la realidad. Pero en esta situación, aparentemente sencilla, introduce una complicación la existencia del *super-yo,* que reúne en sí, en un enlace aún impenetrado, influencias del *ello* y otras del mundo exterior, constituyendo en cierto modo un modesto ideal hacia el que tienden todas las aspiraciones del *yo:* la conciliación de sus múltiples dependencias[3]. En todas las formas de enfermedad psíquica habría de tenerse en cuenta la conducción del *super-yo,* cosa que no se ha hecho hasta ahora. Pero ya podemos indicar, provisionalmente, que ha de haber también afecciones cuya base esté en un conflicto entre el *yo* y el *super-yo.* El análisis nos da derecho a suponer que la melancolía es un ejemplo de este grupo, al que daríamos entonces el nombre de «psiconeurosis narcisista». El hecho de que encontremos motivos para separar de las demás psicosis estados tales como la melancolía, no concuerda mal con nuestras impresiones. Pero entonces advertimos que podríamos completar nuestra fórmula genética sin abandonarla. La neurosis de transferencia corres-

---

[1] [Cf. el análisis de Schreber (1911c), Standard Edition 12, 71.]

[2] [Ver algunas observaciones sobre el problema de la privación en *Sobre los tipos de adquisición de las neurosis* (1912c) Standard. Ed. 12, 234.]

[3] [Cf. *El problema económico del masoquismo* (1924c).]

ponde al conflicto entre el *ello*, las neurosis narcisistas al conflicto entre el *yo* y el *super-yo*, y la psicosis al conflicto entre el *yo* y el mundo exterior.

Al principio no podemos decir, ciertamente, si hemos conquistado, en realidad, nuevos conocimientos o si tan sólo hemos enriquecido nuestra colección de fórmulas; pero, a mi juicio, esta posibilidad de aplicación debe darnos ánimo para mantener la indicada articulación del aparato anímico en un *yo*, un *super-yo* y un *ello*.

La afirmación de que las neurosis y las psicosis nacen de los conflictos del *yo* con sus distintas instancias dominantes, esto es, que corresponden a un fracaso de la función del *yo*, el cual se esfuerza, sin embargo, en conciliar las distintas exigencias, precisa aún de nuevas investigaciones para ser completada. Quisiéramos saber en qué circunstancia y por qué medios consigue el *yo* escapar, sin enfermar, a tales conflictos, constantemente dados. Es éste un nuevo campo de investigación en el que habremos de encontrar los más diversos factores.

Por lo pronto, ya podemos indicar dos. El desenlace de todas estas situaciones habrá de depender, indudablemente, de circunstancias económicas, de las magnitudes relativas de las tendencias combatientes entre sí. Además, el *yo* podrá evitar un desenlace perjudicial en cualquier sentido, deformándose espontáneamente, tolerando daños de su unidad o incluso disociándose en algún caso[1]. De este modo, las inconsecuencias y las chifladuras de los hombres resultarían análogas a sus perversiones sexuales en el sentido de ahorrarles represiones.

Para terminar, recordaremos la interrogación de si el proceso en el cual se aparta el *yo* del mundo exterior constituirá un mecanismo análogo a la represión. A mi juicio, esta cuestión no puede ser resuelta sin nuevas investiga-

[1] [Esta es una primera indicación de un problema que ocuparía a Freud en sus últimos años. Fue primero discutido ampliamente en su trabajo sobre el *Fetichismo* (1927e) y después en dos trabajos inconclusos *La escisión del yo en el proceso de defensa* (1940e [1938]) y en el cap. VIII del compendio (1940a [1938]).]

ciones; pero, de todos modos, sí puede afirmarse ya que habrá de entrañar, como la represión, una retracción de la carga destacada por el *yo*[1].

[1] [También este problema —la naturaleza de lo que Freud llamaría luego «verleugnung» = renegación, fue discutido en los trabajos mencionados en la Nota precedente.]

LA PERDIDA DE LA REALIDAD EN LA NEUROSIS Y EN LA PSICOSIS (1924) *

Ya en un trabajo reciente[1] expusimos como uno de los caracteres diferenciales entre la neurosis y la psicosis el hecho de que en la primera reprime el *yo,* obediente a las exigencias de la realidad, una parte del *ello* (de la vida pulsional), mientras que en la psicosis el mismo *yo,* dependiente ahora del *ello,* se retrae de una parte de la realidad. Así, pues, en la neurosis dominaría el influjo de la realidad y en la psicosis el del *ello.* La pérdida de realidad sería un fenómeno característico de la psicosis y ajeno, en cambio, a la neurosis.

Sin embargo, estas conclusiones no parecen conciliables con la observación de que toda neurosis perturba en algún modo la relación del enfermo con la realidad, constituyendo para él un medio de retraerse de ella y un refugio al que ampararse huyendo de las dificultades de la vida real. Esta contradicción parece espinosa; pero es muy

* Publicado por primera vez en Int. Z. Psychoanal. Incluido en la Standard Ed., 19, 183.

[1] [*Neurosis y psicosis* (1924b) —V. el art. precedente en este volumen—.]

fácil de resolver, y su solución ha de fomentar considerablemente nuestra comprensión de la neurosis.

Tal contradicción subsiste, en efecto, solamente mientras nos limitamos a considerar la situación inicial de la neurosis, en la cual el *yo* lleva a cabo la represión de una tendencia pulsional obedeciendo a los dictados de la realidad. Pero esto no es todavía la neurosis misma. Esta consiste más bien en los procesos que aportan una compensación a la parte perjudicada del *ello;* esto es, en la reacción contra la represión y en su fracaso. El relajamiento de la relación con la realidad es luego la consecuencia de este segundo paso en la producción de la neurosis, y no habríamos de extrañar que la investigación nos descubriese que la pérdida de realidad recae precisamente sobre aquella parte de realidad a cuya demanda fue iniciada la represión pulsional.

Así, pues, la génesis característica de la neurosis a consecuencia de una represión fracasada no es nada nuevo. Siempre lo hemos afirmado así[1], y sólo la nueva relación de este postulado con nuestro tema actual nos ha llevado a repetirlo.

La misma apariencia de contradicción surge con intensidad mucho mayor cuando se trata de una neurosis cuya motivación ocasional («la escena traumática») nos es conocida y en la que podemos ver cómo el sujeto se aparta de tal suceso y lo abandona a la amnesia. Recordaré aquí, como ejemplo, un caso analizado por mí hace ya muchos años[2], en el cual la sujeto, una muchacha enamorada de su cuñado, quedó sobrecogida ante el lecho mortuorio de su hermana por la idea de que el hombre amado estaba ya libre y podía casarse con ella. Esta escena fue olvidada en el acto, y con ello quedó iniciado el pro-

[1] [La noción del retorno de lo reprimido como lo que constituye la verdadera enfermedad fue establecida ya en el manuscrito K de la correspondencia con Fliess, 1 de enero de 1896. Un poco después reafirmó esta idea utilizando la expresión «fallo de la defensa» como equivalente de retorno de lo reprimido en la Secc. II del segundo trabajo sobre *Las neuropsicosis de defensa* (1896b).]

[2] Véase *La histeria,* apartado II del volumen I de esta edición castellana.

ceso de regresión que condujo a la dolencia histérica. Pero precisamente aquí resulta muy instructivo ver por qué caminos intenta la neurosis resolver el conflicto. Anula por completo la modificación de las circunstancias reales, reprimiendo la pulsión de que se trataba, o sea el amor de la muchacha a su cuñado. La reacción psicótica hubiera consistido en renegar[1] el hecho real de la muerte de la hermana.

Podría ahora esperarse que en la génesis de la psicosis se desarrollase algo parecido al proceso que tiene efecto en la neurosis, aunque, naturalmente, entre otras instancias; esto es, que también en la psicosis se hiciesen visibles dos avances, el primero de los cuales arrancaría al *yo* de la realidad, mientras que el segundo tendería a enmendar el daño y restablecería, a costa del *ello*, la relación con la realidad. Y, efectivamente, observamos en la psicosis algo análogo; dos avances, el segundo de los cuales tiene un carácter de reparación; pero luego la analogía se convierte en una coincidencia mucho más amplia de los procesos. El segundo avance de la psicosis tiende también a compensar la pérdida de realidad, pero no a costa de una limitación del *ello*, como en la neurosis a costa de la relación con la realidad, sino por otro camino mucho más independiente; esto es, mediante la creación de una nueva realidad exenta de los motivos de disgusto que la anterior ofrecía. Así, pues, este segundo avance obedece en la neurosis y en la psicosis a la misma tendencia, apareciendo en ambos casos al servicio de las aspiraciones de poder del *ello*, que no se deja dominar por la realidad. En consecuencia, tanto la neurosis como la psicosis son expresión de la rebeldía del *ello* contra el mundo exterior o, si se quiere, de su incapacidad para adaptarse a la realidad[2], diferenciándose mucho más entre sí en la primera reacción inicial que en la tentativa de reparación a ella consecutiva.

Esta diferencia inicial se refleja luego en el resultado.

---

[1] [Ver nota en la *Organización genital infantil.*]
[2] [*Ver El problema económico del masoquismo* (1924).]

En la neurosis se evita, como huyendo de él, un trozo de la realidad, que en la psicosis es elaborado y transformado. En la psicosis, a la fuga inicial sigue una fase activa de transformación, y en la neurosis, a la obediencia inicial, una ulterior tentativa de fuga. O dicho de otro modo, la neurosis no reniega la realidad; se limita a no querer saber nada de ella. La psicosis la reniega e intenta sustituirla. Llamamos normal o «sana» una conducta que reúne determinados caracteres de ambas reacciones; esto es, que no reniega la realidad, al igual de la neurosis, pero se esfuerza en transformarla, como la psicosis. Esta conducta normal y adecuada conduce naturalmente a una labor manifiesta sobre el mundo exterior y no se contenta, como en la psicosis, con la producción de modificaciones internas, no es *autoplástica*, sino *aloplástica*[1].

En la psicosis, la elaboración modificadora de la realidad recae sobre las cristalizaciones psíquicas de la relación mantenida hasta entonces con ella; esto es, sobre las huellas mnémicas, las representaciones y los juicios tomados hasta entonces de ella y que la representaban en la vida anímica. Pero esta relación no constituía algo fijo e inmutable, sino que era transformada y enriquecida de continuo por nuevas percepciones. De este modo, se plantea también a la psicosis la tarea de procurarse aquellas percepciones que habrían de corresponder a la nueva realidad, consiguiéndolo por medio de la alucinación. Si los recuerdos falsos, los delirios y las alucinaciones muestran un carácter tan penoso en tantas formas y casos de psicosis y aparecen acompañados de angustia, habremos de ver en ello un indicio de que todo el proceso de transformación se realiza contra la intensa oposición de poderosas energías. Podemos representarnos el proceso conforme al modelo de las neurosis, que nos es más conocido. En las neurosis vemos surgir una reacción de angustia cada vez que la pulsión reprimida trata de llegar a la concien-

[1] [Estos términos es probable que se deban a Ferenczi, quien los utilizó en un artículo de *Los fenómenos de la materialización histérica* (1919). Ferenczi parece atribuírselos a Freud, quien sin embargo no volvió a utilizarlos.]

cia, y observamos que el resultado del conflicto no es, a pesar de todo, más que una transacción, absolutamente insuficiente como satisfacción. En la psicosis, el trozo de realidad rechazado trata probablemente de imponerse de continuo a la vida anímica, como en la neurosis la pulsión reprimida, por esta razón surgen en ambos casos las mismas consecuencias. La discusión de los diversos mecanismos que han de llevar a cabo en la psicosis el apartamiento de la realidad y la construcción de otra distinta constituye una labor, aún intacta, de la Psiquiatría especial[1].

Existe, pues, entre la neurosis y la psicosis una nueva analogía, consistente en que ambas fracasen parcialmente en la labor emprendida en su segundo avance, pues ni la pulsión reprimida puede procurarse una sustitución completa (neurosis), ni la representación de la realidad se deja fundir en las formas satisfactorias (al menos no en todas las formas de enfermedad mental). Pero el acento carga, en cada una, en un lugar distinto. En la psicosis, el acento carga exclusivamente sobre el primer avance, patológico ya de por sí y que sólo puede conducir a la enfermedad, y en cambio, en la neurosis, sobre el segundo, sobre el fracaso de la represión, mientras que el primero puede producirse, y en realidad se ha producido innumerables veces, dentro de la salud, aunque no sin dejar tras de sí señales del esfuerzo psíquico exigido. Estas diferencias, y quizá otras muchas, son consecuencia de la diversidad tópica en el desenlace del conflicto patógeno, según que el *yo* haya cedido en él a su adhesión al mundo real o a su dependencia del *ello*.

La neurosis se limita regularmente a evitar el fragmento de realidad de que se trate y protegerse contra todo encuentro con él. Pero la precisa diferencia entre la neurosis y la psicosis queda mitigada por el hecho de que tampoco

---

[1] [Cf. sin embargo, algún comienzo de dicha investigación en lo relativo a la paranoia en el análisis de Schreber efectuado por Freud (1911c) y de la paranoia en su artículo sobre el narcisismo (1914c), *La metapsicología de los sueños* (1917d) y *Lo inconsciente* (Cap. 3).]

en la neurosis faltan las tentativas de sustituir la realidad indeseada por otra más conforme a los deseos del sujeto. Semejante posibilidad es facilitada por la existencia del *mundo de la fantasía,* un dominio que al tiempo de la instauración del principio de la realidad quedó separada del mundo exterior, siendo mantenida aparte, desde entonces, como una especie de «reserva» de las exigencias de la vida, y aunque no resulta inasequible al *yo,* sólo conserva con él una relación muy laxa. De este mundo de la fantasía extrae la neurosis el material para sus nuevos productos optativos, hallándolo en él por medio de la regresión a épocas reales anteriores más satisfactorias.

También en la psicosis desempeña seguramente el mundo de la fantasía este mismo papel, constituyendo también el almacén del que son extraídos los materiales para la construcción de la nueva realidad. Pero el nuevo mundo exterior fantástico de la psicosis quiere sustituirse a la realidad exterior, mientras que el de la neurosis gusta de apoyarse, como los juegos infantiles, en un trozo de realidad —en un fragmento de la realidad distinto de aquel contra el cual tuvo que defenderse— y le presta una significación especial y un sentido oculto al que calificamos de «simbólico», aunque no siempre con plena exactitud. Resulta, pues, que en ambas afecciones, la neurosis y la psicosis, se desarrolla no sólo una *pérdida de realidad,* sino también una *sustitución de realidad.*

BIBLIOGRAFIA

Los títulos de libros y publicaciones periódicas figuran en itálica, los títulos de artículos entre comillas. Las abreviaturas concuerdan con las del *World List of Scientific Periodicals* (Londres, 1963-65). Los números en negrita se refieren a los volúmenes, y los corrientes a las páginas.

En el caso de la relación de los trabajos de Freud, sólo se proporcionan las traducciones en inglés. Las fechas iniciales son las de las publicaciones originales alemanas. (La fecha de redacción se agrega entre corchetes, si difiere de la de publicación.) Las letras agregadas a las fechas de publicación concuerdan con la relación de la bibliografía completa de los escritos de Freud, que se incluye en el volumen 24 de la *Standard Edition*. Los detalles de la publicación original, incluyendo el título original en alemán, se pueden encontrar en la introducción editorial a cada obra en la *Standard Edition* y en la *Pelican Freud Library*.

Ver el Indice General para los autores no-técnicos, o para los autores técnicos de los que no se menciona ninguna obra específica.

ABRAHAM, K. (1908) «Die psychosexuellen Differenzen der Hysterie und der Dementia praecox», *Zentbl. Nervenheilk.*, N.F., **19**, 521.

[*Trad.:* «Diferencias psicosexuales entre histeria y demencia precoz», Buenos Aires, *Revista de Psicoanálisis*, Vol. IV, 1946-47.]

(1916) «Untersuchungen über die früheste prägenitale Entwicklungsstufe der Libido», *Int. Z. (ärztl.) Psychoanal.*, **4**, 71.

[*Trad.:* «Investigaciones sobre la primera fase pregenital de la libido», Buenos Aires, *Revista de Psicoanálisis*, Vol. III, 1945-46.]

(1921) «Äusserungsformen des weiblichen Kastrationskomplexes», *Int. Z. Psychoanal.*, **7**, 422.

[*Trad.:* «Manifestaciones del complejo de castración femenino» en *Psicoanálisis clínico*, Buenos Aires, Hormé, 1959.]

(1924) *Versuch einer Entwicklungsgeschichte der Libido*, Leipzig, Vienna, Zurich.

[*Trad.:* «Breve estudio de la libido a la luz de los trastornos mentales». Buenos Aires, *Revista de Psicoanálisis*, Vol. II, 1944-45.]

ADLER, A. (1907) *Studie über Minderwertigkeit der Organen*, Berlin and Vienna.
(1908) «Aggressionstrieb im Leben und in der Neurose», *Fortschr. Med.*, **26**, 677.
[*Trad.: Estudios sobre la inferioridad de los órganos*. Buenos Aires, Paidós 1966.]
ANDREAS-SALOMÉ, L. (1916) «"Anal" and "Sexual"», *Imago*, **4**, 249.
[*Trad.:* «Anal y sexual», en *El narcisismo como doble dirección*. Barcelona, Tusquets 1982.]
ARDUIN (1900) «Die Frauenfrage und die sexuellen Zwischenstufen», *Jb. sex. Zwischenst.*, **2**, 211.
ARTEMIDORUS OF DALDIS. *Oneirocritica.*
AZAM, E. (1876) «Amnésie périodique ou dédoublement de la vie», *Ann. méd.-psychol.* (5e série), **16**, 5.
(1887) *Hypnotisme, double conscience et altérations de la personnalité*, Paris.
BALDWIN, J. M. (1895) *Mental Development in the Child and the Race*, New York.
BAYER, H. (1902) «Zur Entwicklungsgeschichte der Gebärmutter», *Dtsch. Arch. klin. Med.*, **73**, 422.
BELL, J. S. (1902) «A Preliminary Study of the Emotion of Love between the Sexes», *Amer. J. Psychol.*, **13**, 325.
BERNHEIM, H. (1886) *De la suggestion et de ses applications à la thérapeutique*, Paris.
(1891) *Hypnotisme, suggestion, psychothérapie*, Paris.
BINET, A. (1888) *Études de psychologie expérimentale: le fétischisme dans l'amour*, Paris.
BINZ, C. (1878) *Über den Traum*, Bonn.
BLEULER, E. (1908) «Sexuelle Abnormitäten der Kinder», *Jb. schweiz. Ges. Schulgesund Pfl.*, **9**, 623.
(1910) «Vortrag über Ambivalenz» (Berne), Report in *Zentbl. Psychoanal.*, **1**, 266.
(1911) *Dementia Praecox, oder Gruppe der Schizophrenien*, Leipzig and Vienna.
[*Trad.: Demencia precoz*. Buenos Aires, Hormá, 1960.]
(1912) *Das autistische Denken*, Leipzig and Vienna.
(1913) «Der Sexualwiderstand», *Ib. psychoanal. psychopath. Forsch.*, **5**, 442.
(1914) «Die Kritiken der Schizophrenien», *Z. ges. Neurol. Psychiat.*, **22**, 19.
BLOCH, I. (1902-3) *Beiträge zur Ätiologie der Psychopathologia sexualis*, Dresden.
BRENNER, C. (1957), 2nd ed. 1973) *An Elementary Textbook of Psychoanalysis*, New York.
BREUER, J., and FREUD, S. *See* FREUD, S. (1893*a*).
(1805) *See* FREUD, S. (1895*d*).
BRUNSWICK, R. M. (1928) «Die Analyse eines Eifersuchtswahnes», *Int. Z. Psychoanal.*, **14**, 458.
BURDACH, K. F. (1838) *Die Physiologie als Erfahrungswissenschaft*, Berlin.
BUTLER, S. (1880) *Unconscious Memory*, London.
CALKINS, G. N. (1902) «Studies on the Life-History of Protozoa», *Arch. Env. Mech. Org.*, **15**, 139.
CHEVALIER, J. (1893) *L'inversion sexuelle*, Lyon.
CLARK, D. STAFFORD (1967) *What Freud Really Said*, London.
DESSOIR, M. (1894) «Zur Psychologie der Vita sexualis», *Allg. Z. Psychiat.*, **50**, 941.
DEUTSCH, H. (1925) *Psychoanalyse der weiblichen Sexualfunktionen*, Vienna.
[*Trad.: Psicología de la mujer*. Buenos Aires, Losada, 1947.]
(1932) «Über die weibliche Homosexualität», *Int. Z. Psychoanal.*, **18**, 219.
DISKUSSIONEN DER WIENER PSYCHOANALYTISCHER VEREINIGUNG, **2**, *Die Onanie*, Wiesbaden, 1912.
DOFLEIN, F. (1919) *Das Problem des Todes und der Unsterblichkeit bei den Pflanzen und Tieren*, Jena.
ELLIS, HAVELOCK (1897) *Studies in the Psychology of Sex*, Vol. II. Philadelphia.
(1898) «Auto-Erotism: a Psychological Study», *Alien &Neuro.*, **19**, 260.
(1903) *Studies in the Psychology of Sex*, Vol. III: *Analysis of the Sexual Impulse; Love and Pain; the Sexual Impulse in Women*, Philadelphia.
(1927) «The Conception of Narcissism», *Studies in the Psychology of Sex*, Vol. VII, Philadelphia, Chap. VI.

FECHNER, G. T. (1873) *Einige Ideen zur Schöpfungs-und Entwicklungsgeschichte der Organismen*, Leipzig.
FEDERN, P. (1913) «Beiträge zur Analyse des Sadismus und Masochismus, I: Die Quellen des männlichen Sadismus», *Int. Z. (ärztl.) Psychoanal.*, **1**, 29.
FERENCZI, S. (1909) «Introjektion und Übertragung», *Jb. psychoanal. psychopath. Forsch.*, **1**, 422.
[*Trad.:* «Introyección y transferencia». Buenos Aires, *Revista de Psicoanálisis*, Vol. VI, 1948-49.]
(1913) «Entwicklungsstufen des Wirklichkeitssinnes», *Int. Z. (ärztl.) Psychoanal.*, **1**, 24.
[*Trad.:* «Estadios en el desarrollo del sentido de la realidad». Buenos Aires, *Revista de Psicoanálisis*, Vol. V, 1947-48.]
(1914) «Zur Nosologie der männlichen Homosexualität (Homoërotik)», *Int. Z. (ärztl.) Psychoanal.*, **2**, 131.
[*Trad.:* «Sobre la nosología de la homosexualidad masculina», en *Sexo y psicoanálisis*. Buenos Aires, Hormá, 1959.]
(1919) *Hysterie und Pathoneurosen*, Leipzig and Vienna.
[*Trad.: Histeria y patoneurosis*, en *Problemas y métodos del psicoanálisis*. Buenos Aires, Paidós, 1966.]
(1920) Review of Lipschütz, *Die Pubertätsdrüse, Int. Z. Psychoanal.*, **6**, 84.
(1924) *Versuch einer Genitaltheorie*, Leipzig and Vienna.
FERENCZI, S. *et al.* (1919) *Zur Psychoanalyse der Kriegsneurosen*, Leipzig and Vienna.
FINKELNBURG, F. (1870) Niederrheinische Gesellschaft, Sitzung vom 21. März 1870 in Bonn. *Berlin. klin. Wschr.*, **7**, 449, 460.
FLIESS, W. (1892) *Neue Beiträge zur Klinik und Therapie der nasalen Reflexneurose*, Vienna.
(1906) *Der Ablauf des Lebens*, Vienna.
FREUD, A. (1922) «Beating Fantasies and Daydreams», in *Introduction to Psychoanalysis: Lectures for Child Analysts and Teachers, 1922-1935*, New York and London, 1974.
[*Trad.:* «Relación entre fantasías de flagelación y sueño diurno». Buenos Aires, *Revista de Psicoanálisis*, Vol. IV, 1946-47.]
FREUD, S. (1891*b*) *On Aphasia*, London and New York, 1953.
[*Trad.: La Afasia*. Buenos Aires, Nueva Visión.]
(1893*a*) with BREUER, J.: «On the Psychical Mechanism of Hysterical Phenomena: Preliminary Communication», *Standard Ed.*, **2**, 3; *P.F.L.*, **3**, 51.
[*Trad.:* con BREUER, J.: «El mecanismo psíquico de los fenómenos histéricos». Madrid, Biblioteca Nueva 1972, Vol. I.]
(1893*c*) «Some Points for a Comparative Study of Organic and Hysterical Motor Paralyses», *Standard Ed.*, **1**, 157.
[*Trad.:* «Estudio comparativo de las parálisis motrices históricas y orgánicas». Idem, Vol. I.]
(1893*h*) «Lecture "On the Psychical Mechanism of Hysterical Phenomena"», *Standard Ed.*, **3**, 27.
(1894*a*) «The Neuro-Psychoses of Defence», *Standard Ed.*, **3**, 43.
[*Trad.:* «Las neuropsicosis de defensa». Idem, Vol. I.]
(1895*b*) «On the Grounds for Detaching a Particular Syndrome from Neurasthenia under the Description "Anxiety Neurosis"», *Standard Ed.*, **3**, 87; *P.F.L.*, **10**, 31.
[*Trad.:* «Sobre la necesidad de separar de neurastenia un cierto complejo de síntomas a título de neurosis de angustia». Idem, Vol. I.]
(1895*d*) with BREUER, J., *Studies on Hysteria*, London, 1956; *Standard Ed.*, **2**; *P.F.L.*, **3**.
[*Trad.:* con BREUER, J., *Estudios sobre la Histeria*. Idem, Vol. I.]
(1896*b*) «Further Remarks on the Neuro-Psychoses of Defence», *Standard Ed.*, **3**, 159.
[*Trad.:* Nuevas observaciones sobre las neuropsicosis de defensa». Idem, Vol. I.]
(1896*c*) «The Aetiology of Hysteria», *Standard Ed.*, **3**, 189.
[*Trad.:* «La etiología de la histeria». Idem, Vol. I.]

(1898*a*) «Sexuality in the Aetiology of the Neuroses», *Standard Ed.*, **3**, 261.
[*Trad.*: «La sexualidad en la etiología de las neurosis». Idem, Vol. I.]
(1899*a*) «Screen Memories», *Standard Ed.*, **3**, 301.
[*Trad.*: «Los recuerdos encubridores». Idem, Vol. I.]
(1900*a*) *The Interpretation of Dreams*, London and New York, 1955; *Standard Ed.*, **4-5**; *P.F.L.*, **4**.
[*Trad.*: *La interpretación de los sueños*. Idem, Vol. I.]
(1901*a*) *On Dreams*, London and New York, 1951; *Standard Ed.*, **5**, 633.
[*Trad.*: *Sobre los sueños*. Idem, Vol. I.] .
(1901*b*) *The Psychopathology of Everyday Life*, *Standard Ed.*, **6**; *P.F.L.*, **5**.
[*Trad.*: *Psicopatología de la vida cotidiana*. Idem, Vol. I.]
(1904*a*) «Freud's Psycho-Analytic Procedure», *Standard Ed.*, **7**, 249..
[*Trad.*: «El método psicoanalítico de Freud». Idem, Vol. I.]
(1905*c*) *Jokes and their Relation to the Unconscious*, London, 1960; *Standard Ed.*, **8**; *P.F.L.*, **6**.
[*Trad.*: *El chiste y su relación con el inconsciente*. Idem, Vol. I.]
(1905*d*) *Three Essays on the Theory of Sexuality*, London, 1962; *Standard Ed.*, **7**, 125; *P.F.L.*, **7**, 31.
[*Trad.*: *Tres ensayos para una teoría sexual*. Idem, Vol. II.]
(1905*e*) «Fragment of an Analysis of a Case of Hysteria», *Standard Ed.*, **7**, 3; *P.F.L.*, **8**, 29.
[*Trad.*: «Análisis fragmentario de una histeria». Idem, Vol I.]
(1906*a* [1905] «My Views on the Part played by Sexuality in the Aetiology of the Neuroses», *Standard Ed.*, **7**, 271; *P.F.L.*, **10**, 71.
[*Trad.*: «La sexualidad en la etiología de las neurosis». Idem, Vol. I.]
(1907*a*) *Delusions and Dreams in Jensen's Gradiva»*, *Standard Ed.*, **9**, 3; *P.F.L.*, **14**, 27.
[*Trad.*: *El delirio y los sueños en la Gradiva de Jensen*. Idem, Vol. II.]
(1908*a*) «Hysterical Phantesies and their Relation to Bisexuality», *Standard Ed.*, **9**, 157; *P.F.L.*, **10**, 83.
[*Trad.*: «Fantasías histéricas y su relación con la bisexualidad». Idem, Vol. II.]
(1908*b*) «Character and Anal Erotism», *Standard Ed.*, **9**, 169; *P.F.L.*, **7**, 205.
[*Trad.*: «El carácter y el erotismo anal». Idem, Vol. II.]
(1908*c*) «On the Sexual Theories of Children», *Standard Ed.*, **9**, 207; *P.F.L.*, **7**, 183.
[*Trad.*: «Teorías sexuales infantiles». Idem, Vol. II.]
(1908*e* [1907]) «Creative Writers and Day-Dreaming», *Standard Ed.*, **9**, 143; *P.F.L.*, **14**, 131.
[*Trad.*: «El poeta y los sueños diurnos». Vol. II.]
(1909*a* [1908]) «Some General Remarks on Hysterical Attacks», *Standard Ed.*, **9**, 229; *P.F.L.*, **10**, 95.
[*Trad.*: «Generalidades sobre el ataque histórico». Idem, Vol. II.]
(1909*b*) «Analysis of a Phobia in a Five-Year-Old Boy», *Standard Ed.*, **10**, 3; *P.F.L.*, **8**, 165.
[*Trad.*: «Análisis de la fobia de un niño de cinco años». Idem, Vol. II.]
(1909*d*) «Notes upon a Case of Obsessional Neurosis», *Standard Ed.*, **10**, 155; *P.F.L.*, **9**, 31.
[*Trad.*: «Análisis de un caso de neurosis obsesiva». Idem, Vol. II.]
(1910*e*) «The Antithetical Meaning of Primal Words», *Standard Ed.*, **11**, 155.
[*Trad.*: «El sentido antitético de las palabras primitivas». Idem, Vol. II.]
(1910*h*) «A Special Type Object Choice made by Men», *Standard Ed.*, **11**, 165; *P.F.L.*, **7**, 227.
[*Trad.*: «Sobre un tipo especial de la elección de objeto en el hombre». Idem, Vol. II.]
(1911*b*) «Formulations on the two Two Principles of Mental Functioning», *Standard Ed.*, **12**, 215; *P.F.L.*, **11**, 31.
[*Trad.*: «Los dos principios sobre el suceder psíquico». Idem, Vol. II.]
(1911*c*) «Psycho-Analytic Notes on an Autobiographical Account of a Case of Paranoia (Dementia Paranoides)», *Standard Ed.*, **12**, 3; *P.F.L.*, **9**, 129.

[*Trad.:* «Observaciones psicoanalíticas sobre un caso de paranoia autobiográficamente descrito». Idem, Vol. II.]
(1912*c*) «Types of Onset of Neurosis», *Standard Ed.*, **12**, 229; *P.F.L.*, **10**, 115.
[*Trad.:* «Sobre los tipos de adquisición de la neurosis». Idem, Vol. II.]
(1912*f*) «Contributions to a Discussion on Masturbation», *Standard Ed.*, **12**, 243.
[*Trad.:* «Contribuciones al simposio sobre la masturbación». Idem, Vol. II.]
(1912*g*) «A Note on the Unconscious in Psycho-Analysis», *Standard Ed.*, **12**, 257; *P.F.L.*, **11**, 45.
[*Trad.:* «Algunas observaciones sobre el concepto de lo insconsciente en psicoanálisis». Idem, Vol. II.]
(1912-13) *Totem and Taboo*, London, 1950; New York, 1952; *Standard Ed.*, **13**, 1; *P.F.L.*, **13**, 43.
[*Trad.: Totem y tabú*. Idem, Vol. II.]
(1913*i*) «The Disposition to Obsessional Neurosis», *Standard Ed.*, **12**, 313; *P.F.L.*, **10**, 131.
[*Trad.:* «La disposición a la neurosis obsesiva». Idem, Vol. II.]
(1913*j*) «The Claims of Psycho-Analysis to Scientific Interes', *Standard Ed.*, **13**, 165; *P.F.L.*, **15**.
[*Trad.:* «Múltiple interés del psicoanálisis».]
(1914*c*) «On Narcissism: An Introduction», *Standard Ed.*, **14**, 69; *P.F.L.*, **11**, 59.
[*Trad.:* «Introducción al narcisismo». Idem, Vol. II.]
(1914*d*) «On the History of the Psycho-Analytic Movement», *Standard Ed.*, **14**, 3; *P.F.L.*, **15**.
[*Trad.:* «Historia del movimiento psicoanalítico». Idem, Vol. II.]
(1914*g*) «Remembering, Repeating and Working Through», *Standard Ed.*, **12**, 147.
[*Trad.:* «Recuerdo, repetición y elaboración». Idem, Vol. II.]
(1915*b*) «Thoughts for the Times on War and Death», *Standard Ed.*, **14**, 275; *P.F.L.*, **12**, 57.
[*Trad.:* «Consideraciones de actualidad sobre la guerra y la muerte». Idem, Vol. II.]
(1915*c*) «Instincts and their Vicissitudes», *Standard Ed.*, **14**, 111; *P.F.L.*, **11**, 105.
[*Trad.:* «Los instintos y sus destinos». Idem, Vol. II.]
(1915*d*) «Repression», *Standard Ed.*, **14**, 143; *P.F.L.*, **11**, 139.
[*Trad.:* «La represión». Idem, Vol. II.]
(1915*e*) «The Unconscious», *Standard Ed.*, **14**, 161; *P.F.L.*, **11**, 159.
[*Trad.:* «Lo inconsciente». Idem, Vol. II.]
(1916*d*) «Some Character-Types Met with in Psycho-Analytic Work», *Standard Ed.*, **14**, 311; *P.F.L.*, **14**, 291.
[*Trad.:* «Varios tipos de carácter descubiertos por la labor analítica». Idem, Vol. III.]
(1916-17) *Introductory Lectures on Psycho-Analysis*, New York, 1966; London, 1971; *Standard Ed.*, **15-16**; *P.F.L.*, **1**.
[*Trad.: Lecciones de introducción al psicoanálisis*. Idem, Vol. II.]
(1917*a*) «A Difficulty in the Path of Psycho-Analysis», *Standard Ed.*, **17**, 137.
[*Trad.:* «Una dificultad en psicoanálisis». Idem, Vol. III.]
(1917*b*) «A Childhood Recollection from *Dichtung und Wahrheit*», *Standard Ed.*, **17**, 147; *P.F.L.*, **14**, 321.
[*Trad.:* «Un recuerdo infantil de Goethe en *Poesía y Verdad*». Idem, Vol. III.]
(1917*c*) «On Transformations of Instinct as Exemplified in Anal Erotism», *Standard Ed.*, **17**, 127; *P.F.L.*, **7**, 295.
[*Trad.:* «Sobre las transmutaciones de los instintos y especialmente del erotismo anal». Idem, Vol. II.]
(1917*d* [1915]) «A Metapsychological Supplement to the Theory of Dreams», *Standard Ed.*, **14**, 219; *P.F.L.*, **11**, 223.
[*Trad.:* «Complemento metapsicológico a la teoría de los sueños». Idem, Vol. II.]
(1917*e* [1915]) «Mourning and Melancholia», *Standard Ed.*, **14**, 239; *P.F.L.*, **11**, 245.
[*Trad.:* «Duelo y melancolía». Idem, Vol. II.]
(1918*b* [1914]) «From the History of an Infantile Neurosis», *Standard Ed.*, **17**, 3; *P.F.L.*, **9**, 225.

[*Trad.:* Historia de una neurosis infantil». Idem, Vol. II.]
(1919*d*) Intròduction on *Psycho-Analysis and the War Neuroses,* London and New York, 1921; *Standard Ed.,* **17**, 207.
[*Trad.:* «Introducción al simposio sobre las neurosis de guerra». Idem, Vol. II.]
(1919*e*) «A Child is Being Beaten», *Standard Ed.,* **17**, 177; *P.F.L.,* **10**, 159.
[*Trad.:* «Pegan a un niño». Idem, Vol. III.]
(1920*a*) «The Psychogenesis of a Case of Homosexuality in a Woman», *Standard Ed.,* **18**, 147; *P.F.L.,* **9**, 367.
[*Trad.:* «Sobre la psicogénesis de un caso de homosexualidad femenina». Idem, Vol. III.]
(1920*g*) *Beyond the Pleasure Principle,* London, 1961; *Standard Ed.,* **18**, 7; *P.F.L.,* **11**, 269.
[*Trad.: Más allá del principio del placer.* Idem, Vol. III.]
(1921*c*) *Group Psychology and the Analysis of the Ego,* London and New York, 1959; *Standard Ed.,* **18**, 69; *P.F.L.,* **12**, 91.
[*Trad.: Psicología de las masas y análisis del yo.* Idem, Vol. III.]
(1922*b* [1921]) «Some Neurotic Mechanisms in Jealousy, Paranoia and Homosexuality», *Standard Ed.,* **18**, 223; *P.F.L.,* **10**, 195.
[*Trad.:* «Sobre algunos mecanismos neuróticos en los celos, la paranoia y la homosexualidad». Idem, Vol. III.]
(1923*a* [1922]) «Two Encyclopaedia Articles», *Standard Ed.,* **18**, 235; *P.F.L.,* **15**.
[*Trad.:* «Psicoanálisis y teoría de la libido (artículos de Enciclopedia)». Idem, Vol. III.]
(1923*b*) *The Ego and the Id,* London and New York, 1962; *Standard Ed.,* **19**, 3; *P.F.L.,* **11**, 339.
[*Trad.: El yo y el ello.* Idem, Vol. III.]
(1923*c* [1922]) «Remarks on the Theory and Practice of Dream-Intepretation», *Standard Ed.,* **19**, 109.
[*Trad.:* «Organización genital infantil». Idem, Vol. III.]
(1923*e*) «The Infantile Genital Organization», *Standard Ed.,* **19**, 141; *P.F.L.,* **7**, 303.
[*Trad.:* «Organización genital infantil». Idem, Vol. III.]
(1924*b* [1923]) «Neurosis and Psychosis», *Standard Ed.,* **19**, 149; *P.F.L.,* **10**, 209.
[*Trad.:* «Neurosis y psicosis». Idem, Vol. III.]
(1924*c*) «The Economic Problem of Masochism», *Standard Ed.,* **19**, 157; *P.F.L.,* **11**, 409.
[*Trad.:* «El problema económico del masoquismo». Idem, Vol. III.]
(1924*d*) «The Dissolution of the Oedipus Complex», *Standard Ed.,* **19**, 173; *P.F.L.,* **7**, 313.
[*Trad.:* «El final del complejo de Edipo». Idem, Vol. III.]
(1924*e*) «The Loss of Reality in Neurosis and Psychosis», *Standard Ed.,* **19**, 183; *P.F.L.,* **10**, 219.
[*Trad.:* «La pérdida de realidad en la neurosis y en la psicosis». Idem, Vol. III.]
(1924*f* [1923]) «A Short Account of Psycho-Analysis», *Standard Ed.,* **19**, 191.
[*Trad.:* «Esquema del psicoanálisis». Idem, Vol. III.]
(1925*a*) «A Note on the "Mystic Writing-Pad"», *Standard Ed.,* **19**, 227; *P.F.L.,* **11**, 427.
[*Trad.:* «El bloc maravilloso». Idem, Vol. III.]
(1925*d* [1924]) *An Autobiographical Study, Standard Ed.,* **20**, 3; *P.F.L.,* **15**.
[*Trad.: Autobiografía.* Idem, Vol. III.]
(1925*e* [1924]) «The Resistances to Psycho-Analysis», *Standard Ed.,* **19**, 213; *P.F.L.,* **15**.
[*Trad.:* «Las resistencias contra el psicoanálisis». Idem, Vol. III.]
(1925*h*) «Negation», *Standard Ed.,* **19**, 235; *P.F.L.,* **11**, 435.
[*Trad.:* «La negación». Idem, Vol. III.]
(1925*j*) «Some Psychical Consequences of the Anatomical Distinction between the Sexes», *Standard Ed.,* **19**, 243; *P.F.L.,* **7**, 323.
[*Trad.:* «Algunas consecuencias psíquicas de la diferencia sexual anatómica». Idem, Vol. III.]

(1926*d* [1925]) *Inhibitions, Symptoms and Anxiety,* London, 1960; *Standard Ed.,* **20**, 77; *P.F.L.,* **10**, 227.
[*Trad.: Inhibición, síntoma y angustia.* Idem, Vol. III.]
(1926*e*) *The Question of Lay Analysis, Standard Ed.,* **20**, 179; *P.F.L.,* **15**.
[*Trad.: Psicoanálisis profano.* Idem, Vol. III.]
(1926*f*) «Psycho-Analysis: Freudian School», *Encyclopaedia Britannica,* 13th ed., vol. 3, 253; *Standard Ed.,* **20**, 261.
[*Trad.:* «Psicoanálisis, escuela freudiana (Artículo en la Enciclopedia Británica)». Idem, Vol. III.]
(1927*a*) «Postscript to *The Question of Lay Analysis*», *Standard Ed.,* **20**, 251; *P.F.L.,* **15**.
[*Trad.:* «Apéndice al *Psicoanálisis profano*». Idem, Vol. III.]
(1927*c*) *The Future of an Illusion,* London, 1962; *Standard Ed.,* **21**, 3; *P.F.L.,* **12**, 179.
[*Trad.: El porvenir de una ilusión.* Idem, Vol. III.]
(1927*d*) «Humour», *Standard Ed.,* **21**, 159; *P.F.L.,* **14**, 425.
[*Trad.:* «El humor». Idem, Vol. III.]
(1927*e*) «Fetishism», *Standard Ed.,* **21**, 149; *P.F.L.,* **7**, 345.
[*Trad.:* «Fetichismo», Idem, Vol. III.]
(1930*a*) *Civilization and its Discontents,* New York and London, 1963; *Standard Ed.,* **21**, 59; *P.F.L.,* **12**, 243.
[*Trad.: El malestar en la cultura.* Idem, Vol. III.]
(1931*b*) «Female Sexuality», *Standard Ed.,* **21**, 223; *P.F.L.,* **7**, 367.
[*Trad.:* «Sobre la sexualidad femenina». Idem, Vol. III.]
(1933*a* [1932]) *New Introductory Lectures on Psycho-Analysis,* New York, 1966; London, 1971; *Standard Ed.,* **22**; *P.F.L.,* **2**.
[*Trad.: Nuevas lecciones de introducción al psicoanálisis.* Idem, Vol. III.]
(1937*c*) «Analysis Terminable and Interminable», *Standard Ed.,* **23**, 211.
[*Trad.:* «Análisis terminable e interminable». Idem, Vol. III.]
(1937*d*) «Constructions in Analysis», *Standard Ed.,* **23**, 257.
[*Trad.:* «Construcciones en psicoanálisis». Idem, Vol. III.]
(1940*a* [1938]) *An Outline of Psycho-Analysis,* New York, 1968; London, 1969; *Standard Ed.,* **23**, 141; *P.F.L.,* **15**.
[*Trad.: Compendio de psicoanálisis.* Idem, Vol. III.]
(1940*b* [1938]) «Some Elementary Lessons in Psycho-Analysis», *Standard Ed.,* **23**, 281.
[*Trad.:* «Algunas lecciones elementales de psicoanálisis». Idem, Vol. III.]
(1940*e* [1938]) «Splitting of the Ego in the Process of Defence», *Standard Ed.,* **23**, 273; *P.F.L.,* **11**, 459.
[*Trad.:* «Escisión del yo en el proceso de defensa». Idem, Vol. III.]
(1942*a* [1905-6]) «Psychopathic Characters on the Stage», *Standard Ed.,* **7**, 305; *P.F.L.,* **14**, 119.
[*Trad.:* «Personajes psicopáticos en el teatro». Idem, Vol. II.]
(1950*a* [1887-1902]) *The Origins of Psycho-Analysis,* London and New York, 1954. (Partly, including «A Project for a Scientific Psychology», in *Standard Ed.,* **1**, 175.)
[*Trad.: Los orígenes del psicoanálisis.* Madrid, Alianza, L.B. 582.]
(1960*a*) *Letters 1873-1939* (ed. E. L. Freud) (trans. T. and J. Stern), New York, 1960; London, 1961.
GALANT, S. (1919) «Sexualleben im Saublings- und Kindersalter», *Neurol. Zentbl.,* **38**, 652.
GLEY, E. (1884) «Les aberrations de l'instinct sexuel», *Rev, phil.,* **17**, 66.
GOETTE, A. (1883) *Über den Ursprung des Todes,* Hamburg.
GRIESINGER, W. (1845) *Pathologie und Therapie der psychischen Krankheiten,* Stuttgart.
GRODDECK, G. (1923) *Das Buch vom Es,* Vienna.
[*Trad.: El libro del ello.* Madrid, Taurus 1973.]
GROOS, C. (1899) *Die Spiele der Menschen,* Jena.
(1904) *Das Seelenleben des Kindes,* Berlin.

HALBAN, J. (1903) «Die Entstehung der Geschlechtscharaktere», *Arch. Gynaek.*, **70**, 205.
(1904) «Schwangerschaftsreaktion der fötalen Organe und ihre puerperale Involution», *Z. Geburtsh. Gynäk.*, **53**, 191.
HALL, G. S. (1904) *Adolescence* (2 vols.), New York.
HARTMANN, M. (1906) *Tod und Fortpflanzung*, Munich.
HELLER, T. (1904) *Grundriss der Heilpädagogik*, Leipzig.
HERING, E. (1870) «Über das Gedächtnis als eine allgemeine Funktion der organisierten Materie», Lecture to Imperial Academy of Sciences, Vienna.
(1878) *Zur Lehre vom Lichtsinne*, Vienna.
HERMAN, G. (1903) *«Genesis», das Gesetz der Zeugung*, Bd. 5, Leipzig.
HIRSCHFELD, M. (1899) «Die objektive Diagnose der Homosexualität», *Jb. sex. Zwischenst.*, **1**, 4.
(1904) «Statistische Untersuchungen über den Prozentsatz der Homosexuellen», *Jb. sex. Zwischenst.*, **6**.
HORNEY, K. (1923) «On the Genesis of the Castration Complex in Women», *Int. J. Psycho-Anal.*, **5** (1924), 50.
HUG-HELLMUTH, H. VON (1913) *Aus dem Seelenleben des Kindes*, Leipzig and Vienna.
JACKSON, J. HUGHLINGS (1878) «On Affections of Speech from Disease of the Brain», *Brain*, **1**, 304.
JANET, P. (1909) *Les névroses*, Paris.
JEKELS, L. (1913) «Einige Bemerkungen zur Trieblehre», *Int. Z. (ärztl.) Psychoanal.*, **1**, 439.
JONES, E. (1953-57) *Sigmund Freud: Life and Work* (3 vols.), London and New York. [*Trad.: Vida y obra de Sigmund Freud.* Buenos Aires, Nova 1959. 2.ª edición. Ediciones Hormé, Buenos Aires, 1976.]
JUNG, C. G. (1909) «Die Bedeutung des Vaters für das Schicksal des Einzelnen», *Jb. psychoanalyt. psychopath. Forsch.*, **1**, 155.
(1911-12) «Wandlungen und Symbole der Libido», *Jb. psychoanalyt. psychopath. Forsch.*, **3**, 120 and **4**, 162; in book form, Leipzig and Vienna, 1912. [*Trad.: Símbolos de transformación.* Buenos Aires, Paidós 1962.]
KIERNAN, J. G. (1888) «Sexual Perversion and the Whitechapel Murders», *Med. Standard Chicago*, **4**, 170.
KRAFFT-EBING, R. VON (1892) «Bemerkungen über "geschlechtliche Hörigkeit" und Masochismus», *Jb. Psychiat.*, **10**, 199.
(1895) «Zur Erklärung der konträren Sexualempfindung», *Jb. Psychiat. Neurol.*, **13**, 1.
KRIS, E. (1956) «Freud in the History of Science», *The Listener*, **55**, No. 1416 (May 17), 631.
LAMPL-DE GROOT, J. (1927) «Zur Entwicklungsgeschichte des Ödipuskomplexes der Frau», *Int. Z. Psychoanal.*, **13**, 269.
LEVINE, I. (1923) *The Unconscious*, London.
LINDNER, S. (1879) «Das Saugen an den Fingern, Lippen, etc., bei den Kindern (Ludeln)», *Jb. Kinderheilk*, N.F., **14**, 68.
LIPSCHÜTZ, A. (1914) *Warum wir sterben*, Stuttgart.
(1919) *Die Pubertätsdrüse und ihre Wirkungen*, Berne.
LOEB, J. (1909) *Die chemische Entwicklungserrugung des tierischen Eies*, Paris.
LOW, B. (1920) *Psycho-Analysis*, London.
LYDSTON, G. F. (1889) «A Lecture on Sexual Perversion, Satyriasis and Nymphomania», *Med. Surg. Reporter, Philadelphia*, **61**.
MARCINOWSKI, J. (1918) «Erotische Quellen der Minderwertigkeitsgefühle», *Z, Sexualwiss., Bonn*, **4**, 313.
MASTERS, W. H., and JOHNSON, V. E. (1970) *Human Sexual Inadequacy*, Boston.
MAUPAS, E. (1888) «Recherches expérimentales sur la multiplication des infusoires ciliés», *Arch. Zool. exp. gén.* (sér. 2), **6**, 165.
MILL, J. S. (1843) *A System of Logic*, London.
(1865) *An Examination of Sir William Hamilton's Philosophy*, London.

MOEBIUS, P. J. (1900) «Über Entartung», *Grenzfr. Nerv.- und Seelenlebens,* No. 3, 95, Wiesbaden.
MOLL, A. (1898) *Untersuchungen über die Libido sexualis,* Berlin.
(1909) *Das Sexualleben des Kindes,* Berlin.
NACHMANSOHN, M. (1915) «Freuds Libidotheorie verglichen mit der Eroslehre Platos», *Int. Z. (ärztl.) Psychoanal.,* **3**, 65.
OPHUIJSEN, J. H. W. VAN (1917) «Beiträge zum Männlichkeitsskomplex der Frau», *Int. Z. (ärztl.) Psychoanal.,* **4**, 241.
PÉREZ, B. (1886) *L'enfant de trois à sept ans,* Paris.
PFEIFER, S. (1919) «Äusserungen infantil-erotischer Triebe im Spiele», *Imago,* **5**, 243.
PREYER, W. (1882) *Die Seele des Kindes,* Leipzig.
RANK, O. (1907) *Der Künstler,* Leipzig and Vienna.
(1909) *Der Mythus der Geburt des Helden,* Leipzig and Vienna.
[*Trad.: El mito del nacimiento del heroe.* Buenos Aires, Paidós 1960.]
(1910) «Ein Traum, der sich selbst deutet», *Jb. psychoanalyt. psychopath. Forsch.,* **2**, 465.
(1913) «Eine noch nicht beschriebene Form des Ödipus-Traumes», *Int. Z. (ärztl.) Psychoanal.,* **1**, 151.
(1924) *Das Trauma der Geburt,* Vienna.
[*Trad.: El trauma del nacimiento.* Buenos Aires, Paidós 1960.]
RICKMAN, J. (ed.) (1937), *A General Selection from the Works of Sigmund Freud,* London.
RIEGER, C. (1900) *Die Castration,* Jena.
ROHLEDER, H. (1899) *Die Masturbation,* Berlin.
SADGER, I. (1908) «Fragment der Psychoanalyse eines Homosexuellen», *Jb. sex. Zwischenst.,* **9**, 339.
SANCTIS, SANTE DE (1899) *I sogni,* Turin.
SCHERNER, K. A. (1861) *Das Leben des Traumes,* Berlin.
SCHOPENHAUER, A. (1819) *Die Welt als Wille und Vorstellung,* Leipzig.
(1851) «Über die anscheinende Absichtlichkeit im Schicksale des Einzelnen», *Parerga und Paralipomena* (Essay IV), Vol. I, Leipzig.
SCHREBER, D. P. (1903) *Denkwürdigkeiten eines Nervenkranken,* Leipzig.
[*Trad.: Memorias autobiográficas de un enfermo de los nervios.* Buenos Aires. Ed. Carlos Lolhé, 1979. Trad. Ramón Alcalde.]
SCHRENCK-NOTZING, A. VON (1899) «Literaturzusammenstellung über die Psychologie und Psychopathologie der Vita sexualis». *Z. Hypnot.,* **9**, 98.
SCHUBERT, G. H. VON (1814) *Die Symbolik des Traumes,* Bamberg.
SPAMER, C. (1876) «Über Aphasie und Asymbolie», *Arch. Psychiat. Nervenkr.,* **6**, 496.
SPIELREIN, S. (1912) «Die Destruktion als Ursache des Werdens», *Jb. psychoanalyt. psychopath. Forsch.,* **4**, 465.
STÄRCKE, A. (1914) Introduction to Dutch translation of Freud's «"Civilized" Sexual Morality and Modern Nervous Illness», Leyden.
(1921) «Der Kastrationskomplex», *Int. Z. Psychoanal.,* **7**, 9.
STEKEL, W. (1908) *Nervöse Angstzustände und ihre Behandlung,* Berlin and Vienna.
(1911) *Die Sprache des Traumes,* Wiesbaden.
[*Trad.: El lenguaje de los sueños.* Buenos Aires, Imán 1954.]
STOUT, G. F. (1938) *A Manual of Psychology* (5th ed.), London.
STRÜMPELL, L. (1877) *Die Natur und Entstehung der Träume,* Leipzig.
(1899) *Die pädagogische Pathologie,* Leipzig.
SULLY, J. (1895) *Studies of Childhood,* London.
TARUFFI, C. (1903) *Hermaphroditismus und Zeugungsunfähigkeit,* Berlin.
VAIHINGER, H. (1911) *Die Philosphie des Als Ob,* Berlin.
VARENDONCK, J. (1921) *The Psychology of Day-Dreams,* London and New York.
VOLKELT, J. (1875) *Die Traum-Phantasie,* Stuttgart.
WEININGER, O. (1903) *Geschlecht und Charakter,* Vienna.
[*Trad.: Sexo y carácter.* Trad. Editorial Losada. Buenos Aires, 1942. Ediciones Península. Barcelona, 1985.]
WEISMANN, A. (1882) *Über die Dauer des Lebens,* Jena.

(1884) *Über Leben und Tod*, Jena.
(1892) *Das Keimplasma*, Jena.
WOODRUFF, L. L. (1914) «A Five-Year Pedigreed Race of *Paramecium* without Conjugation», *Proc. Soc. exp. Biol.*, **9**, 129.
ZIEGLER, K. (1913) «Menschen- und Weltwerden», *Neue Jb. klass. Alterturms*, **31**, 529.

INDICE ANALITICO